美国电子信息领域的创新进展

张明龙　张琼妮●著

Progress of innovation
in the field of electronic information
in the United States

企业管理出版社
ENTERPRISE MANAGEMENT PUBLISHING HOUSE

图书在版编目（CIP）数据

美国电子信息领域的创新进展／张明龙，张琼妮著．—北京：企业管理出版社，2018.8

ISBN 978-7-5164-1723-2

Ⅰ．①美…　Ⅱ．①张…②张…　Ⅲ．①电子工业—概况—美国　Ⅳ．①F471.266

中国版本图书馆CIP数据核字（2018）第110332号

书　　名：美国电子信息领域的创新进展
作　　者：张明龙　张琼妮
责任编辑：刘一玲　崔立凯
书　　号：ISBN 978-7-5164-1723-2
出版发行：企业管理出版社
地　　址：北京市海淀区紫竹院南路17号　　邮　　编：100048
网　　址：http：//www.emph.cn
电　　话：编辑部68701322　发行部68414644
电子信箱：80147@sina.com　zbs@emph.cn
印　　刷：北京市青云兴业印刷有限公司
经　　销：新华书店
规　　格：710毫米×1000毫米　16开本　32印张　490千字
版　　次：2018年8月第1版　　2018年8月第1次印刷
定　　价：88.00元

前　言

电子信息制造业，从事电子元件、器件、仪器、仪表、电子设备的研制和生产，内含电子元器件、电子仪器仪表、电子专用设备、电子计算机、广播电视设备、通信导航设备、雷达设备等生产行业。它是前沿关键技术不断涌现的领域，是军工产品与民用产品紧密结合的部门，是许多工业国家和地区的支柱产业。美国作为世界头号科技强国，多年来，高度重视电子信息产业的发展。特别是，在电子信息领域的研究开发方面，占据资金投入和人才供给优势，从而使其拥有的电子信息技术及物质成果，一直保持世界领先水平。梳理21世纪以来美国电子信息领域取得的创新成果，可以发现具有以下主要特征：

一、注重研究微电子理论及产品

（一）推进微电子新理论模型研究

美国物理学家提出了量子状态新理论模型，认为在特定条件下，不止一个电子能同时处在相同的量子态，拓展了量子理论和相对论。这一新模型，有助于科学家探索并建立一个统一的量子引力理论。

与此同时，出现了大量相关研究成果：量子状态方面，推进冷原子中量子存储和波动的研究，创下量子纠缠现象的一项新纪录。量子材料方面，生产形状尺寸可控的石墨烯量子点材料，设计出以光子形式释放能量传递信息的量子超材料，研制出全新量子材料“外尔－近藤半金属”。量子设备方面，研制出能诱捕、探测和操纵单个电子旋转的量子设备，发明可控制量子比特自旋的“混血”纳米设备，制成可模拟研究磁体内部电子量子行为的原子钟，开发出可观察并控制量子运动的微米级实验装置。另外，量子模拟器研究获得了新突破。量子技术方面，实现原子间单量子能量交换的技术，开发出一种可及时纠错量子状态的技术，发现使光子进行多维度量子纠缠的方法，可能带来LED照明新时代的量子点技术；发现量子态隐形传输的有效方法；发现在超导材料内传输量子信息的方法。量子系统方面，制造出拥有51个量子比特的迄今最强量子系统；成功在7量子位系统中模拟出氢化铍分子，这是迄今量子系统模拟的最大、最复杂分子。

（二）推进微观粒子探索

发现神秘莫测的马约拉纳费米子，实验显示外尔费米子可能“栖息”在铁基磁材料中。探测到冷聚变中的高能中子，发现兼具磁性和导电性的“超级原子”；发现有助于研制新量子机械的巨大里德伯分子，在石墨烯表面激发出等离子体振子。另外，四夸克粒子家族喜迎新成员。

实验首次证实声子具备磁性，发现“声子隧道”是热量流动的新方式。“称”出三个最轻夸克的质量，发现希格斯粒子赋予其他基本粒子质量的证据，提出中微子很可能是一种超光速粒子。发现暗等离子体振子可在微米尺度传输能量，用计算机模拟证明四中子结构存在，首次观察到超导体中重电子的形成过程。

（三）推进微电子元器件及设备研发

开发出可制彩色激光器的纳米晶体，研制出可大幅提升芯片速度的单层锡原子二维材料，发现新型二维半导体材料一氧化锡，研制出首个单原子厚二维磁体。做出最薄石墨烯“折纸”材料，并使平面石墨烯自折叠成3D结构材料。研制出仅为三个原子厚的半导体薄膜，可传输电子自旋的钻石导线，仅三个原子粗细的电线，能自行重构电路的多维导控电流纳米材料。

研发出首个高温电子自旋场效应晶体管，超小型单电子晶体管；发明单分子“量子干涉效应晶体管”，制成以单个苯分子为材料的分子晶体管，研制出单分子二极管；开发可用于太阳能电池的碳纳米二极管，碳纳米晶体管性能首次超越硅晶体管，利用碳纳米管开发出栅极长度仅1纳米的晶体管，用碳纳米管制造出总面积最小晶体管。研制出新型生物纳米电子晶体管、纳米级砷化铟镓晶体管、三维结构的纳米线晶体管、能自我修复的纳米线晶体管，并用纳米晶体“墨水”制成首块晶体管，以及可传输质子流的新式晶体管。

研制成功世界首个碳纳米管电路开关，用石墨烯制成微电子电路开关，制成以碳纳米管为基础的全晶片数字电路，推出含碳纳米管的纳米电子系统三维芯片。推进石墨烯制作纳米电路的技术研究，制造出全石墨烯无缝集成电路架构，创建首个全功能石墨烯集成电路。用DNA分子制成以分子为信号的生化电路，用二硫化钼制成只有三个原子厚的芯片原型。

开发能精确计量纳米粒子的微小环形激光传感器。研制出首个纳米发电机和首个单分子电动马达，可自我校准的原子力微机电系统，用二硫化钼制成“力大无穷”的微型致动器。开发能制作纳米结构的“电喷”打印设备，开发出首个纳米级单分子质量实时测定系统，进一步提高原子干涉仪的测量精确度。

二、注重培育高端计算能力和实力

（一）推进计算机特别是高性能计算机研究

多年来，美国高性能计算机技术保持领先地位，“走鹃”超级计算机、“泰坦”超级计算机，先后荣登全球运算速度最快宝座。目前，在高性能计算机十强名单中，美国占有一半。在500强名单中，美国拥有的数量是最多的，美国还是高性能计算机运用最广泛的国家之一。但近年来，其他国家超级计算机技术也在快速发展，中国“天河二号”连年名列速度最快榜首。为赶超中国，美国政府2014年11月宣布投资3.25亿美元，建造两台比“天河二号”快3~5倍的超级计算机，2015年4月9日又宣布投资2亿美元再建造一台超级计算机。2015年年初，美国限制向中国的超算中心等4家机构出口英特尔至强处理器。据报道，美国正在投入重金，开展下一代“极光”超级计算机的研究。

同时，美国加强其他计算机的创新活动。它已经证明量子计算机确实可行，又让两种不同技术的量子计算机进行面对面比试，还在训练量子计算机辨识树木，提高其智能化水平。这些现象，标志着量子计算机技术正在逐步走向成熟。众所周知，美国苹果公司推出平板电脑“iPad”，通过把笔记本电脑与智能手机相结合的方式，为用户创造出一种全新的多媒体体验。此外，美国近年设计出由超材料制造的模拟计算机，更像人脑的模拟计算机；研制以存储式处理器为基础的新型“存储式电脑”，靠水滴运转的全新计算机系统，并发现涡流形激光可建造更强大的计算机。

（二）推进人工智能与机器人研究

美国研制人工智能的主要进展：创建了首个无电池的手势识别系统，计算机语音识别能力已经达到甚至超越人类水平，尝试给计算机植入人工智能的数字化“种子”，着手开发一种基于大脑皮质的新型人工智能算法，研制出模拟大脑进行自然计算的硬件平台。另外，人工智能推测官司输赢已胜过法学专家，发现人工智能可将二维照片变为现实物体；尝试用人工智能寻找抗癌新药，携手人工智能研究癌症耐药性；研制的智能机器已可识别乳房病变风险。研制出让机器可像人一样学习的人工智能软件，能够模拟人脑工作的计算机芯片，擅长感觉和图形识别的类人脑芯片，发布模拟人脑的自主学习原型芯片。

美国研制机器人的主要进展：研制出像真人一样双腿直立行走的机器人，为深空探测升级仿人型双足机器人，研制能够模拟人类走路步态的机器人腿设备；研制出可识别自己并理解他人意图的机器人，能看懂人类手势的人工智能机器人；研制能像人一样用眼睛看人的机器人，具有“动态平衡”能力的机器人；发明会做多种表情的机器人，能通过语言和表情互相交流的机器人。研制模仿毛毛虫蜷缩伸展自如的机器人，受到章鱼启发研制出拥有八条腿的软体机器人，模仿蚂蚁抱团行为创造千余机器人组成的集群，模仿白蚁生活习性的机器人；模仿蜘蛛和水黾发明能在水上行走的机器人，模仿蟑螂研制出可自由攀爬粗糙墙面的机器人，模仿壁虎研制出可沿天花板爬行的机器人，模仿蝙蝠研制出会摇摆飞行的机器人。开发用思维纠正工业机器人错误的控制系统；研制出自动为汽车充电的机器人，可以建造整体房屋的机器人，户外作业受伤后可自行调整的机器人。其他还有服务机器人、医用机器人、抢险救灾机器人、水下探测机器人、航天机器人等。

三、注重探索网络技术与网络安全措施

美国通过建立全球首个全城无线传感器网络，创建加强科学家联系的大型“科研脸谱网”，进一步完善地面网络的基础设施，进而提出创建连接至月球或火星的太空因特网计划，开始讨论新一代太空通信技术，建设太空通信平台。这一期间，研发出网速提高千倍的新技术、高保真光纤传输技术，以及一秒内下载高清晰电影的高速网络技术。特别是，研制出全双工无线网络技术，以发送线和接收线各自独立的方法，使数据在两个方向上同时进行传送操作。这样，在发送数据的同时也能够接收数据，两者同步进行，这好像打电话一样，说话的同时也能够听到对方的声音。这项技术改变了需要两个频率才能完成这一任务的状况，它使无

线网络运营商在不用新建基站的情况下，让网络吞吐量增加一倍。其他网络新技术还有：可大大提高移动自组织网效率的方法，用认知无线电系统消除网络拥堵现象的技术，用无线网络隔墙监测生命体征的技术，把无线网络信号转化为电力的技术。

为了解决网络安全和信息保障方面存在的问题，美国大力推进网络通信中的量子密码研究，取得的成果主要有：建成首个量子密码通信网络，研制出“不可破译”的量子密码，开发出量子密码分发系统样机。特别是，开发出新型量子密钥分配系统，能够以兆比特每秒的速率创建和分发加密码，比现有方法大幅度提速，即使同时运行多个系统，仍可与目前的互联网速度匹配。这项技术正在促使量子加密技术向大规模应用加速迈进。其他网络安全措施主要有：研制出可保护敏感商业信息的隐形电子邮件，通过背包代码的加密算法提高网络安全程度，开发出消除恶意网站的网络安全新工具。

四、注重开发新型电子材料与高性能元器件

（一）推进新型电子材料的研究与开发

研制出可像橡皮筋一样拉伸的金属纳米线材料，把铜线制成既可输送又能储存能量的电缆。开发出可制自旋电子学元件的磁性半导体，用原子移栽手段获得磁性半导体材料，研制出性能独特的高灵敏磁性材料，合成可替代稀土的磁性纳米材料。批量生产半导体材料砷化镓晶片，开发出砷化铟二维半导体量子膜，通过拉伸二硫化钼晶体造出能隙可变半导体。揭示塑料半导体中电荷陷阱的形成机制，开发出大分子碳结构有机半导体。研制出能耐250℃高温的新型高分子介电质，能让电子产品自我修复的聚合物材料，可降解的电子聚合物材料，可拉伸全橡胶电子材料，以及能够像橡皮筋般延展拉伸的复合电子材料。

研制出可同时操控光线和振动的晶体，兼具电学光学高性能

的光子晶体，可耐受上千摄氏度高温的光子晶体，让光线发生负折射的新型三维人工电磁介质，能使光束转弯而不衰减的材料，只给可见光一条“单行道”的超材料。发明能促进可弯曲显示屏研发的半导体墨水，可用来制造质优价廉显示屏的材料，并制成高度有序的纳米粒子阵列光学薄膜。

（二）推进高性能元器件的研究与开发

发明以纳米管为基础的固态超级电容器，研制成超强功能的石墨烯电容器，用黏土开发出高温超级电容器，研制出不含碳的全新超级电容器，并发明能使电容器储存更多能量的聚合物材料，以及高性能超级电容器材料。证实忆阻器确实存在，实现忆阻器设计重大突破，仅由忆阻器创建神经网络芯片，研制可逼真模拟突触行为的忆阻器，以及超越现有机器学习系统的忆阻器。

研制出开关频率提高千倍的石墨烯晶体管，具有卓越稳定性的石墨烯晶体管，并借助石墨烯实现原有氮化镓晶体管大幅降温。用碳素分子和塑料研制出有机薄膜晶体管，用碳纳米管和薄膜研制出可拉伸的晶体管，用碳纳米管和石墨烯纳米带研制出高效全碳晶体管。借用量子隧穿效应研发能效更高的隧穿晶体管，用低温电子技术开发全新的节能晶体管，开发出耗能少效率高的柔性硅基晶体管。用ⅢA 族元素研制新型晶体管：用氧化铟薄膜研制出透明晶体管，制成高效低耗的氮化镓晶体管，用砷化镓铟研制出全球首款全门三维晶体管，用铟镓合金研制出柔软有弹性的流体晶体管。

采用 Skylake 架构更新旗舰计算机芯片，用木材制成可降解计算机芯片，同时具备逻辑与存储功能的芯片。用石墨烯圆片制成首款集成电路，制成能从环境取电的超低能耗集成电路，研发系统故障时能自我修复的芯片，能恢复电路导电性的自我修复电子芯片。研制用碳纳米管与硅连接的芯片，超高速无线传输芯片，具备快速无线上网功能的伸展型集成电路。研制出能在硅材料上传递和控制光速的芯片，首块激光器和光栅集成的硅芯片；把石榴石整合入硅装置中制成硅基光子芯片，用光子器件与硅晶体管结合制成光子芯片，用光子器件与纳米硅基屏障制成光子芯片。研制以光造激子为基础的电路，由光子电路元件组成的光子电路。另外，还研制出瘫痪病人用脑力来控制行为的芯片，模拟人脑研制出“神经网格”集成电路，研制出首枚光子神经形态芯片及全新的光学神经网络芯片。

本书由7章内容组成，分别介绍美国在微电子及其元器件、电子元器件、光电子元器件及设备、电子仪器与设备、计算机、人工智能与机器人、广播电视与通信网络等的创新信息。本书密切跟踪美国电子信息产业领域创新活动的演进轨迹，所选材料限于21世纪以来的创新成果，其中90%以上集中在2006年1月—2017年12月的10多年期间。本书披露了大量鲜为人知的前沿信息，可为遴选电子信息方面研究开发项目和制定相关科技政策提供重要参考。

张明龙　张琼妮

2018年2月28日

目　录

第一章　微电子及其元器件的创新信息

随着集成电路，特别是超大型规模集成电路产生之后，微电子学脱颖而出，迅速成长为一门独立的学科。微电子学是探索并实施信息获取、传输、存储、处理和输出的科学，主要研究电子、离子及其他微观粒子在固体材料中的运动规律及其应用。它是一门综合性很强的学科，主要涉及固体物理学、半导体器件物理、量子力学、热力学、电子线路、信号处理、计算机辅助设计、材料科学、生物化学等多个领域。本章着重考察美国微电子基础理论与微电子元器件的创新进展情况。21 世纪以来，美国在微电子基础理论领域的研究，主要表现为提出量子状态新理论模型，进而探索量子状态、量子材料、量子设备、量子技术和量子系统等具体内容。同时探索微电子内在机理，微电子性质、功能及作用，并对微电子进行动态观察。在微观粒子领域的研究，主要集中于寻找和发现新微观粒子，揭示微观粒子的性质、功能与结构，观察微观粒子运行过程的具体表现，开发微观粒子研究的新技术和新仪器。在微电子元器件及设备领域的研究，主要集中于纳米晶体材料、二维材料、石墨烯、薄膜材料、线型材料等微电子材料，原子级、分子级、纳米级和功能型微电子晶体管，用不同材料和技术开发微电子电路，以及微电子收音机、微电子传感器、微电子电力设备、微电子机电设备、微电子制造与科研设备。

第一节　微电子基础理论研究的新进展

一、推进微电子新理论模型研究

（一）微电子新理论模型的探索信息

——提出量子状态新理论模型

2010 年 8 月，美国锡拉丘兹大学的物理学家在《物理评论快报》杂志上发表了研究成果，提出一种违反泡利不相容原理的新理论模型，拓展了量子理论和相对论，有助于理解黑洞边界的物质行为。

宇宙中可看到、闻到、感觉到的所有事物，都具有一定的可预见结构，这是由于电子围绕着原子核的旋转都是按原子能阶一层层排列的。有序结构的基本原则就是没有两个电子同时处于同样的原子能阶（量子态），即一个原子中不可能有电子层、电子亚层、电子云伸展方向和自旋方向完全相同的两个电子，这就是泡利不相容原理。该原理是以爱因斯坦相对论和量子理论为基础的。

然而，锡拉丘兹大学物理学家却提出一种违反泡利不相容原理的新理论模型，即在特定条件下，不止一个电子能同时处在相同的量子态。这一新模型，或有助于解释黑洞边界的物质行为，以帮助科学家探索建立一个统一的量子引力理论。

像元素周期表中的化学元素那样，电子以有序的方式排列在原子能阶层，这使得物质都具有稳定的结构。正是这种潜在的稳定性，使我们能在时间和空间中准确定位一个目标物体（电子、质子和中子）。然而新模型指出，在量子引力巨大的地方，时空连续统一的景象就会被打破，极大地影响原子和电子跃迁中的旋转对称，电子从一个原子能阶跃迁到另一个能阶时，泡利原理就会被打破。

研究人员表示，尽管这种影响很小，但他们正利用高精度仪器进行观察以期发现这种状态。一旦发现，这将极大地动摇当前基本物理理论的基础。根据该理论模型，违反泡利原理，在自然界存在过很长一段时间，甚至比现在宇宙的年龄更长久；或者相反，其出现频率比一次著名的“蓝色月亮”（意即不可能之事）事件更少。

违反泡利原理，还有助于理解黑洞边界的物质是什么样子，虽然尚不清楚黑洞中会发生什么，但新模型提供了关于物质在黑洞引力之下原子塌缩的线索。此外，一个违反泡利原理的世界中，化学和生物也将迥然不同。

（二）推进量子状态理论模型研究

1. 量子状态探索的新成果

（1）推进冷原子中量子存储和波动研究。2009 年 8 月，美国麻省理工学院一个研究小组在《物理评论快报》上发表的论文显示，他们在冷原子中量子存储和波动研究领域有了新突破，而这方面的技术正是设计量子信息网络的关键，这使研究向未来广域量子通信网络的最终实现，又迈出重要一步。

量子网络的世界难以用三言两语来描述。量子是一个态，而不是具体的物理量，在量子力学中，量子信息是关于量子系统“状态”所带有的物理信息，是通过量子系统的各种相关特性进行计算、编码和信息传输的全新信息方式。其最常见的单位是量子比特，也就是一个有二状态的量子系统。然而不同于经典数位状态，二状态量子系统实际上可以在任何时间表现为这两个状态的叠加态。

在这种基础上建立的量子网络，其量子态存储设备与量子信息处理设备是紧密相连的。量子网络中，每个节点由磁光阱制备的冷原子系统组成，这些原子系统就是量子存储器，而每个原子系统，跟它自己发出的一个光子，形成一个最大纠缠态。在任意两个相邻节点之间，通过对其各自发出的光子之间做联合贝尔测量，就可以把相邻的两个原子系统纠缠起来。这也就是量子网络中量子中继器的原理。

现在，麻省理工学院的研究小组已明确如何在冷原子气体中成功存储光，他们在实验中首先使该原子系统存储器，可以得到一个光子的任意偏振态传入，成功存储量子比特，随后再生出另一个具有相同偏振态的光子。这时信号只表示脉冲已被“俘获”的事实，而非偏振态细节，量子信息因此得以安全保存。

研究人员表示，其成果可用于制造量子中继器，并最终效力于量子网络的构建。而这种潜力一旦应用于扩展量子网络，就会成为判断网络操作是否成功的关键，使量子网络的世界进一步清晰。

（2）创下量子纠缠现象的一项新纪录。2015 年 3 月 25 日，美国麻省理工学院物理学教授弗拉丹·卢勒狄克领导并和他的同事，以及贝尔格莱德大学的物理学家组成的一个研究团队，在《自然》杂志上发表论文称，他们开发出一种新技术，使用单个光子成功实现了与 3000 个原子的纠缠，创下了迄今为止粒子纠缠数量的新纪录。该技术为创建更复杂的纠缠态奠定了基础，未来有望借此制造出运算速度更快的量子计算机和更精确的原子钟。

卢勒狄克说："或许你会说单个光子不可能改变3000个原子的状态，但是在新的实验中这个光子的确做到了这一点，这在以前从未有过。我们开辟了一种新的纠缠态类别。"

量子纠缠是一种奇特现象，理论上是指粒子在两个或两个以上粒子组成的系统中相互影响的现象，即使相距遥远，一个粒子的行为也会影响另一个的状态。比如两个原子组成的纠缠系统中，如果一个原子在某种力量的作用下发生顺时针旋转，另一个则会立即逆时针旋转，即便两个原子的物理距离相隔数千公里。科学家们一直在寻求方法让大量的原子实现纠缠，为功能强大的量子计算和精确的原子钟奠定基础。

如今最好的原子钟，基于原子的自然振动。由于原子的振荡，它们会和钟摆一样保持稳定的时间。原子钟中的激光，可以检测出原子的振动状态，最终确定一秒钟的长度。这种时钟就算是从宇宙大爆炸那一刻开始工作至今，误差也不会大于一分钟，可以说是现今最稳定的时钟。原子钟的精度与参与振动的原子数量成正比。常规原子钟精度是参与振动的原子数量平方根的倍数。因此，参与纠缠的原子数量越多，原子钟精度就越高。

此前，大多数量子纠缠仅限于两个原子，只有一个研究小组成功让100个原子实现了纠缠。卢勒狄克团队的新研究，成功实现了3000个原子相互纠缠，而这一切都由一个微弱、只含单个光子的激光脉冲引发。卢勒狄克说，光越弱越好，因为它不容易导致扰动，整个系统会处于一个相对纯净的量子态中。

卢勒狄克团队研究人员首先冷却原子云，让这些原子被困在一个激光陷阱中，再通过云发送一个微弱的激光脉冲。而后，他们用一个特制的探测器，寻找激光束中的特定光子，来促成这种独特的纠缠态。目前，他们正在使用单光子探测技术制造新的原子钟，希望克服所谓的"标准量子极限"，在量子态测量精度上实现突破。

这项新研究得到美国国家科学基金会、美国国防部高级研究计划局和美国空军科学研究办公室的资助。

2. 量子材料开发的新成果

（1）生产形状尺寸可控的石墨烯量子点材料。2012年5月，美国堪萨斯州立大学化学工程系维卡斯·贝里教授领导的研究小组，在《自然·通讯》杂志上发表研究报告称，他们开发成一种新方法，可生产出大量形状和尺寸可控的石墨烯量子点材料，这或将为电子学、光电学和电磁学领域带来革命性的变化。

由于边缘状态和量子局限，石墨烯纳米结构（GN）的形状和大小，将决定它们的电学、光学、磁性和化学特性。目前，自上而下的石墨烯纳米结构合成方式，有平板印刷术、超声化学法、富勒烯开笼和碳纳米管释放等。但是，这些方法都具有生产率低、形状尺寸不可控、边缘不光滑、无法轻易转移至其他基底或溶解于其他溶剂等问题。

贝里研究小组利用钻石刀刃对石墨进行纳米切割，使其变成石墨纳米块，这是形成石墨烯量子点的前提。这些纳米块随后将呈片状脱落形成超小的碳原子片，生成的 ID/IG 比值介于 0.22 和 0.28 之间，粗糙度低于 1 纳米的石墨烯结构。研究小组通过高分辨率的透射电子显微镜和模拟证明，生成的石墨烯纳米结构边缘笔直、光滑，而通过控制石墨烯纳米结构的形状，如正方形、长方形、三角形和带状等，以及尺寸（不超过 100 纳米），研究人员能够大范围控制石墨烯的特性，使其应用于太阳能电池、电子设备、光学染料、生物标记和复合微粒系统等方面。

贝里表示，新型石墨烯量子点材料在纳米技术领域具有巨大的发展潜力，他们期望能通过此次研究进一步促进石墨烯量子点的发展。

（2）设计出以光子形式释放能量传递信息的量子超材料。2016 年 5 月，美国劳伦斯伯克利国家实验室材料科学分部负责人张翔领导，加州大学专家潘卡季·嘉哈等人参加的研究小组，在《物理评论快报》杂志上撰文指出，他们设计出一种拥有自然界中没有的新奇属性的“量子超材料”，它由光组成的人造晶体及被捕获的超冷原子构成，在很多方面与晶体类似，但结构更“完美”，没有天然材料内常见的瑕疵。

研究人员表示，他们能精准定位此种光晶体内“探针”原子的位置，并使用另一种激光（近红外线）来调谐其行为，从而使原子以光子的形式按需释放出能量；反过来，这一原子能被另一个探针原子（位于同一个或不同晶格内）吸收，从而形成一种简单的信息交换。

张翔说：“对单个光子释放的增强和超快速控制是量子技术，尤其是量子信息处理的核心，以前的方案只能做到其中一点，而我们的方案可同时兼顾。”嘉哈说：“新方法使我们能控制光子释放的速度，因此，能以光学方式更快捷高效地处理和传输信息。”

这项研究成果有望把探针原子释放光子的速度，从纳秒（一秒的十亿分之一）加速到皮秒（一秒的万亿分之一），更重要的是，这一过程是“无损的”，这意味着，光子并不会像在传统材料内那样损失能量，克服了实现量子计算和信息处理面临的障碍之一。能快速释放光子，并在原子间低损耗地传输光子，是量子计算中信息处理至关重要的一步。

研究人员发现，铷原子非常适合这一研究，但钡、钙和铯原子也能被植入人造晶体内。尽管得到的人造晶体是一维的，但或许也能用此方法制造出二维、三维量子超材料晶体结构。

嘉哈强调指出：“这项研究把‘超冷原子’同超材料研究结合在一起。这种联姻解决了超材料平台面临的一些重大挑战。”张翔则表示：“这项研究，有望为量子光与超材料交互开辟新领域。”

（3）研制出全新量子材料“外尔—近藤半金属”。2017 年 12 月，英国《独立报》近日报道，美国莱斯大学和奥地利维也纳技术大学联合组成的一个研究团队，开发出一种全新的材料——“外尔—近藤半金属”，它属于量子材料这一物质类别，可用于量子计算等领域。

量子材料拥有一些很“诡异”的属性，有些属性或许可在未来的技术创新，包括量子计算等领域“大展拳脚”，不过，研究人员并没有真正弄懂这些材料的工作原理。

牛津大学量子材料科学家阿马利亚·科尔代亚没有参与研究，他在评论这项新成果时，对量子材料作出了解释：“量子材料中的‘量子’这一单词意味着，这些材料拥有一些无法由经典物理学，而只能用量子力学来进行解释的属性。一般而言，这些物质的组成成分之间拥有非常强的相互作用，我们并不知道这些物质会有什么属性，也无法预测。”

由于科学家们目前并没有相关理论工具来预测量子材料的行为，因此，一般而言，他们会先在实验室里制造出此类物质，并对其进行测量，研究其属性。

新材料的“横空出世”也是如此。在这项新研究中，维也纳技术大学希尔克·标乐帕邢研究团队对金属铈、铋、钯进行特定组合，制造出了新结构，然后，他们对这一新结构进行实验；而莱斯大学的研究团队从理论研究角度认识到，最新发现或许可以制造出全新材料。

莱斯大学研究人员表示，他们的建模显示新结构的质量，可以在电子质量的1000倍到零之间变化，这是“外尔费米子”的典型特质。外尔费米子，是科学家于80多年前提出的一种粒子。由于这些粒子产生的原因是所谓的“近藤效应”，因此他们将新材料命名为“外尔—近藤半金属”。研究人员表示，尽管目前还并不清楚新材料的属性和用途，但其无疑可用于量子计算领域。

3. 量子设备研发的新成果

（1）研制出能诱捕、探测和操纵单个电子旋转的量子设备。2007年10月，美国布法罗大学工程和应用科学学院电子工程教授乔纳森·伯德领导的研究小组，在《物理评论快报》网络版上发表研究论文称，他们开发出一种新设备。它可以简单快捷地诱捕、探测和操纵单个电子旋转，清除了一些阻碍自旋电子学和基于电子旋转的量子计算发展的主要障碍。该文章使得研发以利用单旋转为基础的高性能计算机，离现实更进了一步。

伯德说：“操控单电子旋转的任务，是一项非常令人敬畏的技术挑战。它是非常有潜力的，如果能得以克服，我们就能开发出新的纳电子学范例。在这篇研究文章中，我们对一种创新方法进行论证。它可以使我们轻松地在一种模式中诱捕、操控和探测单电子自旋。这种模式的潜力，在于它可以按比例扩展成为致密的集成电路。”

虽然，最近也有一些研究小组宣称，他们捕获单电子旋转，但他们都是利用量子点、纳米大小半导体在极冷的温度条件下（即绝对温度1度以下）论证旋转捕获的。伯德称，在日常条件下，将设备或计算机冷却到那样的温度是不可能的。它将使得系统非常容易被干扰。相反，布法罗大学研究小组捕获和探测旋转的温度约为绝对温度20度。伯德称，基于这种方法的标准，将可以用于发展可靠的技术。此外，他们开发的这种系统，需要相对较少的在半导体中控制电子流动的逻辑门，这将有助于增加测量复杂的集成电路的可行性。

研究人员通过他们创新的量子点接触，成功实现他们的目标，即研发在半导体的两个导通区域之间，控制电荷流动的狭窄的纳米级缩颈。伯德称："最近的预测显示，它应该可以利用这些缩颈，来诱捕单电子自旋。事实上，我们在这篇研究文章中，为使用量子点接触成功实现诱捕提供了证据，而且它还有可能实现电子操控。"

他们研发的这种系统，可通过有选择性地向金属门供以一定的电压，来操控半导体中的电流。这些金属门均装配在其表面。伯德解释称，这些金属门间拥有一个纳米大小的间隙，当向它们通以一定的电压时，量子点接触就会在这样的间隙中形成。

通过改变通向金属门的电压，能够对缩颈的宽度进行连续地压缩，直到它最终完全关闭。伯德解释称："当我们增加金属上的电荷时，它就会开始弥合间隙。随着电荷的增加，它就会允许越来越少的电子通过，直到它们全部不能通过。就在间隙快要完全关闭之前，当我们对这一通道进行挤压时，我们就能探测到通道内最后电子的捕获及其旋转情况。"他解释称，在那一瞬间，旋转的捕获表现为流过设备另一半的电流的变化情况。他称："设备的一个区域，很容易感受到另一区域所发生的情况。"既然布法罗大学的研究人员已经诱捕和探测到了单电子旋转，那么下一步的研究工作，就是诱捕和探测两个或更多相互联系的电子旋转。这是自旋电子学和量子计算发展的先决条件。

（2）研制出可控制量子比特自旋的"混血"纳米设备。2010 年 7 月 1 日，美国马里兰大学纳米中心物理学家欧阳敏教授领导的研究小组，在《自然》杂志上发表研究成果称，他们自主研制成的金属与半导体"混血"的独特纳米设备，可以控制量子比特自旋。

研究人员用自己研制的设备，演示了一种新的光和物质的相互作用，且在仅为几纳米的胶体纳米结构中，首次实现对量子比特自旋进行完全的量子控制，这些新进展朝着制造出量子计算机迈开更加关键的一步。

研究人员表示，这项新发现有利于加快研制与量子计算和能源生产有关的纳米设备。比如，研发出更高效的光伏电池，或促进诸如生物标志物等其他基于光与物质相互作用的技术的发展。实际上，该研究小组已经开始使用这种技术，来研发新的、转化效率更高的光伏电池。

欧阳敏小组使用化学热力学方法，在溶液中制造出一系列不同的"混血"组合物，每一个组合物都有一个单晶半导体壳，里面包裹着金属。在最新的研究中，研究人员使用这些金属/半导体“混血”而成的纳米设备，在实验室中演示一个等离子（金属发出的）和一个应激子（半导体壳发出的）之间的“可调共振耦合”。结果，这种耦合加强了光学斯塔克效应，因此，有望通过光来控制量子状态。60 多年前，科学家研究光和原子之间的相互作用时，发现了光学斯塔克效应，该效应表明，可以用光来改变原子的量子状态。

美国国家标准与技术研究院原子物理分部的加尼特·布莱恩表示，过去的几年中，很多研究人员正在研究金属和半导体组成的异种纳米设备，并使用这种纳米设备作为“纳米天线”与半导体纳米设备，以及光发射器内外的光，进行更有效的耦合。

布莱恩表示，欧阳敏领导的这项研究表明，金属纳米天线周围环绕着半导体外壳这样的纳米设备能够完成同样的目标，而且，这样的结构简单易制造，应用范围也很广。最重要的是，科学家能够通过操纵这种光和物质的耦合，对半导体纳米发射器进行相干量子控制，而量子信息的处理过程中必须实施这种控制。

欧阳敏小组认为，使用其研发出的晶体与金属“混血”纳米设备，他们能够完成这种相干量子控制。而且，新纳米设备也对晶体外延生长大有裨益。晶体外延生长，一直是制造单晶半导体和相关设备的主要方式。新方法可避免，限制晶体外延生长的两个关键因素：沉积半导体层的厚度和晶格匹配。

马里兰大学的科学家指出，新方法除了增强其“混血”纳米结构的能力外，并不需要传统的晶体外延生长所需的洁净室，也不需要在真空中才能产生的物质，因而有利于大规模生产。

（3）制成可模拟研究磁体内部电子量子行为的原子钟。2013 年 8 月 12 日，在《新科学家》杂志网络版上报道，世界上最精准的计时器原子钟，又添了一个新功能：美国天体物理联合实验室的理论家安娜·玛丽亚·雷伊领导的研究小组，可把它用作量子模拟器，来研究磁体内部电子的量子行为，以更深入地了解量子世界的奥秘。相关论文，发表在近日出版的《科学》杂志上。

物理学中有许多难以解答的问题，因为它们的基本行为受错综复杂的量子力学规则支配，比如电子之间的量子相互作用产生的磁性，就很难进行计算机模拟。目前，固体内部电子的行为，可以利用冷却到高于绝对零度（零下 273.15℃）万亿分之几摄氏度的原子进行物理建模，其比电子本身更大、更容易操控，是开展实验的理想工具。但这种手段面临的主要障碍是，超低温条件在实验室中不太容易实现。

现在，雷伊和她的研究小组在实验中偶然发现，利用原子钟是一种可以在高出几个量级的温度条件下模拟量子行为的新方法。

原子钟是通过一组原子，在两个不同能级之间的跃迁来计时的。该研究小组原本只是研究锶原子钟。当激光将能量泵入时，锶原子就会以一定的频率在基态和激发态之间振荡，也就是原子钟计时的“节拍”。为了增强原子钟的信号，研究人员尝试着增加原子的数量，但这反而降低了计时的精度，因为原子间的相互作用有时候会改变能量跃迁的“钟摆”节律。

从数学角度来说，这些原子的行为很像磁性材料中的电子的表现。电子有自旋特性，可以直观地用箭头朝上（自旋向上）和箭头朝下（自旋向下）来描述。在一个磁体中，由于电子之间的量子相互作用，所有的自旋都是指向同一个方向的，不过人们对这种量子相互作用仍知之甚少。

雷伊说，处于基态的锶原子可被用来模拟自旋向下的电子，处于激发态的原子则代表自旋向上的电子。追踪这些原子间相互作用的出现及其细节，有望为揭示磁体中电子的量子相互作用的性质提供线索。最重要的是，与通常构建的模拟电子行为的原子网络不同，原子钟可以在高于绝对零度百万分之几摄氏度这一相对温和的温度条件下工作。

没有参与这项研究的哈佛大学的米哈伊尔·卢金评论说：“这项研究可以为自旋系统的量子动力学带来基本的新见解。”这对于原子钟也是好消息，他补充说，了解原子如何相互作用，有助于打造更加准确的计时器。

（4）开发出可观察并控制量子运动的微米级实验装置。2015 年 8 月 31 日，美国加州理工学院物理与应用物理学教授基思·施瓦伯领导的韩国和德国等多国科学家参加的一个多国科学家组成的国际研究团队，在《科学》杂志上发表论文称，他们近日开发出一种新方法，能观察并控制较大物体的量子运动。研究人员指出，如果这种技术能进一步放大，有望用来寻找时空构造中的涟漪，即引力波。

在日常生活中，物体可以静止下来；而在量子世界，没有东西能真正静止。施瓦伯说："过去两年中，我们掌握了通过制冷让微米级的小物体静止的方法，让它们回到量子基态。但我们知道，即使在量子基态，仍有很小的振幅波动，或叫作'噪声'。"

从理论上讲，量子噪声是所有物体固有的一种运动，不会消失。研究团队在论文中称，他们设计了一种微米大小的装置，由柔性铝片及其面上的一层硅基质构成，当硅铝片以每秒 350 万次的频率振动时，就会与超导电路接通。利用该装置能够观察到量子噪声并控制它。按照经典力学法则，如果冷却到基态，这种振动结构会完全静止，但实验显示并非如此。当他们把弹性铝片冷却到基态时，仍有剩余能量，即量子噪声。

施瓦伯说："量子力学精确解释了电子行为，我们把量子物理学用到较大事物上，就能在光学显微镜下看见它，我们观察的不是一个而是几万亿个原子的量子效应。"

由于存在量子噪声，它就对精确测量一个物体的位置设置了基本限制，但这种限制并非不可逾越。施瓦伯解释说："描述噪声或运动的主要有两个变量。我们证明了确实能让其中一个变量的波动更小，但代价是让另一个变量的波动更大，即所谓的量子压缩态。我们在一个地方压缩了噪声，由于挤压，更多噪声转到其他地方，至于转到了哪儿，无法测量，也无关紧要。"

未来这种控制量子噪声的能力，或可用于提高有关检测的精度，如激光干涉测量引力波观测站，以寻找引力波。施瓦伯说："此项研究的目的是在更大尺度上探测量子机制，希望将来能探测到引力波。"

（5）量子模拟器研究获得新突破。2017 年 11 月 30 日，在《自然》杂志上发表了两项单独实验报告，展示了迄今受控"量子比特"（相当于经典计算机中的比特）数量最多的量子模拟器。它们可用于研究经典计算机所无法模拟的交互。

量子模拟器是一种模拟量子粒子如何交互的量子计算机形式，反过来也有助于在未来设计出更出色的量子计算机。少量单独受控的量子比特已被用于模拟分子等系统。但是，要进一步向上扩展至更大规模的量子元素集合，从而模拟更加复杂的多体量子系统一直是一个挑战。

此次，《自然》杂志发表的两项独立研究，展示了具有大量受控量子比特的量子模拟器。美国哈佛大学米哈伊尔·卢金领导的研究团队，使用了 51 个里德堡原子；马里兰大学克里斯托弗·梦露带领的研究团队，使用了 53 个囚禁离子研究 Ising－型量子磁体的相变——简化的量子交互“玩具”模型。两支团队都观察并探究了粒子向有序状态的转变，带来了关于经典方法，无法描述的多体交互的认识。以上发现，或可为研究更大规模系统中的量子动力学和量子模拟，提供一个平台。

4. 量子技术研究的新成果

（1）实现原子间单量子能量交换的方法。2011 年 2 月 23 日，美国国家标准技术研究院物理学研究员坎顿·布朗主持的研究小组，在《自然》杂志上发表研究成果称，他们首次在两个分隔的带电原子（离子）之间，建立直接运动耦合，实现原子之间的单量子能量交换。这一方法简化了信息处理过程，可用于未来的量子计算机、模拟技术和量子网络中。

研究人员解释说，他们让两个铍离子在电磁势阱中振荡进行能量交换，这一交换中是以最小能量单位量子来进行的。这意味着离子被“耦合”在一起，表现出像宏观世界中如钟摆、音叉那样的“和谐振荡”，做重复地来回运动。

实验利用了一种单层离子势阱，并将其浸在液氦浴中冷却到零下 269℃。离子之间相隔 40 微米，漂浮在势阱表面。势阱表面装有微小电极，让两个离子靠得更近，以便产生更强的耦合作用。超低温度可以抑制热量，避免扰乱离子行为。研究人员在势阱上放了振荡脉冲来检测铍离子频率。

研究人员还用激光制冷减弱两个离子的运动，再用两束反向紫外激光束将一个离子进一步冷却到静止状态，调节势阱电极间的电压，就开启了耦合作用。经测量，离子的能量交换每 155 微妙仅有几个量子，而达到单个量子交换时频率更低，间隔为 218 微秒。从理论上讲，离子之间这种能量交换过程能一直持续，直到被热量打断。

布朗说：“首先，一个离子轻微振动而另一个静止，然后振动传给了另一个离子，它们之间的能量运动，是一个最小的能量单位。我们可以调节耦合作用，影响能量交换的速度和程度，还能控制耦合作用的开启或终止。”用电极电压来调整两个离子的频率，让它们离得更近，耦合作用就开始了。当两个离子频率最接近时，耦合作用最强。由于正电荷离子之间的静电作用，它们之间倾向于互相排斥。耦合使每个离子都具有了两个电子的特征频率。

在未来的量子计算机中，上述技术可用于解决量子系统的复杂问题，破解当今使用最广的数据加密编码。不同位置的离子直接耦合可以简化逻辑运算，有助于校正运算过程错误。该技术还可能用于量子模拟，以解释复杂量子系统如高温超导现象的原理机制。

研究人员还指出，类似的量子交换作用，可以用来连接不同类型的量子系统，如离子和光子，在未来的量子网络中传递信息，如势阱中的离子可以在超导量子比特（昆比特）和光子比特之间作“量子转换器”。

（2）开发出一种可及时纠错量子状态的新方法。2013 年 1 月 15 日，物理学家组织网报道，美国耶鲁大学应用物理与物理研究教授米歇尔主持、弗雷德里克等学者参加的一个研究小组，在《科学》杂志上发表研究成果称，他们成功开发出一种新方法，既可以观察量子信息，同时还能保持其完整性，这将给量子力学研究提供更大的控制权，以纠正随机错误，并将极大地提升量子计算机的发展前景。

研究人员说：“盯着一个理论公式是一回事，能够真正控制一个量子对象是另一回事。这项实验是量子计算过程中必不可少的一次彩排，可以真正积极地理解量子力学。”

在量子系统中，信息是由量子比特来存储的。量子比特可以假定为“0”或“1”两个状态，这两个状态在同一时刻是叠加的。正确认识、解释和跟踪它们的状态，对于量子计算非常必要。但通常情况下，监视量子比特会损害其信息内容。

新开发的这种非破坏性的测量系统，可以观察、跟踪和记录一个量子位所有状态的变化，同时保持量子比特的信息价值。研究人员说，原则上，这将允许其监视量子比特的状态，以纠正随机错误。

米歇尔说：“具有与量子比特对话的能力，并且听到它在告诉你什么，这就是关键所在。量子计算机一个主要问题，是量子比特存储的信息‘寿命’有限，并持续衰减，所以必须予以纠正。”

弗雷德里克说：“只要你知道过程中发生了什么错误，就可以修正。这些错误基本上是可以撤销的。”

该研究团队现在可以成功地测量一个量子比特，未来面临的挑战是一次测量和控制更多的量子比特。他们正在开发基于此目的的超高速数字电子技术。

（3）发现使光子进行多维度量子纠缠的新方法。2015 年 6 月，美国加州大学洛杉矶分校科学家谢振达领导的研究小组，在《自然·光子学》杂志上发表论文称，他们发现了使光子发生多维度纠缠的新方法，这一方法可以使光子的数据传送量实现数倍提升。

爱因斯坦曾把量子纠缠描述为“幽灵般的超距作用”，因为这一现象看起来十分不可思议：在纠缠态中，即使两者距离很远，一个粒子发生了什么，另一个粒子也会瞬间发生同样的事，而且这一过程是超光速的。量子纠缠允许用户通过某种网络系统传送数据，而且立即知道数据是否安全送达，因此在安全通信领域大有用武之地。

在之前的研究中，科学家发现光子通常会在量子属性的一个维度进行纠缠，也就是它们偏振的方向。多年前，美国麻省理工学院杰弗里·夏皮罗教授曾提出量子可以在多个维度进行纠缠的假设。在新研究中，研究人员发现可以利用光子的能量和旋转等量子属性，使量子在多个维度进行纠缠，并证实了光子之间的量子纠缠确实是高维的、多自由度的。

研究人员将超纠缠的光子发送到双光子频率梳中，使这些发生纠缠的光子分成多个更小的部分。在纠缠过程中，光子可以被加密或编码，并通过光缆系统进行数据传送。每增加一个纠缠的维度，一对光子传送的数据量就会翻倍，因此如果一对光子在五个维度上纠缠，传送的数据量就是只在一个维度进行纠缠时的 32 倍。

这种新方法主要从波分复用方法延伸而来，波分复用通常用来在一条光缆上同时传输多个视频数据。谢振达说：“我们发现在单个光子水平上也可以使用光子频率梳。”这一研究实际上是在量子水平上运用了波分复用的概念。

该研究结果，可以保证以最小误差传输更大容量的数据，在量子云通信和分布式量子计算等方面，都有很好的应用前景。另外，医疗机构、政府数据通信、金融市场、军队通信等多个领域，均可从中受益。

（4）可能带来LED照明新时代的量子点新技术。2015年8月26日，美国电气和电子工程师协会《光谱》杂志网络版报道，量子点已经对LED技术产生了广泛的商业影响，现在，改善其制造步骤并提高利润是研究领域的重点。近日，美国俄勒冈州立大学化学工程副教授格雷格·赫尔曼主持的研究团队，在《纳米颗粒研究》杂志上发表论文称，他们近日开发出一种新的量子点制造技术，不仅能保证所造量子点的大小和形状始终如一，还能进行更精确的颜色控制，可能意味着LED照明新时代的来临。

报道称，该研究团队运用了一种叫作“连续流”的化学反应器。化学物质被持续地放入反应器中并产生了连续的LED照明。这种连续流装置让制造LED照明的过程更加廉价、快捷，而且具有高度延展性。与此同时，他们用微波来加热试剂，解决了在化学反应中如何对温度进行精确控制的问题。这种微波装置跟你在家里用的微波炉的运行原理差不多。

研究人员相信，这种方法将为LED照明领域带来巨大改变。由于这种方法可以制造大小和形状始终如一的量子点，其灵活性保证了制造者可以生产具有多种用途的量子点。小一些的量子点可以释放绿光，大一些的量子点可以释放橙色到红色光。

研究团队认为，跟其他的量子点制造技术相比，他们的精确制造方法可以带来更好的颜色控制。赫尔曼说：“我们可能最终会制造出低成本、高能效的LED照明，而且能达到人们所想要的白光灯的效果。”

赫尔曼解释道：“同时，这种技术使用非毒性材料，并大大减少材料的浪费，这会降低制作成本、保护环境。与LED照明系统中通常使用的镉相比，量子点使用的铜铟联硒化合物材料对环境更加友好。”研究人员表示，通过这种方法制造的量子点，可为光学、电子和生物医学等多种领域，提供了另一种“廉价”的选择。

（5）发现量子态隐形传输的有效方法。2015年10月，美国、日本和加拿大科学家组成的一个国际研究团队，在《自然·光子学》杂志上发表论文称，他们研究发现，基于不同协议和底层结构的混合方案，或是量子态隐形传输的最有效方法。

量子态隐形传输是量子计算、量子通信、量子网络乃至量子互联网的一个重要组成部分。量子互联网的理论虽有提议，但科学家仍在争论，哪种技术能提供最有效和最可靠的隐形传输。该国际研究团队，在对围绕量子隐形传输的各种主要实验方法及其优缺点，进行评估后发现，没有一种单独的技术可提供完美的解决方案。

例如，使用光子量子位的系统工作距离可超过 143 公里，但大约只有 50% 的信息可被传输。要解决这个问题，该光子系统必须与目前仅限于短距离传输的连续可变系统（传输率 100%）配合使用。最重要的是，基于隐形传输的光通讯，需要带有合适量子存储器的接口，以存储和进一步处理量子信息。

研究人员表示，目前尚不存在一种理想的或通用的量子态隐形传输技术，因此需要依赖于一种混合方案来集成每种可用技术的优势。利用量子隐形传输作为量子网络的构建模块，取决于量子存储器的集成度。开发出好的存储器，才能创建量子中继器，从而延长隐形传输的传输范围，同时实现在本地量子计算机上对传输的量子信息进行存储和处理。

研究人员称，改进后的混合体系结构，或将最终形成量子互联网的基础，该混合体系将依靠基于隐形传输的远距离量子光通信，及用于量子信息处理的固态器件接口。

（6）发现在超导材料内传输量子信息的方法。2016 年 10 月，美国哈佛大学，保尔森工程与应用科学学院物理学教授阿米尔·亚柯比带领的研究团队，在《自然·物理学》杂志上发表论文称，他们成功实现在超导材料内传输电子自旋信息，掌握了传输量子信息的方法，从而克服了量子计算的一大主要挑战。这项成果的新突破，将为构建量子传导装置奠定基础。

电子不仅只有所带的电荷能传递信息，其不同的自旋态也携带着信息。电子的“向上自旋”和“向下自旋”可以分别作为“0”和“1”用于量子信息处理，但遵循量子力学原理的电子不只有这两种自旋方向，它能够沿着任何方向自旋。如果将所有这些自旋方向同时利用，将构建出更强大的新型量子计算机。目前在物理学分支自旋电子学领域，科学家们热衷于捕获和测量电子自旋，并试图构建基于自旋的电子门和电路。

超导材料因其电子运动不会消耗任何能量，成为科学家们研制能耗很少的量子装置的最佳选择，但相关研究长期以来，也面临一大难题：超导材料内流动的库伯电子对轨道完全对称，两个自旋方向会完全相反，最后自旋动量相互抵消变成零，因此不能传输电子自旋信息。

现在，亚柯比研究团队构建出简单的超导装置，找到了控制超导体材料中流动电子自旋的全新方法。他们构建的超导装置是一种三明治结构，上下两个外层为超导体，会赋予夹层非超导材料碲化汞与外层接近的超导性。在这种超导装置内，电子对轨道对称性被打破，自旋不再反对称（即自旋方向不再相反），而是沿不同方向交替自旋。

研究团队现已能够测量不同位点的自旋动量，并能调整电子对的自旋动量总和。亚柯比表示，新研究将为量子信息储存打开全新可能，三明治结构独特的超导性，能也将带来全新的量子材料。

5. 量子系统探索的新成果

（1）量子系统创51个量子比特新纪录。2017年7月18日，据《新科学家》杂志网络版报道，美国哈佛大学科学家米哈伊尔·卢金领导的研究团队在莫斯科国际量子技术大会上宣布，他们已经制造出迄今最强量子系统，其拥有51个量子比特，能模拟一种化学反应，研究原子间相互作用。此前，谷歌公司在4月份曾强势宣布，将在2017年年底打造出49个量子比特的量子计算机。

与传统计算机运用二进制（0和1）记录信息不同，量子计算机使用量子叠加态描述信息，拥有传统计算机无法比拟的超级计算能力。但现有量子计算机只能在传统计算机上进行模拟，目前最高只能模拟42个量子比特，而只有超过49个量子比特，量子计算机才能成为超越二进制的超级计算机。

谷歌公司正在研制的49个量子比特量子系统，都是使用极端低温状态下的电子利用超导性储存信息。而卢金介绍说，他们设计了一种全新方法，用激光把铷原子“圈禁”起来，使铷原子在激光束内振动，让每个铷原子创建一个量子位，从而构建出51个量子比特的新系统。

卢金表示，他们的新量子系统是一种量子模拟器，只能用来构建一种特定的化学反应式，研究原子间相互作用及药物在人体内的作用效果。如果需要另一种化学反应式来进行科学研究，必须从零开始重建一个新的量子系统，这些量子模拟器虽然没有量子计算机复杂，但仍需花费巨资创建。这与谷歌量子系统能构建多种研究模型相比，还存在差距。

（2）量子系统模拟分子再创纪录。2017 年 9 月，美国 IBM 公司一个研究团队在《自然》杂志上发表研究成果称，他们探索量子计算机方面获得一项重大突破：利用其研发的全新算法，成功地在 7 量子位系统中模拟出氢化铍（BeH_2）分子，是迄今量子系统模拟的最大、最复杂分子，打破了以往纪录。这项研究意味着，用小型量子系统研发新药和各种新材料指日可待。

当今超级计算机能模拟氢化铍和其他简单分子，并已在物理学和化学领域广泛应用。但模拟分子面临的最大挑战是计算化合物的基本能态，即必须模拟出每个原子内每个电子与其他所有原子的原子核间相互作用，这种相互作用遵循的是微观层面的量子力学原理，对传统超级计算机来说，模拟出这些量子特性的分子结构不仅要消耗大量能量，而且随着分子内原子数增加，模拟愈加困难。

科学家于是把目光投向量子计算机，认为它能克服传统计算机无法解决的难题。但量子计算机非常敏感，其准确性通常会受到温度或电磁场等波动的影响。此研究之前的纪录是，用 3 个量子位模拟出氢气这一结构简单的分子。

IBM 研究团队的新成果打破了这一局限。他们利用其开发的全新算法，在特定金属超导体制作的 7 量子位系统中，计算出氢化锂（LiH）、氢气（H_2）和氢化铍的最低能态，并模拟出这 3 种分子。其中氢化铍为迄今在量子系统中模拟的最复杂分子，创造了量子系统模拟的新纪录。

研究人员表示，长期以来人们认为，量子计算机在数据传输和加密等领域的应用，还需很长时间才能实现，但新研究将目光从物理学转向化学领域，使量子系统有望率先在发现新药和新材料中发力。现有成熟量子计算机，已经达到 20 个量子位，只要开发出更复杂的算法，就能模拟出包含数十个原子的复杂分子。IBM 已经通过云服务公开其 16 个量子位计算机和各种量子化学算法，并呼吁化学界研究人员利用这些工具，进行模拟分子的研究。

二、微电子运行机制及控制研究

（一）微电子运行机制研究的新信息

1. 微电子内在机理研究的新成果

（1）发现与超导并存的超绝缘现象。2008 年 4 月，美国、俄罗斯、德国和比利时研究人员联合组成的一个研究小组，在《自然》杂志上发表研究成果称，他们在温度接近绝对零度和强磁场状态下，从氮化钛薄膜中发现了超绝缘现象，奇怪的是，超绝缘现象是由超导现象引起的。

1911 年，荷兰物理学家卡茂林·昂尼斯意外发现，把汞冷却到 −268.98℃时，汞的电阻会突然消失，从而首次发现了超导现象。

1957 年，美国伊利诺斯大学的巴丁、库柏和斯里弗提出了著名的“巴库斯超导量子理论”，他们认为，在超导态金属中电子以晶格波为媒介相互吸引而形成电子对，无数电子对相互重叠又常常互换搭配对象形成一个整体，电子对作为一个整体的流动产生了超导电流。由于拆开电子对需要一定能量，因此超导体中基态和激发态之间存在能量差，即能隙。这一理论的提出使超导研究进入了一个新的阶段。

1962 年，剑桥大学实验物理研究生约瑟夫逊提出，在超导结中电子对可以通过氧化层形成无阻的超导电流，这个现象称作直流约瑟夫逊效应。

超导现象研究中上述三次重大发现，与近期该联合研究小组的发现比较，表面上看，虽然研究结果相反，但从整体上看是一致的。

研究人员把氮化钛薄膜冷却到接近绝对零度的状态，也就是说符合约瑟夫逊效应，在这样的薄膜上外加直流电后发现，电流无损耗地经过薄膜，薄膜中产生了超导现象。但具有约瑟夫逊效应的氮化钛薄膜只是一种理想模型，实际上的薄膜是一种微小尺寸的颗粒结构，在低温环境下颗粒是一种超导磁畴，并被绝缘区包围。

研究人员把薄膜置于 0.9 特斯拉（为地球磁场 2000 倍）的强磁场、温度为 70mK（K 为绝对温度）的环境中后发现，薄膜的表现就像普通的绝缘体一样，但当温度降低到 20mK 后发现，电流急剧接近零，也就是电阻无限增大。原来，这里发生了量子现象，出现了与超导完全相反的现象：超绝缘。虽然这很奇怪，但超绝缘效应在实验中与超导现象同时存在，因为磁畴仍然具有超导性。

超绝缘现象的稳定性如何？众所周知，当温度高于临界温度、外界磁场高于临界场和外加电流高于临界电流的情况下，超导现象将被破坏。研究发现，在某些状态，超绝缘现象也存在类似的情况。

研究人员指出，尽管上述研究目前只是基础研究，但该超绝缘现象的实际应用非常重要，它能解决一系列化学电源上的重大问题。

（2）揭示晶界阻碍高温超导体内电流流动。2010 年 7 月，美国佛罗里达大学物理学教授彼得·赫希菲尔德与 5 位其他机构的研究人员组成的研究小组，在《自然·物理》杂志网络版上发表论文认为，晶界（grain boundaries）是阻碍高温超导体内电流流动的原因。

当 20 世纪 80 年代末首次发现高温超导体后，科学家便认为高温超导体将给人类带来效率极高的磁悬浮列车和其他革命性的技术。然而，科学家的预期并没有得以实现。赫希菲尔德研究小组在题为《晶界如何限制高温超导体内超导电流》的文章中，首次精确地阐述了陶瓷高温超导体的原子结构是如何阻碍电流流动的。

高温超导陶瓷导线由一排排原子组成。然而，在排列时，每排原子间存在着微小的晶格歪斜。这如同一张方格纸与另一张方格纸叠加时，纵横线没有完美对齐那样。在原子排相交的地方，电荷会出现堆积团，从而阻断电流的自然流动。超导体中分离原子排的晶界阻扰电流的观点，首次恰当地表述了超导体难以实现其潜能这一困扰实验物理学家 20 多年的现象。

在研究中，该研究小组的主要贡献是，构思和创立了与观察非常吻合的数学模型。赫希菲尔德表示，他们获得了抽象化的单晶界理论模型，该模型能够应用于所有这样的晶界结构。同时，他认为，虽然他们的理论模型为研究人员解释过去和未来的实验结果提供了更好的手段，但是该模型却不能帮助找到消除晶界阻碍电流流动的途径。然而，研究人员希望他们的模型，在今后能够促使人们开发出晶界限制性小些的高温超导体，从而让人们朝着实现超导体潜能的方向更进一步。

（3）揭示量子自旋液体的存在机理。2011 年 8 月 8 月 12 日，美国马里兰大学伯克分校联合量子研究所、美国国家标准与技术研究院，以及乔治敦大学联合组成的一个研究小组，在《物理学评论快报》杂志上发表研究成果称，他们揭示了物质的量子状态自旋液体的存在机理，有望加深科学家对超导性的理解。

自旋液体不是人们能触摸到的物质，它像一个有序排列的原子阵列内的磁无序状态。自旋是所有磁现象的关键。例如，在铁磁铁中，原子自旋采用同样的方式排列。而在反铁磁铁中，原子的自旋方向会上下改变，20世纪80年代发现的高温超导材料就是如此。

研究人员表示，可能存在着更复杂、更令人感兴趣的磁排列，它可能会产生量子自旋液体。比如，有一个等边三角形的反磁铁，每个角上都有一个原子自旋，其中一个自旋向上，一个自旋向下，那么第三个原子采用什么方向自旋呢？它不可能同时与前两个方向相反，因此，物理学家用"挫败"来描述所有需求无法得到满足的情况。这种"挫败"现象随处可见，一个"挫败"自旋系统的妥协，是同时存在很多自旋方向，量子系统允许出现这种叠加状态。

在新实验中，研究人员研究了当"挫败"现象，出现于一种具有六边形晶胞网格的物质中时所发生的情况。物质内的原子通过各自的自旋相互作用。距离最近的原子之间交互作用的强度用J1表示；次近的原子之间的作用力用J2表示。科学家们让六边形晶格中的原子相互作用，观察并计算了可能会出现的状态。

研究人员发现，就像温度变化会使水以不同形态存在一样，自旋之间交互作用的强度，也会发生变化，形成"万花筒"似的多样状态。其中一种状态被证明为无序的量子自旋液体，当J2为J1值的21%到36%之间时，"挫败"诱导自旋进入无序状态，整个样本同时存在着数百万种量子状态。

研究人员表示，很难想象一个微小的二维物质，能同时以如此多状态存在，人们应把自旋看成像粒子一样自由运转的实体，即自旋振子。它会结合在一起，就像水分子结合成液态水一样，因此得名量子自旋液体。而且，它与金属内部发生的情况类似，在金属内部，大多数原子的外层电子会离开其"宿主"原子，在金属内漂移，好像它们组成了液体。

2. 微电子性质研究的新成果

（1）破解磷酸二氢铵似于磁体的特有铁电性。2007年10月，有关媒体报道，美国佛罗里达州立大学的研究人员最近揭开一个困扰科学界长达70年的秘密，发现了磷酸二氢铵独特性质的原因，能帮助制造更强大的计算机内存和激光。

磷酸二氢铵拥有一些特殊的电特性，早在1938年就被发现了，但在近70年时间里，人们一直不知道其中的原因，令科学界感到困惑。

磷酸二氢铵和其他许多晶体一样，表现出铁电性。铁电材料类似于磁体，在特定温度下拥有正负极，能在外部电源移除后长时间保持其电荷状态，这使其很适合于用来储存和传输数据。

磷酸二氢铵作为铁电材料，目前广泛用于计算机内存、光纤、激光和其他光电领域。然而，让科学家感到困惑的是：它经常表现出特殊的反铁电性。磷酸二氢铵出现反铁电性现象时，晶体内一层分子拥有正负极，而下一层电荷则与之相反。整个晶体内一层层分子电荷彼此相反。

研究人员运用超级计算机进行大量高度复杂的计算，先从理论上改变铵离子的角度，然后测量它对磷酸二氢铵晶体电特性的影响。结果发现化合物中铵离子的位置，以及晶体中压力和缺陷的存在，决定了它是否表现出铁电性和反铁电性。

这一研究有两个重要作用：一是有助于我们设计新的同时具备铁电和反铁电性的材料，从而促使计算机内存技术提升，推进量子计算机发展。二是寻找到测试材料的新方法。利用超级计算机，研究人员可对不同条件下材料的反应进行快速测试，这其中大部分是无法在实验室里进行的。

（2）发现碳化硅晶格缺陷可变成量子比特。2011年10月，美国加利福尼亚大学圣芭芭拉分校自旋电子及量子计算中心主管、物理学教授大卫·奥斯卡洛姆和研究生威廉姆·凯尔等人组成的研究小组，在《自然》杂志上发表论文称，他们发现碳化硅中包含的晶格缺陷，可以在量子力学水平被操控作为一种室温下的量子比特来使用。这一发现使碳化硅有望成为下一代信息技术的核心，广泛应用于电子工业，探索超快计算、纳米传感等量子物理领域。

在传统半导体电子设备中，晶格缺陷是一种瑕疵，它们会把电子“陷落”固定在特殊晶格位上。但研究小组却发现，在碳化硅中，被晶格缺陷“陷落”的电子，能以某种方式初始化它们的量子态，通过一种光与微波辐射结合的方式，能对其进行精确操控和测量。这意味着，每个晶格缺陷都符合量子比特的要求，作为一种量子力学模拟晶体管来使用。

奥斯卡洛姆介绍说："我们期待把这些不完美的瑕疵变得完美而实用，而不是让晶体变得完美有序，把这些瑕疵作为未来量子技术的基础。"

大部分材料的晶格缺陷都没这种属性，这和材料的原子结构及半导体的电子特征密切相关。目前，已知的唯一拥有相同特征的系统，是钻石中的氮晶格空位中心。由氮原子取代了碳原子及邻近晶格空位导致，也能在室温下用作量子比特，而其他物质的量子态要求接近绝对零度。但氮晶格空位中心的钻石很难生长，给制造集成电路带来很大困难。

相比之下，商业中用的高质量碳化硅晶体直径能达到几英寸，很容易用在各种各样的电子设备、光电设备和电动机械设备中。研究人员指出，碳化硅晶格缺陷适用于红外光，其能量和目前整个现代电信网络所用的光很接近。未来的集成量子设备，有着精密的电子和光学线路，这些独特的性质让碳化硅成为最有吸引力的候选材料。

威廉姆·凯尔说："我们的梦想是能自由设计量子机械设备。就像城市工程师能按照载荷能力、跨度设计桥梁一样，希望有一天量子工程师能按照量子纠缠度、与环境相互作用度等规格指标，来设计量子电器设备。"

（3）揭示铁电纳米材料亚原子结构及性质。2012 年 7 月 8 日，美国能源部布鲁克海文国家实验室物理学家朱毅梅、韩永建等研究人员与劳伦斯伯克利国家实验室等研究人员组成的研究小组，在《自然·材料》杂志上发表研究成果称，他们利用电子全息摄影技术，拍下铁电纳米材料亚原子结构，并揭示了它的性质。研究人员指出，这是迄今拍下铁电亚原子结构最小尺度，有助于理解铁电材料的性质，扩大其研发和应用，研发新一代先进电子设备。

这种电子全息摄影术能以皮米（10^{-12}）精确度，拍下材料原子位移所产生的电场图像。朱毅梅说："这是我们第一次看到原子的确切位置，并把它和纳米粒子的铁电现象联系起来。这种基础突破不仅是技术上的里程碑，也为工程应用带来了可能。"

铁磁材料日常生活中随处可见，这种材料本身有磁偶极距，指向北极或南极。这些偶极距自身趋向于排列整齐，由此产生了吸引和排斥的磁化作用。通过外加磁场翻转磁化作用，就能操控这些材料。

铁电材料与铁磁材料同族，它们在分子尺度也有偶极距，但是正负电极而不是磁极，通过外加电场也能翻转这种电极。这种关键特征来自材料内部亚原子层面的不对称和排列现象。在新研究中，研究人员首次通过透射电子显微镜将这种现象拍摄下来。

目前的磁性存储设备，如大部分计算机中的硬盘，是通过翻转内部磁矩（对应于计算机二进制代码 1 或 0），将信息“写入”铁磁材料。而铁电存储是通过电场把材料的两种电极状态结合起来，转化为代码，在计算机上写入和读出数据信息。而最终在效率上，铁电材料有望胜过铁磁材料。

铁电材料把信息存储在更小的空间，几乎是从微米下降到纳米。在纳米级别，每个粒子都是一个比特。但要扩展到应用设备上，必须知道怎样压缩它们才不会牺牲内部电极。理论上这是非常困难的，研究人员解释说，实验所演示的电子全息摄影术，能确定各种情况下的所需参数。

该研究揭示了单个铁电粒子能保持电极的稳定性，这意味着每个纳米粒子能作为一个数据比特。但由于它们存在边缘场，还需要一些活动空间（约 5 个纳米）才能有效操作。否则可能在扩展到计算机存储中时，不能保持代码完整性而破坏信息。韩永建说：“铁电材料能提高存储密度，每平方英寸铁电材料制成的电子设备存储的信息达到兆兆字节，新技术让我们离设计制造这种设备更进一步。”

3. 微电子功能及作用研究的新成果

（1）确定磁性在产生高温超导体中起关键作用。2006 年 7 月 6 日，美国商业部国家标准与技术研究所中子研究中心、田纳西大学和橡树岭国家实验室联合组成的一个研究小组，在《自然》杂志上发表论文认为，磁性激发对高温超导体的功能大于振动的功能，磁性涨落是高温超导体中电子配对，并使电流不受电阻作用的关键因素。

这个发现将推动高温超导的应用，例如存储于分布电能的无损系统，高速通信中的超导数字路由器，以及其他效率更高的发电机与电动机。

（2）发现布基球可提高闪存效能。2008 年 4 月，美国研究人员发现，把布基球应用于手机和数码相机等的存储介质——闪存，可使闪存在低压下工作。这样不仅节省电能，而且可以延长闪存使用寿命。布基球是60个碳原子组成的球面形笼状分子结构，以往发现它在催化、超导、新材料诸方面有重要用途。

美国纽约科内尔大学的研究人员首次把分子电子学原理应用于非易失性存储器之一的闪存。研究人员通过把布基球加入到闪存结构中，增强了闪存在数据读写或删除数据过程中的电流，这样在写入或删除数据时就只需较低的电压。非易失性存储器能够在断电情况下保存其存储的数据，闪存是其中的一个代表。

目前，闪存的主要瓶颈是电压问题。闪存在写入或删除数据时，要求相对较高的电压，但这种电压又会损伤闪存电路，缩短其使用寿命。研究人员说，将布基球应用于闪存后，有助于延长闪存的使用期限。

（二）微电子控制技术研究的新信息

1. 铁磁体磁化控制研究的新成果

发现用超快热导可操控铁磁体的磁化。2015年6月8日，物理学家组织网报道，美国伊利诺伊大学厄巴纳－香槟分校材料科学与工程系主任大卫·卡西尔教授领导，该校材料科学与工程系博士周江民为主要成员的研究小组，在《自然·物理学》杂志上发表论文称，他们揭示了一种新的物理机制，研究人员可通过这种物理机制用热来操控磁的形成。与传统磁场不同，新机制依赖热能传输，为人们提供了一种在纳米尺度操控磁化作用的新途径。

据报道，研究人员制作了一种多层的金属自旋阀结构，包含两个磁层和一个传热层。卡西尔教授说："当热流通过第一层磁性材料时，会产生电子自旋分离。我们的研究就是利用了这一点。利用这种形成磁性双极流的过程，我们能操控第二磁层的方向。"

周江民说："我们利用由超快热导引起的自旋流，来产生自旋转移力矩。自旋转移力矩是一个铁磁体从导电到磁化的自旋角动量的转移，让人们能用自旋流而不是磁场来操控纳米磁铁。"通常情况下，用电流通过磁层才能产生自旋转移力矩，他们证明存在一种用强热流来产生自旋转移力矩的机制，这一机制主要由自旋依赖的塞贝克效应驱动。塞贝克效应是一种热电现象，同一电路中两种不同材料之间的温度差会产生电压。自旋依赖的塞贝克效应，则是指在一个铁磁体中自旋电子产生的类似现象。

在金属自旋阀结构中，研究人员用皮秒（万亿分之一秒）激光脉冲，制造一种强超快热流，对热自旋转移进行了量化。这种热流达到每平方米100GW（吉瓦），持续约50皮秒。卡西尔说："热驱动自旋流的符号和数值，可以通过铁磁层的成分和传热层的厚度来控制。"

在纳米自旋器件中，自旋和热的耦合产生了新的物理现象，由热传输驱动的自旋转移力矩能为人们提供一种操控局部磁化的新方法。卡西尔说："用热流分离电子自旋的物理机制与热电偶作用和热发电机有关，热发电机能为深空探测器提供电力。在热电设备中，热流会引起电荷分离，这种电荷分离可用于检测温度，也可用来供电。"

2. 超快电子控制研究的新成果

发现能在几飞秒内操控电子的新方法。2016年1月，美国麻省理工学院物理学副教授贾里罗·海瑞罗领导的研究小组，在《自然·物理学》杂志上发表论文称，当硅或石墨烯表面受光照后，其内一些电子会激发到高能态，在几飞秒（千万亿分之一秒）内快速完成一连串反应。而他们找到一种新方法，能在光激发电子的前几飞秒内操控石墨烯中的电子。这种超快电子控制技术能在高能电子互相碰撞之前改变它们的方向，最终有望研制出更高效的光伏装置和能量采集设备。

该研究小组在以往实验中曾设计过一个极薄的"三明治"微装置，上下两层是石墨烯，中间是一层绝缘氮化硼。通过改变电压和光照强度，他们发现，特定的电压和波长的光照能在中间层产生较强电流，这表明高能电子在上下石墨烯层之间实现了隧穿且没有损失太多能量。

研究人员说，他们在新研究中，观察到微装置电流随着电压和光波长的改变而变化。用光照射上层石墨烯时，能在几飞秒内调节电流。施加不同的电压和不同波长的光，能引导高能电子停留在上层分散能量，或者隧穿氮化硼到达下层与其他电子碰撞分散能量。他们还根据实验结果绘制了不同电压和光波长的组合表。

海瑞罗说："通常你只能在大约1000飞秒之后开始行动，而这时超快反应已经发生过了。我们能在几飞秒内，在高能电子与其他电子互动之前，决定它们去这里还是那里。"如果你想让电子从一层跳到另一层，但只有蓝光子，就必须用这种电压；如果有绿光子，你就有更多电压可选。研究人员指出，这种超快控制可能来源于石墨烯本身的性质。因为石墨烯是极薄的单原子层，电子不用跳得太远。哈佛大学物理学教授菲利普·金说，这一成果为实现基于石墨烯结构的新型光电子与能量采集设备迈出了重要一步。

三、微电子动态观察的新信息

（一）直接观察微电子的动态状况

1. 直接观察纳米尺度下磁性原子的相互作用

2006年7月27，美国爱荷华大学、伊利诺斯大学和普林斯顿大学组成的一个研究小组，在《自然》杂志上发表论文称，他们直接观察到，半导体芯片上间距小于一纳米的两个磁性原子间的磁相互作用。这项成果使研究人员离实现高级半导体芯片的目标又近了一步。这种芯片将利用电子的自旋性质来处理信息，也就是自旋电子学。

伊利诺斯大学物理与天文学系教授米纤尔·傅莱特说："根据自旋电子学，一块计算机芯片可以完成处理数据和长时间存储数据的任务，而不用CPU和硬盘来分别实现。而且数据处理过程可以更快，能耗更少。"

大约20年前，IBM的研究人员们发现普通的半导体材料砷化铟，在掺入极少量磁性原子后在低温下显示出磁性。他们掺入的磁性原子是锰，那之后其他的磁性半导体迅速涌现。手机中使用的磁性半导体材料砷化镓掺入锰原子后呈磁性，但是也要在－88℃才有效。为了在未来的计算机芯片中得到应用，像砷化镓锰等磁性半导体材料，必须在更高的温度下纯净地实现，而且阻抗要小。

傅莱特说："在纳米尺度下实现磁相互作用将有利于设计出更好的磁性半导体材料，以及它们在电子工业中的应用。"他与伊利诺斯大学助研唐建明预言了磁相互作用可以通过扫描隧道显微镜成像。

傅莱特与唐建明预言，磁性相互作用强烈地依赖于半导体的晶格结构。一些位置相互作用很强，而另一些地方却很弱。锰原子掺入砷化镓后会出现在很多不同的晶格上。在统计上观察两个相隔不到一纳米的锰原子是很困难的。

傅莱特研究小组采取的是一种完全不同的方法来观察磁相互作用。他们一次只在纯净的砷化镓中掺入一个锰原子。普林斯顿大学物理教授阿里·雅兹达尼说："利用扫描隧道显微镜的探针，我们可以一次只在基底材料上移动一个原子，在用金属原子替代它的位置，这样基底材料就有磁性了。"这是科学家们首次对原子尺度的半导体材料进行操作。

扫描隧道显微镜与普通的光学显微镜很不同，它有一个非常精确的点状探针。探针可以在材料表面扫描，通过电场的变化来探测材料表面结构。但是雅兹达尼的实验室发现带电探针可以用来提取单个镓原子，然后用锰原子替代它的位置。

通过掺入锰原子，研究人员们创造出一个原子尺度的实验室，它能对芯片中原子和电子相互作用进行精确成像。该研究小组利用他们的新技术，发现锰原子的最优化排布与傅莱特和唐建明的预言一致。

傅莱特指出，接下来需要把这项新研究的结果用于芯片技术中去，可是利用扫描隧道显微镜制造出大面积的高质量砷化镓锰却并不太现实。但是从锰原子的最优化排布中学到的经验，可以用于其他的磁性半导体材料的生长技术中去。

2. 观察到原子"自旋对称性"的首个直接证据

2014 年 8 月，美国实验天体物理联合研究所理论学家玛丽亚·雷伊与实验学者叶军等人组成的研究小组，在《科学快讯》杂志上发表研究成果称，他们观察到了原子的磁性性质，即原子核自旋存在对称性的首个直接证据。这项最新成果极具现实意义，例如，能让科学家模拟并更好地了解表现出超导效应（电流无阻力）或庞磁电阻效应（在磁场作用下电流急剧变化）等性质的特殊材料。

要证明量子对称性，需要观察关键属性能否在交换、旋转或映像等各种状态下保持不变，比如物质和反物质就表现出了基本的对称性。研究人员使用了一个原子钟来探测自旋对称性。叶军说："自旋对称性可对材料科学产生非常强烈的影响，因为它会导致量子物质出现很多意外的行为。我们的原子钟性能非常好，使得我们能够探究这种在非常小的能量尺度上的相互作用，及其基本对称性。"

据报道，该原子钟由被激光囚禁的 600 个到 3000 个锶原子制成，锶原子拥有 10 个合理的角动量，而这些会影响原子磁性行为的角动量是随机分布的。研究人员分析了两个电子能级上原子的相互作用，也就是原子的碰撞。这两个电子能级受原子核自旋态的影响，代表了原子钟的“滴答”。在大多数原子内，电子和核的自旋态是耦合的，因此原子的碰撞同时受电子和核的状态支配。但该研究小组预测并证实了，在锶原子中，这种耦合会消失，碰撞不由核的自旋态决定。

在原子钟内，所有原子的电子态都趋同。研究人员使用激光和磁场来操控核自旋，并观察到，不论角动量是多少，当两个原子具有不同的核自旋态，它们会始终以相同的强度猛烈碰撞；而如果核自旋态相同，它们的碰撞会弱得多。

叶军解释说：“此处的自旋对称性意味着，原子的相互作用在其最基本层面上是与核自旋态无关的。但有趣的是，虽然核自旋并不直接参与电子介导的相互作用过程，但它仍然控制着原子在物理上如何彼此接近。这意味着，通过将两个原子的核自旋调整为相同或不同，我们可以控制原子的相互作用。”

这项新研究加深了对美国实验天体物理联合研究所此前实验记录的原子钟内原子碰撞的理解。研究小组正在规划的下一步实验，将设计特定的自旋条件，以探究一个大的原子集合的量子动力学。

3. 直接观察到材料内部原子的扩散现象

2014 年 10 月 14 日，美国能源部田纳西州橡树岭国家实验室专家罗宾·米什拉、安德鲁·鲁皮尼等人组成的研究小组，在《物理评论快报》杂志上发表研究成果称，他们第一次直接在大块材料的内部观察到原子的扩散现象。这项研究可被用来对新材料的有效期和特性等进行史无前例的洞察研究。

米什拉是范德比特大学教师，现在橡树岭国家研究室材料科技分部做访问学者。他说：“这是首次直接观察到单个掺杂剂原子在材料内部四处游移。”传统意义上，通过非肉眼观测或理论计算等方式，可以对原子扩散现象进行研究，而单原子扩散显现在材料的表面也被直接观察到过。但直接观察到内部原子的运动尚属首次。

组成现代电子器件的最基本物质是半导体，它通常需要掺杂一些其他原子，从而改变特性以适应特殊需求。对掺杂的原子以及它们在一块基质晶格中移动或扩散的研究，成为材料科学中一个重要的基础性课题。

鲁皮尼说："扩散现象掌控着掺杂剂如何进入到材料中，以及掺杂剂如何运动。选择何种掺杂剂来保证器件持续更长寿命？我们这项研究能帮助做出战略性的决定。"新研究可以直接应用在基础材料的设计上，诸如在节能发光二极管光源技术中，掺杂剂的使用可以影响颜色，而原子运动可能决定失效模式。

此外，这次实验还令人吃惊地用理论计算方法预测出，氮化铝中掺杂的铈原子，比掺杂的锰原子运动要快。令人吃惊之处在于，铈原子比锰原子要大一些。鲁皮尼说："大的、更重一些的原子运动速度快于小的、更轻的原子，这太反常了。"

事实正是如此。研究人员用一台扫描投射电子显微镜，观察作为掺杂剂的铈原子和锰原子的扩散过程。捕获的图像显示，大一些的铈原子稳定地扩散到材料中，而更小的锰原子仍然胶着在原地。

（二）通过影像或实验观察微电子运动状况

1. 首次拍下单个分子照片

2009 年 8 月，《每日邮报》报道，IBM 公司项目首席科学家利奥·格罗斯领导格哈德·梅耶等研究人员参与的研究小组，首次拍摄到单个分子的照片，而一个分子要比一粒沙小上百万倍。借助原子力显微镜，研究人员把单个并五苯分子的照片呈现在人们面前。在照片中，并五苯分子看起来像蜂巢一般，呈栅格状。

格罗斯说："这是首次拍摄下一个分子内所有原子的全家福。"照片显示了并五苯分子的原子连接方式。并五苯常用于太阳能电池制造。它的分子结构呈矩形，是一种有机化合物，由 22 个碳原子和 14 个氢原子组成。

在科学家拍摄的并五苯分子照片中，5 个六边形碳环结构清晰可见，甚至环绕碳环的氢原子也能看到。事实上，并五苯碳环之间的间隙非常狭小，只有 0.14 纳米，是一粒沙子直径的百万分之一。

梅耶说："如同医生利用 X 光为病人的内脏和骨骼拍照一样，我们通过原子力显微镜为原子结构拍照，这是组成单个分子的主干。"IBM 苏黎世研究中心的研究小组表示，这一科研成果具有重要意义，对纳米科技将会产生深远的影响。

对单个分子观测拍照，除了要用到最为先进的原子力显微镜外，还必须在 -268℃的真空环境中进行。之所以这样做，是为了避免“来回游荡”的空气分子影响到测量和摄像的准确度。

梅耶说：“我们从事这项研究的最终目的，就是希望能在分子电子学上取得突破。这样我们将来就能制造出尺寸超小，但是速度堪比超级计算机的芯片，甚至制造出能放在针尖上的芯片也不是没有可能。”

2. 测试确认电子运行中表现为球形

2013 年 11 月 11 日，美国趣味科学网站报道，美国耶鲁大学的戴维·德米勒、哈佛大学的杰拉尔德·加布里埃尔斯，以及英国帝国理工学院的强尼·哈德森领导的研究团队，最近对电子内部电偶极矩的研究，虽然没有任何新收获，但证伪了一些广受欢迎的物理学理念，包括超对称理论。

该研究团队对电子形状进行了最灵敏测试，而电子形状研究有助于科学家们发现潜伏着的“物理学新理论”。传统观念认为，电子为球形，但如果它们有偶极矩，就会被轻微压扁，呈椭圆形。哈德森解释说：“偶极矩是物理学家们描述电子是否对称的技术手段。”

粒子物理学标准模型预测，电子的电偶极矩为零。然而，涵盖了一些还未被探测到的粒子的理论则预测，电子的电偶极矩大于零。50 多年来，科学家们一直在搜寻这个大于零的电偶极矩。尽管最新研究的灵敏度为 2011 年类似实验的 10 多倍，但仍然没有在电子内部发现电偶极矩的信号，新研究表明，电子在 10～29 厘米内仍为球形。

这些实验探测的是电子的量子属性。量子力学原理指出，包括电子在内的所有粒子都会引发一团粒子云在其周围持续不断地出现或消失，如果粒子物理学标准模型涵盖了一切粒子，那么，粒子云中的粒子将是普通粒子。但如果还有其他未被发现的奇异粒子存在，它们应该出现在电子周围的粒子云中，导致粒子云失去对称，也即导致电偶极矩。

为了找出这种不对称，科学家们让一氧化钍内的电子（其质量和特殊属性会使其晃动看起来更明显）旋转，以便测试电子为球形还是椭圆形。球形的台球会平滑地旋转，但椭圆形的鸡蛋则会晃动。拥有电偶极矩的电子也是如此，但科学家们没有发现任何晃动迹象。

新结论给了很多新物理学理论（尤其是超对称理论）沉重的一击。超对称理论认为，宇宙中已知的粒子都有一个还未“现身”的与其超级对称的“双胞胎”。哈德森表示，如果这些“双胞胎”粒子真的存在，那么，它们就应该出现在电子周围的云内，使电子拥有能被测量到的电偶极矩。

不过，科学家们也表示，尽管这一理论的很多基本模型已被最新研究证伪，但更复杂的模型可能预测了小的电偶极矩或许潜伏在物理学家们仍然没有研究到的范围内。他们将继续进行类似的研究，希望找到目前还未被发现的信号。

第二节　微观粒子研究的新进展

一、寻找和发现新微观粒子

（一）搜索费米子的新成果

1. 发现神秘莫测的马约拉纳费米子

2014 年 10 月 8 日，美国趣味科学网站报道，普林斯顿大学物理学教授阿里·雅达尼领导的研究小组宣布，他们已经找到了马约拉纳费米子。据悉，这是一种神秘莫测的粒子，它由物质和反物质组成的，已经困扰物理学家 80 年了。找到这种粒子，不仅有助于量子计算机的研制，还有助于科学家们进一步弄清暗物质的性质。

物理学家们认为，每个粒子都有自己的反粒子，它们的质量相同，但电性相反。马约拉纳费米子却是个例外，其反粒子就是自身，而且呈电中性。物理学家们认为，当物质和反物质相互碰撞时，它们会相互湮灭。但 1937 年，意大利理论粒子物理学家埃托雷·马约拉纳提出，可能存在着一种由物质和反物质组成的粒子，不过，科学家们一直都没有发现其蛛丝马迹，直到现在。

捕捉到这种神秘莫测的粒子，并非易事。为此，雅达尼研究小组使用一款有两层楼高的望远镜，来对准一个只有几个原子长的一段细铁丝。他们将铁丝置于一大块铅上，并将其冷却到接近绝对零度的 −272℃。极冷温度在铅中制造出了超导状态，铁丝产生的磁场和铅产生的超导性之间的平衡产生了马约拉纳费米子，它在铁丝的两端盘旋。雅达尼解释道：“因为铁丝足够长，物质和反物质能分居两端，当物质和反物质无法相互‘交流’时，它们可以独立存在，不会彼此湮灭。”

借用这种巨大的望远镜，研究人员探测到了来自铁丝两端的中性信号，数十年的研究和计算已经证明，这是马约拉纳费米子的关键信号。雅达尼研究小组的实验，建立在加州大学圣巴巴拉分校物理学教授阿列克谢·基塔耶夫提出的一个理论基础上。2011 年，基塔耶夫预测，某种特殊类型的超导状态将产生马约拉纳费米子，而且，这种粒子将出现在一条线的两端。

马约拉纳费米子也是迄今还未被科学家们发现的暗物质的备选粒子。科学家认为，组成暗物质的粒子很难探测，可能也不会同周围的环境相互作用，就像马约拉纳费米子。

2. 实验显示外尔费米子可能“栖息”在铱基磁材料中

2016 年 6 月，美国能源部橡树岭国家实验室科学家斯图尔特·考尔德主持并和他的同事，以及田纳西大学专家参加的研究小组，在《自然·通讯》杂志上发表研究成果称，他们通过中子衍射实验和 X 射线实验得出的结论显示，神秘莫测的外尔费米子（Weyl fermions）可能“栖息”于铱基磁性晶体结构中。这项研究成果，或将有助于量子计算机的发展。

1929 年，德国物理学家魏尔曼·外尔首次提出，存在着一种无质量的粒子——外尔费米子，其独特属性有助研究下一代电子设备和量子计算机。直到 2015 年，科学家们才首次在实验室观察到外尔费米子。研究人员一直在寻找可供其栖身的其他材料，希望将其独特的属性应用于自旋电子学以及量子计算机等领域。在最新研究中，科学家对一种铱基材料进行研究，并证明外尔费米子的出现需要满足两个条件。

考尔德表示：“这些粒子的一举一动像电子，但速度比电子快，因为它们没有质量。所有电子设备都基于电子，如果用外尔费米子代替电子，从原理上说，将得到运行速度更快的设备。”

研究人员在位于橡树岭国家实验室的高通量同位素反应堆进行了中子衍射研究，弄清楚了一个拥有黄绿石晶体结构的铱基材料的磁序。他们发现，它拥有一个“全进全出”的磁序，这是此类物质包含外尔费米子的两大条件之一。

第二个条件是强烈的轨旋耦合效应，这一属性描述了电子的自旋以及围绕原子的运动之间的关联。一般而言，拥有更多电子的大原子的轨旋效应更强，但该材料中的锇尽管重且密度大，其电子构型被认为会消除轨旋效应。研究人员使用位于阿贡国家实验室的先进光子源的 X 射线分析方法，获得了这种锇黄绿石材料内存在强轨旋耦合的证据。

不过，考尔德也强调，最新研究并非锇材料存在外尔费米子的直接证据，但它的确表明，此类材料是外尔费米子的一个潜在的栖息地。

（二）寻找和发现其他微观粒子的新成果

1. 探测到冷聚变中的高能中子

2009 年 3 月 23 日，《电子工程时报》杂志网络版上发布消息说，在当天举行的美国化学学会年度会议上，美国、意大利和日本等国的科学家宣布，他们已经在实验室证实了冷聚变。

冷聚变是指在相对低温（甚至常温）下进行的核聚变反应，这种情况是针对自然界已知存在的热核聚变（恒星内部热核反应）而提出的一种概念性“假设”。如果室温条件下的聚变反应能够实现商业化，我们就可以用海水中提取的重氢来生产丰富的核能。

1989 年，科学家马丁·弗莱许曼和史坦利·庞斯提出了这一“假设”，接着，犹他州州立大学制订了一个全球计划来发展这项技术。弗莱许曼和庞斯宣称，他们在一个电解槽内获得了冷聚变，但其他科学家发现他们的实验无法重复。

冷聚变的理论假设是，当对氘核进行电解时，分子被融进氦气内，释放一个高能中子，科学家已经探测到了大量热量，然而没有人探测到释放出来的中子。

在会议上，美国圣地亚哥海军空间和海洋作战部队系统指挥中心的帕梅拉·莫希伯斯表示，问题在于测量仪器无法检测出这么少量的中子。为了感应这样小的质量，她使用了一个特定的塑料探测器 CR－39。该探测器由镍和金的合金组成，将其插入一个氯化钯和氘的混合物中，这个探测器能捕捉和追踪高能中子。

该塑料探测器捕捉到了许多微小的距离很近的小坑，莫希伯斯说：“这是中子存在的确凿证据，证明室温下可以出现聚变反应。”

与会的其他研究人员也提交了冷聚变的证据：意大利国立核物理所的

安东尼拉·尼洛说，他发现了大量的热量和氦气；日本北海道的研究人员称，他们也发现了大量的热量和伽马射线释放出来的证据。

目前，这些研究人员都在进行进一步的探索，希望能够更好地理解冷聚变过程，并尽快进行商业化应用的相关开发。

2. 发现兼具磁性和导电性的“超级原子”

2009 年 6 月，美国弗吉尼亚联邦大学物理系教授什夫·康纳博士领导研究小组，在《自然·化学》杂志网络版上发表研究成果称，他们发现了一种同时具有磁性和导电性的“超级原子”。这种含有 1 个钒原子和 8 个铯原子的原子簇十分稳定，将来可能被用于制造下一代计算机的分子电子器件。

研究小组经过一系列的理论研究后，测定由多个铯原子围绕一个钒原子所组成的原子簇的电学和磁力学特性。结果发现，当铯原子数量达到 8 个时，原子簇变得十分稳定。这种“超级原子”有 5 个玻尔磁子的磁矩（磁矩是描述微观粒子磁性的物理量），是磁铁中铁原子的两倍多。康纳表示，锰原子也具有类似的磁矩，同样也具有可以紧紧束缚住电子的电子层，因此，“超级原子”可以被看成是一个模拟的锰原子。

康纳指出，铯是良好的导电体，因此，这种“超级原子”就具有了磁性和导电性两大物理特性。而同时具有磁性和导电特性的物质具有重要的应用价值，可能导致分子电子学领域的重大发展，有望广泛用于永久资料存储器、致密集成设备、高速数据处理器等产品设备的制造。

目前，康纳研究小组正在对由两个“超级原子”组成的分子进行初步研究，并取得一些令人鼓舞的结果，有望应用于自旋电子学领域的研究。

此外，研究人员还指出，结合锰原子和金原子可制造出另一种具有磁矩但不导电的“超级原子”。这样的“超级原子”可能在生物医学领域，如传感器、医学成像和药物释放等方面具有潜在的应用价值。

3. 发现有助于研制新量子机械的巨大里德伯分子

2009 年 8 月，美国俄克拉荷马大学物理系的詹姆斯·夏佛博士，以及该校物理系和天文学系研究人员组成的研究小组，在《自然·物理》杂志上发表的论文称，他们发现了巨大的里德伯分子，其分子键的大小与红细胞相当。由于里德伯原子是基于量子计算体系的原子的关键部分，因此确定里德伯分子如何相互作用非常重要。

巨大的里德伯分子是在两个里德伯原子相互作用时形成的。里德伯原子是一个价电子，被激发到高量子态的高激发原子。其价电子距原子实（原子核和其余的电子）很远，能级结构类似于氢原子，俗称巨原子或胖原子。里德伯原子具有许多奇异的特性，如半径大、结合能小及寿命长等，因此被当作探针用来进行基础研究和多方面的应用。

两个里德伯原子距离极近时，可形成一个巨大的里德伯分子，这是因为电子环绕原子核的轨道运动所产生的波动、起伏可在另一个里德伯原子的位置生成一个电场，使两个里德伯原子发生相互吸引。而外加的电场可改变电子的运动轨迹，并引发两个里德伯原子间作用力的变化。这种通过电场改变电子运动轨迹的能力，正是控制分子属性的关键所在，诸如结合能量和振动频率等。通过附加电场使电子发生变化，并适应这些分子的属性，也是一种独特的性质。

里德伯分子的性质，使其成为探测量子气体、电磁场性质，以及里德伯分子间如何相互作用的理想候选。夏佛博士表示，新一代的量子机械装置，将基于微电子结构和材料科学的进展，并将独立原子体系的最佳性质予以融合。对于上述问题的理解，将引导学界离新一代量子装置的研制成功更近一步。

4. 在石墨烯表面激发出等离子体振子

2012 年 6 月 21 日，美国加州大学圣地亚哥分校物理系教授迪米特里·巴索夫领导的研究小组，在《自然》杂志网络版上发表研究报告说，他们借助红外线光束，沿石墨烯表面激发出电子波，并证明他们能通过简单的电路，控制这些被称为等离子体振子的振荡波的长度和高度。

这是首次在石墨烯上观察到等离子体振子，也是在无法使用光的紧密空间内，利用等离子体振子进行信息处理的重要一步。就像光能够通过光纤携带复杂的信号一样，等离子体振子也能被用于传输信息。但等离子体振子仅能在更紧密的空间里携带信息。巴索夫说：“每个人都怀疑等离子体振子会不会出现，但眼见为实，我们拍摄的图像能够证明它们的传播，以及外界对其的控制。”

为了制造这套设备，研究人员从石墨中剥离出石墨烯，并把它放置在二氧化硅芯片上揉搓。随后把红外线激光照射在石墨烯表面以激发等离子体振子，并利用超灵敏的原子力显微镜悬臂对这些波进行测量。

虽然发射的波基本无法测量，但当它们到达石墨烯的边缘时，能够反射出像水波纹一样的波。从边缘返回的振荡将增加或抵消随后而来的波，创造出独特的干涉图样，从而揭示出这些波的波长和振幅。此外，科学家还能通过控制附着在石墨烯表面的电极以及芯片下的纯硅层形成的电路，来改变干涉图样。

研究人员表示，因为光的波长就有数百纳米，因此不可能将光限制在纳米级别内。但利用光却能激发长度范围在100纳米左右的表面等离子体，其能以超高的速度从芯片的一边穿越至另一边。科学家称，这是测量到的最短的等离子体振子波长之一，然而这种波却可以像它们在黄金等金属中传播得一样远。与基于金属的等离子体振子不同，石墨烯等离子体振子能够按需进行调整。

通过监控石墨烯等离子体振子，研究人员能够了解电子在这种新形式的碳中发挥什么作用，其基本相互作用又将如何管控它们的特性。巴索夫强调说："石墨烯光电子学与信息处理非常具有前途，我们希望此次的研究能为未来相关技术的发展提供帮助。"

5. 四夸克粒子家族迎来新成员

2016年2月25日，费米实验室官方网站报道，费米实验室DZero团队的科学家发现了一种由底、奇、上、下四味不同夸克构成的四夸克粒子，该粒子有望自成一派，成为一种新的粒子"物种"。

夸克有6种类别或"味"，包括上、下、顶、底、奇、璨夸克。每个夸克都存在一个反物质"伴侣"。一般情况下，两三个夸克组成亚原子粒子，比如介子由正反夸克组成；质子和中子则由三个夸克组成。

过去60年间，科学家们已经发现了数百个夸克二重奏和夸克三重奏。2003年，参与日本贝尔实验的科学家们首次发现了一种X（3782）粒子，被列为四夸克粒子的候选者。从那时起，科学家们发现了数个不同的四夸克粒子候选者，这些四夸克粒子都包含有至少两个相同的味，但这次发现的新粒子X（5568），是首个包含四种不同夸克味的四夸克粒子，因此，其可能自成一派。

DZero 实验是费米实验室万亿电子伏特加速器的两大实验之一，尽管该加速器已在 2011 年荣休，但团队仍在继续对以前碰撞产生的数十亿次事件进行分析。2015 年 7 月，科学家们首次发现了 X（5568）粒子的线索。

DZero 联合发言人德米特里·丹尼索夫说："刚开始，我们并不相信它是一种新粒子，但经过多次再确认之后，我们开始相信，我们看见的信号无法用背景或已知过程来解释，而是一个新粒子存在的证据。"DZero 另一位联合发言人保罗·格兰尼斯说："接下来我们需要厘清这四种夸克是如何结合在一起的。"

费米实验室负责人奈杰尔·洛克耶说："四夸克粒子家族这一独特成员的出现，将帮助理论学家们建立模型，通过测量 X（5568）粒子的衰变方式或自旋等属性，科学家们将刷新对四夸克粒子的理解，并进一步揭示让夸克紧密结合在一起的强作用力。"

二、微观粒子机理研究的新成果

（一）微观粒子性质研究的新信息

1. 声子性质探索的新进展

（1）实验首次证实声子具备磁性。2015 年 3 月 24 日，美国俄亥俄州立大学纳米技术和机械工程学教授约瑟夫·贺尔曼斯领导的研究小组，在《自然·材料》杂志上发表论文称，他们近日在一次实验中证明，声子是一种具备磁性的粒子，能够在传送声音的同时传导热量。这在相关领域尚属首次，为人们对声波的认识增加了一个新的维度。

声子这个词听起来很像光子。因为科学家们认为它们是两个表兄弟：光子是光粒子，声子则是晶体结构集体激发的准粒子。自爱因斯坦发现光电效应后，全世界的科学家对光子的研究持续了 100 多年。声子却被冷落了，所以与此相关的研究也相对较少。

贺尔曼斯说："当人们得知热量和声音之间还有什么关系的时候，都会感到非常惊讶，更别说它们都能通过磁场被控制了。但其实从量子力学角度看，两者都是通过能量来表达的。因此，控制其中的一个，另一个也会被控制。从本质上讲，热即是原子的振动，材料温度越高，原子振幅越大。同样声音也是一种振动。人们能够听到声音，也是空气振动传导的结果。这项研究表明，声子也是具备磁性的，并且我们相信，这种特性存在于任何固体当中。也就是说，只要有足够强大的磁体，无论是玻璃、石材还是塑料，这些以往没有磁性的材料都能够通过磁场来进行控制。”

但实验的难度在于，必须要有足够强的磁场和足够低的温度，因为只有这样才能使材料中的原子运动，减速到声子能够参与的程度。像此次实验中所使用的7特斯拉的磁体和低至－268℃的低温环境，除了医院和实验室外都是没有的。

在如此低的温度下对热量进行测量，是一件非常棘手的工作。新研究的解决方法，是用一小块锑化铟半导体，制造出一个外形独特的音叉。这个音叉的一边宽4毫米，另一边宽1毫米，底部还安装有一个微型加热器。

这个装置能够正常工作，完全要归功于半导体在低温下的独特性质。通常情况下，材料的热传导性能完全取决于构成它的原子。但在极端低温条件下，另一个因素开始起作用，即被测试样品的尺寸。在这种条件下，与较小的样本相比，较大的样品可以更快传递热量。这意味着，音叉较宽的一侧会传递更多的热量。

贺尔曼斯解释说，可以将音叉想象成一个跑道，声子是一个个运动员，它们从音叉的基座奔向音叉的两臂。选择窄道的运动员，由于空间狭窄，相互之间会发生碰撞，因此速度也会比较慢。而那些选择较宽跑道的运动员，因为空间充裕所以速度更快。

正如研究人员所预期的那样，在未施加磁场的情况下，音叉较宽的一侧能够传递更多的热量。但在施加磁场的情况下，热量经由音叉较宽一侧的传导速度减缓了12%。研究人员由此得出结论：声子一定是受到了磁场的影响，产生了相互碰撞导致了热量传递速度的减缓，声子应该是具备磁性的。这一说法，同时也得到了计算机量化模拟实验的证实。

贺尔曼斯说：“我们的研究，已经表明人们可以引导磁热，借助足够强大的磁场，未来我们或许还能引导声波。”下一步，研究小组将测试用磁场是否能使声波发生转向。

（2）发现“声子隧道”是热量流动的新方式。2015年4月，物理学家组织网近日报道，热量如何从一个物体传递到另一个物体？通常我们会想到，热传导和热辐射。近日，美国一个微电子研究团队发现“声子隧道”是热量流动的一种新方式。

热量流动的经典方式，确实是热传导和热辐射：热传导是存在物理接触的物体之间热量流动的过程，比如烧在火炉上的一壶茶水；热辐射则描述了热量在远距离之间的流动，比如太阳发射出的热量。这两种基本的热量传递过程，解释了热量在微观和宏观距离之间的转移。但是对科学家而言，搞清楚热量在亚纳米级的间隙中如何流动，一直是个大难题。

据报道，该研究团队凭借新的热量传递模型，解释了间隙小于 1 纳米的物体之间的热量传递过程。他们发现，在亚纳米级的间隙中，热量并不通过热传导或热辐射进行流动，而是通过所谓的“声子隧道”。

声子是晶体点阵中的原子在振动时产生的能量单元。例如，一粒食盐晶体中包含像网格一样排列的钠原子和氯原子，这些原子会一起振动，并制造出能够在晶体点阵中传递热量的机械波。

科学家通常认为，这些机械波或声子只能在物体内承载热量，无法在物体之间传递热量。但是，最新研究发现，声子可以穿过亚纳米级的间隙，像“钻隧道”一样，从这个物体到达另一个物体进行热量传递。

这个发现要得益于研究人员依据格林函数和微观麦克斯韦尔方程组，设计出的新型热量传递模型，该模型允许研究人员对每个原子的电磁场进行测量。借助这个模型，他们探究了两个距离为 1 纳米的氯化钠晶体点阵之间的热量传递过程。按照经典理论，原子振动或声子无法在超过几个原子的距离中进行热量传递，但实验发现，原子的磁场合力可以为声子“搭桥”，让它们通过并传递热量。

在过去几十年中，科学家一直试图解释，热量在更小的距离之间是如何传递的。有几个研究团队曾在实验中测量了几十纳米间距中的热辐射过程。然而，当测量的间距调得越来越小时，研究人员开始怀疑现有理论的有效性：现有的模型大多基于热辐射理论，而这种理论却抹去了热量在原子之间传递的细节。

参与该项研究的研究人员称，热量在亚纳米级间隙中的传递，一直缺乏合理的理论解释，而运用新设计的热量传递模型发现的“声子隧道”，则填补了这个空白。

2. 其他微观粒子性质探索的新进展

（1）“称”出三个最轻夸克的质量。2010 年 5 月，美国康奈尔大学文理学院院长彼得·勒佩吉领导的一个研究小组，在《物理评论快报》杂志上发表研究成果称，他们以超细微的误差幅度，成功计算出三个最轻的夸克：上夸克、下夸克和奇异夸克的质量。此项研究把夸克质量的误差幅度从10～20倍降低到了百分之几。

有科学家认为，所有的亚原子粒子都由三个夸克组成，夸克是组成质子和中子的基本粒子。质子由两个上夸克和一个下夸克组成；中子由两个下夸克和一个上夸克组成。夸克本身“体态轻盈”，非常难以“捉摸”。

100 多年前，科学家就知道了质子的质量，但是要获取质子内的单个夸克的质量，一直是困扰科学界的一个难题。夸克存在于与其他夸克、反夸克以及胶子等粒子组成的“夸克汤”中，经由强作用力混杂在一起，由于它们之间的作用力太过强大，以至于科学家很难将夸克隔离开来单独研究。

勒佩吉解释说，为了确定夸克的质量，首先必须充分了解它们之间的强作用力。研究人员利用大型超级计算机来解决这个问题。超级计算机使科学家得以模拟质子等基本粒子中的夸克和胶子的“言行举止”。

勒佩吉表示，夸克之间的质量差异大得惊人。最轻的是上夸克，其质量只有一个质子的 1/470；最重的是顶夸克，其质量是质子的 180 倍，与整个铅原子的质量差不多。

勒佩吉研究小组最终成功计算出三个最轻的，也因而最难捉摸的夸克的质量。上夸克的质量约为 2 兆电子伏（MeV，能量单位）；下夸克的质量约为 4. 8 兆电子伏；奇异夸克的质量约为 92 兆电子伏。

勒佩吉称，它们的质量为什么会有如此大的差别，目前依然是理论物理学面临的巨大难题之一。事实上，连夸克为什么有质量也还是个未解之谜，或许欧洲大型强子对撞机可以告诉人们答案。

（2）希格斯粒子赋予其他基本粒子质量有了证据。2014 年 7 月 16 日，物理学家组织网报道，世界最强大的粒子加速器大型强子对撞机（LHC），其超环面仪器（ATLAS）实验，日前报告了可用来测试希格斯粒子机制的第一个证据，正是这一机制，让希格斯粒子可以赋予其他基本粒子以质量。这一机制的出现，比希格斯粒子的产生本身更为罕见。此发现到目前为止与标准模型的预测一致。

希格斯粒子被认为是其他粒子形成质量的基础。在标准模型中，所谓希格斯机制就是指一种很简单的、生成质量的机制，能够使基础粒子获得质量。这一机制可以解释，为什么费米子、W 玻色子、Z 玻色子具有质量，而光子、胶子的质量为零的问题。

具体来说，希格斯机制应用自发对称性破缺来赋予规范玻色子质量。实现希格斯机制最简单的一种方式，是标准模型中必须有一个标量粒子，即希格斯粒子出现。

报道称，美国能源部布鲁克海文国家实验室、劳伦斯伯克利国家实验室、密歇根大学和德国德累斯顿技术大学组成了特定的研究团队，从两年前就已开始分析工作。物理学家安德鲁·帕雷尔在今年稍早时间召开的一次量子色动力学与高能交互会议上提交了初步报告，他此次领导并合作分析了超环面仪器的实验数据。他描述这一结果的罕见性，是“100 万亿个质子与质子的对撞中只有 1 个会产生这一事件”，而更复杂的是，仅仅找到这个事件并不足够，还需要观察其生产率是否高于预测。

因此，研究人员仔细检查了数十亿由大型强子对撞机产生的质子对撞结果，不敢放过一个事件信号，而衰变产物可以让他们像神探福尔摩斯般推断事件中究竟发生了什么。现可以“敲定”的共基于 34 个观察事件，互动率测量也与标准模型预测保持良好一致。

据帕雷尔描述，目前对撞机的数据在现行理论预测之中，信号建立的显著性水平为 3.6 西格玛，已是一个强有力的证据。这个结果是微弱背景波动的概率非常低，约为六千分之一，但科学家们希望收集到更多的数据来减少不确定性，增加显著性水平。

通过测量这一机制，也让科学家们可以检查希格斯粒子的“工作方式”是否正如他们所希望的那样。除了希格斯机制外，亦有大量的模型试图解释基本粒子的质量来源，现在既可以为标准模型做一个基本测试，也能为新物理打开一扇窗口。帕雷尔将其比喻成指纹学——就像现已有了一个预测的指模，如果测量的指纹与其匹配，那么我们可以得到希格斯粒子的工作机制；如果背离预测结果，那我们也可以得到其他物理机制的参与。

在 2015 年 3 月，大型强子对撞机将恢复数据采集并提高能量——以 13TeV 取代目前的 8TeV，收集的数据将是当前可用数据 150 倍，进一步帮助科学家对希格斯粒子的研究从“台前”深入到“幕后”。

（3）提出中微子很可能是一种超光速粒子。2014 年 12 月 26 日，物理学家组织网报道，最近，美国乔治·梅森大学退休物理学家罗伯特·埃利希在《天文粒子物理学》杂志上发表论文称，再次提出中微子很可能是一种超光子，即超光速粒子；而他是基于一种比测速度更灵敏的方法，来检测它们的质量的。

以往人们曾多次提出中微子超光速，最近一次就是 2011 年的“奥佩拉”实验。意大利研究小组检测了从欧核中心传送至“奥佩拉”传感器的中微子，提出其速度比光要快一点点。但重复检测时却发现，结果出了错：这是一根光缆松了造成的。

据报道，埃利希假设超光子有一个假想质量，或一个负质量的平方。这种假想质量粒子有着奇特性质，在损失能量时反而会加速。中微子假想质量的数量级在 0. 33ev（电子伏特），或电子的百万分之一的 2/3。他用了 6 种不同的观察，包括宇宙射线、宇宙学和粒子物理学，所有方法都在误差幅度内推导出了这一数值。

如果存在超光子，就会和相对论产生矛盾。早在 1962 年，印度裔美国物理学家乔治·苏达山主持的研究小组就提出了“超光子”概念作为相对论的一个漏洞，而爱因斯坦认为，对粒子（或宇宙飞船）来说，加速到光速或超过光速是不可能的，因为所需的能量会无限大。而苏达山研究小组提出，即便如此，如果在粒子对撞中，最初产生的新粒子超过了光速，就无须加速或无限大能量。

在超光子概念提出后的几十年，许多科学家努力寻找它们而无果。到 1985 年，乔多斯、豪瑟和考斯特莱基等三位理论科学家认为，超光子可能就藏在人们的眼皮底下，中微子就是超光子。他们提出，当质子以足够高的速度飞向我们时，可能会发生 β 衰变。一般这种情况是不可能发生的，这会让质子无法保持能量，但如果中微子是超光子，情况就不一样了，在某种参照系中，能量可能是负的——这样的负能量超光子能逆时间而行。

埃利希于1999年在研究宇宙射线的基础上，开始寻找超光子。除了宇宙射线研究以外，他的新结果，还有4个其他领域的数据支持，因此更加可靠。此外与OPERA实验的错误不同的是，目前还没有已知的观察证据与埃利希的结果明显矛盾，因此他的假设不能被证伪，但也不能说就是对的。

检验这种假设的方法，可能来自德国的卡特琳实验，通过观察氚元素β衰变中的光谱形状，有可能揭示中微子的质量。其他基于高能宇宙射线的实验，用现有数据就能做。当然，在你能设计一种“超光子电话”，给过去的自己打电话之前，先让其他科学家来检验埃利希说的是否正确，才是谨慎的做法。

（二）微观粒子功能与结构研究的新信息

1. 探索微观粒子功能的新发现

发现暗等离子体振子可在微米尺度传输能量。2012年2月，美国莱斯大学化学和电气系副教授斯蒂芬·林克等人组成的研究小组，在《纳米快报》杂志上发表论文称，他们发现黄金纳米粒子的微观通道，可通过暗等离子体振子传输电磁能量，而微米尺度的高效能量传输，或将大幅提升光电设备的效能。

研究小组开发出一种在玻璃上“打印”，产生黄金纳米粒子细线的方式。这些纳米粒子线，能从一个纳米粒子把信号传给几微米外的另一个纳米粒子。传输间距远高于此前的实验成果，效果与使用黄金纳米线进行传输大致相当。

研究人员利用电子束把微小的通道切割成玻璃基板上的聚合物，以让纳米粒子线成形。黄金纳米粒子通过毛细作用力沉积在通道内，当剩余的聚合物和杂散的纳米粒子被冲走后，纳米粒子线形成，粒子则留在距离纳米线几纳米之外。这些粒子都聚集于拥挤不堪的线型链中。较小的粒子间距能产生强劲的电磁耦合，引发低损耗“亚辐射”等离子体振子的形成，这可促进能量传播的距离达数微米。

等离子体振子是一种可在金属表面移动的电子波，就像池塘中的水被干扰时一样。这种干扰可由光等外部的电磁源引起，相邻的纳米粒子将在电磁场互相作用的位置相互耦合，支持信号从一个粒子传输至下一个粒子。而暗等离子体振子没有纯粹的偶极矩，因此其无法与光结合。

为了验证究竟能传输多远，研究小组为15微米长的粒子线涂上了荧光染料，并利用光漂白的方法，来测量由激光所激发的等离子体振子的传输距离。结果显示，等离子体振子的传播能量，随距离增加呈指数递减。在传输4微米后，所测的强度值仅为最初的1/3。虽然这样的传输距离仍比传统的光波导短，但在微型电路内只需要覆盖较小的长度尺度。未来或可将放大器应用于系统之中，以增加传输距离。

林克表示，银纳米线具有比黄金更好的等离子体振子波运载功能，传输长度可达15微米。如果未来以银纳米粒子进行实验，则可应用于更复杂的结构，或是利用纳米粒子波导与其他纳米结构部件连接。

2. 研制微观粒子结构的新发现

计算机模拟证明四中子结构存在。2016年11月，美国爱荷华州立大学的物理学和天文学教授詹姆斯·瓦瑞与访问学者安德烈·希罗科夫领导的国际研究团队，在《物理评论快报》杂志上发表研究成果称，他们使用复杂的超级计算机模拟，证明曾被认为不可能存在的、由四个中子组成的亚原子结构——四中子准稳定的存在。

中子本身极不稳定，10分钟后就会变成带正电的质子，两个或三个中子在一起并不会形成一个稳定的结构。但最新模拟表明，四个中子一起能形成一个共振，这一结构在衰变前会稳定存在一段时间。

四中子的寿命仅为5×10^{-22}秒，尽管这一时间看起来极为短暂，但足以让科学家们对其进行研究。瓦瑞说："这将开启一个全新的研究领域。研究四中子将帮助我们理解中子间的强核力，包括探索不稳定的两中子和三中子系统的新特性。"

科学家已耗费40年时间来寻找四中子结构，迄今少有证据证明其存在。2015年年初，日本理化研究所放射性离子束工厂的研究人员称，他们观测到了四中子的信号，最新模拟中预测的四中子的属性，与日本科学家的观测属性相吻合。

（三）微观粒子运行过程研究的新发现

——首次观察到超导体中重电子的形成过程

2012年6月，美国普林斯顿大学物理学教授阿里·雅兹达尼领导的洛斯阿拉莫斯国家实验室和加州大学欧文分校研究人员参加的一个研究小组，在《自然》杂志上发表论文称，他们通过直接拍摄的电子波图像，不仅看到了电子质量是怎样增加的，还看到了重电子是由两个纠缠电子构成的复合体。

在某些超导体中，运动电子的性质极为奇特。它们比真空中的自由电子重1000倍，但同时电子运动却是毫无阻力的。该研究小组的研究显示，产生这种现象是由于“量子纠缠”的过程，该过程决定了晶体中运动电子的质量。这一发现有助于人们理解超导性的成因，并有望在提高电网效率、加快计算速度等方面获得应用。

把电子冷却到超低温形成某种固体物质时，这些极轻的粒子就会增加质量，好像变成了重粒。把它们冷却到接近绝对零度时，这种固体就有了超导性。其中的电子尽管很重，却能毫无阻力地流动，不会浪费任何电能。

研究小组利用专门设计的低温扫描隧道显微镜拍摄晶体中的电子波。晶体经过了处理，表面包含一些原子瑕疵。他们将温度降低到实验需要，观察到了电子波纹，这些波纹围绕着瑕疵之处扩散开来，就像在池塘里投入石头散开的涟漪。

雅兹达尼说：“这是首次获得重电子形成的精确画面。在降低温度时，我们看到晶体中的运动电子演变成了更重的粒子。”

研究人员还把实验观察和理论计算数据进行了对比，解释了电子为何会出现这种性质。由于量子纠缠，电子糅合两种截然相反的行为。在晶体中，重电子产生于两个行为相反的电子的纠缠，其中一个被困住绕着一个原子，而另一个在各个原子之间自由地跳跃。

研究人员解释说，量子力学原理控制着微小粒子的行为，形成了量子纠缠，这一过程决定晶体中运动电子的质量。轻微调整这种纠缠，就能极大地改变材料的性质。而纠缠度是决定重电子形成和进一步冷却时行为表现的关键。调整晶体的成分或结构，就能调整纠缠度和电子重量。如果让电子太重，它们就会被冻成磁化状态，粘在每个原子旁边，以相同的方向自旋。但如果只是轻微调整，让电子获得合适的纠缠数量，这些重电子就会在冷却时变成超导体。

雅兹达尼指出："我们的研究证明了只有当处在'迟缓'和'迅速'这两种行为的边界时，才能获得超导性。这是最有利于产生重电子超导性的条件。"

三、研究微观粒子的新技术与新设备

（一）探索微观粒子出现的新技术

——开发出让中微子穿过厚石传递信息的技术

2012年3月，美国北卡州立大学电气和计算机工程教授丹领导、罗彻斯特大学物理教授弗兰德等参与的研究小组，在《现代物理学》杂志上发表论文说，他们利用中微子通信的设想已提出数载，但如何方便地发射和探测中微子，把信息有效地调制给中微子并解调出来，一直是有待解决的难题。近日他们首次成功采用几乎无质量的一束中微子，以接近光的速度穿过240米厚的石头传递信息。

研究人员描述这项研究说："不使用卫星或电缆，人们通过使用中微子，可在地球上任意两点间交流。中微子的通信系统会比现在的通信系统更复杂，它在未来将有重要的战略用途。"

大多数通信是通过发送和接收电磁波完成，但电磁波不能够轻易通过很多种物质，会被水和山以及许多其他液体和固体阻挡住。中微子是一种质量极小、又不带电的中性基本微粒，它能以近乎光速进行直线传播，并极易穿透钢铁、海水，而本身能量损失很少，因此是一种十分诱人的理想信息载体。

研究人员在费米国家加速器实验室使用了两个关键设备。第一个是世界上最强大的粒子加速器，通过让质子沿着2.5英里周长的轨道加速，然后用碳靶碰撞它们而打出高强度的中微子束。第二个是位于地下100米洞穴中被称作"守护神"的重达几吨的探测器。由于在探测时，中微子不容易被探测到，所以用这种探测器来探寻，会从大约上百亿个微粒中探测到一个。

通信测试进行两个小时，这期间加速器正加速到其充分强度的一半时，"守护神"探测器在同期采集到了通信测试的交互数据。具体操作是，在一端，科学家使用中微子发送的信息被转化成二进制代码，换言之，把单词“中微子”描绘成一系列的“1”和“0”；在另一端，用“守护神”探测器探测到中微子，计算机把它传过来的二进制代码转换成英语，于是“中微子”这个词被成功接收。

研究人员说：“显然，我们目前使用中微子传递信息的技术，还需要大量的高科技设备，这在现今是不实用的。但这一步，是促使现今技术，朝向未来实际应用中微子通信的一个示范演示。”

（二）探索微观粒子产生的新设备

1. 研制捕获纳米离子工具的新成果

合成出捕获纳米离子的分子笼。2011 年 12 月，美国纽约大学布法罗分校化学副教授加维德·瑞耶夫领导的研究小组，在《美国化学协会会刊》上发表论文称，他们合成出一种能捕获纳米离子的微小分子笼，可用于提纯纳米材料。

分子笼由微小的有机分子管道组成。这种名为“瓶刷分子”的有机分子内部，用特殊方法做成中空，并使其内壁带上负电荷，以有选择性地吞掉那些带正电的粒子。分子笼还能做成不同大小，以捕捉不同大小的分子猎物。

瓶刷分子就像一个圆形的发刷，沿主干周围伸出许多毛发似的分子。研究人员把这些“瓶刷”缝在一起，再把分子浸入水中使其变成中空，围绕核心黏附上一层带负电的羧酸基，就成了陷阱式的笼子结构，即内壁带有负电的纳米管。

他们还设计出一系列实验，来测试这种笼子的捕获能力。其中一种双层笼被称为鸡尾酒瓶，底层由含纳米管的氯仿溶液构成，顶层由含带正电荷染料的水基溶液构成。将这种鸡尾酒摇 5 分钟，纳米管互相碰撞陷落在染料中，从而将染料带入氯仿溶液中（染料不会溶解在氯仿中）。另一种精心制作的纳米管笼，能从水溶液中提取直径仅 2.8 纳米、带正电的树状聚合物分子，而将 4.3 纳米的树状聚合物分子留在溶液中。要想从纳米管中释放出捕获的粒子，只需简单地降低氯仿溶液的 PH 值，就会关闭笼子内部的负电荷，释放出其中的粒子。

研究人员指出，这些笼子能使单调乏味的工作加快速度，比如把大量子点从小量子点中分离，或按尺寸和电荷分离不同的蛋白质。

瑞耶夫说："分子及纳米材料的形状和大小，与它们的用途密切相关。我们的分子笼，能按事先确定的规格尺寸，把这些粒子分离开，能为那些先进材料生产统一的原材料，就像为建筑商生产同样大小的瓷砖或砖块。研究人员也需要同样规格的纳米粒子，但在纳米尺度上要生产出完全一样的性能良好的材料，还有很长的路要走。"

此外，瑞耶夫小组还在研究瓶刷分子的更多应用，如以瓶刷分子为基材的纳米薄膜，可用于滤水；多层组装的瓶刷聚合物，能像蝴蝶翅膀那样反射可见光。

2. 研制微型粒子加速器的新成果

研发体积如鞋盒的微型粒子加速器。2015 年 12 月，有关媒体报道，借助高能粒子加速器，科学家或可发现平行宇宙，然而这些加速器通常都重达数千吨且占地面积大。近日，美国斯坦福大学等机构科学家计划利用石英芯片和激光技术制造微型粒子加速器，加速器体积和重量将大幅缩减，使得研究人员更易于掌控操作粒子科学实验。

长久以来，物理学家一直致力于粒子加速器实验，以探索从先进医学技术到物质新形态等各种新事物。然而，粒子加速器庞大沉重且造价高昂，如欧洲粒子物理研究所的大型强子对撞机重约 3.8 万吨，且深埋于地下，长达 27 公里，令研究人员难以接触使用。

最近，戈登和贝蒂·摩尔基金会向斯坦福大学科学家捐赠 1350 万美元，用于设计打造一个微型粒子加速器。据称，在未来五年内，一个通过国际合作完成的原型，将能产生微型加速器的能量，大小相当于医院放射机器所产生的能量。不过研究人员表示，最终还是会增大这种微型加速器的规模，以媲美当今全球最强大的粒子加速器。

近几个月来，欧洲粒子物理研究所大型强子对撞机一直在高强度运作，搜寻微型黑洞。高能粒子加速器能够搜寻微型黑洞，因此被认为是探索"多宇宙"迹象的关键。如果科学家能够以预测的能量，在加速器中探测到微型黑洞，就可以证明多维度的存在，并延伸推断平行宇宙的存在。

欧洲粒子物理研究所科学家默·法伊扎尔解释说："打个简单的比方，纸张是拥有长宽的二维物体，而许多平行的纸张叠在一起，就以高度的形式存在于三维的平行世界中。我们预测，引力能够渗入另一个维度。如果预测无误的话，我们就能在大型强大对撞机中生成微型黑洞。”

如今，大型强子对撞机的创纪录高能量，使得搜寻这些微型黑洞成为可能，并可追踪到消失在黑洞中的能量引力。然而，新的彩虹理论认为，拥有不同能量的粒子将面临不同的时空和不同的引力场，这或许可以解释大型强子对撞机至今仍未发现微型黑洞的原因。

在过去75年中，粒子加速器一直是科学家在物理、化学、生物和制药等领域的一项重要研究工具，它们能够解密先进医药技术，帮助科学家进一步探究原子的内部工作原理。然而，受限于庞大的体积和高昂的造价，粒子加速器不易被科学家广泛使用。欧洲粒子物理研究所研究人员表示，探测器可对大型强子对撞机中飞出的数十亿粒子进行追踪，因此有望发现除长度、宽度、深度和时间之外维度的蛛丝马迹。

目前，粒子加速器均使用微波驱动粒子，因为微波拥有较长波长且发散空间广泛。在新的实验中，科学家用激光代替微波照射一块石英玻璃芯片，这样激光会与显微镜通道中的皱褶相互作用。美国斯坦福直线加速器中心实验物理学家乔尔·英格兰德是该五年项目的成员之一，他表示：“既然微芯片产业可以改革计算机，或许我们也能如此改革粒子加速器。缩小粒子加速器就是令它们变得体积更小，造价更低廉，一旦成功，加速器将变得平民化。”

在实验中，这种相互作用产生一个电场，提高经过电子的能量，这些电子以前在高能粒子加速器中都是被加速到接近光速。实验显示，在给定距离范围里，芯片能实现的能量提升，比斯坦福直线加速器还要高出10倍。德国埃尔朗根·纽伦堡大学科学家研究发现，激光可被用来加速较低能的电子，这些低能电子以前在加速器中未被提升到最大速度。利用这种技术，科学家可将加速器芯片组合起来，足球场那么长的芯片就能替代长3219米的直线加速器相干光源。如此一来，科学家将有望缩小下一代对撞机，如计划中的日本国际直线对撞机，以进行物质新形态的探索。

该国际合作项目集合了加速器物理学、激光物理学、纳米光子学和纳米制造领域的世界知名专家，由斯坦福大学、斯坦福国家加速器实验室，以及埃尔朗根·纽伦堡大学等全球多个实验室及大学合作，致力研发新一代“桌面型”粒子加速器。斯坦福大学应用物理学家罗伯特·拜尔表示：

“激光能够以阿秒量级加速电子，所用时间相当于电子绕行原子核的时间。借助这种精确方法，研究人员将能够对原子中电子的环绕进行摄像，以便我们观测电子的移动与结合。”

3. 研制微型粒子探测器的新成果

（1）建成安装在南极的中微子探测器“冰立方”。2013 年 12 月，外国媒体报道，“冰立方”是世界上最大的粒子探测器，坐落于南极。5000 多个传感器，像神经末梢一样分布在南极深厚的冰层中，组成了这张特制的“网”，用于捕捉中微子。它由来自美国、德国、瑞典、比利时、瑞士、日本、加拿大、新西兰、澳大利亚和巴巴多斯的 200 余名物理学家和工程师组成的合作小组来操作。

自 2004 年开始，工程师们都会在每年的 12 月到南极冰层中铺设光线感应器。到 2010 年，他们一共钻了 80 余个深达 2500 米的冰洞，每两个洞之间相隔 800 米，而每一条冻结在洞里面的电缆包含有 60 个光线感应器。

“冰立方”历时 10 年建成，这个位于南极地下约 2. 5 公里的探测器体量大得惊人。据悉，它的体积，超过纽约帝国大厦、芝加哥威利斯大厦和上海世界金融中心的总和。

报道称，研究人员在分析 2010 年 5 月至 2012 年 5 月“冰立方”收集的数据后，发现了 28 个高能中微子，其能量都超过 30 万亿电子伏特。这是自 1987 年以来，科学家们首次捕获到来自太阳系外的中微子。中微子是一种神秘的高能粒子，是宇宙内最剧烈的撞击产物，并被认为是研究宇宙射线的突破口。

研究人员表示，“冰立方”为我们打开了宇宙的一个新窗口。这一发现为进行新型天文学研究铺平了道路，我们可以利用它探测银河系以及银河系以外的遥远区域。在“冰立方”发现中微子的研究人员之一、阿德莱德大学的加里·希尔博士称：“这是我们发现的第一个坚实证据，证明我们探测到来自太阳系以外‘宇宙加速器’的高能微中子。”

2014 年 4 月 10 日，英国《自然》杂志网络版报道，数十年来，科学家一直在搜寻中微子这种“幽灵”粒子。功夫不负有心人，2013 年，设在南极洲的“冰立方”中微子天文台发现了两个能量大于 1000 万亿电子伏特的中微子。现在，据“冰立方”报告，又探测到了第三个同样能级的中微子，它或许源于宇宙最暴烈的事件。

过去一个世纪，宇宙射线（其实是一种高能粒子）的起源，一直是困扰物理学家们的几大谜团之一。据信，诸如超新星、黑洞或伽马射线的爆发都可能产生宇宙射线，但其起源却很难探测到。于是科学家“曲线救国”，转而追寻中微子，即宇宙射线与周围环境相互作用时产生的亚原子粒子。由于中微子不带电荷，其行进方向不受宇宙磁场的影响，因此可通过行进轨迹追寻到其来源。

但孤僻的中微子很少与其他物质相互作用，这就使其很难被探测到，不过，在极少情况下，中微子会撞到原子，产生一种被称为μ子的粒子以及一种蓝光闪光，这种蓝色闪光能被“冰立方”中微子天文台探测到。

围绕高能中微子和宇宙射线的一个争论是，它们源于银河系还是银河系外？大多数理论认为，它们来自银河系外，比如活动星系核——位于其他星系中央的超大质量的黑洞。但也有人认为，其源于伽马射线暴，当某些超新星或两个中子星相结合时，会产生伽马射线暴。还有观点认为，中微子或许只是星系相互碰撞的副产品。甚至有科学家指出，宇宙射线和高能中微子或许由神秘莫测的暗物质制造出来。

运行两年来，“冰立方”共发现了3个这样的高能中微子。威斯康星大学麦迪逊分校的研究人员莱辛·怀特霍恩说：“最新研究表明，这3个高能中微子来自银河系外。”

随着实验在接下来数年内收集到的高能中微子越来越多，“冰立方”天文台绘制的中微子来源图将会更详细。科学家们深感兴趣的一个问题是，是否“冰立方”看到的任何粒子都能追溯到已知的宇宙对象，比如可见的活动星系核或伽马射线暴等。不过，迄今为止，他们还没有发现任何与已知来源有关联的证据。

（2）研制成单电子桌面粒子探测器。2015年4月，美国麻省理工学院物理学副教授乔·福尔马焦领导的研究小组，与太平洋西北国家实验室、华盛顿大学、加州大学圣塔芭芭拉分校的研究人员合作，在《物理评论快报》上发表研究成果称，他们研发了一种新的桌面粒子探测器，该监测器能够识别放射性气体中的单个电子，有助于研究中微子。

研究人员表示，他们记录了十多万个单一电子在氪气中的活动。当气体衰减并释放电子时，探测器利用磁铁捕获电子放入磁瓶中。无线电天线接收到这些电子发出的微弱信号，利用这些信号能够绘制出超过几毫秒的精确电子活动图。大多数电子的特征形式表现为：当放射性氪气衰减，发射电子（放电），在电子逐渐消失之前，它以基准频率振动，每当一个电子击中一个放射性气体的原子，这个频率又达到尖峰。探测器中一个电子与多个原子碰撞后，其能量以阶梯形跳跃。

福尔马焦表示："我们可以想象这个电子频率，看到这个电子匆匆走进无线电天线，随着时间的推移，频率发生变化，而发出'啾啾'声。该研究为攻克中微子质量测量难题，迈出了可喜的一步。"

第三节　微电子元器件及设备的新进展

一、微电子材料研究的新成果

（一）开发微电子材料的新信息

1. 研制纳米晶体材料的新进展

（1）利用模板制成全新的金属纳米晶体。2007 年 3 月 26 日，美国能源部西北太平洋国家实验室科学家格里高利·爱克萨霍斯领导的研究小组，在美国化学学会全国会议上表示，他们利用棉花中的纤维素制作出一种模板，并在其上获得了过去从未见过的金属纳米晶体。这类金属纳米晶体有望成为生物传感器、生物成像设备、药物定向输送纳米装置和催化器的组成部件。

研究人员介绍说，他们先用酸对棉花纤维素进行处理后获得自然模板，然后在模板上快速和均匀生长金属晶体，其中包括金、银、钯、铂、铜、镍和其他金属，以及金属氧化物的纳米晶体。这些晶体表现出其他较大尺寸金属晶体所不具备的光、电和催化特性。

据悉，在研究中，酸的作用是把棉花纤维素在羟基团含量丰富的环境里，转变成大且稳定的晶格化分子，而分子间的距离可以预见，这构成了纤维素分子模板的骨架。研究人员先在含金属的盐溶液加入模板，再将其置入加压的炉灶中，从 70℃加热到 200℃，或在加热装置中加温 4 ~ 16 小时，结果在模板上形成了均匀的金属晶体。

研究人员称他们的方法为“绿色处理”，因为它仅仅需要加热、晶格化纤维素和金属盐。而其他获得不同大小尺寸的、均匀纳米金属晶体的方法，则往往需要用强腐蚀性的化学物质作为还原剂和稳定剂。研究人员表示，在有关钯以及硒的有机分子耦合反应中，他们获得了金属晶体某些催化作用的初步结果。同普通的商业催化剂相比，金属粒子更小（15 ~ 20 纳米）则具有更快和更高的催化转化率。

（2）研发出可制彩色激光器的纳米晶体。2007 年 6 月，美国洛斯阿拉莫斯国家实验室物理学家维克多·克里莫夫及其同事组成的研究小组，在《自然》杂志上发表论文称，他们研制出的一种新型纳米晶体，这种晶体使用较少能量就可增强光线。据称，通过这种途径可以制造廉价的彩色激光器。

半导体材料中，2 ~ 10 纳米大小的晶体称为量子点。量子点可以释放不同颜色的明亮荧光。量子点的制作过程简单，成本低廉，并且，与现在的气体和二极管激光器都只能发射单色光不同，只要改变纳米晶体的大小，人们就可轻而易举地获得不同颜色的光。半导体材料中的电子有高、低两个能级，能级间的带隙决定着激光的波长。克里莫夫表示，在纳米晶体中，带隙会随着晶体薄片的尺寸而改变，尺寸越小，带隙越大。因此，通过改变晶体尺寸，纳米晶体激光器可以发射从紫色到绿色的光。

该研究小组制作了一个双层纳米晶体：内部是一个硫化镉核，外层包裹着硒化锌壳，这种纳米晶体只增强一个电子空穴对的光。据克里莫夫介绍，通过这种分割，电子老老实实待在核中，而空穴进入外壳。这种分割改变了纳米晶体的性质，晶体中两个处于低能级的电子中，一个比另外一个需要大得多的能量才能激发。因此，受激发时，只有一个电子会被激发，形成一个电子空穴对。这样的话，当外部光子轰击时，只有一对电子空穴对重组，产生的两个光子都被释放出去。现在，研究人员只要用较小的能量轰击纳米晶体，就可以使受激发的单个电子维持 2 纳秒的激发态，这个时间足够增强光线。

2. 研制微电子领域二维材料的新进展

（1）开发可大幅提升芯片速度的单层锡原子二维材料。2013 年 11 月 22 日，物理学家组织网报道，美国斯坦福大学材料和能源科学研究所物理学家张首晟领导的研究小组，近日在《物理评论快报》杂志上发表论文称，他们发现，一种由单层锡原子组成的二维材料，或许有望成为首个在计算机运行温度范围内导电效率达到100%的材料。

锡是人们比较熟悉的一种材料，在日常生活中极为常见，如锡纸、锡罐等。但就是这种普通材料，在经由科学家特殊处理之后，不但成了比肩石墨烯的梦幻材料，还有望打破计算机领域硅晶体一家独大的局面。

研究人员为这种新材料创造了一个新词“锡烯”，它由锡的拉丁文单词和石墨烯的英文单词共同组成。他们认为，这种新型单层材料拥有卓越的电气性能，和石墨烯一样具有广泛的应用前景。

张首晟称，这种新材料能为电子铺就一条不限速的“高速公路”，让未来的计算机芯片速度更快、耗能更少。

十几年来，该研究小组一直在对“拓扑绝缘体”这种具有特殊电气性能的材料进行研究。与普通导体相比，拓扑绝缘体的特殊性在于：电流只会从其表面和边缘经过，而其内部则是完全绝缘的。当拓扑绝缘体只有一个原子厚时，其边缘的导电效率可达到100%。这种独特的现象，由材料内部电子与重原子核之间复杂的相互作用产生。

张首晟说，拓扑绝缘体的神奇之处，在于它天然地驱使电子沿着既定的路线前进，速度不会受到任何限制。电子进入了拓扑绝缘体就好像汽车驶入了不限速的高速公路一样。只要沿着高速公路（表面或者边缘）行驶，电子的运动就不会受到任何阻碍。

在2006年和2009年，该研究小组预测碲化汞与铋、锑、硒和碲的几种组合，可以制成拓扑绝缘体，很快就被实验证明是正确的。但所有的这些材料都不是完美的电导体，导电率无法达到100%，因此限制了这些材料在商业上的应用。2013年早些时候，清华大学访问学者徐勇与张首晟研究小组进行合作，决定将纯净的单层锡作为新的实验对象。

徐勇说：“我们知道应该往化学元素周期表的右下部分找需要的元素。以前与拓扑绝缘体相关的重要元素，几乎都出现在那里。”他们的计算表明，单层锡在室温以及比室温稍高的温度中，应该是一种拓扑绝缘体，而在其中增加氟原子，则可以将温度适应范围提升到至少100℃。

张首晟说，这种由单层锡与氟制成的拓扑绝缘体，有望首先在微处理器制造中获得应用。新材料可以作为导线连接处理器中的各个部分。这种升级就如同把砂石路换成了不限速的高速公路，对电子器件效率的提升而言，意义非凡。如同从高速公路驶入普通道路一样，在由新材料与传统导体的结合部的这些“匝道”上，依然会出现“堵车”的状况。但从总体来看，这种新材料制成的导线将显著降低处理器的功耗和发热量，让速度更快、核心更多、耗能更少的处理器成为现实。

张首晟说：“最终我们可以预见，由单层锡制成的电路结构将越来越多地在现实中获得应用，并逐步取代硅的核心地位，或许未来某一天，IT企业集中的地方将被人们称为锡谷而不是硅谷。”

（2）发现新型二维半导体材料一氧化锡。2016年2月15日，美国犹他大学材料科学和工程学副教授艾舒托什·蒂瓦里领导的研究团队，在《先进电学材料》杂志网络版上发表论文称，他们近日发现一种新型二维半导体材料一氧化锡（SnO），这种单层材料的厚度仅为一个原子大小，可用于制备电子设备内不可或缺的晶体管。研究人员表示，这项研究有助于科学家们研制出运行速度更快且能耗更低的计算机，以及包括智能手机在内的移动设备。

一氧化锡这个新成员由锡和氧元素组成。目前，电子设备内的晶体管和其他元件由硅等三维材料制成，一个玻璃基层上包含有多层三维材料。但三维材料的缺陷在于，电子会在层内的各个方向四处弹跳。蒂瓦里解释道，而二维材料的优势在于，其由厚度仅为一两个原子的一个夹层组成，电子只能在夹层中移动，所以移动速度更快。

二维半导体材料5年前开始成为研究热点，尽管研究人员已发现了石墨烯、二硫化钼以及硼墨烯等多种二维材料，但这些材料只允许带负电荷的电子（N型）运动，而制造电子设备同时需要电子和带正电荷的“空穴”（P型）运动的半导体材料，最新发现的一氧化锡，是有史以来第一种稳定的P型二维半导体材料。

一氧化锡材料有助于科学家们研制出体型更小且运行速度更快的晶体管，计算机处理器包含有数十亿个晶体管，单个芯片上集成的晶体管越多，处理器的功能越强大，最终科学家们或能制备出比现有设备快100倍的计算机和智能手机。另外，在这种材料内，由于电子通过一层而非像在三维材料内部来回弹跳，因此，产生的摩擦更少，使处理器不会像传统计算机芯片那样容易变得过热，且其运行需要的能量也更少，这对那些必须依靠电池运行的移动设备，尤其是包括电子植入设备在内的医疗设备来说，不啻为一个巨大的福音。

（3）研制出首个单原子厚二维磁体。2017 年 6 月 7 日，美国麻省理工学院从事凝聚态物质研究的物理学家嘉瑞罗·埃雷罗领导的研究团队，与华盛顿大学光电子学专家徐晓东主持的实验室合作，在《自然》杂志发表论文称，他们在研究单原子厚二维（2D）材料方面取得突破性成果：利用三碘化铬研制出首个真正的 2D 磁体。新磁体不仅能用于之前不可能完成的物理实验，验证磁学基本理论，还能用于研制新型数据存储装置和量子计算机。

有关报道称，嘉瑞罗·埃雷罗研究团队负责生成三碘化铬晶体，并剥离出单层和多层结构；徐晓东实验室利用超灵敏磁强仪，对这些层状结构进行研究。

2017 年 4 月底，曾有研究团队发表论文称，他们在铬锗碲超薄晶体中观察到了磁性。但这种超薄晶体是多层结构，而只有单层结构材料保持磁性，才是真正的首个 2D 磁体。

在这项新实验中，研究人员把三碘化铬作为制作 2D 磁体的首选，在于其具有三个重要特性：首先，三碘化铬晶体包含许多叠层，层级间好像“透明胶带”一样相互隔开，2D 层状结构容易获得；其次，该化合物是一种铁磁性材料，其内电子自旋方向整齐划一，能像冰箱磁贴一样产生永久磁性；最后，三碘化铬还具有各向异性，这一特性使得其内电子一直沿着与晶体表面垂直的方向自旋。

他们因此推测，把三碘化铬晶体剥离成单层原子后仍能保持磁性。磁强计检测结果验证了他们的推测：在比绝对零度（－273.15℃）高很多的－228℃下，单原子层三碘化铬确实能保持磁性，真正的 2D 磁体终于问世。

利用 2D 磁体将可以开展前所未有的实验，比如，将 2D 磁体与 2D 超导体层叠在一起，检测到底是超导性会破坏磁性，还是磁性会破坏超导性，而这些实验很有可能带来重要的物理学新发现。另外，一旦实现在室温下操作，这些2D磁体还能广泛应用于电子产品中。

3. 研制石墨烯加工材料的新进展

（1）做出最薄石墨烯“折纸”材料。2016年3月，在马里兰州巴尔的摩举行的美国物理学会年会上，美国康奈尔大学艾泰·科恩领导的研究团队报告说，他们能将石墨烯叠成折纸形状的材料。这种材料可用于建造像纳米机器人、柔性电路一样的三维微小结构。

石墨烯以其多样的“非凡特性”受到青睐。它是迄今研究过的最坚硬的材料之一，也是强大的导电体。研究人员正利用折纸技术，将石墨烯弯曲成不同形状。不过，科恩表示，时至今日还没有人在单个石墨烯薄片上做出折纸的折痕。他说：“折叠规则在宏观尺度或微观尺度上都是相同的。只是因为原子太小且过于脆弱，一次折叠多个原子会更加困难。”

该研究团队在单层石墨烯的外面覆盖上仅有半纳米厚的单层氧化硅玻璃。他们发现，当被加热、接触电荷或浸在拥有不同PH值的液体中时，玻璃分子对与其相连的碳原子作出了3种不同反应。这3种反应让该研究人员预测出石墨烯薄片将如何扩张或收缩，以产生即时的折叠。

未来，该研究团队希望，添加诸如金、半导体和绝缘体等其他化合物将可通过折纸技术，创建可被折叠成任何理想形状的二维电路。

科恩表示：“你可以想象在一个这样的薄片上打印出整个电路，然后将其折叠成能吸收光线或者做一些计算工作的三维结构。”

（2）平面石墨烯可自折叠成3D结构材料。2017年10月9日，物理学家组织网报道，美国约翰·霍普金斯大学徐伟南牵头，他的同事以及麻省理工学院科学家参与的研究团队，在《科学进展》杂志上发表研究成果称，他们利用全新方法，让平面石墨烯自折叠成3D几何形状的材料。这一成果将为用石墨烯研制可穿戴电子设备、活细胞胶囊和折叠式晶体管等带来更广阔的前景。

作为一种新型纳米材料，石墨烯因具有超薄、强度大、导电导热性能强等特性，10年来经常出现在新闻报道中，在生物传感器和可穿戴电子设备领域带来系列全新应用。但这些应用装置需要将平面石墨烯制成三维结构，现有方法主要利用蚀刻技术让石墨烯层在某个基底物上形成想要的形状，许多形状无法获得，因此研究人员一直在寻找更好的方法。

在这个新项目中，研究人员开发出一种全新的微图形处理技术，石墨烯层在加热过程中能沿着预先设定的线条弯曲，像人工折纸一样折叠成3D结构。这种新方法具有两大优势：一是能避免此前工艺中出现的石墨烯特性受损，折叠过程可完全保留石墨烯的导电导热等性能；二是3D形状内的折痕可形成能量带隙，进一步提高石墨烯的导电性能。

研究人员表示，新技术还能与传统光刻技术兼容并应用于晶片中，且能进行高度并行处理，不会出现规模化生产障碍。他们在测试中，利用这种折叠技术，制造出能包裹活细胞的3D结构、非线性电阻器，以及一种晶体管装置。研究人员说，3D石墨烯将为人们带来各种非常好用的可穿戴电子设备和置于活体生物体内的传感器。

4. 研制微电子领域薄膜材料的新进展

（1）研制出可显著降低电子设备成本的铜纳米线薄膜。2011年9月，美国杜克大学化学家本·威利领导他的学生亚伦·莱斯梅尔等人组成的研究小组，在《先进材料》杂志网络版上发表研究报告称，他们研制出一种新型纳米结构，它具有降低手机、电子阅读器和iPad等显示器制造成本的潜力，亦能帮助科学家构建可折叠的电子产品，并提升太阳能电池的性能，目前已进入商业制造阶段。

研究小组开发出的这种新技术，可在水中“管理”铜原子，并形成长而薄但不聚集凝结分布的纳米线。这种纳米线随后可转变成透明的导电薄膜，覆盖于玻璃或塑料之上。这项新的研究表明，铜纳米线薄膜与目前用于电子设备和太阳能电池上的薄膜具有相同的特性，但制造成本却可显著降低。

目前，连接电子屏幕像素的薄膜是由铟锡氧化物制成的，其透明程度很高，对于信息也具有良好的传导性。但铟锡氧化物薄膜必须通过蒸汽沉积，这个过程十分缓慢，而且含有铟锡氧化物的设备很容易裂开。此外，铟也是一种昂贵的稀土元素，每千克的价格高达800美元左右。威利说：“这些问题，都促使全球的科学家尽力寻找更加经济的材料，如同油墨一般，能更快速地镀在或印刷在所需的材料表面，形成低成本的透明导电薄膜。”

铟锡氧化物薄膜的替代方法之一，是使用含银纳米线的油墨。今年，

第一款屏幕由银纳米线制成的手机将会面市。但银与铟类似，仍然十分昂贵。相比之下，铜的含量十分丰富，可比铟或者银充足 1000 余倍。2010 年，威利研究小组已经表示，有可能研制出能够覆盖在玻璃上的铜纳米线层，从而形成透明的导电薄膜。但由于铜纳米线经常聚集在一起，当时制成的薄膜性能还未达到实际应用的标准，而此次采用的新方法则解决了这一难题。

研究小组制成的铜纳米线还在弯折次数上有了较大突破，在来回弯曲 1000 次以后，其仍能保持传导性和形状。与此相比，铟锡氧化物薄膜的传导性和结构在几次弯折后就会损坏。

目前，威利参与创建的“纳米熔炉”公司，已开始制造可商业应用的铜纳米线，订单状况十分火爆。他表示，柔性铜纳米线低成本、高效能的特性，使其成了下一代显示器和太阳能电池的自然选择。随着此项技术的不断发展，未来的显示器将更加轻薄、可靠，太阳能也将比化石燃料等更具竞争力。

（2）研制出仅为三个原子厚的半导体薄膜。2015 年 5 月 13 日，每日科学网报道，美国康奈尔大学化学和化学生物学助理教授吉沃格·帕克领导的研究小组，与该校应用和工程物理学教授戴维·穆勒领导的研究人员，联合在《自然》杂志上发表论文称，他们首次制造出厚度仅为三个原子的二硫化钼半导体薄膜，它不仅身材纤细，而且拥有优异的电学属性，可广泛用来制造各种超薄的电子设备。

帕克说：“新得到的二硫化钼半导体薄膜的电学性能，可与二硫化钼单晶体相媲美，但我们得到的并非纤薄的晶体，而是 4 英寸的晶片（晶体上按一定方位角切下的薄片）。”

帕克指出，以前的大量研究中，二硫化钼只能分散地种植出来，就像海上孤立的岛屿一样，但制造出像纸片一样光滑、平坦、超纤薄的薄片，是通往实际设备应用的必经之路。

研究人员利用金属有机化学气相沉积技术，制造出所需的薄片，该技术广泛应用于工业领域，但使用的是其他材料。据报道，在最新研究中，帕克研究小组对这一技术进行了系统性优化，对环境和温度进行了调整，从而制造出新的薄膜。他们发现，使用一点氢气并处于一个完全干燥的环境中，晶体就能完美地生长在一起。

穆勒研究小组借助先进的透射电子显微镜，在薄膜生长时，对薄膜的质量和性能进行测试。研究结果表明，这种厚度仅为三个原子的半导体薄膜，可与二氧化硅逐层堆积在一起，从而制成多层且超级纤薄的电子设备。

研究人员还对金属有机化学气相沉积方法稍作修改，制造出拥有不同电学属性和颜色的二硫化钨薄膜，他们希望能进一步改进这一方法，制造出仅为数个原子厚度的其他薄膜，并最终制造出新奇的电子设备和光电设备。

5. 研制微电子领域线型材料的新进展

（1）找到精确制备硅基纳米导线的方法。2004 年 2 月 23 日，美国俄勒冈州健康与科学大学索拉克博士领导的研究小组，在《应用物理》杂志上发表文章称，他们找到一种能精确制备硅基纳米导线的方法，硅基纳米导线能够按照预先设定的位置和方向生成。这是纳米半导体材料研究的重大进展。

研究小组指出，利用新的电磁场方法，加上 10 年前的“蒸汽－液体－固体”沉积技术，他们使硅基纳米导线在电极上，按照预先设定的位置与方向生长形成。目前，制备的硅基纳米导线，直径达到 5 ~ 20 纳米。

索拉克博士说，硅基纳米导线定向生成特性，将有助于研制各种纳米电子元器件，特别是纳米芯片，进而可以打破目前硅芯片集成度的限制，未来能使芯片集成度达到千兆规模；同时，硅纳米导线与纳米芯片将可用于未来的量子计算机上。

目前，研究小组准备进一步研究，利用硅基纳米导线制造硅纳米电子元器件的有关技术问题。索拉克博士说，研究人员需要研究硅基纳米导线，在电极上与金属接触的情况，以及硅基纳米导线表面涂层或是污染物对电流的影响。这些是制造纳米电子元器件之前，必须要搞清楚的问题。他还说，对硅纳米导线涂层或是污染物的研究，将有可能研制出具有多种用途的纳米传感器，诸如探测环境污染或是生物毒剂的传感器。

（2）开发可传输电子自旋的钻石导线。2014 年 3 月，美国俄亥俄州立大学电子学专家克里斯·哈梅尔领导的一个研究小组，在《自然·纳米技术》杂志上发表研究报告说，他们以钻石为原材料，开发出可以传递电子自旋的导线，在新一代基于电子自旋的计算机中，这种钻石导线可用于传输信息。

电子具有携带电荷和自旋等多种性质，现在绝大部分电子产品都利用了电子携带电荷这种性质，科学界一直在探索开发能够利用电子自旋性质的计算机，这种计算机与当前计算机相比可大幅提升运算速度。当前的计算机使用电线来传递电流，基于电子自旋的计算机应该使用什么导线来传递自旋成为一个科研热点。

哈梅尔说，他们利用钻石为原材料，已经制作出可传递电子自旋的导线。本来钻石中碳原子的电子受到较强束缚，没有可供传递的自旋，研究人员在钻石中按一定模式加入氮原子，使其中出现了可供传递的自旋。

实验显示，电子在这种钻石导线中并不移动，而它们的自旋性质可以沿着导线传递，就像体育比赛中看台上的观众掀起“人浪”一般。研究人员说，钻石导线传送电子自旋的效果，好于以前发现的能传送电子自旋的大多数金属。

哈梅尔表示，在自旋电子学研究中，钻石有很大价值，因为钻石有独特性质，包括坚硬、透明、电绝缘、不污染环境、耐酸、不像半导体那样发热等，这些性质有助于开发新一代基于电子自旋的计算机。

钻石导线的成本如何肯定是人们关心的问题，据介绍，实验中所用的钻石导线长 4000 纳米、宽 200 纳米，原材料是人工合成钻石而不是天然钻石，导线价值约 100 美元。

（3）研制出直径仅三个原子粗细的电线。2016 年 12 月 26 日，美国斯坦福大学与能源部斯坦福国家加速器实验室共同组成的一个研究小组，在《自然·材料》杂志上发表论文称，他们开发出一种新方法，利用金刚烷制出直径只有 3 个原子粗细的电线。这一技术在制备新型发电纤维、光电设备等方面具有广泛用途。

金刚烷是由碳骨架构成的，类似于金刚石晶格结构的笼状碳氢化合物，在医药、化学、聚合物和纳米技术等领域有很大应用价值。在此次研究中，研究人员以金刚烷为组装工具，将金刚烷与一个硫原子和一个铜离子绑定后构成的硫族化物相连，形成制造纳米电线的基本构件，随后把它放在配置好的溶液中。这些构件会在范德华引力的作用下相互吸引，像乐高积木一样一点一点自组装，“成长”为硫族化物在中间、金刚烷包裹在外的线状结构。该结构具有良好的导电性能，中间的硫族化物作为导电线芯，金刚烷则可充当绝缘层。

研究人员表示，目前存在的自组装技术不少，但能够将固态晶核组装成具有很好导电性的纳米线，他们的新方法还是第一个。金刚烷是一种很好的制备工具，该研究小组已经用金刚烷制出了一维的镉基、锌基、铁基和银基纳米线，其中最长的纳米线不用显微镜就能看到。

研究人员指出，一种材料若十分微小，只是一维或者二维结构，与大体积三维结构相比会具有非常不一样的特性。他们开发出的这一“乐高式”组装方法，让科学家能以原子精度组装材料，创建出具有独特电子特性和物理特性的新型材料，应用潜力巨大。

6. 研制微电子材料的其他新进展

（1）研制成能自行重构电路的多维导控电流纳米材料。2011 年 10 月 16 日，美国西北大学麦科密克工程与应用科学学院化学与生物工程教授巴托斯·格日博斯基领导大卫·沃克等人参加的研究小组，在《自然·纳米技术》杂志网站上发表论文称，他们开发出一种能从多个方向导控电流的新型纳米材料，能调整自身排列组合重构电路，以满足不同时间的不同计算需要。这种材料可用于制造初级电子元件，为人们带来一类全新的纳米粒子电子元件，并有望使计算机能自行改装其内部电路，按照需要变成完全不同的设备。

格日博斯基说：“这是一种全新的控制转向技术，能导控连续材料中的电流方向。就像改变一条河的流向，电流通过这种材料后，也能被引导流向多个方向，甚至变成多条河流，同时流向相反的方向。”

研究人员介绍说，新材料是把硅和高分子聚合材料从多方面结合在一起。这种“杂交”材料，由一种 5 纳米宽的导电粒子组成，每个粒子外面涂有一层特殊的带正电的化学物质，这些粒子被带负电的原子“海洋”包围，以平衡它们所带的正电。通电时，微小的负电原子会发生迁移重建电路，而相对较大的正电粒子不会移动。通过移动包围着材料的海量负电原子，能调节高低电导区域，就生成了允许电流通过的方向路径。而通过推拉负电原子，旧有的路径会被新的路径擦除。用多种类型的纳米粒子，还可以制造出更加灵活的电子元件，如二极管和晶体管。

沃克说：“新材料除了作为现有技术的三维桥梁以外，这种可逆性能让计算机改变电流方向，在需要的时候调整自身线路。”也就是说，有一种设备能根据计算机信号自我改装成电阻器、整流器、二极管以及晶体管，而多维电路只要使用不同的电脉冲输入序列，就能重构电路而实现这一点。

（2）发现可研制微电子元器件的蝴蝶型里德堡分子。2016 年 11 月，美国《科学》杂志网络版上报道，在理论问世 14 年后，科学家终于首次观测到蝴蝶型里德堡分子。这是该类分子存在的第一个明确证据，在验证了整套理论的基础上，还将于分子级电子元器件研发中发挥巨大作用。

与基态原子相比，里德堡原子具有原子半径和电偶极矩大、能量间隔小、极易受到外场操控等“稀有品质”，一直是原子与分子物理领域中非常热门的研究对象。而当另一个处于基态的原子，通过一种加长型的电子云相互作用结合到这个里德堡原子上后，就形成了一个化学键超长的里德堡分子。它不仅囊括了里德堡原子的特性，还有丰富的分子振动能级，因而可以在量子信息存储、处理及量子计算等方面，展现非凡的价值和潜力。

早在 2002 年，美国普渡大学天文物理学家克里斯·格林尼就预言可能存在一种里德堡分子，其电子云排布成蝴蝶形。而直到近日，美国格林尼团队与德国凯泽斯劳滕大学合作，终于成功证明蝴蝶型里德堡分子的存在。

实验中，研究人员把铷气体冷却至 100nK（纳开尔文）的温度，这只比绝对零度高百万分之一摄氏度。再使用激光推动铷原子中的电子激发到超高能级，进而创建了一个里德堡原子。随后调整激光频率，使这个被激发的里德堡原子正好捕获到处在合适位置上的另一个原子，而这一步骤正依赖于他们之前的理论预测。

此外，他们还通过里德堡分子吸收的光的频率变化，检测到两个原子之间的结合能。团队将继续测试是否可以有多个原子结合成里德堡分子。研究人员说，新出现的分子具有巨大的电偶极矩，因此能轻易地通过弱电场来操控，其所需的电场，只及移动常见双原子分子的1/100倍，这一点将被充分应用于分子级电子工业或机器的开发。

二、微电子晶体管研发的新成果

（一）原子级微电子晶体管的研制信息

1. 研发出首个高温电子自旋场效应晶体管

2010年12月23日，美国物理学家组织网报道，美国得克萨斯农工大学物理学家杰罗·斯纳夫领导的一个国际研究小组，在《科学》杂志上宣布，他们研制出了首个能在高温下工作的自旋场效应晶体管，该设备由电力控制，其功能基于电子的自旋，其中包含一个与门逻辑设备。新突破将给半导体纳米电子学和信息技术领域带来新气象。

英国日立剑桥实验室、剑桥大学、诺丁汉大学、捷克科学院和查尔斯大学的研究人员首次将自旋—螺旋状态和异常霍尔效应结合在一起，制造出了这种自旋场效应晶体管，其中包括一个与门逻辑设备，自旋场效应晶体管的概念于1989年首次提出，这是科学家首次在其中实现与门逻辑设备。

2. 制造出超小型单电子晶体管

2011年4月，美国匹兹堡大学文理学院物理学和天文学教授杰里米·利维领导的研究小组，在《自然·纳米技术》杂志上发表论文称，他们制造出一种核心组件，直径只有1.5纳米的超小型单电子晶体管。该装置是制造下一代低功耗、高密度超大规模集成电路，理想的基本器件，具有极为广泛的应用价值。

单电子晶体管是用一个或几个电子就能记录信号的晶体管，其尺度都处于纳米级别。随着集成电路技术的发展，电子元件的尺寸越来越小，由单电子晶体管组成的电路日益受到研究人员的青睐，其高灵敏度的特性和独特的电气性能使其成为未来随机存储器和高速处理器制造材料的有力竞争者。

据研究人员介绍，这种新型单电子晶体管的核心组件，是一个直径只有1.5纳米的库伦岛，另外还有一两个电子负责对信号进行记录。利维说，该晶体管未来可用于研制具有超密存储功能的量子处理器。这种处理器将能轻松应对那些让目前全世界所有的计算机，同时工作数年也计算不完的复杂问题。同时因其中央的库伦岛，可以被当作人工原子，该晶体管还可用来制造自然界原本并不存在的新型超导材料。

利维研究小组把这种超小型单电子晶体管命名为“SketchSET”。原因在于这项技术受到了一种名为蚀刻素描画板（Etch A Sketch）的启发，这种晶体管的制造原理也与其类似。在实验中，通过原子力显微镜，研究人员用一种极为尖锐的电导探针，就能在钛酸锶晶体界面上，用1.2纳米厚的一层铝酸镧“蚀刻”出所需的晶体管。

据介绍，它是第一个完全由氧化物制成的单电子晶体管，并且其库伦岛内能容纳两个电子。经过库伦岛的电子数量可以是0、1或2，而不同数量的电子，将决定其具有怎样的导电性能。

利维表示，这种单电子晶体管对电荷极为敏感，且所使用的氧化物材料具有铁电效应，该晶体管还可制成固态存储器，即便没有外部电源，该晶体管存储器也不会丢失此前存储的信息。此外，这种晶体管对压力变化也极为敏感。根据这一特性，可用其来制成纳米尺度的高灵敏度压力传感设备。

（二）分子级微电子晶体管的研制信息

1. 发明单分子“量子干涉效应晶体管”

2006年9月，美国亚利桑那州大学物理学家苏米特·玛祖达、大卫·卡德蒙、查尔斯·斯塔福德等人组成的一个研究小组，在《纳米科学》杂志网络版上发表研究成果称，他们发明了把单分子转变为工作晶体管的工艺。这项成果的出现，使纳米学专家梦寐以求的下一代微型高效计算机研制方法，获得了突破性进展。

晶体管是一种设置电流开关状态的装置，就像花园水管上用来控制水流开关的阀门一样。亚利桑那州大学的物理学家正计划制造出尺寸在1纳米，即十亿分之一米的微型晶体管。

2. 制成以单个苯分子为材料的分子晶体管

2009年12月23日，美国耶鲁大学发表新闻公报称，该校工程和应用科学系教授马克·里德领导、他的同事及韩国光州科学技术研究院研究人员组成的一个研究小组，合作制成以单个苯分子作为材料的分子晶体管。

研究人员说，苯分子在附着到黄金触点上后，就可以发挥硅晶体管一样的作用。研究人员能够利用通过触点施加在苯分子上的电压，操纵苯分子的不同能态，进而控制流经该分子的电流。

里德教授说："这就像推一个球滚过山顶，球就代表电流，而山的高度则代表苯分子的不同能态。我们能够调整山的高度，山低时允许电流通过，而山高时则阻止电流通过。"

研究人员说，由于流经苯分子的电流能够控制，因此就可以像使用普通晶体管一样使用苯分子晶体管。

里德指出，这项研究只能算得上科学突破，而像"分子计算机"这样的实际应用，即使真的可以实现，也需要几十年的时间。

3. 研制出单分子二极管

2015 年 5 月 25 日，美国哥伦比亚大学应用物理学副教授拉莎·文卡塔拉曼领导的研究团队，在《自然·纳米技术》杂志上发表论文称，他们开发的一种新技术，成功创建出首个单分子二极管，其性能比之前所有设计的要高 50 倍，有望在纳米器件领域获得实际应用。

单分子器件是电子设备微型化的极致。亚利耶·艾佛莱姆和马克·瑞特在 1974 年提出，单个分子可以作为整流器，一个单向的电流导体。此后，科学家相继演示了单分子连接到金属电极上（单分子结）可用作多种元件，包括电阻器、开关、晶体管，以及二极管。

由二极管充当电阀，其结构需要不对称，以使两个方向的电流处于不同环境。据报道，为了开发单分子二极管，研究人员简单地设计了具有非对称结构的分子。

论文第一作者、博士生布莱恩·卡珀兹解释说："虽然这种不对称分子的确显示出一些类二极管特性，但它们并不有效。设计良好的二极管，应只允许电流沿一个方向流动，即接通方向，并且电流强度要大。非对称分子设计往往会出现接通（开）和断开（关）两个方向上，都有微弱电流流过的现象，并且开电流和关电流的比率（整流比）通常都很低。而理想情况是，整流比应该非常高。"

为了克服非对称分子设计的相关问题，该研究团队把重点放在为分子结构创造一个不对称的环境上。他们的方法相当简单，也就是用离子溶液包围活性分子，并用不同大小的金属电极接触分子。

结果，他们获得的单分子二极管的整流比达到了250，比以前的设计高出50倍。文卡塔拉曼指出，二极管中的开电流可超过0.1微安，对于单分子而言，这个电流已经很大了。此外，新技术很容易实施，可以应用于所有类型的纳米器件，包括那些用石墨烯电极制造的器件。

文卡塔拉曼说："能够采用化学和物理学概念设计一个分子电路，并让它具备一定的功能性，这是很令人惊异的。由于尺度如此之小，量子力学效应，绝对是这一器件的一个重要方面。因此，能够创建一个看不见却表现得与预期一致的东西，这是一个真正的成功。"研究团队目前正在努力理解这项成果背后的物理基础，并试图使用新的分子系统，进一步提高整流比。

（三）纳米级微电子晶体管的研制信息

1. 研制碳纳米管晶体管的新进展

（1）开发可用于太阳能电池的碳纳米二极管。2005年8月，通用电气公司全球研究中心是通用电气公司专门进行科技研究的机构，近日它透露了碳纳米二极管技术的开发。碳纳米二极管技术将用于廉价太阳能电池技术的开发。这是去年通用电气公司全球研究中心开发和宣布的新颖碳纳米二极管装置的改进。

通用电气公司资深纳米技术领导玛格丽特·布洛赫姆在一份声明中说："通用电气公司开发碳纳米二极管装置的成功，不仅仅表明通用电气公司是新时代电子技术的先驱，这一新技术的成功潜在地公开了一条太阳能研究的通道。在我们开发的碳纳米管装置中光电效应的发现，将导致在太阳能电池领域出现令人激动的突破。人们不仅可以获得太阳能电池更多的效率，在主流电池能量市场，消费者有了更多可行的选择余地。"

通用电气公司全球研究中心表示，不同于传统的二极管，通用电气公司开发的碳纳米二极管能够执行多种功能，一个二极管和两个不同类型的晶体管能够发射和侦查阳光。通过一个P型和一个n型半导体材料的连接构成了二极管。在通用电气公司开发的碳纳米二极管装置中，采用静电掺杂技术构成了两个区域。使用两个分离的栅极连接两个等分的碳纳米管，通过一个阴极偏压和其他使用的阳极电压，碳纳米管的P-n结就可构成。

通用电气公司的研究人员发现，一个理想的二极管可以中止碳纳米管中间部分信号再结合的发生。这些试验结果，显示出碳纳米管在接触基体时是非常灵敏的。这一发现为任何基于碳纳米管装置的工作原理提供了重要的线索。

通用电气公司全球研究中心指出，在光能量转换成电流的过程中，通过测试碳纳米管的参数、科学家进一步详细阐述了理想二极管的性能，尽管提供的能量比光的波长小1000倍，但由于提高了理想二极管的参数，碳纳米管显示了重要的能量转换效率。

碳纳米二极管技术的开发，是通用电气公司主要开发计划的一部分，通用电气公司保证在未来五年中用于新技术开发的投资水平将超过两倍，达到7亿~15亿美元。作为这一承诺的一部分，通用电气公司全球研究中心将积极安排光电技术的开发，研究阳光产生能量的成本效益和更多的效率。

（2）碳纳米晶体管向商用迈出重要一步。2015年1月15日，物理学家组织网报道，美国威斯康星大学麦迪逊分校材料学副教授迈克尔·阿诺德与帕德玛·高普兰教授共同领导的研究团队，在《美国化学学会·纳米》杂志上发表论文称，他们在碳纳米晶体管制造技术上获得了一项突破。由其开发出的新型高性能碳纳米晶体管，成功突破了纯度和阵列控制两大难题，在开关速度上获得了比普通硅晶体管快1000倍，比此前最快的碳纳米晶体管快100倍的成绩。于是，碳纳米晶体管向正式商用迈出了关键一步。

碳纳米管是将单层的碳原子薄片卷起形成的管状材料，作为一种半导体材料，碳纳米管有很多优于硅的天然属性，其中的电子可以比硅晶体管更轻松地转移，实现更快速的数据传输，很早就被认为是制造下一代晶体管的理想材料。此外，这种材料还具备很好的强度和柔性，可以用来制造柔性显示器和电子设备，经得起拉伸与弯曲，让电子设备能够集成到衣服或其他可穿戴设备上。

然而，制造高性能的碳纳米晶体管面临着两大技术难题。一是要达到极高的纯度，因为碳纳米管中的金属杂质会像铜线一样导致设备短路，只有高纯度才能获得高效率；二是精度极高的阵列控制，要将数量众多的碳纳米管塞进指甲盖大小的芯片就必须精确地控制好各个碳纳米管之间的距离。

在新的研究中，该研究团队成功突破了这两个难关。凭借在碳纳米管领域二十多年的积累，他们使用聚合体筛选技术，找到了制造高纯度碳纳米管半导体的解决方案。而后又用一种被称为“浮动蒸发自组装”的技术，解决了碳纳米管的阵列问题。

报道称，先前的技术精度控制较差，碳纳米管填充的密度要么过于稀少，要么太过紧密。该研究团队通过对碳纳米管溶液的快速蒸发触发其自组装现象，让这一问题迎刃而解。他们曾在2014年美国化学学会学术期刊《朗缪尔》上对该技术进行过介绍。

阿诺德说：“这不是一次简单的改进。有了这些成果，我们让碳纳米晶体管技术得到了飞跃式的发展。新型碳纳米管在性能上远优于目前工业上所使用的薄膜晶体管。最新的进步让碳纳米晶体管取代硅芯片成为可能，而后者在尺寸和性能上已经达到了极限。除了为新一代消费类电子产品铺路，这项技术也可能在工业以及军事上获得应用。”

据悉，该研究团队已经通过威斯康星大学校友研究基金会为该技术申请了专利，并与一些企业进行了接触。

（3）碳纳米晶体管性能首次超越硅晶体管。2016年9月，美国威斯康星大学麦迪逊分校材料工程学教授迈克·阿诺德和帕德玛·高帕兰领导的研究团队，在《科学进展》杂志上发表论文称，他们成功研制的1英寸大小碳纳米晶体管，首次在性能上超越硅晶体管和砷化镓晶体管。这一突破是碳纳米管发展的重大里程碑，将引领碳纳米管在逻辑电路、高速无线通信和其他半导体电子器件等技术领域大展宏图。

碳纳米管管壁只有一个原子厚，是最好的导电材料之一，因而被认为是最有前景的下一代晶体管材料。碳纳米管的超小空间使得它能够快速改变流经它的电流方向，因此可达到5倍于硅晶体管的速度，或者能耗降到硅晶体管的1/5。由于一些关键技术挑战无法攻克，碳纳米晶体管的性能表现，远远落后于硅晶体管和砷化镓晶体管，无法在计算机芯片和个人电子产品中得到运用。

该研究团队在论文中介绍道，他们研制的最新碳纳米晶体管，获得的电流是硅晶体管的1.9倍，性能首次超越目前技术水平最高的硅晶体管。

碳纳米管内往往会混杂一些金属纳米管，这些金属纳米管会造成电子装置短路，从而破坏碳纳米管的导电性能。而该研究团队利用聚合物获得了去除金属纳米管的独有条件，最终将金属纳米管的含量降到0.01%以下，几乎是超高纯度的碳纳米管。

研究团队还研发出一种溶解方法，成功移除碳纳米管制造过程中产生的残渣。阿诺德表示："我们的研究同时克服了碳纳米管面临的多重障碍，最终获得了性能首次超过硅晶体管的1英寸碳纳米晶体管。碳纳米管的许多设想仍有待实现，但我们终于在二十年后实现了赶超。"

（4）利用碳纳米管开发出栅极长度仅一纳米的晶体管。2016年10月7日，美国能源部劳伦斯伯克利国家实验室研究员阿里·贾维领导的研究小组，在《科学》杂志上发表论文称，他们利用碳纳米管和二硫化钼，成功制出目前世界最小晶体管，其栅极长度仅有1纳米，这一仅是人类发丝直径五万分之一的尺度，远低于硅基晶体管栅极长度最小5纳米的理论极值。

制出更小的晶体管，是半导体行业一直努力的方向，栅极长度则被认为是衡量晶体管大小的标准。目前，市面上高端电子产品所用晶体管多为栅极20纳米的硅基晶体管，而业界普遍认为，栅极小于5纳米的晶体管无法正常工作。为克服硅的局限性，该研究小组把目光瞄向了二硫化钼和碳纳米管。

二硫化钼与硅一样具有晶体晶格结构，但与硅相比，二硫化钼的导电性更易控制，且可被加工成只有0.65纳米厚的、介电常数（又称电容率）较低的薄层，可算是理想的晶体管材料。而用直径只有1纳米的碳纳米管做栅极，则是充分考虑制造工艺难度的结果。因为制造只有1纳米的微小结构并不是一件容易的事，传统的光刻技术无法很好完成这样的工作。研究小组的测试表明，以碳纳米管作为栅极的二硫化钼晶体管，可有效地控制电流。即使栅极只有1纳米，其电气性能表现依然良好。

贾维表示，栅极只有1纳米的晶体管是目前世界上最小的晶体管。同时研究也表明，材料科学会为电子产品小型化提供更多的空间。只要找到合适的半导体材料，构建合适的结构，摩尔定律在未来一段时间内还依然可以有效。

（5）用碳纳米管制造出总面积最小晶体管。2017 年 7 月，美国 IBM 公司研究人员在《科学》杂志上发表研究报告称，他们使用一种微妙材料制造微芯片的基本处理元件晶体管，从而比以往任何时候更小、更快。

几十年来，随着硅晶体管的缩小，计算机的速度有所增加，但目前它们的尺寸已经达到极限。所以科学家一直在尝试使用碳纳米管，其直径仅为 1 纳米，是由十亿分之一米的碳原子卷起的薄片。在过去，为了获得最佳性能，碳纳米管制作成的晶体管，必须要比当前的硅晶体管大，直径约为 100 纳米。

为了将这一数字缩小，IBM 研究团队使用一种新技术，构建将电流吸入和流出碳纳米晶体管的触点。他们用钼建构了触点，它可以直接与纳米管的端部结合，从而使其更小。

研究人员还添加了钴，以便黏合可以在较低温度下进行，从而缩小触点之间的间隙，并且，晶体管从一个触点到另一个触点能承载足够的电流。他们还设法在每个晶体管中放置几个紧挨着的平行纳米管。

近日，研究人员报告称，晶体管的总面积只有 40 纳米。电子测试表明，新晶体管比硅芯片更快更有效率。也许，硅谷很快就要让“碳谷”取代。

2. 研制其他纳米级微电子晶体管的新进展

（1）研制出新型生物纳米电子晶体管。2010 年 5 月，美国劳伦斯伯克利国家实验室研究人员亚历山大·诺伊等人组成的研究小组，在《纳米快报》上发布研究成果称，他们建造了可由三磷酸腺苷驱动和控制的生物纳米电子混合晶体管。研究人员称，新型晶体管是首个整合的生物电子系统，它将为义肢等电子修复设备与人体的融合提供重要途径。

三磷酸腺苷可作为细胞内能量传递的“分子通货”，储存和传递化学能，为人体新陈代谢提供所需能量；其在核酸合成中亦具有重要作用。

诺伊表示，离子泵蛋白是新型晶体管装置中最核心的部分。此次开发的晶体管由处于两个电极之间的碳纳米管组成，起半导体的作用。纳米管的末端，附有绝缘聚合物涂层，而整个系统则包裹于双层油脂膜之中，与活体细胞膜的原理相似。当科学家将电压加在电极之上时，含有三磷酸腺苷、钾离子和钠离子的溶液便会倾泻而出，覆盖在晶体管装置表面，并引发电极之间电流的流动。使用的三磷酸腺苷越多，产生的电流也越强烈。

研究人员解释说，之所以会产生如此效果，是由于双层油脂膜内的蛋白质在接触三磷酸腺苷时，会表现得如同“离子泵”一般。在每个周期中，蛋白质会往一个方向抽送 3 个钠离子，并向相反方向抽送 2 个钾离子，致使 1 个电荷在“离子泵”的作用下，越过双层油脂膜抵达纳米管之中。随着离子的不断累积，其将在纳米管中部的周围产生电场，从而提升纳米晶体管的传导性。

耶路撒冷希伯来大学的伊特玛·维尔纳表示，这一生物电子系统通过离子运动把纳米层级的机械能转化为电能，从而为晶体管的运行提供支持。在这种情况下，晶体管可被用于制造由生物信号驱动和控制的电子设备。例如，这一进展能使电子仪器不需电池或其他外界电力供给便可永存于体内，而义肢等人体修复器械，也有望直接与人体神经系统“连线”。诺伊希望，这种技术将来能被用于建设无缝生物电子界面之中，以实现生物体和机器的更好沟通。

（2）开发出纳米级砷化铟镓晶体管。2012 年年 12 月，物理学家组织网报道，美国麻省理工学院电气工程和计算机科学系教授，德尔·阿拉莫领导的研究小组开发出有史以来最小的砷化铟镓晶体管。这个复合晶体管长度仅为 22 纳米。

阿拉莫表示，随着硅晶体管降至纳米尺度，器件产生的电流量也不断减小，从而限制了其运行速度，这将导致摩尔定律逐渐走到尽头。为了延续摩尔定律，研究人员一直在寻找硅的替代品，以能在较小尺度上产生较大电流。其中之一便是砷化铟镓，已用于光纤通信和雷达技术的该化合物具有极好的电气性能。

研究人员说，使用砷化铟镓，创建一个纳米尺寸的金属氧化物半导体场效应晶体管是可能的，金氧半场效晶体管是微处理器等逻辑应用中最常用的类型。晶体管包括 3 个电极：栅极、源极和漏极，由栅极控制其他两极之间的电流。由于这些微小晶体管的空间十分紧张，3 个电极必须被放置得相互非常接近，但即便使用精密的工具，也很难达到精确水平。该研究小组则实现晶体管栅极，在其他两个电极之间进行“自对准”。

研究人员首先使用分子束外延法生长出薄层的砷化铟镓材料，然后在源极和漏极上沉积一层金属钼。研究人员使用电子聚焦束，在该基底上“画”出一个极其精细的图案，然后蚀刻掉材料不想要的区域，栅氧化物便沉积到微小的间隙上。最后，将钼蒸汽喷在表面上形成的栅极，可紧紧地挤压在其他两个电极之间。

阿拉莫表示，通过刻蚀和沉积相结合，栅极就能安放在四周间隙极小的电极之间。他们的下一步目标将是，通过消除器件内多余的阻力来进一步改善晶体管的电气性能，并提高其运行速度。一旦实现此一目标，他们将进一步缩减器件尺寸，最终将晶体管的栅极长度减至10纳米以下。

（3）研制出三维结构的纳米线晶体管。2014年5月15日，物理学家组织网报道，美国加州大学戴维斯分校电气和计算机工程教授赛义夫·伊斯兰姆领导的研究团队在《先进材料》杂志上发表论文称，他们最近研制出一种具有三维结构的纳米线晶体管，并借助该技术成功把硅与非硅材料集成到了一个集成电路中。研究人员称，该技术有望帮助硅材料突破瓶颈，为更快、更稳定的电子和光子设备的制造铺平道路。

硅是目前最常见的一种电子材料，但它并不是万能的。建立在传统蚀刻工艺基础的硅集成电路，在尺寸上已经小到了极限，这限制了系统运行速度和集成度的提升。此外，传统硅电路的一些“先天不足”，也使其无法在一些特殊条件下获得应用，如250℃以上的高温环境，高功率、高电压电路，以及一些光学电路等。因此，不少科学家设想将其他半导体材料引入硅集成电路，使其适应能力更强。但经过尝试后人们发现，传统微电路制造中所采用的蚀刻工艺并不适用，在晶格失配和热性能的差异作用下，硅与非硅材料很难结合在一起。

报道称，为了解决这一难题，该研究团队开发出一种极为细微的纳米线晶体管，可将硅基底上的砷化镓、氮化镓或磷化铟等材料连接起来。这些纳米线能够起到桥梁的作用，把这些半导体材料集成到更为复杂的电子或光子设备当中。并且他们还开发出了一种技术，能够精确控制纳米线的数量，使其物理性质保持一致。

伊斯兰姆说，这种悬挂结构具有很多优势：一是其容易冷却；二是与平面结构的晶体管相比，在应对热膨胀时更加轻松自如。这种新型电路可以被用来制造能在各种极端环境中工作的传感器，如能在飞机发动机内部工作的温度传感器等。未来该技术还有望在汽车、船舶、石油开采设施、航天器以及人体植入设备中获得应用。另外，由于充分利用了多项成熟的技术，且能兼容目前用来生产硅集成电路的设备，新技术的引入并不需要更换原有生产线。

（4）用纳米晶体“墨水”制成首块晶体管。2016 年 4 月，美国宾夕法尼亚大学电子专家卡根、韩国地质矿产研究所专家崔志赫等人组成研究小组，在《科学》杂志上发表研究报告称，他们发现了一种制造晶体管的新方法，通过把液体纳米晶体“墨水”按顺序放置来制成晶体管。他们说，这种晶体管或可用 3D 打印技术制造出来，有望用于物联网、柔性电子和可穿戴设备的研制。

晶体管是电子设备的基本元件，但其制造过程非常复杂，需要高温且高度真空的条件。据有关媒体报道，研究人员在实验中先把拥有晶体管电学属性的纳米晶体，或球形纳米粒子分散在液体内，制造出四种纳米晶体墨水：一种导体（银）、一种绝缘体（氧化铝）、一种半导体（硒化镉）以及一种有掺杂物（银、铟混合物）的导体。崔志赫说：“我们首次证实，晶体管所有的组件金属层、绝缘层、半导体层甚至半导体掺杂剂都能由纳米晶体制造。”

不过在制造过程中，需要采用精确的方式将其堆放。先是把导电的银纳米晶体墨水从液体中，沉淀在一个被光刻用掩模处理过的柔性塑料表面，随后，快速旋转将其画在一个平坦的层内，再移走掩模，留下银墨水做晶体管的门电极。接下来，在其上面放置一层以氧化铝纳米晶体为基础的绝缘体，再放上一层以硒化镉纳米晶体为基础的半导体，最后加上另一层铟/银混合物，形成了晶体管的源电极和漏电极。当以较低温加热这套系统时，铟掺杂从这些电极扩散到半导体组件中。

卡根说：“用溶液基材料进行研究时，要确保添加第二层不会洗掉第一层，依此类推。我们必须在纳米晶体刚进入溶液以及沉淀后，对其表面进行处理，确保它们拥有合适的电学属性并采用我们希望的构造组合在一起。”

卡根表示，新过程的工作温度比传统方法低，因此，他们能同时在同一块柔性塑料背衬上制造多个晶体管。他说：“大面积和更低温度制造晶体管，是包括物联网、大区域柔性电子和可穿戴设备等多项新兴技术的目标。”

（5）开发出能自我修复的纳米线晶体管。2016 年 12 月 11 日，《光谱》杂志网站报道，美国国家航空航天局与韩国科学技术研究院联合组成的一个研究团队，研制出一款能自我修复的晶体管。研究人员表示，最新自我修复技术有助于研制单芯片飞船，它能以 1 / 5（每秒 6 万公里）光速飞行，在 20 年内抵达距太阳系最近的恒星“比邻星”。

2016 年 4 月 12 日，霍金宣布启动“突破摄星”计划，与俄罗斯商人尤里·米尔纳、脸谱创始人马克·扎克伯格合作，建造能以 1 / 5（每秒 6 万公里）光速飞行的微型星际飞船。不过，这种微型星际飞船能否“熬过”20 年的太空飞行依然存疑，因为美国国家航空航天局的研究表明，宇宙高能射线会导致正电荷堆积，破坏芯片的二氧化硅层，让设备性能受损，最终导致飞船失灵。

为了解决这个问题，美国国家航空航天局提出了很多方案：一是调整航线避开高能辐射区，但这可能导致航程增加数年，也不一定能保证飞船免遭辐射；二是在电子元件上加装保护层，但这会使飞船增重、变大，导致速度降低；三是打造能自我修复的硅芯片。

近日，在旧金山召开的国际电子设备大会上，该研究团队提交了这项新成果。这种“栅绕式”纳米晶体管使用纳米线而非常用的鳍形通道作为晶体管通道，打开或关闭电荷流经通道的“门”完全将纳米线包围，在门上额外添加的一个触点使电流能流过，如此一来，电流会加热“门”以及它所包围的通道，修复辐射造成的损伤。

韩国科学技术研究院专家表示，这种纳米线晶体管不容易受宇宙射线的伤害，即使受伤害体积也很小，非常适合用来制造太空飞行设备。研究人员称，能在经受辐射破坏之后自我修复的芯片，有望彻底变革太空探索方式，未来可能不再需要大型探测器来进行遥远的星际旅行。不过，就目前而言，降低这一技术的成本是其实用化的关键。

（四）功能型微电子晶体管的研制信息

——研制出可传输质子流的新式晶体管

2011 年 9 月，美国华盛顿大学材料科学与工程副教授马科·罗兰蒂领导的研究小组，在《自然·通讯》杂志网络版上发表研究成果称，他们开发出一种能传输质子流的新式晶体管，有望开发出和生物体直接沟通联系的设备。

在体内，质子处于“开”或“关”两种状态，它在生物能量转移中至关重要，可通过细胞膜中的离子开关通道，把物质吸进或推出细胞；动物和人则用离子传输大脑和肌肉信号来保持灵活运动。那些能与人体生理过程相连的设备，可用来开发生物传感器或义肢。但通常，这些设备都是用带负电荷的电子来输送信息，而非质子或离子。

如何让一台机器和一个生命系统兼容，这两者间的接口是最大的挑战。

罗兰蒂说：“怎样才能把电子信号转化为离子信号，或反过来？我们发现了一种生物兼容材料，非常适于传导质子，很有可能成为连接生命系统的接口。”

这种材料是一种改良的壳聚糖，最初从鱿鱼骨中提取，也能从食物加工厂丢弃的蟹壳和鱿鱼骨中回收利用。研究人员发现，它在传输质子方面效果显著，能吸水而形成许多氢键，由此质子能从一个氢键跳到另一个。他们还用电荷传输计算机模型进行验证，与实验结果能够很好地吻合。

研究人员制作的样品设备，仿照了一种场效应晶体管，宽约 5 微米，是人类发丝的 1/20，包括一个栅极、一个漏极和一个源终端，但它传输的却是质子流脉冲。罗兰蒂说：“在我们的设备中，生物激发分子能移动质子，质子流可以被打开或关闭。这种方式完全能比拟任何其他的场效应晶体管中的电子流。”

关于这种晶体管的应用，罗兰蒂说，在下个 10 年左右很可能出现实验室用的细胞直接传感器。目前的质子流样品设备有一个硅基，不能用在人体中。但从长远来看，可能会有能直接植入生物体内的兼容设备，监控甚至控制特定的生物过程。

三、微电子电路研究的新成果

（一）用碳素材料研制微电子电路

1. 用碳素材料制作微电子电路开关

（1）研制成功世界首个碳纳米管电路开关。2005 年 8 月 14 日，美国圣地亚哥市加利福尼亚大学材料科学家普拉巴卡尔·班达鲁领导的研究小组，在《自然·材料》杂志上发表研究报告称，他们研制出世界上第一个完全由碳纳米管制成的电路开关，他们希望这种成本更低、体积更小、速度更快的碳纳米管元件能够代替硅芯片。

这种元件是一种 Y 型纳米管，而它的作用和普通家用的晶体管一样。从一个支管流向另一个支管的电流，受到第三支管电压的控制来完成开关动作，而且永远只有两种情况：要么开，要么关。

班达鲁说："纳米管开关体积小，灵活的开关动作，绝对适合成为新一代的晶体管材料。"研究小组通过在直纳米管的生长过程中添加一种钛铁催化剂来制造 Y 型纳米管。在一个催化剂粒子黏附到纳米管的一侧时，就形成了一个新的支管。

传统的晶体管是由数层半导体材料构成，比如说硅。目前随着制造技术的进步，芯片的体积已经变得更小，赋予了台式电脑更加强大的计算能力。但是，在元件的体积越来越小的同时，漏电情况也变得越来越严重，导致温度升高、废热，并且使有些本应关闭状态的开关依然处于开启状态。但是，硅芯片的体积看起来已经不可能进一步缩小了。所以，研究人员正尝试寻找新方法，用碳纳米管来起到相同的作用。碳分子管卷不仅能够导电，而且比硅电路的体积更小，大概只有一米的十亿分之几。

碳纳米管还能够通过更加低廉的化学方法来制造，这样一来就能避免目前电路制造技术中费时费力的增层和蚀刻等工序。瑞典卢德大学的物理学家许洪其解释说："这能够帮助我们实现制造体积更小、功能性更加复杂的仪器。"

研究人员已经使用碳纳米管制成逻辑电路，但是这些电路需要金属"关卡"来控制电荷流动。许洪其表示，实现这样的目标需要分好几步才能完成，所以与传统电子元件相比，这种产品在经济成本方面完全没有竞争性。

班达鲁进一步解释说，新的电子仪器中所需要的"关卡"是纳米结构的一部分，也就是说整个结构是完全独立的，而研究人员能够调整碳纳米管中央的催化剂粒子来实现改变仪器的切换性质，例如在不同的电压间切换等。

目前这一研究小组正尝试研制 T 型和 X 型的碳纳米管来实现其他不同的功能。班达鲁说："想到未来可能实现的种种可能，我就会兴奋不已。"

（2）用石墨烯制成微电子电路开关。2015 年 8 月 18 日，物理学家组织网报道，美国密歇根理工大学物理学家叶玉金领导的研究团队把石墨烯与氮化硼纳米管结合，制成全新的混合微电子电路开关，可作为电子产品中控制电流的基本元件。未来有望借此制成不含硅半导体的晶体管，让计算机、手机、医学设备和其他电子产品的速度更快、体积更小。

石墨烯可"变身"为各种独特的材料，氮化硼纳米管也可加工成各种生物和物理材料，但这两种材料却没有在电子界取得一席之地：石墨烯导体中电子释放太快，无法控制电流；氮化硼纳米管单独存在时，甚至是不能导电的绝缘体。

据报道，叶玉金研究团队把上述两种材料的化学结构放大，找到其不匹配性，最终成功开发出全新的混合数字开关。他们在单分子层石墨烯表面蚀刻出许多小针孔，然后往针孔内引入氮化硼纳米管，融合后的混合材料看起来就像一层树皮上长着不规则的稀薄头发。

由于化学结构的不匹配，两种材料的结合点处会出现能隙的不匹配：石墨烯薄层导电快，而纳米管内的原子结构会阻止电子流动，混合材料因此具有了能隙差（势垒）。这些能隙差成为调控并阻止电子流动的关键。两种材料之间的接触点被称为"异质结"，这些异质结就是数字开关。

研究证明，新型混合开关具有更高的转换系数，其开关速度比现有石墨烯转换器高几个数量级，这将加快电子产品和计算机的开发步伐。

新型混合材料还能解决目前晶体管中硅半导体的两大短板：不能更小以及大量发热。另外，由于石墨烯和氮化硼纳米管具有相同的原子排列即位点匹配，新型微电子电路开关还能避免电子流动分散的问题。电子只有朝同一个方向流动才能制造更大的电流，但经常有电子会偏离原来的方向，大大降低电流的强度和速度。而新型混合开关能控制高速前行电流中电子的方向，让偏离的电子回归正轨。

2. 用碳纳米管制作微电子电路

（1）制成以碳纳米管为基础的全晶片数字电路。2012 年 6 月，美国斯坦福大学和南加州大学有关人员组成的研究小组开发出一种设计碳纳米管线路的新方法，首次能生产出一种以碳纳米管为基础的全晶片数字电路，即使在许多纳米管发生扭曲偏向的情况下，整个线路仍能工作。

碳纳米管（CNTs）超越了传统的硅技术，在能效方面有望比硅基线路提高10倍。第一个初级纳米管晶体管诞生于1998年，人们期望这将开启一个高能效、先进计算设备新时代，但受制于碳纳米管本身固有的缺点，这一愿望一直未能实现。

在碳纳米管能变成一种有现实影响力的技术之前，至少还要克服两大障碍：一是研究已证明，要造出具有“完美”直线型的纳米管是不可能的，而扭曲错位的纳米管会导致线路出错，以致功能紊乱；二是迄今还没有一种技术能生产出完全一致的半导体纳米管，如果线路中出现了金属碳纳米管，会导致短路、漏电、脆弱易受干扰。

针对这两大难题，研究人员设计了一种独特的“缺陷－免疫”模式，生产出第一个全晶片级的数字逻辑装置，能不受碳纳米管线向错误和位置错误的影响。此外，他们还发明了一种能从线路中清除那些不必要元素的方法，从而解决了金属碳纳米管的问题。他们的设计方法有两个突出特点，首先是没有牺牲碳纳米管能效，其次还能与现有的制造方法和设施兼容，很容易实现商业化应用。

研究人员表示，下一步将尝试造出数字集成系统的基本组件：计算线路与序列存储，以及首个高度一体化的整体三维集成电路。

（2）推出含碳纳米管的纳米电子系统三维芯片。2017年7月4日，美国麻省理工学院研究人员马克斯·舒拉克主持的研究小组，在《自然》杂志发表论文称，他们研制出一种含碳纳米管的高能效和高存储率的纳米电子系统，能将输入/输出、计算和数据存储能力集合在一块三维芯片上。该系统不但与现有的硅基电路兼容，更重要的是，能帮助人们突破计算机领域的重大瓶颈：数据需要在芯片外的存储器和芯片上的逻辑电路之间转换。

该研究小组提出的这种三维纳米电子系统模型，创新性地结合了碳纳米管传感器，并应用了新兴记忆技术——可变电阻式内存的晶体管，以及传统硅电路。因此，它能从外界捕捉大量数据，储存并处理这些数据，最后输出精准处理过的信息，而这些工作，全部在同一个芯片中完成。

为了让人们进一步了解他们的新型系统，研究人员在实验中展现了其如何能够感知不同的气体和蒸汽（包括纯氮气和柠檬汁、伏特加与啤酒的蒸汽），以及如何将感应器的数据储存在超过 100 万个可变电阻式内存元件中，并且用碳纳米管逻辑操作对其进行分类。

该系统的问世，被认为可以使“芯”出于蓝而胜于蓝。在相关的新闻评论文章中，美国布朗大学科学家舍利弗·利达指出，这项技术最终能够帮助开发重要应用，譬如，拥有高性能人工智能的嵌入式智能摄像机，以及可以在血管中“游泳”和传送药物的智能机器人，甚至人工视网膜。

3. 用石墨烯制作微电子电路

（1）推进石墨烯制作纳米电路的技术研究。2010 年 6 月 11 日，美国乔治亚理工学院物理系副教授爱丽莎·雷多、伊利诺伊大学香槟分校机械科学和工程系的副教授威廉·金等人组成的一个联合研究小组，在《科学》杂志上撰文称，他们在利用石墨烯制造纳米电路领域获得突破：设计出简便、快速的纳米电线制造方法，能够调谐石墨烯的电学特征，使氧化石墨烯从绝缘物质变成导电物质。这被认定为石墨烯电子学领域的一项重要发现。

纳米电路的研究人员之所以对于石墨烯的研究颇具热忱，是因为与硅相比，电子在石墨烯内移动时会受到更小的阻力，而硅晶体管的尺寸也已经接近了相关物理定律的极限。虽然石墨烯纳米电子学可比硅基电子学速度更快且消耗更少的能量，但此前无人知晓如何制造可扩展或可重复的石墨烯纳米结构。

该研究小组测试了两种氧化石墨烯：一种由碳化硅制成；另一种则由石墨粉构成。研究人员使用了热化学纳米光刻技术，以提升纳米量级的石墨烯的温度，从而设计出类似石墨烯的纳米电路。当温度达到 130℃时，氧化石墨烯变得更具传导性，并能从绝缘物质转变为更具传导性的纳米线等石墨烯类似物质。这些性能都是该技术颇具成效的标志。

雷多说：“研究表明，通过使用原子力显微镜尖端局部加热绝缘的氧化石墨烯，我们可把纳米线的大小降至 12 纳米，并能把它的电子特性调谐至 4 个传导量级以上。实验过程中也并未出现尖端磨损或是石墨烯样本损坏的情况。”

威廉·金认为新技术有三大优势：一是整个过程只需一步完成，单纯通过纳米加热就可把绝缘氧化石墨烯转化为功能性导电材料；二是此技术可适用于多种类型的石墨烯；三是新技术效率极高，可在极短时间内合成纳米结构，对纳米电路的制造十分有益。

研究人员还表示，从氧化石墨烯到石墨烯的简单转换，是制造导电性纳米线的重要途径，它不仅可应用于软性电子学领域，还有望用于生产与生物兼容的石墨烯电线，可被用于测量单个生物细胞的电子信号。

（2）制造出全石墨烯无缝集成电路架构。2013 年 10 月，美国加州大学圣巴巴拉分校电子和计算机工程系教授、纳米电子设备研究实验室主任高斯塔夫·巴纳吉领导的研究小组，在《应用物理快报》杂志上发表论文称，他们研制出一种新的集成电路架构并做出了模型。在这一架构内，晶体管和互联设备无缝地结合在一块石墨烯薄片上。这项最新研究成果将有助于科学家们制造出能效超高的柔性透明电子设备。

目前，用来制造晶体管和互联设备的都是大块材料，因此很难让集成电路变得更小，而且大块材料也容易导致晶体管和互联设备之间的“接触电阻”变大，而这两方面都会降低晶体管和互联设备的性能并增加能耗。基于石墨烯的晶体管和互联设备极具前景，有望解决这些基本问题。

巴纳吉表示：“石墨烯除了是目前最纤薄的材料之外，其还具有一个可调谐的带隙。狭窄的石墨烯带能被用来制造半导体；而宽的石墨烯带是金属。不同的石墨烯带可以制成不同的设备，制成的设备可以无缝地结合在一起，这样也可以降低接触电阻。”

在实验中，该研究小组使用非平衡格林函数，来对包含有如此多异质结构的复杂电路架构的性能进行评估，并研究出了一种方法，设计出了这种“全石墨烯”的逻辑电路。该研究的合作者康家豪表示：“对电子通过由不同类型的石墨烯纳米带制造的设备和互联设备的情况，以及跨过其接口的情况进行精确的评估，是我们的电路设计成功并达到最优化的关键。”

石墨烯研究领域的著名专家、哥伦比亚大学的物理学教授菲利普·吉姆表示：“这项研究通过使用一种全石墨烯的设备互联架构，为传统集成电路会遇到的接触电阻问题，提供了一种解决办法，这将显著简化基于石墨烯的纳米电子设备的集成电路构建过程。”

结果表明，与目前的集成电路技术相比，新的全石墨烯电路的噪声容限更高，且耗费的静态功耗低很多。另外，巴纳吉表示，随着石墨烯研究领域不断取得进展，这种全石墨烯电路有望在不久的将来成为现实。

（3）创建首个全功能石墨烯集成电路。2014 年 3 月，有关媒体报道，美国国际商用机器公司一个研究团队，近日取得了一项里程碑式的技术突破，利用主流硅互补金属氧化物半导体工艺，制作了世界上首个多级石墨烯射频接收器，进行了字母为“I－B－M”的文本信息收发测试。

研究人员说，这款接收器是迄今为止最先进的全功能石墨烯集成电路，可使智能手机、平板电脑和可穿戴电子产品等电子设备，以速度更快、效率更高、成本更低的方式传递数据信息。

石墨烯的单原子层薄片，易在传统集成电路的制作过程中受损，这是石墨烯集成电路发展面临的主要阻碍之一。美国国际商用机器公司研究人员采用颠覆传统硅集成电路制作流程的方法，克服了上述挑战，制作了由 3 个晶体管、4 个电感器、2 个电容器和 2 个电阻组成的石墨烯射频接收器。它的性能比以往的石墨烯集成电路好 1000 倍，达到了与硅技术的现代无线通信能力相媲美的程度。

（二）用其他材料研制微电子电路

1. 用 DNA 分子制成以分子为信号的生化电路

2011 年 6 月 3 日，加州理工学院生物工程系学者钱璐璐与同事埃瑞克·温弗利教授等一起组成的研究小组，在《科学》杂志上发表研究成果称，他们使用 DNA 分子，在一个试管中构造出以分子为信号的迄今最复杂的生化电路。科学家表示，这些电路可用来探测生物系统内部信息处理的基本原理，也可用来设计具有决策能力的生物化学路径等。

逻辑门是使计算机在正确的时间，做出正确行动的数字逻辑电路的基本组成元件。传统计算机中的逻辑门，由电子晶体管制成，导线把它们连在一起形成电路。而该研究小组制造的生化电路，其逻辑门则由装满盐水的试管内的 DNA 分子组成。与电子电路中以电子流入和流出晶体管作为信号不同，用 DNA 制成的逻辑门把接收和发出分子作为信号，这些分子信号从一个特定的逻辑门漫游到另一个，好似有无形的导线把它们连在一起组成电路。

钱璐璐解释道，此前实验室制造的生化电路都有局限性，当电路增大时，其工作的稳定性和可预测性会随之下降。因为不同的电路，需要不同的分子结构来实现其功能，因此，电路越大，结构越复杂，调试难度也随之增加。而新方法制造出的分子元件结构简单且标准化、运作稳定也容易进行规模化的制造，可以制造出更大更复杂且运行稳定的电路。

研究小组利用新方法制造出几个电路，其中最大的一个包含有74个不同的DNA分子，可以计算不超过15的整数的平方根。研究人员通过监测输出分子的浓度获取答案，整个计算过程耗时10小时，因此，它无法很快取代笔记本电脑。但这种电路的主要目标不是取代计算机，而是让科学家更好地对生化过程进行逻辑控制。钱璐璐说："我们想要制造出更加尖端的生化电路来完成更加复杂的任务，让分子设备根据具体环境做出行动。"

钱璐璐表示，他们的电路有几个新特性。首先，所有逻辑门的结构都一样，区别只在于DNA序列不同。因此，同一类元件可以连在一起，制造出任何电路。更重要的是，研究人员不需要了解电路背后的分子机制，就可以制造出电路。另外，通过调整某些DNA分子的浓度，研究人员可改变逻辑门的功能。而且，这些组成元件可以即插即用，因此很容易重新组装成不同的电路。

新研究让科学家在设计应用于生物、化学工程的化学反应方面，拥有前所未有的掌控力。未来，人工合成的生化电路可探测血液样本中各分子的浓度，并把信息整合后进行病理学诊断。

2. 用二硫化钼制成只有三个原子厚的芯片原型

2016年12月，趣味科学网站报道，美国斯坦福大学电子工程学副教授艾瑞克·波普领导的研究团队，用二硫化钼研制出只有3个原子厚的芯片原型，并首次证明仅原子厚的超薄材料和电路可实现规模化生产。这些透明可弯曲材料，未来可将窗户或车顶变成显示屏。

由于目前的硅基芯片已很难进一步缩小，研究人员试图利用只有3个原子厚的单层材料取代硅芯片，石墨烯成为这类材料的首选。不过，石墨烯有个致命弱点，没有导电性，不能用来生产电路的核心部件晶体管。二硫化钼因其良好导电性及超薄性成为研究人员的新宠。

但三明治结构二硫化钼在规模化生产中遇到难题：3个原子厚的二硫

化钼无法铺展成制作芯片所需的拇指大小晶体，其困难程度如同用一张薄纸铺满整个斯坦福校园。

该研究团队现在解决了这一难题。他们利用化学蒸气沉积工艺，通过加热让少量硫原子和钼原子蒸发，再让其沉积到玻璃或硅基底物上形成超薄晶体层，最后成功将三个原子厚的二硫化钼铺展成1.5毫米宽的晶体，其宽度是单原子厚度的2500万倍。

只有将电路蚀刻进材料中，才能证明芯片可规模化生产。为此，波普研究团队用标准蚀刻工具，把斯坦福大学校标刻进芯片原型中，更有趣的是，他们还在美国总统大选期间，把两位候选人的纳米级头像刻进原子薄层芯片。

研究团队下一步将集中精力对新方法进行改进，以增强二硫化钼在集成芯片中的一致性，并最终规模化生产实用电路。波普说："我们认为，可以做到把二硫化钼直接集成到硅基上，垂直构建出立体微芯片，取代传统平面结构的芯片。这种立体芯片和电路更适合用在三维节能建筑中。而且二硫化钼是一种透明、可弯曲材料，未来可将窗户变成电视，或将车顶挡风玻璃变成显示器。"

（三）研制微电子电路的新结构与新技术

1. 研制微电子电路的新发现和新结构

（1）发现纳米材料可自行组成多组分电路。2016年9月15日，物理学家组织网报道，美国能源部橡树岭国家实验室研究员扎克·沃德领导的研究小组，近日在《先进电子材料》杂志发表文章称，他们发现，纳米材料不可思议的行为，超越了目前硅基芯片微处理器的能力。他们的研究显示，复合氧化物单晶材料被局限在微观纳米尺度时，其表现如同一个多组分的电路，或能支撑新型的多功能计算体系结构。

据报道，这种纳米材料的行为，源于复合氧化物不寻常的"相分离"特征，在微小尺度上，材料表现出截然不同的电和磁特性。这意味着复合氧化物材料在单纳米尺度上，有望自行组装成电路元件。

沃德说："材料单一区域内，共存有不同的磁和电子行为，让它有可能用于创建可擦写电路。"这种材料可通过多种方式控制，也为创建新的计算机芯片类型提供了可能。

目前，计算机产业越来越受限于硅基芯片的尺寸，该研究小组的这项原理验证实验表明，相分离材料可以在某种程度上，超越传统的“一个芯片搞定所有问题”的方法和路径。多功能芯片能够同时处理多项输入和输出，可以为计算方面的特殊应用和需求提供支持。

沃德解释说，如果接入多个外部设备，通常需要将几个不同组件连接到计算机主板上。这项研究成果表明，某些复合材料可以将组件内置其中，这样可能减小尺寸和对电源的要求。新方法的目的，是通过发展硬件水平来提高性能，这意味着驱动超级计算机、台式机和智能手机的材料和结构，将不再被迫局限在一块芯片上了。

报道称，研究人员已在一种材料上证明了其可行性，但他们强调不同的材料有不同的属性，工程师可以开发其他种类的相分离材料。

（2）用“全包围门”新结构制造5纳米芯片。2017年5月6日，美国电气和电子工程师协会《光谱》杂志报道，IBM日前宣布，该公司研究团队在晶体管的制造上取得了巨大的突破：在一个指甲大小的芯片上，从集成200亿个7纳米晶体管飞跃到了300亿个5纳米晶体管。据悉，这一出色表现，有望挽救濒临极限的摩尔定律，使电子元件继续朝着更小、更经济的方向发展。

目前，最先进的晶体管是finFET，以芯片表面投射的载硫硅片翅片状隆起而命名，其革命性突破的关键在于，在三维结构而非二维平面上控制电流的传递。这种设计可应用于10纳米甚至7纳米节点芯片。但是，随着芯片尺寸越来越小，电流变得愈发难以关闭，即使使用这种先进的三面“门”结构，仍会发生电子泄漏。

半导体行业一直致力于打造5纳米节点替代方案。IBM此次宣布的最新结构中，每个晶体管由三层堆叠的水平薄片组成，每片只有几纳米厚度，完全被栅极包围，能防止电子泄漏并节省电力，被称为“全包围门”结构。

IBM的半导体技术和研究副总裁马克斯·凯尔表示：“我们认为，新结构将成为继finFET之后的普遍结构，因为它代表了晶体管的未来。”

报道称，IBM公司用多年时间研究制造堆叠纳米芯片工艺技术和材料，此前流行的电子束光刻工艺，对于批量生产而言过于昂贵，而即将投入生产的5纳米芯片，将使用工艺成本有所降低的极光紫外光刻技术。新型芯片虽然只有指甲大小，其上却能集成300亿个晶体管，在与10纳米芯片进行对比的测试中发现，在给定功率下，其性能可提升40%；在同等效率下，5纳米芯片可以节省74%电能。

IBM计划与三星公司及全球制造商共同合作，生产5纳米节点测试芯片，并提供给全球客户，在未来几年内满足日益增长的市场需求，为自动驾驶、人工智能和5G网络的实现铺路。

2. 开发微电子电路出现的新技术

（1）找到半导体微电子电路与有机材料连接的方法。2008年3月，美国国家标准和技术研究院的一个研究小组在新出版的美国化学学会杂志上发表论文说，他们成功地寻找到，把半导体材料组成的微电子电路，与复合有机分子材料组成的器件相连接的方法。

研究人员把有机分子单层结构，组装到普通微电子硅基底上，获得半导体和有机分子组成的电阻。据介绍，这种技术同样以硅为基底，与工业标准互补型金属氧物半导体晶体管（CMOS）生产技术相兼容，为未来金属氧物半导体与分子混合器件电路的制造铺平道路。可以说，该混合器件电路将是金属氧物半导体晶体管之后，即将出现的全分子技术的基础或前身。

该研究小组首先发现，他们采用新创技术能够把高质量的有机分子单层，组装到工业金属氧物半导体晶体管制造中常见的硅切面上。通过外延光谱分析，研究人员证实了自己的研究成果。

随后，研究人员利用相同的技术，研制出简单但具有工作能力的分子电子器件：电阻。他们用碳原子链组成单层结构，每条碳原子链的端点与硫原子相系，并将原子链放入硅基底上的深度为100纳米的小井中，然后用一层金属银封住井口，同时井上端形成顶部电接触点。他们表示，金属银不会取代碳原子链组成的单层结构，也不会阻碍单层结构发挥正常功能。

据悉，研究人员共研制出两个分子电子器件，每个器件具有不同长度的碳原子链。正如所预期的那样，两个器件在测试中均成功地表现出电阻的作用，同时碳原子链更长的器件其电阻更大。研究人员还证明它们显示非线性电阻的性能。研究人员表示，他们下一步目标，是制造一个金属氧物半导体与分子的混合电路，以证明分子电子元件能够与当今的微电子技术协调工作。

（2）开发控制单分子厚度电路中电流的新技术。2014 年 4 月 22 日，物理学家组织网报道，美国罗切斯特大学化学工程助理教授亚历山大·谢斯特帕罗夫领导的研究小组，在《先进材料界面》杂志上发表论文说，科学家们在开发微观电路方面面临着一些障碍，比如如何可靠地控制流经一个只有单分子厚度的电路中的电流。现在，他们成功地做到了这一点，朝着研制纳米级电路又迈进了一步。

谢斯特帕罗夫说："直到现在，科学家们一直无法可靠地直接引导电流从一个分子流向另一个分子。但这正是只有一个或两个分子厚的电子电路工作时需要做的。"

在这项实验中，研究小组利用一个简单的微观电路，为一个有机发光二极管供电，电路的正负极之间通过一张只有一个分子厚的有机材料薄膜连接。最近公布的研究已经表明，在如此薄的电路中，要控制电流在两极之间的流动非常难。而谢斯特帕罗夫解释说，解决这一问题的关键，是增加一个分子惰性层。

据报道，这个惰性层或非反应性层，是由直链有机分子构成的。在其上面分布着一层环状的芳香族分子，充当传导电子电荷的导线；而惰性层就如导线的塑料外壳一样，可以起到绝缘的作用。由于下面的惰性层不能与上层发生反应，器件的电子特性仅通过上层就可以决定。

借助这种双层排列，研究小组能够对电荷的转移进行调控。通过改变官能团，即用于取代分子中的氢并决定分子具有哪些独特化学反应的原子或原子团，研究人员可以更准确地控制电流在电极和上层有机分子层之间移动的速度。

在分子电子器件中，一些官能团会加快电荷转移；另一些则可使电荷转移速度慢下来。正是惰性层的加入，研究小组能够减少上层受到的干扰，由此便可通过改变官能团来达到设备所需的精确的电荷转移速度，例如，发光二极管可能需要更快的电荷转移速度才能保持特定的发光；而生物医学注射装置可能需要电荷以更慢的速度转移。

虽然研究小组克服了一个大障碍，但要让双层分子电子器件走向实际应用，还需开展大量工作。下一个挑战将是耐用性。谢斯特帕罗夫说："我们开发的这个系统，在高温下会迅速退化。我们需要的是能够持续运行数年的设备，这得花点时间才能实现。"

四、微电子设备研制的新成果

（一）研制微电子常见设备的新进展

1. 微电子收音机研制的新信息

（1）研制出由单一碳纳米管构成的收音机。2007 年 10 月 31 日，美国加州大学伯克利分校亚历克斯·泽托教授主持的研究小组，在《纳米通信》网站上刊登研究报告称，他们研制出迄今为止世界上最小的收音机：它由单一的、尺寸仅为头发丝直径万分之一的碳纳米管构成，人们加上电池和耳机，就能用它收听到自己喜欢的广播节目。

同传统收音机相比，纳米收音机具有显著的特点。在纳米收音机中，碳纳米管集天线、调谐器、放大器和解调器于一身；在传统标准的收音机中，各个功能由相互独立的部件来完成。

为探测到广播的无线电信号，纳米收音机的碳纳米管被置于真空管中，并钩挂在电池负极上。广播电台的无线电信号经过后，其产生的电场将不断"推"和"拉"纳米管，也就是碳纳米管随无线电信号发生共振，利用这种共振现象，可以探测到无线电信号。研究人员表示，他们在碳纳米管的自由端，安装了非接触式正电电极，其目的是改变碳纳米管的张力，以便让碳纳米管具有可变的振动频率。

研究人员说，非接触式电极，除能让碳纳米管具有可变的振动频率外，还能使碳纳米管成为无线电信号放大器。因为当电极的电压足够高时，它能将碳纳米管自由端的电子夺过来。由于此时碳纳米管处于振动中，因此电子从碳纳米管到正电电极时，产生的电流如同被放大了的无线电信号，这类似于早期收音机和电视机中的老式真空管放大器的场致发射放大原理。

此外，场致发射和振动两者的结合，还能调解无线电信号。经过这番处理，利用非常灵敏的耳机，人们便可听到广播的节目内容。

伯克利分校亚历克斯·泽托教授称，他们研制的纳米收音机比人类首批商业化的收音机要小1000亿倍。虽然目前纳米收音机还只是设定成无线电接收器，但它也可改变成无线电发射器。他说，纳米收音机将具有广泛的应用途径，纳米收音机的研制也许还将引领他们开拓出崭新的应用领域。

（2）研制出体积比沙粒还小的纳米收音机。2008年1月30日，美国伊利诺伊大学与一些其他机构组成的一个研究小组，周一在美国《国家科学院学报》网络版上撰文表示，他们利用纳米技术，成功研制出比粒沙还小的收音机，并成功利用它收听到日常的广播节目。

研究人员表示，他们利用粗细约相当于人头发丝十万分之一的碳纳米管，制造出微型收音机，个头比沙粒还小。研究人员克服了在如此微小的尺度上，进行空间布局和控制电子性质等诸多困难，利用碳纳米管制造出射频放大器和混频器等收音机所需的关键部件。这种纳米收音机使用正常大小的耳机和天线。在测试中，科学家成功利用它收听到美国巴尔的摩一家广播电台的交通节目。

2. 微电子传感器研制的新信息

开发能精确计量纳米粒子的微小环形激光传感器。2011年6月26日，华盛顿大学圣路易斯分校电学与系统工程系副教授杨兰领导的研究生何丽娜等人参与的研究小组，在《自然·纳米技术》杂志网络版上撰文称，他们开发出一种比针尖还要小的环形激光传感器，能精确探测单个病毒、形成云的微尘颗粒以及空气中的污染物。改变传感器中的“增益介质”，还能用于探测水中甚至血液中的微粒。

这种微型激光传感器，属于一种回音廊式共振传感器，由硅玻璃制造。工作原理就像英国圣保罗大教堂里著名的回音廊，一边的人对着廊壁说话，另一边的人就能听到。但与回音廊不同的是，这种传感器共振的不是声波而是光波。

激光器由底座支起一个“频率衰减模”（环路中激光发射的模式或形状），两束激光以相同频率、相反方向围绕环形光路传播。模场中有一个“短暂尾迹”透过环表面，探测着周边环绕的介质。当一个微粒落在激光环上，就会使一个光模中的能量分散到另一个光模中，从而使两个光模的共振频率略有不同，使光模发生分裂，一束激光就分裂为频率不同的两束，将它们导入光电探测器，会由于频率的不同而产生一种“打击频率”，从而分别测得两束激光的频率。

在早期的研究中，研究小组用普通的玻璃环作为波导，实验模分裂，并使入射光获得增益。但这种环路是被动的，外部激光必须用昂贵的可调激光，才能涵盖检测模分裂所要求的频率范围。

新型共振传感器本身就是一个微型激光器，而不仅仅是外部激光的共振腔。虽然也用玻璃制成，但掺杂了稀土原子作为“增益介质”。当外部光源达到激发态时，共振环就开始以自身更纯的频率发射激光。

（二）研制微电子机电设备的新进展

1. 开发微电子电力设备的新信息

（1）研制出首个可商用的纳米发电机。2011 年 3 月，美国佐治亚理工学院教授王中林领导的研究小组在美国化学学会会议和展览大会上展示的一项研究成果表明，他们研发出首个可商用的纳米发电机。研究人员称，这种柔性芯片可依靠人体运动，如手指的压力或脉搏的震动产生电力，有望让 iPod 等电子设备同电池说“再见”。

该研究小组通过按压位于两个手指之间的纳米发电机，分别给一个发光二极管灯泡和一个液晶显示屏提供电力，以此证明它在商业上的可行性。

这种纳米发电机由平放在弹性高分子薄膜衬底上的氧化锌纳米线和两端的电极构成，其技术关键——压电材料氧化锌纳米线能把机械能转化为电能。这些氧化锌纳米线的直径仅为头发丝宽度的 1/500，王中林研究小组找到一种方法，可以把数百万根氧化锌纳米线中的电荷捕捉起来并集合在一起。同时，他们也开发出一种新技术，可让纳米线沉积在大小仅为邮票 1/4 的柔性高分子薄膜芯片上。

王中林表示，5 个纳米发电机结合在一起，能产生 3 伏特的电压和 1 微安的电流，电压与两节普通的 AA 电池相当。从王中林 2005 年开始研究纳米发电机到现在，纳米发电机的输出功率提高了几千倍，输出电压提高了 150 倍。未来，人们可把很多纳米发电机组合在一起，为 iPod 和手机等电子设备提供电力。

科学家指出，纳米发电机产生的电力可以存储在电容器内，定期驱动传感器并无线传输电信号。而且，未来人们可以通过散步来激活放在鞋子内的纳米发电机，为手持电子设备提供电力；心脏跳动可为植入体内的胰岛素泵提供电力；甚至轻拂的微风都能让纳米发电机为探测环境的传感器提供电力。

王中林表示，他们的下一个目标，是进一步提升纳米发电机的输出功率，并可能 3～5 年内最先在环境检测传感器上实现其商业运用。

（2）研制成世界上首个单分子电动马达。2011 年 9 月 4 日，美国塔夫斯大学文理学院化学副教授查尔斯·塞克斯等人组成的研究小组，在《自然·纳米技术》杂志上发表论文称，他们用单个丁基甲基硫醚分子，制造出世界上第一个电动分子马达，其旋转方向和速率都能实时监控，有望为医疗、工程等领域的微型器械提供动力。

该电动分子马达仅 1 纳米宽，打破了现有最小马达 200 纳米的世界纪录，研究人员正为它申请吉尼斯世界纪录。马达的主要部件是丁基甲基硫醚分子，它的硫基能吸附在铜板表面，剩下 5 个烃基就像硫基的两条不对称手臂，一边有 4 个而另一边有 1 个，用低温扫描隧道显微镜上面的金属针给它提供一个电荷，两条碳链就能围绕硫铜连接点自由旋转。显微镜的金属针作为一个电极，负责向分子输送电流，引导分子旋转方向。

塞克斯介绍道，要把单个分子作为一个分子机器的组成部分，必须给单个分子接上外加电源，让它按照规定的方向运动。目前尽管已有一些理论方案，但真正的电动分子马达一直未能制造出来。他接着说："我们造出第一个由光和化学反应来供电的分子马达，让它有目的而不是随机地做些事情。"

研究小组还能通过温度控制，直接影响分子的旋转速度，分子的旋转方向和旋转速率可以实时监控。他们发现，－268℃是马达运动的最理想温度。在高温下马达旋转太快，难以测量和控制它的转速。

研究人员还指出，尽管电动分子马达有很多实际应用，但还要解决温度方面的难题才能更好地控制它的转动。塞克斯说："如果能更好地控制温度，让马达在合适温度下运转，它就能在传感器、微管设备等医疗器械中发挥实际作用。在微观领域，液体对管壁的摩擦力会变得很明显，如果管壁装上马达，就能促进液体顺畅流通。如果把分子运动和电信号连接在一起，还能在纳米电路中产生微小的传动作用，这种传动可用于手机等产品的微型延迟线中。”

2. 研制微电子机电设备的其他新信息

（1）研制出可自我校准的原子力微机电系统。2010 年 8 月 10 日，《大众科学》杂志网站报道说，微机电系统在未来的高科技领域有很大的应用潜力，但目前它们也有一个难以克服的缺陷，那就是计量结果不够精确，彼此之间存在偏差。据悉，美国普渡大学的研究人员现已找到一种方法，可以让微机电系统进行自我校准。这一研究成果，有望打开研发各类超高精度的传感器和设备的大门，可在医学、工程以及国防领域发挥作用。

微机电系统的尺寸不到十亿分之一米，在如此微小的尺度上制造这种设备，难免会存在误差，要保证生产出的微机电系统完全一致是不太可能的。既然没有可靠的方法来制造两个一模一样的微机电系统，就必须采用一些校准手段来尽量避免或者减小它们在计量时，彼此之间的误差。然而，要想在这种微观尺度上进行距离或者力的测量，同样非常困难。因此，到目前为止，还没有确定一套标准，来校准两个微机电系统的功能，以使它们的性能和计量方式完全一样。

现在，普渡大学开发的这项被称为微电计量的新技术，可帮助工程师确定施加于微机电系统器件上的力的大小。微电计量技术，通过测量微机电系统的电子特性，来定义其机械特性，因为在这样的微观尺度上，电子特性比物理力更易测量。一旦获得微机电系统器件的电容数据，研究人员就能精确计算出其形状、硬度和受力大小。

更准确地说，可自我校准的微机电系统，意味着性能更优、更便宜的原子力显微镜，能够开展更有效的生物技术和纳米技术研究的高功率实验室工具，可嗅探出化学威胁的超灵敏传感器，甚至可用于追踪或确定犯罪嫌疑人的超灵敏“芯片鼻”。

（2）用二硫化钼制成“力大无穷”的微型致动器。2017 年 8 月 30 日，美国罗格斯大学新布朗斯维克分校一个研究小组在《自然》杂志上发表研究成果称，他们开发出一种微型装置，可拉动自身 165 倍的重量。这种能像肌肉一样工作、将电能转化为机械能的新型致动器，具有广阔的应用前景，未来有望在机电系统和机器人系统中大展拳脚。

这个超级微型“大力士”，叫作“反串行连接生物形态驱动装置”。它由一种无机晶体矿物化合物二硫化钼制成。研究人员把二硫化钼纳米薄片组装堆叠，形成了这种类似于电池电极的装置。该驱动装置具有高导电性，可以插入和移除离子。插入和移除离子的过程会导致纳米薄片膨胀和收缩，从而产生力，触发柔性材料的运动。实验显示，这个重量仅为1.6毫克的微型装置，可以连续数百次不间断地拉动265毫克，也就是165倍自重的重量。

鉴于这种电化学装置，仅通过纳米薄片堆叠即可制造出来，过程简单，因而其具有应力应变等机械性能尤显特别。研究人员称，二硫化钼纳米薄片简单堆叠后即可承受与其他致动器材料相当甚至更大的应力应变，这是电化学致动器领域的一个重要发现。这样的装置在机电系统和机器人系统中有很大发展前景。下一步，他们会尝试将装置升级放大，力求制造出能移动更大物体的致动器。

（三）研制微电子制造与科研设备的新进展

1. 改进和研发微电子产品制造设备的新信息

（1）以有效消除针尖磨损来提高扫描探针设备质量。2009年9月，美国IBM公司苏黎世研究中心的一个研究小组在《自然·纳米技术》杂志上发表论文称，他们通过调整针尖接触点上的作用力，有效消除了扫描探针设备中使用的纳米针尖的机械磨损。这项设备改进将有助于开发出下一代更为先进的计算机芯片，使芯片具有更高性能和更小体积。以扫描探针为基础的工具，可超越目前生产和表征工具的可能极限，扩展其测量能力、质量和精度。

扫描探针系统，利用纳米尺度的原子力显微镜针尖，通过在物体表面以非常接近的方式进行扫描而非滑动来操纵纳米结构和设备，有点类似于老式留声机的唱针运行方式。原子力显微镜等技术现已成为探索纳米世界的重要工具。扫描探针系统提供了在原子或分子尺度上的最高可能分辨率，代表着科学家的“眼”“耳”“鼻”“手”。

在半导体行业，这些设备系统由于其原子层级的分辨率和操纵能力，成为开发制造下一代超小尺寸芯片的宠儿。利用这些技术设备，大规模工业用途的一个关键性制约因素，就是针尖的机械磨损。运动部件之间摩擦产生的磨损，是所有宏观及纳米层级力学过程所固有的。但是，依赖于纳米针尖的扫描探针设备，其顶端仅为 5 个纳米，因此这个问题更为严峻。几个立方纳米就能影响针尖的灵敏度。未来工业化应用中，在一个硅片上的大型特性表征化区域内，针尖就需要在无须更换的情况下滑动数千公里。而在目前使用的扫描模式下，针尖在运动数米后就磨损了。此外，摩擦除了造成针尖的磨损外，还能造成特征化表面的损坏。IBM 研究小组发表的论文旨在解决这个问题。

研究人员通过调节作用于针尖样本接触点上的力，有效地消除在聚合物表面滑动的针尖磨损，使其滑动距离超过 750 米。给悬臂（针尖依附与受控的力臂）和样本表面之间，施以交流电压后，悬臂即能以 1 兆赫兹的频率进行运行。此时，悬臂的弯曲和针尖的振动幅度，仅在几乎察觉不到的 1 纳米左右。虽然微乎其微，但正是这种振动大大降低了摩擦，消除了针尖的磨损，从而能检测到低至每米中失去 1 个原子这样的极限反应。针尖在连续运行一周，经过 750 米的磨损试验后，依然处于完美的运行状态。

目前，随着磨损问题的解决，IBM 苏黎世研究中心的研究人员正在探寻扫描探针设备的大量潜在应用，如纳米加工、纳米光刻和高速测量等。通过并行运行大量的针尖，芯片的开发和制造过程中就能实现高通量、高速度和自动计量。与现有工具相比，这样的计量系统在衡量器件尺寸或确定结构化硅片中的瑕疵时，将有更高的精度和准确度，而且成本更低。为了实现复杂二维和三维纳米结构的高速模式化，IBM 研究人员还在研究更加强大的扫描探针设备。

（2）开发能制作纳米结构的“电喷”打印设备。2013 年 9 月，美国伊利诺斯大学厄本纳 - 香槟分校博士后瑟达 · 昂塞斯领导的本校材料科学与工程教授约翰 · 罗杰斯、芝加哥大学分子工程研究所专家保罗 · 尼莱，以及韩国汉阳大学同行参加的一个研究小组，在《自然 · 纳米技术》杂志上发表论文称，他们开发出一种制作纳米结构的新设备，将“从上到下”的喷墨打印和“从下到上”的自组装技术结合在一起，以一种“电喷”打印方式自动形成三维的超精细结构，所造出的纳米材料可用在半导体和磁存储工业中。

用聚合物、DNA、蛋白质及其他“软”材料制造纳米结构，在新型电子工业、诊断设备和化学传感器中有很大潜力。但这些材料大部分都与光刻平印类的技术不相容，平印是集成电路的传统工艺。研究小组利用一种自组装材料——嵌段共聚物，改进了传统光照平印工艺设备，使其也能用于“软”材料领域。

研究小组在比利时的微电子研究中心制作出一种拓扑兼化学的花纹，分辨率达到100~200纳米。然后返回伊利诺斯大学，以化学花纹为模板，在上面沉积嵌段共聚物。共聚物就在模板的引导下自行组装，形成了比模板花纹分辨率更高的花纹。

这种局部沉积嵌段共聚物的喷墨打印设备，操作起来很像办公室用的喷墨打印机，其工艺方式称为电流动态打印或电喷打印。昂塞斯指出，电喷打印能很自然地控制液体墨水，因此也能很好地控制纳米管、纳米晶体、纳米线及其他纳米材料的悬浮液花纹。他说：“它不仅是一种特殊的高分辨率喷墨打印机，其理念是从喷嘴喷出原料流，打印几百纳米的花纹结构。”

尼莱说：“这一过程是利用喷墨打印方法，在基底上以高分辨率沉积不同的嵌段共聚物胶膜，因此非常适合用于设备的设计与制造上，能在一层上造出不同的维度结构。各维度的花纹可以相同，也可以不同，由各范围里的模板引导精确组装。”

研究人员指出，打印出的纳米结构的分辨率还能进一步提高到15纳米。罗杰斯说，新设备可以用来制作纳米材料的图案结构，并可与现有设备结合起来。

2. 开发微电子科研测量设备的新信息

（1）开发出首个纳米级单分子质量实时测定系统。2009年7月，加州理工学院的物理学教授、校纳米科学研究所主任迈克尔·若克斯领导的同事物理学家阿斯科沙伊·奈克等人参加的一个研究小组，在《自然·纳米技术》杂志上发表研究成果称，他们开发出只有百万分之一大小的纳米电子机械系统谐振器，可实时测定单个分子的质量。

过去，科学家一直依靠现有质谱分析技术，测量分子的质量，程序十分烦琐。首先要把被测样品中成千上万的分子离子化，使其呈带电状态，然后将这些离子引入电场，根据它们的运动状态确定其质荷比，进而确定它们的质量。

若克斯研究小组经过十多年努力，开发出一种微型纳米电子机械系统谐振器，有效简化了分子质量测量的程序，并使测量器械微型化。这种2000纳米长、100纳米宽的桥状谐振器，具有很高的振动频率，可有效充当质谱仪的“度量标尺”。

奈克指出，谐振器的振动频率与其所测量目标的质量成正比，振动频率的变化会与被测物的质量变化契合。将一个蛋白放到谐振器上后，谐振器的振动频率就会下降，而通过这种频率转换即可测定蛋白的质量。

若克斯教授认为，随着生命科学研究的深入，越来越需要进行大量的蛋白质组学分析，下一代用于相关研究的仪器，尤其是用于系统生物学研究的仪器，一定要能完成这样的任务。而半导体微电子加工工艺的发展，使这种仪器的研制成为可能。

（2）进一步提高原子干涉仪的测量精确度。2016年12月27日，麻省理工学院官网报道，在测量加速度和自转速度等重力和惯性力的所有技术中，玻色—爱因斯坦凝聚态原子干涉仪，精度保持着最高纪录。但近日，该校研究人员在《物理评论快报》杂志上发表论文称，他们通过消除最初设计造成的一种误差来源，让原子干涉仪精度再创新高。这项研究成果有助于解决量子力学与牛顿力学之间中间态物质的属性等基本物理问题。

玻色—爱因斯坦凝聚态，由冷却到绝对零度后量子态完全相同的原子凝聚而成，具有对外力干扰和电场极度敏感等非凡特性。而创建凝聚态原子干涉仪的通用方法是，将原子簇悬置到空腔，再向空腔内发射激光束形成“驻波”（即波与反射波频率相同），将凝聚态原子等分成不同原子组，每组分别被激光“囚禁”在驻波的波峰和波谷之间。激光穿过原子簇会形成干涉波，通过分析波形即可测量出原子所受外力。但现有设计存在一大问题，凝聚态原子不能完全等分，即10组中有些含1950个原子，有的含2050个原子，这种不平衡分配会对最终结果带来误差，从而影响精确度。

为解决这个问题，2001年诺贝尔物理学奖获得者沃夫冈·凯特利，带领其麻省理工学院与哈佛大学超冷原子中心的5位研究生，改变了设计思路，与之前干涉仪中只有一个铷原子凝聚态不同，他们这次设计了两个凝聚态，分别用激光和磁场“囚禁”。两个凝聚态虽然都由铷原子组成，但自旋方向不同，一个向上一个向下，向上自旋的凝聚态能纠正向下自旋凝聚态的等分不平衡问题，从而使每组原子数完全相同，提高了测量的精确度。

纽约州立大学石溪分校物理学教授多米尼克·施内布勒对最新研究给予高度评价。他认为：“新思路冲破了两种玻色—爱因斯坦凝聚态之间，会相互作用而难以控制的传统桎梏，必将促进原子干涉仪的商业化开发，以对全球定位系统不能到达的地方进行定位。”

第二章 电子元器件领域的创新信息

电子元件表现为在企业生产加工时没有改变分子成分或分子结构的电子产品，如电阻器、电容器、电感器和忆阻器，以及二极管、连接器、插座等。电子器件则是加工时改变了分子成分或分子结构的电子产品，如双极性晶体三极管、场效应晶体管、集成电路等。其中常见的集成电路，英文缩写为“IC”，俗称“芯片”，是具有某种特定功能的器件，它采用一种特殊的加工工艺，把电阻、电容和晶体管等元件集成在硅基片上而形成。由于电子元件与电子器件，在电子产品制造过程中往往密不可分，所以常将它们合称为电子元器件。本章着重考察21世纪以来美国电子元器件领域的创新进展情况。美国在电子材料与电路元件领域的研究，主要集中于金属材料、磁性材料、无机非金属材料、高分子材料、复合材料、电子设备底板与电子薄膜，以及电容器和忆阻器等电路元件。在晶体管领域的研究，主要集中于用碳元素研制或改良晶体管，用ⅢA族元素研制新型晶体管，开发新型二极管和真空晶体管，以及节能省耗型高效晶体管。在集成电路或芯片领域的研究，主要集中于新材料集成电路、新功能集成电路和集成电路新技术。同时，开发电子信息和医疗健康等方面的专用芯片。

第一节 电子材料与电路元件的新进展

一、电子材料领域的新成果

（一）研制金属电子材料的新信息

1. 开发金属电子材料的新成果

（1）把铜线制成既可输送又能储存能量的电缆。2014年6月2日，物理学家组织网报道，迄今为止，电缆只用于输送电能。想象一下，是否可以用其为随身携带的MP3播放器、智能手机和电动汽车提供动力？乍听起来如同科幻小说。而美国佛罗里达中央大学研究实验室纳米技术科学家托马斯教授领导的研究团队，开发出的一种在单个轻量级铜线里既可传输又能存储电量的突破性方法，或可将其付诸实现。最新一期的《自然》杂志已对这项技术发表了详细论述；《材料科学》杂志还将把它作为封面重点论文。

托马斯说："铜线是个初发点，但最终随着这种技术的改善，特种纤维也能以纳米的结构导电并储存能量。这是一个非常有趣的想法。"

托马斯说，更直接的应用可以在电动汽车、空间运载火箭和便携式电子设备的设计和开发中体现。只要是能够在同一线路上实现存储和输送能源，笨重且占空间的电池可能会成为过时的事。因此其能够进一步使电子设备小型化，或将先前用于电池的空间用作其他用途。例如，对于运载火箭，这可能会减轻负担，使发射成本更低。

据报道，一个晚上，托马斯在家附近散步的路上，获得了这个"储能电缆"的灵感。他带领团队以单一的铜线开始，在铜导线外表面生长出一层纳米晶须；然后用一种特殊的合金处理这些晶须，创建了一个电极。由于两个电极需要强大的能量储存，所以他们不得不想出一个应对办法。

研究人员在创建第二个电极时，通过在产生的晶须周围增加非常薄的塑料片材，并用金属护层将其包裹。然后采用一种特殊的凝胶，将这些层面黏合在一起。由于纳米晶须层是绝缘的，因此铜线内部保留传输电能通道的能力，而导线周围的层可独立存储大量的能量。换句话说，该团队在铜丝的外侧创建了超级电容器，可储存强大的能量，比如可以满足供应车辆或重型建筑设备的电量需要。

托马斯说，可以把这种技术方法转移到其他类型的材料上，导致特殊处理过的衣物纤维能持有足够的能量完成大的任务。例如，如果将柔性太阳能电池和这些纤维串联到外套上，便可以独立地给电子小器件和其他设备供应动力。

托马斯说："这是非常令人兴奋的。我们一步一步地将其实现。我每天都喜欢赶到实验室，然后看看下面会发生什么。有时候也会不尽如人意，但即便那样，失败会教给我们很多东西。"

（2）研制出可像橡皮筋一样拉伸的金属纳米线材料。2015 年 9 月 21 日，美国休斯敦大学教授、著名华裔纳米材料专家任志锋领导的一个研究团队，在美国《国家科学院学报》发表研究论文称，他们最近开发出一种内含金属纳米线的新型透明电导体，可像橡皮筋一样循环拉伸而不改变性能。这项成果在柔性电子学和人体可植入设备等领域有着广泛应用。

据悉，任志锋团队利用自己创造的“纳米晶界加工法”，制备出渔网状、弯曲、宽度精确可控的金属纳米线网络结构，然后将其黏附到由聚二甲基矽氧烷制成的柔性衬底，制成可拉伸、无疲劳特性的透明电导体。

研究人员介绍道，在试验测试中，这个电导体实现了 4 倍拉伸，此时还具有与商业化的氧化铟锡透明导电膜相当的导电和透明性能。总体而言，该电导体能在拉伸 2.5 倍、多达 5 万个循环后，电阻、透光率和结构基本上保持不变。任志锋说：“由此可以发现，该电导体能像橡皮筋一样被拉伸，且一直保持良好的导电性和透明性。”

任志锋认为，疲劳是金属材料的死敌，通常金属材料在很小的形变下（例如 1%），拉伸数千个循环就会断裂失效。新研制的可拉伸透明电导体解决了疲劳问题，一个原因是它的金纳米网络本身就具有很好的拉伸性能，另外研究人员发现调节金属网络和其衬底之间的黏附力，也能有效地提高拉伸性能和消除应变疲劳问题。

这种电导体适用于可拉伸的发光二极管或可拉伸的太阳能电池，但任志锋说，他们更希望能用于可植入人体内部的电极，因为该电导体具有良好的生物相容性以及渗透性，植入人体不会使电极周围的组织发生炎性反应。

他举例说，心脏和动脉血管处于周期性的搏动中，这种搏动会产生较大的应变。由于人体组织器官和常规金属电极力学性能不匹配，人们很难在这种搏动的器官表面安置电极。而他们的金纳米网络具有极佳的柔性，能实现和人体组织器官的力学匹配，同时它良好的无疲劳特性，能满足心脏等搏动器官长时间周期性形变的需求。

2. 研制金属电子材料的新技术

开发出用低电压控制合金液体表面张力的新技术。2014 年 9 月 1 日，有关媒体报道，美国北卡罗来纳州大学化学和分子生物工程学副教授迈克尔·迪奇领导的研究小组开发出一项新技术，可通过提供非常低的电压来控制液体材料表面的张力，进而为新一代的重构电路、天线和其他技术打开了一扇门。

研究人员使用的是一种镓和铟的合金液体金属。一般来说，裸合金具有非常高的表面张力，大约能达到0.5牛顿/米，使得金属可以向上成球状挺立。但新研究向镓铟合金施加一个非常小（小于1伏电压）的正电荷，在金属表面生成一种氧化层，神奇地将表面张力从0.5牛顿/米降到大约0.002牛顿/米。迪奇说："这一变化，使得液体金属在地心引力的作用下，能平摊开如一张薄煎饼。"

新研究还证实，表面张力的变化具有可逆性。如果电荷从正变为负，氧化层就会被消除，再度恢复成较高的表面张力。通过几个小步骤，就能在两个极端之间调整表面张力。

迪奇说："我们可以使用这种技术来控制液态金属的运动，从而能够改变天线的形状、完成或中断电路，它也可以用于微流体芯片、微机电系统，以及光子和光学器件。许多材料会在表面形成氧化物，所以这项工作的应用前景大大超越了在这里研究的某种液态金属。"

迪奇所在的实验室，此前展示过一种3D打印液体金属的技术，可以使用在空气中形成的氧化层帮助液体金属保持某种形状，这与氧化层作用于合金的一般规律完全相反。迪奇说："我们想，氧化层在不同环境下所表现出的力学性能可能大相径庭。"

3. 研制金属电子材料的新工艺

发明可让镍基材料晶体结构"按需定制"的新工艺。2014年10月16日，物理学家组织网报道，美国能源部橡树岭国家实验室的制造业示范设备中心，研究制造工艺的首席科学家莱恩·德霍夫领导并和他的同事苏瑞希·巴布等参加的研究小组，在2014匹兹堡材料科学技术会议上提交的研究成果表明，他们研制出一种新的制造工艺，能精确控制材料组成部分的结构和性能，其精度是传统制造业无法比拟的。

德霍夫说："我们现在能控制材料局部的性能，这将在未来改变我们设计金属部件的方式。这种新的制造方法，让我们从被动设计变为主动预先设计。也会在汽车或者风力发电机等能源高效转换和能量输出应用中，获得更强硬、更轻或者性能更好的零部件。"

据报道，研究人员用一种名为"雅骏"的电子束熔炼设备，示范了这一方法，在这个设备中，连续的金属粉末涂层被电子束融化在一起形成一个三维产品，可在微观尺度上操控并精确固化生产过程。他们演示了塑造镍基材料晶体结构的三维控制过程。

晶体结构在决定材料的物理和机制属性方面，扮演重要角色。从微电子到高温喷气引擎部件都有应用，这些部件可让晶体结构按需定制，以获得所需要的表现特征。

巴布说："我们正在熟练地使用高超3D冶金技术，但是我们从来没在这一尺度和如此细致的水平上，很好地控制以获取材料中最有益的部分。借助我们的工作成果，设计人员现在可以在部分原始材料的指定位置进行特殊晶体结构改造。"

（二）研制磁性材料的新信息

1. 研发磁性材料的新成果

（1）开发出可制自旋电子学元件的磁性半导体。2006年4月，美国麻省理工学院弗朗西斯·比特领导的磁体实验室的研究小组，在《自然·材料》杂志上发表研究成果称，他们研制出一种新的磁性半导体，由它制成的自旋电子学元件可以大大提高电子线路的计算能力和灵活性，并且大幅度降低能耗。

这种新型磁性半导体是自旋电子学研究中的一个重大突破。自旋电子学可以利用电子自旋方向来存储信息，现在的便携式电脑和iPod等设备中，已经开始利用自旋电子学制成的超大容量磁性硬盘存储数据了。但是，利用电子的自旋态处理线路中的信息还有待研究，这将极大地推动计算技术的发展。

（2）用原子移栽手段获得磁性半导体材料。2006年7月，美国普林斯顿大学物理系教授阿里·亚兹达尼领导的研究小组，采用先进的扫描隧道显微镜技术，通过把金属锰原子有规律地安放在半导体材料砷化镓中，成功地将常规半导体转变为磁性半导体材料。该成果标志着科学家首次实现对半导体原子结构，进行控制的长久梦想，并将大大加快用于计算和存储双功能计算机芯片的开发。

该研究小组建造了一个在原子级水平研究新型材料的实验室，能够精确揭示芯片材料中原子和电子之间的相互作用。利用独特的技术，研究小组先寻找出锰原子在砷化镓材料中加强其磁性的最佳排列，然后再把锰原子逐个安插在砷化镓材料中，获得磁性砷化镓半导体材料。通常，计算机采用两种技术来计算结果和存储数据。具体来说，就是用以硅或砷化镓等为基底的半导体芯片进行运算，用附着在软盘或卷带上的磁性材料存储数据。

如果能用单一设备完成数据的运算和存储，就能缩小计算机硬件尺寸，并降低计算机能耗。这也是计算机制造业多年的愿望。

亚兹达尼十分谨慎地表示，这项技术也许不会在短期内开发成新型芯片的制造工艺，但它可以作为研究其他半导体磁性的试验平台，能够有助于基础研究工作。他认为，通过操控半导体以改变其电流和量子特性，最终将给计算机带来革命性的变化。

（3）制造出性能独特的高灵敏磁性材料。2014 年 3 月，美国加州大学圣迭戈分校物理学家伊凡·舒尔领导的研究团队，在《应用物理快报》发表研究成果称，他们最新发现：一种依靠微小的温度变化就能改变其磁性的高灵敏磁性材料，新材料或许能用来制造磁性储存器，提高计算机硬盘的存储性能。

这种材料目前还没有名字，但舒尔表示："磁性氧化物混合物"或许能恰如其分地表达出其独特的属性。据报道，新材料由薄薄一层镍和一层氧化钒组成，镍有磁性且对热很敏感，而氧化钒的属性则会随温度发生改变。温度低时，氧化钒像绝缘体；温度高时像金属。舒尔表示："将一层氧化物和一层磁性材料放在一起，我们能制造出拥有独特磁性的人工材料。"

舒尔解释道，任何磁性材料都有两个非常重要的属性：磁化和矫顽力——指在磁性材料已磁化到磁饱和后，使其磁化强度减到零所需要的磁场强度，后者对温度的依赖很弱。比如，磁性冰箱贴的矫顽力非常大，因此，在室温下，其磁性能始终保持，为了减小其矫顽力使其不再具有磁性，必须将其加热到很高的温度；而为了让其再次拥有磁性，必须将其置于一个磁场中。但新材料的矫顽力在 10℃的变化范围内就能显著改变，因此，不需要将其加热到高温就可以让其再次拥有磁性。

舒尔表示，这项刚刚起步的研究有两个潜在的应用领域：存储器和变压器。未来的磁性存储系统必须使用激光器加热，但使用新材料，或许只需将其加热20开尔文就能让其矫顽力改变5倍。而且，这种材料也许还能被用于电网中，由其制成的新型变压器能像所谓的“电流故障限制器”一样，应付突然而至的电流尖脉冲。

更重要的是，除了使用温度，他们或许也能使用电压或电流来控制磁性材料的矫顽力。未参与该研究的西弗吉尼亚大学物理学家戴维·李德曼说：“仅仅通过电压施加电场来控制磁性，对于数据存储和磁性传感器来说都至关重要。一般情况下，磁性由磁场来控制，但在小范围内施加磁场非常困难，而施加电场容易一点，反应也要快很多。因此，这款新材料能应用于多个领域，比如回转轮、手机、GPS接收器、罗盘等。”

不过，李德曼也表示，迄今为止，还未曾有人演示过这种通过电控制磁性的方法，未来应该有人做到，这将“产生巨大的技术影响”。

（4）合成可替代稀土的磁性纳米材料。2015年6月，美国弗吉尼亚联邦大学物理和人文学院教授希夫·卡纳主持、该校博士后埃尔·詹蒂等参加的一个研究小组，在《应用物理快报》上发表论文称，他们合成出一种新型磁性材料，在磁性方面可媲美稀土制传统永磁材料，有望降低工业生产中对稀土资源的依赖。卡纳说，该发现开辟了一条人工新材料赶超传统永磁材料的全新路径。

这种新材料由铁纳米颗粒以及具有磁性的钴和碳纳米颗粒构成，后两者的尺寸大约为5纳米。实验显示，这种材料在磁性方面完全能够与那些由稀土制成的、传统的永磁材料媲美。此外，这种材料还能在516.85℃的高温下存储信息，具有良好的耐热性和稳定性，并具备长程有序的特点，在数据存储应用领域也有潜在的应用价值。

稀土具有“工业维生素”的美誉，如今是极其重要的战略资源，在石油、化工、冶金、纺织等领域具有广泛的应用价值。特别是那些用稀土制成的永磁材料，对通信、电子以及汽车制造等行业而言更是必不可少。此外，随着绿色科技市场的出现和快速发展，纯电动以及混合电动汽车、直驱风力发电机动力系统和储能系统的市场越来越大，永磁材料及稀土资源的需求量也随之增加，资源短缺问题日益凸显。

詹蒂说，对解决稀土资源短缺而言，这是一项重要的发现。该校纳米科学与纳米科技项目负责人埃弗雷特·卡彭特教授表示，这种新材料已经显示出了很多出色的特性，有些方面甚至超过了传统永磁材料。

2. 发现磁铁新种类

发现能在磁场中膨胀的新型磁铁。2015 年 5 月 21 日，美国坦普尔大学机械工程系系主任、材料基因组学和量子器件实验室负责人迪普·乔普拉与马里兰大学材料科学和工程系教授曼弗雷德·乌提格共同领导的研究小组，在《自然》杂志上发表研究结果称，他们发现了一种新类型磁铁，当放置于磁场中时，其体积会发生膨胀，且在能量收集过程中浪费的热量少至可忽略不计。这一新发现，拥有巨大应用潜力，不仅有望取代现有技术，还可创建新的应用模式。

乔普拉说："我们的发现，从根本上改变了大家对自 1841 年以来就已有所认识的某种特定类型的磁铁的理解。"

19 世纪 40 年代，英国物理学家詹姆斯·焦耳发现，当被置于磁场中时，铁基磁性材料会改变它们的形状，但体积保持不变。这种现象被称为"焦耳磁致伸缩"，自发现至今的 175 年中，所有磁体都表现出了这一特征。

乔普拉说："我们发现了一类新的磁铁，我们称之为非焦耳磁致伸缩磁铁。在磁场中，它们的体积出现了巨大变化。而且，这些非焦耳磁致伸缩磁铁还具有以最小的热量损失来收集或转换能量的非凡能力。"

乔普拉和乌提格将特定的铁基合金放在炉中加热至大约 760℃，并持续 30 分钟，之后迅速将其冷却到室温，这时材料表现出了非焦耳磁致伸缩行为。

他们发现，经过热处理的材料中，包含从未见过的微小蜂窝状结构，这是其在磁场中表现出非焦耳磁致伸缩反应的关键。乌提格补充说："知道这个独特的结构，将使研究人员能够开发出具有同样特性的新材料。"

研究人员指出，受焦耳磁致伸缩所限，常规磁铁只能被用作在一个方向上施加力的致动器。即便只在两个方向上致动，也需要大量笨重的磁铁，这会增大体积、降低效率。而非焦耳磁致伸缩磁铁可同时向各个方向膨胀，因此要制造紧凑型全向致动器将很容易实现。

由于这些新型磁铁也有节能的特性，它们可用来打造热损耗极低的新一代传感器和致动器，应用于航空航天、汽车、生物医药、国防、空间探索和机器人等领域。研究人员还表示，这种新型磁铁不含稀土元素，因而，可以替代现有的昂贵但机械性能低的稀土基磁致伸缩材料。

（三）研制无机非金属电子材料的新信息

1. 开发无机半导体材料的新成果

（1）氮化镓材料有望成新“半导体之王”。2009 年 12 月，美国康奈尔大学工程系教授莱斯特·伊士曼领导他的同事及研究生石俊夏等人参与的研究小组，在《应用物理快报》上发表研究报告称，他们制成一种高效低耗的氮化镓晶体管，有望在短期内取代硅晶体管，成为电力应用中的“半导体之王”。

石俊夏等人研发出基于氮化镓材料的晶体管设备，即一种新型的电子转换器。氮化镓晶体管耐高温，其频率和功率特性，远高于硅和碳化硅等常用的半导体器件，可为笔记本电脑、海洋驱逐舰和其他电力系统等提供高效稳定的电力来源。此外，氮化镓晶体管还能适用于混合动力汽车所需的特殊电路，把电池中的直流电，转换为用于电机驱动的交流电。

这种新型晶体管设备的电阻只有当前广泛使用的硅基电力设备的 1/10～1/20倍，能够有效地减少电力的损失。此外，它还具有很高的击穿电压（即在发生崩溃前，可施加在某种材料上的电压总量），并能够在不出故障的情况下处理每厘米 300 万伏的电压，而硅基晶体管设备仅能处理每厘米 25 万伏的电压。

伊士曼和同事已对氮化镓化合物进行了长达 10 年的研究。他表示，提升电力利用效率的核心，在于制成能够在高电压和高强度电流之间转换的设备，从而把电力的损耗降至最低。伊士曼说：“此前没有哪种电子设备能够兼顾处理高强度电流和高电压，而我们做到了。”

伊士曼表示，在下一代的电力设备中，人们都将致力于探索降低电力损耗的方式，以保证输入和输出的电力差额最小化。而氮化镓材料是研究小组至今所知的最佳选择，其几乎可以做到电力转换的“零损失”。

（2）研发半导体材料砷化镓晶片批量生产技术。2010 年 5 月，美国伊利诺伊大学等机构研究人员组成的研究小组，在《自然》杂志上发表研究报告称，他们研发出一种可批量生产砷化镓晶片的技术，克服了成本上的瓶颈，从而使砷化镓这种优质感光材料，有望大规模用于半导体和太阳能相关产业。

据介绍，砷化镓是一种感光性能比当前广泛使用的硅更优良的材料，理论上它可将接收到的阳光 40% 转化为电能，转化率约是硅的两倍，因此卫星和太空飞船等多采用砷化镓作为太阳能电池板的材料。然而，传统的砷化镓晶片制造技术每次只能生成一层晶片，成本居高不下，限制了砷化镓的广泛应用。

该研究小组开发出的新技术可以生成由砷化镓和砷化铝交叠的多层晶体，然后利用化学物质使砷化镓层分离出来，可同时生成多层砷化镓晶片，大大降低了成本。这些砷化镓晶片可以像“盖章”那样，安装到玻璃或塑料等材料表面，然后可使用已有技术进行蚀刻，根据需要制造半导体电路或太阳能电池板。

不过，目前，该技术还只能用于批量生产体积较小的砷化镓晶片，如边长 500 微米的太阳能电池单元，这与现在广泛使用的硅晶片相比还是太小。研究小组表示，下一步研究将致力于利用新技术，批量生产体积更大的砷化镓晶片。

（3）通过拉伸二硫化钼晶体造出能隙可变半导体。2015 年 6 月 29 日，美国斯坦福大学官网报道，近日，该校机械工程师郑晓林与物理学家哈利·马诺哈兰领导研究团队，首次通过拉伸二硫化钼的晶体点阵，“扯”出能隙可以变化的半导体。利用这种半导体，研究人员有望制造出能够吸收更多光能的太阳能电池。

很多电子产品都离不开半导体。为了让半导体为人所用，研究人员必须精确地知道，电子通过晶体点阵时需要耗费多少能量。这种能量计量叫作能隙，它可以帮助科学家决定哪种物质更适合执行某种电子任务。

该研究团队所使用的二硫化钼是一种岩石水晶。这种材料本身很常见，不过郑晓林与马诺哈兰证明，二硫化钼晶体点阵的排列方式赋予了它独特的电子特质。

二硫化钼是具有单层原子结构的物质：一个钼原子连接着两个硫原子，这种三角形晶体点阵不断在水平面上重复，形成纸一样的结构。二硫化钼自然岩石，是多个这样的单层结构叠在一起的结果。郑晓林说：“从机械工程学的角度来看，单层的二硫化钼非常迷人，因为它的晶体点阵可以被极大地拉伸而不会断裂。”

据介绍，该研究团队在芯片上雕刻出高低不平的“山峰”和“山谷”，在上面铺上二硫化钼的单层原子结构，然后将二硫化钼的晶体点阵，拉伸到“谷底”或“山峰”。这种拉伸改变了电子在二硫化钼晶体点阵中移动时所需要的能量，并产生了一种拥有可变能隙的人工晶体。

自2010年英国科学家凭借发现单层碳原子结构的石墨烯获得诺贝尔奖后，科学家一直对单层原子结构的物质非常感兴趣。2012年麻省理工学院的科学家曾在模拟实验中拉伸二硫化钼的晶体点阵，并在理论上改变了二硫化钼的能隙。此次斯坦福大学研究团队则通过该实验真正实现了对二硫化钼晶体点阵的拉伸。

研究人员相信，这一实验为科学界在人工晶体结构方面的进一步创新奠定了基础。马诺哈兰认为，这一研究成果将对传感器、太阳能等多领域带来广泛影响。就太阳能领域而言，由于这种人工晶体结构，对更大范围的光谱都很敏感，因此具有用于制造更加高效的太阳能电池的潜力。

2. 以新型碳物质研制电极材料的新成果

用玻璃碳制作脑机接口芯片的电极材料。2017年2月，由美国科学家山姆·卡塞格勒主持，成员来自圣地亚哥州立大学、麻省理工学院和华盛顿大学的感觉运动神经工程研究小组，在《自然·科学报告》杂志上发表论文称，他们在脑机接口研究方面取得重要进展：把可植入脑芯片中的电极材料，用玻璃碳来取代薄膜铂，成功让芯片传出的信号更强更清晰，且使用寿命也大大延长。

脊髓是中枢神经系统的重要部分，一旦受伤，患者会失去四肢活动能力，但大脑仍能清晰传递电脉冲信号，四肢也能正常接收，只是信号传到受损脊髓后会被迫中止。该研究小组开发的脑机接口能绕过脊髓，将捕捉到的神经电信号传到四肢甚至假肢，恢复肢体活动能力。

目前，脑机接口所用的最高端电极材料是薄膜铂，它面临一大难题：容易被腐蚀，导致电极断裂。这次新研究，使用比薄膜铂光滑10倍的玻璃碳作为电极材料，其更耐腐蚀，能延长使用寿命。

卡塞格勒表示，玻璃碳更具优势还有一个原因，用它能直接识别神经递质信号，这样获得的信号信噪比提高了一倍，因此更清晰也更易理解。实验室研究初步表明，改进后的新脑机接口，能同时捕捉大脑皮层神经簇和大脑深处单个神经元的神经信号，将帮助科学家们更好地认识大脑信号的复杂特性。

卡塞格勒小组还有成员正在用老鼠进行实验，希望施加精准电脉冲刺激脊髓再生出新的神经细胞，取代受损组织，而玻璃碳电极制成的新脑机接口，大大提高了他们的研究能力。

（四）研制高分子电子材料的新信息

1. 探索高分子电子材料机理的新发现

揭示塑料半导体中电荷陷阱的形成机制。2012 年 7 月 31 日，荷兰格罗宁根大学和美国佐治亚理工学院联合组成的研究小组，在《自然·材料》杂志网络版上发表论文称，他们通过深入研究，揭示了隐藏在塑料半导体中电荷陷阱下的通用机制，并提供了一个理论框架来设计没有陷阱的塑料电子器件。

塑料半导体给低成本、大批量生产电子器件带来了希望，但它有一个重要的缺陷：电流会受到材料中电荷陷阱的影响。研究表明，塑料半导体由有机碳基聚合物制成，它含有一个可调的禁能隙。然而，电子在半导体中迁移时，有很多被卡在材料中的禁能隙陷阱里，无法转换成光，从而降低了塑料发光二极管的发光效率和塑料太阳能电池的效率。

该论文首要作者、格罗宁根大学的赫尔曼·尼科莱说，科学家对陷阱所知甚少。我们已经通过比较 9 种不同聚合物中的陷阱的性质，来着手解决这一难题。比较结果显示，所有材料中的陷阱都具有非常相似的能级。

佐治亚理工学院教授让·吕克·布莱德斯领导研究小组，用计算的方式研究了一大批可能陷阱的电子结构。他说，我们通过计算发现，测量到的陷阱能级，在实验上与水氧复合物产生的能级很匹配。

尼科莱解释说，水氧复合物很容易在半导体材料的制造过程中被引入，即使我们的器件是在氮气条件下制造的，也无法阻止少量氧气和水造成的污染。

陷阱的能级与水氧复合物相似这一结果意味着，现在有可能估算出不同塑料材料中预期将产生的电流，同时，它也指明了设计不含陷阱材料的方法。

尼科莱认为，陷阱的能级就存在于禁能隙里。当一个移动的电子，跑进处于禁能隙的陷阱中，就会被抓住，因为陷阱的能级更低。他认为，如果化学家能够设计出陷阱能级高于电子运动轨道的半导体聚合物，电子就不会落入陷阱。

尼科莱表示，这项研究成果对于设计高效的塑料发光二极管和塑料太阳能电池具有非常重要的意义。

2. 开发高分子电子材料的新成果

（1）研制出大分子碳结构有机半导体。2011 年 8 月，美国维克森林大学物理学副教授奥纳·祖切斯库与来自美国斯坦福大学、肯塔基大学、阿巴拉契亚州立大学、英国伦敦帝国理工学院等各个专业领域研究人员一起组成的一个国际研究小组，在《先进材料》杂志上发表研究报告称，他们首次研制出一种含巨大分子的有机半导体材料，其结构稳定，拥有卓越的电学特性，而且成本低廉，可被用于制造现代电子设备中，广泛使用的场效应晶体管。

研究人员表示，这项突破将会让以塑料为基础的柔性电子设备“遍地开花，有望让人造皮肤、智能绷带、柔性显示屏、智能挡风玻璃、可穿戴的电子设备和电子墙纸等变成现实。

研究人员指出，在目前的消费市场上，电子产品都很昂贵，主要因为电视机、电脑和手机等电子产品都由硅制成，制造成本很高；而碳基（塑料）有机电子产品不仅制造方便、成本低廉，而且轻便柔韧可弯曲，代表了“电子设备无处不在”这一未来趋势。

以前的研究表明，碳结构越大，其性能越优异。但科学家们一直未曾找到有效的方法，制造出更大的、稳定的、可溶解的碳结构产品，直到此次该研究小组开发出这种新的用于制造晶体管的有机半导体材料。

有机半导体是一种塑料材料，其拥有的特殊结构让其具有导电性。在现代电子设备中，电路使用晶体管控制不同区域之间的电流。研究人员对新的有机半导体材料，进行研究并探索其结构与电学属性之间的关系。

祖切斯库小组也用新材料制造出场效应晶体管。它是所有现代电子设备的基础零件，因为晶体管的性能决定了显示屏的开关速度、细节以及其他关键属性，该最新突破有望带来巨大的技术进步，并借此设计出性能更优异、成本更低廉、由塑料制成的电子设备。

（2）研制能耐250℃高温的新型高分子介电质。2015 年 8 月，美国宾夕法尼亚州立大学的研究人员王庆领导的研究团队，在《自然》杂志发表研究成果称，他们研制的一种新型高分子介电质，不但能存储能量，还具备良好的耐高温性能，在混合动力汽车、纯电动汽车以及航天器的制造中，有着广泛的应用前景。

介电质是一种可被电极化的绝缘体。它的电传导能力很低，却具备很好的介电强度，是制造电绝缘体的理想材料。

此外，由于介电质可被高度电极化，也非常适用于制造电容器。用介电质制造的电容器在电子产品和供电系统中的应用极为广泛。

但此前绝大多数的高分子介电质都对温度比较敏感，只有在较低的温度下才能正常工作。以电动汽车为例，当内部温度达到 140℃时，就必须对含有介电质的部件进行冷却。必须为此配备一个降温系统。额外的组件不仅增加了整车的重量，也在一定程度上抵消了高分子介电质材料密度小、质量轻的优势。

该研究团队在新的研究中，用一种含有氮化硼纳米膜的高分子混合材料，制造出一种新的耐高温介电质。这种新材料不但在储能特性上超过了现有的高分子介电质，还能耐受一定的高温，即便在 250℃的高温下也能正常工作。

此外，该材料还具备轻便、可图案化以及高度的柔性，在反复弯折后依然能保持良好的性能。

研究人员表示，这种新型材料或将改变极端条件下密集能源模块和电力电路的建造过程，对那些在温度和重量上有严格要求的设备的制造，具有重要的价值。

（3）研制出能让电子产品自我修复的聚合物材料。2017 年 4 月，美国加州大学河滨分校一个研究小组在近期举办的第 253 届美国化学学会年会上展出他们开发的新成果：一种具有延展性并能导电的透明聚合物材料，可实现电子设备和机器人的自我修复，特别适用于手机屏幕和手机电池。

自我修复材料是一种在物体开裂或受损时，能自动进行修复的新型材料。人类皮肤就具备自我修复的能力。自我修复材料可应用于手机和电池上，让摔裂的手机屏修复如新，或让摔断的电池恢复供电功能。

自我修复的关键是化学键。材料中存在两种类型的键：一种是较强的共价键，一旦断裂不容易重新整合；另一种是较弱的非共价键，非常有活性，比如氢键。大多数自我修复聚合物主要依靠氢键或金属配体构成，但这些非共价键并不适合制造离子导体。

此次，研究人员采用了离子偶极相互作用的非共价键，其具备一种特殊的黏合力，这种力存在于带电离子和极性分子之间。离子偶极相互作用，此前从未应用于设计自我修复聚合物，新实验证明，其特别适合离子导体。

新的自我修复材料由一种极性可延展的聚合物，即偏氟乙烯和六氟丙烯聚合物以及离子盐构成，可以拉伸到正常尺寸的50倍，其断为两半后，能在一天之内实现完全自动对接。

为了测试新材料，研究人员利用它制作了一种“人造肌肉”，在两层离子导体间放置了一个绝缘膜。结果显示，新材料可对电信号作出反应，带动人造肌肉移动。

目前，研究人员正在高湿度环境等恶劣条件下，对此材料进行测试。此前的自修复聚合物，在高湿度环境下表现不佳，因为材料进水后，会改变机械性能。他们正在对聚合物进行微调，以使其更接近实际应用。

（4）发明可降解的电子聚合物材料。2017年5月，美国斯坦福大学华人教授鲍哲南领导的研究团队，在美国《国家科学院学报》上发表研究报告说，他们发明了一种柔性有机电子材料，用醋这样的弱酸性物质就可以无毒降解。这种电子材料未来不仅可以减少有害的电子垃圾，还可应用于可穿戴医疗设备、环境监测等方面。

近年来，鲍哲南研究团队在研究模仿人体皮肤功能的柔性电子方面屡屡取得重要进展，开发出像皮肤那样可拉伸、能自愈的电子器件。但如何让电子器件如同皮肤一样具备可降解特性，从而减少电子垃圾，是他们希望解决的一个课题。

此前，该研究团队成功开发出一种导电性和拉伸性俱佳的高分子材料，可用作柔性电极。但是可导电聚合物并不能降解，因为其分子间作用力很强。在最新的研究中，研究人员使用特殊的化学方法，把聚合物原子间的连接方式改变成可逆的连接方式。

研究报告第一作者、斯坦福大学博士后雷霆说，将这种原子连接模式引入柔性可导电聚合物的设计中，可使聚合物材料在醋酸、土壤等温和的酸性环境中被分解，不会对环境造成污染。这是首种可降解聚合物半导体材料。

研究人员开发了利用铁做成柔性电极的特殊工艺，而以往电极的材料通常是金。雷霆说，金不能被人体吸收，而铁可以，并且对人体无害。

研究人员还利用造纸用的天然纤维素，制作电子器件中用以支撑和保护电子元件的衬底。他们通过化学方法对天然纤维素进行加工，使得制成的衬底具有透明、柔软、平整的特性。

研究人员说，用可降解聚合物半导体材料、电子电路和衬底构筑的电子器件在废弃时，可以整体降解成无毒成分。

研究人员指出，柔软透明的衬底意味着用于监测血压、血糖、汗液等指标的电子设备，可以妥帖地“穿”在人体皮肤上。可降解柔性医疗电子设备还适合植入人体中，不必取出来。在对偏远地区展开大面积环境监测时，科学家也可以空投不必回收、对环境无害的可降解电子传感器。

（5）研制出可拉伸全橡胶电子材料。2017 年 9 月 9 日，有关媒体报道，美国休斯敦大学华人科学家余存江助理教授主持的研究小组，在《科学进展》杂志上发表研究报告说，他们在柔性可拉伸电子领域取得新突破，研制出了可拉伸的橡胶半导体和导体材料，并利用这些材料制成全橡胶晶体管、传感器和机器人皮肤。

提到橡胶，人们或许会想到用来生产手套、气球和轮胎，但如今科学家已能够用其制出可拉伸的全橡胶电子材料及器件。余存江在接受媒体采访时说，柔性可拉伸电子在健康监测、医疗植入、人造皮肤及人机交互等领域应用前景广阔。但目前的电子材料，尤其是半导体材料，大多不可拉伸。因此，人们主要通过把这些材料设计出特殊结构，来实现可拉伸的目的，如褶皱、蛇形或弹簧等，但这些方法存在工艺复杂、结构可靠性差、制作成本高等缺点。

余存江研究小组转而在材料本身下功夫，设计并制备出基于半导体纳米纤维和硅橡胶的复合橡胶半导体材料。这些橡胶半导体不仅具有优良的机械拉伸性，还具有良好的半导体电特性，可在拉伸50%的情况下正常工作。此外，他们还开发了另外一种复合材料制备法，用金、银等金属与橡胶材料制备出能拉伸的橡胶金、橡胶银等橡胶导体材料。

利用这些橡胶电子材料，研究小组成功制成了全橡胶晶体管，以及全橡胶的温度、压力等传感器。全橡胶晶体管同样可在拉伸50%的情况下正常工作，各种传感器也具有良好的感测性能。

研究小组还成功利用这些橡胶电子器件制成机器人皮肤，并实现机器人手感测环境，以及翻译哑语手势的功能。

余存江说："总的来说，全橡胶电子器件继承了橡胶材料的机械性质，不仅具有优良的可拉伸延展性、良好的电性能和高结构可靠性，还具有制作工艺简单、适合大规模制造、成本低的优点。可以预见，全橡胶电子将推动新一代柔性电子的技术革新。"

3. 研制高分子电子材料的新工艺

开发出促使半导体聚合物结构紧密有序的新工艺。2010年7月19日，美国物理学家组织网报道，博比·森普特、文森特·穆尼尔等美国和加拿大科学家组成的一个研究小组，在美国《国家科学院学报》上发表论文称，他们研发出一种新工艺，可让电子设备中广泛使用的聚乙撑二氧噻吩结构更加紧密，因此，有望让未来的电视和计算机屏幕更亮、更干净、更节能。

聚乙撑二氧噻吩具有分子结构简单、能隙小、导电率高等特点，被广泛用于有机薄膜太阳能电池材料、有机发光二极管材料、电致变色材料、透明电极材料等领域。森普特说，聚乙撑二氧噻吩是目前世界上使用最成功的半导体聚合物之一。

改进和控制纳米结构的聚乙撑二氧噻吩分子顺序，对于该聚合物在电子应用领域"大显身手"非常关键，而高度有序的聚合物阵列能够增加很多电子设备的效率。

研究小组在结晶铜的表面放置了一个"先驱"分子，该分子将引导并启动聚合反应，就像把鸡蛋往纸箱内堆放一样，铜的表面有很多自由能量最小的“凹痕”，聚合分子不断填充这些“凹痕”，从而整齐地叠放在一起形成密致有序的化合物结构。森普特表示，铜表面产生的立体化学结构非比寻常，而很多合成聚合物的实验得到的聚合物阵列，通常都不那么令人满意。

密度泛函理论进行的计算，以及在橡树岭国家实验室的超级计算机上进行的模拟，都揭示这个聚合物阵列拥有高度有序的结构。另外，研究人员也使用传统的扫描隧道显微镜，仔细查看了该聚合物的构造，清楚地显示出聚乙撑二氧噻吩阵列的构造非常密实。

穆尼尔表示，尽管他们只对聚乙撑二氧噻吩聚合物进行研究，但他们相信，同样的方法可能也适用于其他聚合物。

（五）研制复合电子材料的新信息

1. 开发复合电子材料的新成果

（1）研制出能够像橡皮筋般延展拉伸的复合电子材料。2012 年 6 月 26 日，美国西北大学环境工程与机械工程学教授黄永刚领导的韩国高等科学技术研究院、中国大连理工大学，以及美国伊利诺伊大学厄巴纳—香槟分校等研究人员参加的一个国际研究小组，在《自然·通讯》杂志上发表论文称，他们开发出一种能够像橡皮筋一样延展拉伸的复合电子材料。这种材料就算被弯曲或拉伸到原始尺寸的 200% 也能够正常工作，在医疗器械和消费电子设备制造等领域具有广泛的应用价值。

对心脏病、高血压、糖尿病等患者而言，定期去医院查体几乎已成为生活的一部分，这不仅费时费力也占用了大量医疗资源。早有科学家提出，可以设计一种可植入人体的微型医疗监测设备，这样既方便患者也方便医生，若有状况还能及时发现。但材料的问题成了阻碍该技术发展的一大障碍。目前的电子元件，大都以硅为基础，太过僵硬根本无法担此重任。

为攻克这一难关，在过去的 5 年中，黄永刚小组开发出延展率能够达到 50% 的电子元件，但在许多极具价值的应用需求前，仍然捉襟见肘。其中一大挑战，便是由延伸所导致的电导率的严重损失。目前市场上由固体金属制成的电路在进行延展时，不无例外地会遭遇这一难关。

新研究中，该研究小组想出一种新方法解决这一难题。他们用一种名为聚二甲基硅氧烷（PDMS）的聚合物，造出一种多孔三维高分子材料，它能延展到自身原始尺寸的3倍。而后再将液态金属灌入高分子材料的孔中，这样即便是进行高强度拉伸时，电流也不会发生中断。借助这一方法，他们制造出这种同时具备高度可延展性与极佳导电性能的材料。

黄永刚说："该技术的关键是多孔聚合物和液态金属的结合，通过这一方法我们成功地让这种材料实现了200%的延展。有了这种材料，制造出像橡皮筋一样延展的电子设备将成为可能。"

（2）研制可避免电磁波逆向反射的新型复合材料。2012年年8月，麻省理工学院等校的一个研究小组在美国《国家科学院学报》上发表研究成果称，他们研制出一种新型复合材料，能够保持光子只沿一个方向移动，使游荡的光子改道，而不仅仅是吸收它们。研究人员表示，这十分重要，因为光子的损失会限制他们所能集成的设备数量，因而制约大规模集成光学器件的发展。虽然实验所用的原型很大，但却不需要另外施加磁场，因此其原则上能够生产出比当前的光电隔离器更小的光学元件。此外，构建芯片级别的复合材料，不需要比生成微处理器更特殊的金属，从而能够降低制造的成本。

电脑芯片利用光来移动数据将更加节能，甚至可比现今使用的芯片速度更快。而实现这点的困难之一，就是光穿过电磁波导时不发生逆向反射以干扰之后的传输，甚至中断激光的工作。

现今的光纤网络，通常使用光电隔离器来阻止光的逆向反射。这种装置一般由钇铟柘榴石等特殊材料制成，同时只能在磁场的作用下开展工作，这使得它的体积十分庞大。另外，由于隔离器会吸收光子，以避免它们发生反向散射，它同样会削弱向前移动的光学信号。

美国研究小组赋予新材料光聚集特性的是成排嵌入的金属天线，它们看起来很像垂直和水平交错的小型螺旋桨。每根天线由电路与位于材料底部表面的反方向的天线相连，通过电路的电流方向则决定了电磁波的传播方向。这种新型复合材料提供的光学波导，对于制造能够控制光学信号的芯片上设备十分有用。在芯片生产中，这些天线能被轻易地嵌入硅中。

2. 研制复合电子材料的新技术

（1）开发出把复合半导体纳米线整合在硅晶圆上的新技术。2011年

11 月，美国伊利诺伊大学电子和计算机工程教授李秀玲领导的研究小组，在《纳米快报》杂志上发表研究成果说，他们开发出一种新技术，首次成功地把复合半导体纳米线整合在硅晶圆上，攻克了用这种半导体制造太阳能电池会遇到的晶格错位这一关键挑战。他们表示，这些细小的纳米线，有望带来优质高效且廉价的太阳能电池和其他电子设备。

据介绍可知，Ⅲ－Ⅴ族化合物半导体，指元素周期表中的Ⅲ族与Ⅴ族元素，结合生成的化合物半导体，主要包括镓化砷、磷化铟和氮化镓等。其电子移动率远大于硅的电子移动率，因而在高速数字集成电路上的应用比硅半导体优越，有望用于研制将光变成电或相反的设备，比如高端太阳能电池或激光器等。然而，它们无法与太阳能电池最常见的基座硅无缝整合在一起，因此，限制了它们的应用。

每种晶体材料都有特定的原子间距——晶格常数（点阵常数），Ⅲ－Ⅴ族半导体在制造太阳能电池的过程中，遭遇的最大挑战一直是这种半导体没有同硅一样的晶格常数，它们无法整齐地叠层堆积在一起。李秀玲教授解释道，当晶体点阵排列不整齐时，材料之间会出现错位。此前，研究人员一般把Ⅲ－Ⅴ族半导体沉积在一个覆盖有一层薄膜的硅晶圆上方，但晶格失配会产生压力从而导致瑕疵，降低所得到设备的性能。

而在最新研究中，研究人员摒弃了薄膜，让一个细小的、排列紧凑的，Ⅲ－Ⅴ族化合物半导体组成的纳米线阵列，垂直在硅晶圆上生长。李秀玲表示："这种纳米线几何图形，通过使失配应变能真正通过侧壁消失，从而更好地摆脱了晶格匹配的限制。"

研究人员发现了不同铟、砷、镓组成的Ⅲ－Ⅴ族半导体，生长所需要的不同环境。最新方法的优势在于，他们可以使用普通的生长技术，而不需要特殊的方法，让纳米线在硅晶圆上生长，也不需要使用金属催化剂。

这种纳米线的几何形状，能通过提供更高的光吸收效率和载荷子收集效率，来增强太阳能电池的性能，它也比薄膜方法用到的材料更少，因此降低了成本。

李秀玲相信，这种纳米线方法也能广泛地用于其他半导体上，使得其他因晶格失配而受阻的应用成为可能。其研究小组很快将展示优质高效的、基于纳米线的多结点串联太阳能电池。

（2）开发柔性复合材料的电子技术。2015 年 8 月 18 日，在举办的第 250 届美国化学学会全国会议上，美国莱特·帕特森空军基地空军力量实验室一个研究团队展示了他们最新的柔性复合材料电子技术。研究人员认为，未来超薄的弹性高性能电子产品，将会逐渐取代刚性印制电路板，在军事及日常生活中均大有用武之地。

该实验室本杰明·利威尔博士说："这种复合电子技术，能充分融合传统的柔性电子元器件、高性能电子产品和新兴的 3D 打印方法，能将金属、聚合物和有机材料整合到'墨水'中，将整个系统以电子方式连接在一起。用这种技术可以制成几百个纳米厚的硅集成电路，使其成为像塑料一样柔软、可以弯曲甚至折叠的基材。"

利威尔介绍，为了让电子器件在装配后可弯曲或伸展，帕特森团队采用了液体镓合金作为电器互连材料。他说："虽然这些液态合金通常在几分钟内，就可以氧化成无用的材料，但研究团队找到了减少这种氧化过程的方法。"用特殊方法制作的超薄可折叠材料，允许电路贴合材料空间，甚至融入复杂的诸如飞机机翼或人类皮肤的弯曲表面。

在飞行器中，这种复合柔性系统可用来监测压力和应力；通过微型嵌入式天线，可向地面人员报告飞行员的健康信息；可穿戴的生物传感器在测量心跳、出汗水平、温度和其他生命体征的同时，还能实时测量疲劳和潜在认知问题的指标。

利威尔透露，另一个军事应用是将其放置在"地堡克星"炸弹上，初步测试表明柔性电路能在炸弹被释放出飞机后、与地面接触的初期保持活性并引爆武器。

在日常生活中，利威尔预测，这种灵活的电子系统可以实时监测桥梁和其他基础设施的施工条件；在医疗应用中，可以反馈运动员训练时的身体指标或实时监控病人的重要生命体征。

二、电子设备底板与电子薄膜的新成果

（一）开发电子设备底板的新信息

1. 研制新型电子设备底板

（1）用碳纳米管溶液制造柔性电子设备底板。2011 年 12 月，美国能

源部劳伦斯伯克利国家实验室的一个研究小组，在《纳米快报》上发表论文称，他们开发出一种新技术，能以较低成本大规模地生产柔性底板。压印电路后会成为各种各样的“智能设备”，如能像纸一样折叠起来的电子屏、能监测表面裂纹及瑕疵的涂料、能治疗感染的医用绷带、能感知变质与否的食物包装等。

该研究小组利用半导体浓缩碳纳米管溶液，生成具有优良电属性的薄膜晶体管网。研究人员用浓缩到99%的半导体单壁碳纳米管溶液作底层，再结合一种高弹性的聚酰亚胺聚合物作基底，基底用激光切成边长3.3毫米的六边形蜂巢图案，然后把硅和氧化铝层沉积到基底上，底板就做成了。

研究人员表示，在电子设备中，要求开/关电流比率越高越好，这样传感器的像素就越清晰。而99%的高纯度提供了高达100的开/关电流比率。劳伦斯伯克利国家实验室材料科学分部的阿里·杰维教授说：“利用这种溶液工艺技术，我们能用单壁碳纳米管，生成高度一致的薄膜晶体管阵列，制造出柔软灵活而有弹性的激活式矩阵底板。这一技术结合金属喷墨打印，有望降低生产柔性电子设备的成本。”

为了演示这种碳纳米管底板的功效，研究人员还制造了一种由96个传感器像素阵列组成的电子皮肤传感器，每个像素由一个薄膜晶体管控制开关，能感知24平方厘米范围的空间压力分布。新传感器的灵敏度比该实验室去年研发的纳米线电子皮肤传感器提高了10倍，将来还可以加入多种传感器和其他功能组件来拓展这种底板的应用，使其成为多功能人造皮肤。此外，该柔性电子设备底板还能用于太阳能电池、测步仪、衣物、柔性显示器等方面。

（2）研制可降解的硅制电路板。2015年1月16日，美国伊利诺伊大学厄巴纳－香槟分校约翰·罗杰斯与塔夫斯大学洛伦左·奥姆内托共同领导的研究小组，在《物理评论快报》杂志上发表论文称，他们想方设法地要让看似经久耐用的硅制电路板用过后，能在几天甚至十几个小时之内化为乌有，成为可降解的物品，这项研究已经取得初步成效。

报道称，有些科学家想制造出能存世几百年甚至上千年的东西，有些科学家却想让他们制造出的东西快速消亡。有的硅制电路板，就属于希望其快速分解的物品。该研究小组对各种可溶性半导体材料的性能和溶解时间进行了分析。研究表明，硅这种在今天的电子元件中最常见的半导体也能溶于水。

研究人员说，这种能够在水或者生物质液体中存留一定时间，而后发生分解的电路板称为“瞬时电路板”。该技术将有望在生物医学植入、可降解传感器，以及许多其他半导体设备领域获得应用。

研究人员发现，虽然大块的硅需要上百年甚至几个世纪才能溶解，但硅薄片却能在一个看似缓慢但仍能被人接受的时间内完成分解，这个速度大概是每天 5 ~90 纳米。硅在水中溶解，会与水反应形成硅酸。而硅酸具有生物相容性和环境友好的特征，因此完全可以在生物医学植入和环境监测中进行应用。

在这项新的研究中，研究人员对二氧化硅和钨的溶解特性进行了分析，这是他们用来制造场效应晶体管和环形振荡器的材料。在生物相容的条件下，温度 37℃，PH 值 7.4，用钨制成的部件溶解速度大约是 1 周的时间，二氧化硅组件的溶解速度从 3 个月到 3 年不等。

研究人员发现，电子设备的溶解速度与材料的厚度、溶液中离子的类型、浓度，以及制造二氧化硅原始基板的沉积方法相关。通过显微镜观察，他们发现，电路板的溶解并不是按照一层一层的方式来进行的，而是有些地方的溶解速度更快。这是由于一些电路板的机械结构更为脆弱，溶液更容易渗入其中。

虽然有机电子材料也能够实现可生物降解，但基于硅的电子器件具有性能更好，以及使用互补金属氧化物半导体制造工艺能够实现大规模生产，相对优势较明显。

罗杰斯称，他们在此项研究中最大的一个发现是，制造传统芯片的工厂完全能够通过选材、设计以及加工工艺顺序的改变，生产瞬时电路板。这将在很大程度上降低瞬时电路板制造成本，缩短其技术转化过程。

瞬时电子设备具有非常广泛的应用领域，特别是在医疗领域当中。例如，它们可以被用来制造可以溶解的导管；用来监测肾脏、心脏或肺的可生物降解的传感器；术后用于监测细菌感染的水溶性电子设备等。在用于环境监测时，瞬时电路板可以从远程位置发送数据，任务完成后可降解到土壤当中，减少对环境带来的污染。

罗杰斯说："我们正在与一些工厂进行接触，希望能一起制造出更先进的可降解电路板和传感器，让具备水溶性的聚合物电路板基底成为可能，相信在不久的将来，上述设想都能够成为现实。"

2. 拓展电子设备底板功能

首次把铁酸铋单晶体集成到硅基板上。2013 年 11 月 22 日，美国北卡罗来纳州立大学材料科学与工程学教授杰伊·纳拉扬领导的研究小组，在《纳米通讯》网络版上发表论文称，他们首次把一种被称为铁酸铋（BFO）的材料，作为一个单晶体，集成到一块硅基板上，向制造新一代多功能智能设备迈出了关键一步。

铁酸铋具有铁磁性和铁电性双重性能，这意味着它能够被通过其中的电流磁化。铁酸铋的潜在应用领域包括新磁性存储设备、智能传感器和自旋电子学技术等。

把铁酸铋作为一个单晶体集成在硅基板上，通过控制从铁酸铋中泄漏到硅基上的电荷数量，可以使其发挥更大效率。研究人员发现，集成在硅基上的铁酸铋晶体，在外延生长过程中，能够与锰酸锶镧（LSMO）电极很好地匹配，且可以使用小到 4 伏特的电流，来关闭铁酸铋磁场的两极，这与现有集成电路需要的电压相当。这对开发功能技术非常重要，因为高电压和磁场不切实际，并且需要消耗更多能量，会损害和中断电子功能。

研究人员还发现，一个低强度的外部磁场也能关闭铁酸铋的两极，而且，由于外部磁场不会在铁酸铋中产生热量，这将使它在某些应用中显得更为重要。

纳拉扬解释说："这项工作意味着，我们现在能够开发出对数据具有更快感测、处理和反应能力的智能设备，这些过程能发生在同一个芯片上，即数据不需要被中转到其他地方。"据悉，该研究项目得到美国国家研究委员会和陆军研究办公室资助。

（二）研制电子薄膜的新信息

1. 开发出砷化铟二维半导体量子膜

2011 年 11 月，美国加利福尼亚大学伯克利分校的阿里·杰维领导的研究小组，在《纳米快报》杂志上发表论文称，他们开发出一种全新的二维半导体，这是一种由砷化铟制造的“量子膜”，具有带状结构，只需简单地减小尺寸就能从块状三维材料转变为二维材料。

当半导体材料的尺寸小到纳米级，它们在电学和光学方面的性质就会发生极大改变，产生量子限制效应，由此人们可以制造出被称为量子膜的二维晶体管。量子膜约为10纳米或更少，其运行基本上被限制在一个二维空间中。由于这种独特的性质，它们能在高度专业化的量子光学与电子应用领域大展所长。

目前，二维半导体方面的研究，大部分要用到石墨烯类的材料。杰维研究小组通过另一种途径，制造出砷化铟“量子膜”。而且，新量子膜可以作为一种无须衬底的独立材料，能和各种衬底结合，而以往其他同类材料只能用于一种衬底。

他们先在锑化镓和锑化铝镓衬底上，生长出砷化铟，把它置于顶层，并设计成任何想要的样子，然后将底层腐蚀掉，把剩下的砷化铟层移到任何需要的衬底上，制成最终产品。

研究小组为了测试产品的效果，把不同厚度（5～50纳米）的砷化铟量子膜，转印到透明衬底上，对其进行光吸收实验，他们能直接观察到量子化的亚带，并绘制出每个亚带的光学性质。在测试它们的电学性质过程中，研究小组还观察到明显的量子限制效应，电子移动与传统的金属氧化物半导体场效应晶体管截然不同。

研究人员表示，该研究不仅给半导体家族增添了一种新材料，也有助于人们理解结构限制性材料的原理，带来更多的特殊材料，在二维物理基础设备研究方面迈出了重要一步。

2. 以煤炭为原料开发出电热膜

2016年4月，美国麻省理工学院材料科学与工程系研究人员杰弗里·格罗斯曼主持的研究小组，在《纳米快报》杂志上发表研究报告认为，煤炭具有特殊的分子结构，可以作为制造太阳能板、电池或电子设备的基本材料。应该换一个角度看待煤炭了，而不是将其作为燃料付之一炬。为了展示这种传统上被视为低技术的材料具有广阔的高科技应用前景，他们成功地用煤炭研制出一种电加热装置的薄膜。这种电热膜可用于汽车玻璃和飞机机翼的除霜，或者作为生物医学植入物的一部分。

天然煤炭的种类众多，而且它们之间的导电性能最多相差1000万倍。这意味着，如果提供足够多种类的煤炭，研究人员可以利用它们的电子特性制造出独特的电子元件。

但这项工作的挑战之一，在于如何对煤炭进行加工。经过探索，研究人员设计出一种方法：先把煤炭研制成粉末，然后将其放到溶液中溶解，最后使其沉淀在基片上并形成薄膜。利用这种方法，他们深入地对煤炭薄膜进行了测试并用来制造电热膜。研究人员发现，通过调整对煤炭进行加工时的温度，可以改变煤炭薄膜的光学和电子特性，并达到他们想要的效果。他们在研究报告中，还首次详细介绍了4种不同的煤炭（无烟煤炭、褐煤炭和两种烟煤炭）薄膜的化学、电子和光学特性。

研究人员表示，从煤炭的天然化学特性这一角度对其进行应用具有广阔的前景。一是它们在自然界含量丰富，比较廉价；二是加工过程简单，成本较低。与之相比，电子芯片的重要材料——硅虽然在自然界中含量也很丰富，但它需要提纯到99.99%以上才能用于电子产品。

美国坦普尔大学机械工程学副教授任申强评价说，这项新研究成果有助加深人们对天然煤炭应用潜能的理解，它意味着直接从天然煤炭中开发碳纳米材料的重大进展。

三、电路元件研发的新成果

（一）开发电容器及其所需材料的新信息

1. 研制电容器的新进展

（1）发明以纳米管为基础的固态超级电容器。2011年9月，美国莱斯大学实验室的化学家罗伯特·豪格与卡里·品特等研究人员一起组成的研究小组，在《碳》杂志上发表研究成果称，他们发明了一种以纳米管为基础的固态超级电容器。它有望集高能电池和快速充电电容器的最佳性质于一个装置中，以适合极限环境下使用。

双电层电容器，一般被称为超级电容器。它拥有比电池等用于调节流量，或供应电力的快速突发的标准电容器多几百倍的能量，同时还有快速充电和放电的能力。但是基于液态或凝胶电解质的传统双电层电容器，在过热或过冷的状况下会发生故障。莱斯大学研究小组研发的超级电容器，利用一种氧化物电介质的固态纳米级表层，取代电解质，避免了这一问题。

超大电容的关键是让电子的栖息地有更多的表面面积，而在地球上没有任何东西比碳纳米管在这方面的潜能优势更大。当投入运用时，纳米管会自组装成密集、对齐的结构。当被转化为自足的超级电容器后，每个纳米管束的长度都比宽度多500倍，而一个小芯片可能有上千万个纳米束。

该研究小组首先为这个新装置，培植大量由15～20纳米的，纳米束单壁碳纳米管组成的长达0.05纳米的阵列。这个阵列继而会被转化为一个铜电极，该铜电极的涂层由金和钛组成，这能助其提高附着力和电稳定性。为提高导电性能，纳米管束（原电极）会掺杂硫酸，然后会被通过原子层沉积的方法，涂上一层氧化铝（介电层）和掺杂了铝的氧化锌（反电极）的薄膜。

这种储能器适用范围广，小至纳米电路的芯片、大到整个发电厂，都能从中获益。研究人员特称，没有人采用这么大纵横比的材质和类似的方法组建过这一装置。品特说："这种超级电容器，能在高频循环下拥有电荷，并能自然地整合到材料中。"

豪格认为，这种新的超级电容器具有稳定性和扩展性。他说："所有的能量储存器的固态方案都将会密切整合到很多装置中，包括柔性显示器、生物植入物、多种传感器和其他电子装置。它们都能从快速充电和放电中获益。"

（2）研制成超强功能的石墨烯电容器。2012年3月16日，美国加州大学洛杉矶分校科学家麦歇·卡迪领导的研究小组，在《科学》杂志上发表论文称，他们实现了一个突破，用简单通用设备，制造出超强功能的石墨烯电容器。

研究人员先是精心制作了两张氧化石墨薄膜，然后把它们分别放入普通DVD驱动器中，经驱动器激光照射后，它们被还原成了两张石墨烯薄膜。这两张石墨烯薄膜的导电性能很强（1738西门子/米），单位重量表面积很大（1520平方米/克），并且强度高、柔韧性好。

把它们放入电解液中（多种电解液都适用），它们本身即成为电容器的两极而被充电，在几秒钟的时间里，存储了超过普通手电用电池的电能。这种电容器重量轻、储电量大、充电时间短、反复充放电 1 万次不影响性能，并且即使在高压强下也能稳定放电，性能远远超过目前任何电化学电容器。有专家评论说，如能将制造薄膜的成本降下来，石墨烯电容器和充电电池必将创造人类新的未来。

（3）用黏土开发出高温超级电容器。2013 年 9 月 3 日，美国莱斯大学机械工程与材料科学系专家阿拉瓦·瑞迪领导的该校材料科学家帕里柯·阿加恩等人参加的一个研究小组，在《自然·科学报告》网络版上发表论文称，他们用黏土和一种电解液混合，开发出一种既能当电解液又能当隔离板使用的“复合板”，可作为一种新型高温超级电容器。

在自然界里，黏土丰富而廉价，没想到却能成为一种超级电容器的关键成分。

阿加恩说：“多年来，研究人员一直想造出像电池和超级电容器这样，能在高温环境下稳定工作的能源存储设备，但由于传统材料本身性质的制约，一直未能攻克难题。现在，我们的革新，是找到了一种能在高温下保持稳定的、非传统的电解质或隔离板系统。”

研究小组研究了欧洲和奥地利科学家于 2009 年开发的一种室温离子液（RTILs）。它在室温下导电性较低，但加热后黏度会降低而导电性提高。黏土具有很高的热稳定性、吸附能力和渗透性，活性表面积也很大。通常用在石油钻探、现代建筑或钢铁铸造中。

研究人员把这种室温离子液和自然界的斑脱土黏土等量混合，制成一种混合胶，将其夹在两层还原的氧化石墨中间，上下再装两个集电器，就成了一种超级电容器。经测试和电子显微图像显示，这种材料被加热到 200℃时也没有变化，即使加热到 300℃也只有很小的变化。

瑞迪说：“材料的离子电导性，在 180℃之前几乎是直线增加，然后在 200℃时达到饱和。”测试还发现，虽然在第一次充放电中，其容量有轻微下降，但这种超级电容能稳定地通过 1 万次周期测试。在运行温度从室温提高到 200℃后，无论电能还是功率密度都提高了两个数量级。

这种新型超级电容器拥有最佳的电容性能，能在几秒钟内充电而瞬间放电，一般的充电电池是缓慢充电，按照需要逐渐放电。理想的超级电容器能迅速充电、储电并按需放电。阿加恩说，它们能在 200℃甚至可能更高的温度下稳定工作。这对于在极端环境下使用的充电设备是非常有用的，比如石油钻探、军事以及太空环境。

研究小组还将室温离子液与黏土和少量热塑聚氨酯结合，制成一种薄膜，可以切割成不同的大小和形状，灵活适应多种设备的设计。

瑞迪说："我们的目的是克服传统液体或胶体电解液的限制，它们只能用在低温工作的电化能源设备中。这项研究，让人们能在更广泛的温度范围安全操作，而不必在能量、功率和周期寿命之间折中妥协，大大改善甚至消除了对昂贵的热量管理系统的需求。"

（4）研制出不含碳的全新超级电容器。2016 年 10 月 10 日，美国麻省理工学院助理化学教授米尔恰·丁卡等人组成的一个研究小组，在《自然·材料》杂志上发表研究成果称，他们研制出首个不含碳的超级电容器，性能超过碳基材料，未来除用于电动汽车等新能源领域，还能用来生产可调节亮度的变色窗户，以及探测痕量化学物质的化学传感器。

超级电容器因充放电速度快、功率密度高等因素，成为能源储存系统的研究热门。但目前的超级电容器，都是利用碳基材料制成，包括碳纳米管、石墨烯和活性炭，这些含碳超级电容器在生产过程中需要 800℃以上的高温以及刺激性强的化学物质。丁卡说："不过，现在，我们发现了一类不含碳的全新超级电容器材料。"

这种全新电容器用一类称作金属有机框架（MOFs）的材料制成。该材料具有像海绵一样的多孔性结构，表面积比碳基材料大很多，而超大表面积对超级电容器性能表现非常重要。但它有一个大的缺陷：没有超级电容器要求的电子传导性。丁卡表示，虽然让其具有导电性是极其困难的，但最终发现它具有非常好的离子传导性能。

测试表明，新超级电容器充放电 1 万次后储能损失不到 10%，在许多关键性能参数的表现上，已经相当于甚至超越了现有的碳基材料。但丁卡表示，金属有机框架材料还有很大的优化潜力，其表面积经过优化后，完全能达到现有碳基材料的 3 倍，其储电量将达到惊人的高度。

金属有机框架材料除了比碳基材料稍贵外，其他优势明显，表面积大，生产中的温度和化学条件不再严苛。未来除用于超级电容器外，还能用于储存天然气、生产可调节亮度的窗户以及医用或安全性检测的化学探测器。

2. 开发电容器所需材料的新进展

（1）发明能使电容器储存更多能量的聚合物材料。2007 年 7 月 26 日，美国北卡罗来纳州立大学的研究人员，在《物理评论快报》杂志上发表研究成果称，他们发明了一种新型聚合物，在作为电容器中的绝缘材料使用时，能够使电容器多存储 7 倍的能量。

研究人员发现，一种通常使用的聚合物聚偏二氟乙烯的电机械性能，能够通过与另一种叫作三氟氯乙烯的聚合物相结合而得到极大的增强。

电容器能够像电池一样存储能量。但是与电池使用化学反应来产生储存的能量不同，电容器利用极化，把带正、负电荷的粒子分开来实现能量的存储。这个过程中需要在电容器内的绝缘材料上施加一个电场。

绝缘材料通常是固态的非良导体材料，比如陶瓷、玻璃或塑料，但是能够支持静电场。当电压施加在绝缘材料上，会产生一个静电场，电场极化材料内部的原子，使电容器能够储存能量。

电容器具有快速释放能量的能力，特别适合需要高加速的场合。聚合物聚偏二氟乙烯在固态下，存在极性态和非极性态，并且在电场的作用下状态不会发生改变，这造成它能量存储量较小。现在，研究人员发现，向非极性态的聚偏二氟乙烯中引入三氟氯乙烯掺杂，得到的聚合物，能够从非极性态变为极性态，能够在较小的电场下存储和释放更大量的能量。

（2）研制出高性能超级电容器材料。2013 年 4 月 14 日，美国加州大学洛杉矶分校亨利·萨穆埃利工程与应用科学学院材料科学和工程学教授布鲁斯·杜恩领导他的研究生维罗妮卡·奥古斯丁等人参加的研究团队，在《自然·材料》杂志上发表研究成果称，他们成功研制出一种新的超级电容器材料，并证明它能快速地存储和释放能量，有望广泛应用于城市电网、混合动力汽车的再生制动系统等能源传送系统。

该研究团队合成出了一种氧化铌，并证明其拥有稳定的储能能力。这种新材料将被用在“超级电容器”内。超级电容器既具有锂离子电池的高储能能力，又具有普通电容器的快速传送能量的功能。

奥古斯丁表示：“我们的最新研究正在模糊电池与超级电容器之间的界限，最新发现很好地摒弃了电容器和电池的不足之处。”电池能有效地存储能量但不能很好地交付能量，因为载荷子（离子）通过固体电池材料时移动得很慢；而电容器的储能能力一般比较低。

科学家们表示，这项新技术有望使设备能快速充满电，这些设备可广泛应用于从移动电子学到工业设备等各方面。例如，使用了超级电容器的捕能系统，可以为港口上的装载起重机提供能量，减少诸如柴油等碳氢燃料的使用。

杜恩强调，尽管用这种材料制造电极迈出了关键的第一步，但是，为了获得实用的具有高能量密度并能在 1 分钟内充满电的设备，未来，我们必须在纳米尺度或超越纳米尺度的工程学领域取得突破。

（二）研究和应用忆阻器的新信息

1. 研究设计忆阻器的新进展

（1）证实忆阻器确实存在。2008 年 5 月 1 日，美国惠普公司实验室斯坦·威廉斯和同事组成的研究小组，在《自然》杂志上发表论文称，他们已经证实电路世界中的第四种基本元件：记忆电阻器，简称忆阻器的存在，并成功设计出一个能工作的忆阻器实物模型。这项发现将有可能用来制造非易失性存储设备、即开型 PC、更高能效的计算机，以及类似人类大脑方式处理与联系信息的模拟式计算机等，未来甚至可能会通过大大提高晶体管所能达到的功能密度，对电子科学的发展历程产生重大影响。

基础电子学教科书列出三种基本的被动电路元件：电阻器、电容器和电感器。早在 1971 年，美国加州大学伯克利分校的华裔科学家蔡少棠教授从理论上预言忆阻器的存在。忆阻器实际上，就是一个有记忆功能的非线性电阻器。蔡少棠发表的论文《忆阻器：下落不明的电路元件》提供了忆阻器的原始理论架构，推测电路有天然的记忆能力，即使电力中断亦然。简单说，忆阻器是一种有记忆功能的非线性电阻。通过控制电流的变化可改变其阻值，如果把高阻值定义为“1”，低阻值定义为“0”，则这种电阻就可以实现存储数据的功能。

虽然这一预测提出已近 40 年，但一直无人能证实这一现象的存在。来自惠普实验室下属的信息和量子系统实验室的 4 位研究人员，最近证实忆阻现象，在纳米尺度的电子系统中确实是天然存在的。他们以《寻获下落不明的忆阻器》为论文标题，来呼应蔡教授的预测。在这样的系统中，固态电子和离子运输，在一个外加偏置电压下是耦合在一起的。这一发现，可帮助解释过去50年来，在电子装置中所观察到的明显异常的回滞电流—电压行为的很多例子。蔡教授对这项研究成果感到兴奋，称“从来没想到”他的理论被搁置37年后，还能得到证实。

研究人员表示，忆阻器器件的最有趣特征，是它可以记忆流经它的电荷数量。蔡教授原先的想法是：忆阻器的电阻取决于多少电荷经过了这个器件。也就是说，让电荷以一个方向流过，电阻会增加；如果让电荷以反向流动，电阻就会减小。简单地说，这种器件在任一时刻的电阻，是时间的函数：或多少电荷向前或向后经过了它。这一简单想法的被证实，将对计算及计算机科学产生深远的影响。

（2）再次实现忆阻器设计的重大突破。2010年4月8日，美国惠普公司纳米技术研究实验室资深专家斯坦·威廉姆斯主持的一个研究小组，在《自然》杂志上撰文表示，他们在忆阻器设计上取得重大突破，发现忆阻器可进行布尔逻辑运算，用于数据处理和存储应用。科学家认为，公众将在3年内看到忆阻器电路，其或许可取代目前似乎已经处于“穷途末路”的硅晶体管，最终改变整个电脑行业。

目前，最先进的晶体管的大小为30～40纳米，比一个生物病毒还小（一个生物病毒约为100纳米）。威廉姆斯表示，惠普现正着手研究3纳米级的忆阻器，开、关的时间只需要十亿分之一秒。他表示，3年内，该公司生产的基于忆阻器的闪存，1平方厘米将可以存储20G字节，这项技术有望成为低功耗计算机以及存储系统发展的里程碑。

忆阻器是一种有记忆功能的非线性电阻器，1971年由美国加州大学伯克利分校的电子工程师蔡少棠教授首次提出，但当时还没有纳米技术，他的发现因此被搁浅。直到2008年5月，惠普研究人员在《自然》杂志撰文指出，他们终于成功研制出世界首个忆阻器。通过向其施加方向、大小不同的电压，可以改变其阻值。如果利用其不同阻值代表数字信号，在半导体电路中实现数据存储也大有前途。

忆阻器不同于电容器、电感器和电阻器这3种基本电路元件的地方是，忆阻器在关掉电源后，仍能记忆通过的电荷。这意味着，如果突然停机，然后重新启动，用户关机之前打开的所有应用程序和文件仍在屏幕上。目前，这种用途还不能被任何电阻器、电容器和电感器的电路组合所复制，因此，有业内专家认为，忆阻器是电子工程领域第 4 种基本电路元件。

研究人员 2009 年在美国《国家科学院学报》杂志上撰文指出，他们设计出一种新方法，可以从三维忆阻器阵列中存储和恢复数据。新方案可让设计人员以类似搭建摩天大楼的方式，堆叠成千上万个忆阻器，创造出逼近极限的超致密计算设备。

威廉姆斯称，2008 年到现在，其研究小组一直在提升忆阻器的开关速度，研究人员在实验室中测试证明，它们能够可靠地进行成千上万次读写。

此外，忆阻器也不同于 IBM、英特尔等公司研发的新型存储芯片相变存储器。相变存储器利用材料的可逆转的相变来存储信息。同一物质可在诸如固体、液体、气体、冷凝物和等离子体等状态下存在，这些状态都称为相。相变存储器，便是利用特殊材料在不同相间的电阻差异进行工作的。惠普公司表示，相变存储器的开关速度比较慢，可能需要更多的能量。

2. 应用开发忆阻器的新进展

（1）首次仅由忆阻器创建神经网络芯片。2015 年 5 月 7 日，物理学家组织网报道，美国加州大学和纽约州立大学石溪分校的一个联合研究小组，在《自然》杂志上发表研究成果称，他们首次仅用忆阻器，就创建出一个神经网络芯片，从而向创建更大规模的神经网络迈出重要一步。

忆阻器，可能听起来像是科幻电影中才有的东西，但现实中它们确实存在。忆阻器全称为记忆电阻器，是模拟人类神经元和突触机制的一种有记忆功能的非线性电阻器。1971 年，加州大学华裔科学家蔡少棠首次提出忆阻器的概念，但直到 2008 年，惠普公司的研究小组才将这一概念变为现实，他们创建了世界上第一个忆阻器器件。从此，科学家对该项技术进行了大量研究，但到目前为止，仍没有人能够建立出一个完全基于忆阻器的神经网络芯片。

据报道，迄今，大多数神经网络均依托软件，如谷歌、脸谱和 IBM 的软件。这些网络通过计算机系统运行，像学习网络，主要用来在人群中识别某个面孔，或基于某种模式回答问题。尽管这种技术好处多多，但也明显受限于硬件条件。随着神经网络在规模和复杂性方面不断增大，它们对计算机运行速度的要求也越来越高。因此，该领域的大多数研究人员相信，用忆阻器取代晶体管将是未来的一个发展方向。忆阻器就如同大脑中的神经元，当出现新的事物时能够自行学习，当被置于一个芯片中时，自然会减少网络运行所耗资源。

在发表的成果中，研究小组描述了他们创建这种神经网络芯片的过程，并介绍了该芯片所具有的能力。研究报告显示，新芯片通过无晶体管的金属氧化物忆阻器闩创建，呈现为一个基本的神经网络，目前仅能够执行一个任务，即学习和认知 3×3 像素黑白图像中的图案。

研究人员称，该芯片的研发成功，向创建更大规模的神经网络迈出了重要一步，这将挖掘出忆阻器的真正潜力。同时，它也使得科学家紧随大脑神经元基本工作模式研究步伐，构建类似人脑方式处理与联系信息的模拟式计算机成为可能。

（2）开发可逼真模拟突触行为的忆阻器。2016 年 9 月 26 日，美国趣味科学网站报道，美国马萨诸塞大学安姆斯特分校电子和计算机工程教授杨志卿领导的研究小组，研制出一种新型“扩散式忆阻器”，模拟人脑两个神经元的结点突触内钙离子的行为，逼真度有史以来最高。研究人员表示，新设备有助于开发类脑（神经形态）计算机。这种计算机在执行感知和学习任务方面，比传统计算机表现更好，也更节能。

杨志卿称：“过去，人们用晶体管和电容器来模拟突触行为，这些设备虽能工作，但与真正的生物系统相似性很低，因此效率不高，且耗能更多，逼真度也不够。”

研究表明，人脑约有 1000 亿个神经元、约 1000 万亿个突触，科学家们一直希望能研制出类脑计算机来模拟人脑强大的计算能力和高效率。杨志卿表示：“新设备能采用一种更自然、更直接、更逼真的方式模拟突触，不仅模拟一个突触功能，也囊括了其他重要属性。”

在生物系统中，当一个神经脉冲到达突触时，会使通道打开，钙离子流进突触，触发大脑释放神经传递素，这些物质会穿过两个神经元之间的沟壑，将脉冲传递给下一个神经元。

最新研制的“扩散式忆阻器”由嵌入一个氧氮化硅薄膜（位于两个电

极之间）内的银纳米粒子簇组成。薄膜是绝缘体，但当施加电脉冲时，热和电共同作用，使粒子簇分崩离析，纳米粒子散开通过薄膜并最终形成一根导电丝，让电流从一个电极到达另一个电极。一旦电压移走，温度下降，纳米粒子又重新聚合成簇。研究人员称，因为这一过程类似于生物突触内钙离子的行为，该设备能模拟神经元的短期可塑性。

他们也将新忆阻器同漂移忆阻器（依靠电场而非扩散，非常适合存储用途）结合，展示了神经元的一种长期可塑性——“尖峰时刻相关可塑性”。以前也曾有人用漂移忆阻器模拟钙离子的行为，但其物理过程与生物突触迥然不同，限制了模拟突触功能的逼真度和多样性。

（3）研制出超越现有机器学习系统的忆阻器。2017 年 5 月，美国密歇根大学电子工程与计算机系卢伟教授领导的研究小组，在《自然·纳米技术》杂志上发表论文称，他们研发出一种全新的忆阻器阵列芯片，其处理图片和视频等复杂数据的速度和能效，超越了现有最先进的机器学习系统。

目前，用机器学习来处理大数据越来越受重视。不过现有的机器学习，只是基于现有硬件架构在算法上进行革新，在学习和推理过程中仍需不断在处理器和存储器之间转移大量数据，造成速度上的瓶颈和很高的能耗。而忆阻器是一种新型电子器件，能通过调整内部的原子分布同时实现数据存储和信号处理的功能，低能耗、高效率并行实现机器学习里最基本的矩阵运算。

卢伟说，他们这次制备的是正方形忆阻器阵列，并用该阵列芯片实现了“稀疏编码”的算法。稀疏编码是一种无监督学习方法，能通过芯片上神经元之间的竞争更有效地找出隐含在输入数据内部的结构与模式。在测试中，新忆阻器芯片经过“学习培训”后，利用很少的神经元，成功从一些名画和照片中找到关键特征。

卢伟参与创建的半导体公司“纵横集团”，已与中国最大规模芯片制造企业“中芯国际”展开合作，从 2016 年开始量产基于忆阻器的阻变存储器。他表示，新忆阻器可直接集成到现有传感器和摄像系统上，实时处理和分析视频数据。它们还可以通过大规模集成实现超级计算机的功能。

第二节　晶体管领域的新进展

一、用碳元素研制或改良晶体管

（一）用石墨烯开发或改良晶体管

1. 以石墨烯为原料研制新型晶体管

（1）研制出开关频率提高千倍的石墨烯晶体管。2011 年 2 月，美国南安普敦大学纳米研究小组的扎卡里亚·摩卡塔德博士在《电子快报》杂志上发表研究成果称，他使用世界上最纤薄的材料石墨烯研制出一种晶体管，新晶体管拥有创纪录的开关性能，将开关频率提高 1000 多倍，这使它可广泛应用于未来的电子设备和计算机中，使之功能更强大，性能更优异。

摩卡塔德把石墨烯设置成二维的蜂巢结构，并由此研发出该石墨烯场效应晶体管，该晶体管拥有一个独特的管道结构。

该校电子和计算机科学系主任哈维·鲁特表示："这是一个重要的突破，它对下一代计算机、通信和电子设备的研发，具有重要意义。借此，我们可以超越目前已有的互补金属氧化物半导体技术，研发出更加高级的晶体管。将几何形状引入石墨烯管道内是一个新想法，该方法在让石墨烯场效应晶体管保持结构简单的同时，获得卓越的性能，因此，可以很容易实现商业化生产。"

摩卡塔德现正在进行更进一步的研究，以了解致使电流在该石墨烯晶体管管道内停止流动的机制。

（2）开发出具有卓越稳定性的石墨烯晶体管。2011 年 4 月 8 日，IBM 公司林育明等人组成的研究小组，在《自然》杂志上撰文指出，他们研发出新的石墨烯晶体管，其频率为 155GHz（吉赫），比 2010 年 2 月推出的 100GHz 石墨烯晶体管的速度增加了 50%，而且体积更小。

石墨烯是只有一个碳原子厚度的单层片状结构，可由石墨剥离而成。石墨烯不仅是已知材料中最薄的一种，还非常牢固坚硬。作为单质，它在室温下传递电子的速度，比已知导体都快，因此，它有望替代硅作为顶级电子材料来制备速度更快的晶体管。

以前，研究人员通过将石墨烯薄层，置于一个绝缘衬底（诸如二氧化硅）的上方，来制造石墨烯设备，然而，这种衬底会削弱石墨烯的电学性能。现在，IBM 公司的研究人员找到新办法，将衬底对石墨烯电学性能的影响减至最低。

研究人员把一个“类金刚石碳”放置在一个硅晶圆衬底上，制备出新的石墨烯晶体管。这种“类金刚石碳”是无极性介质，也不会像二氧化硅那样捕获或驱散电荷，因此，新石墨烯晶体管在温度发生改变时，包括像太空中那样的极低温度下，显示出卓越的稳定性。

IBM 表示，这种新的高频石墨烯晶体管，将在手机、互联网或雷达等通信设备领域，大展拳脚。而且，现有的制备标准硅设备的技术，也可以用于制造新的晶体管。这意味着，新石墨烯晶体管可以随时进行商业化生产。

该晶体管的研制是 IBM 承接的美国国防部高级研究计划局的一项任务的一部分，美国军方希望该研究能有助于他们研发出高性能的无线调频晶体管。

2. 用石墨烯为原料改良原有晶体管

借助石墨烯实现原有氮化镓晶体管大幅降温。2012 年年 5 月 8 日，美国加州大学河滨分校伯恩斯工程学院电子工程学教授亚历山大·巴兰金领导的一个研究小组，在《自然·通讯》杂志上发表研究成果称，他们开发出一种新技术，可借助石墨烯实现大功率氮化镓晶体管的大幅降温，解决在交通信号灯和电动汽车中使用的半导体材料散热问题。

自 20 世纪 90 年代以来，半导体材料氮化镓（GaN）就被用于强光的制造，并因为高效和可耐高电压工作而被用于无线设备中。然而就像所有大功率操作设备一样，氮化镓晶体管会散发出相当多的热量，需要对其快速而有效的移除。研究人员已尝试过倒焊芯片和复合基底等多种热量管理途径，但效果都不理想。如何为这些设备降温仍困扰着学界，氮化镓电子工业的市场份额和应用范围，也因为难以散热而受到限制。

基于纳米设备实验室开发的新技术将使这一情况得到改善。研究小组在进行微拉曼光谱温度测量时发现，通过引入由多层石墨烯制成的交替散热通道，能使在高功率运转情况下的氮化镓晶体管中的热点降低 20℃，并将相关设备的寿命延长10倍。

巴兰金表示，这代表热量管理领域的变革性进展。与金属或半导体薄膜不同，多层石墨烯即使在自身厚度仅为数纳米时，也能保持良好的热力性质，这使它们成为制造侧面导热片和连接线的极佳备选。研究人员在氮化镓晶体管上，设计并构建石墨烯“被子”，使其能从热点处移除和传导热量。计算机模拟则显示，采用热阻更强的基底，能使石墨烯“被子”更好地在氮化镓晶体管上发挥作用。

（二）用碳材料研制新型晶体管

1. 通过碳材料加塑料研制新型晶体管

（1）用碳素分子和塑料研制出有机薄膜晶体管。2014年1月8日，美国斯坦福大学化学工程学教授鲍哲南和内布拉斯加林肯大学机械和材料工程学助理教授黄劲松领导的研究团队，在《自然·通讯》杂志上发表论文称，他们制造出目前世界上运行最快的有机薄膜晶体管，证明该技术在制造高清显示设备，以及透明电子设备上的巨大潜力。

多年来，各国科学家一直试图用廉价的碳素分子和塑料来制造性能接近硅技术的有机半导体，但鲜见突破性进展。此次，该研究团队革新传统生产技术，大幅提高有机薄膜晶体管的载流子迁移率，使其性能与昂贵的、基于硅技术的弧形显示器不相上下。

目前，制造有机薄膜晶体管的传统工艺是，先通过在旋转的盘片上滴落由碳素分子和互补塑料组成的特殊溶液，而后通过旋转作用力，让复合溶液均匀散布在盘片上形成薄膜。

现在，称为“偏心旋转涂布”技术的新工艺对此进行了革新。研究人员加快了盘片的旋转速度，减少涂布面积并增加密度，将之前的大转盘换成了一块只有邮票大小的玻璃。相对于传统制造工艺，新方法单位面积上沉积的碳素分子浓度更高，极大地改善了薄膜晶体管的载流子迁移率，而这是衡量电荷通过晶体管速度的重要指标。

研究人员称，目前只是初步实验，因此还不能精确控制有机材料的涂布队列，实现均匀的载流子迁移率。但即便在这个阶段，新技术生产出的有机薄膜晶体管在性能上，也已远远超过了目前传统的有机半导体，达到了高端电子产品中使用的多晶硅材料水平。

鲍哲南表示，该技术的进一步改进，将有望为廉价、高性能透明电子设备的制造铺平道路。目前的实验所采用的载体是玻璃，之后将逐渐过渡到柔性塑料。现在，他们已经能够制造出肉眼可视透明度为90%的高性能有机薄膜晶体管。

（2）用碳纳米管和薄膜研制出可拉伸的晶体管。2017年1月，美国斯坦福大学化学工程系教授鲍哲楠主持、博士后徐洁和王思泓为主要成员的研究小组，在《科学》杂志上发表论文称，他们近日用碳纳米管和薄膜研制出一种可拉伸晶体管，即便被拉伸至原有两倍长度，其导电性也只有极微小下降。现有坚硬的可穿戴电子产品，有望因此变得像人的皮肤一样柔软富有弹性，甚至可以成为具有功能性的人体“第二层皮肤”。

研究人员表示，此前设计一种能在被拉伸时维持导电性的晶体管颇为困难。他们巧妙设计出一种溶液涂膜法，将半导体高分子受限在橡胶聚合物包裹的纳米纤维中，从而制备出弹性半导体薄膜。

测试显示，在被拉伸至原来长度的两倍时，该薄膜的导电性仅下降了6%，100个拉伸周期后，薄膜并未出现明显的裂缝。用这种碳纳米管和薄膜作为电极制成的可拉伸晶体管，能贴在人手指关节皮肤处，在手指来回弯曲时，该晶体管的导电性保持稳定。

研究人员说，由于可拉伸晶体管具有与人体皮肤一样的力学属性，未来可穿戴电子产品将能服帖于皮肤，除了最大限度地降低穿戴不适感外，还能更准确地实时监控脉搏、血压、体温等人体信号，成为具有功能性的人体“第二层皮肤”。在医疗领域，可使植入式医疗器件变得柔软有弹性，极大降低对人体带来的侵入损害和排异性反应，同时显著增加生物信号采集和原位治疗的位点密度和准确性。

2. 以碳纳米管加石墨烯研制新型晶体管

用碳纳米管和石墨烯纳米带研制出高效全碳晶体管。2017年6月7日，美国得克萨斯大学达拉斯校区一个研究小组近日在《自然·通讯》杂志上发表研究成果，提出一种完全用碳制成运算元件的设计方案，在此基础上可能制造出更小、效率更高的新型晶体管，取代目前的硅晶体管，从而大大提升计算机性能。

由于硅基半导体发展面临瓶颈，研究人员正积极研究替代方案，例如以电子的自旋属性为基础，用碳纳米管和石墨烯等材料制造集成电路的基本运算组件——逻辑门。

该研究小组提出一种全碳自旋元件设计方案，能够实现级联效果，而且能在没有物理接触的情形下“无线”传递信号。

这个方案使用了碳纳米管和石墨烯纳米带两种碳材料，后者指宽度小于50纳米的石墨烯条带。电子流经碳纳米管形成电流，电流产生磁场，影响附近的石墨烯纳米带里的电流，实现多个逻辑门之间的级联。

研究人员认为，由于石墨烯纳米带之间的通信是由电磁波进行的，不像硅半导体那样通过电子流动实现，通信速度会快得多，时钟频率有可能达到太赫兹（每秒一万亿次）的级别，这比当前主流计算机快1000倍。另外，新元件能打破硅晶体管无法超越的极限，实现小得多的尺寸。报道称，这个设计方案仍处于蓝图阶段，研究人员计划下一步制造出原型器件，检验其效率。

二、用ⅢA族元素研制新型晶体管

（一）以ⅢA族铟元素开发晶体管

——用氧化铟薄膜研制出透明的晶体管

2006年12月，有关媒体报道说，想象一下汽车的挡风玻璃显示出目的地的地图，军用护目镜同时显示目标和说明，窗户同时作为电子宣传板。这将不再是科幻电影中的技术，美国西北大学温伯格文理学院托宾·马克斯教授主持的研究小组，在《自然·材料》杂志上发表研究成果称，他们用氧化铟材料为基础，运用有机和无机材料相结合的方法，制造出透明的高性能晶体管，这种透明晶体管与玻璃或塑料结合起来，将会实现上面所说的那些未来派的显示技术。

科学家们一直在寻求看不见线路的电子设备制成的新型显示器。但是直到现在，还没有人能够研制出能够隐形且保持高性能的制造晶体管的材料。

马克斯说：“我们的发现提供了新的制造透明电子设备的方法。你可以想象这种新型电子设备的各式各样的应用，比如使显示的文字和图像看起来像浮在空中的显示器。”

在电子学装置中，所有开关和计算都需要使用晶体管。在显示设备中，晶体管则被用来提供能源和控制光源。

高性能的透明晶体管能够与现有的已经应用在电视机、桌面电脑、笔记本电脑和手机中的各种光显示技术相结合，比如有机发光二极管、液晶显示器和场致发光显示器等。

为了制造出这些薄膜晶体管，马克斯小组把无机半导体氧化铟的薄膜与一种自组织的有机多分子层相结合，得到了极好的绝缘性能。

氧化铟薄膜能够在室温下制作，这使这种新型晶体管的制造成本大大降低。而且，除了透明以外，这种新型的晶体管的工作性能要高于目前使用在 LCD 屏幕中的硅晶体管，几乎和高端的多晶硅晶体管相当。

（二）以ⅢA 族铟镓两元素结合开发晶体管

1. 用砷化镓铟研制出全球首款全门三维晶体管

2011 年 12 月 5 日至 7 日，美国普渡大学电子和计算机工程学教授叶培德领导哈佛大学研究人员参加的一个联合研究小组，在华盛顿举行的国际电子设备大会上宣布，他们使用Ⅲ－Ⅴ族化合物砷化镓铟代替硅，研制出全球首款全门三维晶体管，可用于开发出运行速度更快、更高效的集成电路和更轻便、耗电更少的手提电脑。

研究人员使用所谓的自上而下的方法，制造出最新设备。叶培德表示，这一方法同传统制造过程兼容，与工业采用的精确蚀刻和定位晶体管内组件的方法类似，因此有望被工业界采用。

Ⅲ－Ⅴ族化合物是元素周期表中Ⅲ族的镓、铟等和Ⅴ族的砷、锑等形成的化合物，其有望取代电子移动速度有限的硅半导体，推动晶体管技术不断前进。叶培德说：“科学家们一直希望，尽早使用Ⅲ－Ⅴ族化合物研制出晶体管。现在，我们使用电子移动性比硅高的砷化镓铟，制造出全球首款全门的三维晶体管。”

晶体管中，包含有一个名为“门”的关键设备。门使设备打开和关闭并引导电流。在现有芯片中，门长约为 45 纳米。不过，门长仅为 22 纳米的硅基三维芯片即将面世，研究人员也将于 2015 年推出门长为 14 纳米的晶体管。如果门长短于 14 纳米，同时还想让晶体管拥有更好的性能，使用硅可能无法做到，这意味着科学家们需要引入新的设计方法和材料。

叶培德说："由Ⅲ－Ⅴ合金制造的纳米线，有望让我们将门长缩短至10纳米。新发现证实，使用Ⅲ－Ⅴ化合物，制造出的晶体管的导电能力，有可能达到硅基晶体管的5倍。"。

另外，制造出更小的晶体管也需要新的绝缘层，其对设备的关闭至关重要。如果门长缩短至14纳米，传统晶体管内使用的二氧化硅绝缘体就无法正确工作，可能会"漏电"，而其中的一个解决办法是使用绝缘值更高的材料（二氧化铪或氧化铝）代替硅。在最新研究中，研究人员采用原子层沉积方法，研制出一种由氧化铝制成的介质膜绝缘层。原子层沉积法这一新设计有助于研制更薄的介质层，而介质层越薄，意味着电子的流动速度越快，需要的电压也越少，因此耗电也更少。

2. 用铟镓合金研制出柔软有弹性的流体晶体管

2017年11月，美国卡耐基梅隆大学软体机器实验室工程师卡梅尔·麦吉迪和詹姆斯·威斯曼等人组成的研究小组，在《先进科学》杂志上发表研究成果称，他们研发出一种在室温下呈液态的铟镓合金，并将其注入橡胶后制成像天然皮肤一样柔软和富有弹性的晶体管。这一新成果预示着，一些软性材料或将开创液态计算机新时代。

晶体管被称为掌上电脑、智能手机等数字产品的"大脑"，负责处理信号和数据，随着其尺寸越来越小，这些数字计算机产品也在不断变小、变强和更加普及。但由于晶体管用的都是固体材料，始终无法摆脱硬邦邦的感觉。

在这项成果中，该研究小组开发出一种新方法，制成拥有数字功能和柔软可变形兼备的流体晶体管。他们通过调配铟镓两种金属的混合比例，找到一种在室温下呈液态的特殊铟镓合金，注入橡胶后不仅能像铜和银等金属一样导电，还拥有天然皮肤一样的柔软弹性。

他们用液态铟镓合金制成可伸展性电路线和电子开关，这些晶体管通过开关两个液滴的连接发挥作用。实验证明，当沿着某个方向施加一个伏特电压时，两个液滴会相互靠近并连接成一座金属桥梁，从而实现导电功能；当沿着相反方向施加一个伏特电压时，液滴会相互远离，导电性能关闭。只要施加微量电压，液态晶体管就会拥有传统晶体管一样的特性。

研究人员表示，两个液滴类似于场效应晶体管的源极和漏极，通过电压调控液滴的形状，晶体管电路可按需开关。这种液态金属电路在未来拥有无穷应用潜力，比如研制模拟鸟类的飞行机器人，能在保持电学功能的同时承受高空极端条件下的变形压力；研发出用于搜救机器人，以及监控疾病和恢复大脑功能等领域的液态计算机。

三、研制晶体管方面的其他新成果

（一）开发新型二极管和真空晶体管

1. 把半导体材料拉成纤维状二极管

2011 年 5 月，麻省理工学院专家约尔·芬克领导的博士后尼古拉斯·奥夫等人参加的研究小组，在美国《国家科学院学报》杂志上发表研究成果称，他们成功制造出一种具有二极管功能的精细纤维，并提供了一种把普通自旋半导体材料拉成纤维的工艺技术，有望给未来的高精电子设备和光子设备开辟一条制造新途径。

目前，在宽带通信领域，大部分光纤用纤维拉丝技术来生产，但这些技术会受到材料的限制，只有在合适温度下才能将所用材料拉成丝。而新研究展示了在拉丝过程中，把新材料合成复合纤维的方法，包括那些熔点高的普通纤维。

研究人员解释说，在拉丝之前需要准备一种粗加工的预成品，比如一个较大的玻璃棒，类似于所生产纤维的特大号模型。把该预成品加热，让它变得像太妃糖一样柔软黏稠，然后拉成纤维。虽然材料的尺寸比预成品大大减小，但组成成分保持不变。他们所用的预成品中包含了硒、硫、锌和锡，还打算涂上一层高分子材料，拉丝过程是在 260℃中完成的，而结合这些材料形成的纤维包含了硒化锌，这种化合物的熔点高达 1530℃，具有非常重要的电学属性和光学属性。包含硒化锌的复合纤维能作为光子线路，就像传统电路中的电子流动，只不过把电子换成了光束。

奥夫说，以前所有关于纤维拉丝的方法，对他们所用的新材料都不起作用。只有用新方法，新材料才能拉丝成型。最后的成品纤维很简单，但却有二极管半导体设备的功能，只能单向导电。此前的二极管都无法用这种方法制造。

奥夫表示，研究还表明，也可以用以前从未考虑过的其他材料来组合拉成纤维。因为纤维材料的物理结构和在预成品中是一样的，我们最终有望利用这些纤维自身的结构，组合出更多更复杂的电路。这种纤维可以作为光线、温度或其他环境下的传感器，还能用于纺织，比如织成太阳能电池布料。

该研究起始于“一根纤维可以精细到什么程度”，这一最基本的问题。领导这项研究的约尔·芬克说，最近几十年里，人们在制造各种形式的电子设备方面取得很大进步，但在整体的功能性、纤维精度与织造技术等方面却少有进展，还在用人类早期发明的形式。该研究有望使纤维拉丝，也成为一种人工合成新材料的绝佳途径。

研究人员制造出 15 种各不相同的纤维二极管设备，如果进一步研究“还可能得到上百种”，最终能把它们互相连接起来形成电路。

2. 研发有望突破摩尔定律限制的新式真空晶体管

2012 年 7 月，匹兹堡大学纳米科学与工程研究所首席研究员金洪古领导的研究小组，在《自然 · 纳米技术》杂志上宣称，他们打算用真空替代硅电子设备作为电子传输媒介，据此研发出的新式真空管有望突破摩尔定律的藩篱，彻底改变电子学的面貌。

1947 年，科技界研制出半导体晶体管，以替代笨重且低效的真空管。此后，研究人员一直在不断研制运行速度更快、效率更高的半导体，以制造出性能更优异的电子设备。摩尔定律指出，当价格不变时，集成电路上可容纳的晶体管数目，约每隔 18 个月便会增加一倍，性能也将提升一倍。金洪古表示：“晶体管的尺寸限制，让科学家们很难研制出性能更好的电子设备，我们希望通过研究晶体管和它的先辈真空管来改变这一情况。”

金洪古解释道，晶体管的极限速度由“电子转移时间”（一个电子从一个设备到达另一个设备所耗费的时间）所决定。然而，在半导体设备内行进的电子通常会遇到障碍而且在固体媒介中会发生散射。金洪古说：“因此，避免这种散射或者碰撞的最好办法，可能是根本不使用媒介，让电子在真空或者纳米尺度空间内的空气内行进。”

然而，传统的真空电子设备需要高压，而且与很多应用设备都不兼容。因此，该研究小组决定对真空电子设备的结构进行重新设计。最终，他们发现电子被捕获进一个接口处具有一层氧化物或者金属的半导体后，就很容易被抽进空气中，藏匿于该接口处的电子会形成一层电荷，而且该电子层内部的带电粒子之间的库伦排斥力，也会使电子很容易从硅中释放出来。他们通过施加很少量的电压，有效地从硅结构中提取出电子，随后再将电子置于空气中，使它们能在纳米尺度的通道内行进，而不会遇到任何的碰撞或者发生散射。

金洪古表示，据此，我们能研制出一类新的低能耗、高速度的真空晶体管，而且它也能同目前的硅电子设备兼容，另外还可以通过增加新功能来完善现有电子设备的功能。

（二）开发节能省耗型高效晶体管

1. 借用量子隧穿效应研发能效更高的隧穿晶体管

2012 年 3 月，有关媒体报道，美国圣母大学的电子工程学教授阿兰·肖宝夫与宾夕法尼亚州立大学电子工程系教授苏曼·达塔等人组成的一个研究小组表示，他们借用量子隧穿效应，研制出了性能可与目前的晶体管相媲美的隧穿场效应晶体管。最新技术有望解决目前芯片上晶体管生热过多的问题，在一块芯片上集成更多晶体管，从而提高电子设备的计算能力。

晶体管是电子设备的基本组成元件，在过去40 年间，研究人员主要通过把更多晶体管集成到一块芯片上，来提高电子设备的计算能力，但目前这条道路似乎已快走到尽头。业界认为，半导体工业正在快速接近晶体管小型化的物理极限。现代晶体管的主要问题，是产生过多的热量。

最新研究表明，他们研制出的隧穿场效应晶体管性能，可与目前的晶体管相媲美，而且能效也较以往有所提高，有望解决上述过热问题。

研究人员利用电子能“隧穿”过固体，研制出了这种隧穿场效应晶体管。“隧穿”在人类层面犹如魔术，但在量子层面，它却是一种非常常见的行为。

肖宝夫解释道：“现今的晶体管就像一个拥有移动门的大坝，水流动的速度也就是电流的强度取决于门的高度。隧穿场效应晶体管让我们拥有一类新的门，电流能够流过而非翻过这道门，另外，我们也对门的厚度进行调整，以便能打开和关闭电流。”

达塔表示：“最新技术进展的关键在于，我们将用来建造半导体的材料，正确地组合在一起。”

肖宝夫补充道，电子隧穿设备商业化的历史很长，量子力学隧穿的原理，也已被用于数据存储设备中，借用最新技术，未来一个 USB 闪存设备或许能拥有数十亿个隧穿场效应晶体管设备。

研究人员强调说，隧穿场效应晶体管的另一个好处是，使用它们取代目前的晶体管技术，并不需要对半导体工业进行很大的变革，现有的很多电路设计和电路制造基础设施，都可以继续使用。

尽管隧穿场效应晶体管的能效与现有晶体管相比稍逊色，但是，该研究小组以往发表的论文中已经表明，隧穿场效应晶体管在驱动电流方面，已经取得创纪录的进步，未来有望获得更大的进展。

达塔说：“如果我们在能效上取得更大成功，将是低能耗集成电路上的重大突破，这反过来会加大我们研制出能自我供能设备的可能性，自我供能设备同能量捕获设备结合在一起，有望使我们研制出更高效的健康检测设备、环境智能设备以及可移植医疗设备。”

2. 用低温电子技术开发全新的节能晶体管

2014 年 9 月，美国得克萨斯大学阿灵顿分校材料科学与工程系副教授高成金领导的研究小组，在《自然·通讯》杂志上发表研究报告称，他们找到一种不借助外部降温设备，并能在室温下将电子温度降至 -228℃ 的方法，目前他们正在尝试利用这项技术制造全新的节能晶体管。

研究人员表示，传统的电子冷却技术需要将装置浸入极低温的冷却池中，十分不便。因此，这项无须外部冷却装置的新技术，前景将十分广阔。借助这种技术，可以使电子设备在使用很少能量的情况下正常工作。

高成金表示：“我们率先实现了室温下的低温电子技术，这项技术将实现极大的效益。电子的物理性质，使其本身即使在室温下也很容易被激发，但如果电子的激发态能够被抑制，那么电子的温度，就能在没有外部设备的情况下被很好地控制。例如，可以不再使用麻烦的液氦和液氮来给电子降温。”

该研究小组构建了一种纳米结构，此结构按照源极、量子阱、隧道势垒、量子点、另一个隧道势垒和一个漏极的顺序排列组成，通过抑制电子激发态的方式为电子降温。该小组表示正在尝试利用这项技术制造全新的节能晶体管。

资助这项研究的美国国家科学基金会主管乌沙·瓦施利表示，这项成果将带来巨大的综合效益。他说："使用这项技术的晶体管，其能耗可能只有现在晶体管的1/10。未来常用的智能手机、平板电脑等个人电子设备，将会有更长的续航能力。"

除了潜在的商业价值外，这项技术可应用于军事领域，为军用设备电池大幅减重，减少士兵负重，从而提高士兵的作战能力。还可应用于遥感设备、远程操作的无人机，以及高功率计算设备。

3. 开发出耗能少效率高的柔性硅基晶体管

2016年4月20日，美国威斯康星大学麦迪逊分校电子和计算机以及工程学教授马振强、电子专家金正勋领导的研究团队，在《科学报告》杂志上撰文称，他们使用一种独特方法，研制出处理速度最快的柔性硅基晶体管，能无线传输数据和能量，有望用在包括可穿戴电子设备和传感器等在内的诸多领域。

目前，这一柔性硅晶体管的截止频率为创纪录的38吉赫兹（GHz），而模拟表明，其最高截止频率甚至能高达110吉赫兹（GHz）。在计算机领域，截止频率越高，晶体管的处理速度越快。

研究人员表示，他们运用低温处理手段，借助简单且成本低廉的纳米压印技术，在以聚对苯二甲酸乙二醇酯为基座的柔性单硅晶体管上，画出了电路。

在传统的选择掺杂方法中，一般会将杂质引入材料内的精确位置，从而增强其导电性，但有时候，掺杂剂会混进材料内不属于它的区域，导致短沟道效应。但在新成果中，研究人员另辟蹊径：用一个掺杂剂将单晶硅覆盖，而不是选择掺杂。

他们给晶体管添加了一层光敏材料，利用电子束平印术，在其上制造出可重复使用的纳米图案模型；接着根据模型内的图案，用干法刻蚀工艺，在硅上切割出了精确的纳米沟槽，并在沟槽上添加了能作为开关的宽电闸。

由于该高性能晶体管拥有独特的三维电流模式，因此耗能更少且效率更高。而且，与传统制造过程相比，新方法能划分出更狭窄的沟槽，也将有助于让更多晶体管簇拥在单个电子设备上。

马振强指出，最新方法很容易升级，用于高效能、低成本的卷对卷制程中，能使半导体制造商们以更低成本，制造出拥有无线上网功能的高性能晶体管。

第三节　集成电路或芯片的新进展

一、基础性集成电路研发的新成果

（一）研制新材料集成电路

1. 用纳米导线在玻璃芯片上制成集成电路

2005 年 4 月，美国哈佛大学化学教授查尔斯·利伯和电气工程助理教授唐西·汉姆领导的一个研究小组，在《自然》杂志上发表论文称，他们借助低温制造技术，用纳米导线在一块玻璃芯片上，制造了最基础的集成电路时钟振荡电路。这一技术既不需要高温，也不需要硅芯片，将来可能取代硅芯片集成电路制造技术。

该研究小组报告说，他们利用玻璃芯片和一种掺有纳米导线的溶液，通过低温下的普通照相制版蚀刻技术，依次制成逻辑变相器和由变极器组成的时钟振荡电路。

经实验检测，他们制成的时钟振荡电路频率达到 11.7 兆赫，是目前用有机半导体材料制造的时钟振荡电路的 20 倍。利伯说，这一技术使用常见的、低成本和轻质材料来制造纳米导线集成电路，不仅是玻璃可以做芯片，塑料也可以。这样的芯片可以大大促进计算设备在生活中的应用，“使高效的电子设备进入我们生活的每个方面”。

2. 用金属氧化物制成首个透明集成电路

2006 年 3 月，美国俄勒冈州立大学电子工程系教授约翰·瓦戈主持、化学系主任多戈·克兹、物理学教授詹尼·托特，以及电子工程系瑞克·瑞斯里等人参加的一个研究小组，在《固体电子学》杂志上发表研究成果称，他们从无机化合物中，发明了世界上第一个透明集成电路，这是透明电子学领域得以快速发展所取得的又一个重要进步。

该集成电路是由五部分组成的环形振荡器，通常用于电子学测试以及新工艺示范。这是向功能性透明电子应用软件方向发展迈出的重要一步，许多人认为这一行业在将来具有很好的发展前景。

该项研究得到美国国家科学基金会、军事研究办公室以及惠普公司的支持。最近，美国俄勒冈州立大学授权惠普公司，可以在原先工作的基础上开发新产品。瓦戈指出，与惠普公司的合作，将促进透明电子这项技术由实验室向商业实际应用中发展，这是一个巨大的进步。透明晶体管用于集成电路，其运行速率将大大加快，我们也可以将透明集成电路，用于目前世界范围内都使用的传统的照相平板技术。

透明电子学的发展在开创新型工业、增加就业机会以及提供更有效更经济的消费品方面都有重要影响。从汽车透明的挡风玻璃到手机、电视、复印机、太阳镜以及玩具等都可以得到应用，甚至还可用于高效的太阳能电池及晶体模型中。

最近，俄勒冈大学科研人员宣布，这种透明的晶体管是由锌锡氧化物合成，透明集成电路是由铟镓氧化物合成。所有这些重金属阳离子的多成分氧化物共同具有一些特性，即高电子活性、化学性质稳定、高物理耐受性以及低温下容易加工合成。另外，这些重金属阳离子还应当是廉价并且安全的，比如金和银因为价格昂贵所以不适合选择，汞、铅、砷由于其毒性作用也不适合选取。

瓦戈指出，未来还有许多困难需要我们一一解决。例如，该项技术还需要应用于大体积物质，在加工过程中应当保持其功能，对新电路需要进行物理防护，新市场开拓和产品定位等。还需要努力进一步使该技术具有更多优点，比如，低电消耗、简单电路结构、可以进行类比和数据处理等。瓦戈说："令人感到兴奋的是，剩下的所有工作，应当都很容易实现，我们需要一些时间，但没有可以影响透明电子技术商业化应用的阻碍因素。"

这一领域的发展非常之快，大约未来五年的时间里，透明集成电路可能就会在很广的范围内得以运用，大约数十年的时间内便可以改进传统的电子技术。科研人员认为许多透明电子技术的应用十分便宜而且有效，甚至可以用于不需要透明度的传统电路中。这些物质的电子特性非常好，它是每年需要投入数百万美元进行研究的组织聚合材料。俄勒冈州立大学的负责人，相信透明电子产品的开发以及与惠普公司的合作，具有十分重大的意义。

3. 用石墨烯圆片制成首款集成电路

2011 年 6 月，美国 IBM 公司托马斯·沃森研究中心专家林育明领导的研究小组，在《科学》杂志上发表研究成果称，他们研制出首款由石墨烯圆片制成的集成电路，向开发石墨烯计算机芯片前进了一步。有关专家认为，这项突破可能预示着，未来可用石墨烯圆片来替代硅晶片。

这块集成电路建立在一块碳化硅上，并且由一些石墨烯场效应晶体管组成。去年，该研究小组展示了首块基于石墨烯的晶体管，它能在 100G 赫兹的频率上运行。这一次，他们把它整合进一块完整的集成电路中。

不少研究人员在研制石墨烯晶体管和接收器中，遇到几大障碍：首先，石墨烯这种纤薄的单原子层薄片，很难同制造芯片所用的金属和合金匹配到一起。另外，在蚀刻过程中，石墨烯很容易受损。

林育明研究小组找到一种新方法，他们通过在一块碳化硅晶圆的硅面上种植石墨烯，清除了这些障碍。接着，他们把石墨烯包裹进一个聚合物内，进行必需的蚀刻过程，随后再用一些丙酮把这些聚合物清除掉。

研究人员表示，该晶体管门的长度仅为 550 纳米，整个集成电路仅为一颗盐粒那么大。而且，这种生产过程也可用于其他类型的石墨烯材料，包括把化学气相淀积石墨烯膜，合成在金属膜之上，也可用于光学光刻以改善成本和产能。

据介绍，这块集成电路是一个宽频无线电频率混频器，即无线电收音机的关键组件。科学家们表示，它混频最多可达 10G 赫兹，而且可以承受 125℃的高温。

该研究小组认为，这块集成电路还可以运行得更快。届时，由这类集成电路制成的芯片，可以改进手机和无线电收发两用机的信号，未来手机或许能在一般认为无法接收信号的地方工作。

IBM 公司的研究人员表示，石墨烯场效应晶体管替代硅可能还需要一段时间，他们下一步，将继续改进这种集成电路的性能，其中包括使用对石墨烯导电性，不会造成损害的各种不同金属。

（二）研制新功能集成电路

1. 研制具有节省能耗功能的集成电路

（1）研发出超级节能的微型芯片。2008 年 6 月 13 日，美国密歇根大学发布新闻公报说，该校电子工程和计算机科学系的戴维·布洛乌领导的研究小组，开发出一种超级节能微型芯片，在正常工作模式下耗电量是普通芯片的1/10，在“睡眠模式”下用电量则低至三万分之一。

据悉，这一名为“凤凰处理器”的芯片，创造了低耗电量的新纪录。在“睡眠模式”下，它的能耗仅为30皮瓦（1皮瓦为一万亿分之一瓦）。从理论上讲，普通手表电池的电量足够这个芯片运行263年。

“凤凰处理器”的大小为1平方毫米。从大小来看，这款微型芯片并无特别之处，因为目前许多先进传感器和电子设备中的微型芯片，都是这一尺寸甚至更小。“凤凰处理器”的特别之处在于，它的电池小到了极致。

布洛乌介绍说，大多数情况下，处理器的电池都比处理器本身大很多。例如笔记本电脑的电池要比电脑处理器大很多，却只能提供几个小时的电力。由于“凤凰处理器”耗电量极低，因此电池尺寸及整个系统的尺寸大大降低。

这种微型芯片可以应用到一系列的传感器系统中。该研究小组已经把它应用到一种生物医学传感器中，用于监测青光眼患者的眼压。他们认为，将来还可以用许多这样的微型芯片形成一个传感器网络，用于监测空气和水源等。另外，还能将其置于混凝土中，用于监测建筑和桥梁的结构变化。

（2）制成能从环境取电的超低能耗集成电路。2011年8月，美国弗吉尼亚联邦大学的一个研究小组在《应用物理快报》杂志上发表论文称，他们开发出一种或许是世界上能耗最低的集成电路。它所需的能量极少，甚至没有必要为其安装电池，从周围环境获取的微量能量就已足够维持运行。研究人员称，该技术有望在植入式医疗设备、浮标和环境检测等领域发挥重要作用。

这种电路使用了一种被称为“多铁性材料”的特殊复合材料，由压电材料和磁致伸缩的纳米磁铁组成。这种结构的材料能够把环境中的机械能或振动转化为运行所需的能量，从而实现从环境取电的功能。

在数据存储和传输上，与用接通和断开来表示0和1的传统电路不同，这种集成电路利用自旋电子学中电子自旋的两种状态，来代表二进制中的两个基础代码。因此，整个切换过程中该设备只需要非常小的能量。

研究人员称，由于选用了这些特殊材料，整个电路所需的能量只有0.4阿焦耳（1阿焦耳=10－18焦耳），这个数字比传统晶体管要小4个数量级。这种设计可创造超低功耗、高密度、非易失性的存储器和逻辑芯片。

该技术在很多领域都有着潜在的应用前景，如在植入式医疗设备中使用时，可省去电池模块，从患者身体运动中即可获取能量；这种技术同样可以用在海上浮标的计算机中，海浪将是其源源不断的能量来源。此外，由这种技术制成的处理器，还适用于制造用来检测建筑或桥梁状态的传感器，建筑或桥梁的自然振动或来往车辆都能为其提供能量。

（3）研制能同时利用周围环境多种能源的芯片。2012年7月，美国麻省理工学院电子工程和计算机科学系主任安桑娜·查达拉卡桑领导的研究小组，在美国电气和电子工程师协会出版的《固态电路》杂志上发表研究成果称，他们首次研制出一款能同时利用自然光、热和环境中的波动等能源的新式芯片。这种新式系统有望最终用在生物医学设备、远程环境传感器、仪表等设备上，从而提高这些设备的性能。

该研究小组一直专注于研制，能在极低功率下运行的计算机和无线通信芯片，以及能利用从自然光、热和环境中的波动等不同来源处，获取能量的多种设备，让能源利用达到最大化。

此前，查达拉卡桑的实验室已经研制出多种能利用周围环境提供的单一能源，诸如身体和外部空气之间的温差、人的行走或公交工具经过桥梁时产生的震动等的微型设备。

研究人员解释到，把多种不同的环境能源提供的能量，结合在一起需要一个复杂的控制系统，一般而言，每种环境能源都需要一套控制电路来满足特定的需求。例如，捕捉热差值的电路一般只能产生0.02～0.15伏的电压；低能光伏电池产生的电压为0.2～0.7伏，而捕获振动系统产生的电压则高达5伏，因此，实时协调这些不同的能源，以产生持续的能源输出需要技巧。

研究人员表示，迄今为止，人们一般采用的办法，是让电池交替利用这些能源，每次利用能在给定时刻内产生更多能量，但这会让其他能源提供的能量白白浪费。而最新方法则在一个特定时刻，让芯片从一处能源那儿获取能量，并将从其他能源获取的能量，存储在电容器内，以后再把这提取出来使用，这就使得所有能源提供的能量都能被有效利用。

最新系统使用了创新性的双路结构。一般而言，能源主要被用来为储能设备如电池或电容器等充电，储能设备再为传感器或其他电路充电。但在该控制系统中，传感器可以直接从储能设备那儿获得能量，也可以越过存储设备，直接从能源那儿获得能量。

2. 研制具有自我修复功能的电子芯片

（1）研发系统故障时能进行自我修复的新芯片。2004 年 8 月，美国 IBM 公司正在研发一种芯片新功能，使得未来的芯片能够对自身进行监控、调节乃至修复，通过这项名为 eFuse 的功能设计，微处理器能够在系统需要或出现故障时，进行自我的动态调整。

该设计结合了当代的软件算法与微电子引信方法。通过该设计生产的芯片，可以根据需要随时提高芯片性能或规避故障。首先，当芯片需要提升性能或规避故障时，该设计可以自动进行感应，然后通过闭合芯片中的电子引信对芯片参数进行重新配置，以满足各项需求。这项设计可以对芯片能耗进行监控与管理，修复芯片故障，同时感应到各种变化。

通过该设计，芯片制造商能够对芯片进行灵活的修改，从而使得系统集成商更加贴近终端用户的需求。目前 IBM 公司的工业客户已经可以使用该项设计，用于芯片测试、验证等方面的工作，这类工作现在都是人工完成的，主要是通过激光进行修复。而该设计完全是让芯片进行自我的测试与验证，并根据需要进行修改，这使得产品的成本与推出时间大大减少了。

目前，eFuse 功能设计可用于多种芯片，包括 IBM 公司用于无线与有线通信设备的 Power5，以及低能耗的 SiGe 处理器。IBM 公司希望，这项设计以后的应用范围更加广泛，包括从手机到 PC 等各类设备上的芯片。

（2）研制能恢复电路导电性的自我修复电子芯片。2011 年 12 月，美国伊利诺伊大学香槟分校的一个研究小组在《先进材料》杂志上发表研究成果称，他们已经研制出一种新电路，能在崩溃时通过释放液体金属，恢复电路的导电性从而修复自身，研究人员未来可据此研制出能自我修复、因此寿命更长的电子芯片和电子设备，也有望解决星际旅行面临的大问题。

研究人员解释道，他们的构想是：利用最初导致芯片破损的压力“砸开”一个装载有修复材料的微胶囊，让释放出的修复材料填充在破损导致的缝隙中，让电流重新恢复工作。

为了测试这一想法，他们在玻璃上刻上金线图案以形成一个电路。接着，他们采用两种方法：一是把0.01毫米宽的微胶囊直接放在金线上；二是把一块纤细的薄片加入0.2毫米的微胶囊中，随后把它嵌入金线中。这两种情况下使用的微胶囊，都包含有铟化镓共晶体。这种金属材料，具有高导电性和低熔点。随后，他们把这个设备夹在一层玻璃和腈纶之间并通电。随后，研究人员弯曲电路让其产生裂缝，此时，监测电压为零。

研究人员表示，结果表明，这种破裂的微胶囊“治愈”了大部分测试电路，在一微秒之间就能让电压恢复到正常值。而且，研究表明，小一点的微胶囊每次都能修复设备，但其导电能力比修复成功率低些的大一点微胶囊弱，因此，不同大小的微胶囊结合在一起，有望获得更好的结果。研究人员接着对该设备进行4个月的监控，在这段时期内，导电能力没有损失。

该研究小组表示，这项成果可能是太空工业的福音。航空航天技术专家斯科特·怀特表示：“我认为，这一功能真正的应用领域，是那些设备出了故障很难修复或被取代的领域，只比如在星际旅行中，很难换出设备。”

研究人员希望采用这一过程，研制出使用寿命更长的可充电电池。他们表示，目前的可充电电池系统，在经过多次重复使用后会出故障的原因，主要是设备内部的微小损害中断了电流。如果解决这一问题，电动汽车用的电池有望使用十年或更长时间，使其维护成本大幅减少。研究人员也认为，这项功能有潜力为消费者提供更稳定的消费电子设备，从而节省资源，节约能源。

（三）研制集成电路的新技术

1. 集成电路研制过程逐步攻克的新技术

（1）开发出在集成电路上控制碳纳米晶体管位置的新技术。2006年5月，美国IBM公司一个研究小组在《纳米通讯》杂志上发表的文章说，他们开发出一种特殊纳米芯片制造工艺技术，使碳纳米管制成的晶体管在集成电路上“听从安排”。这是碳纳米管计算机研究方面取得的重大突破。

研究人员说，新的研究成果突破碳纳米管计算机研发的“瓶颈”。碳纳米管制成的晶体管（简称碳纳米晶体管）在集成电路上的“自由散漫”分布，导致其难以像硅芯片那样应用于制造大规模集成电路，这一直以来也是科学家开发碳纳米管计算机的主要障碍。

研究人员表示，他们开发出能控制碳纳米晶体管位置，并使其按照设计意图排列的独特工艺。他们首先利用半导体印刷技术制成金属铝线，这些铝线能够起到像硅晶体管“开”与“关”的门电路作用。然后，对这些铝线进行氧化处理，使铝线表面留有很薄的氧化铝层，让它们成为碳纳米管吸附的材料。在经过有关溶剂浸泡后，碳纳米管按照设计的方向均匀地吸附到氧化铝薄层上，研究人员再在铝薄层的垂直面上加入钯等原料，最后做成碳纳米晶体管。

据介绍，在硅芯片晶体管接近其物理性能极限的当今，单壁碳纳米管被认为是未来替代硅芯片原料最佳候选材料。碳纳米晶体管将可以应用于大型集成电路，有助于研发超级运算速度和低能耗的微处理器。预计碳纳米晶体管的运算速度，将比目前看好的下一代硅芯片的还要快10倍，而且耗能更少。

研究人员同时表示，这项突破性技术成果在商业化之前，还有一些工作要做，以充分发挥碳纳米晶体管的潜能。需要改进的地方包括在金属钯电线上吸附碳纳米管，进一步提高碳纳米晶体管的可靠性，以及降低成本等问题。

（2）用碳纳米管与硅连接研制芯片的新技术。2014 年 2 月，美国东北大学物理学副教授斯瓦迪克·卡尔领导的本校机械与工业工程系副教授容俊中和韩国庆熙大学教授权永昆等参加的一个研究团队，在《自然·光子学》杂志上发表论文称，他们用碳纳米管和硅混合连接开发新芯片，首次在一块电子芯片上整合了电子和光的性质，并开发出一系列基于这种芯片的创新型设备，为制造混合光电逻辑元件提供了一种可升级平台，也代表了未来光电计算机制造中的一项关键性突破。

卡尔说：“人们相信，最好的计算机是用电信号来处理而用光信号来传输。”为此，人们迫切需要一种芯片整合设备，既能用光输入，也能用电输入来进行逻辑操作。

2013 年，卡尔和容俊中合作发现，如果把碳纳米管和硅连接，其界面上产生光感应电流的速度比传统光电二极管中的硅—金属界面更快。卡尔说：“这种能让电流‘突然激增’的性质，有助于我们设计出用光开关的先进设备。”

据物理学家组织网 2 月 25 日报道，他们利用这一发现，开发出一种新的基于光电二极管的逻辑设备，用碳纳米管和硅的混合连接，就可以用光和电两种输入来操控输出电流。他们还与权永昆合作，运行了这些连接的计算模型。

这些新开发的创新型设备，包括三种新元件和一个升级设备。第一种是“与门”（AND - gate），需要同时有电子和光输入而产生一个输出，这种开关要两因素同时具备才会触发；第二种是“或门”（OR - gate），只要两个感光器其中之一输入，就会产生一个输出；第三种是一个 4 - 比特光电数字—模拟转换器，可用于把数字信号转换为模拟信号，比如把 MP3 文件的数字内容转换成真实音乐，这种能力非常重要。

升级设备是把 25 万个微芯片，集成在一个约平方 1 厘米的晶片上，就像一个摄像机传感器的前端。虽然这种设备要充分发挥功能还要更多微芯片，但目前可用来测试他们的汇编程序是否可重复。

研究人员指出，计算机即使要输出最简单的结果，每秒钟也得处理数十亿次计算步骤。如果每一步都能快一点点会怎样？卡尔说，要提高它们处理这些步骤的能力，就要从只提高一步开始，这就是我们所做的。

（3）研发同时具备逻辑与存储功能芯片的新技术。2014 年 12 月 15 日，美国斯坦福大学电学工程与计算机科学教授萨博哈西斯 · 米特拉和菲利普 · 翁等人领导的研究小组，在旧金山召开的电气和电子工程师协会国际电子设备大会上报告说，他们开发出的四层“多层芯片”原型，底层和顶层是逻辑晶体管，中间是两层存储芯片层；垂直的管子是纳米级的电子“电梯”，连接逻辑层和存储层，让它们能一起工作解决问题。

左边是目前的单层电路卡，逻辑与存储芯片分隔在不同区，通过电线连接。就像城市街道，由于数据在逻辑区和存储区来来回回地传输，常会产生拥堵。右边是多层的逻辑芯片和存储芯片，形成一种“摩天大楼”式的芯片，数据通过纳米“电梯”实现立体传输，避免了拥堵。

几十年来，“更小、更快、更便宜”已成为推动电子设备发展的魔咒。最近，美国斯坦福大学研究小组又给它增加了第四个——更高。研究人员说，构建一种“多层”芯片，能大大提高目前电路卡上单层的逻辑和存储芯片的性能。

电路卡就像繁忙的城市，在存储芯片上存储数据，通过逻辑芯片计算。当计算机繁忙时，连接逻辑芯片与存储芯片的线路就会发生“数字交通拥堵”，而“多层”芯片能终结这种拥堵。

这种新方案能在存储层上叠加逻辑层，紧密且互相连接，通过数千个纳米级的电子“电梯”在各层之间运输数据，将比目前单层逻辑芯片和存储芯片间的连线速度更快，耗电更少。

据研究小组介绍，他们的创新研究取得了三项突破：一是制造晶体管的新技术，晶体管是微小的门，通过开关电流来代表 1 和 0；二是新型的计算机存储器，具有多层结构；三是把制造逻辑门和存储器的新技术整合在一起，成为多层结构的新技术，这与以往的堆叠芯片完全不同。

米特拉说：“这项研究还在早期阶段，但我们的设计和制造技术是可升级的。”“随着今后的发展，这种结构将会使计算机性能大大提高，超过现有任何计算机。”

菲利普·翁说：“这种芯片的原型已在 2013 年的国际电子器件大会上展出过，显示了怎样把逻辑和存储芯片，结合到一种能大规模生产的三维结构上。可以说，这改变了芯片的范式。有了这种新结构，电子制造业会把你手中的计算机变成强大的超级计算机。”

研究人员认为，工程师几十年前就已造出了硅芯片。但无论手机还是平板电脑都会发热，放出热量的大小也能显示其内部问题。即使把它们关上，有时也会有电从硅晶体管中泄露。用户会感觉到热，对系统本身来说，这种泄露也会耗尽电池，浪费电力。研究人员正致力于解决这一难题，比如用碳纳米管晶体管。

碳纳米管非常纤细，20 亿根才有一根头发粗细，所以漏电要比硅少得多。在米特拉和菲利普·翁的第二篇会议论文中，介绍了他们是怎样制造性能最高的碳纳米管晶体管的。用以往的生产碳纳米管的标准工艺，造出的纳米管密度不够致密。他们攻克了这一难题，开发出一种灵活的技术，能把足够多的碳纳米管打包在足够小的面积里，以制造有用的芯片。

他们先在圆形石英晶片上用标准方法生产碳纳米管，然后增加厚度到一定量，再用黏合法把整个碳纳米管层从石英介质上剥离，放到硅晶片上。这种硅晶片就是他们多层芯片的基础。

研究人员先要制造密度足够大的碳纳米管层，才能制造出高性能的逻辑设备。他们按这种工艺重复 13 次，在石英晶片上生长了一大堆碳纳米管，然后用转移技术剥离，把它们沉淀在硅晶片上。用这种简捷的技术来固定，他们造出了一些迄今密度最高、性能最好的碳纳米管。他们还证明了在制造多层芯片时，能在超过一个逻辑层上实施这种技术。

造出高性能的碳纳米管晶体管层，只是多层芯片的一部分，在每层碳纳米管晶体管层上直接制作出存储芯片也同样重要。菲利普·翁是制造这种存储器的领导者。他设计的新型存储器与目前的存储器完全不同，不是以硅为基础，而是用氮化钛、二氧化铪和铂，构成一种金属－氧化物－金属的夹层结构，从一个方向通电会产生电阻，而反向通电则能导电。从电阻到导电状态的改变，就是这种新存储技术形成数字 0 和 1 的方式，所以它的名字就叫作电阻式随机存取存储器。

这种存储器比目前的存储器耗电更少，在移动设备上使用能延长电池寿命。这种新的存储技术也是制造多层芯片的关键，因为它能以比硅存储器更低的温度制造。

（4）把新型功能材料集成到硅芯片上的新技术。2016 年 7 月 21 日，美国北卡罗来纳州立大学发布新闻公报称，该校电子专家与美国陆军研究办公室联合组成的研究小组，在《应用物理评论》杂志上发表研究成果称，他们开发出一种新技术，可将多铁性材料等新型功能材料，集成至计算机芯片上。这一技术将有助于未来制造出更轻巧、智能的电子设备和系统。新闻公报中称，研究人员已为此项集成技术申请了专利。

一些新型功能材料，如具有铁电和铁磁性质的多铁性材料、表面有导电性能的拓扑绝缘体及新型铁电材料等，在传感器、非易失性存储器及微机电领域有很好的应用前景。但这些材料目前面临的一个难题是，至今它们都不能被集成到硅芯片上。

此次，该研究小组开发出一种被称为“薄膜外延法”的新技术。他们设计了两种可与硅兼容的板层——氮化钛板层和钇稳定氧化锆板层，作为连接新功能材料与不同电子产品硅芯片的底层基质（平台），然后利用其开发的一套缓冲薄膜，将功能材料与硅芯片集成在一起。这些薄膜一面与新型功能材料的晶体结构结合，另一面与底层基质结合，从而起到有效的连接作用。研究人员称，集成的功能材料不同，所使用的薄膜组合也不同。比如，集成多铁性材料会使用氮化钛、氧化镁、氧化锶和镧锶锰氧化物这 4 种类型的薄膜组合；而集成拓扑绝缘体则仅会使用氧化镁和氮化钛两种薄膜。

研究人员表示，将新型功能材料与硅芯片集成，会使很多过去认为不可能的事成为可能。如仅用一个紧凑的芯片即可完成数据探测、采集、处理任务，这有助于设计出更高效、轻巧的设备。此外，有了这一方法，还可克服目前发光二极管所用蓝宝石衬底无法与计算机设备兼容的难题，在芯片上创建发光二极管，设计出“智能灯”。

2. 集成电路研制过程发现的新技术

认为 DNA“折纸术”有助于研发更快更廉芯片。2016 年 3 月，美国杨百翰大学学者亚当·伍利博士领导的研究团队，在美国化学学会第 251 届全国会议暨博览会上提交研究成果称，为了使计算机芯片速度更快、价格更便宜，电子产品制造商往往采用削减生产成本或者缩小元件尺寸的方法。对此，他们认为，DNA“折纸术”可能有助于实现这一目标。

伍利说，DNA 的体积非常小，具有碱基配对和自组装的能力，而目前电子厂商生产的芯片最小为 14 纳米制程，这比单链 DNA 的直径大 10 倍以上，也就是说，DNA 可成为构筑更小规模芯片的基础。

DNA 最为人熟知的是由两条单链构成的双螺旋结构。其“折纸术”则是通过将一条长的 DNA 单链与一系列经过设计的短 DNA 片段进行碱基互补，从而可控地构造出高度复杂的纳米结构。但伍利研究团队并没满足仅仅复制通常在传统的二维电路中使用的扁平结构。他们使用 DNA 作为支架，然后将其他材料组装到 DNA 上，形成电子器件。具体是利用 DNA“折纸术”组装了一个三维管状结构，让其竖立在作为芯片底层的硅基底上，然后尝试着用额外的短链 DNA，将金纳米粒子等其他材料“系”在管子内特定位点上。

伍利表示，在二维芯片上放置元件的密度是有限的，而三维芯片上可以整合更多的元件。但问题是，DNA 的导电性能太差。研究人员为此正在测试管子的特性，并计划在管子内部加入更多组件，最终形成一个半导体。

该研究团队的最终目标是把这种管子，或者其他通过 DNA“折纸术”搭建的结构，放到硅基底的特定位置，并打算把金纳米粒子与半导体纳米线连成一个电路。

伍利指出，传统芯片制造设施的成本超过 10 亿美元，部分原因在于生产尺寸极小的芯片组件需要价格昂贵的设备，并且多步骤生产过程需要数百台仪器。相比之下，如果将 DNA“折纸术”这种自组装技能应用于制造计算机电路，将大大节约成本。

二、专用集成电路研发的新成果

（一）研制电子信息领域的专用芯片

1. 开发计算机设备方面的专用芯片

（1）拟用 DNA 研制功能更强大的微处理芯片。2009 年 8 月 16 日，美国 IBM 公司阿尔马登研究中心主管斯派克·拉亚恩领导的加州理工学院研究人员参加的一个研究小组，在《自然·纳米技术》杂志上发表研究成果称，他们准备利用 DNA 制造下一代更小、功能更强大的微处理芯片。众所周知，微处理芯片广泛应用于计算机、手机和其他电子设备。

目前，芯片制造商正在争先恐后研制更小、更便宜的产品，思量着如何降低芯片的成本。然而，IBM 公司却另辟蹊径，宣布与高校研究人员一起，试图在人工 DNA 纳米结构组成的廉价架构上，制造微处理芯片。

研究证明，DNA 分子能够“自我组装”，溶解成细小的正方形、三角形和星形结构。IBM 的研究人员利用了这一点，找到方法在这些结构上制造特殊的有黏性的点，这些点可以将碳纳米管、纳米线和纳米粒子紧密联结起来，形成微电路。

拉亚恩表示，这是半导体行业中首次利用生物分子来处理数据，这表明，DNA 之类的生物结构，实际上提供了一些循环重复的模式，半导体行业可以利用这一点。

目前，芯片越小，设备越贵。拉亚恩表示，如果人工 DNA 纳米架构能够批量生产，那么，芯片制造商完全可以摒弃上亿美元的复杂制造工具，转而使用不足 100 万美元的、基于 DNA 的溶解和加热设备。

不过，拉亚恩表示，这种新型芯片至少要 10 年后才可能面世，即使公司开始采用人工 DNA 纳米结构来搭建框架，这些框架比传统工具搭建出来的小很多，但这项技术仍然需要多年的实验和测试。

（2）用木材制成可降解计算机芯片。2015 年 5 月 26 日，美国威斯康星大学麦迪逊分校电气和计算机工程系教授马振强领导的研究团队，在《自然·通讯》杂志上发表论文认为，电子产品通常由不可再生、不可生物降解并可能有毒的物质制成，其更新换代速度之快，带来的是日益沉重的环境负担。为此，他们与美国农业部林产品实验室合作，拿出了令人吃惊的解决方案：一个几乎全部由木材制成的半导体芯片。

研究人员在论文中，描述了这一新器件。证实用由木材制成的柔性可降解材料即纤维素纳米纤维（CNF），作为计算机芯片基底的可行性。

马振强说："芯片的大部分材料就是基底，其他材料我们只用了不到几微米。现在芯片很安全了，你可以把它们丢弃到森林里，让真菌去降解。它们变得和肥料一样安全。"

农业部林产品实验室工程复合材料科学研究组项目负责人蔡智勇自 2009 年以来就在研发环保纳米材料。他说："如果你将一棵大树砍成一丝丝纤维，得到的最常见产品是普通纸张。这时纤维的尺寸，是微米级。但如果我们能够进一步将其分解到纳米级呢？在这样尺度下，就可以制造出非常坚固、透明的纤维素纳米纤维纸。"

蔡智勇研究小组与麦迪逊分校生物医学工程教授龚绍勤合作，攻克了将木材衍生材料用于电子器件的两个主要障碍：表面光滑度和热膨胀。他们在纤维素纳米纤维表面，覆上环氧树脂涂层，同时解决了光滑度和防潮问题。

龚绍勤说："与多为石油基的其他聚合物相比，纤维素纳米纤维的优势在于，它是一种生物基材料，是可持续、生物相容和可生物降解的。而且，纤维素纳米纤维的热膨胀系数，相对于其他聚合物来说更低。”

新型芯片的性能与现有芯片类似，但制造工艺更为环保。目前，大多数无线设备都使用砷化镓基微波芯片，新工艺可以大大减少这种昂贵且危害环境的物质的使用。论文合著者、麦迪逊分校电气和计算机工程系研究生郑伊焕说：“我在一个 5 毫米 ×6 毫米的芯片上，集成了 1500 个砷化镓晶体管，通常一个这样尺寸的微波芯片上只有 8 到 40 个晶体管。我们用确定装配技术，将设计与纤维素纳米纤维结合在了一起，我们也将它用在任何想要的地方，制成一个完全功能性的电路，性能堪比现有芯片。”

马振强则表示：“大规模生产目前的半导体芯片成本相当低，行业可能还需要一段时间来适应我们的设计。但是，柔性电子产品代表了未来，我相信我们会遥遥领先。”

研究人员简要描述了纤维素纳米纤维纸的循环过程示意图：从木材中提取并制成的纤维素纳米纤维纸，经过真菌降解后，又重新回到森林，不会造成负面的环境影响。

2. 研发广播电视方面的专用芯片

开发出实现手机和电视融合的电视芯片。2004 年 11 月，得州仪器公司宣布，它已经成功地开发出第一款用于手机设备的数字电视芯片，得州仪器公司将其命名为“好莱坞”。

这款好莱坞电视芯片成功地把现在的两大消费电子设备融合在一起：电视和手机。据悉，这一数字电视芯片，使得手机能够接受到每秒 24 ~ 30 帧的电视广播节目，它整合了电视调谐、信号解调以及信道译码的功能。这款电视芯片子将使手机用户体验到数字化高质量的实时电视节目。

得州仪器打算在 2006 年为其客户提供样品，因此第一款采用该芯片的手机样品，不会早于 2007 年。这使得业内有足够的时间，来开发针对手机用户的电视节目内容和部署网络设施。

在手机电视领域，全球的标准很可能不止一个。据悉，得州仪器公司的电视芯片，能同时支持欧洲的数字视频广播标准（DVB），以及日本的集成业务数字广播标准（ISDB）。

3. 研制网络通信方面的专用芯片

（1）开发功能更佳更安全的新一代通信芯片。2004 年 12 月，有关媒体报道，美国英特尔公司和美国电话电报公司自2003年联手，开始共同开发新一代芯片，近日，新的芯片即将问世。

这种芯片把英特尔公司的计算能力，与电话电报公司在通信业务方面的经验结合在一起，目的是使用户在打电话、无线宽频通信、召开远程会议及收发电子邮件等方面，更方便、更便宜。英特尔和电话电报公司称，新的芯片能完成上述所有电信服务，有可能改变未来10年或20年通信领域的面貌。

在宽频通信方面，电话电报公司正帮助英特尔，研发称为无线城域网（WiMax）的无线网络通信技术芯片，这种芯片可使计算机用户，同远在48公里处的无线城域网塔站实现无线宽带互联，从而使用户在通信时有多种选择：可以从电话公司或电缆公司购买无线城域网的无线服务，或者购买有线宽带服务。

在电话通信方面，两家公司共同研发的芯片能使通过计算机打互联网电话的音质，与传统电话声质相媲美。这意味着，电话费将大幅度降低，并可通过计算机召开远程会议。

在计算机安全方面，现在的计算机安全，主要依赖于计算机内部软件，因此必须不断采用"补丁"来保证计算机的安全。电话电报公司的技术则可不让病毒进入计算机，因此，装有这种芯片的计算机，可借助于该公司的技术而得到保护。

（2）研制成世界最复杂的通信用硅相控阵芯片。2007年11月，加州大学圣迭戈分校研制出世界上最复杂的"相控阵"——射频集成电路。这项由美国国防部高级研究计划局资助的研究成果，将使应用于毫米波军用传感器和通信系统的新一代相控阵天线，在体积、重量、性能和成本方面取得突破。

项目负责人称，这是第一个可在Q波段，即40~50吉赫兹，发射信号的16阵列相控阵芯片，阵元之间的均匀性和低耦合性，以及耗电之低、体积之小（仅3.2厘米×2.6平方厘米）都是前所未有的，作为一个完整系统，该芯片创造了多个第一。

相控阵芯片最昂贵的部分是16:1分频器、移相器、振幅控制器以及信道间的一致性和隔离性。该芯片则包含了相控阵芯片完整数字控制所必需的所有 CMOS 数字电路，而且使用的是 JazzSBC18HX 商用处理器，因此大大降低了制造相控阵芯片的复杂性。

如果把工作频段从军用卫星通信的 Q 波段扩展到 24 吉赫兹或 60 吉赫兹，采用同样技术设计开发的芯片，就可以用于商业地面通信，例如可直接接收宽频电视的汽车卫星系统以及高速无线数据传输。

在英特尔公司的资助下，研究人员正在开发的硅 CMOS 相控阵芯片，将可嵌入笔记本电脑用作高速数据传输的工具。

研究人员称，目前设计开发的还只是一个发射机芯片，但在此基础上 3 年内就可设计开发出接收机芯片，到时将实现在很短时间里快速传输数百吉赫兹的数据。

（3）研制出超高速新型无线传输芯片。2012 年 5 月 25 日，美国物理学家组织网报道，新加坡南洋理工大学和新加坡科学技术研究局信息通信研究所，联合开发的超高速无线传输芯片，传输速度最高可达每秒 2GB，每秒可传输 250M 的内容，是蓝牙传输速度的 1000 倍。

有了这种超高速无线传输芯片，不需要任何线缆，打一下响指的时间，就能完成 250M 文件的拷贝，等 30 多秒就能将一部 8G 的全高清电影，下载到自己的电脑里。

这种新型无线芯片采用无线毫米波技术，能用非常小的功率传输大量信息。这使得智能手机、平板电脑、投影仪、电视机之间，可直接通过无线方式收发数据，而无须使用电缆。领导这项研究的是南洋理工大学电气与电子工程学院首席研究员杨杰圣教授。他说，移动互联网和超高速无线网络的发展对设备间无线传输速度提出了更高的要求，但此前由于技术障碍，该难题一直未能得到很好的解决。

研究人员称，这种芯片被命名为“VIRTUS”，主要由天线、射频收发器和基带处理器三部分组成。天线直接与收发器相连，射频收发器负责过滤和放大信号，基带处理器则会对信号进行进一步的处理。该处理器包括非线性模拟信号处理、独特的数字并行处理和解码器架构，是该芯片能保持较低功耗的关键所在。该研究小组首次成功将这几个部分集成在一起，制成了一个 60GHz（吉赫，相当于 10 万赫兹）的低功率芯片组，这不但让无线高清视频成为现实，也使其距商业化应用更近了一步。

杨杰圣表示，这一技术的使用范围极为广泛，在无线展示、移动分布式计算机、高清晰视频流、多用户实时互动游戏等方面都极具潜力，他们已与几家公司达成了合作协议，以使其尽早进入市场。

（4）研制出具备快速无线上网功能的伸展型集成电路。2016 年 6 月 1 日，每日科学网报道，美国威斯康星大学麦迪逊分校电子和计算机工程教授马振强领导的一个研究团队，在《先进功能材料》杂志上发表研究成果称，他们近日研制出全球运行速度最快的伸展型可穿戴集成电路，有望推动整个物联网，甚至互联程度更高的高速无线网络的发展。

这种可伸展集成电路功能强大的主要原因，在于其独特的结构。受到双绞线电话电缆的启发，它由两个超纤细输电线路，以重复的 S 形曲线交错组成，其曲折的形状就像 3D 迷宫一样，能让传输线拥有拉伸能力且不影响其性能，也不受外部干扰，同时还能将流经的电磁波限制在其中，几乎完全消除了电流损失。

目前，该研究团队研制出的可伸展集成电路，能在 40GHz 以上的无线电频率下工作。与其他宽度高达 64 毫米可伸展传输线不同的是，这种集成电路厚度仅为 0.25 毫米，“娇小纤细”的体型，使其在表皮电子系统或其他应用领域表现出色。过去十年间，该研究团队一直在研制此类晶体管有源器件，最新研究结合了高频和柔性电子设备领域的相关技术。

马振强说：“我们找到了把高频晶体管，整合进能无线上网电路中的方法，这一平台有望应用于多个领域。”

近年来，轻盈便捷、功能多样的可穿戴电子设备“你方唱罢我登场”，源源不断涌入消费市场，从监测生命体征到为其他电子设备充电甚至净化空气，几乎都能无线联网。研究人员表示，对于那些千方百计希望拓展可穿戴电子设备潜能和应用领域的制造商来说，这项最新研制的电路是一个好平台，有望用于能粘贴在皮肤上的可穿戴电子设备内。由于具备快速无线上网功能，该电路也可使健康护理人员对病人进行远程监控，或用于新一代无线宽带技术 5G 设备内。

（二）专用集成电路研发的其他新成果

1. 研制医疗健康方面的专用芯片

（1）发明瘫痪病人用脑力来控制行为的芯片。2004 年 3 月，有关媒体报道说，把大脑与电脑联机让脑力来运作实物，这是许多科幻小说里的情节。近年来，美国的神经系统专家及芯片研究专家潜心于这个领域的研究。2004 年 3 月初，已经有了重大的突破。专家们计划在 5 月间就五位四肢瘫痪的人进行实验。

美国布朗大学神经科学研究部门的主任约翰·唐纳休自从 20 世纪 80 年代初期就开始研究，以电波刺激老鼠和猴子的脑前列皮质层，看身体肌肉做出的反应，并据此研究如何结合脑神经细胞和电脑，运作意志力。

他把研究成果带出校园，并与生产微电极芯片的科学家合作，开发出辅助神经细胞的芯片。他们计划在 2004 年 5 月间进行实验，一个联结电脑的芯片，将被植入四肢瘫痪的人头颅内，这些四肢瘫痪的人将以脑力移动电脑屏幕上的光标。

开发出芯片的公司主管表示，人们对于芯片的效用难免会半信半疑，就像医学界刚推出调整心律的心肌起搏器时一样。

事实上，目前市面上已经有辅助身体不便病人的电波诊疗器材。美敦力公司的神经医学专家开发的舒缓帕金森病情的器材，每年的销售金额高达一亿美元。另外有一家公司开发的可以降低癫痫病人发作机率的脑波刺激器材也即将上市。

（2）模拟人脑研制出“神经网格”集成电路。2014 年 5 月，物理学家组织网近日报道，美国斯坦福大学生物工程副教授夸贝纳·波尔翰领导的研究团队，在国际顶级期刊《电气与电子工程师协会会刊》上发表论文称，他们研制出运行速度更快且能效更高的微型芯片，其运行速度为传统个人电脑（PC）的 9000 倍，且能耗低很多。他们表示，最新研究有望大力推动机器人技术和计算技术的发展，并进一步提升人类对自己大脑的理解。例如，能像人脑快速高效运行的芯片，有望让机械义肢拥有健全肢体的复杂性和反应能力。

人脑其实是一个高效又节能的器官，用又慢又杂乱的神经元就可以处理一些对世界上最厉害的超级计算机而言都很棘手的问题：理解语言、抽象思考还有控制动作等。而这个比鞋盒还小的人脑，只用了比家里电灯泡还少的能量。人脑的这种高效和节能一方面给予科学家灵感，另外一方面也吸引了科学家进一步探究其秘密的欲望，而模拟人脑的芯片或系统则满足了这两点，从而引无数英雄竞折腰。

该研究团队研制出的“神经网格”集成电路，由16块特制的“神经内核”芯片组成，每块芯片上都有超过65536个“硅神经元”，这些神经元可以通过80个参数进行编程，以模拟不同类型的神经元。这16块芯片携手，能模拟100万个神经元和数十亿个突触连接。它模拟人脑1秒钟的活动，仅需要1秒钟，“神经网格”的大小与一台苹果平板电脑相当，功耗为5瓦，仅相当于一部手机充电器，而其能模拟的神经元和突触，比其他大脑模拟设备多几个数量级。

“神经网格”所具备的高速运行和低能耗的特征，使其成为研究人类大脑的有力工具，除了了解大脑的正常活动，它还可以研究大脑疾病，例如自闭症、精神分裂等，这些疾病用现有的传统技术都很难模拟。有鉴于此，美国国立卫生研究院对这款百万神经细胞模型进行了资助。

现在，波尔翰已经着手进行下一步的研究，降低成本并制造编译软件。编译软件能使不具备神经科学知识的工程师和计算机专家也能用其来解决问题，例如，使用“神经网格”控制类人机器人等。该研究团队正在为残疾病患，研发能被类似“神经内核”芯片控制的义肢。

波尔翰说，目前“神经网格”电路板上每块芯片的成本约为4万美元。但他相信，使用现代化的制造过程，并大批量制造这种芯片，能将每个“神经内核”的成本降低到1/100；更廉价的硬件和编译软件则可以降低芯片的配置成本，如此一来，就能大大降低“神经网格”的成本，让其有机会在多个领域大展拳脚。

研究人员指出，像人脑一样高速有效运行的芯片，能让义肢拥有健全肢体所具有的复杂性和反应速度。波尔翰预见，未来，一块类似“神经内核”的芯片能被植入残疾人的大脑中，解释人类的运动并将其翻译成命令，指挥义肢。

目前，在波尔翰的实验室内，“神经网格”正在对一个小型义肢进行控制，让其实时执行运动命令。现在看来，这款小型义肢并不起眼，但它的操作杆杠和关节非常简单，这很有可能是未来机器义肢的雏形。

当然，所有这些神经形态学系统，都无法与人脑的复杂性和高效性相比。波尔翰强调称，尽管“神经网格”的能效约为一台模拟100万个神经元的个人电脑的10万倍，但仍然无法与我们的大脑相匹敌。

波尔翰表示："人脑内神经元的数量是'神经网格'的8万倍，耗能仅为其三倍。神经形态学领域的工程师们面临的终极挑战就是，规模和能效两不误，也就是说，达到人脑能效的同时，提供更好的可配置性和规模。"

(3) 首次对肝脏芯片进行测试。2017年4月18日，《自然》杂志官网报道，美国食品与药物管理局宣布，已经开始对一种肝脏芯片开展一系列测试，检验其能否可靠模拟人类对食品和食源性疾病的生物反应。这是世界上第一次政府官方机构采取行动，确认能否通过芯片器官，获取新药审批认可的实验数据，从而取代动物模型。

这次受试的肝脏芯片来自生物技术公司，由哈佛大学威斯生物研究所研发。这种用柔性半透明材料制成的芯片只有5号电池大小，其支架上分布着各种人体肝脏细胞，一种类似血液的液体系统负责提供养分并排出废物，并模拟细胞外基质、免疫系统成分和机械力等生物环境。

2012年，美国食品与药物管理局、美国国立卫生研究院和美国国防部高级研究计划局联合启动一项"器官芯片"计划，资助大学和科研机构研发器官芯片，以代替动物进行药物测试。但宣布这次实验的美国食品与药物管理局食品安全部毒理学高级顾问苏珊娜·菲茨帕特里克表示，他们这次测试的并不是药物，而是食品、化妆品和营养补充剂，首先评估肝脏芯片，后续再对肾脏芯片、肺芯片和肠道芯片等开展研究，以获得每种器官芯片对各种产品的处理数据，同时检测食源性病菌对特定器官的影响。

从事肝脏芯片研发的匹兹堡大学毒理学家劳伦斯·维尔内蒂对美国食品与药物管理局这么快就开始测试器官芯片表示惊讶。他认为这个决定"非常及时"。

动物的代谢与人体代谢在许多方面很不一样，动物试验虽然是很好的模型，但也会产生错误结果。而且动物保护组织在不断施压，希望减少实验中的动物使用，如从2013年开始，欧盟已经严格禁止销售基于动物实验的化妆品。维尔内蒂说："但人们必须对化妆品进行测试，因此需要找到一种结果稳定的可靠系统来替代。实际上，器官芯片可能就是最好的选择。"

2. 开发研究昆虫飞行行为的专用芯片

研制破解蜻蜓飞行控制系统的微型芯片。2011 年 12 月，美国杜克大学电气工程师马特·雷诺兹领导的一个研究小组，在《新科学家》杂志上发布消息说，他们专门制造出一种微型芯片，希望以此来破解蜻蜓复杂的飞行控制系统，为今后无人机和其他飞行器的研发提供灵感。

蜻蜓一直以来都是人类眼中的飞行专家：侧飞、倒飞轻而易举，悬停、垂直上下不在话下。在灵活性上，即便是目前最先进的人造飞行器也无法与其相提并论。

雷诺兹说，蜻蜓的翅膀能够让其控制自如地来回穿梭，其自由度和操控性远超过目前所有人造飞行器的机翼。在扑食昆虫时，蜻蜓必须使自己的嘴和猎物保持在一条直线上，快速地水平移动，精准地垂直升降，这完全有赖于其独特的飞行控制能力。

为了弄清这一过程，雷诺兹与霍华德·休斯医学研究所的一个研究小组专门制造了一种比指甲盖还小的微型芯片。这种芯片的重量只有 38 毫克，是蜻蜓自重的 1/10。微芯片中的电极与蜻蜓神经索中的 16 条神经相连，从而能够获得蜻蜓飞行控制系统的神经信号。整个芯片附着在蜻蜓的腹部，由于体积小、重量极轻，它并不会对蜻蜓飞行和扑食能力造成干扰。在工作时，芯片通过无线方式获取电力，能够以每秒 5 兆的速度传输数据，与普通的家庭宽带传输速度相当。

在实验中，研究人员以果蝇为诱饵，测试实验蜻蜓的飞行能力，并以高速摄像机进行拍摄。结合由附着在蜻蜓身上的微型芯片传来的数据，他们就能获得蜻蜓飞行规律及其控制翅膀运动的相关细节。

研究人员称，通过这样的分析，或能破解蜻蜓高超飞行能力的奥秘所在，从而开发出更灵活、敏捷的无人机和飞行器。

3. 研制检测甲烷泄漏方面的专用芯片

开发能实时检测油气井甲烷泄漏的微芯片。2017 年 4 月 6 日，《科学美国人》杂志官网报道，IBM 与哈佛大学、普林斯顿大学有关专家联合组成的研究小组，设计出一个 5 平方毫米的微型传感器芯片，可持续实时检测甲烷排放。

甲烷的升温“潜能”是二氧化碳的 25 倍，而石油和天然气钻井泄漏成为甲烷排放的主要来源。目前，油气行业通过人工手持红外摄像机来检测甲烷泄漏，这一方法昂贵且低效。美国西南能源公司企业环境项目主管东·约旦说，如果对整个工厂进行气体泄漏检测，需要专门派人用一整天的时间操作这种手动扫描设备。一般而言，公司每季度进行一次整体检测，因此，有些泄漏可能要几个月后才被发现。另外，这种红外摄像机虽对大的泄漏源足够敏感，但对小的泄漏点很容易“视而不见”。

而该研究小组开发的微型芯片，其安装在小硅晶片上的传感器，包含激光和玻璃缆线通道。激光从光缆向空气中发射，当甲烷分子飘过传感器上方时，会吸收特定波长的光线，产生一种独有的特征；芯片将其转化成电信号，再通过绘制光吸收图谱来测算甲烷泄漏量。

石油和天然气公司把这种传感器嵌入井壁或压缩机站周围，光吸收图谱中非常微小的变化数据，可自动发送到 IBM 的云计算机，结合风力、湍流、适度、温度等复杂动力模型，就能判断甲烷泄漏源。一旦确定，公司可立即派人前去修复。

IBM 认知物联网系统和技术经理诺玛·索萨说：“这款芯片的优点是可以提供实时警报，并标记时间和位置等信息。最关键的是，所有芯片都是无线连接。”市场上甲烷检测传感器非常昂贵，规模巨大且需要电力，而新研制的这款不需供电的芯片，设计成本较低，每个芯片只要 200 美元。

第三章　光电子元器件及设备的创新信息

光电子学是近年兴起的新学科，它由光学与电子学有机融合而成。在光电子学领域中，作为信息载体的是光波，而不再是无线电波。也就是，通过光波并依靠光波实现信息的发射、控制、收集、测量和显示等。无线电波是指在空气和真空中传播的射频频段电磁波，包括 X 射线、紫外线、可见光和红外线。由于这一段电磁波包含在光波段之内，所以，建立在无线电波基础上的电子学原理，以及它的设备，原则上都可延伸到光波段，成为光电子学研究和应用的有机组成部分。当然，光电子学也有自己特有的研究对象，如光电转换器件及其应用、光电子能谱学等。本章着重考察美国光电子元器件及设备的创新进展情况。21 世纪以来，美国在光电子材料及基础性元器件领域的研究，主要集中于观察半导体、拓扑绝缘体等材料的光电学现象，开发光学晶体、能改变光线方向的材料、显示屏材料与光学薄膜，研制光开关、光学整流天线、光子电路或芯片。在发光器件与显示器领域的研究，主要集中于用有机材料和碳素材料制造照明器具，研发无绳灯泡和二极管灯；用有机高分子材料、无机非金属材料制造发光二极管，在芯片基础上制造发光器件；开发液晶显示器、发光二极管显示器、有机高分子显示器，以及具备特有功能的新一代显示器。在光电子器具及设备领域的研究，主要集中于研制测试用的光电子仪器，开发光学计算机和光通信领域的基础装置；研制激光器及其配套器件，开发太赫兹设备和反激光器；研发光盘、显微镜、相机等光信息记录存储设备，并获取了一些重要的光信息拍摄记录实物。

第一节　光电子材料及基础性元器件的新进展

一、推进光电子学理论与应用研究

（一）光电子学理论现象探索的新发现

1. 研究半导体光电子学现象的新发现

（1）首次观察到半导体激子内自发相干的细节。2012 年 3 月 29 日，美国加州大学圣地亚哥分校的物理学教授列奥尼德·布托夫领导的研究生阿历克斯·海等人参加的研究小组，在《自然》杂志上发表研究成果称，他们首次观察到激子内发生自发相干现象时的各种图案，最新研究有助于他们更好地理解激子以及物质的量子属性，也有望让研究人员研制出新的光电计算设备和消费设备，因为研制出这些光电设备，需要深入了解物质和光的基本属性。

激子是指半导体内相互依附的电子和空穴对，它决定半导体的光学属性，并使半导体具有光电设备的功能。布托夫研究小组把激子冷却到绝对零度（-273.15℃）左右，并借用设备，在高于绝对零度 0.1℃的条件下，观察到激子的自发相干、自旋纹理和相位奇点。

2002 年，布托夫发现，当激子被冷却到足够低温时，它会自发排列成一个有序的微小滴珠阵列，就像一串迷你珍珠项链。在最新实验中，他们发现，激子粒子的自旋在空间内并非完全一样，而是会围绕这些小滴珠形成一定的图案，他们称之为“自旋结构”。他们也发现，自发相干图案不仅同自旋极化图案有关，也同相干激子气体内的相位奇点有关。

阿历克斯·海表示：“看到这些图案令人吃惊。更令人惊奇的是，对极化进行测量表明，相干和极化之间密切相关。”布托夫说：“最新研究有助于我们理解激子的基本属性，以及信号处理过程，这对未来建造出激子设备不可或缺。”

研究人员让激光器照射在被冷却的砷化镓样本上，制造出激子。光会把电子由它们盘踞的原子轨道踢出，从而制造出一个带负电荷的“自由”电子，与一个带正电荷的“空穴”，它们之间的库仑相互作用，在一定条件下会使它们在空间上束缚在一起，成为激子。然而，因为电子和空穴非常接近，当光出现时，它们有时会相互湮灭。

为了不让湮灭悲剧发生，布托夫研究小组把电子和相对应的空穴分别置于不同的纳米大小的量子势阱内，这使得制造出的激子具有所需要的寿命，在本次试验中，大约为 50 纳秒。阿历克斯·海表示：“在这段时间内，激子会冷却形成凝聚物，并展示出令人感兴趣的自旋物理现象。”

研究人员还使用干涉仪把光分成两个不同的路径，从而使自己能比较同一样本的两个不同区域的情况，首次看到激子内自发相干的详细细节。阿历克斯·海说：“以前的实验需要使用光纤，并在稀释制冷机内进行，但最新设备让我们能在非常低的温度下给激子拍照，这一点非常重要。”

（2）发现光激发下单层二硫化钼半导体导电能力下降。2014 年 11 月，美国麻省理工学院和哈佛大学联合组成的一个研究小组，在《物理评论快报》杂志上发表研究成果称，他们发现，单层二硫化钼半导体在光激发下导电能力下降。利用这一新的光电导机制，有望研制下一代激子设备。

众所周知，电脑芯片及太阳能电池中使用的硅半导体在光的照射下，其导电能力增强。研究人员发现，在强烈的激光脉冲照射下，只有三个原子厚的单层二硫化钼的电导率，会减少到最初电导率的 1/3。该研究小组利用光学激光脉冲形成该效应，并利用时滞太赫兹脉冲来检测材料的导电响应。

研究人员表示，这是半导体光电导的新机制，此前从未观察到。虽然曾报道某些半导体系统存在负光电导性，但大多是由于外在因素，如缺陷等，而目前的发现则是晶体的内在属性。

当光激发半导体时其导电率会增加，因为光吸收后，可形成松散的电子和空穴对，使电流通过材料比较容易。这种现象是设计和优化太阳能电池及数码相机等光电设备的基础。

层状原子晶体是近年来热门的研究课题，这些材料有一个显著特性，即其二维平面内的电荷载体的强约束性。其电荷载体之间的静电相互作用，比三维固体要强。强静电相互作用会产生一个非常有趣的效应：当光激发产生电子空穴对，不是产生三维固体中的自由运动，而是仍然绑定在一起时，这种束缚状态又称为激子。

事实上，单层二硫化钼的相互作用十分强，以至于激子可以捕捉额外的自由电子，形成两个电子和一个空穴的束缚状态。这些复杂的粒子类似于带负电荷的氢离子，由两个电子和一个质子组成。在单层二硫化钼中，激子与电子相同，带有一个负电荷，但其质量比电子大三倍左右，因此在光激发下，不是增加自由电子，而是相同的电荷密度较重的激子。在电场的作用下，其反应比较迟钝，导致材料的导电性降低。

激子是已知的不稳定粒子，通常在非常低的温度出现，持续时间极短，因此，检测其对材料电导率的影响非常具有挑战性。单层二硫化钼的激子作用非常强，在室温条件下就可以发现它。虽然激子的寿命不足十亿分之一秒，但超快的太赫兹技术可以在它们衰变前检测到。

该发现有助于制成室温激子设备，否则激子设备就需要在极低的温度下才能工作。此外，由于该作用可以利用光脉冲进行开关，所以这些设备很容易控制，可无线连接。

到目前为止，该研究小组只研究了二硫化钼这种新二维半导体，他们推测其他二维材料可能具有更强的作用，可能也会表现出相同的光电导现象。研究人员表示，这一结果是二硫化钼强劲库仑相互作用的另一个证据，与先前的单层过渡金属二硫族化合物激子作用的研究结果一致。

2. 研究拓扑绝缘体光电子学现象的新发现

首次观察到光子同拓扑绝缘体表面电子的耦合。2013 年 10 月 24 日，美国麻省理工学院物理学副教授努哈・戈迪科领导的研究小组，在《科学》杂志上发表论文称，他们成功地让光子和拓扑绝缘体表面的电子相互耦合，并对这种耦合情况进行了观测，研究人员此前曾预测过这类耦合，但这是他们首次捕捉到这种耦合。该研究成果，将有助于科学家们通过光来改变某些材料的电学属性，或制造出电学属性可以被实时“调谐”的新材料。

此前，瑞士物理学家、1952 年诺贝尔物理学奖获得者费利克斯・布洛赫首次提出，电子在晶体内会采用一种不断重复的有规则的模式移动，移动模式受晶格周期性结构的控制。光子是拥有独特规则频率的电磁波，它们同材料间的相互作用会导致弗洛凯状态（以法国数学家加斯东・弗洛凯的名字命名）。因此，电子和光子相互“纠缠”，就会生成一种在时间和空间上，都具有周期性的量子—力学混合状态，被称为弗洛凯—布洛赫状态。

在实验中，该研究小组朝一块拓扑绝缘体发射了中红外激光飞秒（1000 万亿分之一秒）脉冲，并使用他们专门制造出的高速照相设备电子分光仪，拍下了来自激光脉冲的光子同绝缘体表面的电子间的相互作用，从而首次证实电子和光子间的弗洛凯—布洛赫状态在晶体内的存在。而且，他们还发现，当光子的偏振方向改变时，会有多种不同类型的混合状态出现。

戈迪科说，最新研究表明，科学家们仅仅通过改变激光束的偏振方向，就可以对材料的电学属性进行修改，比如让其从半导体变成导体。另外，在某些情况下，光能改变材料的行为，但只在光被材料吸收时才会发生，而在最新实验中，光没有被材料吸收，因此在改变物质属性时并不会产生发热等其他效应。

戈迪科表示，或许他们还需要一段时间对其可能的应用进行评估。但他认为，最新研究将有助于科学家们对材料进行工程处理让其具有某些特定的功能。他说："假如你想让某种材料具有某种特征，比如导电或透明，目前我们需要使用化学方法做到这一点，但借用新方法，我们只需要用光照射物质就可以做到。"这方面最实用的一个例子，是打开制造计算机芯片和太阳能电池材料的带隙。

研究人员还表示，尽管实验中使用的是基本的拓扑绝缘体硒化铋晶体，但这一方法或许也适用于石墨烯等其他材料。

3. 研究零折射率波导光电子学现象的新发现

研制零折射率波导时首次发现光驻波现象。2017 年 10 月，美国哈佛大学约翰·保尔森工程与应用科学学院物理学教授艾瑞克·马兹尔领导的研究团队，在《光子学》杂志上发表论文称，他们研发出可与目前硅光子技术兼容的零折射率波导，而且他们还借此观察到了一种此前被认为不能观察到的物理学现象：光的驻波。据悉，哈佛技术发展办公室已为新技术申请了专利，正在探索其可能的商业应用。

当折射率为零时，光不再表现为移动的波，即在空间中移动的一系列波峰和波谷，相反，光波会延伸至无限长。这对于集成光子学来说至关重要，因为大多数光学设备使用两种或多种光波之间的相互作用来工作，如果波长无限长，匹配这一波长的相位很容易。

马兹尔研究团队此次研制出一种零折射率的波导，并借助其首次看见了驻波。一般而言，光波的波长太小且振荡得太快，因此很难对其属性进行测量，只能给出平均值。真正看见波长的唯一方式是让两种波进行干涉，而频率相同、传输方向相反的两种波进行干涉产生的波被称为驻波。

研究人员让两束位于相反方向的光通过这个波导，从而制造出了驻波。每束波以同样的频率在相反的方向快速振荡，这意味着它们会在某个地方相互抵消而在其他地方增强，从而制造出一种全亮或全暗的模式。而且，因为这一波导的折射率为零，该研究团队能将波长延伸直至看见。这可能是拥有无限长波长的驻波首次被看见。

研究人员解释说，这为硅光子学增加了重要工具，可以将这一设备应用于传统的光子设备。未来的量子计算机，可能基于通过光子通信的受激原子网络，原子相互作用的范围大致相当于光的波长。通过使波长变长，就能借助长范围的相互作用，来对量子设备进行升级。

（二）光电子学应用技术研究的新成果

1. 推进光电子学新技术的探索

（1）运用量子点提高光电转换率的技术。2006 年 6 月，有关媒体报道，美国洛斯阿拉莫斯国家实验室一个研究小组利用光束照射直径仅为几个纳米的量子点（也称纳米水晶或半导体微片），结果发现，一个光子能够在量子点中产生多个电子。

研究人员在最近完成的试验中，采用直径为 8 纳米的硒化铅量子点，取得迄今最好的成绩：在紫外线光波的照射下，每个光子能在硒化铅量子点中产生 7 个自由电子。

过去几十年中，研究人员发现，虽然许多光子具有足够的能量在半导体材料中产生多个自由电子，但在实际的光电转换中，一个光子通常只能对应一个自由电子的产生。其原因在于，在光子作用下产生的自由电子往往会与其周围的原子发生碰撞，结果是导致原子发生振动产生热量消耗了电子多余的能量，而没有产生更多的自由电子。

（2）开发把光子和等离子体混合在一起的新技术。2011 年 5 月，美国能源部下属劳伦斯伯克利实验室材料科学分部首席科学家张翔领导的研究小组，在《自然·通讯》杂志上发表论文称，他们研制出把光子和等离子体混合在一起的新技术，由此获得名叫“混合等离激元”的准粒子。该准粒子可广泛应用于新一代的光子集成电路和光子计算机中。

与电子设备相比，光子设备的运行速度更快且灵敏度更高，因此科学家们一直期望用基于光或电磁波等波导制成的电路，取代目前用微处理芯片等组成的电子电路。为了满足高数据带宽和低能耗的要求，光子设备必须做到以缩减光子组件的大小，来缩减制造以及传输和探测每个信息字节所必需的能耗。但光子设备在缩小后，光波之间会因紧密接触产生衍射干扰，形成微弱的光—电相互作用，妨碍设备功能的发挥。

劳伦斯伯克利实验室材料科学分部首席科学家张翔领导的研究小组发现，光波被挤压后通过金属/介质纳米结构的表面时，金属纳米结构的表面会产生带电的等离子体，等离子体又可与光子相互作用，形成被称为表面等离子体激元的准粒子，从而可将光子的波长缩小到衍射极限以下，减少衍射干扰。但光信号在通过金属/介质表面的金属那部分时，其强度却会减弱。

为了解决光子信号损失的问题，张翔研究小组提出混合等离子激元的概念。一个半导体（高介质）带被放置在一个金属表面上，在其中插入一薄层氧化物（低介质），这种新的金属—氧化物—半导体设计会将入射光波的能量进行重新分配，光波的很多能量不再集中于金属内（此处光子的损失非常高），而被挤入低介质氧化物中，在此处，光子的损失要少很多。

该研究小组根据这个思路，制造出把光子和等离子体混合在一起的混合等离子激元模式，新模型仅为50×60平方纳米，在一个金属—绝缘体—半导体设备内，可见光和近红外线波段的光可产生纳米尺度的波导。该混合等离子激元模式，能够减少衍射干扰，光信号损失较少，它不仅对小型设备有优势，而且为纳米激光器的研制铺平道路，同时，还可用于制造量子光学设备、单光子全光学开关和分子传感器等。

（3）运用光子效应开发出测量电子速度的技术。2012年2月，美国堪萨斯大学的物理学助教赵辉和教授朱迪·吴等人组成的研究小组，在《物理评论快报》杂志上发表论文称，他们开发出一种探测电流的新方法。它基于二次谐波产生的过程，就像一个能远程监控电子速度的“雷达测速仪”一样，能直接“看”到电子的运动并测出电子的速度。

研究人员在超快激光实验室进行这项实验。他们发现，高能激光器发出的光，照射在一种包含有移动电子的材料上时，会产生不同颜色的光。在实验中，他们仔细研究了纤薄的砷化镓晶体材料，该材料广泛应用于高速电子学和高速光子学。通过朝整块晶体施加电压，他们让电子以特定的速度在晶体内流动。用人眼看不见的红外激光脉冲照射该晶体，会产生人眼可见的红光，这正是二次谐波产生过程出现的信号。

他们还发现，红光的亮度与电子的速度成比例。也就是说，电子运动速度越快，红光越亮；而当电子没有直接运动时，没有红光出现。赵辉表示：“通过探测红光，我们能精确测量电子的速度，电子不需要同其他样本接触；我们也不会干扰电子的活动。在此项研究之前，现有探测实验技术都基于电流有三个效应：它能为系统充电、改变系统的温度并产生磁场。而科学家最新发现，电流还具有光子效应，这种使用激光研究电流的新方法，完全基于这一最新效应。”

研究人员表示，新方法有望改善现今的很多可再生能源技术，诸如太阳能电池、人工光合作用以及水分解等，因为这些技术都依靠对电流进行探测。而且，能更好“阅读”电子运动的传感器，可能会成为下一代手机和计算机的基础。

2. 运用光电子学开发新型隐形技术

（1）运用光电子学开发隐形材料的新技术。2009 年 5 月 29 日，美国普渡大学电气与计算机工程系弗拉基米尔·谢雷福教授领导的研究小组，在《物理评论快报》杂志上发现研究成果称，他们在隐形材料领域又取得了新成果，研制出一种比以前的设计更为简单的新型隐形“斗篷”，能在可见光谱的任何颜色中“隐身”，而且能比以往的隐形技术掩藏更大的目标。

谢雷福表示，鉴于之前的隐形设计使用了奇特的“超材料”，而这些材料需要复杂的纳米加工技术，此次的新设计则是基于“锥形光波导”的一种简单得多的设备。

研究小组利用特制的锥形波导，获得一个意想不到的成果，其达到的掩藏区域，要比照射进入设备的光波长大 100 倍。而之前使用超材料的实验所伪装的区域，只能达到可见光波长的几倍。

谢雷福说，由于新方法使研究人员能够显著增加隐形区域，所以此项技术为隐藏较大的物体带来了希望。之前隐形光学的所有努力，都涉及超材料的非常复杂的纳米加工工艺，这使得其难以隐形大型物体。在新的研究中，研究人员发现，如果将一个波导做成适当的锥形，它的功能就类似于一个复杂的纳米结构材料。

波导本质上具有宽带特性，这也意味着它可被用来掩藏整个可见光谱。与包含多种光吸收成分的超材料不同的是，新设计的设备中只有很少一部分含有金属。

这种新设备由两个涂金表面、一个弧形镜头和一个平面镜头构成。研究人员在波导中心掩藏了一个大约直径为50微米的目标。与通常发生的反射现象不同的是，光会围绕目标流动，并在另一面出现，这就像水流经一块石头一样。

此项研究已在如下方面取得一系列的重大进展，如隐形设备；比现有显微镜强大10倍可看见DNA大小目标的超级镜头；使用光而不是电子信号来处理信息的计算机和消费电子产品；更先进的传感器及更有效的太阳能集热器等。

与天然材料不同的是，超材料能将折射率降至小于0或小于1。当电磁波（包括光）从一种材料进入另一种材料时，就会发生折射现象。每种材料都有自己的折射率，折射率描述的是有多少光会在特定材料中弯曲及光在穿过材料时速度会降低多少。

天然材料的折射率通常都大于1，可是超材料的折射率经设计后可在0至1之间变化，而这正是隐形所需要的。新型波导经精确调整后的锥形形状，可以同样方式改变折射率，沿着镜头的曲面逐渐将折射率从0增加到1。

此前的隐形设计只能对一个频率的光进行隐形，这意味着需要很多套设备才能将一个目标隐形。于是，研究人员提出能否以波导设计来模仿上述群聚效应，这样用一个设备就能覆盖整个可见光谱。随后的实验和理论模型证明这种概念是正确的。

在隐形技术的最新研究中，其他研究机构一般都把重点放在针对背景的伪装特性上，这些使用超材料开展的研究，类似于将地毯上的突出物以融入地毯的方式而使它们隐形。而谢雷福研究小组的工作，则是集中于使光围绕目标进行流动。

不过，研究人员目前尚不清楚新设备所能隐形的目标的尺寸极限，这还需要他们进一步发展此项技术才能明确。

（2）应用等离子体激元开发隐形设备的技术。2012 年 5 月，美国斯坦福大学和宾夕法尼亚大学组成的一个研究小组，在《自然・光子学》杂志网络版上发表研究成果称，他们发现了等离子体激元的新用途，首次用它创建出一个可以探测光同时也可以隐形的新设备，应用于先进的医学成像系统和数码相机中，可生成更为清晰、更准确的照片和影像。

等离子体激元，即在光激发下的金属纳米结构中自由电子气集体振荡，是目前可以突破光的衍射极限，来实现纳米尺度上对光操纵的新型量子态，为光学元器件和芯片的小型化，以及未来信息领域超越摩尔定律带来曙光。

该研究小组首次把等离子体激元这一概念，用于光电子探测隐形设备。研究人员称，在它上面的反光金属涂层，可使一些东西看不见，使这种设备不可直观，由此创建出一种隐形的光检测器装置。该设备的核心是由薄薄的金帽覆盖硅纳米线。研究人员通过调整硅中的金属比例，即一种调谐其几何尺寸的技术，精心设计了一个“电浆斗篷”，其中金属和半导体中的散射光相互抵消，从而使该设备不被看见。该技术的关键在于，在薄金涂层中建立一个偶极子，与硅的偶极子在力量上可对等。当同样强烈的正负偶极子相遇时，它们之间相互抵消，系统就会变得不可见。

研究人员说：“我们发现一个精心设计的金壳，极大地改变了硅纳米线的光学响应。在金属丝中光吸收略有下降，而由于隐形效果，散射光会下降 100 倍。实验同样证明，在计算机芯片中常用的其他金属，如铝和铜也会具有同样效果。之所以能够产生隐蔽性，首先是金属和半导体的调整。而如果偶极子没有正确对齐，隐形效果则会减弱甚至失去。所以只有在适量材料中的纳米尺度下，才能做到最大程度的隐形。”

研究人员预测，这种可调的金属半导体设备在未来将用于许多相关领域，包括太阳能电池、传感器、固态照明、芯片级的激光器等。例如，在数码相机和先进的成像系统中，等离子体激元的隐形像素，可能会减少由于相邻像素之间破坏性串扰产生图像模糊的状况，从而生成更清晰、更准确的照片和医学影像。

二、研制光电子材料的新成果

（一）开发光学晶体方面的新材料

1. 研制光学机械晶体的新进展

开发出可同时操控光线和振动的晶体。2009 年 10 月，美国加州理工学院的一个研究小组在《自然》杂志网络版上刊登研究报告说，光线传播和机械振动是两种不同的物理现象，但他们新研发出的晶体，可以在一个小空间中同时操控这两者。这种光学机械晶体将有助于量子计算机等领域的科研工作。

研究人员在一条只有 10 微米长的硅晶片上刻了许多凹槽，然后再利用具有特定共振频率的激光，照射该晶体，光线在凹槽中多次反射并互相干涉，最后只有部分光线透出，这说明另一部分光线，被截留在晶体中间。与此同时，研究人员探测到晶体中间的小格子，在进行前后的机械振动。

研究人员说，这种光学机械晶体可用于未来的计算机电路中，尤其是在当前的量子计算机研究中。量子计算处理器的基础各有不同，如原子、光子或超导体等，需要使用不同频率的光，难以结合到一起，而新晶体可以把一种量子处理器的光转化为振动，再把这种振动转化为另一种频率的光。这样，新晶体可以成为混合型量子计算机的理想“连接器”。

由于这种晶体对光频率的变化非常敏感，它还可以用作医疗探测器，检查 DNA（脱氧核糖核酸）序列和病原体等。此外，它还可以帮助研发出能够检测单个气体分子的探测仪器，这将超出当前任何一种探测仪器的精度。

2. 开发光子晶体的新进展

（1）研制出兼具电学光学高性能的光子晶体。2011 年 7 月，伊利诺伊大学材料科学和工程学教授保罗·布劳恩领导的埃里克·尼尔森等研究人员参与的研究小组，在《自然·材料》杂志上撰文称，研发出一种新方法，改变了半导体的三维结构，使其在保持电学特性的同时，拥有新的光学性质，并据此研制出首块光学电学性能都很活跃的新型光子晶体，为以后研制出新式太阳能电池、激光器、超材料等打开大门。

光子晶体材料具有独特的物理结构，它能采用不同于传统光学材料和设备的特殊方式，诱发非同寻常的现象并影响光子的行为，可广泛应用于激光器、太阳能设备、超材料等中。此前，由科学家们研制出的光子晶体只能得到用光学方法激活的设备，这些设备能引导光，但无法被电所激活，因此，它无法把电变成光，也无法把光变成电。

现在，布劳恩小组研制出的光子晶体却兼具光学和电学性质。尼尔森解释道，新光子晶体可以让光学和电学性能同时达到最优化，这就使人们能更好地控制光的散射、吸收以及增强。

为了制造出该三维光子晶体，研究人员先让一些细小的球簇拥在一起形成一块模板，接着，他们把一种广泛应用于半导体中的材料砷化镓沉积在模板上，让砷化镓通过模板填充球之间的缝隙。

砷化镓作为单个晶体开始从下往上生长，这个过程被称作外延生长技术，工业界一般使用该技术来制造平的、二维的单晶体半导体薄膜，但布劳恩小组却对这种技术进行了升级改造，用来制造错综复杂的三维结构。

这种自下而上的外延生长技术，消除了制造三维光子结构，普遍采用的自上而下构造方法可能导致的很多缺陷。另一个好处是，它让制造出层层堆积而成的半导体异质结构，变得更方便。例如，可以通过先用砷化镓部分填充该模板，再用另一种材料填满，从而将一个量子势阱层引入光子晶体中。

一旦该模板被填满，研究人员就会移除球体，只留下一个复杂多孔的单晶体半导体三维结构，接着，他们用一层非常纤薄的，具有更宽频带间隙的半导体，包裹住整个结构，以改进其性能并阻止表面复合。

该研究小组使用这项技术制造出首块三维光子晶体发光二极管。这表明，使用这种概念能制造出功能性的设备。现在，布劳恩小组正在努力优化这种方法，以制造出特定功能的太阳能电池、超材料或低阈激光器等。

（2）制造出可耐受上千摄氏度高温的光子晶体。2012 年 2 月，美国麻省理工学院军用纳米技术研究所工程师赛拉诺维奇等人组成的一个研究小组，在美国《国家科学院学报》杂志上发表论文称，他们采用金属钨或钽，制造出可耐受 1200℃的高温的光子晶体。这种材料可广泛应用于智能手机、红外线化学探测器和传感器、深度探索太空的宇宙飞船等供电装置。

光子晶体指能对光作出反应的特殊晶格，可影响光子运动的规则光学结构，类似于半导体晶体对于电子行为的影响。其晶格尺寸与光波的波长相当，是不同折射率的电介质材料，在空间呈周期性排列构成的晶体结构。

赛拉诺维奇表示，几乎完全可以采用标准的微细加工技术和现有设备，把这种新型耐高温、二维光子晶体制造成计算机芯片。与早期制造的高温光子晶体的方法相比，采用新方法制造出的材料具有更高性能、简单操作、坚固耐用等特点，适合低成本的大规模生产。

美国国家航空航天局也对这种材料很感兴趣，因为它具有为深度探索太空提供永续动力的潜力。完成这样的任务通常利用少量的放射性物质的能量，采用放射性同位素热电源，可以连续不间断作业多年，而不像太阳能供电站到了冬天就会出现发电不足的情况。

这种耐高温光子晶体应用前景十分广阔，可用于太阳能光热转换或太阳能光化学转换装置、放射性同位素的供电设备、氮氢化合物发电机或工业领域电厂余热回收的配套设施等。但制造这种材料还存在许多障碍，高温会导致晶体蒸发、扩散、腐蚀、开裂、熔化或快速化学反应。为了克服这些挑战，该研究小组正在对高纯度的钨在结构上进行专门精密的几何设计，以避免材料在被加热时损坏。

（二）开发能改变光线方向的新材料

1. 研制能让光线负折射或转弯的新材料

（1）研制出让光线发生负折射的新型三维人工电磁介质。2007 年 10 月，有关媒体报道，美国国家科学基金健康和环境中红外技术研究中心与普林斯顿复合材料中心的联合组成的一个研究小组，在开发下一代传感器新透镜的过程中，研制出一种分层结构材料。该材料能够导致光线出现负折射或弯曲，这在自然界是不可能发生的现象。它是人们首次利用半导体研制出的具有负折射性能的三维材料。

在自然界，折射光总是向一个方向弯曲，如同人们透过玻璃杯侧面观察杯中穿过水面吸管时所看到的那样。然而，科学家经过努力，研制出一种人工电磁介质，它由半导体（铟－镓－砷和铝－铟－砷）交叠分层组成。用其作为单一透镜，能让入射光线与折射光线处在界面法线的同侧，发生负折射。

光线折射现象是透镜表面需要制成曲面的原因，而这限制了成像的分辨率或者质量。利用新的人工电磁介质，人们可以制作平面透镜。从理论上讲，平面透镜能让显微镜观察到小到脱氧核糖核酸那样的物质成像。目前，现有的人工电磁介质仅能在红外光波段工作，然而科学家希望未来能够将新技术扩展到其他波段。

过去，人们研制出的人工电磁介质也能让光线发生负折射，但是新的研究成果是首次采用三维结构的人工电磁介质实现负折射，同时整个材料均由半导体组成。这将有助于人们今后把技术融入诸如化学物质传感器、通信设备和医学诊断仪器中。

（2）开发能使光束转弯而不衰减的新材料。2015 年 3 月，美国得克萨斯大学埃尔帕索分校电气和计算机工程学教授雷蒙德·朗夫与中佛罗里达大学副教授斯蒂芬·库伯勒共同领导的一个研究团队，在《光学快报》杂志上发表论文称，他们开发出一种类似蜂窝的塑料材料，不但能引导光束实现精确的小角度转弯，还能在整个过程中保证光束的强度和完整性丝毫不受影响。这种技术有望进一步拉近高性能光学计算机，特别是小型光学计算设备和现实的距离。

通过光束代替电信号发送信息，能够让数据的传输速度实现数千倍的提升。当传统电路在尺寸和速度上的瓶颈日渐明显的时候，越来越多的人将注意力转向光学设备，看好光学电路未来的发展前景。但是，要实现对光束的精确控制却是一个极富挑战性的任务。

朗夫说，目前的计算机芯片和电路板基本上都通过金属线来传输数据信号。要让光束来替代金属线路，面临的一大挑战就是如何让光线在不发生衰减的情况下轻松实现转弯。这也是中佛罗里达大学科学家加入这项研究的原因。

库伯勒说，一种称作“激光直写”的纳米 3D 打印技术有可能成为制造下一代计算机设备的一种重要手段。库伯勒和他的学生用这种技术制造出蜂窝状的微型晶格，并对其进行了测试。结果发现光束经过晶格转弯后，能量没有发生任何损失。该发现非常重要，因为要制造出更小、更快的计算机和便携式电子设备，研究人员必须把光学超快数据传输设备，放置在一个更小的空间当中。常规的光波导，如光学纤维，虽然也能通过转弯来引导光束，但是转弯必须是渐进的。如果转弯转得太快，光束就会发生逃逸和能量损失。为了实现小角度转弯，研究团队专门设计了这种塑料设备，其中的晶格能够引导光线完成转弯而不损失能量。

两个学校的研究人员所开发出的这种设备，在光学领域创造了一项新纪录。库伯勒说，现在他的研究小组正在努力制造出新的格子，让光线实现更小角度的转弯，让这个纪录实现翻番。

朗夫同时也是本校电磁实验室的负责人，他认为这种创新技术先在高性能超级计算机上获得应用，随后再逐步进入人们的日常生活当中。

2. 研制能形成单向光路的新材料

制成给可见光一条“单行道”的新型超材料。2014 年 7 月 2 日，物理学家组织网报道，超材料是一种能让光线改变方向的材料，大大提高了人们控制光线的能力。最近，美国国家标准技术研究所研究员徐亭和汉瑞·利泽克领导的研究小组，用银、玻璃和铬造出一种纳米结构的新型超材料。作为一种可见光的“单行道”，它能在一个方向几乎完全遏制光线传播，而另一个方向使光线畅通无阻。研究人员认为，这种“单向光路”将来有望在光学信息处理、新型生物传感设备中大显身手。

目前，许多纳米结构的超材料也能让微波或红外光在介质中单向传播，但迄今还未能实现可见光的单向传播，因为现有设备相对于可见光来说太大了，无法控制可见光波长。现在所谓的“单向镜”并不能使光单向传播，而是一种半透半反镜，通过两边透射和反射的光强差异造成一种视觉上的差异。

该研究小组把两种光控纳米结构结合在一起：一层玻璃一层银堆叠成的“千层糕”和铬金属制作的“栅栏”。据报道，银—玻璃结构是一种典型的“双曲面”介质材料，能按光的方向以不同方式处理光。由于材料层极薄，仅几十纳米，而可见光波长在 400 ~ 700 纳米，因此对外部射进来的可见光来说，材料是不透明的，在材料内部，光线能以一个狭小的角度范围传播。

他们用薄膜沉淀技术，造出了一块由20层极薄二氧化硅玻璃和银交替组成的超材料，然后在材料两面各加了一组“铬栅”，一边铬栅的间隙小于入射光波长，能使入射光改变方向只能在材料内部传播；另一边“铬栅”能把要射出的光反射回材料内。虽然第二组“铬栅”未能完全防止光线“逃出”，但经检测，正向传播的光比逆向返回的光要多30倍左右，超过现有的任何其他同类材料。

用现有方法来制造这种结合材料，是实现可见光单向传播的关键。利泽克说，如果没有银—玻璃块，就要把“铬栅”排列得更精细，超过现有技术能达到的水平。

这些材料在光通信领域中很有前景，比如将其整合到光子芯片上，分离或合并光波携带的信号。此外，还能用在生物传感领域，探测微小粒子。纳米粒子就像“铬栅”，也能使光线转向通过材料并从另一端出来，由此可以作为一种探测器。利泽克说：“这是一种很酷的设备，即使它表面有极小粒子，光线传播也会有极大变化。”

（三）研制显示屏新材料与光学薄膜

1. 发明制造显示屏的新材料

（1）发明能促进可弯曲显示屏研发的半导体墨水。2009年2月，美国保尔佳公司首席执行官菲利普·伊纳基牵头，与巴斯夫欧洲公司的研究人员一起，在《自然》杂志上发表研究成果称，他们开发出一类新的半导体墨水，可以用来制造更为廉价的电子标签，以帮助零售商跟踪其商品，并可促进可弯曲计算机显示屏的研发。

传统的硅半导体有两种基本类型，带正电荷的P类和带负电荷的N类。迄今为止，大多数半导体墨水，例如富士施乐公司于2004年发明的一种墨水，都是带正电荷的P类。新墨水则是带负电荷的N类，保尔佳公司采用新药开发的思路，设计出新分子化合物，这种新分子很容易失去电子，然后与带负电荷的分子结合。新分子具有易溶解性。因此，当墨水使用时，不再需要像传统半导体制造业那样采用光刻工艺，可以大大节省成本。

伊纳基说，将喷墨打印机改良，新的半导体墨水就能够在柔软的物质如塑料薄膜上印刷，像印刷报纸一样，这样打印大多数消费品上的电子标签会变得更便宜。

伊纳基指出，这样印刷出来的无线射频电子标签效果很好，新墨水很容易生产，新墨水还会促使公司开发更复杂、更有用的可弯曲显示屏和新传感器技术，新墨水未来可能会创造出同当前硅工业一样大的新兴产业。

（2）发明可制造质优价廉显示屏的新材料。2015 年 12 月 20 日，物理学家组织网报道，美国宾夕法尼亚州立大学材料科学和工程副教授恩格尔·赫尔伯特带领的研究团队，发明了一种既高度透明又具备优良导电性能的新材料，它可以用作制造廉价又高效的智能设备显示屏。

目前，应用于显示屏的透明导体中，铟锡氧化物独占了超过 90% 的“江山”，它的“霸主”地位已经持续了 60 年。然而在过去十年中，铟的价格大幅上升，在存储芯片和处理器越来越便宜的情况下，显示屏却越来越贵。制造商一直在寻求铟锡氧化物可能的替代物，却一直没有找到像它一样把良好的光学透明度、导电性能，与易于制造集于一身的“候选者”。

现在，该研究团队找到了问题的答案：一种厚度为 10 纳米的叫作“相关金属”的薄膜材料。在大部分传统金属如铜、金、铝或银中，电子的流动形式与气体类似。而在相关金属如钒酸锶和钒酸钙中，电子可以像液体一样流动。研究人员表示，这种形式的电子流动，可以同时带来优良的光学透明度和导电性。

赫尔伯特说：“我们试图通过改变材料内部电子的有效质量，来让金属变得透明。”为此，他们选择了材料内部负电荷电子之间静电作用更大的金属。这种静电作用带来的结果就是，电子可以互相“感觉”到彼此，并像液体一样流动。这种电子流体依然具有高度导电性，但是当向它投射光束时，它的反射性变差，从而变得更透明了。

值得强调的是，目前每公斤铟的成本在 750 美元左右，而每公斤钒酸锶和钒酸钙只有 25 美元，不到铟的价格的 5%。赫尔伯特说：“我们的相关金属完全可以与铟锡氧化物相媲美。现在的问题是如何把这种材料应用在大规模工业制造中。”

2. 研制新型光学薄膜

制成高度有序的纳米粒子阵列光学薄膜。2014 年 6 月，有关媒体报道，美国能源部劳伦斯伯克利国家实验室一个研究小组近日成功开发出一项新技术，可于1分钟内，在宏观尺度上形成高度有序的自组装纳米粒子阵列薄膜。

研究人员表示，这项技术与当今纳米制造工艺相兼容，有望产生可广泛应用于太阳能、纳米电子学和计算机内存的新一类光学薄膜，为具有卓越光学特性的超材料和人造纳米结构的制作开辟新路径。

纳米粒子是具有独特光学、电学和机械特性的人造原子。如果将纳米粒子自组装成类似于自然物质的复杂结构和分层模式，就可批量生产尺寸为当今器件1‰的器件。

传统的技术需要数小时时间，才能在微观尺寸的晶圆上形成自组装纳米粒子薄膜。而该研究小组将基于嵌段共聚物的超分子与金纳米粒子相结合，以创建纳米复合材料，它在溶剂退火时，快速自组装成面积为数平方厘米的分层结构薄膜。

通过系统分析，暴露于溶剂蒸汽下的超分子纳米复合薄膜中的热动力学和自组装动力学，研究人员发现改变溶剂的剂量可以精确调节自组装动力学，进而在1分钟内产生分层结构薄膜。

三、研制光电子基础元器件的新成果

（一）研制光开关与光学整流天线的新信息

1. 研制光开关的新进展

开发出迄今能耗最低的全光开关。2012年年5月3日，物理学家组织网报道，美国马里兰大学的埃多·沃克斯领导的研究小组与国家标准与技术研究所研究人员在《物理评论快报》杂志上发表研究成果称，他们研制出能耗最低的一款全光开关。它有望成为光子学和电子学“联姻”的纽带，科学家们可据此研究出能工作的光电通信协议。

新开关能引导光束从一个方向到达另一个方向，整个过程只需耗费120皮秒（120万亿分之一秒），而且能耗仅为90阿焦（即1阿焦 $=1\times10^{-18}$ 焦耳），是目前能耗最低的全光开关，其能耗仅为此前日本研制出的全光开关的20%，是其他全光开关的1%。

大多数电子设备的核心部件是晶体管，它是一种固体半导体器件，在其中一个门信号被施加到附近细小的导电通路上，以此打开和关闭信息信号的传送通道。而在光子学内，固体器件全光开关既能像门一样，打开或关闭光通过附近波导的通路；也能像路由器一样，将不同方向上的光束打开或关闭。

美国研究小组使用置于共振光腔内的一个量子点（相当于一个门），制造出该全光开关。该共振光腔是一个拥有很多小洞的光子晶体，只允许少数光波通过该晶体。量子点由铟和砷组成，仅为 1 纳米大小，使在其内部移动的电子只能散发出波长不连贯的光。

当光沿着附近的波导行进时，其中的一些光会进入共振光腔内，同量子点相互作用，正是这种相互作用改变了波导的传输特性。尽管 140 个光子都需要在波导内来产生开关行为，但其实只有 6 个光子做到了。

2. 研制光学整流天线的新进展

开发出把光直接变成直流电的光学整流天线。2015 年 9 月 29 日，美国佐治亚理工学院乔治·伍德拉夫机械工程学院副教授巴拉图德·科拉主持的研究小组，在《自然·纳米技术》杂志上发表论文称，他们开发出一种光学整流天线，能把光直接转变成直流电。研究人员认为，这一成果有望提供一种无须制冷的光检测新技术，也能收集废热转化成电力，并最终成为利用太阳能的一条新途径。

该光学整流天线能在 5～77℃的温度下工作，是以碳纳米管作为天线，捕获阳光或其他光源。当光波撞击纳米管，产生的振荡电荷会通过整流器，整流器以千兆赫兹的频率开关，产生微小的直流电。虽然目前设备的效率只有 1%，但数十亿整流天线排成阵列，就能产生强大电流。

整流天线开发于 20 世纪 60 年代，一般在 10 微米左右的波长范围工作，而新的整流天线进入到可见光范围，要求天线和整流二极管足够小，并能极快地捕获电磁振荡。科拉解释说：“整流天线本质上是一个天线配上一个二极管，但到了可见光范围，意味着用纳米天线配上一个金属－绝缘－金属二极管。天线与二极管之间离得越近，效率就越高。所以，理想的结构是把天线用作二极管中的金属，这就是我们创造的结构。”

据报道，研究人员先在导电基质上生长出垂直对齐的碳纳米管丛，再用多种纳米制造技术，造出金属－绝缘－金属多层结构的整流器。在工作中，光的振荡波通过钙－铝电极并与纳米管相互作用，纳米管顶端的整流器能以飞秒速度开关，让天线产生的电子只从一个方向进入电极。

科拉说，目前造出的整流天线还需提高效率，开放碳纳米管实现多导电通道、降低电阻等将最终造出效率是目前两倍、成本更低的太阳能电池。研究人员还希望通过最优化技术提高输出功率，他们相信有商业价值的整流天线可能一年内就会出现。

（二）研制光子电路或芯片的新信息

1. 研制光子器件融入硅材料的光子芯片

（1）研制出能在硅材料上传递和控制光速的芯片。2005 年 11 月 3 日，美国 IBM 公司 T. J. 沃森研究中心的研究人员在《自然》杂志上发表研究论文称，他们研制出带有光子波导能够在硅材料上传递光并使光速减缓的芯片，它表现出了未来可能出现的光子存储器的一些特征。这项研究的报告发表于 3 日出版的《自然》杂志上。

在通信网络中，光子传播比电子传播的效率要高得多。目前，世界上大部分通信网络都是利用光和光纤来传播的。但是，光子反应的惰性使其有利于传输信息，却很难储存信息。由于任何通信网络，都需要在信号放大和导出阶段对其进行储存，因此，目前的技术只能将光信号转变为电信号，根据需求进行处理，然后再转变为光信号。

不过，科学家此前已经开发出两种处理光子的技术。1999 年，哈佛大学的物理学家通过使光子穿过冷原子云，使其速度降到与自行车的行驶速度相似。这种“慢光”技术，可以通过和电子存储器相似的方式来缓冲光数据。但是，这种技术需要大量的仪器。

另一些科学家则研制出了一种名叫“波导”的微型隧道，可以引导光子穿过硅等不透明物质。这种“微型光子”仪器可以形成类似电子芯片的物质。

研究人员报告说，他们将上述两种技术相结合，设计出一种带有光子波导的芯片，通过对波导加热改变其光学特性，就可使光子速度减低到正常速度的三百分之一。这种芯片设计的基本理念是，在使一些数据放慢的同时使另一些数据跟上，从而实现数据的同步处理。

（2）研制出首块激光器和光栅集成的硅芯片。2011 年 8 月 10 日，美国物理学家组织网报道，新加坡数据存储研究所的魏永强和他的同事一起，首次构建出一种由一个激光器与一个光栅集成的新型硅芯片，其中的光栅能让光变得更强，并确保激光器输出1500纳米左右波长的光，而通信设备标准的操作波长正是1500纳米。

光纤在传输数据时，需要让不同波长的激光束同时通过，但这些不同波长的光波，容易相互串扰，因此需要对激光器进行精确谐调，让其发出特定波长的光，以避免这种串扰。使用光栅可以解决这个问题。

研究人员之前使用传统方法，试图把一个激光器与一个光栅集成于一块硅芯片中，但都没有获得成功。激光器一般由几层半导体薄层构成，而光栅则由硅蚀刻而成，所有的材料都必须精确地对齐。传统的方法是，将激光器和光栅种植于一块独立的半导体芯片上，整个过程大约需要50多步，而且要求硅晶表面的粗糙度非常低，小于0.3纳米。

在新硅芯片中，激光器置于一面镜子和一个弯曲的光栅之间。光栅就像一块具有选择能力的镜子，仅仅将某一特定波长的光反射回激光器中，这样就制造出了一个光共振腔，使激光活动只针对特定波长，因此提供了通信领域要求的精确性。

魏永强对这款新芯片进行测试后发现，其性能优异，发出光的功率为2.3毫瓦，而且只发出特定波长的光。

（3）把石榴石整合入硅装置中制成硅基光子芯片。2011年11月13日，麻省理工学院材料科学和工程系卡罗琳·罗丝教授领导的研究小组，在《自然·光子学》杂志网络版上发表研究报告称，他们填补了利用光束替代电子完成计算任务方面的一项空白，能够基于标准硅材料制造光子芯片，而硅正是构成当前大部分电子产品的基础。

在目前的通信系统中，数据大都由光束携带通过光纤进行传输。一旦光学信号到达目的地，它将转化为电子形态，通过电子线路进行处理，然后再借助激光转换回光学信号。新装置能够免除这些额外的电子转换步骤，直接处理光学信号。

罗丝教授表示，这个组件类似于电子二极管。二极管允许电流沿一个方向流动，并约束它不流向其他方向，在这种情况下，便形成了光的“单行道”。

为了研发这一装置，研究人员必须找到一种既透明又具有磁性的材料，而这两种特性很少能同时实现。他们最终采用了名为石榴石的材料。研究人员采用石榴石薄膜沉积等方法，整个系统能基于现有的标准微芯片制成，制造过程因此得以大大简化。

新光学芯片可大幅提升数据传输系统的速度，因为光的传输速度大于电子，而且光学计算能借助多条光束，携带不同的多个数据流，无障碍地穿过单光纤或电路。

罗丝表示，基于硅的新系统比基于其他材料的系统更容易实现商业化，因为很多人都知道怎么处理硅，这或将为开发下一代高速通信系统奠定基础。明尼苏达大学电子与计算机工程系的伯达尼·斯戴德教授也表示，这是光纤通信领域的一个巨大进展。这一成就十分重要，是首次把石榴石整合入硅装置中。

（4）用光子器件与硅晶体管结合制成光子芯片。2015 年 12 月 24 日，美国加州大学伯克利分校电气工程和计算机科学副教授弗拉基米尔·斯托亚诺维奇主持的麻省理工学院、科罗拉多大学专家参加的研究团队，在《自然》杂志上发表研究成果称，他们近日用光子器件与硅晶体管结合，研发出世界上首个以光处理信息的芯片。它依旧使用电子来计算，但是可以直接使用光来处理信息。这一成果或将打开超高速、低能耗数据处理的大门。

据报道，这一芯片宽 3 毫米、长 6 毫米，每平方毫米的数据处理速度可以达到 300 吉比特每秒，比普通电子微处理器快 10 ~ 50 倍。这种芯片处理数据的能耗也非常低，处理每比特数据只需消耗 1.3 皮焦耳能量。

尽管光纤通信技术的发展，已经大大加强了计算机之间的数据传输，但把光子器件应用于计算机芯片本身却十分困难。其原因在于，此前一直没有人知道如何在不改变计算机芯片制造程序的前提下，把光子器件融入到这一复杂而昂贵的制造程序之中。而这样做非常关键，因为它不会进一步提高制造计算机芯片的成本或风险。

为了实现这一目标，研究人员尝试了多种在芯片上利用光子器件的创新性方法。他们使用光电探测器和垂直光栅耦合器等光子器件，来控制和引导芯片上的光波，为了让光波在芯片上传输时的损耗降到最低，他们使用硅晶体管作为光波的波导管。此外他们还在波导管旁边，设计了一种硅环来快速并低能耗地控制光波。最终，研究人员将两个拥有 7000 万个晶体管，与 850 个光子器件的处理器内核固定在这种微型芯片上。

报道认为，这一研究成果标志着光纤通信技术的重要进步，而且将加速高带宽时代的来临。斯托亚诺维奇说："这是一个里程碑，它是首个可以使用光与外部世界进行交流的处理器。"

（5）用光子器件与纳米硅基屏障制成光子芯片。2016 年 11 月，美国犹他大学电气和计算机工程系副教授拉杰什·梅农领导的研究团队，在《自然·通讯》杂志上发表论文称，他们近日利用隐形原理，为微光子集成器件设计了一个特定装置，其有助开发出较硅基芯片更小、更快、更节能的光子芯片。

未来的计算机、数据中心和移动设备将用光子芯片代替电子芯片。每块光子芯片中将包含数十亿个光子器件，与以硅基芯片中晶体管大致相同的方式执行特定功能。但问题是，如果其中两个光子器件过于靠近对方时将无法工作，因为两者之间的漏光会导致类似无线电干扰的串扰。增加彼此距离可解决这一问题，但会使芯片变得很大。

梅农研究团队发现，在两个光子器件间放置一个特殊的纳米硅基屏障，可"欺骗"两个光子器件相互无视。其原理类似于哈利·波特的"隐形斗篷"，进入一个器件的任何光都会被反射回去，从而模拟出一种旁边根本不存在邻居的情形。这个屏障会将光推回原来的器件，使其误认为周边空无一物。

研究人员说，当数十亿个这样的光子器件装入单个芯片中时，一个芯片就可以包含执行各项功能的更多器件。光子芯片使用光子而不是电子来传输数据，可望减少 10 ~ 100 倍的能耗，这对于耗电量巨大的数据中心来说是一个福音。

据美国能源部劳伦斯伯克利国家实验室的研究，美国本土数据中心 2014 年的耗电量为 700 亿千瓦时，占全美国电力消耗的 1.8%，预计到 2020 年将再上涨 4%。

梅农认为，这种技术最直接的应用，将是类似于谷歌和脸谱网使用的数据中心。从电子转向光子可让计算机更高效，并对碳排放和能源消耗产生巨大影响。目前，光子器件大多用于高端军事设备，梅农预计完全基于光子的芯片，将在未来数年被数据中心采用。

2. 研制以光造激子为基础的电路

2008 年 6 月，美国加州大学圣迭戈分校物理教授莱昂尼德·布托夫及其同事组成的研究小组，在《科学》杂志网络版上发表研究成果称，他们证明一种称为激子的粒子，因其在衰变时可发出闪光，有可能被应用于一种新形态的运算，从而加快通信速度。

研究人员说，已制造出数个基于激子的晶体管，这些晶体管有望成为新型电脑的基本模块，他们所装配出的电路，也成为世界上第一个使用激子的运算装置。

晶体管是电子设备的基本模块，目前均使用电子来传递计算所需的信号。但几乎所有的通信设备都使用光或光子来传送信号，通信语言需要从电子转换成光子，因而限制了电子设备的运行速度。

布托夫称，新型晶体管使用激子来处理信号，如同电子一样可由电压来控制，但并不需要在电路的输出端转换成光子。由光在砷化镓之类的半导体中制造出来的激子，可将带负电的电子从一个带正电的空穴中分离。如果这一对仍有连接，它就会形成激子。当电子与空穴重新结合时，激子就会衰变，其能量将以一道闪光释出。

布托夫等人使用了一种特别类型的激子，电子与其空穴被限制在相距数个纳米的不同量子阱。这样的设置创造出利用电极提供电压来控制激子流动的机会。这些电压“门”制造出的能量冲击，能够暂停激子的移动或允许它们的流动。一旦能量壁垒被移除，激子就能够行进到晶体管的输出端，并转换成光，直接馈入通信电路，排除了转换信号的需要。研究人员表示，这种激子到光子的直接耦合，连接了运算与通信之间的缺口。

研究人员通过把激子晶体管结合形成数种类型的开关，从而创造出一种简单的集成电路，它能精确地指挥信号沿着一个或数个路径前进。因为激子的速度很快，所以这些开关能迅速翻转。到目前为止，已证明可实现 200 皮秒（1 皮秒为 1 万亿分之一秒）量级的切换时间。虽然激子运算本身也许并没有电子电路来得快，不过当信号送往另一台机器，或在一个芯片上以光学连接的不同部位间传递时，速度优势就会显现出来。

该研究小组研制的电路表明，激子可用来进行运算，但在实际应用时，将需要使用不同的材料。砷化镓激子电路只能在低于－233℃的寒冷温度下运行，这是因激子结合能而产生的限制。温度高于此，电子将不会与它们的空穴结合而在结构中形成激子。研究人员表示，通过选择不同半导体材料可增加运行温度。

3. 研制由光子电路元件组成的光子电路

2012年2月，美国宾夕法尼亚大学电子和系统工程学院的纳德·恩西塔领导的研究小组，在《自然·材料》杂志上发表研究成果称，他们用光子取代电子，制造出首个由光子电路元件组成的“超电子”电路，实现用更小且更复杂的电路来精准地控制电荷的流动。

不同配置和组合方式的电子电路具有不同的功能，从简单的光开关到复杂的超级计算机。电路由不同的电路元件，包括能非常精确操纵电路中电子流动的电阻器、感应器和电容器等组成。电子电路和光子也都遵循描述电磁场行为的基本公式，即麦克斯韦方程组。

恩西塔说：“如果我们使用电磁光谱内波长更短的波，比如光，我们或许能使电路更小、更快、更高效。”现在，他的研究小组制造出首个由光子电路元件组成的“超电子”物理演示电路，使这一梦想成为现实。

“超电子”中的“超”指的是超材料：嵌入材料中的纳米图案和结构，使它能采用以前无法做到的方法操控波。他们在最新实验中利用亚硝酸硅制造出梳状的长方形纳米棒阵列。这种新型纳米棒的横截面和其间的孔隙形成的图案能复制电阻器、感应器和电容器这三个最基本电路元件的功能，只不过其操纵的是光波。恩西塔指出：“如果我们拥有光子版本的电路元件，我们就能制造出操纵光的电路。”

在实验中，他们用一个光子信号（其波长位于中红外线范围内）照射该纳米棒，并在波通过时用光谱设备进行测量。他们使用不同宽度和高度组合的纳米棒重复该实验后证明，不同大小的光电阻器、感应器和电容器都可以改变光“电流”和光“电压”。恩西塔表示：“纳米棒的一部分既扮演感应器，又扮演电阻器，而空气间隙则扮演电容器。”

除了可通过改变制造纳米棒的维度和材料改变光子电路的功能外，改变光的方向也可改变上述“超电子”电路，而传统电子学则无法做到这一点。这是因为光有偏振，即在波中振动的电场，其在空间拥有确定的方位。在“超电子”电路中，电场与光子电路元件相互作用且被其改变，因此，改变电场的方位可以改变电路。

恩西塔研究小组正在为这类复杂的“超电子”学建立理论基础。他表示：“电子学的另一个成功因素同其模块化有关，我们能通过安排不同的电路元件，制造出无数个电路。因此，我们也希望设计出更复杂的光学元件，以获得具有不同功能的光子电路。”

4. 研制模拟神经网络运行机制的光子电路

（1）研制出首枚光子神经形态芯片。2016 年 11 月，《技术评论》杂志网站报道，美国普林斯顿大学亚力山大·泰特研究团队近日研制出全球首枚光子神经形态芯片，并证明其能以超快速度计算。该芯片有望开启一个全新的光子计算产业。

该研究团队的成果，是利用光子解决了神经网络电路速度受限这一难题。神经网络电路已在计算领域掀起风暴。科学家希望制造出更强大的神经网络电路，其关键在于制造出能像神经元那样工作的电路，或称神经形态芯片，但此类电路的主要问题是要提高速度。光子计算是计算科学领域的“明日之星”。与电子相比，光子拥有更多带宽，能快速处理更多数据。但光子数据处理系统制造成本较高，因此一直未被广泛采用。

该团队研制出的光子神经网络的核心是一种光学设备，其中的每个节点拥有神经元一样的响应特征。这些节点采用微型圆形波导的形式，被蚀刻进一个光可在其中循环的硅基座内。当光被输入，接着会调节在阈值处工作的激光器的输出，在此区域中，入射光的微小变化都会对该激光的输出产生巨大影响。

该光学设备的原理在于：系统中的每个节点都使用一定波长的光，这一技术被称为波分复用。来自各个节点的光会被送入该激光器，而且激光输出会被反馈回节点，创造出一个拥有非线性特征的反馈电路。关于这种非线性能模拟神经行为的程度，研究表明其输出在数学上等效于一种被称为“连续时间递归神经网络”的设备，这说明连续时间递归神经网络的编程工具，可以应用于更大的硅光子神经网络。

该研究团队用一个拥有 49 个节点的硅光子神经网络，来模拟某种微分方程的数学问题，并将其与普通的中央处理单元进行比较。结果表明，在此项任务中，光子神经网络的速度提升了 3 个数量级。

研究人员表示，这将开启一个全新的光子计算产业。泰特说："硅光子神经网络可能会成为更庞大的、可扩展信息处理的硅光子系统家族的'排头兵'。"

（2）开发出全新的光学神经网络芯片。2017 年 6 月 12 日，美国麻省理工学院教授马林·索尔贾希克领导的研究小组，在《自然·光子学》杂志上发表论文称，他们开发出一种全新的光学神经网络芯片，能执行高度复杂的运算，从而大大提高"深度学习"系统的运算速度和效率。

"深度学习"系统通过人工神经网络模拟人脑的学习能力，现已成为计算机领域的研究热门。但由于在模拟神经网络任务中，需要执行大量重复性"矩阵乘法"类高度复杂的运算，对于依靠电力运行的传统中央处理器或图形处理器芯片来说，这类运算太过密集，完成起来非常"吃力"。

通过几年努力，该研究小组开发出光学神经网络电路的重要部件：全新可编程纳米光学处理器，这些光学处理器能在几乎零能耗的情况下执行人工智能中的复杂运算。索尔贾希克解释道，普通眼镜片就能通过光波执行"傅里叶变换"这样的复杂运算，可编程纳米光学处理器采用了同样的原理，其包含多个激光束组成的波导矩阵，这些光波能相互作用，形成干涉模式，从而执行特定的目标运算。

研究小组通过测试证明，与中央处理器等电子芯片相比，这种光学芯片执行人工智能算法速度更快，且消耗能量不到传统芯片能耗的 1‰。他们还用可编程纳米光学处理器，构建了一个神经网络初级系统，该系统能识别出 4 个元音字母的发音，准确率达到 77%。他们的最终目标是，将可编程纳米光学处理器交叉铺成多层结构，构建光学网络神经电路，模拟人脑中神经元执行复杂的"深度学习"运算。

索尔贾希克表示，新光学处理器还能用于数据传输中的信号处理，更快速实现光学信号与数字信号间的转换。未来在大数据中心、安全系统、自动驾驶或无人机等所有低能耗应用中，基于新光学处理器的复杂光学神经网络电路将占据重要席位。

5. 研制光子电路或芯片的新技术

（1）首次在芯片上实现原子光谱分析的新技术。2007 年 6 月，美国加州大学加州大学圣克鲁兹分校电子工程副教授霍尔格·施密特主持的巴斯金工程学院博士后杨文革参加的研究小组，在《自然·光子学》杂志上发表论文称，原子光谱是一种用途非常广泛的技术，利用光和物质间相互作用，原子光谱常常通过物质吸收或放出光的波长来辨别它们。传统原子光谱系统包含很多大型组分，而他们发明的集成、平坦装置，使得芯片平台上的集成电路中原子和分子分析变得可能。

施密特认为，这一技术可望应用于激光的频率稳定、气体探测感应器，以及量子信息处理过程等。他说："为了稳定激光，需要大型的铷蒸汽室。而我们的方法可以更简单地做到这一点。"

为了实现原子光谱，研究人员把一个铷储存库结合到芯片上，再将这一储存库结合到一个中空的波导上，因此光线传导的路径上就充满了铷原子。施密特表示这使得活性区域的体积比传统的气室小 8000 万倍。他说："我们使用铷来进行验证，但是其他任何气体介质都是可用的。"

除了用于激光频率稳定外，铷蒸汽还广泛用于量子光学实验以及降低光速等。施密特表示："量子信息过程的基本概念，已经通过大型铷体系得到验证，但是如果需要实际使用的话，就需要小型集成的便携设备。"

（2）有望破解光集成电路尺寸难题的新技术。2017 年 4 月，美国电气与电子工程师协会网站近日报道，哥伦比亚大学副教授于南方等人组成的研究小组，在近日出版的《自然·纳米技术》杂志上发表研究成果称，他们研制出迄今最小的光学集成电路，它能在很宽的波长范围内表现出高性能水平，有望彻底改变光通信和光信号处理等关键技术。

把光集成电路缩小到现有计算机芯片中集成电路的尺寸，是科学界一直试图攻克的难题，但他们始终无法把各种波长的光压缩在一起。而该研究小组研发的光集成电路，是一种波导模式转换装置，其内"模分复用"技术能在芯片上加入更多的光通信通道。于南方说："其效果就像大桥上突然增加了几倍的交通容量，或足球场能神奇地容纳多支球队同时训练。"

新模式转换器首次把集成电路尺寸缩小到光波长的 1.7 倍，而之前同类装置都是光波长的几倍到几百倍，并且它能在很宽的波长范围内把输入波导模式转变成输出波导模式。

取得这些前所未有性能的关键是，研究人员把一种超表面结构集成到光学波导上。超表面结构是一类厚度小于波长的二维超薄材料，可实现对光传播模式的灵活有效调控。这次所用的超表面结构，由许多纳米天线按亚波长间隔排列而成，能吸收波导最里面的光，调节吸收光的性能后再将其返回波导中。由于纳米天线排列紧密，从而可在不到两倍波长的距离内实现波导模式转换。

于南方表示，他们计划进一步改进模分复用系统，同时使用更加灵活的光学材料，以更有效地调控波导内光的传播。

第二节 发光器件与显示器的新进展

一、研制照明器具的新成果

（一）用有机材料研制照明装置

1. 用发光塑料制成薄片照明装置

2006 年 4 月 13 日，美国密歇根大学的材料科学家斯蒂芬·福雷斯特，与南加州大学的研究人员组成的研究小组，在《自然》杂志上发表论文称，他们用发光塑料制成一种新型的发光装置。只要一通电，这种装置就能给房间提供相当于自然光的照明。这种发光装置还颠覆了人们心目中灯泡的概念，因为它是极其纤薄的薄片。也许灯泡使命的终结将为时不远。

福雷斯特博士说："任何一种新的照明系统，因为经济因素都不会迅速在全世界推广。但是我们希望首先在自行车灯，接着在台灯上开始推广这项新技术。然后达到生产规模以降低价格。"

研究人员最初的设计理念是这种薄片要透明，一通电就会放射出明亮的白光。研究人员称，因为它们不会像传统的灯泡一样发热，因此能耗大大降低。

通过把照明薄片贴在天花板上、墙壁上甚至包裹在家具上，家里和办公室就会得到很好的照明。照明薄片由发光塑料制成，比标准的白炽灯泡节能效率高 5 倍。目前建筑物消耗的电能有 20% 用于照明，而照明用电中接近一半被白炽灯耗去。

福雷斯特说："我们希望这意味着电灯泡使命的终结。我们真的不想要它们，灯泡的耗电量太大。灯泡是一种有大约 135 年历史的老技术，且技术进步不大。它就像吞噬能量的海绵。因此我希望在不远的将来人们不再使用灯泡。”

为了提高照明效率，研究人员研制出由发光塑料构成的薄片，厚度只有几百万分之一毫米。薄片里有各种染料，通电时能发出红、绿或者蓝光。这些光合在一起，就会发出白光。研究人员表示，他们努力做到的就是使各种颜色的光达到平衡，取得日光的效果。这样的好处是，在室内各种物品看起来和室外一个样。

研究人员在论文中，描述了他们怎样调整薄片，使它能够把电能完全转化为光子。因为薄片不发热，因此它们的寿命要比传统的灯泡长许多。福雷斯特认为，照明薄片可以使用 5 ~ 10 年才需要更换。他还说：“任何一种新的照明系统，因为经济因素都不会迅速在全世界推广。但是我们希望首先在自行车灯，接着在台灯上开始推广这项新技术。然后，达到生产规模以降低价格。”

2. 用有机材料制成无电能损耗的新型照明装置

2007 年 4 月，亚利桑那州立大学材料学院教授、可折叠显示器研究中心的光电子学研究室主任加桑 · 雅布尔与助理教授李坚领导的研究生埃文 · 威廉姆斯和基尔西 · 哈维斯托等人参加的研究小组，在材料和工程学权威刊物《先进材料》杂志上发表的论文表明，他们的研究结果，将使得明亮的节能照明系统最终得以实现。

研究小组通过一种新设计的有机材料，再结合最优化的装置结构，最终发明了一种有着“100% 内部量子效应”的有机发光装置。内部量子效应，包括电流带来的每个电子，在装置内部所产生的光子数目——这就好像电池一样。

该研究小组最重要也是独特的成果在于，他们的装置采用了一种比此前其他任何研究小组都要简单的结构。

雅布尔表示：“我们的设备没有任何电能的浪费。所有进入装置的电流都被用来产生光，这是前所未有的。之前从未有人展示过拥有 100% 内部量子效应的，利用单分子掺杂发光设备能得到白光。”

这一成果对于发展基于有机发光二极管技术的新型廉价固体光源非常重要。同时，它还能为全球的环境问题做出贡献，因为它能帮助节省能源以及自然资源。除此之外，这样的研究可以促进半导体材料技术的发展，制造出低能耗有机薄层的晶体管，这也正是该研究小组目前正在着力研究的领域之一。

（二）用碳素材料研制照明灯具

1. 用碳纳米管制造出世界最小的白炽灯

2009 年 5 月，《新科学家》杂志报道，美国加州大学的克瑞斯·里根领导的一个研究小组，使用一个碳纳米管，制造出世界上最小的白炽灯，灯丝长 1400 纳米、宽 13 纳米。

该研究小组把一个钯和金电极分别黏附于碳纳米管的两端，碳纳米管则穿过一个硅芯片上的细小的洞，被置于真空中。当电流通过碳纳米管时，碳纳米管被加热并且开始发光，每秒释放出几百万个光子，其中的几千个光子进入眼睛。里根说："这样，我们很容易看到光线，人眼对单个光子很敏感，但这个灯不太适合用来看书。"

研究人员制造出这个世界上最小的白炽灯，主要用它来作为一个"桥梁"，用于沟通物理学中的热力学理论和量子力学理论之间的不兼容。

热力学第二定律称，熵随着时间而增加，但是，在量子力学中，时间并不是单向的，无论你前后移动，都不会增加熵。那么，如何从量子力学理论过渡到热力学理论呢？

里根指出："这个碳纳米管灯丝可以用来解释这一点。它足够大，可以应用热力学的法则。但它又足够小，人们可以把它看作一个分子或者一个量子力学系统。"

该研究小组使用它来验证"普朗克黑体辐射定律"，该定律于一个世纪前提出，通过假设不同的物体都可以释放出能量，来计算一个物体可以释放出多少光线。100 多年来，普朗克的假设支撑了量子力学的发展。

普朗克黑体辐射定律假设一个黑体，释放出的热辐射可能是随机的。例如，一个热的白炽灯释放出许多不同颜色的光子，这些光子组合在一起形成了白光。

但是，因为这个碳纳米管灯丝能够被看作一个量子力学系统，里根认为，它可能并不会遵守这个法则：与更大的灯丝相比，它所释放的光子可能并非那么随意。

里根说："量子力学应用于具有非常少的粒子的系统；热力学则应用于非常大的粒子。我们还没有一个理论可以应用于中间区域，这个灯泡给我们提供了机会。"

2. 发明灯丝由石墨烯制成的灯泡

2015 年 6 月 15 日，美国哥伦比亚大学机械工程系研究员金永德主持，本校教授王凤仁和韩国标准科学研究院高级研究员裴明浩等人参加的研究团队，在《自然·纳米技术》网络版上发表研究成果称，他们发明了用只有一个碳原子厚度的石墨烯作为灯丝的芯片上可见光源：细条状石墨烯灯丝与金属电极相连，悬挂在基底上方，当电流通过时灯丝就会受热发光。

王凤仁说："从本质上看，我们制造出了世界上最薄的灯泡。这种新型'宽带'发光器可以被集成到芯片上，有望为实现只有原子厚度的柔性、透明显示器，以及基于石墨烯芯片的光通信铺平道路。"

要开发可与现有半导体集成电路媲美的完全集成"光子"电路，关键是让芯片表面的微小结构发光。已经有很多方法可以做到这一点，但最古老、最简单的人造光源白炽灯泡，却无法被集成到芯片上，这主要是因为灯丝必须达到数千摄氏度，发出的光才可见，而微观尺度的金属线承受不了这样的高温；另外，微观尺度上，热量从灯丝向四周传递的效率极高，容易损坏芯片。

报道称，通过测量石墨烯发出的光的光谱，研究人员发现石墨烯的温度达到 2500℃以上，足以明亮发光。金永德解释说："原子厚度的石墨烯发出的可见光线如此强烈，无须额外放大，肉眼便能看见。"

石墨烯达到如此高的温度而不熔化基板或金属电极，是因为其具有一个有趣特性：当受热时，石墨烯会变成热的不良导体。这意味着高温被局限在了中心的一个小"热点"上。

裴明浩说："相对于置于固态基底上的石墨烯，我们能够将悬于上方的石墨烯加热至高达太阳温度的一半，同时效率提高 1000 倍。"

该研究团队还通过制成大规模化学气相沉积石墨烯发光器阵列，展示了这项技术的可扩展性。研究人员表示，目前正在进一步探究这种装置的性能，比如其开关的速度要多快才能创建光通信的比特位，同时也在开发将它们集成到柔性基板上的技术。

（三）研发无绳灯泡和二极管灯

1. 研制无线电能传输的无绳灯泡

2007 年 8 月 8 日，《每日邮报》报道说，现代家庭充斥着各式各样的电线、插座，不仅有碍观瞻，也造成一定的安全隐患。近日，美国麻省理工学院研究人员研制出无绳灯泡，则让人们看到了摆脱这些烦恼的希望。

无线输电的想法，很早就有人提出过，但是却被很多科学家认为根本无法实现。因为发射器发出的电磁能向四周分散传送，人类无法对电磁能进行集中控制，就更谈不到加以利用。

但在 2006 年秋天，麻省理工学院物理学教授马林 · 索尔贾希克却提出，一种可以通过无线电能传输技术，利用电磁能的新理论。按照他的理论，只要让电磁能发射器同接收设备，在相同频率上产生共振，它们之间就可以进行能量互换。

索尔贾希克说："这就像剧院的歌声可以将玻璃杯震碎一样，条件是歌声和玻璃杯二者的声波要形成共振。"

在这一理论基础上，索尔贾希克研究小组进行实验。他们利用两个铜丝线圈充当共振器。一个线圈与电源相连，作为发射器；另一个与台灯相连，充当接收器。结果，他们成功地把一盏距发射器 2. 13 米开外的 60 瓦电灯点亮。

最重要的是，试验显示无线电能传输技术对人类无害。因为电磁场只对能与之产生共振的物品有影响，而诸如人类、桌子、毛毯等物品对电磁场几乎都没有反应。对于无线电能传输技术的成功，《每日邮报》如此评论："这或许宣告插座的末日即将到来。"

2. 制成世界上最薄的发光二极管灯

2014 年 12 月 1 日，物理学家组织网报道，位于美国爱达荷州科达伦的罗西尼公司在其官方社交媒体推特上宣称，该公司所做的事情非常简单：我们打印"光纸"。这家公司正在用一个宣传片来介绍他们的"光纸"——一款世界上最薄的发光二极管灯，按照该公司的说法，它能让人们在几乎任何表面、任何形状以及任何情况下应用它。

《大众科学》杂志把"光纸"描述成"一张纸那么薄的发光区域"。但上个月，该公司市场部经理尼克 · 斯姆特在爱达荷州科伦达本地媒体上说，最好的“光纸”定义，应该是“使用一项专利工艺流程，在基材上打印发光二极管和墨水的混合体”。

斯姆特强调说：“这种产品应用潜力巨大，我们正在考虑打印一款灯具，这种灯连灯泡都省了。只要有灯光的地方，就可以用这种东西替代。最终人们会在家庭里打印其自己设计的灯光，现在由我们帮大家打印光纸，但最终会将这个技术交回到百姓手中。”

这只是在头脑中的应用吗？他们的回答是，只要不被匮乏的想象力约束，将面临无限可能性的市场，他们还在官方网站上给出了有详细说明的例子。这一技术可以照亮产品上的品牌标识，可以在家里的墙上存储光，或者制成闪烁时间和消息通知的可穿戴腕带。斯姆特说：“光纸不仅仅是个呈现光的平台，我们将试着探索所有创造性的照明。”

法斯特公司的泰勒·海斯写过文章，介绍他们在导体层打印出来的发光二极管和墨水混合体。他说：“这个导体层被夹在另外两层材料之间密封起来，如同三明治一样。超微型二极管只有血红细胞那样大小，随机分散在材料上面。当电流通过这些二极管，它就会被点亮。”

斯姆特说，根据海斯的介绍，目前有几家公司已经在做光纸应用了，但并没有指明这几家公司的名字。法斯特公司说光纸的“大范围应用”应该是在 2015 年年中左右。海斯说，在那之前，他们将作出第二个版本的光纸，这将花费几个月时间。现在面临的挑战是如何合理、明确地安置二极管的位置，以便散发出均匀的光线。

飞利浦公司在参与讨论发光二极管时说，到 2025 年，该公司发光二极管灯将开创高达 3 亿美元的新类别照明项目。该公司研究人员指出：“发光二极管灯的结构与传统灯泡完全不同，神奇的是，它具有简单且坚固的结构。这种结构的美妙之处在于，可以设计成万能形式，可以组合成很多不同的形状。这真是一个令人兴奋的时代。”

二、研制发光二极管及芯片发光器

（一）用有机高分子材料制造发光二极管

1. 以聚合物研发下一代高效发光二极管

2007 年 3 月，有关媒体报道，美国橡树岭国家实验室纳米材料科学中心科学家大卫·乔和甘领导的他的同事及田纳西大学研究人员组成的一个研究小组，正在通过纳米技术帮助，用聚合物研发下一代的高效发光二极管系统。

发光二极管在生活中无处不在，从交通指示灯到汽车尾灯，以及手机显示器等等，它的原理是当电流通过时就会发出荧光。目前最成熟的发光二极管技术是基于晶体的，特别是氮化铟和镓。但是，该研究小组正在致力于研究下一代的发光二极管，这些装置将由很薄的聚合物或者有机分子薄膜构成。

这些有机发光二极管将被设计成能折叠的薄层，能用于下一代的电子显示器。而目前的有机发光二极管，只能用于小型的显示器，例如手机、数码设备等。所以科学家们期望某一天能利用廉价的方法制造大型的现实屏幕。

在橡树岭国家实验室，科学家用碳纳米管及磁性纳米线制造二极管，以提高光的发射。在初期测试中，碳纳米管提高聚合物有机发光二极管的电致发光效率，并且降低能耗。而磁纳米线控制电子自旋，进一步增加效率和可靠性。而且橡树岭国家实验室科学家还利用一种叫作激光气化的技术来制造更纯的纳米管。

美国能源部对这一项目进行了60万美元的资助，该研究小组期望把新材料的研究用于创造新的有机发光二极管，将其能耗降低一半。乔和甘说："制造更节能的设备的解决方案，可能就建立于纳米科学基础上。接下来的一年，我们将研究为什么纳米材料能提高这些性能。我认为，将来有机发光二极管将无处不在。"

2. 以聚合物开发"自旋极化"有机发光二极管

2012 年 7 月，美国犹他大学的一个研究小组在《科学》杂志上发表研究报告说，他们用聚合物开发出一种新型"自旋极化"有机发光二极管。改进后的有机发光二极管，与普通发光二极管相比，具有更多优点。

有机发光二极管是指有机材料在电场作用下发光的技术，它具有主动发光、无须背光源、色彩鲜艳、功耗低等优点。研究人员认为，有效提高有机发光二极管发光效率、降低制造成本后，它有望取代目前广泛应用于电脑、电视机、照明设备等众多电子产品中的普通发光二极管。

该研究小组研发的新型有机发光二极管，采用一种名为有机自旋阀的装置。这一装置具有3层结构，中间的有机层相当于半导体，两侧是铁磁金属电子层。有机层采用名为"氘 - DOO - PPV"的聚合物，这种聚合物可发出橙色的光，其成本较低，可提高发光效率。整个装置极轻薄，可安装在灯管内部。

研究人员说，这种技术目前只能在低温环境下工作，还需进一步完善，以满足在室温条件下工作的要求。此外，还希望制造出可产生白色光的有机发光二极管。

（二）用无机非金属材料制造发光二极管

1. 由单晶氮化镓开发紫外发光二极管

2007年6月，美国国家标准技术研究院与马里兰大学及霍华德大学联合组成的研究小组，开发出微小、高效、纳米线紫外发光二极管。有关专家指出，发光二极管对数码存储器和生物传感器件非常重要。

到目前为止，些纳米级发光二极管的生产，非常消耗时间，不适于实现商业化。该研究小组使用照相平版印刷术、湿式蚀刻和金属沉积等批量制备技术，使用电场使纳米线排列起来，避免了分别放置每一条纳米线这一精细、耗时的工作。新纳米线发光二极管的主要特色为，由单晶氮化镓制成，每只发光二极管由安置在P型氮化镓薄膜表面上的n型氮化镓纳米线组成。

2. 以钙钛矿为原料研制更加稳定高效的发光二极管

2017年1月16日，美国普林斯顿大学一个研究小组在《自然·光子学》杂志上发表论文称，他们开发出一种新技术，以钙钛矿为原料，通过添加卤化铵，制造出成本更低、效率更高且性能更稳定的钙钛矿发光二极管。

过去10年来，发光二极管的应用越来越广，其节能、环保、寿命长、体积小，但制造成本也相对较高，降低发光二极管制造成本是相关产业界的重要目标。钙钛矿算是一种古老的材料，1839年首次发现于俄罗斯乌拉尔山脉。这种材料多为立方体或八面体，具有奇特属性。它可以是半导体，也可以是超导体，取决于其结构。作为一种新型功能材料，钙钛矿在环境保护和工业催化等领域具有很大的开发潜力。近几年，因其在太阳能电池领域的应用而受到持续关注。

很多科学家认为，钙钛矿材料可以成为氮化镓等发光二极管制备材料的替代品，但成膜效率低、稳定性不高这两个缺点，制约了它在发光二极管领域的应用。此次，该研究小组开发的新技术解决了这一问题。

他们在论文中称，在制造钙钛矿薄膜时，在钙钛矿溶液中添加卤化铵，尤其是长链有机卤化铵，会使钙钛矿晶体颗粒小很多，制成的钙钛矿薄膜更薄、更光滑。而这样的钙钛矿薄膜意味着更好的外部量子效率，会使发光二极管的效率更高，稳定性更好。

相比于硅和其他发光二极管制备材料，钙钛矿更廉价，制备工艺也更简单。研究人员称，新技术将加速钙钛矿在照明、显示、激光领域的商业应用，使未来的发光二极管产品更高效且廉价。

（三）在芯片基础上制造发光器件

1. 通过硅芯片开发出光二极管

2014 年 5 月，近日，美国华盛顿大学一个研究小组在《自然·物理学》杂志上发表研究成果称，他们把理论物理学预测转变为实际应用，通过硅芯片成功开发了光二极管，它或可用于制作运行速度更快、能耗更低的新型光子计算机，为在芯片上操控光信号开辟了新方向。这项研究工作受到美国陆军研究办公室和能源部的资助。

这款光二极管是通过在硅芯片上，利用宇称—时间（PT）对称性耦合，两个分别具有增益和损耗特性的圆环形光学谐振器制作而成的，可在一个方向上完全消除光信号，而在其他的非互易光传输方向上极大地增强光信号。

研究人员称，这种 PT 理论可延伸到电子学、声学、等离子体学和超材料等领域，开发创新型产品，如隐形器件、低输入功率的高强度激光器和监测单光子的探测器。未来，研究人员将利用其他材料制作此类型光二极管，以使其易与互补金属氧化物半导体器件相兼容。

2. 制成创毫米波信号强度纪录的芯片发光器

2017 年 2 月 8 日，美国加州大学欧文分校官网报道，该校电子工程和计算机科学教授帕亚姆·海德瑞领导的一个研究小组，制成一种硅基微芯片发光器，其发射的 G 波段（110～300 千兆赫）毫米波信号创强度纪录。

这段频率的光波更容易穿透人体等物体表面，提高医学和安检领域扫描和成像装置的分辨率。这种芯片还将在5G无线通信领域展现关键应用。

实验室测试表明，芯片发光器的能效打破了现有纪录，比同类装置高出一个数量级，同时具有较强的抗干扰能力。

据悉，这种芯片发光器在设计上有两大创新：一是将三种重要功能集成到一个装置内，即收集多个放大器的能量、将信号调到预设频率、发出可用于检测或通信的信号，舍弃了传统发光装置内低效级间系统，大大提高了能量输出强度；二是发光器内半导体芯片被设计成八角形，特有的空腔结构使其能发出圆极性信号，以微型自旋风形式呈现，这种形状的光束能穿透固体，并提供清晰度极高的详细内部图像。而现有大多数发光装置只能产生线性极性信号，容易造成偏振而使信号减弱。

研究人员表示，新装置将在生物医学领域展示巨大潜力，用于从健康组织中分离肿块，或对单个蛋白进行精准研究。另外，对于正在研发中的5G无线标准、虚拟设备以及各种仪器、建筑和其他基础设施中的传感器和天线等，这种毫米波技术都会发挥重要作用，比如将其用于无人驾驶汽车的智能处理系统和雷达装置，可提高盲点检测准确度，避免撞车事故。

三、研制显示器及其相关成果

（一）开发液晶显示器及其材料与技术

1. 研制液晶显示器的新信息

研制出首款全彩柔性超薄液晶显示器。2015年6月，美国中佛罗里达大学，纳米科学技术中心兼光学光子学学院教授德巴希什·禅达领导的研究小组，在《自然·通讯》杂志上发表研究成果称，他们研制出全球首款全彩色柔性薄膜反射显示器，可使士兵迷彩服能随环境改变颜色和图案，也可使人瞬间变换衣服的颜色。

禅达解释说，包括手机显示器在内的传统显示器笨重、易碎，且都需要光源、过滤器以及玻璃板，而自然界中像变色龙这样的动物，则天生自带纤薄的可变色的“柔性显示器”，也就是它们的皮肤，而且这种“显示器”并不需要光源。

研究人员表示，这项最新研究成果受到了自然界变色龙的启发。该超薄显示器通过外部施加的电压来改变自身的颜色，不需要光源，相反，它会反射周围环境存在的光线，为其所用。

他们使用一种简单且便宜的纳米压印技术，制造出一种能吸收某些波长的光波并反射它们的金属纳米结构。这种金属纳米结构被一块超薄的液晶层，像三明治一样夹在中间，其反射光的颜色，通过施加于液晶层的电压来控制。液晶分子和纳米结构金属表面上的等离子波相互作用，成就了这种全彩可调谐的液晶显示器。与之前只能制造出单色调色板的液晶显示器相比，最新研究是一个巨大的飞跃。禅达说："如果你的服饰可以改变颜色和图案，你还需要在衣柜里摆 50 件衣服吗?"

据报道称，新显示器超薄只有几微米厚（人类的头发直径则有 100 微米），适用于塑料和合成纤维等柔性材料之上。这项研究成果对目前的电视、计算机和手机等电子设备将产生重大影响。尽管以今天的标准来看，原有设备的显示器已足够纤薄，但在这款最新液晶显示器的映衬下，它们还是显得非常笨重。该研究的更大意义可能在于，它将宣告新一代全新显示器的诞生。

2. 研制液晶显示器相关材料的新信息

（1）研制出"无毒"的液晶玻璃基板。2006 年 3 月，玻璃制造巨人美国康宁公司表示，他们的研究人员已经生产出一种不同于液晶的玻璃基板。它是一种不含重金属的物质，对人体及周围环境都不会造成大的危害。这条消息对于液晶电视制造商而言是个重大突破。

康宁表示，他们采用的是一种做 Eagle XG 技术，用来制造显示的玻璃基板，它其中不会含有重金属物质。大家都知道，显示器的组成物质中含有锑、砷与钡等对人体有害的物质。从而，会对人体及周围环境放射出有害的辐射。而康宁公司研制出这种玻璃，将用氟和氯来取代那些重金属物质，从而降低对人体的危害，并且，它也有利于产品的回收再利用。他们的研发项目也得到半导体公司的全力支持。

而欧盟也对此问题十分重视。他们表示，对含有有毒性的物质，将会建立一种新的规章制度。这对显示器市场或是电视市场又是一次挑战。

（2）在高浓度金属中制出液晶。2006 年 4 月，美国北卡罗来纳州立大学物理和数学科学学院的化学教授詹姆斯·马丁博士与同事夏侯·弗缅博士，以及一些研究生共同组成的研究小组，在《自然·材料》杂志上发表研究成果称，他们成功地在高浓度金属中制备出液晶。这项研究成果可能对半导体和太阳能研究中的“磁性液体”和液晶产生重要影响。

液晶具有独特的光学和自恢复性质，它们统称由一些牙签或盘状分子组成。通过电场操纵液晶方向，研究人员可以控制光线是否能够通过液晶材料。如果没有液晶材料，我们日常所用的平板计算机显示器和液晶显示器也就不可能存在了。

最常见的液晶是碳、氮和氧元素组成的有机分子液晶。在液晶中加入金属或无机材料，使液晶具有电学或磁学性质一直是一个技术难题，因为金属或无机分子的结构，使得它们在液晶中的浓度一直不高，无法显示出显著的电学或磁学性质。

马丁研究小组认识到，要在液晶中引入高浓度的金属材料，必须从能够组成液晶分子的无机网络入手。他们利用表面活性剂实现了最初的设想，表面活性剂可以促使各种各样的无机网络形成液晶结构。研究人员可以通过控制表面活性剂和无机成分的比例，来产生不同的液晶结构。这项技术不仅可以产生新的液晶材料，而且可以提供一种了解液体（甚至是膜和蛋白质）结构形成的新看法。

马丁说：“液体并不是一种随机结构，而是非常有组织的结构，我们可以在原子核分子水平上控制它们的结构。当我们能够探索液体组成结构时，我们就能制造出完全新型的材料，发挥它们的各种不同性质的作用。”

（3）发明可变焦液晶。2006 年 5 月，美国中央佛罗里达大学的物理学家吴信宗与他的同事组成的一个研究小组，在《应用物理快报》杂志上发表研究成果称，他们发明了一种新型可调液晶透镜，它的焦距可以通过改变施加的电压进行调整。与传统液晶透镜相比，这种新材料的散光更小。它可以用来制造变焦透镜和其他微光设备。

大多数液晶透镜都是利用液晶分子在外电场下改变指向的性质进行工作的。如果外电场足够大，它们的指向可以排列成与外电场方向相同。这个过程会改变液晶的折射率，也就是改变材料的焦距。

吴信宗研究小组研制的这种新透镜可以用一种完全不同的方式改变透镜的焦距。他们的元件中含有液晶分子和小的 N－乙烯基吡咯烷酮单体的混合物质，这种混合物质夹在两片玻璃衬底之间，每片衬底都包裹了一层透明的氧化铟锡，然后再把一个凹透镜平底朝上地放在一个衬底上。当不加电压时，液晶与单体混合物质均匀分布在衬底之间。而当研究人员们在两个衬底上施加电压时，液晶分子向电场高的一端聚集，而单体向衬底中间运动，那里的电场较低。这样就形成了液晶分布的梯度变化，元件的折射率也就改变了，两端折射率最大，中间最小。研究人员们利用 CCD 相机，观察一束氦氖激光入射到这种元件后的聚焦情况，验证了它可以起到透镜的作用。令研究人员们感兴趣的是，他们可以通过调节电压来改变透镜的焦距。

另外，因为元件中不包含分子再定位过程，所以这种新透镜克服了传统液晶透镜的很多缺点，例如强散光、失真和焦距改变时光线散射等。

这种新透镜的唯一缺点是它的聚焦时间长达三分钟。这是由于它的尺寸较大（9 毫米）造成的，也就是说其中的分子扩散较慢。但是如果考虑微米尺寸的透镜时，就没有这个问题了，那时室温下的响应时间大约是一秒钟。这项技术还可以用来制造其他自适应微光子设备，例如棱镜阵列和相位衍射光栅。

3. 研制液晶显示器相关技术的新信息

开发出利用液晶显示器收集光能的技术。2011 年 8 月，美国加州大学洛杉矶分校萨缪里工程与应用科学学院材料科学系教授杨洋主持、工程学研究员朱瑞等参与的研究小组，在《先进材料》杂志上发表论文称，他们专为电子设备创立一种收集和重复利用能源的新理念：为这些设备的液晶显示器配备内置的光电偏光器，支持他们将环境光源、阳光和电子设备自身的背光源转化成电能。

当面临户外工作，或是长途旅游时，很多人恐怕都有过这样的担忧：因为无法找到外接电源，而使自己的智能手机或者笔记本电脑等因电能耗尽而关机，从而错过了商务良机，甚至失去了唯一的求生机会。该研究小组开发出的这项技术，基本上解决了这个棘手的问题。

液晶显示器可谓是现今电子设备上配备的常规物件，无论是智能手机、电视屏幕、电脑显示器，还是笔记本电脑和平板电脑上，都能看到它们的身影。它多是由不同部分组成的分层结构，由两块玻璃板构成，中间由含有液晶材料的间隔隔开。因为液晶材料本身并不发光，所以需要给显示器配置额外的光源，在液晶显示器背面有一块导光板和反光膜，导光板的主要作用是将线光源或者点光源，转化为垂直于显示平面的面光源。背光源发出的光线，在穿过第一层偏振过滤层之后进入液晶层。液晶层中的水晶液滴都被包含在细小的单元格结构中，一个或多个单元格构成屏幕上的一个像素。在玻璃板与液晶材料之间是透明的电极，电极分为行和列，在行与列的交叉点上，通过电压的变化可改变液晶的旋光状态，液晶材料的作用类似于一个个小的光阀。在液晶材料周边是控制电路部分和驱动电路部分。当液晶显示器中的电极产生电场时，液晶分子就会发生扭曲，从而将穿越其中的光线进行有规则的折射，然后经过第二层过滤层后在屏幕上显示出来。

该研究小组此次研制出的新型能源收集偏光器，名为偏振有机光伏板。它能促进液晶显示器的功能，同时发挥偏光器、光伏器件以及环境光源或者太阳能光伏板的作用。

杨洋说："我坚信这是一个改变游戏规则的发明，它能显著提升液晶显示器的效能。此外，这种偏光器同样可以用作普通的太阳能电池，来收集室内或室外的光源。因此下次去海滩的时候，你就可以借助阳光为你的iPhone 充电了。"

研究人员表示，从能源利用的角度来看，现在的液晶显示器偏光器效率偏低。一台电子设备的背光能够消耗该设备 80% ~90% 的能源，高达75% 的光源更是因为偏光器流失了。而偏振的有机光伏液晶显示器能够重新获取大部分未使用的能源。

朱瑞也谈到，他们涂层的方法十分简单，该技术未来将有望应用于大规模的制造过程。

此次研究的支持者、英特尔实验室学术研究办公室的项目主管尤苏瑞·伯托总结说，该研究小组所阐述的偏振有机光伏电池，约能收集七成以上浪费的液晶显示器背光光子，并能把它们重新转化为电能。

杨洋表示："在不远的未来，我们希望进一步提升偏振有机光伏的效率，并最终达成与电子制造商的合作，把这项技术融入到真正的产品中去。我们也期望这种节约能源的液晶显示器，将来能成为显示器市场的主流技术。”

（二）开发发光二极管显示器

1. 研发出有机发光二极管“纳米显示器”

2008年5月，美国西北大学和普渡大学联合组成的一个研究小组，研制出一种新型纳米技术显示器。它把有机发光二极管嵌入透明的纳米线中，可以直接安装在汽车挡风玻璃上，还可以在真实物体上覆盖多层信息。与电脑配合使用，也可以使用在眼镜上，让用户在街上行走的时候能看到餐馆信息，并且不用停步就能看到菜单。由于这种显示器透明且能弯曲，还可用于制造电子报纸和电子书，能持续不断地更新视频和图片，非常流畅。

此纳米技术显示器中的全部柱状物能产生绿光，亮度和大多数电视机差不多，但研究人员表示，还不能显示单个的像素。该研究小组正在与汽车制造商联系，计划将此技术提供给一家新成立的公司，期望5年内实现批量生产。研究人员表示，此纳米技术显示器的应用，将能匹敌液晶显示器，最先会出现在手表和手机的显示器上，之后将用于大型电视机的显示器上。

2. 研制大尺寸可弯曲的发光二极管显示器

2009年8月，美国伊利诺伊大学厄本那·香槟分校约翰·罗杰斯领导的一个研究小组，在《科学》杂志上发表论文称，他们已经找到制造宽大、可弯曲显示器的新方法，这样的显示器，可用于制造沿车体弧度安装的刹车灯指示器，同时透明度很高，乘客完全可以看见窗外的风景。

罗杰斯表示，这种纤细、轻薄的屏幕，可用来制作刹车指示灯、健康监测器，或者像毛毯一样将病人包裹起来的成像设备。

研究人员指出，这种大型显示器既有发光二极管耐用、屏幕大的特点，同时，因为它由有机的含碳物质制造而出，还具有独特的柔韧性。

目前，通过无机材料可以制造大块的、单个的发光二极管光束。这些光束需要自动装置来逐一重新排列；使用有机材料制成的显示器，能够被喷洒或者涂在胶片的表面，但是它们不够明亮，而且耐用性也比较差。能否将两者的优势结合起来，取长补短加以利用呢？

为了解决这个问题，研究人员在一层薄薄的胶片上，制造发光二极管，并用化学物质把它溶解，接着在两个角落贴上细小的塑料标签，以确保这些发光二极管不会在“化学浴”中被冲走。

随后，研究人员使用一种特殊的冲压技术，把这些无机发光二极管沉积于玻璃、塑料或橡胶表面，并将它们组合在一起。

这些发光二极管能够相互连接并且通上电，就像给计算机芯片通电一样。因为发光二极管即使相隔很远来放置，也可以提供足够的光亮，因此，得到的面板和显示器几乎是透明的。

罗杰斯表示，新方法能够一步到位地把大量小而薄的发光二极管从表面提起，接着把它们印在一个基座上，因此，把这些发光二极管放在塑料上就可以制造刹车灯。

罗杰斯的研究项目最初由福特汽车公司资助，福特汽车公司想要找到一种方法，来制造同汽车的外形轮廓相匹配的汽车刹车灯指示器。

（三）开发有机高分子材料的显示器

1. 用塑料制成为电子书铺路的显示器

2004 年 10 月，美国惠普公司研发人员在英国伦敦展示一款用塑料制作的新型显示器产品原型，该公司表示，新型显示器的推出，将有助于打破现有电子产品的像素显示壁垒，为电子书的出现铺平道路。

据悉，惠普公司正在研发一种新型大屏幕低成本显示器，它具有像纸一样的超薄外观，同时支持高分辨率。同传统显示器有所不同，这种新型显示器使用塑料作为原材料，而不是玻璃。惠普表示，新型显示器将应用于电子书、杂志以及海报，同时它还将在一系列可能会出现的新产品中使用，例如电子白板等。

2. 把染料嵌入聚合物制成柔性显示器

2014 年 9 月，美国麻省理工学院电子专家赵选贺领导的研究团队在《自然·通讯》杂志上发表研究报告称，他们新近开发出一种在聚合物上嵌入染料而制成的柔性显示器。这一新成果是受到头足类动物皮肤的启发而产生的。

柔性显示器也被叫作“电子纸”，其由柔软材料制成，是具有低功耗、直接可视、可变型可弯曲的显示装置。而海洋里的头足类动物，比如章鱼和乌贼，它们的皮肤有一种含有色素的细胞，被称为色素细胞。这类动物，能通过伸缩肌肉，控制这些色素细胞上逃逸光量的多少，从而改变皮肤的颜色，这让它们能迅速切换不同的图案。

该研究团队此次在聚合物表面上重复了这个效应。实验中，他们利用电场控制了聚合物的张力，嵌入到聚合物上的染料会对张力做出反应，显示出预先定好的图案。研究人员同时展示出，类似这样产生的图案，例如字符和图片，都能被反复显示和擦除。研究人员表示，这种新型柔性显示器未来有可能成为替代传统平面屏幕的一种方式。

（四）开发具备特有功能的新一代显示器

1. 研制开拓人机互动新领域的“动态形状显示器”

2013 年 11 月，物理学家组织网报道，美国麻省理工大学媒体实验室触摸媒体研究小组正在开发一种名为“inFORM”的变形表面，能让用户以一种有趣的方式与数字产品互动，大大超越了传统计算机的封闭式互动。观察人士称这种系统“不仅能作形状显示器，还能当一种变形表面来用”。

据研究小组介绍，inFORM 系统是一种能从物理上呈现三维内容的动态形状显示器，用户能以一种可触摸的方式和数字信息互动。inFORM 还能和周围的物理世界互动，比如在桌面上移动物体。而在视频会议中，参会者还能远程身体互动，给人一种真实的会场感。

与许多其他驱动或变形界面相比，inFORM 形状显示器允许更一般化的变形，因此也是一种理想化的研究平台。目前，研究小组正在探索 inFORM 形状显示器的应用领域。其中之一是地理空间数据，比如地图、地理信息系统、地形模型和建筑模型。让城市规划人员和建筑师看到实体化的三维设计，能更好地了解、共享和探讨他们的设计。此外，它还可用于研究外科手术模拟。

研究小组于 1997 年提出了“可触摸用户界面”的概念，超越了流行的“图形用户界面”的主导样式。图形用户界面基于不可触摸的像素，而可触摸用户界面能在物理空间将数字信息实体化，拓展了对物理物体的表面和空间的呈现，能让人们与数字世界直接互动。

研究小组在 2012 年又提出了“基本原子界面”的概念。可触摸用户界面受其硬件“原子”的限制，在实时改变物理目标的形状和性质时，会与数字模型出现差异。而基本原子界面可以解决这一难题，体现了“未来的互动视界”，所有的数字信息完全以物质形式表现出来，并与人们直接互动。

研究人员说，目前形状显示器仍然受规模和成本限制，但这项研究是对互动能力的探索，旨在启发该领域未来研究的灵感。我们相信，今后变形界面会越来越普及。

2. 发明仅靠环境光即可运行的电子纸显示器

2016 年 10 月 26 日，《新科学家》杂志网络版报道，微软最近研发出一种仅靠环境光就能供电的显示器。据研究团队成员格罗斯·浦奋迪尔介绍，这款“中性能量”显示器原型，可以靠办公室灯光来工作，就像小型电子阅读器一样。

浦奋迪尔说：“我们的技术可以像一张便笺纸那样应用，但不同之处在于，它可以重复利用，并与其他地方的便条信息同步，显示最新的信息。例如，当你离开办公室时，就会显示天气和巴士运行时刻表信息。”

特别值得一提的是，该装置通过光伏电池从周围环境中收集能量，永远不需要充电。浦奋迪尔说：“跟电脑和电视机显示器不同，电子墨水显示器不需要插入电源来确保画面持续存在。这就意味着，我们只需要通过装置后面的太阳能板获取少量电能，就可以从办公室光线中收集足够的能量。”

这一装置仍处于研发阶段，目前尚不清楚作为消费产品是否可行，以及究竟能带来多大的环境效益。普渡大学电气与计算机工程学院副教授维贾伊·若哈纳赞表示，这一技术最重要的应用在于不同类型的传感器。当传感器放置在办公室或者其他地方，他们的电池经常需要充电，如果采用中性能量的传感器，则可以节省大量的钱。

虽然这是第一次单独利用环境光来点亮屏幕，但此前科学家们已尝试了利用环境能量的其他形式。2015 年，华盛顿大学提出利用 WiFi 信号给设备供电的设想，可将标准路由器发射的无线电波能量转化为电能，从而给温度传感器和低分辨率相机供电。

第三节　光电子器具及设备的新进展

一、研发光电子基础器具的新成果

（一）制成用于探测或分析的光电子仪器

1. 研制用于探测方面的光电子仪器

开发出灵敏度提高两倍的量子点红外探测器。2010 年 5 月，美国伦斯勒理工学院物理学教授林善瑜领导的一个研究小组，在《纳米快报》杂志网络版上发表论文称，他们开发出一种基于光电子纳米技术的新型量子点红外探测器。这种以金为主要材料的新型元件，可大幅提高现有红外设备的成像素质，将为下一代高清卫星相机和夜视设备的研发提供可能。

由美国空军科研局资助的这一项目，通过在传统量子点红外探测器元件上，增加金纳米薄膜和小孔结构的方式，可将现有量子点红外探测器的灵敏度提高两倍。

研究人员称，红外探测器的灵敏程度从根本上取决于在去除干扰后所能接收到的光线的多少。目前，大多数红外探测器都以碲镉汞技术为基础。该元件对红外辐射极为敏感，可获得较强信号，但同时也面临着无法长时间使用的缺憾（信号强度会逐步降低）。

在这项新研究中，研究人员使用了一个厚度为 50 纳米、具有延展性的金薄膜，在其上设置大量直径 1.6 微米、深 1 微米的小孔，并在孔内填充具有独特光学性能的半导体材料，以形成量子点。纳米尺度上的金薄膜可将光线“挤进”小孔，并聚焦到嵌入的量子点上。这种结构强化了探测器捕获光线的能力，同时也提高了量子点的光电转换效率。实验结果表明，在不增加重量和干扰的情况下，通过该设备所获得的信号强度，比传统量子点红外探测器增强两倍。下一步，他们计划通过扩大表面小孔直径和改良量子点透镜方法对设备加以改进。研究人员预计，该设备在灵敏度上至少还有 20 倍的提升空间。

林善瑜说，这一实验为新型量子点红外光电探测器的发展，树立了一个新路标。这是近 10 年来，首次在不增加干扰信号的情况下，成功使红外探测器的灵敏度得到提升，极有可能推动红外探测技术进入新的发展阶段。

红外传感及探测设备在卫星遥感、气象与环境监测、医学成像以及夜视仪器研发上均有着广泛的应用价值。林善瑜在2008年时曾开发出一种纳米涂层，将其覆盖在太阳能电池板上，可使后者的阳光吸收率提高到96%以上。

2. 开发用于分析方面的光电子仪器

（1）研制出微型量子点光谱仪。2015年7月1日，美国麻省理工学院化学教授莫吉·巴旺迪、中国清华大学鲍捷，以及加州大学伯克利分校物理学副教授王锋等人组成的研究小组，在《自然》杂志上发表论文称，他们一项新研究成果，为制造更高性能的光谱仪铺平了道路，而这种光谱仪将比手机照相机镜头的图像传感器还要微型。该论文详细描述了这种微型量子点光谱仪的未来应用前景，其中包括太空探索、个性化医疗、微流控芯片实验室诊断平台等。

光谱仪作为一种分析仪器，几乎在每个科学领域都会用到，尤其在物理、化学和生物学研究中必不可少。这类设备通常体积过大以至于难以移动。科学家长期致力于让光谱仪小型化、成本低廉且易于使用，以便增加它们的使用范围。但一直以来，相关努力都不是很成功。

据报道，此次，鲍捷和巴旺迪提出，可以用胶体量子点来克服现有微型光谱仪的设计局限。量子点是高度可调控的、微型的，并且是对光敏感的半导体晶体，使用量子点可以在减小光谱仪体积的同时不影响它的分辨率、使用范围和效率。

研究人员展示了一个用195个不同的量子点做成的光谱仪，其每一个量子点都对特定光谱范围敏感，可以过滤各种波长的光并检测到非常小的光谱移位。王锋认为，这个堪称“美丽”的方式，利用半导体量子点微型光谱仪来控制光吸收，该设备体积之小、性能之高，在以前还从未实现过。

研究小组表示，这一系统兼具了高性能和简洁性，容易制造并有进一步小型化的可能，所以将会在很大程度上有利于那些需要缩小尺寸、重量、成本和复杂性的应用。其与小型设备结合后，可用于诊断皮肤状况或分析尿液样本，甚至用于追踪生命体征诸如脉搏和血氧水平等。与此同时，这一研究也代表了量子点的新应用，这种纳米结构材料现主要适用于标记细胞和生物分子，在计算机及电视显示屏领域也大有用武之地。

（2）研制能准确检测果类成熟度的手持光谱仪。2016 年 9 月，美国麻省理工学院电子专家安舒曼·达斯领导的研究小组，在《科学报告》杂志上发表论文称，他们研制出一种稳定可靠的新型手持光学光谱系统。这种设备，仅重 48 克，在检测果类成熟度的试验中表现非凡，它可以通过与其相匹配的智能手机，应用无线连接来收集、存储和分析仪器数据。

光学光谱系统通过物体与光的交互来研究其性质，有许多用途，包括评估食品质量、环境传感和药物测试。然而，大多数工业或实验室用光谱仪都昂贵笨重，且需要相伴的计算机设备来收集数据。此前的研究者们也曾开发过便携式智能手机光谱仪，希望能用于冶金、环境和消费品等领域，但这种设备对分辨率和信噪比要求较高，抗外界干扰能力不足，提供出的数据一直不够稳定可靠。

此次，达斯研究小组开发了一种 88 毫米 ×37 毫米 ×22 毫米大小的光谱仪样机，体积小重量轻，携带方便，快速无损，且有专门的智能手机应用交互界面。目前，研究人员已用这一仪器，准确评估了不同品种果类的成熟度。

试验中，研究人员使用该手持光谱仪，在 11 天的果实成熟过程中，测量了苹果外皮中叶绿素的紫外荧光，以评估三个不同品种苹果（金冠、帝国和旭苹果）的成熟度。他们证明，该设备的结果与破坏性的品质检测结果相符。

研究人员认为，非破坏性的光学检测，比如他们的设备所采用的检测方式，能有效帮助农民决定最佳收获时间。研究人员同时强调，这种设备也能被改造为适合消费者检测水果成熟度的便利装置。

（二）研制光学计算机的基础装置

1. 制成能把光束变成固体的新装置

2014 年 9 月，英国《每日邮报》网站近日报道，美国普林斯顿大学助理教授安德鲁·浩克和达利斯·萨德里，以及电子工程学副教授哈坎·特瑞希等人组成的研究小组，建成一个新装置，它能借用量子力学领域的“纠缠”现象，使光子的“行动举止”与固体粒子一样。研究人员表示，这项研究成果除了有助于科学家们对物质的基本属性进行更进一步地分析和探究之外，还有助于他们最终制造出量子计算机。

为了制造出这种新装置，研究人员制造出一个超导材料结构，它由1000亿个原子组成。研究人员采用工程学方法，使这1000亿个原子的行为像单个“人造原子”一样。随后，他们将“人造原子”放置在一根由光子组成的超导电线附近。

根据量子力学的规则，电线上的光子会继承“人造原子”的某些属性，就像它们紧密连接在一起一样。一般情况下，光子之间并不会相互作用，但在最新系统中，研究人员发现，光子会像粒子一样采用某种方式相互作用，也就是说，光子出现了新的行为。浩克说：“这种情况前所未有，对光来说，这是一种新现象。”

萨德里说：“我们使用这种光子和原子的混合，通过人工方法，设计出光子间强烈的相互作用，随后，这种相互作用导致光出现全新的集合行为，就像晶体一样。光子的这一新行为，或许有助于我们制造出计算和处理能力超强，且依靠量子力学的基本原理运行的量子计算机。”

研究人员表示，这一突破，有望使科学家们研制出一些新奇的材料，将计算能力提高到现有技术无法企及的高度。此外，最新设备也将在回答与原子和分子有关的问题方面，大展拳脚。就目前的情况而言，即使使用现在最先进的计算机，也都无法回答这些问题。

目前，计算机的工作原理为经典力学，而原子和光子的“言行举止”，则遵循量子力学的基本原理。量子力学包含有很多奇怪且与常识相悖的规则，其中之一，便是“纠缠”，使多个粒子变得相互连接，即使相距很远，也能相互影响。量子力学和经典力学的差异，使标准计算机无法有效地研究量子系统，因为计算机基于经典力学的原理来运作，它无法应付和处理量子世界里的很多特征。特瑞希说：“我们对于在原子尺度探索，并最终控制和引导能量的流动感兴趣。”

2. 开发出可将光波分为两个通道的最小分光器

2015年5月19日，美国犹他大学电气和计算机工程副教授拉杰什·梅农领导的研究团队，在《自然·光子学》杂志上发表研究成果称，他们在研制比现有机器快数百万倍的下一代计算机和移动设备方面，迈进了一大步：他们开发出了迄今最小的超紧凑型分光器，可将光波划分为两个独立的信息通道。这个新装置，使制造利用光而非电子来计算和传输数据的硅光子芯片，更接近现实。

梅农说："光是你可以用来传递信息的最快的事物。但这些信息必须被转换为电子才能进入你的笔记本电脑，而这种转换会让速度变慢。"

互联网依靠光子携带信息通过光纤网络，一旦一个数据流抵达家庭或办公室终端，光子必须先转换为电子，路由器或计算机才能够处理信息。如果数据流在计算机的处理器内保持光的形态，就可能消除这个瓶颈。梅农说："我们的愿景是用光来完成这一切。计算速度最终可提高数百万倍。"

为此，研究人员在硅芯片上创建了一个更小型的、看起来有点像条形码的极化分光器，可将引导入射光拆分为二。之前的这种分光器大小超过了100微米×100微米，而梅农团队采用了新算法来设计分光器，使其尺寸缩小到2.4微米×2.4微米，相当于人类发丝宽度的1/50，已经接近物理尺度的极限，这使得单一芯片上集成的分光器数量有望达到数百万个。

新型分光器的潜在优势并不止于提高计算机的处理速度。其设计使用的是现有的制造硅芯片的工艺，因此生产成本更低。此外，由于光子芯片"运送"的是光子而不是电子，内置这种技术的移动设备，如智能手机或者平板电脑，将比现在能耗更低、电池寿命更长、产生的热量更少。

硅光子学可显著提高机器的能力和速度，比如用于超级计算机、数据中心的服务器，以及无人驾驶汽车和无人机专用的可检测碰撞的计算机，并最终"走向"家用电脑和移动设备，改善从游戏到视频流等应用程序。目前，英特尔和IBM等公司均在着力研发首个硅光子学超级计算机，但其仍将使用保持部分电子学的混合处理器。梅农认为，他的分光器有望在三年内应用于这些计算机，而对连接速度要求更高的数据中心，也可能很快采用这项技术。

（三）研制光通信方面的基础器具

1. 研发单光子信息处理与通信的装置

（1）研究储存单个光子的存储器。2005年12月8日，美国佐治亚理工学院亚历克斯·库兹密歇和布赖恩·肯尼迪领导的一个研究小组，在《自然》杂志上发表文章称，他们储存并取用单个光子，这个光子发送自充满铷气的远程量子存储器。这项成果代表了量子通信和量子计算网络技术的巨大进步，这一网络可以通过存储器使用光子和原子来储存和处理信息。

然而，研究人员谨慎地表示，即便他们的初步网络操作已经成功，离光子网络的实际运用还为时尚远。

从实用角度看，在量子存储器中，储存并取用光子是朝着“量子转发器”发展的重要一步，这种设备可用于通过光纤长距离的传送量子信息。

现有的通信网络，使用传统的光通过光纤发送信息。要长距离地传送信息，这一类信号必须每隔一段时间就由中继站中继，而在量子网络中，无须这种中继站。

要短暂地储存光子，必须对阻碍磁场进行仔细控制，这一磁场之所以能起到作用，是因为铷原子已被冷冻到无法大幅运动的地步。

量子信息是非常脆弱的，如果有磁场存在就会改变原子的相位，这样就会丢失信息，目前，这的确限制了这种技术在量子网络中的运用。

该研究小组希望未来在他们比较原始的量子网络中，增加更多的节点，并能通过光子解析有用的信息。

（2）开发出超密度单个光子存储器。2007 年 1 月，美国罗彻斯特大学物理学副教授约翰·赫威尔负责的研究小组，在《物理学评论快报》杂志网络版上发表论文称，他们在光学研究领域取得突破，这项突破使得研究小组能够把图像有价值的数据编码到一个光子，缓冲图像存贮速度，然后完整无缺地对图像进行还原。

当他们使用由几百像素组成的最初测试图像进行试验时，研究人员能够运用该项新技术对大量的信息进行存贮。

罗彻斯特大学的字母缩写“UR”图像，是利用光的单脉冲创造出来的。研究小组能够将成百上千这样的脉冲，同时变得适合在一个微小的 4 英寸大小的单元内。这项技术把信息压缩到如此微小的空间，并完整无缺地进行还原，使光学缓存（用光存贮信息）成为可能。

目前，光学存储是一个非常热门的领域，因为工程师们正致力于利用光来加速计算机处理速度和网络速度，但当他们面临不得不将光信号转化为电信号，以存储信息这一难题时，哪怕只是进行短暂的存储，他们的系统都陷入了困境。

该研究小组使用一种全新方法来保存脉冲所携带的所有信息。经缓存后的脉冲基本上是一种完整的原始信号，几乎不存在失真，没有附加的衍射，而且这一原始信号的相位和振幅全部得以保存下来。赫威尔甚至想通过正在进行的研究工作证明量子纠缠也安然无损。

迄今为止，赫威尔研究小组已能够延缓光脉冲一百毫微秒，并能够将它们压缩到其原始长度的1%。他现在正研究如何将许多脉冲延缓几毫秒的方法，以及将1万个脉冲延缓到一毫微秒的方法。

（3）开发出快速高效创建单光子的新装置。2012年4月，美国佐治亚理工学院的一个研究小组在《科学快讯》杂志上发表研究成果称，他们利用激光从超冷的铷原子气体云内激发单个原子，开发出一种能快速、有效创建单光子的新装置，并有望应用于光子信息处理之中。

这套新的单光子装置系统，为研究原子的纠缠态和自旋波等提供了“肥沃的土壤”。研究人员能比较高效地把里德伯激发转化为单光子，随时获取所需的状态，速度可比现有装置快近千倍。

里德伯原子是指一个价电子被激发到高量子态的高激发原子。其价电子离原子实很远，能级结构类似于氢原子。为了获取里德伯原子，研究人员利用激光照射数百个密集的铷87原子。它们都被激光所冷却，并被限制在光学晶格中。激光照射将使单个原子从铷原子气体云中，转化为接近电离的里德伯态。原子处于这种高度激发的状态时，将在10～20微米的范围内，与其他里德伯原子发生强烈的相互作用。通过修改单个里德伯原子的能量水平，并在其周围保有相应的空间，可阻止额外的原子被转化为里德伯态。

一旦高度激发的原子被制成，研究人员便可利用额外的激光场，把激发转化为具有同样统计属性的量子光场。由于场由单个里德伯原子生成，它只包含一个光子，这可被用于多种场合之中，对于量子信息系统等领域的研究也十分重要。研究人员表示，在首次实验中，生成的单光子的性能，已超过其他类型的单光子。随着效率和生产率的进一步提升，以及和“长寿的”量子存储器的融合，这一单光子来源或可实现光子的信息处理。

研究小组表示，下一步，他们将致力于开发两个光场之间的光子量子闸。如若成功，将支持他们制成原子和光的复杂纠缠态，这将为量子网络和量子计算添加宝贵的性能。

2. 研究光缠绕信息处理与通信的装置

开发出高速传输数据的光缠绕系统装置。2012 年 6 月，美国南卡罗来纳大学维彼特工程院电气工程教授艾伦·威尔奈领导的他的同事以及欧洲和中国、巴基斯坦、以色列等科学家组成的研究小组表示，光束可以相互缠绕，并被一个系统装置组合起来，用于以极高的速度传输数据。

通常，宽带电缆能支持的最高下载速度为每秒 30 兆位，而研究小组新开发的光束缠绕和组合系统装置的最高传输速度，可达每秒 2.56 兆兆位，是前者的 8500 倍。新的研究成果有望用于建立高速卫星通信网、短距离太空和陆地网，或被用于为人们提供互联网服务的光缆中。

威尔奈表示，人们可以利用光完成许多用电无法完成的事情，这是光的美妙之处。人们可以以极快的速度用不同的方式来操纵大量的光子。

研究小组利用该装置缠绕光束的“相位全息图”操纵 8 束光，各束光之间如同 DNA 螺旋体那样，相互缠绕并在自由的空间中延伸。每束光具有独立的扭曲同时能编码进“1”和“0”数据，成为独立的数据流，这如同无线广播中分离的信道。

研究小组在实验室开放的空间中展示了该装置系统的数据传输，目的是模拟太空中卫星间的通信。光缠绕通信装置系统研究领域的下步计划，包括如何把它进行整合后用于光纤通信，让其类同于通过互联网的传输数据。

3. 研制用于光通信的新型光波导器件

（1）研制出纳米带光波导器件。2004 年 9 月，有关媒体报道，利用纳米线制作发光或探测光子器件的技术，已越来越纯熟，然而纳米线波导却一直未被成功的研制出来。现在美国加州大学伯克利分校及劳伦斯伯克利国家实验室，已经成功利用氧化物结晶构成的纳米带，作为器件间的光信道。

劳伦斯伯克利国家实验室的杨培东表示，过去两年来，该实验室已发展出纳米级激光器及探测器，但独缺可以连接这些器件的次波长波导。在众多适用于制作波导的方法中，超长的纳米线，被证实是一个低损耗的光波导材料。该研究小组利用结晶氧化锡纳米带作为波导；纳米带长约1500微米，横截面为矩形，大小从15纳米×5纳米到2000纳米×1000纳米。研究人员表示，宽度及厚度约100～400纳米的纳米带，最适合用来引导可见光及紫外光。纳米带不但可作为可见光及紫外光的低光损耗波导，且有别于易碎的氧化锡块材，具有良好的韧性，这使得制作光路变得容易许多。

研究人员把氧化锌纳米线，受激放射出来的光导入纳米带，再利用氧化锌纳米线在电性上探测由纳米带放射出的光激荧光。杨培东表示，该研究小组希望把这些波导器件，整合成具有完整功能的光路，以便在芯片上实现光计算或其他如生化探测等应用。目前该研究小组虽然能使用这些纳米结构个别具备光或电的功能，但对于以纳米线为基础单元制作功能完备的系统，则还在研发初期，未来还需要投入更多努力。

（2）发明以液体为纤芯的光波导管。2004年10月，加州大学圣克鲁斯分校电子工程副教授霍革·施密特等人组成一个研究小组，首次成功制出以液体为纤芯的光波导管，使光可以定向无损地穿过芯片上的液体。这一光学传感技术，有着广泛的应用前景，可以用于制造检测单分子的化学和生物学传感器。

研究人员表示，根据他们的设计，可以用工业上生产电脑芯片的标准硅的制作工艺来生产这种波导管，他们已经制出可在注入液体或者气体后使用的空心波导管。

在传统光纤中，纤芯和包层由两种光学性能不同的介质构成，内部的介质对光的折射率比环绕它的介质高，利用全反射原理，我们可轻易地使用光纤来改变光的行进方向，在长距离上传播光信号。由于液体和气体的折射率相对比较低，想让光沿着液体或气体传播很困难。

施密特的波导管利用了抗谐振反射光波导原理，考虑到兼容微型制造技术，以及将来可能集成硅电子元器件，研究人员选择了氮化硅和二氧化硅，作为波导管的包裹材料。在制作时，把覆盖层沉积到一个矩形模具外部，然后再把中间的模具溶解，就得到了中空为3500纳米×9000纳米的波导管，这也是目前做出的最小的空心光导管。

施密特研究小组已经利用氦氖激光激发荧光染料，成功检测到波导管中液体样本的分子荧光，在500万分之一毫升的样本中检测到800个分子。他们的目标是能够检测出单个分子。此外，施密特还认为气体内核的波导管在原子物理和量子光学领域也有应用潜力。

施密特表示，在生物和化学领域，分子所处的环境是液体和气体，如果能引导光在水中或空气中传播，非固体材料领域的研究都将可以使用集成光路技术。

（3）研制出能隔离光信号的硅波导装置。2011年8月5日，加州理工学院电子工程系的博士后冯亮主持的研究小组，在《科学》杂志上发表论文称，他们研制出一种新的硅基光学波导装置，能将硅芯片上的光信号隔离开，解决了建造光子芯片长期存在的问题，为下一代光子芯片的研制铺平道路。

与电子芯片相比，光子芯片拥有超高速的运算速度、超大规模的信息存储容量、能量消耗小、散发热量低等优点，因此，用光子代替电子实现数据连接是不可阻挡的历史潮流，不过，现在的计算机技术主要还是依靠电子芯片。冯亮表示："我们希望电子芯片能完成的任务，光子芯片也能完成。"

如果不将光隔离，光子电路上不同元件发送和接收的信号就能相互作用，使光子芯片变得不稳定。而电子电路中的二极管，能通过限制电流朝一个方向行进，从而将电信号隔离开。因此，研制光子芯片的主要"拦路虎"，是制造出"光子二极管"，即光隔离器。研究人员一直在为此目标而努力。

以前，有两种方法来制造光隔离器。

第一种方法出现在100多年前，主要使用磁场。当光在相反方向行进时，磁场会改变光的偏振，因此，在一个方向行进的光无法同在另一个方向行进的光相互作用。冯亮说："可是，我们不能在计算机周围放置大磁场，这有损健康。"

第二种方法出现在50多年前，主要使用能改变光的频率而不是光的偏振的非线性光子材料。但这种方法也有问题，因为集成电路的基本组成材料硅是一种线性材料，如果计算机打算使用由非线性材料制成的光隔离器，硅就可能会"下岗"，那么，所有计算机技术可能都需要修改。

冯亮研究小组设计出一种新的光学波导装置：一个 0.8 微米宽、能输送光的硅设备，它使光能在一个方向采用对称模式行进，而在另一个方向上采用非对称模式行进，因为不同模式的光无法相互作用，因此，这两束光就被隔离开，能穿过彼此。

在最新研究中，科学家们首次用新的硅波导这种线性材料将光隔离出来。尽管该研究还只是一个概念验证实验，但研究人员建造出一个能被集成到一块硅芯片上的光隔离器，光隔离器对建造出纳米大小的光子设备至关重要。

现在，最先进光子芯片的数据传输率为 10Gb/秒，是个人电脑的几千倍，下一代光子芯片有望达到 40Gb/秒。但因为这些光子芯片没有内置光隔离器，它们比电子芯片更简单，而且也无法投入实际应用，因此，基于最新研究的光隔离器，有望加速光子芯片的商业化进程。

二、研发激光器及相关设备的新成果

（一）研制激光器及其器件的新信息

1. 激光器研发方面取得的新进展

（1）研制出世界首台硅光子拉曼激光器。2005 年 2 月，在《自然》杂志上报道称，英特尔研制成功世界上第一台“硅光子拉曼激光器”。

报道说，这是英特尔采用标准硅制造工艺生产出的激光器，它向降低光通信成本迈进了一大步，也为光学计算机的研制奠定了基础。运用这项技术，将会开发出低成本、高质量的激光器和光学设备，并将会在计算机、通信和医疗领域发挥巨大作用。

报道指出，英特尔的研究人员，已经研发成功如何利用“拉曼效应”，让光从水晶管中通过时使光线增强。在外力的催化下，试验中的芯片就会产生一种稳定的、高质量的激光。

英特尔一直计划在计算机上用光波取代电流来处理数据。硅激光的研发正是其中最重要的一个步骤。目前，激光通常只在大型通信网络中应用。如果利用日常生活中随处可见的硅产生激光，光波的容量和功效，将可以在小得多的环境中应用。要是成功把激光用于计算机，数据传输的速度，就可以与日益提高的处理器主频同步。同时，用户在处理复杂数据时，也可以有效地解决可能遇到的、类似视频编辑等方面的瓶颈。此外，硅激光的另一个优势是可以使用标准芯片制造设备，实现批量生产。

（2）研制新型激光粒子加速器。2005 年 10 月，在《物理评论快报》杂志上称，斯坦福大学的科研人员用一种波长 800 纳米的商用激光，调节真空中运行的电子的能量，获得了和每米递减 4 千万伏的电场一样的调制效果。这一技术有望发展成新型激光粒子加速器，用来将粒子加速到万亿电子伏的量级。

传统的加速器必须做成几百米甚至更长的庞然大物，以将粒子能量提升到粒子物理学家所需的程度。近年，科学家发展出一种主要基于激光等离子体的技术，可获得比传统加速器更高的加速梯度，从而为缩短加速度的长度带来可能。但是，在此之前的一些技术，往往导致同步加速器的辐射损失或降低粒子束的质量，限制了它的实际用途。

斯坦福大学研究小组开发的新方法，在用激光束加速的同时，施加一个和激光同向的纵向电场，形成叠加的加速效果。电子获得的能量，自然等于纵向电场和激光束单独作用施加能量之和。该装置在真空中加速电子，而不是在复杂得多的等离子体环境中。

（3）研制出世界上功率最大的激光器。2008 年 2 月，在《光学快报》杂志上，刊载了美国密歇根大学实验室的一项成果：他们研制出一种激光束，强度高于世界上其他现有激光两个数量级，强烈的光束可广泛应用于放射治疗癌症领域，大大有助质子治疗和电子治疗技术的发展。

研究人员在“大力神”激光系统上，添加放大器制成新型激光束。“大力神”是一个掺钛蓝宝石激光器，体积庞大，占据了实验室好几个房间，一旦光反馈进入系统，就会在连续的反光镜和光学元件间发射，这也正是能量聚焦的过程。“大力神”先前的最大输出功率为 50 太瓦，添加放大器后激光束的能量可达 300 太瓦，约是美国所有发电站输出功率的 300 倍。测量结果显示激光的强度可达到每平方厘米 2 × 1022 瓦特，其瞬间能量，相当于用一面巨大的放大镜，把太阳射向地球的所有光束，集中到一个沙砾上。激光的发射时间仅为 30 飞秒，时间极短却可以将能量集中到 1. 3 微米的一个点上，它的大小相当于人类头发直径的 1% 。

该激光束可以每隔 10 秒就发射一次能量，而其他激光束却需要耗费一小时进行再充电。新激光束的强大和适应性，使其得到多元化应用，更易进入各类前沿科技领域。

研究人员还注意到新型激光束在惯性约束聚变研究方面的作用。自20世纪60年代有人提出以激光引发聚变的想法后，该技术一直停留在个别装置上，能达到实用规模的激光能量，无论是当时或之后几十年都是难以想象的。然而，强大的新型激光束的出现，使人们看到了这方面可行的曙光。

另据有关媒体报道，美国建造的世界最大的激光器“国家点火装置”取得了重大进展。2010年10月，“装置”完成了首次综合点火实验，在11月2日的再次综合点火实验中，激光系统射向一个含有氘和氚的玻璃管，最终释放出的能量高达130万兆焦，中心最高辐射温度达316万℃，相当于恒星或大行星核心的温度。

（4）制成高定向太赫兹激光器。2010年8月8日，在《自然·材料》杂志上发表了美国哈佛大学和英国利兹大学的一项联合研究成果，他们研制出一种新型太赫兹半导体激光器，其发射的太赫兹光波准直性能与传统太赫兹光源相比显著改善。该激光器的研发成功，为太赫兹科技的应用打开了更广阔的领域。

新型太赫兹激光器突破了传统材料的限制，研究人员刻了一组亚波长光栅，直接加倍了超材料晶面的光流量，设备以3太赫兹的频率发射光线，其波长为100微米，在可见光谱中属于远红外线，大大降低了这些半导体激光器的散射角度，同时保持了光能的高输出功率。

太赫兹波是指频率在0.1～10THz范围的电磁波，介于微波与红外之间，它能够穿透非金属材料，从而为安检、医学成像提供新的手段，在物体成像、医疗诊断、环境检测、通信等方面具有广阔的应用前景。

（5）研制新型的真空紫外激光器。据2011年1月的有关媒体报道，美国托马斯杰斐逊国家加速器实验室的科学家制造出一种新式真空紫外激光装置，它发出的紫外激光，亮度是目前最强激光的100倍。

研究人员在自由电子激光器的一个耦合输出镜子上，把真空紫外线谐振光，发送给一个校准的真空紫外线光电二极管，它便以光子形式发出真空紫外光，光子的能量为10电子伏特，波长为124纳米。之所以将其称为真空紫外光，是因为它会被空气中的分子吸收，需要在真空中使用。

这项成果将为许多以前无法进行的研究打开一条通道。例如，用它可以测定超出放射性碳测定法使用范围的物质年龄。因为从这种真空紫外激光器发出的10电子伏特的光，可以产生亚稳定的氪原子，而运用放射性氪测定法，可以测定10万年到100万年前的物质，它远远超过放射性碳测定法的上限。另外，这种方法还有助于研究海洋环流模式，绘制地下水的运动情况，以及测算极地冰的年代等。

2. 激光器件研制方面取得的新进展

用迄今最薄半导体造出新型纳米激光器件。2015年3月25日，物理学家组织网报道，美国华盛顿大学电子工程和物理学专家吴三丰、理学助理教授阿卡·马优姆达，以及斯坦福大学同行共同组成的研究小组，利用仅为三个原子厚的迄今最薄半导体，制造出一种新型纳米激光器件，它不仅能效更高，容易制造且可与目前的电子设备兼容。研究人员表示，这一研究成果，为最终制造出用光而非电子传输信息的下一代计算设备，奠定坚实的基础。

从医疗到金属切割再到电子产品，激光器件都在其中扮演重要角色，但为了满足现代计算、通信、成像和传感要求，科学家们一直希望能制造出体型更小且耗能更低的激光系统。华盛顿大学和斯坦福大学携手研制的这款纳米激光器件，用仅仅三个原子厚的钨基半导体作为发光“增益材料”，或将满足上述要求。

吴三丰表示：“纳米激光器件中使用的钨基半导体也是最近才问世，单层钨基分子非常薄且能有效地发射光，科学家们已经用它制造出了晶体管、二极管、太阳能电池等，现在，开始用它制造纳米激光器件。”

尽管纳米激光器件体型娇小，肉眼无法看到，但其可广泛应用于多个领域，如从下一代计算设备，到能监测健康状况的可植入微型芯片等。不过，以前研制出纳米激光器件使用的增益材料，要么更厚，要么被嵌入捕获光的空腔结构内，这就使它们很难制造且不容易同现在的电路和计算设备完美融合。据报道，最新纳米激光器件中使用的三个原子厚度的半导体，能直接放在常用的光学空腔内，因此，能与组成激光器件的关键元素有效地结合在一起。而且，只需27纳瓦的电力就能让其发射光，能效极高。

马优姆达表示，新型纳米激光器件的另一个优点是很容易制造，也可与电子设备中常见的硅原件一起工作；另外，使用原子板作为增益材料，不仅让其用途广泛，且能更好地对其属性进行控制。最新的纳米激光技术，让科学家们朝着光子计算和短距离光通信，迈出了重要一步。接下来，他们打算对激光发射的光的属性，进行更深入的研究。

研究人员希望他们能进一步制造出电驱动的纳米激光器件，最终实现用光而非电子在计算机芯片和主板间传输信息。目前的信息传输过程可能导致系统过热，可能也会浪费大量能源，因此，包括脸谱、惠普和因特尔等拥有大量数据中心的巨头，都对能效更高的解决方案感兴趣。使用光子而非电子来传输信息耗能更少，且有望使下一代计算设备，突破目前的带宽和能量限制。

（二）研究激光技术出现的相关新设备

1. 研究激光技术出现的相关太赫兹设备

（1）开发出集成太赫兹收发器。2010 年 6 月，美国研究人员在《自然·光子学》杂志上发表研究成果称，他们开发出首个集成太赫兹固态收发器，新设备比目前使用的太赫兹波设备更小，功能更强大。

太赫兹技术是近年来十分热门的一个研究领域，2004 年被评为影响世界未来的十大科技之一。美国能源部桑迪亚国家实验室的研究人员把同一块芯片上的探测器和激光器结合在一起，制造出该接收设备。在实验中，研究人员把一个小的肖特基二极管嵌入一个量子级联激光器的脊峰波导空腔中，让能量能够从量子级联激光器内部的磁场直接到达二极管的阴极，而不需要光耦合通路。这样，研究人员就不需要再为制造这些收发器等设备，所需要的光学“零件”如何定位而犯愁了。

新的固态系统利用了太赫兹波发出的频率。太赫兹波是指频率在 0.1～10THz 范围的电磁波，介于微波与红外之间，它能够穿透非金属材料，从而为安检、医学成像提供新的手段，在物体成像、医疗诊断、环境检测、通信等方面具有广阔的应用前景。

量子级联激光器是产生太赫兹辐射的重要器件之一。科学家于 2002 年演示半导体太赫兹量子级联激光器。太赫兹量子级联激光器的一个优势，在于它能够同其他组件一起，被整合在同一个芯片上。然而，此前要想装配出灵敏的相干收发器系统，研究人员需要把零散的，并且常常是巨大的组件组合到一起。而现在，研究人员只是将太赫兹量子级联激光器与二极管混频器整合在一个芯片上，就可以组成一个简单实用的微电子太赫兹收发器。

研究人员也证明，新的太赫兹集成设备能够执行以前组件零散的太赫兹系统的所有基本功能，例如传输相干载波、接受外部信号、锁频等。

（2）开发出石墨烯太赫兹设备样机。2012 年 5 月，美国圣母大学电学工程系副教授邢慧丽、研究生森赛尔·罗德里格斯等人组成的研究小组，在《自然·通讯》杂志上发表论文称，他们通过实验证明，利用石墨烯原子层可以有效操控太赫兹电磁波，并制作成一台基于石墨烯材料的太赫兹调制器样机，为开发紧密高效且经济的太赫兹设备与操作系统开辟了广阔舞台。

人们每天都在用着电磁能量，看电视、听广播、用微波炉做爆米花、用手机通话、拍 X 光片等，电子产品和无线电设备中的能量，大部分是以电磁波形式传输的。太赫兹波处于微波和可见光频率之间，在日常生活中有着重要应用。比如在通信设备中，用太赫兹波能携带比无线电波或微波更多的信息；在拍 X 光片的时候造成的潜在伤害更小，所提供的医学和生物图像分辨率也比微波更高。

罗德里格斯说："太赫兹技术前景光明，但一个最大的瓶颈问题，是缺乏有效的材料和设备来操控这些能量波。如果有一种天然二维材料能对太赫兹波产生明显反应，而且可以调节，就给我们设计高性能太赫兹设备带来了希望。而石墨烯正是理想的材料。"

石墨烯是仅有一个原子厚度的半导体材料，具有独特的电学、机械力学和热学性质，在诸多领域都有着潜在的应用价值，如最近开发的快速晶体管、柔性透明电子产品、光学设备，以及目前正在开发的太赫兹主动元件。

研究小组演示了他们用于概念论证而制作的第一台样机，这台基于石墨烯材料的调制器，可在石墨烯内部实现带内跃迁，是目前唯一能做到这一点的太赫兹设备。

邢慧丽指出，石墨烯自发现以来，一直被当作新研究的理想平台，但至今它在现实中还很少应用，操控太赫兹波就是其应用之一。在 2006 年时，他们曾想用二维电子气体来操控太赫兹波。现在是首次通过实验证明了这种设备，今后将进一步开展这方面的研究。

2. 研究激光技术出现的反激光器

研制成首台吸收而不是发射光束的反激光器。2011 年 2 月 18 日，耶鲁大学物理学家道格拉斯·斯通领导的研究小组在《科学》杂志上发表研究成果称，他们研制出世界上首台反激光器。与激光器发射激光不同，它能通过光束间互相干涉从而完全被消耗掉，达到将光束吸收而不是发射的目的。这一成果将为光学计算和放射学应用等新技术的发展铺平道路。

耶鲁大学的研究团队曾于 2010 年夏天发表过关于反激光器的理论文章，认为这种装置可以用硅等普通的半导体材料制成。此后，他们研制出一台功能性反激光器。这个设备把两束相同频率的光，集中在含有一个硅晶片的谐振腔中，硅晶片作为“损耗媒介”捕捉光波，直到光波在往返振荡过程中被完全吸收并转化成热量。

研究人员用装有普通硅晶片的反激光器演示了吸收近红外线放射物的效果。他们希望通过对谐振腔和损耗媒介的不断完善，反激光器能够吸收可见光和一些红外波段，以应用在光纤通信中。

研究人员相信，反激光器有一天会在下一代计算机即光学计算机上应用，作为它的光学开关、探测器及其他部件。另外也可运用于医用放射学领域，利用反激光器原理把电磁辐射对准人体组织中很小的某个区域，用来治病或者成像。

据介绍，反激光器理论上可以吸收 99.999% 的光，但由于实验条件的限制，目前只能吸收 99.4% 。电脑模拟证明，反激光器的大小可以从现在 1 厘米发展到 6 微米，就是说可以缩小到一根人头发的 1/20。

三、研发光信息记录存储设备的新成果

（一）研制光盘及其相关技术的新信息

1. 开发光盘取得的新进展

（1）利用全息存储技术开发容量达 DVD 百倍的光盘。2009 年 4 月 27

日，美国通用电气公司发布新闻公报说，他们的实验结果显示，利用全息存储技术可以开发出新型光盘，其大小与现有 DVD 光盘差不多，但存储容量有望达到后者 100 倍左右。这就是说，在一张光盘上存储多达 100 部电影，在不远的将来有可能成为现实。

新闻公报指出，该公司研究人员在显微全息存储介质的研发方面，取得重要进展。实验结果表明，如果利用他们开发的介质，制造标准 DVD 光盘尺寸的光盘，其存储容量可达到 500G。而现有 DVD 光盘的存储容量一般为 5G 左右。

据介绍，目前的 DVD 光盘一般仅把信息存储在光盘表面。与之不同的是，显微全息存储技术可充分利用制造光盘的所有介质来存储信息。这种技术利用三维的全息图来编码信息，然后将全息图刻入光盘表面以及内部。制造这种光盘的介质具有独特光学性能，使得光盘在外部激光作用下能够像显微镜一样读取全息图并用于解码。

研究人员称，新型光盘记录信息的格式，与现有的 DVD 光盘类似，与新型光盘配套的播放机，理论上也可播放 CD、DVD 甚至新一代蓝光高清 DVD 光盘。通用电气则表示，计划第一步面向影视公司、医疗机构等推广这种大容量光盘，然后再瞄准普通消费者市场。

美国一些媒体指出，在通用电气之前，分别有多家公司宣布计划向市场推出采用全息存储技术的产品，但至今都未兑现。通用电气研究人员的新成果，要想真正走出实验室并迈向市场，可能还需要一段过程。另外，由于越来越多消费者使用大容量移动硬盘，上网观看视频等也日益流行，大容量光盘市场需求到底有多大仍有待检验。

（2）推出可把数据存储上千年的光盘。2009 年 7 月，美国 Millenniata 公司推出新型磁盘存储技术光盘，新技术可以将数据在室温下存储千年以上。这是世界上第一个可永久保存的光盘。目前，量产的产品为 4 倍速，4.7GB 容量，未来这一技术有可能会运用在可刻录的蓝光光盘上。

从外表来看，它和日常所见的 DVD 没什么两样，但制造材料则不一样。它不是采用化学染料作为记录层，而是以具有坚固、持久性的“类岩石物质”作为记录材料。它对光照、温度及湿度的耐久力，比一般 DVD 有大幅度提升，能有效防止因时间及环境的变化，导致数据遗失的问题。

这种光盘上的数据是由该公司通过增强型激光技术刻入盘中，普通DVD就能将数据读取出来。当然，这项成果不是该公司自己全部完成的，包括飞利浦在内的很多著名公司都参与了这项创新活动。

该公司创始人之一、美国爱达荷州杨伯翰大学信息技术教授巴里·伦特对于“千年盘”感到很兴奋：“起初，我并不认为它会取代所有可记录光盘，但是现在我认为只要把这项技术的价格降低一些，它一定会有广阔的市场前景。”研究人员表示，这种光盘问世之初，将主要用于图书馆、政府机构、学校等大型组织。

2. 开发光盘出现的新技术

开发同时兼容蓝光、HD DVD 的光盘新技术 。2007 年 1 月，美国华纳兄弟公布，一种能够兼容 HD DVD 和蓝光的 DVD 技术。HD DVD 和蓝光分别得到不同的高科技巨头的支持，零售和媒体官员表示，高科技巨头的冲突，以及不兼容的技术使得消费者不知所措，阻挠了新一代 DVD 技术的普及。

时代华纳的官员希望，通过赢得零售商的支持，以及说服各大娱乐公司，在一张光盘上存储两种格式的节目，来刺激新 DVD 影碟机的销售。

在最近接受采访时，华纳兄弟董事长兼首席执行官梅耶表示，由于认为在短期内蓝光和 HD DVD 都不会被淘汰，华纳提出了汇总 HD 光盘技术。他说，我们需要承认这一点，两种格式将同时存在，确保不会给消费者带来负面影响才是最重要的。

时代华纳的总裁杰弗里表示，与双格式影碟机相比，汇总 HD 光盘技术获得成功的机会更大。时代华纳委托进行的研究显示，消费者愿意多花几块钱购买能够在两种格式的影碟机上播放的 DVD 光盘。

（二）研制显微镜及其相关技术的新信息

1. 研发显微镜取得的新进展

（1）用柔软镜头把智能手机变成显微镜。2015 年 5 月，《每日科学》网报道，美国休斯敦大学电气与计算机工程副教授石为川、博士生宋宇龙等人组成的研究小组，在《生物医学光学》杂志上发表论文称，他们近日开发出一种新型光学镜头，能直接贴在智能手机上，将图像放大 120 倍，分辨率达到 1 微米。

石为川说，这种镜头能像显微镜一样工作，成本低，使用方便，因此非常适合用在中小学生教室里。它还可用在临床上，让那些小型偏远的诊所也能与其他地方的专家共享图像。

据报道，这种镜头用聚二甲硅氧烷制成。聚二甲硅氧烷是一种浓度像蜂蜜的材料，能精确附着在一个预热表面逐渐凝固。论文第一作者宋宇龙说，镜头的曲率，也就是放大率取决于聚二甲硅氧烷的加热时间和加热温度。最后形成的镜头柔韧灵活，就像柔软的隐形眼镜，但它们更厚，也略小一些。这种镜头可以简单地贴到智能手机的摄像头上，即可把摄像头变成显微镜，光学放大 120 倍后，图像分辨率能达到 1 微米。而且，由于聚二甲硅氧烷和玻璃，并不会永久性地粘在一起，用过后镜头还可以很容易地取下来。

传统镜头是通过机械抛光或注射成型制成的，材料一般是玻璃或塑料。虽然也有液体镜头，但不能凝固，要装在特殊容器里保持稳定。宋宇龙说，其他液体镜头需要附加设备才能贴在智能手机上，这种镜头能直接贴上去而不会掉下来，还能重复使用。对于研究来说，要拍摄人类皮肤毛囊组织的幻灯片，就可以用智能手机 - 聚二甲硅氧烷系统或奥林巴斯 IX - 70 显微镜。在放大 120 倍时，智能手机镜头比得上奥林巴斯 100 倍显微镜，有软件支持的数字放大还能进一步提高。

研究人员估计，造一个这种镜头总成本可能是 3 美分。相比之下，传统科研用显微镜则要花上万美元。因而，这种镜头很适宜中小学生使用，是他们进行田间或室内研究的一种廉价、便利的手段。他们只需把镜头贴在智能手机上，就能通过电子邮件或文档很容易地共享照片，而且由于这种镜头非常便宜，丢了或坏了也不是大事。

（2）研制能让目标呈不同色彩的电子显微镜。2016 年 10 月 27 日，美国加州大学圣地亚哥分校马克·埃利斯曼和他的同事及霍华德休斯医学研究所研究人员组成的研究小组，在《细胞·化学生物学》杂志上发表论文称，他们开发出一种新型的电子显微设备，一改过去电子显微镜只能生成灰度图像的状况，可让显微镜下的多目标呈现不同色彩。

电子显微镜根据电子光学原理，用电子束观测样本，展示物质细微结构。目前电子显微镜生成的都是灰度图像，需要后续添加色彩。此次，该研究小组历时 15 年开发出一种新方法，使电子显微镜可最终呈现绿色、红色或黄色的彩色图像。

电子显微镜的样本处理需经过喷镀金属这一程序，而这也是新方法的难点，即如何循序地将不同电离金属喷镀于样品表面。在显微镜探测器捕捉喷镀金属离子中流失的电子，并以一种颜色记录金属能量流失标记后，将这一喷镀层去除，再喷镀另一层不同的电离金属。为解决这一难题，研究人员最终选取了镧、铈和镨这 3 种稀有金属作为喷镀金属。这 3 种金属都属于镧系元素家族，具有足够的稳定性，不会在观察过程中降低图像清晰度，同时又具有独特的电子能量损失标记。

新方法与荧光显微镜的工作原理类似，但却可以观测到更多只有电子显微镜才能观测的细节。利用这种多色电子显微镜，研究人员得到了两个脑细胞通过一个突触连接的彩色图像，以及肽穿过细胞膜的彩色图像。

埃利斯曼表示，多色图像的生成给相关研究提供了一个新的维度，可让研究人员观测到更多过去难于查看的细节。这一技术还有很大进步空间，随着金属离子喷镀程序的优化，将会有更清晰的多色电子显微图像出现。

2. 研制和使用显微镜出现的新技术

可在原子尺度上测磁性的显微新技术。2016 年 6 月，有关媒体报道，美国能源部橡树岭国家实验室与瑞典乌普萨拉大学联合组成的一个研究小组，开发出一种新型电子显微技术，可在原子尺度上检测材料的磁性。研究人员称，这一技术或可为制造体积更小的磁性硬盘驱动器提供新思路。

在电子显微技术领域，光学镜头造成的像差是一个让人头疼的问题，像差的扭曲效果会使图像模糊，不利于观测。因此，在过去数十年，研究人员一直想方设法消除各种像差，以求得到更清晰的图像。但此次该研究小组却反其道而行之，他们不但没有设法完全消除像差，还有意添加了一种被称为四倍散光的像差，利用这种像差效果，成功地从镧锰砷氧化材料中收集到了原子水平的磁信号。

研究人员称，这还是第一次有人利用电子显微镜的像差效果，来检测材料的磁性。在原子尺度上检测材料的磁性特点具有重要意义，但目前使用的观测手段，还不足以让他们在这么小的尺度上进行观测，新方法则赋予他们一个全新的观测手段，使其有了研究材料的全新方式，具有重要价值。比如，利用这种方法，可在原子尺度上弄清磁性硬盘驱动器的磁性特点，从而造出体积更小的硬盘驱动器。

研究人员还指出，这一新的电子显微技术是对现有技术，如 X 射线光谱和中子散射技术的有效补充。这些技术是目前研究磁性的标准技术，但其分辨率不够高，而新技术明显弥补了这一缺点。

（三）研制相机及其相关成果的新信息

1. 研发相机方面的新进展

（1）研制含 1.2 万个镜头的高清三维相机。2008 年 3 月，国外媒体报道，无论手持照相机还是在电脑屏幕上进行观看，具有一个主镜头的照相机，只能拍摄到平面二维图像。目前，美国斯坦福大学电子工程学阿巴斯·埃尔·伽马尔教授领导的研究生基思·菲弗和电子工程教授菲利普·汪参与的研究小组，突破二维图像限制，使用 12616 个微型镜头，设计出获得高清晰的三维相机。同时，该项技术也可以设计一种多孔成像传感器。

研究人员把这些微型镜头中每个镜头的像素单位缩小到 0.7 微米，这比标准数码相机像素单位小数倍。他们把这样的 256 像素的微型镜头，排列组合在一起。菲弗说，"这个三维相机，就像一个芯片上放置了大量的微型镜头，相机的像素为 3 兆，相当于排列组合了 12616 个 256 像素的镜头。"

用三维相机拍摄人体面部表情，不仅可以获得十分清晰的图像效果，还能够精确记录照相机与眼睛、鼻子、耳朵、下颌等器官之间的距离。其潜在的科技优势可用于安全领域的脸部识别。同时，这个可获得"深奥信息"的照相机，还有诸多应用领域，如：生物学成像、3D 打印、建立 3D 目标、设计人体在虚拟世界的景象，以及 3D 建筑模型设计。

这项最新三维成像技术，可对任何物体进行拍照，近距和远距均可实现。但是拍摄之后，人们可能需要对图像散焦部分，通过电脑软件进行编辑处理。掌握拍摄物体的实际距离，可使机器人具有比人更好的视觉空间感，使机器人能够胜任精密的操作任务。

这个多孔三维相机，看上去就像一个普通照相机，同时它与体形小一些的手机摄像头有相似之处。菲弗称，随着手机日新月异的发展，照相机拍照已成为手机一个显著功能。目前世界上多数的数码相机都可以集成在手机上。

研究人员相信他们的三维相机具有许多关键性优势。这种照相机很小，不需要激光进行成像和复杂庞大的照相仪器，也不需要照片的多样化和合成标准。然而，它却可实现卓越的色彩效果。

伽马尔指出，另一个优势是，普通数码相机不具备它如此低的像素。这个三维相机的镜头已接近于拍摄最小光学解析成像范围，使用低像素的相机所拍摄的照片质量会差一些。但是最新设计的三维相机基于“多孔成像传感器”，不多的像素却能够形成更丰富的图像信息。

这项技术也有助于实现千兆像素相机拍摄大型图片，千兆像素是现今最高 7 兆像素相机的 140 倍。这对于三维相机而言并不是一个难题，只需添加更多的微型镜头就可实现千兆像素的成像效果。此外，该技术建造的千兆像素相机所拍图片，是由无数个镜头画面重叠实现的，其中部分镜头的画面坏点不会影响整体图像效果。

目前，他们正在与相机制造商合作，提供详细的微型镜头设计资料。最终生产出来的三维相机，可能会比现在的数码相机成本更低一些，这是因为这种相机的主镜头质量，已不再具有重要意义了。菲弗说：“我们相信相机制造商可以削减主镜头所需成本，把它用于研制更复杂的半导体。”

（2）研制成天文台使用的最大数码相机。2009 年 4 月，《探索》杂志网站报道，美国夏威夷大学天文学研究所约翰·托尼领导的研究小组研制出世界上最大的数码相机，用于观测并搜寻可能会撞向地球的小行星。这台最大的数码相机位于夏威夷，其成像质量高达 14 亿像素。

它是一项叫作“全景搜索望远镜与快速反应系统”计划的一部分，被安装在 PS1 望远镜上。该系统建造在美国夏威夷毛伊岛上，其中一个部分由 4 架望远镜组成，PS1 望远镜是其中之一。该系统将对天空进行定期扫描，搜寻可能对地球构成撞击危险的小行星。

相机拥有横跨 40 厘米的光探测表面，在其表面有 60 块独立集成电路片，能获得高达 14 亿像素的照片。而一般消费者使用的普通数码相机的成像集成电路，只有几毫米宽。托尼说：“这真是一台体积巨大的相机。它让我们可以同时在 14 亿个位置测量天空的亮度。”该研究所主管罗尔夫·库德里茨基说：“这台相机是一套极为复杂的设备，让它运转已经是天文学研究所科学家和工程师们的杰出成就。”

从 2010 年开始，当该计划的所有 4 架望远镜完成时，它每个月三次从夏威夷拍下整个可见天空的照片。这应该可以让它探测到比当前搜索微弱 100 倍的天体，包括 99% 的接近地球轨道的 300 米宽或更大的小行星。美国宇航局届时有望在地球轨道附近发现大约 90% 的 1 千米宽或更大的小行星。

（3）研制像素达 10 亿级的大众化相机。2012 年 6 月，美国杜克大学普拉特工程学院电气工程教授戴维·布雷迪与亚利桑那大学电气和计算机工程助理教授迈克尔·格姆领导的研究小组，在《自然》杂志网络版上发表研究成果称，他们开发出一个像素达到 10 亿级的照相机原型，它所拍摄的超高画质图像，可记录下前所未见的细节。

目前，只有天文台在使用 10 亿级像素的照相机，但它们体积都很庞大。新研制的相机，不仅像素能达到 10 亿以上，并且体积相对较小，其长宽均为 0.75 米、高 0.5 米。与一些高清相机拍摄角度很狭窄不同，这种相机能拍摄的角度水平可达 120 度，垂直可达 50 度。研究人员表示，该相机像素有望达到 500 亿，未来 5 年内，当相机的电子元件趋于微型化、更高效时，下一代达到 10 亿级像素的相机将会面向大众提供。

像素是单独的“点”数据，像素数量越高，图像的分辨率越清晰。目前大多数消费级数码相机的像素从 800～4000 万不等。为展示新相机的清晰度，研究人员拍摄了一个湖边水天一色的景观，照片在普通尺寸大小只能看到整体景色，但在放大之后，可以清楚地看到云朵之间飞翔的天鹅，不仅能数出它们的个数，而且还能看出它们翅膀的形状。

布雷迪说：“开发出高性能和低成本的微型相机光学器件与组件，一直是研究人员努力研发 10 亿级像素相机的主要挑战。虽然新颖的多尺度镜头设计，是必不可少的，但高像素成像的主要障碍，来自低功耗和更紧凑的集成电路，而不是光学器件。”

格姆主导开发出了内置微型相机的软件。他说：“为了使光学器件表现更好，一个传统方法是添加更多的玻璃元素，以增加其复杂性。超级计算机面临同样的问题，处理器日益复杂，但当在某些点上的复杂程度达到饱和时，其成本会高昂到无人问津。”

新相机的设计思路，不是使光学系统日益复杂，而是采用大规模并行阵列的电子元件。一个共享的目标物镜集中光线和路径，到微型照相机并环绕于它，就像一个网络计算机分发零件给各个工作站点一样，每得到一个不同的视图，就会解决其上的微小问题。研究人员还在其上安排了一些重叠，因此不会错过任何东西。

有趣的是，光学元件只占该原型相机大小的约3%，其余的由用于组装所有收集信息的电子处理器构成。为让相机更加适应摄影师的日常需求，研究的重点是使电子设备小型化和提高其处理能力。

布雷迪说："目前相机原型还是比较大的，这是因为电子设备需要控制电路板和添加组件以防止温度过高。随着越来越多高效和紧凑型电子产品的开发，将来手持10亿级像素相机的摄影师会比比皆是。"

（4）研制助望远镜"看透"宇宙星际的超灵敏相机。2016年10月25日，《大众科学》杂志报道，美国马萨诸塞大学阿默斯特分校天文学家格兰特·威尔逊领导，他的同事，以及亚利桑那州立大学的天文学家参与的一个研究团队，目前正在开发一种被命名为托尔特克（TolTEC）的超灵敏毫米波极化相机。

报道称，伴随望远镜的重磅升级，天文学家计划"一眼看透"宇宙星际气体。其技术核心是世界上最灵敏的毫米波极化相机，完成后将联合大型毫米波望远镜展开迄今为止最深远、最大规模的宇宙观测。

这架新相机将在电磁光谱中的三个不同频带上使用7000个检测器。在它完成后，世界上最大的单盘可操纵毫米波望远镜——直径约50米的大型毫米波望远镜会与它"联手"。

大型毫米波望远镜坐落在墨西哥普埃布拉省里一座休眠的火山顶上，其物理型号、毫米波长的优化设计结合高纬度位置，使其具备了非常独特的效果，2011年投入使用后已成为天文学家观测恒星、星系和行星形成的利器。而它与托尔特克相机的组合，则会以最强手段处理宇宙"环境背景"，包括彗星核中包含的内容、星际尘埃的深层内部、星云、星尘以及星系演化。

威尔逊表示，此前耗时五年时间才能完成的天文观测，今后只需要一星期即可完成。而且，当今望远镜技术与世界最灵敏相机合作后，超高分辨率可以在一个此前一无所获的区域里，发掘到人们从未见过的细节与过程。

这将允许天文学家以有史以来的最清晰视野，“看”到天体物理事件发生的环境，无论是星系发展的大规模结构，是星爆形成的星系环境，还是恒星间的气体复合物，都可能被它“一览无余”。更重要的是，相机与望远镜结合后，其绘制天际的速度将是以前大型毫米波望远镜单独作业的100倍。

2. 研制相机的部件或相关设备新进展

（1）研制出可用于超薄相机的人造昆虫眼。2006年4月，美国加州大学柏克利分校鲁克·李教授等人组成的研究小组，在《科学》杂志上发表研究成果称，他们研发出一种可应用于超薄照相机上的人造昆虫眼。这种微凹状人造昆虫眼，含有密集安装于一个针头大小面积上的8700个六角形透镜。

研究人员表示，这种圆屋顶形状的结构与蜜蜂的眼睛相似，他们的工作还有助于阐明昆虫是如何发育成这样的复杂视觉系统。鲁克·李教授说：“虽然昆虫仅仅是由单个细胞发育而来，但它们却能生长和创造出这种美丽的视觉系统。我想弄明白大自然在没有使用昂贵的制造工艺的情况下，是如何创造出这种层层迭加而井然有序的结构。”

昆虫眼是一种复眼，通常由数百个透镜帽形状的被称为“小眼”的视觉单位组成。例如，蜻蜓的每只眼睛由3万个这样的结构组成。每个视觉单位通过透镜将光线导入，然后光线成圆锥状进入一个被称为感杆束的通道，感杆束中含有感光细胞。这些感光细胞与视觉神经细胞相连而产生影像。

“小眼”被并排紧密置于凸起中，为昆虫创造出一个大范围的视觉区域。每个单位的朝向略有不同，这种蜂窝结构的眼睛产生一个镶嵌影像，这种影像虽然分辨率比较低，但却非常适于探测移动物体。研究小组首先制造出一个微型可再度使用有8700个凹痕的模具。然后在这个布满麻窝的半球被注满环氧树脂，环氧树脂当被紫外线照射时会发生反应，从而形成一种具有各种化学特性的更为坚硬的物质。在低温下烘焙后，可以把它从模具中取出。经过这种处理，便可获得一个针头大小的圆屋顶，在它的表面有 8700 个蜂窝形格式的凸起。每个凸起的功能相当于一个透镜，可以把光线会聚至下面的物质上。

一段时间后，会聚的光线与树脂发生反应形成一圆锥体，从而将光线导入结构的更深处。在光线继续在树脂中烧灼出一条道路时，形成被称为波导管的一个微小的与昆虫眼中感杆束类似的通道。光线与聚合体的反应改变了物质的光学特性，这意味着所有进入波导管的光线沿着它的长度被引导进来。结果便形成一个覆有透镜的微型树脂圆屋顶，其中穿通有完美排列的可以将光线导入穿越圆屋顶中心的光线导管。当光线穿射透镜随之产生一个光线通道后，研究人员相信通过这种最初形成于昆虫眼睛的结构可以获得图像。鲁克·李说："在我看来，首先要有一个透镜。我不认为你先形成一个视觉神经系统，然后它再成扇形散开。"

目前，研究人员还没有把人造眼于任何类型的成像装置连接起来。但它可被附置于类似数字照相机中的成像传感器上，组成一个完备的成像设备。这可使人造眼应用于微型全方位监视设备，超薄照相机以及高速运动传感器上。美国国防部高级研究计划署对人造眼的研究很感兴趣，在这方面进行了资助。鲁克·李认为，它还可应用于医学中，像内脏成像等。

（2）开发出可使相机彩色效果更好的等离子偏振器。2012 年 2 月，哈佛大学工程和应用科学学院电子工程系副教授肯尼斯·克罗泽尔及其同事组成的研究小组，在《纳米快报》杂志上发表研究成果称，他们能通过精确控制光学纳米"天线"的形状，使其针对不同颜色的光线和角度不同的偏振，作出差异化的反应，从而设计出新型的可控滤色器——彩色等离子偏振器。这一进展有望应用于照相机成像等，使其具有更佳的色彩效果。

传统的红、绿、蓝三原色滤光片被用于制造具有固定输出颜色的电视和显示器等，并通过色彩混合，制造出更丰富的色调。与之相反，基于纳米"天线"制成的滤色器的每个像素，都是动态的，能在入射光的偏振改变时，生成不同的颜色。

该研究小组设计了金属纳米粒子的大小和形状，使显示的颜色依赖于照射光线的偏振。克罗泽尔称，纳米粒子可被看作天线，就像被用于无线通信的天线一样，但尺寸更小，也能在可见的频率中进行操作。

为了证明这种技术的可能性，研究小组制出了局域表面等离子体。通过变化入射光的偏振角度，字母在局域表面等离子体上会逐渐改变颜色，从黄色变为蓝色。在光线未发生偏振或光线偏振至45°时，字母处于隐形状态，字母和背景均为灰色；在偏振至90°时，字母会显现为生动的黄色，并以蓝色为背景；偏振至0°时，字母的颜色又会颠倒过来变为蓝色，并以黄色为背景。

克罗泽尔说，这项工作的不寻常之处，在于制成的滤色器可根据光线的偏振角度作出反应。这种彩色等离子偏振器结合了两种结构，每一种都有不同的光谱响应，而人眼能够看到两种光谱响应混合而成的颜色。虽然目前想看到所制作样本中的色彩效果，仍需扫描电子显微镜放大，但大规模纳米印刷技术的发展，有望制造出肉眼可直接观看的样本。

克罗泽尔表示，他们设想出了多种应用，例如可借助新型滤色器在照相机中呈现不同的颜色，在生物成像中展示组织的偏振效应，以及将此项技术融入商标或纸张的制造中，以生成货币和其他所需物体上的安全标记等。

（3）研制可大幅提升相机弱光拍摄性能的设备。2015年7月，美国威斯康星大学麦迪逊分校电子与计算机工程学助理教授余宗福主持的一个研究小组，在《物理评论快报》杂志上发表论文称，他们近日开发出一种能将光线放大一万倍的光学设备。让人称奇的是，这种神奇的“放大镜”只有几纳米大。研究人员称，该研究有望大幅提升相机弱光拍摄性能，在提高太阳能电池的转化效率上也有很大潜力。

光在某些方面和声音很像，可以产生共振，借助这种方式可将周围的光线放大。该研究小组正是借助这一原理，制造出纳米“放大镜”。它实际上是一种纳米共振器，该设备能让光的波长变短，收集大量的光能，然后在一个非常大的区域将其散射出去。这意味着它的散射光能用于成像，能像放大镜一样，放大物体的光学尺寸。

余宗福说：“就像琴弦能让周围的空气发生振动，产生美妙的音乐一样，这个非常小巧的光学器件能从周围吸收光线，产生让人惊讶的强大输出。”

余宗福表示，他们正在开发基于该技术的光电传感器，这样的设备将能帮助摄影师在弱光条件下拍出图像质量更好的图像。在成像领域，这样的能力，要显著优于传统的玻璃和树脂镜片，因为这些传统光学材料更容易受到自身尺寸和光线方向的影响。

鉴于纳米共振器能吸收大量光线的能力，该技术在提高太阳能光电转化效率方面，也具有很大潜力。由于纳米共振器具有较大的光学截面，也就是说，其发光尺寸远远要大于其自身实际物理尺寸的大小，这样所带来的一个好处是，可以摆脱在类似的系统中经常会出现的、让人头痛的发热问题，让被动散热成为可能。

研究人员称，这种纳米共振器对光散射能力显著优于之前的设备，在光传导和光传感领域开辟了一条新的途径。

3. 光信息重要拍摄记录的新进展

（1）中子束首次拍摄出大体积物体全息图。2016 年 10 月 20 日，美国国家标准与技术研究院物理测量实验室的迈克尔·休伯带领的研究团队，首次利用中子束为大体积物体拍摄出全息图，并获得其深处暗埋接口的详细信息。这一方法有望取代目前广泛使用的激光全息技术。

全息图是用一种干涉模式将物体的尺寸、形状、亮度和对比度等信息储存起来的三维图像。不论使用中子还是光子进行干涉，几乎所有物质的波纹都分波峰和波谷，形成的干涉图样能提供物体结构的丰富信息。

目前广泛使用的激光全息技术，通过激光束照射到物体后反射光波相互干涉形成全息图，这种基于光波波峰波谷相位差形成的三维图像，包含所照射物体表面几乎所有信息，但对于隐藏在物体内部的信息却无计可施。而中子能穿透金属和许多其他固体，但此前的中子成像技术只能获得二维图像，还不能制造出动态三维图像。

现在，美国研究小组用金属铝制成圆筒，并在其环形表面嵌入一个微型螺旋楼梯。当中子束通过铝制圆筒时，圆筒的形状会改变中子束方向使其弯曲。研究人员发现，中子束内单个中子流经圆筒不同部位时，相位会发生改变，而且圆筒越厚，相位改变幅度越大。这种设计成为利用中子束为物体内部拍摄全息图的关键。

休伯表示，新研究延伸了中子成像技术的应用领域，“中子全息技术将成为既能测量 10 微米尺寸微型结构，又能获得大体积材料内部信息的有力工具”。

（2）激光设备首拍9飞秒内分子分解过程。2016年10月25日，美国科学促进会网站报道，美国堪萨斯州立大学物理学家林绮东领导的研究团队与西班牙巴塞罗那光学研究所延斯·比格尔特主持的研究团队携手攻克难关，在《科学》杂志上发表论文称，他们首次用激光设备成功拍摄出含4个原子的分子，在9飞秒内化学反应的动态过程。

这一最新研究成果将为科学家提供有力工具，以观察化学、生物学和物理学等领域不同类型的反应过程和分子变化。

飞秒只有一千万亿分之一秒，许多化学反应都发生在飞秒的瞬间，此前没有办法测量出飞秒过程中的分子变化。而用激光记录飞秒内分子变化，最早由林绮东团队提出，并在2012年首次用激光拍摄出含两个原子的氧分子动态分解过程。而拍摄更大的分子需要用到更强的激光，经过近5年的漫长研究，他们终于与比格尔特团队联合攻克了这一挑战，拍摄出含4个原子的乙炔分子（两个碳原子和两个氢原子）化学键断裂过程。

该国际团队通过一种中红外激光诱导电子衍射的设备，利用分子内部自有的电子为分子拍照，获得了乙炔内化学键断开过程的连拍图片。他们向乙炔分子施加一束强激光，激活分子内一个电子离开，启动乙炔分子发生分解反应，最后为这一发生在9飞秒内的分子变化连续拍摄出多张图片。林绮东说："这是首次实时观察到9飞秒内的分子分解过程。"

研究团队还通过所获得的连拍照片，精确测算出乙炔分子内新化学键的长短。林绮东解释道，乙炔分子内有4个原子，分子结构内含多个化学键，借助飞秒激光工具，研究人员能测出化学键的断裂位置和先后顺序，从而更好地理解和控制化学反应过程。

（3）新型强大相机巡天拍到首张夜空图。2017年11月15日，美国太空网报道，由美国加州理工学院主导设计的新型强大相机，现已成功拍摄到第一张夜空图像。该设备能以极高效率寻找恒星爆炸迹象和太阳系内快速移动的物体，并能于数分钟内追溯引力波源头，它可将天文研究推进全新阶段，并对可见光领域的天文学作出重大的贡献。

这个强大的相机名为"兹威基瞬变探测器"，其前身是一个被称为"帕洛马瞬变工厂"的设备，该设备在稍早时间完成阶段性任务后就"功成身退"，全部改进并改称现名。

此前，帕洛马瞬变工厂配备的是 7 平方度（衡量球面上一块区域的视角大小的单位）广视野相机，升级后更换成拥有 47 平方度视野的超广角相机，或者说，其一幅影像覆盖的天空面积等于 247 满月。新的设备再加上改进后的其他配件仪器和软件，现在的观测效率已提高 10 倍之多。

兹威基瞬变探测器自 11 月 15 日开始进行常规的科学工作，每个晚上可巡视银河系可见平面两次，每三天可巡视整个天幕一次。研究团队表示，这一设备将以前所未有的效率，帮助科学家发现超新星、黑洞蚕食恒星事件，并记录下所有短时间内变动的天体现象。

更重要的是，在找寻引力波的可见光对应天体上，它也会因其超宽广视野而拥有无可取代的优势：只要引力波再次被发现后，它就能在数分钟内完成对相关区域的观测，进而追溯引力波的起源，并将信息提供给全世界的天文台和望远镜，进行下一步精确观测。

第四章　电子仪器与设备领域的创新信息

检测电子产品的性能功用，测试电子产品的质量水平，分析电子产品的安全等级，需要各种类型的仪器装置。许多仪器装置都有一个叫作传感器的关键器件。而电子设备，则表现为可供人们长期使用，并在反复使用中基本保持原有实物形态和功能的电子产品。它通常由各种电子元器件组成，应用电子技术制造，有的还包括相关软件共同发挥作用的电器组合及其系统。本章着重考察美国电子仪器与设备领域的创新进展情况。21 世纪以来，美国在电子仪器仪表领域的研究，主要集中于光敏、气敏、力敏、磁敏传感器，以及生物传感器、亮度传感器和智能传感器；用于产业领域、安全检测和航空航天方面的探测仪器；常规或无线供用电系统的仪器设备。在增材制造设备及产品领域的探索，主要集中于研发增材制造即 3D 打印的新设备与新工艺，用增材制造设备开发医学产品和日常产品，开发航空航天产品和军用产品。在监控设备与医疗设备的研究，主要集中于开发生产与交通监控管理信息化系统，开发自然灾害预警与救灾搜寻系统；研制医疗检验仪器与健康监测设备，研制临床使用的新器材和新设备。

第一节　电子仪器仪表领域的新进展

一、研制传感器的新成果

（一）光敏传感器的新信息

1. 用激光技术研制传感器

推出高性能激光导航传感器。2007 年 6 月，美国赛普拉斯半导体公司推出一款高精度、高性能的激光导航传感器，作为其激光导航传感器系列的一部分。它采用该公司自主开发的技术，不但具有速度和精度优势，而且功耗低。该产品专门面向包括高性能游戏、精确图形设计以及高精度位置检测在内的应用。

这款传感器采用简单的卡入式镜头设计，把检测器和激光器集成在紧凑的封装上。这一由两个部分组成的简单器件，拥有内置激光眼安全管理装置，因而在鼠标组装过程中，无须进行激光功率校准，以降低制造成本。该技术的信号处理负荷与鼠标速度无关，它可同时支持全速和全分辨率，从而使鼠标记录的每秒计数达到最大，避免出现当今市场上许多传感器尚未克服的“减速”效应。此外，它采用高达 40 kHz 的位置采样速度，使这款传感器能够凭借大幅缩短的延迟时间，对追踪到的方向或速度的变化做出即时反应。

2. 用红外线技术研制传感器

（1）用红外线技术研制探测心跳速率的传感器。2013 年 9 月，英国《每日邮报》报道，目前，微软公司用红外线技术研制的新一代体感传感器，能够在 1.2 米之外探测和监控人们的心跳速率，而无须接触人体。

当血液从人体中流动，皮肤的颜色将轻微地发生变化，新一代体感相机能够识别这些变化，确定被抽吸血液的速度。通过知晓血液的速度，相机能够探测每分钟心跳多少次，这一功能可用于用户进行健康检查，也可用于测量观看恐怖电影时人们的恐惧程度。

2013 年 6 月，微软公司发布了新型体感传感器，宣称将于 11 月 22 日与微软新一代游戏机一起销售。

作为心跳监控器，这款微软传感器增强了“视角”，比之前的体感传感器视角增大了 60%。它能够短时间内读取分析 6 个人体骨骼，之前的传感器仅能分析 2 个人体骨骼，同时“小物体勘测能力”提高了 2.5 倍。这意味着体感传感器能够识别控制人员手部的微小动作变化，新一代传感器还能分析人类的面孔，跟踪眼球运动，探测人们的表情。

由于该传感器采用了活跃红外线技术，能够在微暗的室内更好地识别人体移动状况，活跃红外线技术能够实现类似热成像的效果，可用于夜视护目镜。

（2）研制出指甲大小的红外线图像传感器。2014 年 3 月 17 日，物理学家组织网报道，美国密歇根大学电气工程和计算机学助理教授钟朝晖与同校的特德·诺里斯教授负责的一个研究团队，在《自然·纳米技术》杂志网络版上发表论文称，他们近日用石墨烯开发出一种只有指甲盖大小的红外线图像传感器。

研究人员说，这款新产品不同于目前常见的中红外和远红外图像传感器，它无须笨重的冷却装置就能运行，首次实现了在室温下对全红外光谱的观测。由于体积小、重量轻，它甚至能够集成到隐形眼镜或手机当中，未来有望在军事、安保、医学等多个领域获得应用。

红外线的波长在 760 纳米至 1 毫米之间，是波长比红光长的非可见光，分为近红外线、中红外线和远红外线三种。普通摄像机只需一个芯片就能拍摄到可见光，而红外成像技术则需要同时看到近红外、中红外和远红外各种不同频谱的图像。更具挑战性的是，中红外和远红外传感器通常必须在极低的温度下才能工作。

该研究团队承担的这项研究，将石墨烯作为原材料。石墨烯是一种由碳原子构成的单层结构，能够探测到整个光谱的红外线、可见光和紫外线。但由于石墨烯对光线的吸收能力较差（2.3%），不足以产生足够的电信号，此前相关的研究一直止步不前。钟朝晖说："上一代石墨烯红外线传感器所面临的最大问题，是灵敏度太差，无法满足商用设备的需要。"

为了克服这一障碍，钟朝晖研究团队对石墨烯产生电信号的过程进行了改进。据报道，他们在两个石墨烯薄片之间设置了一个绝缘隔离层，底层有电流通过。当光线照射到顶层石墨烯的时候，装置会释放电子，产生带正电的空穴。而后，在量子机制的作用下，电子穿过中间的绝缘层，到达底部的石墨烯层。此时，留在上层石墨烯上的带正电空穴会产生电场，并对下层石墨烯的电流产生影响。通过测量电流的变化，就能推断出照射在上层石墨烯上的光的亮度。

钟朝晖称，新方法首次让中红外和远红外传感器的灵敏度达到了一个新的高度，完全能够媲美需要冷却装置才能运行的传统红外线传感器。并且该设备只有一个指甲盖大小，很容易实现集成。他说，如果能够将这种传感器集成到隐形眼镜或其他可穿戴电子设备当中，将有望为人们提供一种前所未有的、与环境进行交互的新方式。同时，该技术也为红外线技术在军事、安保、医学等多个领域中的应用，开辟了新的想象空间。

3. 用光学技术结合电子技术研制传感器

发明研究人脑的极细石墨烯光敏传感器。2014 年 10 月 22 日，美国防部先进项目研究局项目主管多哥·韦伯与威斯康星大学麦迪逊分校共同组成的研究小组，在《自然·通讯》杂志上发表研究成果称，他们研发出一项人脑研究技术，可探究人脑神经结构与功能的联系。该技术用石墨烯做传感器，厚度仅相当于4个原子，首次可兼容光学和电学手段同时观测。

韦伯说："这1技术表明，在对脑部神经网络活动进行可视化和量化处理方面，我们或许会有重大突破。"

据报道，这一新设备利用石墨烯做传感器可以导电，但厚度不到1纳米，并且比现在的金属触点细了几百倍。这么细的材料，可让大部分波段的几乎所有光通过，从而使光学和电学手段在这里相互兼容。此外，石墨烯对生物系统无毒害，比之前的试验材料进步了许多。

石墨烯获2010年诺贝尔物理学奖，超分辨荧光显微镜摘得了2014年化学奖。目前，脑功能研究的技术支柱，是神经元信号电子监控与模拟，而新兴的光学技术利用光子进行研究，从而为神经网络结构的可视化以及脑结构开发开辟了新路。电子技术和光学技术相互区别同时优势互补，如果一起利用，将可能有利于进行高分辨率脑部研究。在此次研究之前，这些技术的融合并非易事，因为传统的金属电极太厚，往往大于500纳米，所以难以透光，进而与许多光学技术不兼容。

透析脑部的解剖结构与功能一直是神经科学领域所追求的目标，同时也是"人脑计划"研究项目的重中之重。美国防部先进项目研究局希望下一代神经科学技术，可以反映出神经网结构和功能的关系。科研人员希望提升这一新研发工具的性能，从而可以同时测量任意移动目标的神经元功能、动态和行为。

韦伯说："现在，我们有机会直接一探究竟，去观察、测量和模拟神经回路，从而探索这些联系，并确认大脑回路的功能。这一发现能帮助我们有效了解和治愈脑部创伤与疾病。"

（二）气敏传感器的新信息

1. 利用气相色谱与质谱技术研制传感器

研制成能迅速检测有毒化学品的微型传感器。2008年1月，《每日科学》网站发布消息说，美国麻省理工学院一个研究小组正在全力开发一种微型传感器，该传感器能对微量有毒气体，做出相当强烈的反应，能比以往任何装置，都更加迅速地检测有毒工业化学品和生化战剂。

有别于以往的实验室设备，这种微型气体探测器，在现实环境中更易于使用，可以分散布置在室内或室外任何区域。该小型装置既减少了额定功率的消耗，还能对更为微量的气体做出敏感反应。

研究人员计划制造出的整个探测装置仅为一个火柴盒大小。探测装置将利用气相色谱与质谱技术，感受识别气体分子，并将检验结果转化成电子报警信号。目前，世界上已有的便携式气相色谱—质谱仪需要耗时 15 分钟才能给出结果，且有效探测范围只有约一个食品袋容积大小。在耗能方面，已有的便携式气体传感器需要耗用上千焦耳的能量，而新型传感器耗能只有约 4 焦耳，且只用 4 秒钟就能给出结果。

2. 以石墨烯为原料研制传感器

（1）研制出廉价石墨烯海绵传感器。2011 年 11 月，《大众科学》网站报道，美国伦斯勒理工学院的研究人员研制出一款纤巧、便宜且能重复使用的新式传感器，它由石墨烯泡沫制成，性能远超现在市面上的商用气体传感器。而且，在不远的未来，研究人员能在此基础上研制出更优异的炸弹探测器和环境传感器。

新传感器突破了阻止传感器应用和发展的诸多限制。最近几年，在操作纳米结构，并用其制造性能卓越的探测器，以精确追踪空气中的化学物质方面，科学研究已经取得重大的进步。然而，以往研制的各式各样的传感器，尽管从理论上而言相当不错，但却并不实用。

现在，伦斯勒理工学院的研究人员用石墨烯泡沫研制出了这种邮票大小的新型传感器。他们把石墨烯，即单层碳原子，种植在泡沫镍结构上，随后移除泡沫镍，留下一个类似泡沫的石墨烯结构，它具有独特的电性，能够用于执行传感任务。

把它暴露于空气中时，空气中的粒子会被吸收到泡沫表面，而且每个这样的粒子会用不同的方式影响石墨烯泡沫，对其电阻进行微小的改动。让电流通过其中并且测量电阻的变化，就能知道泡沫上依附的是什么粒子。研究人员让大约 100 毫安的电流通过该泡沫，结果发现，这种石墨烯泡沫能够导致粒子解吸，也就是说，粒子自动从传感器上剥落下来，清除这些粒子，传感器就可以重复使用了。

研究人员对传感器进行微调，让它来探测氨水（自制爆炸物硝酸氨的关键成分），该石墨烯泡沫传感器在 5 分钟到 10 分钟内，就能探测到这种富有攻击性的粒子，而且效率是现有市面上最好探测器的 10 倍。研究人员接着用它来探测有毒气体二氧化氮（爆炸物分解的时候也会释放出这种气体），结果表明，其效率也是目前商用传感器的 10 倍。

（2）开发可检测航天器结构性缺陷的微型石墨烯传感器。2012 年 12 月，物理学家组织网报道，美国航空航天局戈达德太空飞行中心技术专家苏丹娜领导的研究小组，开发出只有原子大小的基于石墨烯材质的微型传感器，用以检测地球高空大气层的微量元素，以及航天器上的结构性缺陷。

一年多以前，该研究小组开始研发基于化学气相沉积技术的石墨烯设备。研究人员在一个真空室中放置一个金属基体并注入气体，生成所需的薄膜。现在，已可以成功地生产出高品质的石墨烯片。苏丹娜说："这种材料最有前景的应用之一，是作为一种化学传感器。"

现在，该研究小组开发出小型化、低质量、低功耗石墨烯传感器，可以测量大气层上空中的氧原子量。而大气层上空中的氧原子量，来自太阳紫外线辐射分解氧分子时所创建，其生成的相关元素具有高度腐蚀性。当卫星飞过大气层上空，会受到这种化学物质以每秒约 8 公里的时速攻击，从而严重破坏航天器的常用材料，如聚酰亚胺薄膜。

虽然科学家们相信，氧原子组成低地球轨道上稀薄大气层的 96%，但是在测量其密度和更准确地确定其在大气阻力中的作用时发现，它可能导致轨道航天器过早地失去高度降至地球。研究人员说："我们仍然不知道氧原子在航天器上创建的拖曳力的影响；不知道原子与航天器之间转移的动量是多少，而这是很重要的，因为工程师可根据这种影响，来评估航天器的寿命，以及飞船在重新回到地球大气层之前会飞多长时间。"

苏丹娜表示，石墨烯传感器对此提供了一个很好的解决方案。当石墨烯吸收氧原子，材料的电阻会产生变化，石墨烯传感器可迅速测量出一个更精确的密度。"这真令人兴奋，我们希望可以计算频率阻值的变化，大大简化测量氧原子的操作步骤。”

（3）用残次石墨烯制成超灵敏气体传感器。2014 年 9 月，美国伊利诺伊大学芝加哥分校机械和工业工程教授萨利希·空锦领导的研究小组，在《自然·通讯》杂志网络版上发表论文称，他们近日开发出一种能够分辨出单个气体分子的超高灵敏度传感器。这种新型气体传感器对气体分子的吸收能力比传统化学传感器强 300 倍。

让人不可思议的是，用来制造这种高灵敏度“电子鼻”的材料，竟是此前被认为残次品的、存在缺陷的石墨烯。

在制造石墨烯的过程中，石墨烯逐渐形成晶格或片状时，会随机出现一些单晶颗粒。这种多晶结构与单晶之间的边界被称为晶界。由于晶界会造成电子的散射，削弱石墨烯晶格的性能，所以具有晶界的石墨烯，通常都被认为是毫无价值的次品。但美国研究小组却发现，这些缺陷正好适合用来制造高灵敏度气体传感器。

据报道，为了验证这一想法，测试石墨烯缺陷的电气性能，研究人员用单个石墨烯晶界制造了一个微米尺寸的气体传感器。他们在测试中发现，石墨烯晶界能够将气体分子吸附到其表面并让它们聚集起来，石墨烯晶体上却没有这样的现象。这使具有这种缺陷的石墨烯成为观测气体分子的理想场所。

伊利诺伊大学芝加哥分校一个由切赫·克拉尔主持的理论化学小组对该晶界所具备的这种独特吸引力和电子特性进行了解释：晶界的不规则特性，使其具备了数百个不同灵敏度的电子传输间隙。这就像是许多平行的并联开关，当气体分子在晶界上发生聚集，电荷发生转移时，这些开关会突然打开或者关闭。这一切都发生在一个非常短暂的时间当中。而这便是用其制成的气体传感器，能够具备超高灵敏度的原因所在。

萨利希·空锦说：“数十年来，科学家们一直试图制造出一种强大的、具有超高灵敏度的传感器。我们的研究将其变成了现实，可以在微米级的尺寸上，把这些晶界集成起来进行统一控制。使用这种技术能很容易制造出芯片级的传感器阵列。借助晶界对气体分子超强的吸附能力和快速反应能力，用石墨烯晶界阵列制成的电子鼻，甚至能够检测出单个气体分子。这种材料集精确和可靠于一身，是制造气体传感器的理想材料。”

（三）力敏传感器的新信息

1. 开发以触摸动作为基础的传感器

研制出人机交流更方便的多点触摸传感器。2008 年 5 月 24 日，在一次新产品推介会上，微软研究院的研究人员安迪·威尔逊演示了多点触摸传感器的原型产品。一个红外线摄像机，跟踪你触摸显示屏的动作，并且让软件做出反应。这是一种新的、低成本的用双手操作数字桌面，或者墙壁显示屏的方法。

威尔逊是微软研究院研究平面计算等项目的专家。他最近开发出一种传感技术系统，能够让人们操作台式电脑或者投影机的显示屏。这样，人们就不必使用鼠标，用双手就可以操作电脑了。

威尔逊介绍说，这个系统使用一种低成本的红外线摄像机，与激光跟踪用户触摸显示屏的动作，以便让软件做出反应。这个结果，能够让用户与朋友在网络上，进行虚拟的国际象棋比赛。他在演示中说，这是一个简单的技术，真正神奇的是他开发的软件。

2. 开发以人体重要器官运动为基础的传感器

研制可监测心率和识别语音的柔性传感器。2016 年 11 月，据《科学进展》杂志近日网络报道，美国伊利诺伊大学厄巴纳·香槟分校材料科学家刘宇浩为主要成员的研究小组，开发出一种类似皮肤贴纸的柔性传感器，可监测心率和识别语音。该器件的潜在应用包括诊断病情、操纵机器人，以及在没有手柄的情况下玩电脑游戏等。

刘宇浩表示，与听诊器这种常见传感器相比，最新研发的传感器所使用的低功率商用微型机电系统加速度计，被包裹在具有黏性的弹性硅胶中，穿戴性很强。研究人员说，这些加速度计的振动频率被调谐到 0.5 赫兹到 550 赫兹范围内，这是人体重要器官发出的典型声音。可伸缩铜线则将这些加速度计与放大器、电阻和电容连接起来。

新器件类似于一个小的创可贴，只有 20 毫米厚，213.6 毫克重，具有足够的灵活性和可伸展性，可穿戴在颈部这样的人体弯曲部位。硅胶材料则适宜人体汗液的蒸发。

在实验中，该器件可同时连续收集不同类型的声学信号数据，如心脏瓣膜的开合、流经颈动脉的血液脉冲、声带的振动以及胃肠道的蠕动等。

在亚利桑那州的一个私人医疗诊所进行的老年志愿者测试中，新器件展现出可检出心脏杂音的能力。在商业化心室辅助装置试验中，该器件可帮助心脏泵血，传感器还可检出潜在的致命血块。

研究人员表示，将新器件放置在人的喉咙部位时，其可作为人机接口将命令发送至计算机，从而完成控制机器人、玩视频游戏等任务。例如，用户只需说出“上、下、左、右”就可控制吃豆人游戏，语音识别率可达90%。

新器件还包含可记录身体信号的电极，这些电极可帮助传感器监测心脏起搏器的运行情况。研究人员称，为了更加实用，拟将传感器的数据传输升级为无线方式。未来还可将器件的振动频率扩展到2000赫兹范围，使之能检获人类语音振动的全频率并用作一个麦克风。

（四）磁敏传感器的新信息

——推出超小型高精度双轴倾斜计传感器

2007年12月，美国模拟器件公司发布了一款高集成度、双轴倾斜计，为工业设备制造商提供了一种很高精度、极易使用的倾斜检测装置。这款可编程、双轴倾斜计传感器，适用于多种需要测量倾斜变化的工业应用设备，其中包括测量设备、工厂机床、卫星天线稳定系统、运动安全监视器和汽车轮位对准装置。

这款双轴可编程倾斜计提供小于0.1度线性倾斜误差的全补偿直接角度输出，从而使其精度提高到至少是同类倾斜传感器的两倍。这是因为它增加了一个嵌入式控制器，它使用出厂时安装的校正系数动态地检测系统环境，并且补偿直接数字角度输出以便解决电压、温度、角度和其他参数变化引起的误差。其他基于微机电系统的倾斜传感器，通常需要工业工程师完成增加的外部校准和信号处理，这些都会给产品设计增加时间、成本和复杂性。此外，该公司基于微机电系统的倾斜计的尺寸，显著地小于其他检测方案，尤其是需要专用安装电路板的体积很大的电解电容型倾斜传感器。因此，该产品为设计工程师提供了几乎按照检测意愿轻松地集成新的精密传感器的可选方案。

这款双轴可编程倾斜计，基于美国模拟器件公司的加速度传感器集成微电子机械系统内核，当它处于水平安装时，能够在±30度测量范围内以小于0.1度的误差测量双轴倾斜。由于其独特的双轴工作模式，这种新式传感器在全部360度范围内，也支持垂直安装的单轴检测。可调整的数字传感器数据，是通过工业标准的串行外设接口输出，这个接口可接入倾斜度（0.025度分辨率）、加速度（0.244mg分辨率）、温度和电源电压。它还具有一个12bit辅助ADC输入和DAC输出、数字自检功能和可配置的状态监测，包括报警器。

（五）其他传感器的新信息

1. 生物传感器的新进展

（1）开发用手掌扫描代替密码的计量生物传感器。2012年9月，《每日电讯》报道，在美国圣弗朗西斯科召开的“英特尔开发者论坛”上，英特尔实验室研究部主管斯里达·伊恩伽展示了一项最新技术，用手掌扫描代替密码。这是一种用于笔记本或平板电脑上的计量生物传感器，通过扫描一个人独特的掌纹图案，就能验证他们的身份。

如果英特尔的“客户端身份验证技术”样机成功，密码将成为过去，这一技术有望消除个人用于网络的大部分密码。计量生物识别将成为防御网络攻击的最新手段。

伊恩伽在论坛上演示了该技术。他的一位助手在电脑的“掌纹”识别器前挥了一下手，就登录了Windows7，能够浏览他的银行账户，他离开电脑后，计算机窗口就被锁定并进入睡眠模式。

传统的安全措施，即使用许多验证方法，仍可能被网络罪犯追寻到。经常上网也意味着用户可能使用相同或相似的密码。一旦其中一个账号被攻破，这些信息可能用于财务信息、在线支付系统或敏感性工作文件。而掌纹比由数字和字母组成的密码要安全得多。

伊恩伽说：“密码的问题是我们要用很多密码，而且规则复杂，不同网站需要不同密码……现在有种方法能摆脱这种局面，计量生物识别是个不错的选择。”

手掌扫描技术比现在一些笔记本电脑上的指纹扫描要好得多。计算机辨识出某位用户后，就能将他的身份安全地上传到网站，如网上银行和社交网络。如果该技术广泛应用，也意味着个人网站不再需要支持密码网络。英特尔打算与服务提供商合作以充分利用这些优势。

要在电脑上应用掌纹识别技术，需要安装计量生物传感器和新软件，但不需要新的处理器，因此它的应用可能要快于人们的预期。此外，该技术仍在开发中，其准确性尚未达到政府的要求。

（2）研制出可监测湿度的微型生物传感器。2015 年 3 月，物理学家组织网近日报道，美国伊利诺伊大学芝加哥分校副教授维卡斯·贝瑞领导的研究小组，在自然出版集团旗下的《科学报告》杂志上发表论文称，他们把真菌所产生的孢子与石墨烯量子点结合在一起，制造出一种极其微小的生物传感器。它有望用于环境监测、食品安全等领域。

随着纳米技术的发展，制造出肉眼不可见的微型传感器，已经成为一件可能的事情，将生物体与无生命的机器相结合，也成为解决问题的一个备选方案。新研制出的这种装置，主要由孢子和石墨烯量子点组成，研究人员首先从细菌中提取孢子，再将石墨烯量子点放置在孢子的表面，而后在孢子两侧各贴上一个电极。这样，当孢子周围的湿度下降时，孢子就会收缩，其中的水分会被压出。由于孢子缩小后体积变小，两侧的量子点会紧靠在一起，电极的导电性也会立即发生变化，从而达到了监测湿度的目的。研究人员把这个设备，称为“纳米生物传感器”。

贝瑞说：“在湿度发生改变的那一刻，我们就能立即得到一个清晰准确的反馈。这个反应速度，比目前最先进的人造吸水聚合物制成的传感器快 10 倍以上。而且与人造传感器相比，这种生物传感器在极端低压以及极低湿度下，具有更加出色的灵敏度。”

报道称，目前常见的湿度传感器的灵敏度，随着湿度的增加而逐渐增强，而该传感器的灵敏度，在低湿度情况下反而更加灵敏。这种传感器能够适应各种环境，甚至是真空，这在防腐或食品质量监测领域有重要应用前景。对于运行在太空中的设备而言，这些传感器同样非常重要，因为在这些地方湿度的变化，是预示泄漏的一个重要信号。

贝瑞说：“这种传感器具有广泛的应用前景，此类研究为人们探索生物体与电子及机械设备的结合，提供了一个新的角度。”

2. 亮度传感器的新进展

推出数字输出式亮度传感器。2008 年 4 月，美国安华高科技公司推出一款数字输出式亮度传感器，它的封装尺寸为 2.6 毫米 ×2.2 毫米，厚度为0.55毫米。可把检测到的亮度转换为16bit的数字信号，设想配备于产业机械及车载设备等。

同时，该产品还配备有消除50Hz及60Hz下，亮度变动照明光纹波的影响，并检测照度的功能。分光感度和人的视感度接近。

安华公司是从原美国安捷伦科技公司分离出去的独立运营机构，它继承了安捷伦的整个半导体元器件部门。

3. 智能传感器的新进展

研制出“智能尘埃”微型传感器。2004年9月，有关媒体报道，加州大学计算机科学家皮斯特两年前创建的“美国微尘网络公司”研发出成熟的“智能尘埃”微型传感器技术。美国国防承包商科学应用国际公司将成为该公司研发的无线微型传感器网络的第一个客户。

“智能尘埃”是一种微小的如同尘埃、人的肉眼无法看到的传感器。科学应用国际公司已经采用这种传感器，构筑了一个电子周边防御系统，为其客户——美国军方提供军事防御和情报信息。例如，采用多枚微型磁力计来探测某人是否携带枪支。该公司还计划利用微型耳机来寻找车辆或者移动人群的“声学足迹”。该公司的一些客户还可以驾驶无人驾驶飞机，将一些“智能尘埃”投掷到崎岖不平、气候恶劣的地区，以达到监视敌人的目的。

在过去几年中，一些“无线智能尘埃传感器”在研究工作中，已用于监测制造设备的震动、监视海鸟的聚集，还用来测量葡萄园气候的细微变化，因为葡萄园气候的细微变化，可给葡萄酒质量带来很大影响。现在，这种微型传感器已进入市场。2004年8月，明尼苏达州的一些零售商店已安装了很多这种微型传感器，用于监视各商店的能源利用。这对降低运营成本很有帮助，因为，能源成本在零售店的费用中占据第二位。美国另一家同类公司也宣布，他们将推出用于监视核电站环境的无线传感器。

美国国防部远景计划研究局已投资几千万美元，帮助大学进行“智能尘埃”微型传感器技术的研发。中情局的风险投资公司已购买了微尘网络公司的股份。美国国土安全部研究人员也已把微型传感器的研发列为最优先课题，甚至连英特尔公司也在研发无线传感器网。分析人士预测，这些微型传感器联网后，会像互联网一样对社会产生巨大影响。

所谓无线传感器网，就是利用大量微型传感器来跟踪各种活动，对诸如气候、光和热等周围环境进行评估。当这些传感器收集有用信息时，其系统开通低功率的发射机，并把数据传送到附近的另一个装置，最远传送距离可达 30 米。而微型传感器使用 AA 型电池可运行 3 年。如果无线网络中的一个微型传感器失灵，另一个传感器会立即顶替上岗，替代报废者接收数据，使网络能正常运行。所以微尘网络公司管理人员把这种网络称为“智能网眼”。

皮斯特从 1997 年就开始研究“智能尘埃”传感器，他说：“微型传感器不再是未来学家的梦想，已为客户进行真实的部署。”

不过，目前让无线微型传感器网正常运行还面临着很大挑战。在实现网内正常通信联系过程中，信号可能被小山阻挡或电气干扰而中断。此外，网内需部署大量的微型传感器，而使成本太高，会吓走客户。但无论如何，无线微型传感器网发展仍然很快。

二、研制监测和探测仪器的新成果

（一）用于产业领域的监测和探测仪器

1. 用于广播电视产业的监测仪器

推出视频高清监测仪。2004 年 9 月，泰克公司推出高清节目质量监视的 WVR7100 监测仪。它不仅可用于高清、标清和复合模拟信号，还可用于数字和模拟音频信号的监测。

随着高清节目日益增多，高清晰度电视正以它自己的方式进入更多家庭。为了满足消费者对高清节目质量的要求，同时也要符合高清节目电视广播标准，从事于高清节目和复合模拟电视广播系统的运营商们，迫切需要一种性价比高、功能全面、易于使用的监视解决方案，从而帮助他们迅速可靠地确定传输节目的质量。这种新型监测仪能够使广播电视工程技术人员、视频编辑人员和艺术工作者提供最佳的视频质量，并且符合广播电视规范的要求。

利用泰克公司的视频波形监测仪显示，用户能以四种不同的平铺并列方式将 WVR7100 的屏面，配置成波形显示、矢量显示、色域显示、图像显示、告警显示、出错记录显示以及音频信号电平显示和李萨如图形显示。事实上，该产品是目前唯一的符合行业标准的光栅式高清节目监测仪，它能提供享有泰克公司专利的色域显示（包括钻石显示、分离钻石显示和箭头显示），从而保证了电视节目素材在分量色域和复合色域中均符合标准。

该产品的用户界面十分直观，仪器的一些重要功能，只需触击一个按钮即可实现。它采用了浅色的菜单结构，使用者可以迅速地调用仪器的全部重要功能。用户如果把它的监视功能整合到自己的电视设施中，将会进一步增强它的使用灵活性。为此，它提供了一种新的遥控前面板功能，用户可在100英尺之外利用遥控前面板实现仪器的远程调用和控制，它和仪器上的前面板是一样的。

该产品是一种全数字仪器，其稳定性和准确度是前所未有的，在进行多次测量的情况下，它可以保证测量结果的一致性。采用了这种数字设计方案，使得测量的可靠性不再因周围环境温度随时间的波动而变化，用户也不必为测试仪器的定期校正而担心。

2. 用于地质勘探产业的探测仪器

开发效率提高千倍的人造钻石磁场探测器。2015年4月，美国麻省理工大学研究生汉娜·克莱文森、贾米森职业培训中心电工与计算机科学副教授德克·英格伦德等人组成的研究小组，在《自然·物理学》杂志上发表论文称，他们利用人造钻石中的瑕疵，开发出新一代超灵敏磁场探测器，效率达到上一代探测器的近千倍。这将为地质勘探，以及医疗领域、材料成像、走私检查等带来微型化设备。

据报道，纯净钻石是完全由碳原子组成的晶格结构，不会与磁场相互作用。人造钻石中的瑕疵叫作氮晶格空位，是晶格中一个氮原子取代了碳原子形成的氮空位，空位中的电子能与磁场相互作用，对磁场极为敏感，一块只有拇指甲1/20大小的钻石芯片，就含有万亿个氮空位，每个空位都能进行磁场检测。科学家希望，以此为基础造出高效便携的磁力计，问题是怎样把所有检测聚集起来。探测一个氮空位，要用激光照射它，它吸收光子然后再发出光，再发射光的强度就携带了空位磁场状态的信息。

要用这种芯片做精准测量，需要收集尽可能多的光子。克莱文森说："在以往实验中，通常是直接用激光激发芯片表面的氮空位。这样只能吸收一小部分光，大部分光都通过了钻石。而我们给钻石增加了棱面，使激光在钻石内耦合在一起，所有入射光都能被吸收利用。”

研究人员计算了激光入射晶体的角度，使激光能从各棱面反射，就像台球桌上的撞球，不知疲倦地在晶体各面轮番反弹，直到它所有的能量被吸收殆尽。英格伦德说：“通过的总路径加起来接近1米。就像你把一个1米长的钻石传感器，仅缠到几毫米内。因此，芯片的泵浦激光能效达到以往近千倍。我们能利用几乎所有的泵浦光，检测几乎所有的氮空位。”

当一个光子击中氮空位中的一个电子时，会把它击入更高的能态，当电子回到原来能态时，就会像其他光子一样释放出额外能量。而一个磁场会弹击电子的磁向（或自旋方向），增大它在两种能态之间的能量差。磁场越强，就会弹击越多的电子自旋，改变空位发光亮度。

由于氮晶格空位的几何结构，重新发出的光子会以4种角度射出。每一边放一个透镜能收集20%的发射光，把它们聚集到一个光探测器上，足够生成一次可靠的检测。

（二）用于安全检测的探测仪器

1. 探测生化武器及爆炸物的探测器

（1）利用分光镜技术开发出新型反恐探测器。2006年3月，美国能源部阿尔贡国家实验室工程部门负责人保罗·拉普提斯与电学工程师萨米·葛帕尔萨米和萨参·巴克提亚利共同负责的研究小组，利用一种新兴的传感技术，开发出一套应用于国家安全领域的感应器，能够迅速有效地探测出化学武器、生物武器、核武器以及爆炸物。

拉普提斯说：“我们将把这项技术运用于检测化学和生物物质，也可能会用于测定一个国家，是否使用其核反应堆进行核武器材料的生产，也可能用于判定发生化学或放射性泄漏的方向，以便于疏散人群。”

研究人员首次成功地对化学物质进行远程探测，利用分光镜技术对爆炸物质的光谱进行辨别。这种分光镜技术是利用电磁光谱上的微波与红外线的毫米/太赫频率属性差异加以区别。研究人员根据探测光谱上留下的的独特“指印”，来辨别爆炸性材料和化学物质。

这项毫米/太赫技术可探测其分子的能量水平。能量的频率分配提供了一种独特的可再生的光谱结构“指印”可区别不同的材料。这项技术也能应用到其成像模态中，包括从隐形武器到包括肿瘤探测等医学应用。这项技术是对激光或者光学传感技术的改进成果。激光或光学传感技术会因为大气条件的变化而受到影响，也可能在X射线下发生离子反应而造成破坏。其工作频率为0.1～10太赫兹，其感应的灵敏度比预定的高4～5倍，成像分辨率比微波频率要精细100～300倍。

为了对核事故或者反应堆运作的辐射情况进行远程探测，研究人员对毫米波段的雷达进行了测试，开发出探测和解析空中发生反射及散射的辐射感应效果的模型。对9公里外的一座核电站进行的初步测试结果显示，电站正常运作与闲置时，测量结果有明显的差别。这项技术也能够应用于绘制核辐射释放图。研究小组曾经使用这项雷达技术对天然气管道的气体泄漏进行远程迅速的绘制成像。其工作原理是通过泄漏气体造成周围空气的折射指数变化，反映在图表上的起伏现象。

（2）发明远距离炸药探测器。2008年7月，美国能源部所属橡树岭国家实验室生物科学部查尔斯·内斯特主持的研究小组，在《应用物理学快报》杂志上发表研究报告称，他们研制成一种新型探测器，利用激光和能将反射光转换为声音的装置，可探测到约18.3米以外的爆炸物。

内斯特介绍说，他们对光声波谱技术进行改进，可以在户外探测和识别特定物质。光声波谱技术的起源，可以追溯至19世纪80年代格雷厄姆·贝尔的发明，不过，由于必须要使用增压室，这项技术在安检和军事领域一直派不上用场。

为使光声波谱技术，在安检和军事领域更加实用，该研究小组把探测识别原料的工作，转移到露天环境下进行，取代以往的加压室。他们使用对人眼无害的脉冲光源照射目标样品，然后用一个石英晶体音叉来检测反射光。他们使照射光的脉冲频率和石英晶体音叉的机械共鸣频率相匹配，当反射光线落到音叉上时，会驱使音叉产生共鸣，而音叉振动的振幅与照射到它身上光的强度成比例。由于石英的特性，它会将振动转化成压电电压信号，从而被仪器检测到。

为了检验该技术的效果，他们使用磷酸三丁酯以及三种炸药：环三亚甲基三硝胺、三硝基甲苯和季戊四醇四硝酸酯为样品，分别进行试验。结果表明，该技术使用功率不到其他爆炸物检测仪1%的激光器，就能检测到炸药残留。

内斯特指出，使用石英晶体音叉作为共鸣器，不仅可以缩小探测器的体积、降低成本，更重要的是能够在室外环境中使用，无论是运用于商业还是野战环境都十分理想。他表示，目前可以检测爆炸物的距离是20米左右，如果使用更强的照射光源和更大的收集镜，检测距离应当能够达到100米。

（3）研制出超快高灵敏石墨烯光电探测器。2012年6月3日，美国马里兰大学纳米物理和先进材料中心的一个研究小组在《自然·纳米技术》杂志上发表研究报告称，他们开发出一种新型热电子辐射热测量计，这种红外光敏探测器能广泛应用于生化武器的远距离探测、机场安检扫描仪等安全成像技术领域，并促进对于宇宙结构的研究等。

研究人员利用双层石墨烯，研制出这款辐射热测量计。石墨烯具有完全零能耗的带隙，因此它能吸收任何能量形式的光子，特别是能量极低的光子，如太赫兹或红外及亚毫米波等。所谓光子带隙，是指某一频率范围的波，不能在此周期性结构中传播，即这种结构本身存在“禁带”。光子带隙结构，能使某些波段的电磁波完全不能在其中传播，于是在频谱上形成带隙。

石墨烯的另一特性也使它十分适合作为光子吸收器：吸收能量的电子仍能保持自身的高效，不会因为材料原子的振动而损失能量。同时，这一特性还使得石墨烯具有极低的电阻。研究人员正是基于石墨烯的这两种特性设计出了热电子辐射热测量计，它能通过测量电阻的变化而工作，这种变化是由电子吸光之后自身变热所致。

通常来说，石墨烯的电阻几乎不受温度的影响，并不适用于辐射热测量计。因此研究人员采用了一种特别的技巧：当双层石墨烯暴露于电场时，它具有一个大小适中的带隙，既可将电阻和温度联系起来，又可保持其吸收低能量红外光子的能力。

研究人员发现，在5开氏度的情况下，新型辐射热测量计可达到与现有辐射热测量计同等的灵敏度，但速度可增快1000多倍。他们推测它可在更低的温度下，超越目前所有的探测技术。

2. 检测恐怖毒剂的探测器

发明生物恐怖毒剂快速检测仪。2008 年 3 月，美国技术评论网站报道，麻省理工学院林肯实验室研究员詹姆斯·哈珀等人组成的研究小组研发出一种检测系统，能够快速检测包括炭疽杆菌在内的，6 种可通过空气传播的生物恐怖毒剂。该系统采用的是活的免疫系统细胞，这种经过基因工程改造后的细胞，在接触到特定的污染物时会发出光，整个检测过程只需 3 分钟。

对于生物恐怖毒剂的检测来说，时间是至关重要的。人如果暴露在含有炭疽杆菌之类的毒剂环境中，在 2 分钟至 3 分钟内就会被感染。因此，越早疏散，造成的伤害就会越小。

哈珀介绍说，他们发明的这种检测系统的核心是活的 B 细胞。B 细胞如果在体内同病菌结合，1 秒钟内就会做出反应，这几乎是目前最快的病菌检测系统。

B 细胞之所以能识别出细菌和病毒，奥秘在于它表面上携带的抗原，当抗原与其抗体，即特定的目标病菌结合时，会在细胞内部产生一个自我放大的化学信号波，由此导致的结果之一，就是产生钙离子流。林肯实验室的托德·里德从 20 世纪 90 年代起，就对此现象进行研究，并且找到利用这一现象的方法。通过对老鼠的 B 细胞进行基因改造，里德制备出了一种能对钙离子非常敏感的荧光素酶。这种酶源自水母，被称为水母发光蛋白。当水母发光蛋白与钙离子发生特异性反应时，在荧光素酶作用底物，即另一种来自水母的腔肠素作用下，会发出蓝光。据此，便可以推断出特定的目标病菌的存在。

林肯实验室最初的研究重点只是针对 6 种生物病菌的检测，它们是：天花病毒、肉毒杆菌、蓖麻毒素、炭疽杆菌和其他两种病菌。但从理论上讲，通过基因工程改造，B 细胞可以用来检测任何一种生物病菌，前提是要有该种病菌的抗体。

美国马里兰州罗克维尔市的创新生物传感器公司已经推出基于上述技术原理的检测仪器。它可同时进行 16 项检测，在 30 立方分米的空气中，只要含有 10 个以上的病菌，就会被检测出来。它可用作机场、建筑物，以及从事危险病菌研究的实验室的报警检测装置。

（三）用于航空航天的探测仪器

——用于分析和检测火星大气成分的质谱仪

研制出可实时分析火星大气的便携式质谱检测仪。2017 年 9 月，美国杨百翰大学化学教授丹尼尔·奥斯汀与电气工程教授亚伦·霍金斯领导的田园博士为主要成员的一个研究团队，在《美国质谱学会》杂志上发表论文称，他们研制出一种小型化的便携式质谱检测工具，其功能十分“强悍”，包括未来可装在火星探测器上，帮助科学家实时分析火星大气成分。

过去数年来，质谱仪提供了一种快速、高灵敏度的分析和检测化合物的方法，但是它们的庞大尺寸，一直是限制其现场检测潜力的最大障碍。

经过 12 年的探索，该研究团队开发出具有强大功能的迷你型质谱仪。奥斯汀解释说，过去也开发出过较小的质谱仪，但通常敏感程度很低，而此次他们开发出来的小型质谱仪，功能范围并没有比同类产品缩小，因此具有一系列潜在的应用。

小型化学质谱仪可用于发现化学武器，最大限度地减少特定地区士兵的危险；在国土安全领域，该质谱仪可以帮助检测机场或其他地方的爆炸物；对于法医调查员而言，便携式质谱仪可以进行一系列现场检测，包括确定白色粉末是否为非法违禁药品等。

田园说，质谱仪通常大而且昂贵，需要专业技术人员操作，但是小型质谱仪通过缩减尺寸、重量和成本，克服了一些传统问题，同时为复合分析提供了更快、更简便的方法。

奥斯汀补充说，便携式质谱仪可以帮助进行很多之前无法完成的工作，很多新的科学分析完全可以现场完成，而不需要将样品送到遥远的实验室检测并等待结果。

据了解，该项目由美国国家科学基金会、国家航空航天局和国防部资助。目前，研究团队正进一步开发其各种可能的商业应用。

三、研制供用电仪器设备的新成果

（一）常规供用电系统仪器研发的新信息

1. 开发新型电流控制开关

推出高性能机电式开关。2007 年 8 月，美国安捷伦科技公司推出 L 系列经济性定价的高性能机电式开关，这个系列开关的工作频率高达26.5GHz，使用寿命最低为2百万次。

安捷伦科技L系列机电式开关，包括开关端口带匹配负载和不带匹配负载的SP4T（单刀4掷）、SP6T（单刀6掷）多端口开关，以及一款传输开关。该系列开关可以在使用2百万次之后仍然保证不到0.03dB的插入损耗。这种优良的性能，不仅可以帮助把由开关本身所带来的测试不确定度降低到最小的程度，同时也因不需要频繁的校准工作，而大大降低了测试系统不工作的时间，显著地提高了测试效率。

2. 开发电源分析控制仪器

（1）推出新型直流电源分析仪。2007年5月，美国安捷伦科技公司推出一种直流电源分析仪N6705A，可在为被测件提供电源的同时，动态测量送至被测件的直流电压和电流时，从而大大提升测量效率。

有了这种工具，研发工程师就能在几分钟内了解被测件的功耗，而不需要编写一系列代码，对于研发工程师来说，这代表着一种全新类型的仪器。

该直流电源分析仪是一种高度集成的仪器，它把四台先进的直流电源、数字万用表、示波器、任意波形发生器和数据记录仪组合到一起。仪器提供易于使用的界面，可从前面板实现所有电源和测量功能。

（2）推出新一代数字电源系统控制器。2007年12月，美国得州仪器公司宣布，推出第三代融合数字电源控制器UCD9240，以及全新插入式模块，进一步升级当今电源系统管理的智能化程度。

这种全配置且功能丰富的电源管理产品，实现了对多达四个独立数字控制环路和八种相位的数字化管理，同时还将轻负载条件下用电效率提高了30%。

（二）无线供用电仪器设备研发的新信息

1. 开发无线供用电系统装置的新进展

（1）研发无线能量传输系统。2006年11月，美国麻省理工学院助理教授索亚奇克等人组成的一个研究小组，近日研究发现“无线能量传输”确实可以应用于一般电器。将来这项技术成熟之后，将会节约大量的电线。

虽然目前这个研究小组还没有真正建造这种系统，但是索亚奇克表示，两个能量频率相同的物体一接近，就可能发生共振与能量传递，而无线充电系统正是利用电磁波共振的原理来帮电器充电的。

索亚奇克指出，这套系统有一个采取“长寿命共振”模式的简单铜质天线，只要电器与电源的距离在5米以内，都有充电效果。他说，未来这个系统可在一般房间使用，也可以把它应用于车间机件，甚至能把整个系统的尺寸缩小到纳米级。

英国一家生产充电设备的科技公司的创办人海伊表示，美国麻省理工学院的研究显然还不成熟，但是这项科技未来的发展前景将会很不错。

（2）研制出无线输送电能的新装置。2007年6月，美国麻省理工学院物理学教授马林·索尔加希奇领导的研究小组，在《科学》网络版上发表研究文章称，他们通过无线传送电能装置，在2米远的距离点亮了一盏60瓦的灯泡。研究人员认为，该装置有望今后对移动电话和其他便携电器，不需接电源线也能充电。

无电线输电并不是什么新概念，但由于其充电装置所产生的电磁能会向所有方向发出辐射，因此这种方法输电效率很低，实际应用极少。

2006年秋天，索尔加希奇发现，使用特殊的调谐波无线可以传送能量。其原理是使充电装置与便携式小电器在相同的频率下产生共振。研究人员应用该原理进行实验操作取得成功，并且实验可以重复进行。

索尔加希奇认为，目前无线传输电能还没有紧迫的需要，但可以预见，如果该技术能够投入实际应用，至少许多用电装置可以不再需要电池，而电池又是污染环境的一大祸害。

但是，在进入实际应用前，该装置还需进一步改进。一是这套试验装置的能源效率只有40%～45%，这意味着还有一半以上的能量在传送过程中浪费了。研究人员认为，要使其能源效率达到现有的传送方式，该装置的效率还需要提高一倍。二是传送电能的铜线圈的几何尺寸太大，有60厘米宽，实际应用中还必须缩小尺寸。三是2米的传送距离还需要进一步延长，目标是在同一间房子里，使用一个充电装置，就可以为多个便携式电器提供电能。研究人员还表示，该装置使用的电磁耦合方法对人和动物都无害。

（3）证明无线供电系统已进入实用阶段。2010 年 7 月，物理学家组织网报道，现有多个研究小组正在设法利用无线电波为低能耗微型设备提供能源。借助该成果，美国杜克大学电子和计算机工程系助理教授马特·雷诺兹、佐治亚理工学院土木与环境工程学院助理教授约亨·泰策等人组成的研究小组，已研发出一款带有鸣音提醒功能的安全帽。

用无线电波为电子设备供电这一设想，其实很早就已提出，由于在传输过程中能量会很快衰减，长时间以来该技术都一直乏人问津，但随着硅技术的突飞猛进，越来越多的研究人员开始涉足这个领域。

雷诺兹研究小组把自己研制的一款装了传感器和蜂鸣器的安全帽称为“聪明帽”。帽子内安装的低能耗传感器，可以通过监测信号的方位和强度来判断戴帽子的人，是否正在接近危险。当戴帽子的工人，靠近建筑工地上的危险设备时，帽子就会自动发出警报。这款“聪明帽”的特别之处，在于安装其上的电子设备彻底告别了电池，安装在挖土机和推土机上方的，无线网络发射器发出的电波，成了它获取电能的空中能源。这些发射器原本设计用于追踪推土机和挖土机的位置。

位于美国匹兹堡的一家公司也在销售同类为低能耗设备提供电力的无线电波发射器和接收器。该公司最近推出一款可以为无线传感器充电的无线接收器。写字楼全自动中央空调系统中用于监测室内温度的传感器，就可用这种接收器实现无线供电。

英特尔公司西雅图研究中心的首席工程师、华盛顿大学教授乔舒亚·史密斯也在研究电磁辐射，并已研制出一种电子收集器，可以捕获其周围的无线电波。该电子收集器能够从距离实验室 2.5 米的电视发射站收集到足够的能量，为一个温度和湿度感应器供电。

据华盛顿大学电子工程系助理教授布莱恩·奥蒂斯介绍，目前在电子设备节能领域，主要有两个研究方向，除了从环境中获得电能的研究外，还有不少研究人员就如何大幅降低设备的能耗进行攻关。当这两班人马“胜利会师”时，很难想象，我们身边将会有多少电子设备甩掉电池，实现空中“捉”电。

（4）研制出芯片远程供电实验设备。2011 年 3 月，美国加州大学圣地亚哥分校的一个研究小组开发出一种微流体芯片，可利用无线电频率发射器来为电泳实验供电。这是研究人员首次开发出芯片远程供电实验室设备。

电泳是利用电场来操纵带电粒子的一种技术。为了提高通量，研究人员已经开发出一些微型芯片，不过这些芯片往往需要配以庞大笨重的电气设备。

该研究小组把芯片电路印刷在一块塑料板上，电路板的空腔中含有大量微孔，并充入带负电的纳米粒子。负电粒子最初呈随机运动状态，研究人员引入可识别无线电频率发射器的电场，此时负电粒子被困在带正电荷的微孔中。利用无线电频率发射器识别卡，发送无线电频率脉冲后，将产生电流为芯片供电。

该设备的特点是生产成本低，简单易用，如果把无线电频率发射器安装在显微镜上，可利用显微镜和摄像机来捕获粒子移动的图像。研究人员表示，该芯片对于习惯使用光学显微镜，进行疾病诊断的病理学家和临床医生来说是一个福音。它可以简化复杂精密的电子设备的操作，进而提高医生的疾病诊断能力。

（5）开发出能高效输电的无线传输系统。2017 年 6 月 13 日，美国斯坦福大学电子工程教授范汕洄领导的研究团队在《自然》杂志上发表研究成果称，他们利用宇称—时间对称（PT 对称性）原理，制成一种无线电力传输系统，其在 1 米范围内的不同距离均能实现高效电力传输。实验中，发光二极管灯可以在远离电源的情况下成功充电。

无线电力传输技术的发展，将为现今社会的多种应用奠定基础，如为植入式医疗装置充电和固定式电动车无线充电。但是，要创建一个不受操作条件变化影响的系统很不容易，譬如说，不受电源与无线受电设备之间距离的制约就难以做到；而同时还要保持电力传输效率稳定的话，就存在更大的挑战。

此次，该研究团队创建的无线电力传输系统，在 1 米范围内的不同距离均能实现高效电力传输。该系统是利用宇称—时间对称原理制成的。宇称—时间对称，是描述微观物体运动基本理论的量子力学中的概念。一般来讲，物理中的对称性，是指一个系统在特定变换下所呈现的内在不变性。宇称—时间对称性，即空间反射和时间反演下的不变性。研究团队利用这一原理制成的系统，可以在约 1 米的距离变化范围内，保持电力传输效率不变。

研究团队利用发光二极管灯进行测试实验。结果表明发光二极管灯可以受电，而且可以远离电源，直到约 1 米左右的分界点，这一过程中亮度一直维持不变。在相应的新闻与评论文章中，法国科学研究中心、巴黎高等物理化工学院科学家杰弗洛伊·萝实表示，这项最新发现，有望用于为传输距离和方向持续发生变化的移动装置或车辆充电。

（6）把整面墙变成无线电收发装置。2013 年 8 月 21 日，物理学家组织网报道，美国普林斯顿大学电力工程副教授纳文·维尔玛、该校城市与环境工程副教授布兰克·格里斯克等人组成的一个研究小组，开发出一种嵌入超薄无线电系统的壁纸，可将整面墙变成一个巨大的无线电收发装置。研究人员称，这一技术为建筑内置无线通信系统和道路、桥梁结构监视装置等多种设备的开发打下了基础。

维尔玛说："最初，我们是想把它做成智能建筑的内部能源管理系统。'壁纸'内用分布式无线电阵列将温度传感器、感应传感器与中央管理系统相连。"这种无线电"壁纸"也像真的壁纸那样可以画上各种图案，柔软灵活，能在多种不规则的表面上使用，如桥梁面或支柱面。塑料膜上还有太阳能电池，能自行供电。

在塑料上排布电路，最大的难题是塑料在高温下会融化或变形。为不损坏塑料，研究人员用了一种频率较低的非晶硅薄膜晶体管。但无线电设备要求较高频率才能正常工作，为此，他们又独辟蹊径，用 1922 年由"无线电之父"埃德温·阿姆斯特朗开发的，一种叫作"超再生电路"的设计，通过电容和感应器来提高无线电的频率。

制造大的感应器通常比小的更容易，这也是该研究的一个优势。维尔玛说："没有人把'大'作为能提高性能的地方，而这正是我们的突破。"

下一步，研究小组计划开发一种用于桥梁、建筑、管道及其他结构的柔性结构安全监视系统。目前，研究小组是用单点传感器或光纤带来检测结构问题，设备是从小范围里收集数据。格里斯克说，在大型结构中，问题可能来自任何一个点，如果这个点上没有传感器，就很难发现问题。塑料传感薄膜与点系统不同，它能容纳许多互联的传感器，探测大范围内将要发生的问题。研究人员表示，他们正在比例模型上进行测试，样机将于9月问世，而进入实际应用可能还要再等几年。

2. 开发无线充电器的新进展

用量子技术打造无线充电器。2017年6月，有关媒体报道，智能手机和其他小配件的无线充电器比较方便，但却存在一个问题：当其充电时，你需要把它放在一旁。不过，美国斯坦福大学范汕洄教授领导的研究团队，推出一种新自动调节设计，意味着智能手机可以在移动过程中持续充电。

无线充电器主要通过磁感应工作：充电器和设备在相互共振时工作。现有设计是当电源和设备在特定距离内分开时可以有效运行，但如果设备处于移动中时，充电就存在更大挑战。

范汕洄研究团队设计出的新无线充电器，即便在设备远离电源1米时，仍然能够发挥作用。其方向也可以持续改变而不降低能量转移。在一次展示中，该研究团队可以为一个移动发光二极管灯泡提供电量，而且不降低其亮度。

如果用现有系统实现同样的事情，则需要不断改变电路。范汕洄说："它增加了复杂性。我们的成果是首个不需要主动改变电路而实现的系统。"

该研究团队通过采用量子力学领域一个叫作宇称时间对称的概念，实现了这一点。在这种情况下，它涉及耦合充电器中的电路和发光二极管灯泡，这样充电器内放大器的能量提升，就可以在灯泡进一步移远时平衡流失的能量。即便在灯泡和充电器之间的距离变化时，该系统也可以自动进行自我调节。范汕洄说："看到基础物理学概念，被应用于一个完全不同的领域，我觉得很有趣。"

范汕洄研究团队正在计划提高其充电器的覆盖范围。他们将调整设计，以增大充电距离，这或将有利于为移动车辆充电。

四、研制其他仪器设备的新成果

（一）开发放大器的新信息

1. 利用硅技术开发全球微波互联接入基站功率放大器

2006年2月，美国飞思卡尔半导体公司已开发出使用3.5GHz频带、面向全球微波互联接入基站的功率放大器。

该产品是利用半导体工艺技术，以及该公司作为封装技术的第7代高电压，横向扩散金属氧化物半导体技术实现的。

基于横向扩散金属氧化物半导体晶体管的全球微波互联接入基站用功率放大器，在业界尚属首例。

2. 推出功耗最低的纳米功率运算放大器

2009年8月，美国国家半导体公司宣布，推出一款全新的纳米功率运算放大器，可提供业界最低功耗552nW，即使供电电压低至1.6V，仍可保证正常操作。

据悉，该款型号为LPV521的运算放大器，属于美国国家半导体PowerWise系列，由于其功耗极低，可以延长系统的电池寿命，因此更适用于便携式电子设备及低功率电子产品，包括无线远程传感器、供电线路监控系统以及微功率氧气和气体传感器。

（二）研制降温设备的新进展

——发明便携式电子降温器

2017年9月15日，美国加利福尼亚大学洛杉矶分校裴敢兵教授领导的研究团队，在《科学》杂志上发表论文称，他们发明了一种固态电子降温器，就像一个放在口袋里随身携带的制冷器，可使手机或电脑永远不会过热而死机。

裴敢兵介绍道，他们的团队基于电热效应，利用高分子材料制造出一种可转换电和热能的薄膜。电热效应是指材料在外加电场下微观有序地发生变化，导致温度发生相应变化。因此，薄膜能根据外加电场的开或关而释放或吸收热。

数据显示，该薄膜每克制冷功率高达2.8瓦，性能系数超过现有蒸气压缩制冷技术。裴敢兵说："这意味着转移同样的热量，我们的设备消耗电能更少。"

测试结果表明，他们制造的降温器，让一部三星智能手机电池的温度，在5秒内降低了8℃。相比之下，空气降温技术在50秒内仅降低3℃。

当谈到这项技术的应用前景，裴敢兵说，它可以做成很小的制冷器，放在口袋随身携带；可根据个人的需要来调节身体不同部位的温度，且耗电量很小；也可给手机、电脑和可穿戴电子产品等有效降温，延长它们的使用寿命。

《科学》杂志配发的一篇评论文章写道："有了这项技术，人们可以想象，可穿戴式冷却绷带将取代冰袋，敷在伤口上等；小型空调和热管理系统可以安装在办公桌上或整合到座椅里，进行局部性气温控制；芯片实验室这样的电子设备也将成为可能。"

第二节　增材制造设备及产品的新进展

一、增材制造的新设备与新工艺

（一）研发增材制造的新设备

1. 增材制造设备研发的新态势

3D 打印设备领引国际科技领域的又一次角逐。3D 打印是"增材制造"的俗称。所谓增材制造，是融合了计算机辅助设计和材料加工与成形技术，以数字模型文件为基础，通过软件与数控系统，把专用的金属材料、非金属材料以及医用生物材料等，按照挤压、烧结、熔融、光固化、喷射等方式逐层堆积，制造出实体物品的制造方式。3D 打印设备制造过程，与传统的原材料切削及组装加工模式不同，它使用一种"自下而上"通过材料累加的方法制造产品。这使得过去受到传统制造方式约束，而无法实现的复杂结构件制造变为可能。

2012 年 9 月，有关媒体报道说，这不是异想天开，水杯、小提琴、首饰甚至汽车和飞机，都可被打印出来。目前，这种被俗称为 3D 打印的神奇设备，成为主要国家研发的"新宠"。它在美国工业界已掀起大潮，被寄予重振制造业的厚望。

专家认为，这种设备代表制造业发展的新趋势，它和其他一些数字化生产模式的涌现，将推动实现新一轮工业革命。

历经二十多年，3D 打印设备终于从沉寂到兴起。3D 打印设备之父、美国"三维系统"公司首席技术官查克·赫尔说，当年的灵机一动，仅仅是为了解决制造塑料模具费时费力的问题，即一旦设计失误，一切都得重来。

实际上，3D 打印机与普通打印机工作原理基本相同，它内装有液体或粉末等“打印材料”，与电脑连接后，通过电脑控制把“打印材料”一层层叠加起来，最终把电脑上的蓝图变成实物。

3D 打印机的优势在于，仅需几个小时或一夜时间，即可把样品打印出来，而不必花费数周时间等工厂制作样品。这种设备可以制造过去认为复杂而不经济的产品，并大大减轻产品重量。

美国“三维系统”公司首席执行官阿贝·雷琴塔尔这样形容如今 3D 打印设备的应用：“只有你想不到的，没有它打印不了的。”

现在，奔驰、本田等汽车公司用 3D 打印设备制造汽车模具和配件；波音、洛克希德·马丁公司用它打造航模和零件；微软公司用它设计电脑鼠标和键盘；医疗设备机构用它为用户定制助听器和牙套；建筑师用它复制建筑模型。美国研究人员甚至已研制出三维食物打印机，能用食材打印饼干、苹果派等。

2. 研发打印飞机的增材制造设备

（1）研制出造飞机如同打印文稿的 3D 打印新设备。2006 年 9 月，有关媒体报道，说起飞机制造，想必许多人的脑海里都会出现各种构件、组装流水线等的画面。不过，美国洛克希德·马丁公司的“臭鼬”无人驾驶飞机的制造流程，却和上述画面完全不沾边。因为这架翼展 28 米的新型飞机，并不是以传统的方式组装起来的，而是在该公司的流水线上以“打印”的方式制造出来的，堪称世界上第一架“打印”飞机。

所谓的打印飞机，实际上是使用了一种名叫 RP 的设备，由于它的过程非常类似喷墨打印机的工作流程，所以这也被称为 3D 印刷技术，简单点说，就与我们首先在电脑中储存文稿，然后连接打印机进行打印一样。

设计师首先在电脑中设计好零件模型的样子，然后将 4 吨重的高分子聚合物材料当作墨水填入 RP 设备系统中去，只不过这个 RP 打印机更类似一个烘烤箱。电脑软件会通过控制激光束的强度，将这些高分子聚合物和一些金属成分，一层一层地黏和并定型，最终形成整架飞机的大部分结构。这和喷墨打印机根据电脑发送的文稿向纸张上面按照坐标喷洒墨点最终形成文字一样。

这种全新的飞机制造方法，优势是显而易见的。由于设计师从图纸到实物完全是所见即所得的方式，这就能够缩短设计和制造的中间过程。作个简单的类比，在使用了计算机代替传统纸笔进行设计工作之后，世界上第一架纯电子化设计的“无纸飞机”波音777，它的平均设计周期就可以从原本纸时代的9～10年缩短到4年半。

而今天洛克希德·马丁公司试飞的这架“臭鼬”打印无人机，设计师从设计到最终制造出成品，总共只花了18个月而已。不仅设计方面的成本和周期缩短了，制造过程的成本也大大降低了。

使用这种打印制造，飞机的制造流程大大地简化了，在“臭鼬”的制造过程中，90%以上的部分都可以采用这种完全自动化的制造，人力的投入相当少。负责该项目的主管福莱克说：“整个制造过程的主要投入和成本，是支出在飞机的装饰，以及前期的编程方面，这相比传统的大型航空器制造流程大大简化了。”由于可以采用这种简单的设计制造方式，从理论上来说，为用户定制不同要求的个性化飞机，也变成了可能。航空业没必要像以前那样，制造模式化的量产型飞机，完全可以根据客户的需要专门设计制造飞机，同时总体成本也不会有太大增加。

这些优势不仅对于民用航空业意义巨大，也将意味着整个军用飞机的换代流程更加简单了，武器设计师可以根据战争需要临时改变飞机的局部设计，而军用战斗机在大规模战争中的损失，也会更容易得到补充。目前设计师关于这一方向的研究还在继续，福莱克说：“‘臭鼬’的诞生，证明了这是一条简单可行的路，也许在不久的将来，大规模廉价航空器时代的革命就将来临。”

（2）制造时速达45英里无人机的3D打印设备。2012年10月，国外媒体报道，3D打印机曾用于制造一些机械零部件和小玩具。但是，目前，美国弗吉尼亚大学工程师大卫·舍弗尔与他的学生史蒂芬·伊丝特和乔纳森·图曼使用这套设备，制造了一个完整的交通工具——能够真实飞行的塑料无人飞机。

这架无人飞机的机翼宽6.5英尺，是由打印零件装配构成的。2012年年8月和9月初，研究小组在弗吉尼亚州米尔顿机场附近，进行了4次飞行测试。这是迄今第三架用于建造飞行的3D打印飞机，巡航速度可达到45英里/小时。

弗尔称，3D 打印设备现已证实，是应用于教导学生的一种宝贵工具。他还说，五年前为了设计建造一个塑料涡轮风扇发动机，需要两年时间，成本大约 25 万美元。但是使用 3D 设备，我们设计和建造的这架 3D 飞机，仅用 4 个月时间，成本大约 2000 美元。这将创建一个前所未有的飞行教学平台。

3. 研发环保或廉价的增材制造设备

（1）研制可将废弃塑料转换成 3D 打印材料的设备。2013 年 2 月，据国外媒体报道，3D 打印时尚新颖，并越来越为人们所喜爱。但高昂的价格也使得不少人对其望而却步。一位名叫泰勒·麦克楠尼的美国大学生，正在开发一种可把废弃的家用塑料制品，转换成 3D 打印原材料的机器，这不仅有利于环境保护，而且可以降低 3D 打印成本。

据了解，这款设备堪称为 21 世纪的点金之笔。它可将废弃的材料熔化成塑料细丝，供 3D 打印使用并再一层层地形成物体。

通常来说，英国塑料细丝的成本为每公斤 50 英镑，这使得 3D 打印价格昂贵，尤其在不小心打印出错时。但现在，有了这台新发明的设备的帮助，不管是使用错误的打印制品还是被广泛采用的塑料制品，3D 打印的价格变得可接受许多。

现在，麦克楠尼已在慈善网站上，为该设备最初的原型机成功募集到资金。该设备可将塑料磨成微小的碎片，并且这些碎片进入到一台熔化器后，就会变成仅 3 毫米或 1.75 毫米细的细丝，此外，该设备的设计也以写字桌为背景，具有知识共享的非商业性许可证，因此 3D 打印爱好者可自行下载平面图打印属于自己的设备。

（2）研制出的低成本金属 3D 打印机 。2013 年 12 月 3 日，物理学家组织网报道，目前，3D 打印机大多与塑料消费品有关，尽管市面上也有 3D 金属打印机，但其成本高达 50 万美元，让人望洋兴叹。近日，美国密歇根技术大学材料科学与工程副教授约书亚·皮尔斯领导的研究团队，已研制出低成本 3D 金属打印机，为拓展这一领域产品指出了一个新方向。

该研究团队使用一台小型熔化极惰性气体保护电焊机与一个开源的微型控制器，制造出了这台 3D 金属打印机，它能使用纤薄的铁层，打印出复杂的几何物体。全部制造成本不足 1500 美元，另外，详细的制造步骤、软件和固件都很容易获得而且也是开放的，这意味着任何人都能“照葫芦画瓢”，自己动手做一台金属 3D 打印机。不过，皮尔斯也建议，出于安全考虑，人们在制造这台设备时，最好有一位熟练的专家做帮手，因为与普通的塑料 3D 打印机相比，制造这台设备需要更多安全装置和消防设施。

尽管皮尔斯也承认，他们新研制的 3D 金属打印机还不成熟，到目前为止打印出的最复杂的产品只是一个链轮齿，但他也表示：“第一台 3D 塑料打印机问世之初也很粗糙，但随后的创新令人不容小觑。我相信，不出一个月，就会有人制造出更好的 3D 金属打印机。”

皮尔斯表示，这台 3D 金属打印机的制造成本，比目前的 3D 塑料打印机还低，而且，与在外购买相比，用 3D 打印机在家制造物品不仅更便宜也更环保。皮尔斯说：“中小型企业或许很快就能下载免费来自开源网站的设计软件，并使用 3D 打印机制造出零件和设备。这种方式有望让很多人受益。”

尽管 3D 金属打印机为我们打开了一片崭新的天地，但也再次引发了人们对于在家里制造火器的担忧，有些人已经使用商业技术 3D 打印机和塑料打印机制造出了手枪。对此，皮尔斯表示，他相信 3D 打印机的好处将远远超出其危险。

不过，皮尔斯也谨慎地说：“目前，我真的不知道我们是否已经足够成熟，能够解决所有可能会出现的问题。但我认为，使用开源方法，我们将进入一个后稀缺社会，在这样的社会里，‘3D 打印机’这样的设备，将以极低的成本按需制造出大量物品。”

4. 研发多材料 3D 打印机及打印头

（1）研制一次可打印 10 种材料的 3D 打印机。2015 年 8 月 24 日，物理学家组织网报道，近年来，许多公司一直在研究能同时打印多种材料的 3D 打印机。传统的多材料 3D 打印机一次最多只能打印 3 种材料，每台成本高达 25 万美元，而且还需要许多人工操作。最近，美国麻省理工学院科学家称，他们开发出一种能打印更多材料、操作更方便的打印机。

据报道，这种新型打印机称为“多种制造”系统，能一次打印 10 种不同材料，打印分辨率达 40 微米级，不到人头发丝的一半。该系统集成一些便宜的现成组件，整体成本只需 7000 美元。

由于不同材料需要不同打印方法，所需压力、温度也不同，所以打印复杂物体通常是将其组件分开单独打印，再人工组装在一起。而用“多种制造”系统，只需把组件放到平台上，机器会自动扫描其3D形状，利用这些信息打印组件周围的其他部分。比如把手机放到打印机台，程序系统会打印出一个能直接安装在手机上的完美物件。

据研究团队介绍，该系统是第一台使用机器视觉3D扫描技术的3D打印机，通过喷墨打印头的微液滴混合了光敏聚合物，这种计算密集型过程一次要处理几十千兆的图像数据，很容易升级，以处理大物体和多种材料。它与传统3D打印机相比有两个关键优点：一是能自我校正，无须用户亲自微调，系统的反馈回路会对每层设计做3D扫描，如检测到错误就会生成一种“校正模”，以保证打印精度；二是用户能在打印物体中直接嵌入复杂组件，如电路和传感器，使最终产品可零可整。

研究团队成员之一的杰维尔·拉莫斯说：“这一平台为制造业开辟了新的可能性，让研究者和爱好者都能造出以往很难甚至不可能打印的产品。”

研究人员已经在用该系统来打印智能手机、LED镜头等物品，并设想了它在消费电子产品、微传感器、医学成像、通信及其他方面的一系列应用。他们还计划嵌入马达和促动器，以期实验打印先进电子产品，甚至包括机器人。

（2）研制成新型多材料3D打印头。2015年9月，美国哈佛大学约翰·波尔森工程与应用科学学院仿生工程教授詹妮弗·刘易斯领导的该校韦斯研究所研究员托马斯·奥博等人参加的研究小组，在美国《国家科学院学报》杂志上发表论文称，3D打印是生产轻质结构、柔性机器人和灵活电子设备的一次革命，但在打印复杂得多材料整合产品方面还很困难。最近，他们设计出一种新型多材料打印头，能混合并打印浓缩的、有黏弹性的“墨水”材料，在打印过程中能同时控制成分和几何形状。打印头通过一种主动混合、快速切换的喷嘴，在运行中改变材料成分，为全3D打印的可穿戴设备和电子设备铺平了道路。

要打印一个既包含能随膝盖一起运动的柔软材料，又包含坚硬电子元件的设备，理想的3D打印机，要能从柔软材料无缝过渡到坚硬材料，将不同电导率、不同电阻的墨水达成电路，并能在各种墨水之间精确切换，而且在执行所有这些任务时不间断，这种在打印产品中整合不同材料和性质的能力，是3D打印的下一个前沿。

据研究人员介绍，打印多种材料的基础是混合复杂液体，以往大部分方法是被动的，即让两股液体扩散混合，对高黏度液体，尤其在容积小、时间短的情况下很难奏效。他们设计了一种主动混合多材料打印头，微喷嘴内有一种旋转推进器，能有效混合多种复杂液体。

奥博说："实验证明，主动式微流混合器能混合多种材料。"他们据此造出的混合打印头，能打印包含多种材料的三维图案。比如能把弹性硅酮无缝打印到由软区和硬区组成的梯度结构中，这种结构在灵活电子设备、可穿戴设备中有大量应用。还能打印反应性材料，如AB胶（两部分环氧树脂），当两部分结合时会迅速变硬。此外，还能将导电和电阻墨水按需混合，在3D打印物体中嵌入电路。

5. 在3D打印机基础上研制出4D打印设备

开发出能制造"变形金刚"复合材料的4D打印设备。2013年10月，美国科罗拉多大学波德分校力学工程系副教授杰瑞·齐与新加坡技术与设计大学马丁·杜领导的研究小组，在《应用物理快报》杂志上发表论文称，3D打印设备又添"左膀右臂"，他们开发的4D打印设备，制造出的复合材料，能像"变形金刚"一样变换出各种形状，有望在制造、包装和生物医学等领域"大显身手"。

该研究小组把拥有"形状记忆"能力的聚合纤维混入传统3D打印系统使用的复合材料中，最终制造出的具有一定形状的产品，后来能变形为另一种形状。

马丁·杜表示："在这一实验中，最初的产品架构由3D打印设备完成，接着，'形状记忆纤维'的编程活动开始启动，为这一架构制造出第四个方面——时间依存。"

2013年4月，麻省理工学院自动化实验室创始人斯凯勒·蒂比茨首次提出4D打印概念。按照蒂比茨的解释，所谓4D打印设备，就是其产品能"自我组装"，即材料自动变成为预设的模型。他的研究小组曾把复合材料制成的绳子放到水中，绳子会按照预先设计好的形状变形。

马丁·杜表示："我们制造出了可以基于不同的物理力学原理自动变形的复合材料，从而对蒂比茨的4D概念进行了扩展。使用'形状记忆'复合纤维，为复合材料制造出满意的形状变化，关键在于纤维的设计架构，包括其位置、方位等。"

该研究小组证明，复合材料内纤维的方位和位置决定了形状记忆效果（比如折叠、卷曲、拉伸或者扭曲等）可以到达的程度；而且，可以通过对复合材料进行加热或冷却来对这种效果进行控制。

杰瑞·齐说，3D打印设备和技术已经"芳龄"30了，但直到最近，活性纤维才能被整合进复合材料内，这样，当得到的产品遭受热或机械力时，人们可预先对其行为进行控制。

研究人员表示，新开发的4D打印设备可以广泛用在多个领域。比如，人们可以在功能性设备的平面架构上，制造出太阳能电池板或类似的产品。这一平面架构也能变得非常紧凑，以便于运输和包装。到达目的地之后，又可以采用其他形式，以更好地发挥其功能。

随着3D打印设备和技术日趋成熟，可打印的材料越来越多，这项新研究成果，将有助于科学家们制造出可逆转的或可调谐的3D表面和固体，这些设备可广泛应用于电动汽车、飞机和天线等领域。

（二）开发增材制造的新工艺

1. 用液态金属创建结构的3D打印新工艺

2013年7月，物理学家组织网近日报道，美国北卡罗来纳州立大学化学和生物分子工程系助理教授迈克尔·迪基等人组成的一个研究小组，正在开发新的三维（3D）印刷工艺，并利用液态金属在室温下成功创建出不需要依靠支撑物的结构。

迪基说："很难用液体来创建结构，因为液体常常要形成串珠状。但我们发现，一种由镓和铟构成的液态金属合金，在室温下可与空气中的氧发生反应，形成一层'皮肤'，让液态金属结构能够保持它们的形状。"

为了创建这些结构，研究人员开发了多种可用于三维空间中连接电子元件的技术。其中一项技术是将液态金属的液滴堆叠在一起，就像码放在超市货柜中的橘子一般。这些液滴彼此紧挨着，但却保持着各自的形状，也就是说，它们并不会合并成一个单独的更大液滴。

另一种技术是将液态金属注入一个聚合物模板中，从而使金属形成一个特定的形状；然后将模板溶解，便只剩下塑好形状的液态金属。研究人员还开发了用于建立液体金属丝的工艺，即使垂直于基片，这些液体金属丝也不会变形。

目前，研究小组正在探索如何进一步完善这些工艺，以及如何将其与3D打印技术结合，应用于各种电子产品的制造。

2. 开发出光氧携手让3D打印提速百倍的新工艺

2015年3月18日，美国每日科学网报道，美国硅谷初创企业“碳3D公司”首席执行官、北卡罗来纳化学和化学工程系教授约瑟夫·德西蒙尼、该公司首席技术官历克斯·厄莫希金博士和罗来纳化学和化学工程系教授爱德华·萨穆尔斯基共同开发出一种全新的“连续液界面生产工艺”，这一创新性的方法，不仅能让3D打印过程快25～100倍，而且能制造出采用其他方法无法获得的结构。研究人员表示，这一方法承包，除了能为医疗领域开辟新天地外，也有望让汽车和航空领域大大受益。

碳3D公司成立于2013年。其最新研制连续液界面生产工艺的工作原理，是通过操纵光和氧气来将液体媒介中的物体融合在一起，构造出物体的3D模型，而非采用传统的逐层打印方法制造出物体的模型。在实验中，研究人员让光束通过一个氧气可渗过的窗户进入一种液体树脂内，光和氧气携手工作，能很好地控制树脂的固化过程，从而制造出经济可用的物体，其大小一般为20微米以下。

研究人员表示，这一过程不仅迅速，而且能很好地控制成品的结构。该公司的一项实验显示，它们从一大桶蓝色液体中打印出一个小型埃菲尔铁塔仅用了短短六分钟。

德西蒙尼说：“通过对整个3D打印技术，及其背后的物理学和化学原理进行重新思考，我们研制出了这种新工艺。其主要原理是‘在液体池中培育出物体’，它能比传统技术更快地制造出零件，而且也将大力助推材料科学技术的发展。”

目前，该研究团队正在对这一技术进行改进，并寻找能与之兼容的新材料。研究表明，连续液界面生产工艺，能将很多材料制造成拥有新奇属性的3D零件，这些材料包括人造橡胶、硅树脂、类似尼龙的材料、陶瓷以及能生物降解的材料等。

德西蒙尼进一步补充道："这种新方法除了可以使用很多新材料之外，还能使我们制造出更坚固耐用且拥有独特几何结构的物体，例如专门为某个病人定制的心脏支架等，而采用其他方法无法获得这样的结构。在未来几年内，我们或许可以借助这一方法，按需打印出病人专用的冠状动脉支架、牙齿植入物或义肢等。"

二、使用增材制造设备开发产品

（一）用增材制造设备开发医学产品和日常产品

1. 首次使用3D打印机制作人工气管

2013年5月，美国密歇根大学的格伦·格林医生和他的同事组成的一个研究小组，在《新英格兰医学杂志》上发表论文称，他们首次使用3D打印机制作的人工气管，挽救了一个支气管有先天性缺陷儿童的生命。

据有关报道，2011年，一个只有6个星期大，名叫卡伊巴的婴儿，突然停止了呼吸，脸色发青。他的父母赶紧把他送到医院，医生很遗憾地发现他的左支气管有先天性缺陷。此后，病情反复发作，直到2012年的1月，外科医生们在他的肺部植入了一个3D打印的气管，才使他的呼吸道保持畅通。几年之后，这个人造气管会在体内自行溶解，到那时候卡伊巴自身的支气管就可以发育到能够维持正常呼吸的水平。这是人类首次使用3D设备打印的部件，来帮助组织重组。

气管中20个相互连接，然后分叉伸进肺里的环形软骨结构保持了新生儿呼吸道的畅通，就好像保持吸尘器软管张开的金属环一样。但是有很少一部分人的软骨太软而造成气管塌陷。另一种植入的斯滕特氏印模，虽能够从内部撑开气管，但它引起的刺激还是会经常造成呼吸不畅。卡伊巴的主治医生联系到了格林医生研究小组，得知他们正在开发一种能够包在坍塌的气管外的定制气管，这样不会造成任何刺激，而且又能保持气管畅通。

格林医生研究小组认为，3D打印机可以用于制作人工气管，因为3D打印机很容易生产可以组成器官管状结构的环。研究人员们使用了生物相容性塑料材料打印这种气管，并且在小猪身上做了测试。

研究小组先给卡伊巴的呼吸道做了 CT 扫描，用得到的数据打印出了一个模具。然后，他们利用这个模具制造了一个合适的、柔韧的套筒来固定呼吸道。最后一步就是将他的支气管组织缝在这个套筒内，该手术需要获得美国食品及药品管理局的应急使用许可。格林说：“装上这个套筒之后，我们第一次看到他的肺动了起来。”

2. 拓展日常生活中的 3D 打印物品

2013 年 8 月，美国《大众科学》杂志网络版近期遴选了美国市场出现的一些 3D 打印物品，它们都是既令人感到新奇又有实际用途的东西，可以说是离百姓最近的 3D 打印技术。

随着 3D 打印技术的出现和发展，普通人借助一台 3D 打印机就能开办家庭工厂的设想，似乎就要从遥远的未来变为现实。各种物品，传统的、现代的、原始的、满足实际之需的、仅供欣赏之用的等等，都像变魔术一般从 3D 打印机里“跳”出来，令人眼花缭乱。

一是真正的相机及镜头。仅仅花费 30 美元购买材料，然后再等待 15 个小时的打印以及 1 个小时的组装，你就可以拥有一台功能齐全的单反照相机。它可以兼容市场上的任何摄影镜头，并且绝对能拍出质量上乘的照片：这就是 3D 打印机能带给你的。

但如果实在没有耐心枯坐在那里 15 个小时，你也可以先打出一个单反镜头来过过瘾。尽管拍出的照片质量还无法与完整尺寸的相机相比，但也算是差强人意。况且，仅是“由 3D 打印机制造的镜头”这个概念，就已经足够令你位列潮人一族。

二是定制个性化玩偶。有了一台 3D 打印的照相机，水平高超的人就能够拍出优秀的人物摄影作品。不过照片无论怎么逼真，始终是一块 2D 的平面。倒不如继续利用 3D 打印机制作一些精准传神的人物半身像、小型玩偶等作品才更有趣。《生活大爆炸》里霍华德决定购买 3D 打印机的初衷，就是要打印一个和肖似自己的玩偶。而如果你能拥有一支由你自己、家人和亲密朋友组成的小小人偶大军，一定会让每个来家里的客人都大吃一惊。

三是自行车上的小工具。如果你将一辆自行车选作 3D 打印的目标，那它绝对算是一个物藏丰富、有大量可供挖掘之处的宝矿：你手边的废旧物品，在3D打印机的帮助下，很容易就“变废为宝”。这里马上就能提供一些最酷炫的代表作，譬如说一个简单小卡口，就能把半个塑料瓶子变成挡泥板，或者搬运车辆时使用的手提把手，还有彰显个性的气门芯阀帽等，只要发挥想象力，3D打印对你的自行车能做的事情可远不止这些。

（二）用增材制造设备开发航空航天产品和军用产品

1. 用增材制造设备开发火箭发动机喷射器和喷嘴

（1）用3D打印设备制造火箭发动机喷射器。2013年8月27日，华盛顿媒体报道，美国航天局当天宣布，该机构采用3D打印设备制造了火箭发动机的喷射器，它在高温高压测试中“完美工作”。这意味着该机构在通过3D打印技术，削减太空探索中的硬件成本方面，“前进了一大步”。

美国航天局当天发表声明说，该机构利用“选择性激光熔融”工艺，用高能激光束把镍铬合金粉末熔化，再根据计算机设计的3D模型，“打印”出喷射器。该喷射器是美航天局曾用3D打印技术制造的火箭发动机组件中最大的，其大小相当于小型火箭发动机的喷射器，但其结构设计参照的是将航天员送上小行星的大型火箭发动机喷射器。

在8月22日进行的测试中，该喷射器产生了创纪录的9吨推力，是此前曾用3D打印技术制造的同类喷射器的约10倍。初步数据显示，在每平方米近1000吨的高压和约3316℃的高温下，这个喷射器可“完美工作”。

美国航天局表示，该喷射器在削减成本方面迈出了一大步，因为它仅由两个零件组成，而此前测试的同类喷射器由115个零件组成。美国航天局说：“零件越少，所需组装工作越少，意味着使用3D打印技术制造复杂零件，可以节约一大笔成本。”

美国航天局正积极探索在太空任务中使用3D打印技术，比如正与私有企业合作研发能在国际空间站中使用的3D打印机，为宇航员打印所需工具。此外，美国航天局还在研究使用3D打印技术制造长期探索任务中所需的食品。

（2）用3D打印设备制成火箭发动机喷嘴。2014年9月1日，物理学家组织网报道，近日，美国航空航天局成功测试了两个迄今设计最复杂的、3D打印制造的火箭发动机喷嘴。两个喷嘴分别进行了5秒钟点火试飞，产生了8900公斤的推力。设计的氢氧旋混几何流型使燃烧产生的推力，达到每厘米250公斤，温度达到3300℃。测试地点在亚拉巴马州的马歇尔空间飞行中心。

据报道，通过这次设计，研究人员把3D打印技术推进到极限。他们先把设计方案输入3D打印计算机，然后由打印机一层层地打出每个部分，通过激光把金属粉末融合在一起，这一过程叫作选择性激光熔融。

3D打印也叫加法制造。设计者可以用40个喷头打印一个整体部件，而不用分别制造。他们打印的部件在尺寸上类似小火箭发动机喷嘴，而设计上却类似推进大型发动机如RS－25发动机的喷嘴。RS－25发动机是用来推进美国空间发射系统（SLS）火箭的，是举重型探测类火箭，将把人类带到火星上。

马歇尔工程指挥部主管克里斯·辛格说：“我们不只是想测试一个喷嘴，还想证明3D打印能给火箭设计带来变革，提高系统性能。在测试中，这些部件表现得出乎意料的好。”如果用传统制造方法，要造163个单独零件然后再组装起来，但3D打印只需两个零件，不仅节约了时间金钱，而且造出的部件能提高火箭发动机性能，减少失败的可能性。

两个火箭喷嘴分别由两家公司打印。马歇尔推进工程师詹森·特宾说：“我们的目标之一，是与多家公司合作，为这种新的制造工艺制定标准。我们与行业合作，学习怎样在航空硬件制造的每个阶段，从设计到空间操作，都利用这种加法制造的优势。我们正在把学到关于火箭发动机部件制造的一切，应用到空间发射系统及其他航空硬件上。”

由于加法制造设计独特，不仅能帮设计师制造和测试火箭喷嘴，还能使测试更快更智能。马歇尔中心拥有室内加法制造能力。负责本次测试的推进工程师尼古拉斯·凯斯说：“这让我们能看到测试数据，根据数据来修正部件或测试标准，迅速改变生产再返回来测试。这会加速整个设计、开发与测试过程，让我们能以更少的风险和成本努力改革设计。”

本着降低未来发动机的制造复杂性、节约时间、减少制造组装成本的目的，工程师们不断测试越来越复杂的喷嘴、火箭喷管及其他零件。对于改进火箭设计、完成深空任务来说，加法制造是一种关键技术。

2. 用增材制造设备开发小型喷气发动机

3D打印造出可点火运行的喷气发动机。2015年5月，有关媒体报道，美国通用电气公司近日宣称，该公司航空增材技术开发中心主任莫里斯、工程师大卫·巴蒂西克等人组成的研究小组，利用3D打印设备，成功打印出一台可点火运行的小型喷气发动机。这在该领域尚属首次。这台30厘米长、20厘米高的发动机完全由3D打印机打印出的零件组装而成，在通油测试时每分钟转速可达33000转。

这台发动机由通用电气航空增材开发中心研制。此次实验的主要目的是测试通过金属粉末材料逐层叠加打印的效果。

3D打印技术不同于传统金属加工中所采用的切割、铣刨、冲压和焊接等手段，它能根据电脑中的计算机辅助设计图纸，通过激光融化金属粉末的方式，把零件分层打印出来，具有材料浪费少、零件尺寸精确的优势。通用电气GE90喷气发动机上，第一个待美国联邦航空局认证的3D打印零件，就是由这种技术制造的。

巴蒂西克称，他们使用的并不是普通的商业3D打印机，而是一种可以使用高熔点金属粉末作为原料的金属3D打印机，并使用了一种被称为直接金属激光融化（DMLM）的技术。

对航空航天工业而言，以3D打印为代表的增材制造技术特别具有吸引力，因为该技术可以制造出飞行器中常见的镍合金和钛合金等部件。通过对晶格结构特殊的设计，可以在不损害零件机械强度的情况下，大幅减轻材料重量。此外，该技术还具有所需工具极少，一个模型甚至一个想法就能制造零件的优势，可制造出其他工艺无法实现的几何形状。

这个打印出来的小型喷气发动机，将被安装到一架遥控飞机上。研究人员称，商用飞机发动机过于复杂，目前还无法进行3D打印。

在2015年晚些时候，通用将开始用这种打印技术，制造其最新的燃油喷嘴组件。燃油喷嘴是引擎中一个复杂和高度精密的关键部件，它能够决定飞机的燃油效率和排放水平，这种喷嘴未来将用在通用LEAP喷气发动机上。

莫里斯说："3D打印技术将从根本上改变我们设计部件的思考方式，以及最终产品的外观和功能。"

3. 用增材制造设备开发军用产品

研究用3D打印技术制造导弹弹头。2014年7月31日，美国《大众科学》杂志网络版报道，一年前，世界第一把 3D 打印手枪测试成功，3D 打印武器一时掀起轩然大波。而据日前一份最新技术报告指出，美国军方正在研究如何把这一创新性技术应用到更具毁灭性的生产之中：使用 3D 打印技术来制造导弹弹头。对 3D 打印技术而言，设计新型的弹头将是一项极具前途的研究领域。

增材制造也就是通常所说的 3D 打印，其属于快速成形技术的一种，运用粉末状金属或塑料等可黏合材料，通过逐层堆叠累积的方式来构造物体。现在，越来越多的高价值应用已开始出现 3D 打印技术的身影，但即使是这样，与零部件供应等“平凡”任务相比，一颗 3D 打印的导弹弹头也会显得举足轻重。

据报道，弹头设计师们一直力图创建出最满足标准的爆炸效果，其特定大小的爆炸碎片能够朝指定方向迸射，从而最有效地摧毁敌方目标。不过，那些传统零部件加工技术存在无法突破的缺陷，机器工具会限制弹头形状，使其爆炸后效果不能尽如人意。而 3D 打印的方式则拓展了这一功能，空间可以更有效地被利用，大为提高弹头设计中的灵活性。同时也可以附加特殊功能到现有武器身上，这都是传统武器制造方法无法实现的。

美国军备研发与工程中心材料工程师詹姆斯·佐尼诺解释称，3D 打印弹头真正的价值，“就是你可以从中得到同一空间下更多的安全性、更大的杀伤力及作战能力”。

报道称，设计爆炸性武器是一项“大事件”，因为其既是更为致命的军事工具，也是更为精确的攻击利器。2013 年冬天，欧洲导弹集团测试了一种不同形状的导弹设备，其爆炸范围较狭窄，可以精确地打击目标而减少其他伤害。在未来，3D 打印的弹头就可以胜任类似的工作，从而让作战部队和指挥官在决定打击程度时，可以有更多的选择性。

目前，美国军方已将 3D 打印技术应用于其医疗、食品、新材料、仓库供应等方面，同时也可构建小模型以帮助了解战场情况。值得一提的是，还有一些 3D 生物打印人体组织，正被用于治疗烧伤等在战场上留下的创伤——或许，在今后，战士们的这些伤口，也正是由新型 3D 打印弹头所留下的。

第三节　监控设备与医疗设备的新进展

一、研发监控设备及信息化管理系统

（一）开发生产与交通监控管理信息化系统

1. 农业生产监测管理信息化系统的新成果

开发4D农作物实时监测管理系统。2017年9月，有关媒体报道，美国农业部近日宣布，其“农业和食品研究计划”资助的4D作物监测技术取得重大创新突破，成为美国精准农业领域的又一利器。

报道称，佐治亚理工学院、格鲁吉亚大学和佐治亚理工研究院联合组成的国际研究团队，开发的农作物监测管理系统，超越了目前精准农业应用中广泛使用的2D和3D监测技术，创造性地在3D图像基础上，加入了时间这个能动态反映作物生长状况的变量，创造了一个四维（4D＝3D＋时间）重建的方法。这项新技术是基于计算机视觉的自主监测方法，可以为农民提供农作物，包括株高和增长率的详细实时信息。

该项技术在佐治亚州的大田试验取得初步的成功。目前，研究团队还在进一步优化算法和系统模型的建设。相信在不远的将来，随着这项技术的广泛运用，农民可在其指尖完成对作物生长全程的监测，适时做出关于灌溉、病虫害防治、收获、作物轮作等方面的决定。

2. 汽车自动化与智能交通系统的新成果

（1）开发出可预防撞车的智能交通系统。2011年6月，美国麻省理工学院的德·维克沃和沃玛等人组成的一个研究小组，在《机器人与自动化》杂志上发表研究成果称，他们正在开发一种新型防撞车智能安全系统。它与众不同之处在于，其智能算法可根据驾驶员的驾驶习惯向驾驶员发出撞车警告，并能最终采取相应措施来控制车辆，以防止车祸的发生。

到目前为止，工程师们已经开发出多种预防撞车的安全系统，包括自动巡航控制系统、以雷达或激光为基础的传感器系统、接近其他车辆时可减速的系统以及盲点预警系统等。这些系统一般采用闪灯或鸣笛的方式，提醒驾驶员注意其他车辆，或者在车辆出现打滑或转向失控时自动刹车。

不过，上述系统都面临一个共同的挑战，那就是在设计中如何处理过度安全保护的问题。如果一个安全系统过度灵敏，将会对每一辆驶来的汽车发出警报。如果驾驶员认为安全系统会不断发出不必要的警报，就会倾向于认为安全系统不可靠，这样就会导致驾驶员忽视安全系统的警告，进而导致安全系统名存实亡。

因此，研究人类驾驶模式成为开发汽车安全系统的重要基础工作。为了建立安全系统的算法模式，研究人员把人类的驾驶行为分为两种模式：刹车和加速。他们先建立在不同驾驶模式下，汽车在特定时间内，如1/10秒或10秒后的车辆位置的有限集合；再结合驾驶员的驾驶习惯，如遇到路口的加速或减速措施，构建了汽车安全系统的新算法模型。在这种算法模型中，路口被定义为危险区域。装有防撞车智能安全系统的汽车遇到路口时，能根据路边或交通灯上的传感器判断其他车辆的行动，进而采取一定的防撞车措施。如果两台均配备了防撞车智能安全系统的汽车同时到达路口，会交换位置信息，以合作的方式通过路口，避免发生交通事故。

为了测试这种新算法，研究小组在实验室建立起小型模拟交通道路，两辆小型迷你车在其上行驶。其中一辆车为全自动驾驶，另一辆由人来操控。为了体现出不同的驾驶习惯，实验人员还挑选了8名志愿者。在100次测试中，该系统避免了97次撞车事故。研究人员分析后发现，3次撞车事故主要是由于信息传递延迟所导致，因为路面基础设施捕获，未配备智能系统车辆的位置和速度，并传递到智能防撞系统中需要一定的时间，导致系统出现误判。研究人员正在设法改进系统，以解决信息延迟问题。

目前，研究人员已经开始对该系统进行实地实时测试，重点是获取人类驾驶的反应数据，以确定智能安全系统发出警报的时间，及采取安全措施的时间。此外，研究人员还希望，该系统能将道路情况及天气情况考虑在内，以便能够做出更为明智的决策。

（2）拟研发智能停车系统。2011年10月，物理学家组织网报道，美国IBM公司和互联网新秀街道线路网络公司宣布，他们将携手研发一套智能停车系统，以缓解大城市停车难的问题。

IBM表示，这套智能停车系统结合了IBM的数据分析能力，与街道线路网络公司，在停车传感器和软件方面的创新技术，有望减少驾驶问题，优化城市的停车系统。

整套系统中，能耗极低的街道线路网络传感器放在停车位内，探测是否有车，并将信息实时发送给城市网络以及安卓和苹果智能手机。城市交通的管理者，可以使用这些数据追踪市内停车情况，引导驾驶员停车，驾驶员也可以利用这些信息，前往可用的停车位内停车。

3. 航空器自动化监控管理系统的新成果

打造无人机智能交通管制系统。2015 年 8 月，有关媒体报道，无人机很快将拥有自己的空中交通管制系统，并且像它们一样，系统也将无人操纵。新一代智能无人机会享有持续的互联网接入，共同规划路线，同时感知并避开其线路上的任何障碍物。

美国宇航局正在规划无人操纵的无人机系统交通管制（UTM）体系，它将不会像现在那样，要求人类监控每架飞机。下一代无人机会配备使其连接到基于云端的无人机交通管制技术，而这将提供持续的沟通、导航和监控，指挥无人机并警告它们前方出现拥堵或恶劣天气。

由于传统雷达在贴近地面处表现很差，因此美国宇航局想让无人机交通管制系统通过移动电话发射塔，利用全球定位系统卫星和互联网接入，从而自动监控并且和无人机进行交流。只有在空域因紧急情况、安全或诸如烟火表演等特殊事件而需要被关闭时，人类才会介入。

美国宇航局希望在近期建立并且运行其无人机交通管制系统的实验版，它将在无人居住的陆地或水域上空控制无人机的飞行。最终的构建将在 2019 年 3 月完成。届时，无人机交通管制系统将使采集新闻和负责运输的无人机，得以在城市上空飞行，并且在离开操作员视线的情况下，自动躲避其他飞行器。

4. 桥梁监测信息化管理系统的新成果

研究桥梁无线传感报警系统。2006 年 4 月，有关媒体报道，美国费城利哈伊大学土木环境工程学院的研究人员正在研究安装在桥梁上的无线传感器网络。这种无线传感器可以提供高分辨率的桥梁结构健康多维图片，在日常使用和巨大灾害事故中，能连续报告桥梁的安全情况及性能。

为了使无线传感器网络，能在地震等紧急灾害事故中仍然发挥作用，传感数据必须实时传输到遥感处理中心，进行解译之后报告决策者。无线传感网络避免了许多有线传感的问题，如信号的退化、干涉和破坏等。但是，土木工程无线传感器中相对窄的带宽往往会减少每秒下载量，不能迅速传输一座桥梁在使用中产生的大量数据。

因此，研究人员为了改进数据的传输和管理，提出一种桥梁结构健康监测中的高性能传感数据压缩算法。该算法把结构信息合并在一起，去掉传感数据的冗余部分，并使传感网络数据的压缩率达到最大。同时，研究人员还用了数据挖掘技术提取重要信息，比对数据进行直接分析快得多。

（二）开发自然灾害预警与救灾搜寻系统

1. 推进和完善自然灾害预警系统建设

（1）研发新型太阳风暴预警系统。2012 年 7 月，有关媒体报道，美国特拉华大学约翰·比伯等研究人员与韩国忠南大学和汉阳大学同行共同组成的国际研究小组，研发出一种新型太阳风暴预警系统，该系统能分析太阳风暴中飞向地球的高能、高速带电粒子流强度，并根据其中的质子能量提前 166 分钟发出预警。

该研究小组研发的这一预警系统，可针对特定辐射级别，预测高能带电粒子何时达到峰值。该系统的设备可测量太阳风暴中首先抵达地球的高能、高速带电粒子流强度，从而使研究人员提前评估此后到达地球、速度较慢，但潜在危险更大的粒子流，预测其潜在危险水平。

比伯说，提前 166 分钟发出预警，可让在太空执行任务的航天员躲进航天器内的隔离区，也可提醒在地球磁场较弱的极地飞行的驾机者及时降低飞行高度，以便受到地球磁场更多保护。

太阳风暴是指太阳在黑子活动高峰阶段，产生的剧烈爆发活动。这种爆发会从太阳表面向太空释放大量高速带电粒子流。这些粒子携带的能量惊人，通常会以每小时几百万公里的速度向地球袭来，并能在一天之内到达地球，有可能对人造卫星、无线电通信和地球供电系统造成威胁。

（2）利用智能手机完善地震预警系统。2015 年 4 月 10 日，美国地质调查局地球物理学家本杰明·布鲁克斯领导，该地球物理学家、加州理工大学研究员莎拉·米森为主要成员，美国国家航空航天局喷气动力实验室苏珊·欧文等人参与的研究小组，在美国科学促进会杂志《科学进展》上发表研究报告称，智能手机及类似设备中的 GPS 接收器，能探测到大地震中由断层运动造成的持续地层运动。利用众多智能手机参与的系统，可成为科学级地震早期预警系统的重要补充。

地震早期预警系统能自动探测一场地震的开始，在人们体验到震感之前迅速发出警报。这一系统目前仅在日本和墨西哥等全球少数地区运作。布鲁克斯说："因为建造科学监测网络的成本太高，世界大部分地区尚未采用地震早期预警系统。"

米森说："这项新技术主要利用参与手机的众源观测数据，来探测和分析出地震信息，并将其预警反馈给用户。众源警报意味着群体数据，群体受益。新技术能更好地为贫困地区服务。"

研究人员对众源预警系统的可行性进行了测试。他们模拟了一次 7 级地震，并用了 2011 年日本东北地区 9 级地震的真实数据。结果显示，在某个地区只需很少比例的人加入，就能实现众源地震早期预警。比如在一个大都市，只需不到 5000 人的手机响应，就能探测和分析出地震，并在地震变强之前向远方迅速发出警报。

虽然对级别更小仍有潜在破坏性的地震不能预警，但智能手机传感器能对约 7 级或更大地震做出预警。随着电子设备越来越普及，众源预警系统有着巨大潜力。地震早期预警系统协调员道格拉斯·吉文说："美国正在建造高质量的科学地震网络，但众源途径能增强我们的系统，还能在没有高质量网络的地方做出预警。"美国国际发展机构已经同意资助一个试点项目，与智利国家地震中心合作，对一个试行的混合地震预警系统进行测试。该系统由单个智能手机传感器和分布在智利沿岸的科学级传感器组成。

卡内基－梅隆大学的鲍勃·安努奇说："从统计学上看，大量不太精确的仪器能帮助生成更加精确的检测。将移动电话群体作为一种分布式传感网络，有着广泛的应用，包括让没有科学仪器网络的地区受益。"

欧文说："虽然众源数据精确度不高，但对造成了较大地表移动的更大地震而言，其包含的信息足够让手机探测到地震，这是早期预警所必需的。"

2. 开发救灾搜寻的探测设备与远程遥控装置

（1）开发出可探测 9 米深被埋人心跳的新设备。2013 年 9 月 24 日，华盛顿媒体报道，美国国土安全部和美国航天局联合组成的一个研究小组，最近开发出一种基于微波雷达的便携式探测设备，可探测废墟下 9 米深处被埋人员的心跳。这套设备有望近日进入市场。

该设备的英文简称为 FINDER，即“发现者”。测试表明，它除了能探测废墟下被困人员的心跳外，还可探测位于 6 米厚的实心混凝土后的人体心跳，如果是在露天空间，探测距离可以达到 30 米。

美国航天局喷气推进实验室“发现者”项目经理詹姆斯·卢克斯向媒体透露说，“发现者”利用低能量微波信号，搜寻由呼吸与心跳造成的人体表面发生的微小变化。这一设备还能识别呼吸与心跳是否属于人类，不会将小动物或钟摆等机械设备误认为人类幸存者。

卢克斯说：“‘发现者’特别适合搜寻失去知觉或没有反应的受害者。”它不会取代现有听声设备、搜救犬以及经验丰富、能探查细微迹象的搜救人员，而是会与气体分析、热成像、声波成像等先进技术共存，它将是一个有益的补充。

卢克斯表示，他们开发的便携式原型设备已与商业化产品相当接近，并不是把一堆实验设备简单塞到一个盒子里。美国国土安全部希望，最早于 2014 年春季在市场上销售这种产品，目前已有好几家公司对此表现出浓厚兴趣。

（2）开发使狗独立完成搜寻营救任务的远程遥控装置。2013 年 9 月，国外媒体报道，美国奥本大学机械工程系研究人员杰夫·米勒和大卫·贝维利等人组成的一个研究小组，在《模块识别和控制国际》杂志上发表论文称，他们近日设计的一种遥控装置，使工作人员可遥控指挥探测狗在灾区搜寻营救灾民。

据报道，目前，研究人员研制出一种营救犬遥控装置，可使负责搜索和营救工作的犬类动物，在工作人员的遥控指令下抵达危险地点。同时，未来懒惰的宠物狗主人，可以遥控命令他们的宠物狗自己散步，或者完成各种任务。

该研究小组为犬类动物定制了一种特殊的遥控装置，是由微处理器、无线电设备和 GPS 接收器组成。这套遥控装置是一种通过内置振动和音调指令模块，提供对犬类动物的自发式引导，研究人员指出，实验结果表明工作人员对犬类的遥控操控率接近 98%。

但是，研究人员的设计初衷，并不是让宠物狗的主人变得更懒，生活更简单，尤其是那些懒得陪宠物狗散步的主人。这套遥控装置适用于多样性生命营救环境，工作人员可通过指令遥控探测狗进行搜寻和营救工作。

犬类最适合于探测爆炸物、毒品，以及搜寻地震等灾难事件掩埋在废墟中的灾民。但是指挥人员不能总是安全地到达探测狗所在的地点，同时，这样的环境通常嘈杂，探测狗很难接受到指挥人员发出的指令。

目前，米勒和贝维利演示了工作犬和搜索营救狗如果听从于人们的遥控指令，这套装置可发出遥控音调和振动。他们指出，这些犬类的表现，就如同接受到指挥人员的语音和手势指令一样，它们能够完成相应的任务。这套装置其他潜在的应用包括：紧急响应者在危险状况下实现远程遥控引导；建立一个触觉反馈 GPS 系统，帮助实现视觉损伤者导航。

二、研发医疗设备的新成果

（一）研制医疗检验仪器与健康监测设备

1. 开发医疗检验成像设备的新信息

（1）研制出功能强大的核磁共振成像设备。2004 年 9 月，美国伊利诺伊大学芝加哥分校举办了一场隆重的开机仪式，向世人展示世界上功能最强大、用于人体研究的核磁共振成像设备。它不仅能够显示大脑的解剖结构，还能反映大脑的新陈代谢活动。

这一先进技术将引领人体研究进入“新陈代谢成像”新时代，它能够协助科学家了解大脑如何工作，在临床症状出现之前检测出疾病，帮助开发治疗中风等疾病的药物，以及让人们有机会更深入地探究学习障碍的根源等。

美国媒体报道称，这一技术的核心是一个 9. 4 特斯拉的磁体由通用电气医疗保健公司制造。它的尺寸比其他用于人体研究的核磁共振仪使用的磁体尺寸都大。核磁共振仪利用磁体、电磁波和计算机获得人体内部结构的图像。一个圆形磁体环绕病人，它产生的强磁场使得身体内的原子按照一定方向产生排列，再用电磁波脉冲使这些原子重新排列，产生的信号传送到计算机就可以绘制出图像。目前核磁共振体系使用的工业标准磁体为 1. 5 特斯拉，无法进行水分子成像，因此只能检测和监控解剖结构的变化。而远高于现有临床核磁共振仪磁体强度的 9. 4 特斯拉磁体，将使得检测钠、磷、碳、氮和氧的信号成为可能，而正是这些元素构成了大脑功能新陈代谢的基石。

据介绍，伊利诺伊大学的研究人员将利用这种核磁共振仪深入研究大脑疾病，包括中风、阿尔茨海默氏症、孤独症和精神疾病等。这项技术的医疗和社会意义在于，它可能为人类带来更加个性化的健康保健，同时为预防疾病提供更早的介入机会。

此外，研究人员还将探求认知学习障碍产生的原因，并寻找可行的治疗方法。专家认为，理解了人类大脑不同的学习途径，人们就可以编排更加有效和具有针对性的阅读、音乐和数学练习方案，更好地教给孩子知识，不论他们是否存在学习困难。

（2）研制出能看到人脑基因开关的新成像设备。2016 年 8 月 11 日，《科学美国人》网站报道，美国麻省总医院化学家雅各布·胡克负责的脑研究项目团队在《科学·转化医学》杂志上发表论文称，他们开发出一种新的神经成像设备，让人们第一次看到了人脑中基因开关的位置，为了解影响精神健康的基因提供了有力工具，将来有望用于检测老年性痴呆、精神分裂或其他脑病的早期迹象。

据报道，目前，遗传 DNA 序列能解释的精神疾病很少，在成瘾、老年性痴呆等许多疾病中，基因开关的作用或许更重要。而生活中的一些事（悲伤、创伤等经历），会改变基因开关状态，控制其表达或沉默，因此表观基因改变也可能导致脑内的长期变化。

新设备与传统的性能鉴定试验类似，能检测来自名为“Martinostat”的放射性标记物的正电子，此标记物也是胡克研究团队在 2012 年的发明。通过静脉注射，标记物分子能通过血脑屏障进入脑内，与脑中的组蛋白去乙酰化酶结合。这种酶能关闭基因，包括那些对形成突触和学习记忆功能非常重要的基因。

研究团队在论文中写道，他们给 8 个健康志愿者注射了放射性标记物，发现人脑中沉默基因分子最多的地方是小脑，负责调控运动，其外壳也有协调某些学习的功能；最少的是海马体和杏仁核，原因尚不明确。一个可能的解释是，沉默基因最少的脑区“神经可塑性”的潜力最大，即改变神经连接可更好地适应脑主人的生活。

他们还发现，基因沉默在不同脑区有差异，而这种差异模式在人和人之间却有着惊人的相似。这种一致性或表明，健康人脑中的基因活性有一种基准模式，观察病人是否偏离这一基准，有助于在其症状出现之前诊断疾病。

基因沉默失误可能导致或至少预示了某些脑部疾病，团队已用新设备绘制了9个精神疾病患者脑内的基因表达模式。新成果向发现脑中基因异常迈出了第一步，并有望在将来找出治疗方法。

（3）研发出集中磁共振与伽马射线优点的成像系统。2016年9月28日，美国弗吉尼亚大学研究人员高登·盖茨、威尔逊·米勒领导的研究团队，在《自然》杂志上发表的一篇论文，描述了一种集磁共振成像和伽马射线成像优点于一身的新型光谱成像系统，有望为开发新型医学诊断工具打下基础。

磁共振成像是将人体置于特殊的磁场中，用无线电射频脉冲激发人体内氢原子核，引起氢原子核共振，并吸收能量。这是医学领域非常重要的诊断工具，因为它具有卓越的空间分辨率，能够分辨图像中的个体特征。而伽马射线探测器则具有高度敏感性，可用于探测微量放射性示踪剂。这些示踪剂能够定位特定的目标，因此这种图像可用于诊断癌细胞的分布和数量以及脑和心血管畸形。一直以来，这两种设备各有千秋，但双方的优点却很难兼得。

此次，美国研究团队发明了一种全新的成像系统，先利用磁共振收集空间信息，再利用伽马射线收集图像信息。研究人员通过在玻璃槽中进行放射性原子成像操作，证明了该系统的可行性。而传统的磁共振成像设备，需要几十亿甚至更多的原子才能生成图像。

在目前阶段，如使用该系统获取示例图像的数据，大约需要60个小时，这对于临床应用而言并不理想。不过论文作者提出，虽然该系统手段在某些方面仍需改进，譬如说处理速度，但提高探测器的规模或者放射性示踪剂的数量或有助于克服这些问题。

在论文随附的新闻与观点文章中，英国诺丁汉大学科学家认为，该系统将有助于生物学和非生物学领域的研究。

（4）可观察基因表达的核磁共振成像新系统。2016年12月23日，美国加州理工学院一个研究小组在《自然·通讯》杂志网络版上发表论文称，他们开发出一种新系统，使用常见的核磁共振成像技术，即可观察到体内细胞的基因表达情况。基因就如同开关一样，知道哪些基因开启，对于疾病的治疗和监控至关重要。

在核磁共振成像过程中，体内氢原子（大多包含在水分子和脂肪中）被电磁波照射后会形成共振，随后释放信号，据此可创建大脑、肌肉和其他组织的图像。医生会利用该系统来观察人体组织的结构或生理功能诊断病情，但目前还很少有人用它来观察特定细胞的活动情况。

此次，为创建观察特定细胞基因表达的新手段，研究人员把目标瞄向了水通道蛋白。这种蛋白在细胞膜上组成“孔道”，像守门员一样控制着水分子进出细胞。他们发现，增加细胞中水通道蛋白的数量，通过弥散加权核磁共振成像，可使这一细胞在图像中显得更加突出。随后，研究人员把水通道蛋白与他们感兴趣的特定基因联系起来，得到报告基因——一种编码可被检测的蛋白质基因。这意味着当这一特定基因被打开时，细胞会过度表达水通道蛋白，弥散加权成像后，细胞在图像中便会更暗一些。他们利用这一手段成功监测了小鼠大脑肿瘤的基因表达情况。

研究人员指出，开发有效的核磁共振成像报告基因，是生物医学成像领域的“圣杯”，它会让非侵入性观察细胞功能成为现实。以前开发的核磁共振成像报告基因有着诸多限制，并不适用于所有人体组织。而此次研究表明，水通道蛋白是开发核磁共振成像报告基因的有效工具。水通道蛋白是人体自然产生的，不会引起免疫反应，其过度表达不会对细胞造成负面影响。在正常生理条件下，水通道蛋白增多后，进出细胞的水分子的数量也是一样的，细胞的含水量不会改变。

研究人员表示，目前这一方法虽仅在小鼠实验中取得成功，但其未来临床应用的潜力巨大。

2. 开发其他医疗检验仪器的新信息

（1）发明细菌膜检测新仪器。2007 年 8 月，有关媒体报道说，细菌多数时候以“微克隆”方式存在，细菌本身在每个“微克隆”中占据的体积不到1/3，余下的空间则由细菌分泌的被称作“胞外基质”的黏性物质占据，这种黏性物质将成千上万个细菌微克隆黏结在一起形成生物膜。

约70%的细菌性感染是由细菌生物膜引起的。细菌生物膜对抗生素和宿主免疫防御机制的抵抗性很强，感染部位的细菌一旦形成生物膜，即使使用正常剂量成百倍的药物也不易治愈，这是导致慢性和难治的感染性疾病的重要原因之一。美国疾控中心的数据显示，在美国，每年治疗此类感染性疾病的费用大约是50亿美元。

为了帮助医务人员尽早诊断生物膜感染性疾病，并实施有效治疗，美国北亚里桑纳大学、马里兰州立大学联合组成一个研究小组，共同发明了横流分析仪器。它通过把生物膜特性蛋白质与抗体结合来，发现病人体内存在生物膜特性抗体，其检测原理类似于检测喉咙链球菌感染。

研究人员说，以前医务工作者难以有效诊断这些感染性疾病，因而耽误病人的治疗，现在，问题有望解决了。目前研究小组正努力完善使用该仪器的细节，使之能作为普通医疗器械被广泛使用。

（2）开发出低成本便携式血液检验仪器。2011年7月31日，美国哥伦比亚大学等研发机构组成的一个研究小组，在《自然·医学》杂志上发表论文称，他们合作研制成一种基于微流体的便携式诊断仪器。它能完成以往只有在实验室才能进行的生化检测项目，具有成本低、耗时短、体积小、结果易辨读等特点，有望使偏远落后地区的疾病防治工作发生根本性的改观。

这种检验仪器的核心部分是一种被称为mChip的移动微流体芯片，由哥伦比亚大学生物医学工程学实验室和美国克拉罗斯诊断公司共同研发。它通过注塑方式成形，芯片成本大约为1美元，整个仪器成本在100美元左右。

在过去的四年里，研究小组使用该仪器为卢旺达数百名居民提供了医疗诊断服务。这种仪器可以方便地带往缺乏医疗机构的偏远地区，只需针刺指尖的血样即可运行，且不易受到操作人员失误的影响。15分钟内就可以得到测试结果，对新生儿同样有效。这大大降低了患者接受检验的时间，同时也为医务工作者带来了极大便利。此外，研究人员还开发出了一种信用卡大小的一次性诊断仪器，能够在几分钟内获得检测血液的结果。

3. 开发健康监测设备的新信息

开发出能全天候监测健康的可穿戴式医疗设备。2014年11月，美国西北大学土木与环境工程研究助理教授张辉、该校高级研究员黄永刚，与伊利诺伊大学厄巴纳－尚佩恩分校材料科学与工程教授约翰·罗杰斯等联合组成的研究小组，在《自然·通讯》网络版上发表研究成果称，他们开发出一种仿皮的可穿戴式光子健康监测设备，可以迅速对有心血管问题的人预警，或者给皮肤进行保湿。

据每日科学网、物理学家组织网近日报道，该小型装置大约5厘米见方，可直接放置在皮肤上，全天候进行健康监测。该无线技术采用柔性基板上数以千计的细小液晶来感测温度。当设备颜色变化，佩戴者便知道哪部分出状况了。

黄永刚说："我们的设备是看不见的机械装置，它超薄、舒适，就像皮肤本身一样。该设备可在人们的手腕上测试。可想而知化妆品公司会有兴趣采用这种便携、非侵入性的方式来测量皮肤的干燥度。这是同类产品中的首个设备。"

该装置在皮肤的表面采用了瞬时温度变化，以确定血流量，这直接关联到心血管健康、皮肤水合作用的水平（当皮肤脱水，其热导率特性发生变化）。张辉说："该设备非常实用，当你的皮肤被拉伸、压缩或扭曲，这个设备也随之拉伸、压缩或扭曲。"

该设备含高达3600个液晶数组，布置于一个薄、柔软、可拉伸的衬底。凭借3600个液晶，该光子器件具有3600个温度点，提供亚毫米级的空间分辨率，相当于目前在医院使用的红外技术。但红外技术比较昂贵，使用受限于临床和实验室设置，而新设备具有成本低和便携性。研究人员说，当晶体感应到温度变化后就会改变颜色，一个算法将温度数据转换为准确的健康报告，所有这一切在不到30秒内生成。

罗杰斯说："这些结果提供了第一个'表皮'光子传感器的例子，这项技术大大扩展了附着皮肤设备功能的范围，超出了单独使用电子产品的可能性。"

（二）研发临床使用的新器材和新设备

1. 开发骨科使用的新器材

（1）用电磁场"抻长"假腿。2004年8月，美国媒体报道，美国有个叫作泰勒·牛顿的孩子，极具运动天赋，11岁时就被认定是个很有前途的长跑选手，有田径教练甚至邀请他参加高中生越野跑步训练小组的日常训练。可是，就在这个建议刚刚提出 3 个星期，泰勒被确诊患有骨癌，而且癌细胞已在左腿扩散。如果这种情况发生在 20 年前，为保全患者性命，医生的标准疗法就是切除病腿，仅此而已。随后，患有骨癌并被截肢的病童可以安装一个金属支撑物，来取代被切除的腿骨，这已是一个了不起的进步了。

然而，由于病童仍处于发育阶段，身体会不断长高，为了让两腿在发育过程中能够保持同等长度，医生会通过手术来延长这个支撑物，如同扯出折叠桌子的边缘那样，一截一截地放出支撑物的延长段。但是，这种手术需要定期做，而且每次手术过程需要历时几天，让小病人疼痛难忍，受尽煎熬。

现在，泰勒和他的家人有了更好的选择，这就是被称为 Repiphysis 的新型移植方式。该方法对金属支撑物进行了改良，在其中安装了一个内置弹簧，移植到体内的支撑架能在电磁场的刺激下延长，不必实施外科手术。

采用新方法后，医生们不再进行外科手术，而是通过施加电流，在支撑架周围创造一个电磁场，让支撑架内部的工程塑料软化，从而使安装在支架里的弹簧因为解压略微伸长，医生们每次只让弹簧伸长几毫米，以避免伤及金属支架周围的神经和组织。所以，这个电磁场只作用几秒钟就被关掉，以便使支撑架内部的工程塑料立即冷却硬化。

美国密歇根大学癌症中心整形外科的西比尔·拜尔曼医生介绍说，这种新型支撑架每年能够帮助 100 到 415 个被确诊患了骨癌的美国儿童重新过上比较正常的生活。但她同时表示，该疗法不适合年龄太小的孩子，比如初学走路的孩子和学龄前儿童。

（2）开发出高自由度新型假肢。2007 年 11 月，美国约翰·霍普金斯大学开发出一种可以进行自由控制并提供感官反馈的假肢手臂。这种假肢是一个完整的肢体体系，允许 8 个方向自由度的控制，远远超越目前的义肢。它还包括一个虚拟环境，用于临床测试，记录肢体动作和控制信号。

研究人员利用航天飞机上火箭助推器的微缩改良版完成了这项研发，开发出比传统电池动力臂更有力的驱动臂。该驱动臂的原理是催化剂催化过氧化氢燃烧产生蒸汽，供给推力驱动机械手运动。与使用时间极短的电池动力臂相比，该驱动臂的过氧化氢存储在一个小罐中，在保证推力和功能性的前提下，可连续使用 18 小时。不过，需要冷却器来处理废热与废气，也可用外覆通透性皮肤“排汗”的方式来散热，排汗量与正常人夏天出汗的水准相当。

在临床使用中，假肢的自由控制和综合感官的反馈表明，与原来的肌肉神经再造相比，新假肢提供了一个更直观的、并拥有自然感觉的握力机械手臂。

该项目是美国国防高级研究计划局假肢计划的组成部分，它是为那些因为地雷受伤的截肢军人提供最先进的医疗和康复技术。这一非常具有挑战性的计划为期 4 年，涉及包括来自美国、欧洲、加拿大等 30 多个合作伙伴。

2. 开发外科手术使用的新仪器

发明外科手术用的三维超声扫描仪。2006 年 10 月，在美国国立卫生研究院和国家科学基金的资助下，杜克大学的一个研究小组在美国电气与电子工程师学会的《超声学》杂志上发表论文称，他们成功地发明一种三维超声扫描仪，并用于指导外科手术机械。他们声称，该仪器适用于任何环境，甚至是缺少外科医生的太空中或一些偏远地区。

研究人员在模拟手术过程中，实时运用三维超声图像来精确定位。接着，相关的空间信息能指导手术机械正确的完成任务。

该仪器可以组装在一些越来越普及的手术机械上，来完成微创性的心脏或其他器官的腹腔镜手术。在这类手术中，外科医生只需先做个小切口，接着扫描仪就能提供手术器官清晰逼真的图像。

研究人员说，目前，所有研究难关都已攻克。我们需要做的，仅仅是把扫描仪组装到手术仪器上，这个暂时还不存在技术障碍。

此外，三维扫描仪能让外科医生在组织切片检查中发现肿瘤，从而避免漏诊。而目前内科医生，还需要依赖静止的图像如 CT 扫描来诊断可疑组织。研究人员还声称，随着人工智能技术的发展，该扫描仪甚至能在没有医生的情况下，指导手术机械完成手术。

3. 开发防治癌症的新设备

制成揭示癌细胞运动方式的微电子系统。2014 年 8 月，美国布朗工程学院与生物医学工程中心副教授、麻省总医院博士后研究员王伊恩领导的研究小组，在《自然·材料》杂志上发表论文称，他们制成一种揭示癌细胞运动方式的微电子系统。这个系统先用微电子处理技术制成芯片，再用它作为细胞的“障碍训练场”，然后通过光学信息跟踪设备，揭示出细胞变形，如何把肿瘤从良性变成了具有侵袭性的恶性肿瘤。

在上皮－细胞间质转化过程中，上皮细胞会和内部组织粘在一起变成间质细胞，才能扩散和迁移。在胚胎阶段这一过程是有利的，让细胞能在整个胚胎中移动，建立起各种组织。近来研究人员提出，上皮－细胞间质转化可能在癌症转移中也发挥作用，让癌细胞从肿瘤上脱离，转移到远处其他器官开拓新的“殖民地”。

王伊恩说：“人们对上皮－细胞间质转化如何运作，以及它和肿瘤扩展之间有何关系很感兴趣，但还没人知道这是怎样发生的。”

据报道，为了理解癌细胞是怎样运动的，研究人员开发了一套微电子观察系统。他们运用微电子技术制作出一种芯片，由一个约半毫米见方的底盘覆盖一层微柱阵列构成，微柱直径 10 微米，间隔 10 微米，仅容细胞通过。接着，研究人员利用显微镜和延时摄影设备，观察细胞是怎样通过芯片的。

王伊恩说：“该芯片基本上就像细胞的障碍训练场，这些柱子的大小和空间都是严格控制的。我们能跟踪每个细胞，按细胞运动方式统计分析，给它们分类。”

在实验中，研究人员从基准良性癌细胞开始（上皮细胞开始表达一种特殊蛋白质），然后用化学物质诱导细胞变成恶性的和间质细胞。当所有细胞都完成转变后，它们就能在“障碍训练场”上自由运动了。实验显示，细胞表现出两种运动模式：多数细胞在群体中和其他细胞一起缓慢移动，少数细胞会脱离大部队，迅速覆盖到更大的地方。

王伊恩说：“在细胞迁移时，上皮－细胞间质转化让癌细胞升级，把它们从‘经济车’变成快速‘跑车’。我们的系统能同时跟踪数千辆‘车’，在拥堵的‘经济车’车流中，一些‘跑车’会全力向前开；另一些‘跑车’会另辟蹊径，绕道远处。”约 84% 的细胞会待在一起，在芯片底盘上慢慢前进；其他 16% 的细胞会跑到前面，迅速通过底盘。更令人吃惊的是，那些待在群体中的细胞开始再次表达上皮蛋白，这表明它们已经再次恢复成上皮细胞型。

王伊恩还指出："根据这一发现，人们可以设计出有意义的治疗策略，开发一种能让间质细胞'跑车'恢复为上皮细胞'经济车'的药物，使它们堵在一起不能动，就不能去侵袭周围组织了。"此外，这套微电子实验系统也能用于前期测试抗迁移药物。

4. 开发防治代谢性疾病的新设备

研制用无线电信号控制胰岛素释放的装置。2014 年 12 月 15 日，《新科学家》杂志网站报道，美国伦斯勒理工学院的乔纳森·多迪克、洛克菲勒大学的杰弗里·弗里德曼等组成的一个研究团队，最新研究发现，转基因小鼠在对无线电信号做出响应时，能通过释放胰岛素降低血糖。这种远程调节身体内部过程的装置，有望成为未来治疗慢性疾病的新方法，或许有一天，Ⅰ型糖尿病患者拿着手机，通过应用程序就能够在细胞水平上缓解自己的病情。

该技术的关键是使用了铁颗粒，它可以吸收来自特定频率的无线电波的能量，从而改变细胞的行为。据报道，研究团队将三种基因植入了小鼠的肝细胞中。一种基因编码铁蛋白；紧挨着的第二种基因所编码的蛋白质，其作用就如同一扇热敏门，当铁蛋白暴露于无线电信号时，就会让大量钙涌入细胞内；第三种基因编码胰岛素，但只有当被钙包围时才会被激活。实验中，转基因小鼠被暴露于无线电信号数小时后，血糖值就出现了显著下降。

多迪克说，把这项技术应用于人类治疗还有很长的路要走，但在为多种疾病提供快速的外部控制方面，他们迈出了第一步，比如，可以用这种办法给帕金森氏症患者的大脑，提供多巴胺，以减少他们的震颤症状。

布法罗大学的阿恩德·普拉尔说："如果真的能够利用铁蛋白，那么这是个非常好的消息。"但他同时警告说，还需要通过进一步的研究，来确认这一结果。

基因疗法目前仍被视为不可逆转且具有潜在风险的可选方案，只能用于研究能否治疗疑难疾病，比如血友病和某些失明症。但弗里德曼表示，无线电控制可以使这种疗法更安全，因为植入的基因可以随意开启和关闭。

更重要的是，除了基因修饰小鼠体内的肝细胞，该团队还设法在培养皿中修改小鼠的干细胞，然后将它们植回小鼠身体。弗里德曼说，这些移植的干细胞携带有“自杀基因”，一旦它们开始产生危险的副作用，这种基因就会被激活，干细胞就会自我摧毁。

5. 开发防治消化系统疾病的新设备

研制出微型食道扫描仪。2013 年 1 月 15 日，外国媒体报道，美国医学教授盖里·蒂尔纳等人参与的一个研究小组近日开发出一种微型食道扫描仪，使扫描巴雷特氏食管病症变得更加简单，从而有利于提早发现这种病症可能导致的癌症。

这种新研制的扫描仪，与目前成像技术不同的是，它能够在病人意识清醒的状态下使用，而且只需要几分钟时间。到目前为止，这种扫描仪只在小部分病人当中进行了测试。当人们患有巴雷特氏食管病症时，食道较低位置的细胞由于长期的酸液回流会变得异常，这就使它们处于形成食道癌的高风险之中。医生能够使用内窥镜扫描这些症状，但是必须在镇静状态下进行。

这种新扫描仪包含在一个维生素药片大小的胶囊内，外部连接有一根细线。胶囊内部是一个快速旋转的激光探头，它发出的红外线会被食道内侧反射回来。医生能够在屏幕上看到食道的 3D 影像，而且微观细节远超内窥镜效果。当病人吞下这种胶囊的时候，它是以服用药片相同的方式进入胃部，然后能够使用细线拉回到食道当中。在 6 位已知患有巴雷特氏食管症状的病人，与 7 位健康志愿者身上测试了这种扫描仪，研究人员称图像清晰的显示出那些病患中的细胞变化。

蒂尔纳教授称，这项扫描技术比内窥镜检查便宜，而且避免了对于镇静剂、专用设备以及专业培训的需求，而且图片显示的微观细节可以避免活体组织切片。蒂尔纳教授说道：“这种设备所产生的食道图片是我们看到过的一些最好图片。我们最初担心会失去许多数据，但是我们惊喜的发现，它为我们带来了食道壁完整的微观图像。”蒂尔纳教授补充道，这种扫描设备能够帮助医生确定谁处于风险中，而且有可能在更容易处理的早期阶段就发现癌症。

6. 开发防治泌尿系统疾病的新设备

研制可植入的微芯片人工肾脏。2016 年 2 月 15 日，美国范德堡大学网站报道，该校医学中心肾病学家、医学副教授威廉姆·费塞尔主持的研究团队，正在用微芯片滤膜和活的肾脏细胞，创造一种可植入的人工肾脏，能将身体产生的废物过滤出去。这一生物混合医疗设备，或使肾病患者彻底摆脱透析。

费塞尔说，他们正在创造一种生物混合设备，能模拟肾脏清除废物、盐和水，让病人不再需要透析。现在的目标是将设备做得足够小，可植入病人体内。

这一设备的关键是硅纳米技术微芯片，其工艺与计算机微电子行业中的芯片一样。这种芯片并不昂贵，却很精密，可作为理想的滤膜。目前研究团队正在设计膜上的小孔，按照每个孔的作用一个一个地设计。每个设备约包含 15 个芯片，层层叠起来。

微芯片的关键用途还不止过滤，它们还是活肾脏细胞安身的支架。研究人员把活肾脏细胞在微芯片滤膜上培养，让这些细胞能模仿肾脏的天生行为。肾脏细胞能在实验室生长得很好，长成一种活细胞反应器：它们知道哪些化学物质“顽皮”，哪些“听话”，将身体所需的营养成分重新吸收，将身体不想要的废物丢弃。

这种设备的组织不会引起免疫反应，所以不会被身体排斥。费塞尔说，但它和器官移植不同，它不是适应免疫的匹配，而是天然地依靠病人血液运作。且它所需能量可完全由病人自己的心脏供给。

费塞尔指出，目前研究面临的挑战是如何让血液畅通无阻地通过设备。因为血液在动脉中是有节奏的，并非稳定地流动，要防止它们凝结或造成损害。范德堡大学生物医学工程师阿曼达·巴克正在用流体力学模型改善设备通道的形状，让血液能畅流无阻。之后他们将 3D 打印出一个原型来，测试其中血流是否顺畅。

费塞尔说，很多需要透析的病人都渴望能加入将来的人体实验，目前已有一串长长的名单。人体实验有望 2017 年底开始。

7. 开发防治神经系统疾病的新设备

(1) 发明用意念玩电脑的神奇“思维帽”。2004 年 12 月，有关媒体报道，美国科学家发明出一种镶满电极的“思维帽”，使用者戴着它，就可以凭意念控制计算机，而不须通过手术把电极植入脑部。这种神奇装置或许能在不久的将来，用以协助残疾人控制电动轮椅或义肢。

科学家过去已经成功地把电极植入猴子的脑部，使它能控制计算机。但这次实验无须进行任何手术，也不必把电极植入使用者脑部。

在实验中，纽约州卫生部门和纽约州大学的研究人员让 4 名志愿者戴上“思维帽”，其中 2 人是半瘫痪男子，另外 2 人分别是健康男子和女子。实验中，“思维帽”的 64 个电极会贴着实验者的头皮，记录他们的大脑活动，然后通过一种特别计算机软件程序，将脑电波转化为指挥计算机光标移动的指令，从而达到控制计算机运作的目的。

实验结果显示，这 4 名人士经过 5 个多星期练习后，就学会运用思维使计算机显示屏上的光标朝上下或左右两个方向移动。科研人员说，这表明人们可以学会用头皮上录得的脑电波频率快速准确地移动计算机光标。

研究人员在这次实验报告中写道，这次实验取得的成就可以运用于医疗方面，使残疾人能够控制义肢和电动轮椅。两名残疾人士在实验中表现尤为突出。研究人员认为，这可能与残疾人克服肢体障碍的意念更强烈有关，也可能是他们的大脑已被锻炼得更能应付伤残状况。

许多机构正在研制各种仪器，希望协助残疾人士或瘫痪者应用思维控制器械。其中一些发明需要进行脑部植入手术，但也有一些则利用眼睛移动或可从外部录得的脑电波来达到控制目的。

（2）研制让猴子凭意念操控轮椅的脑机接口装置。2016 年 3 月，美国杜克大学科学家米盖尔·尼科莱利斯等人组成的研究小组，在《科学报告》杂志上发表研究成果说，他们利用脑机接口装置，成功地让猴子仅通过意念就可以操控机械轮椅。这个装置未来有望造福残疾人士。

脑机接口装置简单地说就是让人或动物的大脑与外部设备连接，设备读取大脑信息并将其转化为指令来操控各种机器。

该研究小组在两只猴子的脑部负责躯体运动和感觉的两个区域，植入数以百计、只有发丝大小的微细纤维，形成微电极阵列。通过这一阵列，外部设备就能接收神经元发出的脑电波。

研究人员首先让猴子坐在轮椅上，并观察猴子驱使轮椅向一个装满葡萄的碗移动。在这一过程中，他们记录下猴子的脑电波活动情况，再利用电脑系统将脑电波转化为可操控机械轮椅的数字指令。

在随后的阶段中，当猴子再产生向碗靠近的想法时，脑机接口装置就能根据脑电波信号，发出数字指令操控机械轮椅移动。于是猴子逐渐学会用意念来操控轮椅向碗移动。而且，随着次数增加，它们完成这一任务的速度也越来越快。研究人员还从猴子脑电波的变化中发现，在完成任务的过程中，它们会估算自身离碗的距离有多远。

这个装置对因各种原因失去四肢活动能力的残疾人士，尤其具有实用价值。尼科莱利斯说，此前也有一些非嵌入式的方法可以帮助残疾人士恢复一定活动能力，比如在头部贴上电极来传输并转化脑电波，从而操控机械轮椅或机械手臂，但这种做法效率很低。而新研究显示，在脑内植入电极能够对机械轮椅实现更高效的操控。

研究人员计划利用猴子开展更多相关试验，以提升操控的精确性和可靠性，并希望让人参与到试验中来。

（3）研制出通过无线电波洞察人情绪的新设备。2016 年 9 月 20 日，美国商业内幕网站报道，美国麻省理工学院计算科学和人工智能实验室的一个研究小组研制出一台名为“情商无线电”的设备，即便人戴着面具，竭力隐藏自己的情绪，它也能通过测量无线电波洞察人的真实情绪。

据报道，这一设备会向测试对象释放无线射频波，并捕获反射回来的信号，以此测量他的呼吸模式和心率。获得的数据会通过一个算法让不同的情绪信号与物理因素相匹配，并将人的情绪归类为四种状态：悲伤、生气、高兴和喜悦。

在实验中，研究人员让 12 名参与者坐到距离该设备约 1 米远的地方，并让他们每个人都回忆一段让他们感受到某种情绪的私人经历，这样就建立了一个“地面实况”，或一种能通过机器检测识别的情绪。

接着，“情商无线电”设备使用两种方法中的一种来预测参与者的情绪：要么使用本人的“地面实况”作为标准进行后续预测；要么使用其他 11 名参与者报告的情绪作为标准。每位参与者回忆能诱发上述四种情绪的不同经历，每种情绪持续 2 分钟，该设备会测量心率和呼吸频率，从而预测参与者的情绪。

结果表明，这一设备的预测能力极其精准，尤其是当它基于本人的情绪标准进行预测时，准确率达到87%；基于其他人的情绪标准预测时，准确率为72%。

研究人员还发现，心率而非呼吸频率是一个人情绪状态最大的“指示灯”。毕竟，人们能屏住呼吸，但心跳很难控制。

研究人员强调称，“情商无线电”设备的预测结果可与心电图相媲美，后者通过置于用户身上的电极获取的电信号来识别情绪，但使用新设备不需要将电极放在身体上就可以准确洞察情绪。

第五章 计算机领域的创新信息

计算机是能够按照程序运行，并自动而高速处理大量数据的现代化计算机器。它不仅可以进行数值计算，而且可以进行逻辑计算，同时还具有存储记忆功能。因此，它属于智能电子设备，人们通常称其为电脑。计算机由硬件系统与软件系统两个部分组成。硬件系统含有中央处理器、内部存储器、调制解调器、硬盘、声卡、显卡、光驱、显示器、键盘、视频设备、音箱、U 盘、移动存储卡及读卡器、打印机、电源等。软件系统含有系统软件和应用软件两大类。系统软件由操作系统、语言处理系统、服务程序和数据库管理系统等组成。应用软件是为解决各类实际问题而产生的，它们有各自特定的作用范围。本章着重考察美国计算机领域的创新进展情况。21 世纪以来，美国在计算机及相关技术领域的研究，主要表现为：集中力量研发超级计算机和量子计算机，同时也发展微型计算机、便携计算机、自修复计算机、存储式计算机和涡流形激光计算机等。另外，注重开发新技术，提高计算机性能和功效，构建预测天气和研究疾病的计算机模型。在计算机部件与设备领域的研究，主要集中于处理器及相关技术，存储器及相关技术，计算机输入设备，计算机电机与桌面系统。在计算机软件领域的研究，主要集中于微机操作系统软件、自行修复软件与编程系统软件、数据库管理系统软件；计算机安全软件、通信软件，以及其他各类应用软件。

第一节 计算机及相关技术的新进展

一、研发超级计算机的新成果

（一）通用超级计算机的新信息

1. 已制成的超级计算机

（1）研制出“走鹏”超级计算机。2008 年 6 月 9 日，美国国际商用机器公司（IBM）与美国能源部研究人员展示了他们最新开发的超级计算机，运算速度达每秒1000万亿次，是迄今全球运算速度最快的超级计算机，也是第一台运算速度达每秒1000万亿次的超级计算机。

每秒1000万亿次的运算能力，大约相当于把10万台目前配置最好笔记本电脑的运算能力，累加到一起。这个速度比之前的“世界首快”———IBM公司开发的“蓝色基因/L”超级计算机快约2倍。“蓝色基因/L”运算速度为每秒478万亿次，世界各国研发的其他超级计算机速度介于每秒几十万亿次到几百万亿次之间。

美国能源部下属国家核安全管理局局长托马斯·达戈斯蒂诺打比方说，这台超级计算机一天的计算量，相当于地球上60亿人每周7天、每天24小时不间断用计算器算46年。

这台超级计算机由IBM公司和隶属美国能源部洛斯阿拉莫斯国家实验室的研究人员耗时6年联合开发而成。目前，它仍在IBM公司位于纽约州的实验室内，下个月被运往新墨西哥州，安放到洛斯阿拉莫斯实验室。它的名字以新墨西哥州州鸟“走鹃”命名。

“走鹃”造价1亿多美元，占地557平方米，重226.8吨，包括6948个双核计算机芯片。在2008年5月25日进行的一次长达两小时的测试中，它实现了每秒1000万亿次的持续测试运算。同年6月7日和8日，它在几项实际应用中同样表现稳定。

据洛斯阿拉莫斯国家实验室介绍，这台超级计算机最初6个月将用于非保密的研发工作，之后它将主要用于美国核武器等政府机密研发项目。

除了军事领域，“走鹃”还可以应用于民用工程和医药等诸多领域，例如用于研发生物燃料、设计高能效汽车、寻找新型药物以及为金融业提供服务等。IBM公司超级计算机项目副总裁戴维·图雷克说，超级计算机技术在军事领域之外的一系列研发和应用领域，都将大有用途，未来几年超级计算机在各行业得到应用将成为一种趋势。

（2）“泰坦”荣登超级计算机榜首。2012年11月12日，美国能源部长朱棣文发表声明宣布，在国际TOP500组织公布的全球超级计算机500强排行榜上，该部下属橡树岭国家实验室的“泰坦”，以每秒17.59千万亿次的实测运算速度登上榜首。

"泰坦"占地面积与标准篮球场相当，消耗的电力足以供应一个小型城镇。它拥有56万多个处理器，理论运算速度峰值可达每秒27千万亿次，今后将用于气候变化、可再生能源以及核能研究的计算机模拟。

朱棣文表示，高性能计算机领先的国家，在国防、科学、医学、能源等一系列领域都将拥有巨大的优势。"泰坦"将与能源部的其他高性能计算机一道成为能够确保美国创新优势的工具。

在TOP500公布的排行榜上，美国劳伦斯伯克利国家实验室的"红杉"、日本理化研究所的"京"、阿尔贡国家实验室的"米拉"、德国于利希研究中心的JUQUEEN分列第二至第五位。在2012年6月发布的排行榜上，"红杉"曾居首位。

中国"天河-1A"曾在2010年名列榜首，此次已降至第八的位置。不过，中国共有72台超级计算机系统列入500强榜单，比2012年6月榜单的68台有所增长。按国家来看，美国拥有全球500强超级计算机的一半，显示出明显的优势，而中国位列第二。

超级计算机是国家科研的一个基础工具，在地质、气象、石油勘探等领域的研究中发挥关键作用，也是汽车、航空、化工、制药等行业的重要科研工具。TOP500是全世界最权威的超级计算机排行榜。从1993年起，作为对全球已安装的超级计算机排名的权威机构，国际TOP500组织以计算机实测速度为基准，每年两次发布世界上最快的500台超级计算机排名。

（3）用新超级计算机"夏延"预测极端天气影响。2016年1月12日，美国哥伦比亚广播公司旗下的商业科技网站报道，美国推出一台新型超级计算机，其运算速度可达5340万亿次/秒。该计算机将在全球定位系统和其他传感器技术的协助下，对极端天气带来的影响进行预测。

新超级计算机以怀俄明州首府"夏延"命名，将被安装在美国国家大气研究中心（NCAR）位于怀俄明州的超级计算中心内。其计算能力，为目前在美国国家大气研究中心"服役"的超级计算机"黄石"的2倍多。"黄石"的运算速度为1500万亿次/秒，由IBM公司打造。

2017年将正式交付使用的"夏延"，则由硅图国际公司制造，内存高达313TB；计算节点超过4000个，其中20%的节点每个都将拥有128GB的内存，其他节点的内存也有64GB。美国国家大气研究中心还打造了全新的集中式并行文件系统，其可用空间为 20PB；数据存储元件支持 200GB/秒的传输速度。

美国国家大气研究中心表示，其他存储元件包括 3360 个 8TB 的串行连接小型计算机系统接口硬盘，以及 48 个 800GB 的固态硬盘；运行“红帽企业版 Linux”操作系统，同时使用 IBM 的通用并行文件系统。

在 2015 国际超级计算大会上，国际组织发布了最新一期世界超级计算机 500 强排行榜，位于榜首的中国“天河二号”实际运算速度高达 3. 39 亿亿次/秒；而排名第十的美国德克萨斯高级计算中心“惊跑”超级计算机实际运算速度为 5168 万亿次/秒，该组织称，以 2016 年的标准来看，“夏延”勉强排第十。

据悉，“夏延”将被用于重要的研究，有望用在极端天气、地磁风暴、地震活动、空气质量以及火山等诸多领域。此外，研究人员也可以更好地模拟大气变化，为政府在政策制定和资源管理方面提供决策支持。

2. 正在着手研制的下一代超级计算机

（1）投重金开展下一代“极光”超级计算机研究。2015 年 6 月，有关媒体报道，美国能源部副秘书长李恩 · 奥尔宣布，美国能源部向“阿岗领导者计算机设备项目”投资 2 亿美元，研发下一代“极光”超级计算机。计划 2018 年完成，并向科研工作者开放，以吸引美国顶级研发人员到阿岗开展研发。

该投资是美国能源部向橡树岭、阿岗和劳伦斯利弗莫尔国家实验室合作计划投的第三笔，也是最后一笔资金。此前，美能源部分别向橡树岭、劳伦斯利弗莫尔国家实验室投资了 5. 25 亿美元和 3. 25 亿美元，开展 E 级计算机研究。

同日，奥尔还宣布，投资 1 千万美元启动高性能计算机项目，该项目由能源部科学办公室和国家核安全委员会共同负责。

“极光”计算机将采用英特尔高性能计算机可伸缩系统框架。该项目继续采用美国橡树岭、阿岗和劳伦斯利弗莫尔三大国家实验室紧密合作模式，同时吸收英特尔、科瑞、AMD、IBM 等计算机公司参与，将大大加快科技成果的转化。该项目的实施还将促进低碳能源技术，特别是材料科学、生物科学和可再生能源技术的发展；同时有利于保持美国在高性能计算机上世界领头羊地位。

（2）向下一代“超级计算机”发力。2015 年 8 月，美国《连线》杂志报道，近日，美国总统奥巴马签署行政命令，将推出“国家战略计算计划”，目标是在 2025 年以前建造世界上速度最快的高性能计算机，据称其每秒计算峰值高达百亿亿次，比目前领先的高性能计算机计算速度快 30 倍左右。

高性能计算机也称为“超级计算机”，是一个国家科技竞争力的象征。奥巴马签署的这份行政命令显示，“国家战略计算计划”力图找到未来计算机发展的顶尖技术，为突破摩尔定律后的高性能计算机研发探索新的规律。除了大大提高运算速度，新一代高性能计算机还注重全面提高硬件和加强数据处理能力。

随着超级计算机性能的提高，其应用更加广泛、工作效率更高。比如，自 20 世纪 70 年代以来，计算流体动力运用与飞机设计，大大减少了风洞和飞行测试成本。现在的高性能计算机只能模拟单个机翼在特定条件下的飞行状态，而美国航空航天局的研究显示，下一代高性能计算机可以真实模拟飞机双翼在遇到气流等动态情况下的飞行状态。

目前，高性能计算机已经在天气预报、基因测试、药物研发等各方面有着广泛应用。白宫科技政策办公室科技与创新副主管汤姆·卡利尔和国家经济委员会副主任詹森·米勒表示，高性能计算机与大数据的结合，能够提高计算机的分析能力，使计算机模拟更接近实际状态，随着互联网发展进入大数据时代，对高性能计算机的需求会进一步增加。

美国能源部、国防部和美国国家科学基金会将领导下一代超级计算机的研发。美国航空航天局、联邦调查局、卫生部、国土安全部、国家海洋和大气局等也会参与设计，并根据各自需求提出特殊设计要求，深度介入操作系统、软件等的早期设计，推动高性能计算机将成为一些政府关键部门的重要资源，在一定程度上使高性能计算机的应用前景得到保证。

美国的高性能计算机技术领先，在高性能计算机十强名单中，有 5 台在美国。在 500 强名单中，美国的数量也是最多，美国还是高性能计算机运用最广泛的国家之一。但近年来，其他国家超算技术也在快速发展，中国“天河二号”连年名列速度最快的榜首。

为赶超中国，美国政府2014年11月宣布投资3.25亿美元建造两台比“天河二号”快3~5倍的超级计算机，2015年4月9日又宣布投资2亿美元再建造一台超级计算机。2015年年初，美国限制向中国的超算中心等4家机构出口英特尔至强处理器。

有专家指出，美国要研发的百亿亿次级的超级计算机能耗更高，其耗能目标可达6000万瓦，将是目前的几十倍，可能需要一个电站来保障运行。有关媒体分析，美国要达到目标，不仅仅要找到能耗效率很高的计算机部件及设计方法，还要有与之匹配的软件，困难不小。

（二）专用超级计算机的新信息

——成功研制出超级太空计算机

2006年11月，有关媒体报道，在人类探索宇宙奥秘的过程中，计算机一直起着极为重要的作用。美国的科学家们近日宣布，他们最近研制出一款性能超强的太空计算机，其运行速度要比目前太空中使用的电脑快出100倍。

美国佛罗里达州立大学的科学家们表示，随着太空数据获取量的大幅增加，目前在太空中使用的超级计算机已经无法满足人们的需要。美国霍尼韦尔航空航天部与佛罗里达州立大学的科学家们合作，研发出一款新型计算机。该型计算机共带有20颗处理器，其性能比目前太空中使用的电脑要快出100倍。如果该超级电脑中的某一颗处理器，由于太空辐射而出现问题，那么其他的处理器会顶替并发挥同样的作用。

（三）推进超级计算机元器件开发

——研制用于超级计算机的新光子设备

2011年12月，美国普渡大学电子与计算机工程系助理教授齐明豪和教授安德鲁·韦勒领导的一个研究小组，在《科学》杂志上发表研究成果称，他们研制出一种新的光子设备，它的体积非常小，几千万块这样的光子设备可以“堆积”在一块计算机芯片上，有望让运行速度更快、信息处理能力更强的超级计算机成为可能。

该研究小组开发出的新光子设备，是一种“无源光二极管”，由两个直径仅为10微米的硅环组成，与其他光二极管不同的是，它并不需要外部辅助就可传输信号，而且，也能很好地整合进计算机芯片中。

齐明豪说，这种二极管能进行“非互易传输”，这意味着它仅仅在一个方向传输信号。他解释道，激光器发出的红外线通过光纤并被名为波导的微结构所引导，随后，它会连接通过这两个硅环，而且，当它在硅环内时，会经历“非线性的相互关联”。光进入其中的一个微环后，要么继续前进，要么向后消散，这样就实现了单向传输。研究人员也能通过使用微型加热器，加热它们来改变其传输的波长，因此，使处理很宽频率范围的波成为可能。齐明豪说：“单向传输是逻辑电路最基本的部分，因此，我们的二极管为光子信息处理打开了大门。”

尽管光纤光缆是实现跨海和跨洲传输海量数据的基本组件，但光信号必须被转变为计算机内使用的电信号或者相反，而在进行这种转化时，信息处理会变得很慢且数据容易遭遇网络攻击。

研究人员表示：“光电信号之间的转化需要昂贵的装备。而新二极管通过摒弃该转化过程，让芯片运行和处理信息的速度更快且更安全；也能同制造计算机芯片的工业制造过程兼容。”

研究人员表示，目前，限制超级计算机发展的主要因素，是运行速度和系统内单个超级芯片传播信息的带宽，新二极管非常紧密，且还拥有其他属性，可用于未来的光子信息处理芯片中，有望导致运行速度更快、信息处理能力更强的超级计算机。科学家们目前已准备对其进行商业化生产。

二、研发量子计算机的新成果

（一）量子计算机整机研发的新信息

1. 量子计算机的设计与制造

（1）设计容易建造的量子计算机模式。2005 年 3 月 3 日，美国国家标准和技术研究所的科学家伊曼纽尔·尼尔在《自然》杂志上发表文章，公布了一种较容易建造的量子计算机新模式。利用该模式，在目前组件还是第一代水平的条件下，就能生成可靠的计算结果。他说，这一模式可以不增加硬件负荷而减少量子计算的出错率。

尼尔在文章中指出，量子计算机借助量子的状态，来表达传统计算机的“1”“0”或两者皆有的状态，能完成传统计算机无法进行的任务。储存信息的量子状态被称为“量子位”或者“量子比特”。量子计算机的可靠性取决于量子的状态能否得到保持。目前，很小的外界电磁干扰都能破坏原先的量子态。因此，设计一种纠错机制是建造实用量子计算机的关键。

按现有水平，建造一台容错率在3%的量子计算机，必须耗费大量的运算能力。尼尔在论文中提出，可以建造一个类似金字塔的架构，将量子位相对简单地组成群落，在关键的中间环节借助量子态的远距离传输来实现连续纠错。量子态的远距离传输也称为离物传输，指在空间的不同点制备完全相同的量子态，但不需要物理通道的过程。

尼尔的论文举例说，可以用36个量子位，经过3次操作而获得一对准确度较高、可应用于运算的量子位。这36个量子位先分成9组，每组包含的4个量子位经过第1次操作后分别产生1对新的量子位，也就是说共产生9对新量子位。这9对量子位随后又分成3组，每组中的3对量子位经过第2次操作后分别再产生1对量子位，结果共产生3对新量子位。这3对新量子位经过第3次、也就是最后1次操作，最终产生1对量子位。在3次操作中，每次新产生的1对量子位分别对应1对或2对用于纠错的量子位。测量这些用于纠错的量子位的值，可以检测和纠正每次操作后新产生的量子位的错误。这种架构对量子位错误可以起到反复校验和纠正的作用，从而可以保证最终产生的，金字塔“塔尖”上那对可用于实际运算的量子位，是构成金字塔的各量子位中准确度最高的。

这一模式是科学家借助计算机工作站经过几个月的模拟之后得出的。尼尔说，量子计算的理论和实际应用还有巨大差距，相当于用古老的电子管来设计今天的超级计算机。他提出的模型缩小了这一差距，使量子计算在实践上可行。从理论上来说，它可以达到3%的容错率，比目前科学家通常认为可接受的容错率高了几百倍，但还必须经过大量工作才能建造出实用的量子计算机。

（2）制造出世界首台通用编程量子计算机。2009年11月，美国国家标准技术研究院大卫·汉尼克等人组成的研究小组，在《自然·物理学》杂志上发表论文说，他们研制成世界首台通用编程量子计算机，它可在进一步改进后，应用于密码破译等方面。

这一量子计算机可处理两个量子比特的数据。较之传统计算机中的“0”和“1”比特，量子比特能存储更多的信息，因而量子计算机的性能将大大超越传统计算机。

汉尼克表示，通用编程量子计算机，采用量子逻辑门技术来处理数据。制造量子逻辑门需设计一系列激光脉冲，以操纵铍离子进行数据处理，再由另一个激光脉冲读取计算结果。一个简单的单量子比特门，可从0转换成1，也可从1转换成0。但与传统计算机的物理逻辑门不同的是，这台设备的量子逻辑门均已编码成激光脉冲。当激光脉冲量子门对量子比特实行简单逻辑操作时，铍离子便会开始旋转，实现对量子比特的存储。

这台量子计算机的核心部件是具金色图样的铝晶片，内含直径约为200微米的电磁圈。研究人员把两个镁离子和两个铍离子置于电磁圈中，镁离子可起到“稳定剂”的作用，消除离子链的不必要振动，保持计算机的稳定性。

由于两个量子比特的操作具有多种可能，研究小组随机选取160种操作方式进行演示，以验证处理器的通用性。每次操作都用31个不同的量子门击打量子比特，把它编码成激光脉冲。这其中大部分为单量子比特门，脉冲只需要与单一离子进行相互作用。少数的双量子比特门则需要与两个离子同时发生交互作用。而通过对电磁圈旁黄金电极上的电荷进行控制，研究人员能有效增加所需的离子数量。

不过，这一量子计算机仍存在着相当的问题。例如，尽管每个量子门的准确率都在90%以上，而当综合使用时计算机的整体准确率却下降到79%。这主要是由于激光脉冲的强度不同所造成的，汉内克解释说：“脉冲的波动性可造成这种误差，而光线的散射和反射等，也可能是原因。”

研究小组表示，通过提升激光的稳定性和减少光学设备的误差，可有效提高芯片的运行准确率。在准确率提升至99.99%时，该芯片才能作为量子处理器的主要部件，最终实现通用编程量子计算机的实际应用。

2. 量子计算机的验证与比较

（1）证明量子计算机确实可行。2015年12月，美国《技术评论》官网报道，谷歌近日表示已找到证据表明，它在2013年购买的具有争议的D-Wave系统，确实可以利用量子物理学原理来执行数学计算。谷歌在互联网上，公开了一篇未经同行评议的论文介绍了这一研究成果。

D－Wave 系统号称“世界上首台商业化量子计算机”，使用一种叫作“量子退火器”的超导芯片来运行数据。然而，D－Wave 的芯片在量子物理学家当中引发了争议，因为研究人员无法有力证明 D－Wave 确实能够利用量子物理学原理，击败传统计算机。

谷歌量子人工智能实验室负责人哈特穆特·内文表示，他所带领的研究团队现在找到了有力证据。他们让 D－Wave 计算机和配置了单处理器的传统计算机进行了一系列比赛。他说：“在一个特定的、精心设计的概念证明问题上，我们比传统计算机的运行速度快 1 亿倍。”

报道指出，谷歌的研究成果十分惊人，不过即使得到了证实，它只是部分证明了 D－Wave 的能力。因为在竞争中落败的传统计算机使用的是与 D－Wave 类似的算法，而另一种能够利用 D－Wave 漏洞的算法，可以让传统计算机更具竞争力甚至获胜。内文则表示，他们设计的测试依然十分重要，因为未来普通计算机在与能够运行更大规模数据的量子退火器相竞争时，无法利用这种漏洞。

瑞士联邦理工学院物理学教授马蒂亚斯·特洛伊领导的研究团队在声明中说：“去研究量子退火算法是否确实比最好的经典算法更有优势，并找出实现这种优势是否会遇到一系列应用难题，非常重要。”

2014 年，特洛伊研究团队发布了一项对早期 D－Wave 芯片的研究称，它与传统计算机相比并没有展现出优势。该研究团队近日表示，这个问题已经部分得到了回答。“谷歌的研究结果确实说明，在精心设置的条件下这种芯片具有巨大优势。”

（2）两种量子计算机首次面对面较量。2017 年 2 月 21 日，《科学》杂志官网报道，美国马里兰大学物理学家克瑞斯·门罗开展了一场别开生面的研究：让两种完全不同技术类型的量子计算机进行比赛，看它们在运行同一种逻辑运算中谁会战胜对手。结果显示它们各具优势，一种更加可靠准确；另一种速度更快。这一研究意义重大，不仅首次实现不同量子计算机的正面“较量”，还标志着这一技术已经走向成熟。

两种量子计算机分别来自门罗团队和 IBM 公司，都有 5 个量子位，但门罗团队用电磁场捕获的 5 个镱（Yb）离子创建，IBM 公司是用超导性金属形成的 5 个环创建。由于 IBM 量子计算机开放给用户在网上对其编程，门罗团队因此能够设计这次开创性实验。

在实验中，门罗团队让每种量子计算机运行了一系列标准算法，然后进行比较。结果，IBM 超导计算机虽然运算更快，但离子型计算机答案正确率更高，在一项特别任务中，离子计算机的成功率达到 77.1%，而 IBM 超导计算机只有 35.1%。业内人士分析认为，原因在于连接方式的不同，离子计算机 5 个位点两两互联，更能实现信息共享；而 IBM 的连接方式是，4 个位点与另一个中心位点分别相连，在处理信息中更易出错。

传统计算机只有 0 和 1 两个位，而量子位完全不同，是一种双态量子系统，每个量子位保存的信息不再仅仅是 0 或 1，还可以是 0 和 1 的叠加：00、01、10、11，因此从理论上来说，计算能力超级强大。此前的量子计算机研究只能通过与传统计算机比较展示其强大性能，但这次新研究具有重大象征意义：直接比较不同量子计算机性能，优胜劣汰，从中挑出最优质的一款，这在未来会更加普遍。

3. 量子计算机的智能化训练

量子计算机学会“识别树木”。2017 年 3 月，美国加州圣玛丽学院物理学家爱德华·博伊达主持的研究小组，在《科学公共图书馆·综合》期刊上发表论文称，他们正在训练量子计算机辨识树木，提高其智能化水平。这听起来可能并不重要，但这个结果意味着，研究人员朝使用量子计算机解决复杂的机器学习问题，如模式识别和计算机视觉等，更近了一步。

通常，传统计算机已经能用复杂算法识别图像中的模型，但需要大量的内存和处理器耗能。这是因为传统计算机以二进制位（0 或 1）存储信息，相反，量子计算机在亚原子级运行，使用可以同时表示 0 或 1 的量子比特。理论上，使用量子比特的处理器可以针对一系列特殊问题，解决问题的速度比传统计算机快指数级。但量子计算的特性，以及编程量子比特的局限性，使计算机视觉等复杂问题难以解决。

近日，该研究小组使用一台 D 波 2X 量子计算机，分析了数百张美国宇航局拍摄的卫星图片。研究人员要求计算机识别若干特征，如色彩、饱和度和光反射率等，以确定图片上的像素团是树木还是建筑物、道路或河流。之后，他们让计算机回顾了分辨错误的案例，并不断调整其用于确定树木的公式，最终成功训练其识别树木，准确率达 90%。

虽然这项研究的结果，只比传统计算机针对同样问题的结果稍微准确一点，但却表明科学家可以编程量子计算机以“看到”和分析图像，并有可能使用它们解决需要繁重数据处理的其他复杂问题。例如，为更准确的气候预测奠定了基础。但在量子计算机被用于解决复杂计算问题之前，仍需大量研究。

（二）量子计算机元器件研发的新信息

1. 研制出超导量子计算机的首个“光电开关”

2010 年 4 月，美国国家标准技术研究院物理学家雷·斯曼德领导的一个研究小组，在《物理评论快报》杂志上首次为由量子比特和量子传输总线组成的超导电路研发出一个“光电开关”，能够很好地协调量子比特和总线的“沟通”工作。该新技术有望在未来的量子计算机中，更好地实现信息的存储和传输，也有望加速实用型量子计算机研发工作的进展。

量子比特是未来量子计算机的基本构建单位，主要用来存储量子信息。该研究小组此前制造的量子数据传输总线（量子客车），使得量子比特可以一个一个连接起来，从而实现信息传递。量子总线由空腔（cavity）组成，它可让单个微波光量子伪装成标准波，还能在短时间内储存量子位。某量子位中的信息被编码后，在转移到另一量子位前可在空腔中储存 10 纳秒。

美国国家标准技术研究院研制的新开关是一个射频量子扰动超导探测器，也是一个磁场探测器。一个电压脉冲将一个单元的能量，即单个微波光量子施加于一个量子比特上，就会产生一个电路。通过协调施加于超导探测器上的磁场，科学家能够改变位于量子比特和空腔之间的单个光量子，携带的能量或者传输率，因此，该开关能够稳定地“协调”量子比特和量子客车之间相互作用的比率，从 100^6 赫兹到接近 0 赫兹。

斯曼德称，这个技术突破将有助于研究人员灵活控制一个复杂网络中的许多电路的各个组成元素之间的相互作用，实用级的量子计算机也拥有非常复杂的网络，所以，新研究突破也有助于量子计算机更好地工作。

斯曼德研究小组也已经证明，适用于两个或者三个超导量子比特的开关会纠缠在一起，但是，新开关首次实现了其一段时间内产生的量子行为是可预测的，并且其与单个微波光量子之间的交换行为也是可控的。斯曼德表示，我们让量子比特、开关和空腔三个不同的组件相互协调有效地工作，没有能量损失。

据悉，所有这些组件（量子比特、开关和空腔）都由铝制造。科学家采用叠层的方式，将这些元件建造在一个蓝宝石的芯片上。

2. 创建室温条件下量子比特数据存储新纪录

2012 年 6 月，美国哈佛大学物理学教授米哈伊尔·卢金领导的格奥尔格、彼得·毛雷尔和克里斯汀·拉塔等人参与的一个研究小组，在《科学》杂志上发表研究成果称，他们在室温下创建出量子比特，存储信息可近两秒钟，较早期的系统寿命增加了几乎 6 个数量级，再创新纪录。此项工作潜在的应用，包括量子计算机最终的功能建设。

如何在室温下的固态系统中，创建出量子位或量子比特的关键基础，是长久以来量子计算的挑战之一。相比之下，目前大多数系统依靠复杂和昂贵的设备，在真空中捕获单个原子或电子，然后整个系统要冷却到接近绝对零度。卢金研究小组表示已经突破了这个问题，在操作中转向采用地球上最纯净的原料之一——钻石。

卢金说："我们已然能够实现控制这种前所未有的量子比特。在室温下可以对其进行很高效率和保真度的测量。可以在其中编码数据，并可以在一个相对长的时间内存储。相信这项工作只限于是技术问题，所以看起来将其寿命提高到小时范围是可行的。在这一点上，它在现实中产生很多应用将成为可能。"

对于量子计算机的实际应用，在研究人员的设想中包括"量子现金"，即银行交易和信用卡支付系统，依赖于对量子比特的编码来阻挠货币造假；量子网络，即使用量子比特传输数据的高度安全的系统通信方式。

这次突破性研究的基础，是几年前研究人员在氮空穴中心发现实验室生长钻石在原子尺度的杂质以单个原子相同的方式表现。像单个原子一样，每个中心拥有自旋，这类似一个条形磁铁，可以被极化。使用激光，研究人员不仅能够控制自旋，还能够在它随着时间变化时，探测其方向。

研究人员采用实验室培养的钻石中的杂质，创造量子比特，使信息存储接近两秒钟。具体地说，晶体中的碳 13 原子包含一个原子核的自旋，尽管很弱，但氮空穴中心受到这些自旋的相互作用导致其生命周期很短。解决的办法是首先削减氮空穴中心和晶体中的碳 13 原子之间的连接。使用大量的激光，以能够有效地保持氮空穴中心主导，防止其与碳原子相互作用。然后，用一组特定的无线电频率脉冲轰击金刚石晶体，抑制碳 13 原子和附近的原子之间相互作用。如此便可以扩展量子比特的寿命，并保持较长时间的数据储存。最终的结果是，研究人员能够把相干时间从毫秒推进到近两秒。

（三）量子计算机结构与技术的新信息

1. 量子计算机结构研究的新进展

首次通过量子电路成功实现冯诺依曼结构。2011 年 9 月，美国加州大学圣芭芭拉分校玛图·玛瑞安图米等人组成的研究小组，在《科学快讯》杂志网络版上发表研究成果称，他们通过量子电路，成功实现冯诺依曼结构，证实这种经典计算机结构在量子信息处理领域的价值，为未来量子大规模集成电路的研制奠定理论基础。

冯诺依曼结构也称普林斯顿结构，是一种计算机设计结构。其要点是：计算机采用二进制方式运算；处理器使用同一个存储器，经由同一个总线传输；计算机至少要具有存储器、控制器、运算器和输入输出设备。该结构确定了现代电子计算机的基本机构，从世界上第一台现代电子计算机埃尼阿克到当前最先进的计算机几乎都采用了冯诺依曼结构。

该研究小组把一个长寿命量子随机存储器，编程为一个量子中央处理器，并与其他组件一起安装在一块芯片上，形成一个经典的计算机结构。该电路包括两个量子位（量子比特）、量子总线、二位的量子存储器和重置寄存器。所有的硬件都基于超导量子电路，在一个极低的温度下运行，以保证免受其他干扰因素的影响。

玛瑞安图米介绍道，在新的量子计算机架构上，研究小组已经探索了将量子信息写入内存的同时，进行其他量子计算的可能性。目前，该平台已经能够执行量子傅立叶变换和三量子比特 Toffoli 门，这是考量量子计算机计算能量的关键。他还说，虽然与传统计算机相比，该研究只是非常小的一个进展，但鉴于一台量子计算机可以同时进行大量计算，具有比传统计算机强大得多的运算能力，这也是值得欣慰的。

2. 量子计算机技术研发的新进展

（1）通过激光“陷阱”实现量子计算的技术。2005 年 4 月，美国俄亥俄州立大学副教授格雷格·拉菲亚蒂斯等人在《物理评论 A》杂志上发表论文说，他们成功地使相干激光在玻璃芯片上，构成一个个“原子陷阱”，理论上每个“原子陷阱”能捕捉一个气态铷原子。研究人员说，这一进展向将来设计建造量子计算机前进了一大步。

研究人员介绍道，当前制造量子计算机的一个思路是首先将原子捕捉住，这样就能通过激光操作来读写量子状态。其他研究人员在实现这一思路时，都试图用自由空间的一个封闭“笼子”来捕捉原子，但目前在实践上要操作“笼子”中的原子有一定困难。

拉菲亚蒂斯等人通过另一种方式来捕捉原子。他们用两束相干激光在一块玻璃芯片的表面涂层内纵横相交，由于光的相干作用，芯片上形成肉眼看不到的激光的波峰和波谷，犹如一个个“鸡蛋格”，“鸡蛋格”的最中央是一个大小相当于原子、被电场包围的空洞。研究人员说，每个空洞可以捕捉住一个铷原子，然后用单束的激光就可以操纵原子，实现量子计算。

这一设计与目前激光唱片存储数据的方式非常相似。拉菲亚蒂斯说，用平面芯片上的激光“陷阱”捕捉原子，比用空间中的“笼子”更具有可操作性。他们已经制造出这样的芯片，并使用磁场成功地使 10 亿个铷原子形成豌豆大小的原子云。目前，他们正试图操作原子云运动到芯片上方，理论上，当铷原子云到达芯片上方时就会自动落入“激光陷阱”。

传统计算机是通过二进制位“0”和“1”来表示信息，一个字节要么是“0”，要么是“1”，而如果用量子状态表示信息，一个量子位就可以表达两者兼有的状态。按照这一构思，量子计算机的信息处理和存储能力，比目前的计算机将有质的飞跃。据研究人员估计，要实现目前最新型计算机的功能，只需要 1000 个量子位，因此量子计算机成为当前的研究热点。

拉菲亚蒂斯等人说，如果他们的设计成功，将大大地推动量子计算机的设计制造，但真正应用到实际中将至少是两年之后的事情了。

（2）通过离子电磁阱加快量子计算机研制的方法。2006 年 6 月 30 日，美国国家标准与技术研究院物理学家组成的研究小组，在《物理评论快报》期刊上发表研究成果称，他们设计并制成一种新型电磁离子阱，这种离子阱能够不费力地大批量生产，可能会使量子计算机体积足够大，并投入应用成为现实。

据悉，这一新型离子阱可以帮助研究人员克服目前在量子计算机研究上最大的障碍，将目前已经验证成功的各个部件与过程整体放大并加以运用。

量子计算机利用的是物质与光线中最小的粒子，所具有的非正常行为。它们有同时进行海量数字运算的理论能力，有潜力以远远超过传统计算机的速度解决某些问题，例如破解数据、加密密码或者在大型数据库中进行搜索等。

离子（带电子）是在量子计算机中，量子位应用的理想选择。新型离子阱是第一个实现所有电极都在一个水平层面上排列的功能性离子阱，与之前需要两或三层电极的离子阱相比，这种“芯片式”的排列更加容易制造，而且完全采用标准的微加工技术生产，它的黄金电极能够将离子限制在电极上面的 40 微米左右。

研究人员说，他们所研究出的单层离子阱，能够捕捉 12 个镁离子，却不会从电极电压的波动中产生过多的热量，这也是一个重要的因素，因为发热问题已经限制了之前小型阱的发展前景。微型阱之所以较受欢迎是因为阱的体积越小，计算机的速度就越快。该研究小组仍然在继续进行研究，并且与产业以及联邦实验室合作，来制造结构更加复杂的单层阱，最终实现利用大概 10 到 15 个离子在激光的控制下进行逻辑运算。

（3）用超导器件证明量子纠错的最基本形式。2012 年 2 月，美国耶鲁大学物理学家罗伯特领导的马修 · 里德博士等人参加的研究小组，在《自然》杂志网络版上发表论文称，他们证明量子纠错的最基本形式，这在量子计算发展中迈出了具有重要意义的一步。在此前沿领域，有望比当今最先进计算机的信息处理速度成倍提高。

这项研究是关于弥补量子计算内在易感性出错的方法，相关技术可以纠正那些在高速运算中出现的错误，使量子计算机完全成为现实的一个必要步骤。里德博士说：“如果不纠错，就不能使量子计算机运算速度呈指数级增加，否则一个不可避免的小错误都将导致计算失败。”

量子计算机以量子位作为信息的基本单位。然而，与使用 0 或者 1 数位的基于芯片的计算机不同，量子信息位能够同时以多种形态存在。换句话说，它是一个还没有确定是 0 还是 1 的一个信息位。研究人员使用超导器件从“人造”原子产生量子位，任何量子位必须能够采取两种状态中的一种，如“0”或“1”，亦或两种状态同时存在。在理论上，这意味着量子系统能够同时处理计算，实际上就是真正的并行系统。而量子计算机在工作时，必须正确认识和解释这些量子位的状态。但是，量子位容易意外地发生变化，出现错误即混淆解释。

这个研究小组起初在一个类似于计算机芯片的电子设备的固体量子系统中，证明了量子纠错，研发出一种识别量子位的原始状态，必要时检测其变化和逆转的情况。罗伯特说：“这个研究结果，把最近的实验突破与其他人的研究成果结合后，使得量子位更加连贯，由此表明，该超导器件系统最终可能成为一个建造量子计算机的平台。”

（4）量子计算机研究取得两项技术突破。2015 年 4 月 29 日，美国 IBM 公司科学家杰伊·甘拜塔主管的量子计算研究团队在《自然·通讯》杂志上发表研究成果称，他们获得了研制量子计算机的两项技术突破：一是证明能同时检测并测量两种类型量子错误，二是验证了一种新的正方形量子比特环设计技术，这是唯一能在更大维度上被扩展的物理结构。

研究人员表示，如果一个量子计算机能够组建成 50 个量子比特，当今世界前 500 名的超级计算机全部加起来，功能都无法胜过它。

科学家试图掌控量子计算机所面临的巨大挑战之一，就是控制或者移除由于热、电磁辐射或材料缺陷引起的计算误差。广泛存在于量子机器中的两种类型量子错误：位翻转和相位翻转，一定会发生在任何真实量子计算机上。但直到这篇论文发表前，科学界也只有单独解决一种类型量子错误的可能性。但是，解决两种类型的量子错误，恰恰是迈向量子纠错的关键一步，也是建立实用、可靠的大型量子计算机的关键需求。

IBM 公司创新的复杂量子比特电路，是由 4 个超导量子比特组成的、大约四分之一英寸的正方形芯片。甘拜塔说：“在此之前，这一领域的工作使用线性排列，只能看着翻转错误提供出信息不完整状态的量子系统，而这种系统不足以构成实用的计算机。我们的 4 比特正方形芯片，能带领我们同时检测两种类型量子错误，并可被扩展到更大的量子系统。”

IBM 公司高级副总裁兼研究部主任阿尔文德·克里西纳说：“虽然目前已经对量子计算机的加密系统进行了广泛研究，但我们认为比较有实用价值的是量子系统，它能解决今天不能解决的物理和化学难题，可能在材料科学、药物设计等方面具有不可估量的潜力，能开发出一系列新的应用领域。例如，它能让科学家摆脱昂贵的实验室试验，加快设计出新的材料和药物成分，加速相关药物化合物的创新速度等。”

此外，量子计算机还可以快速处理更大规模的数据库，可以大规模处理多样化、非结构化的数据，这将改变人们进行决策的方式，并有助于研究人员跨行业做出全新研究成果。

（5）反馈技术将量子叠加时长提高千倍。2016 年 4 月 7 日，美国麻省理工学院核科学和工程学副教授葆拉·卡佩拉罗主持的研究小组，在《自然》杂志上发表论文称，他们在由合成钻石制造的量子设备内，使用一种量子反馈技术，把量子叠加的时长提高了 1000 多倍，向最终研制出可靠的量子计算机迈出了重要一步。

量子计算机胜过传统计算机的“秘密武器”是量子叠加，但量子叠加很脆弱，延长其寿命是研制大型通用量子计算机面临的主要“拦路虎”之一。研究人员指出，反馈控制是让大多数物理系统保持稳定的最好方法：测量系统目前的状态并产生一个控制信号，控制信号能让系统返回其理想状态，但测量会破坏量子叠加。针对这种情况，卡佩拉罗说：“我们用量子的反馈控制来保护量子叠加，在此过程中不需要测量。”

最新系统使用钻石内的氮空位中心：纯净钻石由采用规则晶格结构排列的碳原子组成。如果一个碳核不在应在的晶格内，那就是一个空位。如果一个氮原子鸠占鹊巢，在晶格内取代碳原子，且与一个空位相邻，那就形成一个氮空位中心，它能代表一个量子比特，且拥有几大优势：首先，它是物理结构固有的属性，不再需要其他用于捕获离子或原子的硬件；其次，氮空位中心是自然光发射器，从其读取信息相对来说更简单一些。

据报道，在实验中，研究人员用氮核的自旋状态来控制氮空位的电子自旋：微波先让氮空位中心的电子自旋进入叠加状态，射频辐射接着让氮核进入特定的自旋状态，另一些低功率微波随后让氮核同氮空位中心的自旋发生“纠缠”。此时，氮空位量子比特能执行计算。之后，第三批微波被用来解除氮核与氮空位中心间的纠缠。最后，系统暴露于一个微波序列之下。这种暴露是被精确校准了的，即使如此，它们对氮空位中心的影响还是取决于氮核的状态。如果计算中出现错误，那么，微波将纠正这一错误，如果没有，激光不会改变氮空位中心的状态。

结果表明，使用这一反馈控制系统，一个氮空位中心量子比特能保持叠加状态的时间，是不使用这一系统的1000倍。

（6）推进分子量子计算机的一项基础技术研究。2017年4月24日，《新科学家》杂志网站报道，美国麻省理工学院—哈佛超冷原子中心伊凡·寇兹耶夫领导的研究小组，利用激光冷却技术，首次把三个原子组成的分子，冷却到接近绝对零度（－273.15℃），这是该技术迄今冷却的最大分子。科学家们认为，这一奇迹最终有望用于制造分子量子计算机，同时也可成为化学家们的好帮手。

自20世纪70年代以来，激光冷却技术已被物理学家用来冷却了多种单个原子，但用其冷却分子一直存在困难。在利用激光进行冷却时，系统的能级需要与冷却的激光的能级相匹配，分子包含的原子越多，原子的振动和旋转越复杂，匹配越困难，冷却难度也就越大。

但现在，该研究小组设法使用激光冷却技术，把包含三个原子的锶化合物冷却到接近绝对零度。寇兹耶夫认为，这一技术可扩展用来冷却包含15个原子左右的分子。

寇兹耶夫表示：“这种超冷分子有望成为分子量子计算机的基础。实际上，激光不仅能用来冷却分子，还能用来精确地让其回到原来的状态。如果物理学家们能控制分子的哪个部分振动，就能使用这一技术来存储信息。”

英国伯明翰大学的文森特·伯耶尔指出，这项新研究令人印象深刻，因为把分子冷却到如此低的温度非常需要技巧，但这距离分子量子计算机走进现实还有很长的距离，因为这一领域的进展太慢。此外，冷却到接近绝对零度的分子可能反应更慢，便于更细致地对其反应进行观察，因此，该技术或许会成为化学家们的福音。

三、研发其他计算机的新成果

（一）微型计算机与碳纳米管计算机

1. 研制微型计算机的新进展

（1）提出超立方体可充当纳米计算机结构。2008 年 4 月，美国俄克拉何马大学的塞缪尔·李与劳埃德·胡克等人组成的研究小组，在《计算机学报》杂志上发表的研究成果中，提出一种 M 维超立方体结构，有可能成为搭建纳米计算机的结构框架。

纳米计算机依靠的是量子规律支配的部件，因此需要新的构架。纳米逻辑器件必须能够处理单个电子，并且具有三维架构。超立方体的独特结构使其能适合平行计算的需要。

正方形是 2 维超立方体，正方体是 3 维超立方体，而 M 维超立方体是每个结点有 M 条连线的超立方体变量，M 随计算需要的状态量的个数而定。不同于一般意义上的超立方体的是，M 维超立方体的边与边可以不正交，如此才能在三维空间中得以实现。

计算机中的逻辑门由 M 维超立方体的结点充当，电子通过连线传导。节点有两种：状态节点和传导节点，每个节点都可以被开启和关闭。位于连线中间的传导节点关闭时，可以把立方体的一部分同别的部分隔开。依靠它，如果一项操作需要更多状态量，超立方体可以增加维数，每增加一维，状态节点数量就增加一倍，反之就减少维数。

在实验中，一个 M 维超立方体可以拆成两个平行连接的超立方体，也可以同另一个超立方体结合，因此它就能像积木一样，搭建任意大小和复杂度的逻辑门。

（2）研制出首个毫米级计算系统原型。2011 年 2 月 22 日，美国密歇根大学电子工程和计算机科学系教授丹尼斯·西尔维斯特和大卫·布洛乌以及助教大卫·文茨洛夫等人组成的研究小组，在国际晶体管电路研讨会上提交的论文显示，他们研制出一种可供青光眼病人使用的植入式眼压监测器，据信这是世界首个完整的毫米级计算系统原型。辅之以一套无须调谐便可找准频率的紧凑型无线电设备，多个毫米级计算系统就能搭建成一个无线传感器网络。这两项进展是朝着毫米级计算系统进军征程上的重要里程碑，而毫米级计算系统被认为是未来电子学研究领域的前沿。

该眼压监测器是这样制成的：研究人员把一个超低功耗微处理器、一个压力传感器、存储器、一个薄膜电池、一块太阳能电池和一个带有天线的紧凑型无线电设备整合在一起，整个系统大小不过一厘米见方。该系统每隔 15 分钟进行一次测量，平均功耗为 5. 3 纳瓦，暴露在室内光线下 10 个小时或者阳光直晒 1. 5 个小时就可完成电池充电，并能够储存一周之内的测量信息。

这套新系统虽然是专门针对医用人体传感器网络而开发的，但其在追踪环境污染、监测结构的完整性等方面，也有广泛的应用前景。

不过，这一毫米级计算系统虽然很完整，但所携带的无线电设备，还无法让它和类似的其他系统进行有机对接，而这种节点对节点通信，是一个无线传感器网络必须具备的重要特征。为此，研究人员正在研制一种带有集成片上天线的无线电设备。他们采用先进的互补型金属氧化物半导体工艺，来控制天线的形状和尺寸，由此可控制天线对电子信号的反应，从而避免使用目前两个孤立的设备之间“通话”时，必须依赖的粗重的外置平衡线，大大缩减了无线电系统的尺寸。

研究人员现正在研究如何降低该无线电设备的功耗，以使其与毫米级电池兼容。他们同时也希望为这些看上去微小但意义重大的进展申请专利，并寻找商业伙伴将这些技术推向市场。

2. 研制碳纳米管计算机的新进展

（1）制造出首台碳纳米管计算机。2013 年 9 月，美国斯坦福大学电气工程师和计算机科学家米特拉教授领导的研究小组，在《自然》杂志上作为封面论文发表的研究成果称，他们在新一代电子设备领域取得突破性进展，首次采用碳纳米管建造出计算机原型，比现在基于硅芯片模式的计算机更小、更快且更节能。美国国家科学基金会纳米技术高级顾问米哈伊尔称此举为“一项重要的科学突破”。

晶体管不断缩小，以使一个芯片上可以排列更多。但随着晶体管变得越来越细小，在狭窄的空间里就会浪费更多电力、产生更多热量。而研究表明，碳纳米管能非常有效地指挥和控制电力。加州大学伯克利分校电子电路及系统的著名专家拉贝艾说：“碳纳米管一直被认为是硅晶体管潜在的继任者。毫无疑问，这项研究将引导研究人员去探索，如何在未来10年开发出更小、更高效节能的处理器。”

大约15年前，碳纳米管首次被制成晶体管，在数字电子系统主体作开关。但是，其固有的两个缺陷一直阻挠着其实际运用，现在，研究团队采取双管齐下的办法将其攻克。

米特拉介绍说，首先，碳纳米管不是以整齐、平行线的方式生长，若尝试在晶片上将其排列就会得到“一碗面”。研究人员使99.5%的碳纳米管对齐建立芯片，并设计了一个巧妙的算法绕过余下0.5%歪斜的部分；碳纳米管第二个缺陷是其内持续导电的“金属纤维”，它不像其他半导体可以关掉电流。为了抹去这些“劣迹”现象，他们关掉了所有“好的”碳纳米管，然后给余下“坏的”泵满电，直至气化。结果便得到一个有效的电路。

他们利用这种“不受缺陷影响的设计”，组装了具有178个晶体管的基础计算机。该碳纳米管计算机可执行一些如计数和数字排序等任务；运行一个基本的操作系统。

瑞士洛桑联邦理工学院电气工程学院主任乔瓦尼·德·米凯利教授强调了这一世界性成就的两个关键技术贡献：首先，将基于碳纳米管电路的制造过程落实到位。其次，建立了一个简单而有效的电路，表明使用碳纳米管计算是可行的。下一代芯片设计研究联盟、伊利诺伊大学厄巴纳-香槟分校纳雷什教授评价道，虽然碳纳米管计算机可能还需要数年时间才趋于成熟，但这一突破已经凸显未来碳纳米管半导体以产业规模生产的可能性。

（2）研制出3D碳纳米管计算机芯片。2015年9月，有关媒体报道，美国斯坦福大学电子工程学教授萨布哈斯·米特拉及其学生马克斯·夏拉克尔等人组成的研究小组，使用碳纳米管替代硅为原料，让存储器和处理器采用三维方式堆叠在一起，降低了数据在两者之间的时间，从而大幅提高了计算机芯片的处理速度，运用此方法研制出的3D芯片的运行速度，有可能达到目前芯片的1000倍。

夏拉克尔解释道，阻碍计算机运行速度的“拦路虎”在于，数据在处理器和存储器之间来回切换耗费了大量的时间和能量。然而，解决这个问题非常需要技巧。存储器和中央处理器不能放在同一块晶圆上，因为硅基晶圆必须被加热到1000℃左右；而硬件中的很多金属元件在此高温下就被融化了。

为此，该研究小组把目光投向了碳纳米管。夏拉克尔说，碳纳米管具有重量轻、六边形结构连接完美的特点，能在低温下处理，与传统晶体管相比，其体积更小，传导性更强，并能支持快速开关，因此其性能和能耗表现远远好于传统硅材料。

但利用碳纳米管制造芯片并非易事。首先，碳纳米管的生长方式非常不好控制；其次，存在的少量金属性碳纳米管会损害整个芯片的性能。研究人员想方设法解决了这些问题，并于2013年制造出全球首台碳纳米管计算机。然而，这台计算机既慢又笨重，且只有几个晶体管。

现在，研究人员更进了一步，研发了一种让存储器和晶体管层层堆积的方法，新的3D设计方法大幅降低了数据在晶体管和存储器之间来回的"通勤"时间，新结构的计算速度为现有芯片的1000倍。而且，该研究小组还利用芯片新架构，研制出了多个传感器晶圆，可用于探测红外线、特定化学物质等。接下来，他们打算对这套系统进行升级，制造更大更复杂的芯片。

（二）便携计算机与模拟计算机

1. 研制便携式平板电脑的新进展

（1）推出触摸屏的智能平板电脑。2006年2月，美国苹果电脑公司近期申请了一项创新的电脑触摸屏专利。这项专利申请暗示着，苹果电脑公司正在为一系列包括平板电脑在内的新产品，研发智能型触摸屏技术。

电脑触摸屏技术的应用已经有一段日子了，但仍然较少出现在主流电脑市场上。现时，这项技术主要应用于掌上电脑（PDAs）、智能电话以及平板电脑上，功能主要是通过手指或输入笔接触触摸屏，以进行手写输入或浏览翻页。苹果电脑于10多年前就在其"Newton"系列的PDA上开始应用触摸屏技术。苹果公司一向认为触摸屏技术可以帮助实现人机互动，简化电脑操作。因此都一直不遗余力地发展触摸屏技术。

苹果电脑这次申请的新触摸屏技术，具有多点式触摸功能。该项专利申请报告称，该技术可以广泛应用于台式电脑、笔记本电脑、平板电脑、掌上电脑、手机以及 MP3 播放器等数码电器中。其主要特点就是使触摸屏具有多点触摸功能。已往的传统触摸屏只能按次序接受数据输入指令，而新的技术使触摸屏能同时输入多个数据，这意味着触摸屏可以辨认出由多个手指，整个手掌或触摸笔接触屏幕而产生的手势。

人们可能会产生这样一个疑问："为什么要同时用多个手指来接触屏幕输入数据呢?"苹果电脑公司在其专利申请报告中解释说，同时使用多个触摸点来输入数据可以有效地帮助用户使用软件或进行软件操作。例如，当用户在浏览图片同时进行"放大"和"旋转"时，可以通过使用多个手指做一系列的手势进行操作。这在传统的触摸屏上是没有可能实现的。

苹果电脑在这项触摸屏专利申请报告中，多次强调该项技术在浏览电子地图上的应用。使人不禁联想到苹果可能正在研发应用该技术的 GPS 全球定位装置，已经有一些能使用谷歌地球电子地图功能的电子设备。对于用户来说，在触摸屏上用手指对电子地图进行查找操作，要比用键盘和鼠标要更方便容易。这项新技术也可以应用于进行其他人性化虚拟操作界面上。

（2）发布平板电脑"ipad"。2010 年 1 月 27 日，美国苹果公司推出平板电脑"ipad"，试图通过结合笔记本电脑和智能手机的方式，为用户创造一种全新的多媒体体验。

ipad 的外观为 9. 7 英寸大小的触摸屏，厚度仅为 1. 27 厘米，重 0. 687 公斤。电池一次充电可使用 10 小时，待机时间超过一个月。这款平板电脑支持 Wi - Fi 和蓝牙连接，使用 1GHz 的处理器，分别有 16GB、32GB 和 64GB 的存储容量。

苹果公司首席执行官史蒂夫·乔布斯说，Wi - Fi 版本的 ipad 将在 60 天后在全球上市，同时支持 Wi - Fi 和 3G 版本的机型将在 90 天后上市。

苹果公司当天还推出专门为 ipad 设计的 12 种全新应用程序，其中包括网络电子书店 ibooks，以及《纽约时报》专门为 ipad 设计的电子版报纸。

平板电脑并不是一个全新的概念。此前，苹果、微软、惠普等大公司，都曾推出过平板电脑，但因为技术漏洞、尺寸过大及价格过高等原因而未能打开市场。分析人士指出，ipad 如想成功，需要为消费者创造一种能融入日常生活的全新消费需求。

乔布斯在当天的发布会上说："在让人不可思议的价格下，ipad 是一款包含了苹果最先进技术的革命性产品。ipad 创造并定义了一种全新的产品类型，它们将把用户和他们需要的内容，以一种前所未有的亲密、直观并有趣的方式连接起来。"

分析人士说，这款苹果平板电脑有望改变出版业的传统运作模式，进入新的数字化时代。

据《华尔街日报》报道，苹果公司一直与纽约时报集团、新闻集团、康德纳斯特出版集团、哈珀柯林斯出版集团等多家大型出版商接洽，为自己的全新网上书店积累内容。此外，苹果公司还和 CBS、迪斯尼等电视台协商，让它们的流行节目成为 ipad 的衍生产品。

然而，专家也表示，仍有一些因素可能阻碍 ipad 的成功。比如虚拟键盘是否方便好用、消费者是否愿意支付一笔新的信息流量费用等。

已有报道说，美国一些大型电视机构并不认同苹果公司只推荐它们部分节目的做法，这可能导致 ipad 的电视节目内容价格升高。而在电子阅读方面，ipad 将不可避免地面临与亚马逊、索尼等公司的电子阅读器产品的竞争，而后者的价格要低出 ipad 很多。

（3）研制可弯曲的透明平板电脑。2011 年 12 月 5 日，美国物理学家组织网报道，韩国三星公司发布一段概念视频，向消费者展示一款透明的、可弯曲的平板电脑。研究人员指出，它采用有源矩阵有机发光二极管显示器，将为平板电脑的发展带来新亮点。

据介绍，有机发光二极管是一种显示器技术。有源矩阵（AM）指的是对像素进行控制，有源矩阵有机发光二极管技术已在使用中，下一代屏幕显示器也将主要使用这项技术。此前，三星公司就宣称，他们已开发出可弯曲有源矩阵有机发光二极管显示器。

专家指出，这种显示器可以带来多种好处，其中主要是：可弯曲的显示器能对抗冲撞，不太可能破损或破裂；让穿戴式计算机成为可能等。还有专家认为，未来的移动设备，可能会朝着这款最新显示器代表的方向迈进。人们可以通过透明的表格为摄像取景，通过增强现实技术进行定位，通过手势来阅读电子杂志等。

2. 研制模拟计算机的新进展

（1）设计由超材料制造的模拟计算机。2014 年 1 月，美国宾夕法尼亚大学教授纳德·恩赫塔领导的研究小组，在《科学》杂志上发表研究成果称，他们最近模拟出超材料计算机，有望被用来执行复杂的数学运算，从而快速处理图形图像。

超材料是具有奇异光学性能的人工复合材料，它能够弯曲、散射、传输电磁辐射，甚至让电磁辐射以特定路径传播，而自然材料完全无法做到这些。从原理上来说，超材料通过让光线在遇到物体时“绕道而走”原理，从而使物体不可见。最近几年，随着科学家们在超材料领域的研究不断取得突破，各式各样能对光进行操控的工具也层出不穷。

恩赫塔研究小组并不满足于用超材料来制造“隐形斗篷”之类奇异物品，他们决定利用已经过时的模拟计算理念，为超材料找到其他新用途。

目前的数字计算机建立在电子开关的开和关的基础上，但其“前辈”模拟计算机则基于不同的电子或力学属性来工作。对数计算尺就是一个例证，其是一个模拟计算机，在 20 世纪 70 年代前使用广泛，之后被电子计算器取代，成为过时技术。

模拟计算机的精度囿于当时所用材料的限制，例如，任何在计算时需要移动的零件都受制于其能做得多小。但超材料主要依靠光来工作，因此没有这种限制。恩赫塔研究小组模拟了一种拥有求导和积分等计算功能的超材料，它由硅和掺杂铝的氧化锌精确地逐层交替组成。

这种超材料计算机之所以能工作，是因为光波能在空间中画出数学曲线。在计算中，求导描述的是曲线在不同点的斜率；而积分则表示的是这些曲线所包围的面积，该模拟计算机通过改变光波的轮廓来执行这些数学计算。例如，如果朝超材料照射一束光（描述 $y = x^2$ 这样的抛物线）计算求导，另一边出来的光的轮廓描述的就是可用 $y = 2x$ 描述的一条直线。

接下来，他们计划制造出这种超材料，以进一步测试这一概念。如果它能工作，那么，从理论上而言，就能被整合进相机透镜内以执行包括模式识别等在内的图像处理任务。目前，这种任务由一块普通的计算芯片对像素进行逐个检测来完成，但由超材料制成的模拟计算。

英国帝国理工学院的约翰·彭德瑞表示："这项新实验为超材料开辟了新的研究方向。除此之外，这种设备也能用来执行其他计算。"

（2）研制出更像人脑的新型模拟计算机。2014 年 5 月 14 日，宾夕法尼亚州立大学博士生尼克·苏卡拉领导，他的导师苏曼·达塔等专家参加的一个研究小组，在《科学报告》杂志上发表研究成果称，他们研制出一种新型计算机体系，它能将信息存储在周期信号的频率和相位内。研究人员表示，这类计算机体系相对来说更像人脑，只需要耗费很少的能源就能进行计算。

目前的计算机采用的是二进制逻辑：使用 0 和 1 来进行存储和计算，这种被称为布尔计算的计算方法有两大弊端：需要耗费大量能源并使用无数晶体管。因此，探索新型计算方法，是消除这些弊端的有效途径。

该研究小组发现，二氧化钒（VO_2）从导电的金属变为绝缘的半导体（以及相反的过程），只需少量热或电流。研究人员利用这一特性，将一层二氧化钒薄膜置于一块二氧化钛基座上，研制出一块振荡开关。

接着，苏卡拉使用标准的电子工程学技巧，朝这种氧化设备添加一系列电阻器，目的是稳定其振荡频率，当朝第二个同样的振荡系统添加电阻器时，他发现，随着时间的推移，这两套设备开始一起振动。他们认为，这种耦合系统有望成为非布尔计算的基础。

据报道，苏卡拉表示："这套系统被称为一个小世界网络。我们可以在很多生物系统内发现这种小世界网络。例如某些萤火虫就是如此，刚开始，雄性萤火虫会随机发光，但随后，因为某些不知道的原因，它们会一起发光。大脑也是一个由紧密簇拥在一起的节点（处理信息）组成的小世界网络。"

达塔补充道："生物共振随处可见。我们希望用其来研制不同类型的计算—联合处理，这是一种模拟而非数字的计算方式，且能耗非常低。"

达塔继续解释道，例如，一系列共振器能存储某人的头发颜色、身高和皮肤类型等不同内容。如果第二个共振区域拥有同样的内容，它们将开始共振，而且，匹配程度也能被读取出来。达塔正与他人合作，探索使用这些耦合共振来解决视觉识别问题，他们认为，与现有的嵌入式视觉处理方法相比，这一方法的效率更高。

达塔认为，目前的网络仅由2～3个耦合共振器组成，要想升级到一亿个共振器紧密簇拥成的网络，从而制造出神经形态计算芯片，或许需要7～10年时间。新设备的优势在于，作为一种新型计算方法，其能耗仅为目前数字计算的1%。科学家们还需要进行更进一步的研究，弄清楚二氧化钒是否能被整合进目前的硅晶圆技术内。苏卡拉总结道："不管怎样，最新研究是制造模拟而非数字计算的基础研究。"

（三）自修复计算机与存储式计算机

1. 研制自修复计算机的新进展

研制出可自动修复的宇航计算机系统。2008年5月，有关媒体报道说，在人类探索宇宙的历史进程中，不乏因卫星或者航天器上的某个小小电子元件出现故障，导致耗资庞大的太空探索或飞行任务功败垂成的事例。但要解决距离地球几百万公里之外更换小小电子元件的事，却并不那么简单。

多年来，工程师们为此伤透了脑筋。虽然已经有过对太空天文望远镜进行维修的事例，也曾研制出了自动维修卫星，并在飞行中进行过实验，但这样的维修任务非常复杂，成本也很高。

在太空开发的初期阶段，解决这种问题的方法，就是使用重要设备的备用元件。比如，用于火星或木星探测的航天器上的某种重要设备，或者电子元件出现问题，只能将希望寄托在那些备用系统上。但这样的解决方案将导致航天器或者飞船、卫星重量的增加，何况有时这种方法也于事无补，而减少航天器的重量也是航天探索中令人头痛的问题。

近日，美国亚利桑那大学研究人员找到一种解决上述问题的方法。他们研制出了一种特殊的计算机系统，这些计算机能够自动诊断航天系统中出现的设备故障，并可对设备进行重置，令其继续工作。

这种可自动修复的计算机是在现场可编程门阵列的设计思想上诞生的。现场可编程门阵列是作为专用集成电路领域中的一种半定制电路而出现的，既解决了定制电路的不足，又克服了原有可编程器件门电路数有限的缺点。它的使用非常灵活，同一片现场可编程门阵列，通过不同的编程数据可以产生不同的电路功能。它在通信、数据处理、网络、仪器、工业控制、军事和航空航天等众多领域，得到了广泛应用。也就是说，它可以通过硬件和软件灵活组合系统，达到重置失效芯片的功能。因为，一般来说大多数硬件的功能，都可以用软件进行模拟，通过现场可编程门阵列重新“学习”各种不同硬件的功能，再成功模拟出该硬件。此项研究是从2006年开始的，得到了美国宇航局的经费资助。

目前，研究人员已研制出5个无线连接的硬件单元，每一个硬件单元可控制一个设备，例如在火星上工作的5个着陆器或漫游器。如果计算机在某一个地方发现一个重要元件受损，同时又不能自动重置，第二个单元将来帮助执行自动修复；如果第一、第二两个单元都不能胜任工作，其他三个单元则将承担起所有任务，全部活动都能在无人帮助下自主完成。

研究人员指出，这种自动修复的计算机系统能够长时间工作，非常适应太阳系外的探索活动，并将对未来的宇宙开发和探测研究提供更高的安全保障。

2. 研制存储式计算机的新进展

研制以存储式处理器为基础的新型“存储式电脑”。2015年7月，美国趣味科学网站报道，加州大学圣地亚哥分校的理论物理学家马西米利亚诺·文德拉领导的研究小组，研制出一种模拟人脑运作方式的新型电脑的原型机，这种名为“存储式电脑”的设备，未来或能完成诸如破译密码等极其复杂的任务，也将助神经科学家更好地理解人脑的工作原理。

传统微芯片中执行计算任务的处理器与执行存储任务的存储器是不同的部分。数据在这两者之间来回传递不仅费时，且会耗费大量能量，大大限制了电脑的性能。

为此，文德拉研究小组利用既能处理数据又能存储数据的“存储式处理器”，构建了“存储式电脑”。这种设计方案模拟了人脑的组成部分神经元的工作原理。在人脑中，每个神经元既是处理器也是存储器。

文德拉表示：“‘存储式电脑’原型机不仅能有效地解决某类计算难题，还可以利用现有技术制造出来。”

文德拉所说的计算难题是指“NP完全问题”。在此类问题中，人们能很快确认可能的解决方案是否有效，但无法确定最佳解决方案。其中一个典型的例子是“旅行商问题”。在这个问题中，某人必须走遍名单上的每个城市，找出一条走遍每个城市后回到起点的最短路径。人们或许能很快找到一条覆盖每个城市的路径，但如不一一尝试，很难确认哪一条路径最佳。

现在，新型电脑内的“存储式处理器”能协同工作并同时找出所有可能的解决方案。而且，新电脑也解决了“NP 完全问题”中的子集求和问题。文德拉说：“现在的电脑无法解决的此类问题，新型电脑能更有效地解决。我们还想知道，从此类电脑中获取的知识能否让我们更好地理解人脑的工作原理。”

其实，目前也有科学家尝试利用量子电脑来解决此类问题，但量子电脑通常需在极低温度下操作，而“存储式电脑”则能用标准技术制造并在室温下操作。不过，文德拉也承认，很难增加“存储式处理器”来对电脑进行升级，或许能制造出采用其他方式解码数据的存储式处理器，以制造出更大规模的“存储式电脑”。

（四）水滴计算机与涡流形激光计算机

1. 研制水滴计算机的新进展

研制出靠水滴运转的全新计算机系统。2015 年 6 月 10 日，每日科学网站报道，斯坦福大学生物工程学副教授摩奴·普拉卡什领导的研究团队，把水滴的流体动力学与计算机科学中的基本元素，即计算时钟结合起来，发明了“水电脑”。它以与液滴同步的、通用的控制逻辑为基础，理论上可以执行传统电脑的任何操作。

研究人员说，传统意义上的电脑和水绝对是一对冤家，因为电脑进了水可能会坏掉。但在他们的生物工程实验室里，电脑和水“握手言和”了：电脑要靠水滴来运转。

计算时钟是传统电脑每一个运算都同步且精确的原因所在。该团队使用旋转磁场“扮演”计算时钟的角色，使所有水滴的运动实现了同步。他们在玻璃板上把微型铁条设成迷宫状，并小心翼翼地往装置中倒入含有磁性纳米颗粒的水滴。每次磁场方向转换，铁条的两极就会变换，被磁化的水滴就会按照新的预定方向流动。

每次磁场转换都可以看作一个时钟周期，就像时钟的秒针走了一圈。每个周期中液滴都会往前流动一步，并精确地对应分针的一步。液滴的出现或消失代表 0 或 1 二进制代码。由于这样的计算时钟可以保证所有的液滴同步运动，系统可以持续没有错误地运转下去。按照这些规则，该研究团队通过改变微型铁条的排列，设计出与传统计算机对应的所有通用逻辑门。

目前的“水电脑”芯片有半张邮票那么大，水滴比小米粒还要小。不过该研究团队表示，“水电脑”芯片还可以更小，而且由于磁场可以同时控制上百万个水滴，这一系统的扩展性十分强大。

普拉卡什说：“人们已经拥有数字式计算机来处理信息。我们的目标不是与这些电脑竞争，而是发明出一种全新的电脑用来精确地控制物质。想象一下，你不但可以用这样的电脑处理信息，还可以用它处理物质。”“水电脑”最直接的应用，是将电脑变成一个高通量生化实验室：“水电脑”中每个水滴都可以携带一些化学物质进行实验，而且每个水滴的反应都可以被精确控制，这样研究人员就不需要在试管中进行化学反应测试了。

普拉卡什说：“‘水电脑’为物理世界中的计算机打开了新思路，回顾人类社会的重大进展，计算占有特殊的地位。我们现在正努力推进物理计算机的运算速度，与电子计算机一样实现指数级增长。”

2. 研制涡流形激光计算机的新进展

发现涡流形激光可建造更强大的计算机。2016 年 8 月，美国布法罗大学工程和应用科学学院助理教授冯亮等组成的研究小组，在《科学》杂志上发表论文称，他们揭示了一种“螺旋涡流形激光”，这种激光能将信息编码成卷，因此能比传统激光更快速地传输更多信息。这一研究成果有望使计算行业产生变革。

研究人员表示，科学家们可借助最新研究找到新方法，让计算机变得更小、更快、更廉价。冯亮表示：“为了耗费更少能量传输更多信息，我们需要重新思考机器内部的零件。”

数十年来，科学家们的解决办法，是把更多元件“塞”在一块硅基计算机芯片上，但现有方法面临一个瓶颈：近年来，由于已接近硅晶芯片原子极限，维持芯片行业 50 年的神话“摩尔定律”似乎就要失效。

研究人员提出了光通信技术等各种办法，来解决这一问题。光通信技术用光来携带信息，有各种各样光通信的例子：从古老的灯塔到现在的光纤光缆等，而激光处于目前光通信领域的核心位置。

科学家们一直在采用各种方式操控激光，最常见的是让不同信号以一个路径行进，以携带更多的信息，但目前这些技术，尤其是波分复用技术和时分复用技术都达到了极限。

该研究小组另辟蹊径，使用轨道角动量这一光操作技术，来推动激光技术的发展。轨道角动量技术让激光采用螺旋模式分布，中央有一个涡旋。尽管这一螺旋涡流形激光，对于现有电脑来说太大而无法工作，但研究人员能将其缩小到与计算机芯片兼容。由于激光束沿螺旋模式行进，能将信息编码成不同的涡流，因此，它能携带的信息量是线性移动的传统激光的 10 倍以上。涡流激光是许多设备，如先进的发射机和接收机的组件，对建造更强大的计算机和数据中心来说也不可或缺。

四、研发计算机技术与模型的新成果

（一）提高计算机芯片及整体性能的新技术

1. 完善和更新计算机芯片的新技术

（1）开发出把计算机芯片缺陷变为优势的新技术。2010 年 12 月，美国俄亥俄州立大学物理系助教杰·加普特等人组成的研究小组，在《科学》杂志上发表研究报告称，他们开发出一种技术，可通过重新排列半导体中的原子空穴，来调节掺杂其中的杂质属性。尽管这项技术目前只在实验室中获得成功，但研究人员认为，它对于未来的工业发展具有重大价值，随着手机和计算机芯片的持续小型化，半导体中单个原子的行为表现将日显重要。

研究小组对半导体中杂质原子的属性如何受到周围其他原子排列的影响进行研究。加普特解释说，他们利用隧道扫描显微镜的电场来推动原子，对掺杂了锰的砷化镓半导体材料中，通常被认为是缺陷的空穴，进行重新排列。比如，把一个砷原子轻轻推到邻近的空穴上，该砷原子原来所处的位置，便会留下一个新的空穴，这个新空穴有自己的电场。研究小组发现，在这个电场的作用下，杂质锰原子的能级会发生改变，空穴距离靠近，锰原子的能级就会降低，反之则会增高。

掺加杂质能够降低半导体的电阻，提高其导电性能，而杂质的能级则是起决定作用的关键参数。加普特说："杂质贡献一个电子，或者获得一个电子的能力，取决于其结合能，通过在锰周围制造空穴，我们调整了它的结合能。”

虽然芯片制造商还不可能马上就把隧道扫描显微镜纳入其生产线，但加普特认为，他们能够更实际地利用这一新发现，那就是对位于芯片表面的金属电极施加一个微小的电场。

该技术应该对生产商具有一定的吸引力，因为它不仅短期内可以提高现有的芯片技术，从长远来看，也有助于开发新的芯片设计。目前，单个芯片中包含了数十个对芯片性能至关重要的杂质原子，随着芯片不断小型化，每个原子的表现所起到的决定性作用也逐渐加大，这种能够控制单个杂质原子新技术的重要性不言而喻。

尽管这项技术还有待发展，但将来计算机的逻辑控制系统和内存，可望被集成在一张芯片上，使用这种芯片的计算机从理论上来说，不仅更节能，而且永远不需要重启。

（2）更新旗舰计算机芯片的新技术。2015 年 9 月，国外媒体报道，英特尔将采用新技术 Skylake 架构的第六代酷睿处理器，将提升从超极本到游戏 PC 在内的各类 PC 的性能，降低它们的能耗。Skylake 的其他特性包括，减少 PC 用户需要的连线数量，利用人脸识别技术取代密码。

英特尔计划未来数月发布 48 款 Skylake 芯片。高端游戏 PC 厂商已经开始提供配置 Skylake 芯片的产品，笔记本厂商预计将在柏林国际电子消费品展览会上展示配置 Skylake 系统。市场研究公司 Pund – IT 分析师查尔斯·金说：“Skylake 架构将被应用在整个 PC 生态链中。”

英特尔高级副总裁、客户端计算集团掌门施浩德表示，该公司的目标是机龄至少为 4 年的逾 5 亿台 PC。与这些 PC 相比，配置 Skylake 的 PC，在运行标准计算任务时速度快 1 倍多，电池续航时间延长 2 倍。由于 Skylake 能耗更低，这意味着部件可以更靠近、采用更少的冷却技术，计算机将更轻和更薄。英特尔称，与大多数当前的系统相比，主流 Skylake 笔记本运行标准办公软件的速度快 10%，能耗低 20%。

施浩德预测，除传统计算机外，Skylake 还将有助于包括超极本和计算棒在内的新型式计算机的普及。

2. 大幅度提升计算机整体性能的新技术

开发超高速度和极低能耗计算机的光电混合新技术。2012 年 3 月初，在洛杉矶召开的光纤通信研讨会及展览会上，美国惠普实验室展示了一种新成果：基于计算机光互联的研究，采用光电混合集成电路和元器件的新技术，开发超高速度和极低能耗的计算机，以彻底改变计算机的构建方式。

业内认为，未来在系统规模上的主要挑战将不再是互补金属氧化物半导体集成电路技术，而是处理器和内存之间的数据移动。芯片内和芯片间以及计算机内部沿用金属导线作为连线的传统方式，已经成为约束计算机互联网络系统数据传输速率提升的瓶颈。

为解决这一难题，研究人员把微电子技术和光子技术结合起来，开发光电混合的集成电路。集成电路的工作速度正遵循“摩尔定律”不断提高。光子是其中信号传输的主要载体，是发展大容量、高性能并行处理计算机系统和通信设备的必然途径。

目前，研究人员已经具备能够在硅基片上，实现制造光互连元件的能力，如调制器、探测器、波导管和过滤器。基于光互连技术的构造，在芯片内部和芯片连接的应用上，显现出巨大潜力，有望通过在极高能效下，提供超高的通信带宽以增强计算机的性能，从而成为将从实验室的技术转化成实际产品的推动力。

惠普在加利福尼亚州帕洛阿尔托的中央研究实验室正在研究计算机如何向基于光为主的互联方式转变，以彻底改变计算机的构建方式。其中，一直专注于采用跨层、跨学科的方法开发计算机结构，以寻找下一代 IT 解决方案的研究员麦克拉伦说，一个激动人心的时刻到了，因为这意味着一个行业的大转型，在 10 年间的许多方面，这项技术已被预示将一定会发展起来，最终在整个行业会达成协议将其确立为一项必不可少的技术。研究人员表示，以 2017—2019 年为期限，他们将会采用光互联技术开发出相关的计算机设备。

（二）提高计算机识图与制图功能的新信息

1. 开发出基于热映像的图像分割算法

2011 年 6 月 21 日，美国普渡大学机械工程学教授卡西克·拉马尼领导的研究小组，在美国电气及电子工程师学会计算机视觉和模式识别大会上，公布的一项研究成果表明，他们开发出一种基于热映像的计算机图像分割算法，可使计算机迅速识别出物体的外形，即便其发生扭曲或轻度变形也不会受到影响。该技术将使机器视觉与人类视觉更加接近，可广泛应用于图像搜索、医疗影像以及无人机制造等多个领域。

人类能够很容易把一个三维物体从背景中识别出来，也能轻松地识别出它的部分和整体。但这对计算机来说就比较复杂：按照目前的计算机视觉识别技术，必须事先告诉计算机目标物体外形的初始信息以及可以将其分割成多少片段，而后通过一定的算法将已知图像与未知图像进行对比，最终通过筛选识别出目标。新算法更接近于人类，是一种无监督机器学习技术，计算机可自行估计可分割的段数而无须预先提供。

研究人员说，新算法采用了两种新技术，分别被称为热图和热分布。由于热量会沿物体表面进行扩散，并准确地显示出物体的外形，通过这种"智能热力"，该算法就能模拟出热量沿物体表面从一点到另一点的流动，从而描述出物体的形状。其工作原理是，为了便于描述和识别，首先将图像分割成众多三角形状的网格，再通过计算网格间流动的热量来识别出物体的外形。该方法不但可用于对实际热量的跟踪，还能按照相应的原理对热量的流动进行模拟。拉马尼说，该技术是站在巨人的肩膀上才得以产生的。爱因斯坦对热扩散理论的贡献和法国物理学家傅立叶对热在固体中传播的研究，都为该算法提供了巨大的帮助。

实验中，研究人员利用该算法对包括手、人形模型和半人马模型等多种复杂形状的物体进行测试。结果发现，计算机能够准确识别出这些物体，即便其发生扭曲或轻度变形也不会受到影响。此外，该算法还能忽略由激光扫描不完整或其他错误数据所产生的"噪声"。

研究人员称，该技术潜力巨大，可广泛应用于图像搜索、机器人视觉和导航、3D 医学影像、无人机制造、多媒体游戏机、动画电影人物创作等多个领域。

2. 开发出图像生成快百倍的计算机制图新技术

2013 年 11 月 20 日，物理学家组织网报道，美国德克萨斯大学达拉斯分校埃里克琼森工程学院和计算机科学学院副教授郭小虎领导的一个研究小组，根据美国著名数学家福布斯 · 纳什的理论开发出一种制作 3D 图像的新技术。该技术不但能更准确地还原现实物体的形状，在图像生成速度上也比目前常用的技术快上百倍。

计算机制图技术在电影和游戏制作以及计算机模拟领域均有广泛应用，同时在机械制造和工程设计领域也有涉及。研究人员希望这项新技术能够让计算机模拟的人体器官模型更加逼真，以更有效地对癌症等疾病的治疗提供帮助。

郭小虎说："新技术的关键是采用各向异性三角形（三角形两条边因其指向的方向不同而具有不同的长度），创建3D网格进行计算机制图。实验结果显示，各向异性网格对流体等物质可以提供更逼真的效果。"

该技术的发明，源于纳什的纳什嵌入定理。计算机图形学领域，通过三角形网格来描述现实世界中物体的形状。传统技术都使用各向同性的三角形，即三角形的每个边都具有相同的长度，与方向无关。其缺陷在于这种网格在细节上较为粗糙，会产生一些在现实物体中不存在的毛边和突兀的线条。各向异性三角形建模则可以避免这种情况，能够允许用户更加灵活准确地反映现实对象的真实情况，更精确地处理边缘和褶皱。

郭小虎研究小组发现，用各向异性三角形取代各向同性三角形后，计算机建模产生的图像会更加平滑。根据对象的曲率，该技术能够生产图像的速度，可以达到普通技术的125倍。例如，采用目前常用的计算机制图方法，创建一个3D图像需要19500秒，而新技术只需155秒。此外，使用各向异性三角形创建的3D模型图像质量更好，在细节上更加精确。尤其是在处理流体、皮肤皱纹和衣服褶皱方面，新技术更胜一筹，在细节上更加丰富、逼真。

这项研究成果发表在计算机图形学国际顶级会议、美国计算机协会计算机图形专业组2013年年会上。

（三）构建计算机模型的新信息

1. 开发出预测天气的高精度计算机模型

2006年8月，有关媒体报道，目前，一种先进的天气预测模型已经被许多城市和军事天气预报员用于日常预测天气状况。这种预测模型能够以很高的精确性，预测几种类型的极端天气。

这种新的计算机模型，是由美国国家海洋和大气管理局、国家大气研究中心和美国国内外的150个研究机构和大学共同开发的。这种高分辨率的天气研究和预测模型，是首个服务于国家公共天气预测的中枢和先进天气研究工具的预测模型。该模型能够更容易地把研究结果转化为先进的运行模式，可以更好地进行气象预测。

如今，美国国家海洋和大气管理局国家气象局已经把该模型用做美国气象预测的主要模型，以及气象局短期预测模型系统的关键部分。美国海军气象局也在全球的几个区域内，应用该天气研究和预测模型预测天气状况。

2. 建成首个新陈代谢系统的计算机模型

2007年3月，美国加州大学圣迪亚哥分校帕什教授主持的研究小组宣布，他们成功构建世界上第一个有关人体新陈代谢系统的计算机模型。新模型把目前已知的人体内生化反应，与基因功能联系起来，被誉为是有助于人类研究疾病机理与开发新药的“无价”工具。

新陈代谢是生命的基本特征。人体新陈代谢涉及机体摄取食物营养物质，并将其转化为机体组织所需的能量及成分等一系列生化反应。帕什研究小组把这些生化反应与基因功能联系起来，建立了相关的数据库，并以此构建计算机模型。

据介绍，在新模型的数据库中，目前已知的每个基因与其指导表达的蛋白质相对应，与一些人体新陈代谢的生化反应相互关联，涉及具体小分子物质诸如营养成分中的葡萄糖，以及褪黑素等的合成。帕什教授本人将此模型称为“人体生化信息的数学方程”。

新模型也被认为，是新兴的系统生物学领域的重大突破。生物信息学专家瑞杰夫说，新模型最有潜力的用途，是提供深入研究基因表达的平台。参照数据库的信息，研究人员利用微型探针现在就可以发现特定的基因，是否对蛋白质进行正常的指导表达，了解正常组织与非正常如导致癌症和糖尿病症的组织的区别，进而研究基因对人体新陈代谢反应以及疾病的影响，同时可能找到对付疾病的药物。

此前，帕什研究小组构建了类似的有关酵母和大肠杆菌微生物新陈代谢系统模型。目前，研究人员也在利用这些微生物的代谢模型，更高效地合成抗痢疾的新药。

第二节 计算机部件与设备的新进展

一、研发计算机部件的新成果

（一）研制处理器及相关技术的新信息

1. 处理器研发的新进展

（1）研制出结构特性领先的处理器系统。2006 年 7 月，有关媒体报道，美国英特尔公司宣布，研制出新产品“酷睿”。它的结构有五大特性，报道称性能与功耗全球领先。

据介绍，英特尔酷睿微体系结构是一款领先节能的新型微架构，设计的出发点是提供卓然的能效比。该结构面向服务器、台式机和笔记本电脑等多种处理器进行了多核优化，其创新特性可带来更出色的性能、更强大的多任务处理性能和更高的能效水平，包括服务器、台式机以及笔记本在内的各种平台均可从中获得巨大优势。

其中，服务器可以更快速、更低的功耗为企业节省大笔开支，创新技术保证安全稳定的运行；台式机可以在占用更小空间的同时，为家庭用户带来更多全新的娱乐体验，为企业员工带来更高的工作效率；笔记本电脑用户可以获得更高的移动性能和更耐久的电池使用时间。

英特尔技术高层透露，酷睿微体系结构具有英特尔宽位动态执行、英特尔智能功率能力、英特尔高级智能高速缓存、英特尔智能内存访问以及英特尔高级数字媒体增强这五大创新特性，将让英特尔平台的性能与功耗在全球领先。

（2）研制出世界首个固态量子处理器。2009 年 6 月 28 日，美国耶鲁大学应用物理学教授罗伯特·舒尔科普夫领导的研究小组，在《自然》杂志网络版上发表研究成果称，他们研制出世界上首个固态量子处理器，采用双量子比特超导芯片，成功地进行了如简单搜索这样的基础运算，向最终实现研制量子计算机的梦想又迈出了重要一步。

该研究小组与一批理论物理学家合作，制成两个量子比特（人造原子），其中每个量子比特都由 10 亿个铝原子组成，可以像单原子一样具有两种不同的能量状态，类似传统计算机中的“1”和“0”或者说是“开”

和“关”。利用量子力学中的反直观效应，研究人员能够有效地在同一时刻使量子比特处于叠加态，以获得更强大的信息存储和处理能力。为了使量子比特能够突然“开”“关”，以便仅在需要时进行快速的信息交换，研究人员采用了耶鲁大学早先开发的“量子巴士”，即通过有线连接量子比特来传递信息的光子，作为彼此进行信息交换的工具。这也是双量子比特处理器的关键所在。

该类型计算看似简单，但过去却由于无法得到足够时长的量子比特而难以完成。10 年前，第一个量子比特能维持特定量子态的时长约为 1 毫微秒（十亿分之一秒）。现在，耶鲁大学的研究小组则能够维持 1 微秒（百万分之一秒），是原来的 1000 倍。这个时长足够运行简单算法。

舒尔科普夫指出，目前，这样的处理器仅能执行一些简单的量子计算任务，这些任务以前依靠单原子核、原子和光子也可完成，但这是第一次使用一个全电子设备来完成，无论是从外观还是感觉上看，它都更像是一个普通的微处理器。虽然距制造出一台实用量子计算机还有一段距离，但这确实是一个巨大的进步。

研究小组接下来的任务，是增加量子比特维持量子态的时长，这样就可以运行更复杂的算法。同时，他们还要设法使“量子巴士”，能够连接更多的量子比特。每增加一个量子比特，处理能力就会呈指数增长，更先进的量子计算机无疑拥有着巨大的潜力。

（3）推出世界首块可编程纳米处理器。2011 年 2 月 10 日，美国哈佛大学化学系原主任查尔斯·李波以及麦特公司等研究人员一起，在《自然》杂志上发表研究成果称，他们研发出世界上首块可编程的纳米处理器，该纳米线路不仅能够进行电子编程，还能实现一些较基本的计算和逻辑推理功能，朝着复杂的用人工合成纳米元件组装计算机线路迈出关键一步。

李波表示，这项研究之所以在电路的复杂性和功能性方面取得重大突破，是因为这种电路与目前主流电路的构建方法完全不同，它是采用自下而上的方法构建成的。研究人员利用最新技术设计，并合成出全新纳米线组件。这些纳米线组件展示出构建功能性电子线路所需的可重复性，而且完全可以升级，这就使得组装更大型、功能更强大的纳米处理器成为可能。他们同时还证明，这些超薄纳米电路可以采用电学方法进行编程，让其执行大量基本运算和逻辑功能。

（4）研制出世界首款千核中央处理器。2016 年 6 月，有关媒体报道，美国加州大学戴维斯分校电子和计算机学工程教授贝文·巴斯教授领导的研究团队，研制出一款包含 1000 个核心的中央处理器（CPU）。这块处理器包含 6.21 亿个晶体管，每秒可完成 1.78 万亿次运算，被认为是迄今核心数量最多的中央处理器。

巴斯说，这块中央处理器是世界上首个千核处理器芯片，也是目前由大学研制的时钟频率最高的处理器。虽然此前也有很多团队制造出各种多核心处理器，但核心数量一直没能超过 300 个。

与这款处理器不同的是，大多数其他处理器芯片都以科研为目的，很少会走向商业化；而它每个核心都可以独立于其他核心运行自己的程序，比其他处理器所采用的“单指令多数据”方法灵活得多，也更容易在其他领域获得应用。

此外，超低功耗是这款处理器另一大亮点。研究人员称，这款中央处理器是目前已知最节能的超多核处理器。在每秒钟执行 1150 亿次指令时，其功耗仅为 0.7 瓦，甚至一节 5 号电池就能满足它的用电需求。但在性能上，它却一点也不打折扣，其效率比目前笔记本电脑的中央处理器高 100 倍以上。

巴斯称，实现高性能与低功耗并存的诀窍在于，他们把一个应用程序分成许多小块，每一块都可以平行运行在独立的进程上。1000 个核心每个都有自己的运行周期，这意味着在没有任务需求时，空闲的核心可以自行关闭以节约能源。这不但节能，还能避免共用存储器区域经常会发生的数据瓶颈问题，在并行处理大数据时效果尤为明显。

研究人员称，除了用于科研外，这款处理器还能用于无线编码、视频处理、加密，以及在数据中心记录和处理数据。

2. 研发处理器出现的新技术

发布“蓝色安全”处理器硬件加密技术。2006 年 4 月，据外电报道，美国 IBM 公司安全和隐私经理帕尔默等组成的一个研究小组，提出将硬件加密技术植入微处理器的方法，从而为数据储存创造更可靠的前景。

IBM 公司计划在近日宣布这项名为“蓝色安全”新技术已完成开发。按照 IBM 公司的设想，这项创意和技术将被用于数码音乐播放器、电子管理设备、手机、电脑和政府、医院和金融服务业的专用设备。

该公司称，利用蓝色安全技术，用户可通过处理器进行加密和解密。数据在设备内存或 RAM 中被加密。当数据实际上被显示时，基本上不会被破解。

帕尔默说：人们对数据泄露有很多担心，如果用户整个架构需要信息总是被加密，你就需要花费很多时间来保护你的数据。

IBM 方面指出，“蓝色安全”需要为处理器增加一些电路，这样在硅片的整个线路上会增加一些比例。加密和解密是随时传输的，因而不会导致处理器过热。

这种硬件加密技术可用于多种目的，而不一定非要服务于设备主人。例如，在用户电脑或设备丢失、被盗或被抢时，它可以保护用户数据。但内容所有者也可以用它来进行版权保护，即所谓的数字版权管理。

（二）研制存储器及相关技术的新信息

1. 存储器研发的新进展

（1）研制出能存储三位数值的纳米线存储器。2008 年 7 月，传统存储器件仅能存储“0”“1”两位值，而宾夕法尼亚大学工程与应用科学系助理教授里奇·阿加沃等人组成的研究小组，研制的一种以纳米线为基础的新型信息存储器件，却能存储“0”“1”和“2”三位数值。这一创造可催生新一代高性能信息存储器。

阿加沃称：“用纳米线制造电子存储器有很多优点，类似于我们制造的非二进制形式的纳米线存储器，可能会使未来存储器件的存储密度大大增加。”

与以晶体管为基础的传统存储器一样，以纳米线为基础的传统存储器，一直以二进制为发展方向。而以纳米线为基础的非二进制存储器存储密度更大，用更少的纳米线就可获得惊人的存储能力。这将使需要具有存储能力的电子器件，也几乎是所有电子器件变得更加紧凑。另外，更少的纳米线也意味着制造工艺会更加简单。

研究人员所使用的纳米线具有一种“核壳”结构，它恰似同轴电缆，由两种相变材料组成。纳米线的中心部位是锗/锑/碲化合物，而圆柱壳由碲化锗组成。

（2）开发出可大幅降低电子设备待机能耗的存储器。2011 年 6 月 14 日，美国物理学家组织网报道，日本电气公司和日本东北大学联合组成的一个研究小组，开发出一种新型存储器，可大幅降低个人电脑、电视以及其他电子设备在待机期间的能量消耗。

研究人员说，这种新型内容可寻址存储器（CAM），除了具备现有存储器的运行速度外，还具有非易失性的功能，即在没有电流的情况下仍能保存数据。该产品采用自旋电子逻辑集成电路技术，通过注入自旋极化电流的方式，来实现扭转磁矩，以磁畴壁中的垂直布洛赫线为信息载体。

有研究显示，大多数家用及个人电子设备经常处于待机状态，只有在使用时才需要启动和激活电路，这使待机功耗成为一笔“隐形”浪费。曾经有人算过一笔账，一个普通家庭中，如果把电视机、电脑、洗衣机、电冰箱等家电的插头一直插着并保持待机状态，一个月就要白白浪费 70 多度电。

研究人员表示，借助新技术可制成功耗更低的非挥发性处理器。这种处理器不但能够以用户的输入为触发条件来工作，还能实现从待机状态下瞬间启动。由于新型的自旋电子技术，使存储密度更大，这种存储器的电路面积比传统电路要小一半，可以让未来的电子设备更轻、更薄、更小巧。此外，由于新存储器根据内容而非地址来进行存取，与传统技术相比，其数据检索速度也更快。

（3）研制新型非易失性铁电存储器。2011 年 10 月，普渡大学布瑞克纳米技术研究中心主任、电子与计算机工程学教授约格·阿彭策尔与博士生萨普塔瑞斯·达斯等人组成的研究小组，在《纳米快报》杂志上发表研究成果称，他们正在研制一种新的计算机存储设备，即铁电晶体管随机存取存储器，它将比现在商用存储设备更快捷，且比占主流的闪存能耗更低。

这种最新的存储设备将由硅纳米线和铁电聚合物集合而成。铁电材料是指具有铁电效应的一类材料，它是热释电材料的一个分支。铁电材料及其应用研究已成为凝聚态物理、固体电子学领域最热门的研究课题之一。

科学家也已了解到铁电材料的原子结构，可使其自发产生极化现象。

研究人员解释道，施加电场后，铁电聚合物会发生极化，极性的改变可用来指代0和1，而数字电路正是以由二进制代码0和1组成的序列来存储信息的。

达斯说："现在我们已总结出理论，也通过实验展示该存储设备将如何在电路中起作用。不过目前研究还处于萌芽阶段。"

这种铁电晶体管随机存取存储器，将能执行计算机存储器的三大功能：写入信息、读出信息并将信息保存一段时间。铁电晶体管随机存取存储器，同现在最先进的铁电随机存取存储器一样，都能进行非易失性存储。这是静态随机存取存储的一种形式，这意味着，当计算机关闭或失去其外部电源时，存储器中的内容仍然可以保存下来。不过，后者目前虽已经商用，市场占有率却很低，而新技术使用铁电晶体管代替铁电电容器，将能够毫无损失地读出数据。此外，与目前占据市场主流的非易失性计算机存储芯片即闪存相比，该设备有望减少99%的能耗。

2. 存储器材料和元器件研发的新进展

（1）推出可保存数据10亿年的存储芯片。2009年6月10日，美国加州大学、劳伦斯伯克利国家实验室组成的一研究小组，在《纳米通信》杂志上发表研究报告说，他们研制出一种新的计算机内存芯片，其数据存储量要比常规硅芯片高数千倍，且预估寿命将超过10亿年。

把更多的数字图像、音乐和其他数据装入USB和智能电话中的硅芯片，就像是将更多的草莓塞进同样大小的纸箱里。塞得越多，损坏的速度就越快。现今内存卡中，每平方英寸10～100G的数据，预估寿命只有10～30年。而对电子行业来说，未来的iPod、智能收集和其他设备，需要更高的数据存储密度。

研究人员称，这种最高存储密度芯片可在几分之一秒的时间内，保存超高密度的数据。此内存芯片将铁纳米粒子封闭在一个中空的铁纳米管内。在电场作用下，纳米粒子以非常高的精度来回穿梭。由此创建出一个可编程的内存系统，像硅芯片一样，它可记录数字信息，并使用常规电脑硬件将其复现。

实验和理论研究表明，该芯片的存储密度，可高达每平方英寸1万亿字节，且其温度稳定度超过10亿年。

（2）研制出整合慢速内存与快速内存的器件。2011年1月20日，物理学家组织网报道，美国北卡罗来纳州立大学电气和计算机工程教授保罗·弗莱宗等人组成的研究小组，开发出一种新器件，可以把计算机的慢速内存与快速内存“合二为一”，该成果被认为是计算机内存研发领域取得的重大进步，将使大规模服务器群更节能，并使计算机的启动变得更快。

计算机存储器件传统上具有两种类型。慢速内存器件通常被用于诸如闪存这样的持久性数据存储技术中，它允许人们长时间保存信息，因而也被称为非易失性器件。快速内存器件则允许电脑快速运行，但当计算机处于关机状态时无法保存数据，对持续电力的需求使其成为易失性器件。

弗莱宗研究小组开发出的器件，可同时执行易失性和非易失性器件的功能，并可用于主存储器中。弗莱宗表示，新开发的双悬浮栅极场效应晶体管也许会对现有计算机内存产生革命性影响。

用于数据存储装置中的现有非易失性内存，使用单个悬浮栅极，它在悬浮栅极中存储电荷，来表示器件中的“1”或“0”，也就是一个信息位。而使用两个悬浮栅极，器件就能在非易失模式中存储一个信息位，并像现有计算机的标准主存储器那样在快速、易失性模式中存储一个信息位。

双悬浮栅极场效应晶体管对某些计算机问题可产生重大影响。它将允许计算机更快地启动，因为此时数据已被存储在主内存中，计算机不必再从硬盘检索数据。该新器件还允许“按计算量比例分配电力”。譬如，像谷歌等使用的Web服务器群，即使在用户活跃度较低的情形下，也会消耗大量的电力，其原因就在于服务器群无法在不影响其主存储器的情况下关闭电源。

弗莱宗指出，双悬浮栅极场效应晶体管将有助于解决这个问题，因为数据将被快速存储在非易失性内存中，检索就变得很快。这将允许在低用户活跃度时，关闭部分服务器内存，同时也不会影响性能。弗莱宗还表示，研究团队已对该技术的可靠性进行了研究，结果表明该器件在易失性模式存储数据时，具有非常长的使用寿命。

（3）研发出可确保非易失性存储器安全的加密硬件。2011年5月，有关媒体报道，非易失性存储器在断电后仍能存储数据，因此拥有巨大的应用潜力。不过在下一代计算机内采用非易失性主存储器，却也面临信息被盗取或者泄密等安全问题。但现在，美国北卡罗来纳州立大学电气和计算机工程系副教授严·索利希恩领导的研究小组宣称，他们为非易失性主存储器研发出新的加密硬件，可有效保护个人信息和其他数据的安全。

即使切断电源，存储内容也不会消失仍继续保持，这种性质称为非易失性。诸如相变存储器等非易失性存储器拥有巨大的潜力，可以取代目前计算机主存内使用的动态随机存取存储器。非易失性主存储器会大大减少计算机的开机时间，提升存储能力。不过非易失性主存储器也面临着安全问题。

使用传统动态随机存取存储器主存的计算机在关闭后无法存储数据，这意味着，在线交易完成后，主存并不会保留用户的信用卡账号和密码。然而，非易失性主存储器在计算机关闭数年后仍会在主存内保留所有用过的数据。这种特性给犯罪分子可趁之机，他们可从盗取的手提电脑主存内获取用户的私人信息或其他数据。而且，因为非易失性主存储器内的数据被存储在主存中，无法使用软件对其加密。

索利希恩研究小组研发出一种名为 i－NVMM 的硬件加密系统，解决了这个问题。索利希恩表示，新硬件可以加密所有数据，但因为它需要经常不断地对数据进行加密和解密，这样会使系统的运行速度变慢。我们研发出一种新算法，可以探测出处理器可能不需要的数据，每次操作只加密约 78% 的主存数据，这样系统的运行速度只减少了 3.7%。

这套 i－NVMM 工具还有另外两个额外的优势：首先，该算法也会自动探测出某个操作进行当中没有使用的数据（比如信用卡卡号等），并对其自动加密。这使 i－NVMM 的安全性比动态随机存取存储器更高。另外，计算机使用时只对 78% 的主存加密，剩下 22% 的主存会在计算机关闭时被加密。索利希恩说，除非在你使用计算机时，有人潜伏进来，否则，所有的数据都会受到保护。

而且，i－NVMM 系统基于一个配套齐全的加密引擎，这个引擎可以在不改变计算机的处理器情况下被整合进计算机，这意味着，它可以用在不同的处理器和不同的系统中。

3. 研制存储设备出现的新技术

（1）开发出提供巨大存储空间的纳米存储技术。2005 年 5 月，有关媒体报道，碳纳米管的直径非常小，只相当于分子量级。如果每个纳米颗粒都存储一比特（bit）的计算机数据，那么碳纳米管的存储容量将十分巨大。科学家们也在不断试验，争取早日制造出由纳米技术生产的计算机记忆存储工具。

美国得克萨斯州农工大学和伦塞勒工学院的研究人员设计出一种纳米技术闪存记忆模型。这种记忆装置每平方厘米可以存储 40G 数据，每立方厘米可以存储 1000 兆兆数据。一兆兆是 1000G 比特，或者说是 26 张高密度 DVD 的容量。

其中每一个存储单位都由一对互相交叉的碳纳米管组成，碳纳米管中填满铁或其他磁性物质。碳纳米管是由碳原子组成的薄片卷曲而成。碳原子具有良好的电子特性，且碳纳米管的直径不到一纳米。研究人员通过磁化物质控制电流的方法存储数据，这种方法与普通的硬盘存储读取模式相同。

得克萨斯州农工大学一位电气工程学研究人员说，由纳米管交叉组成的阵列中，每一个交叉点都可以存储一个比特的数据 0 或 1。假如人们将与目前常用微处理器所使用的半导体管数目相同的碳纳米管交叉起来，那么它的存储容量将为一百万 G 字节。

通常来说，中间层为无磁性介质，两边包裹着磁性物质的存储单元，所能通过电流量取决于磁性物质的磁力线方向。每一个电子运动都会产生磁场。当电子穿过与其产生的磁力线平行的磁性介质时，电子就可以顺利通过。而当相反情况发生时，所有电子都会被阻挡。

每两个碳纳米管呈直角相交。需要向纳米管写入数据时，读写装置会向纳米管相交的结点发出正向或负向的电流脉冲，以改变结点的磁场方向。读取数据时，读写装置则会发出一个较微弱的电流脉冲，这个脉冲或者总是正向，或总是负向。假如所在结点的磁场方向与读写装置发出的微弱电流脉冲相反，那么此电流脉冲就会突然减弱。所通过电流的强度就代表着计算机中的二进制存储单位 0 或 1。

因为碳纳米管非常小，由碳纳米管制成的存储设备将具有巨大的存储容量和极高的存储速度。或许最高存取速度可以达到每秒钟 1000G 字节，而且其耗电量也会非常低。

（2）推出新一代重复存储数据删除管理方法。2009 年 7 月，美国飞康软件公司发布重复存储数据删除管理方法，该方法可广泛应用于中小企业至跨国企业。它通过先进的存储容量优化技术与应用广泛的文件传输协议，可以帮助用户提升备份速度、节省备份与归档存储空间、降低远程容灾网络带宽占用，提升效率并节省成本。

据悉，该方法采用业界领先块级重复数据删除技术，通过简易的文件接口，在既有的局域网络环境，即可快速备份与恢复数据，并删除冗余的数据块，帮助企业以更经济的投资，同步享有提升备份操作品质、节约存储空间的效益。

业内人士指出，这种新方法能使所有数据与备份资源之间的协同工作能力最大化，包括磁盘到磁盘备份、数据库应用与归档存储库等。通过内置的多对一复制功能，它提供的全域重复数据删除，将分散在多个远程站点的备份数据复制到中央存储库，集中去除冗余以节省更多空间。它还拥有扩展性，可以被部署到任意的物理或虚拟环境，以管理器或网关模式部署。它可以设置为并发或后处理的重复数据删除策略，使用户获得最大的管理灵活性，且不影响备份性能。

二、研发计算机设备的新成果

（一）研制计算机输入设备的新信息

1. 开发指点输入设备的新技术

开发用多个鼠标连接一台电脑的共享技术。2006 年 12 月，国外媒体报道，微软公司打算将其开发的一项新技术商业化。2005 年，在印度班加拉尔的微软实验室开发出这样的技术：它可让数个鼠标同时连接到一台电脑的 USB 端口上，使多个用户共享一台电脑，因而有助于解决印度学校和其他发展中国家的电脑短缺问题。

目前，微软有两个技术工作组正在推动这项名为“多点”技术的商业化。其中新兴市场教育小组的兴趣是在全球教育机构中推广“多点”技术，而教育技术小组的目标是开发“多点”的软件开发工具。

微软印度实验室助理研究员帕瓦尔说，通过对印度240所学校学生的试验，微软公司发现，那些使用“多点”技术的学生，考试成绩与自己有电脑的学生一样好。

2. 发明意识输入设备的新进展

（1）发明与人脑结合的计算机信息输入系统。2006年7月13日，《独立报》报道，美国人马修·纳戈尔在5年前的一次受袭事件中，脊髓严重受损，身体从颈部以下全部瘫痪，而且自己还无法呼吸。但在大脑植入电极后，他已经可以独自处理简单的日常生活，能拎东西，打开电子邮件，更换电视频道，打电子游戏。更令人不可思议的是，他从事上述一切活动只凭想象的力量。

报道说，纳戈尔在植入电极后，他能够只凭大脑操作计算机和机械臂。由美国布朗大学神经技术专家约翰·唐纳休领导的研究小组，在《自然》杂志上描述了他们的研究结果：他们把一组电极植入纳戈尔大脑，大脑能将百万个神经元产生的电子活动，转变为大脑信号，这些信号能操作他身体外面的仪器。

纳戈尔能使用思维移动计算机屏幕上的光标，打开电子邮件，更换电视频道，操作机械臂拿东西并移动，同时还能玩一些简单的计算机游戏。在从事上述这些活动中，他还可以像任何一个体格健全的人一样讲话。

（2）研制出利用脑电波输入并控制计算机的装置。2006年12月17日，国际人脑与计算机学术会议在英属哥伦比亚的惠斯勒市举行。美国华盛顿大学教授拉杰什·瑞奥展示了他们最新研制成功的用脑电波输入并控制计算机的装置。

演示者戴上一顶特制的帽子，这顶帽子上共有32个独立的电极与大脑头皮接触。通过接受人脑思维产生的脑电波，这台计算机可以完成一系列动作指令，包括捡拾物品以及左右移动等。在演示过程中，科学家们还尝试将演示者与计算机分隔在两个不同的房间内，计算机同样可以利用脑电扫描仪接受人脑发出的信号指令，并做出各种正确的动作。

拉杰什·瑞奥表示，这一最新技术取得的成功表明，科学家们有朝一日将可以利用脑电波计算机来帮助残疾病人。他说，科学家们只需要通过可进行脑皮层电描法的感应电极板，便可接收并解读癫痫症患者脑部发出的信号。因为程序利用了人脑机器接口技术活动，患者无须将感应电极板植入体内，仪器已可从头部表层解读脑部发出的信号。计算机通常都是按照事先设计好的程序执行任务。而这种新型计算机原理不同，它先感应并分析各个构件的反应，然后再根据具体反应自行制定行动程序。

参与这项研究的美国脑神经学副教授约翰·鲁塔德指出，此前曾与一名14岁癫痫症患者为程序进行测试，期间他们要求少年完成多种运动神经及语言任务，例如移动手指、舌头及思想等。结果研究人员成功地通过计算机程序提供的脑电波扫描纪录，掌握了该少年脑部的活动情况。随后，科学家们又把感应电极板连接至计算机游戏《太空侵略者》，发现这名残疾少年，只需凭借思维已能驱使画面中的炮台随着思想移动。鲁塔德兴奋地指出："他以思维成功地完成两关的任务，他在游戏过程中反应愈快，控制效果愈理想。假如研究成功，技术日后将可应用于残障者身上，让他们可以通过思维来控制义肢的活动。"

（3）发明皮层脑电图信息输入装置。2009年12月7日报道，美国佛罗里达州梅奥诊所的神经学家杰里·施领导的研究小组表示，他们开发出了一套程序，病人仅仅需要将意念集中于某个字母或数字，就可以让其出现在计算机屏幕上。这项研究朝建立一个人机界面迈出了第一步。

该研究小组通过开颅术，把两个电极放置在两个病人的颅骨内，这些电极会监测病人的神经细胞放电活动。随后，研究人员让病人阅读一个6×6的网格中的字母和数字，计算机程序会对病人在阅读过程中产生的脑波信号进行解读，当病人的意念集中在某个特定的字符时，该字符会出现在计算机屏幕上。

这项技术也被称为皮层脑电图，它获取信息的能力，优于目前普遍使用的脑电描记法，后者通常把电极放置在大脑表皮来采集数据。杰里·施解释说，脑电描记法得到的数据不够丰富，这也是为何迄今为止人机界面研究进展缓慢的原因。

杰里·施说，这项研究只是刚刚开了一个头，但它让我们相信，人们可以只使用脑波来完成某些特定的工作。未来任何通过脑波操纵的设备都需要对病人进行手术，将该设备移植进病人的大脑内，同时，也可根据个人情况安装不同的软件。随着技术的飞跃发展，这种设备变得越来越小，因此，移植手术也会变得越来越简单。

研究人员在美国癫痫协会的年度大会上提交了该研究成果。他们认为，这个仅仅通过意念就可控制的装置，为数以百万计精神病患者和中风患者打开一扇新的沟通大门，未来将让其受益无穷。

3. 研发扫描输入设备的新技术

研发出弱光情况下的3D高清扫描仪技术。2013年12月，有关媒体报道，在过去的几年里，3D世界已经有了多次大飞跃。看看现在，我们随随便便就可以去影院观看3D电影，甚至在家里也可以用电视观看，还有家用3D打印机的出现，可以帮助你实现各种古怪的创意想法。今天，我们要给大家带来一个新的3D技术，叫作3D扫描仪，目前还是美国麻省理工学院一个研究团队的试验项目，它可以巧妙利用单光子在光线极弱的情况下创造出物体的清晰图像，而且是3D图像。

这项新技术将不会依赖于任何形式的硬件，该研究团队一直努力实现使用一个标准的光子探测仪，它可以往目标物体上发出低强度的可见激光脉冲。紧接着，为其特别开发的算法将精确检测出物体外形的变化点，这时会触发单个光子回波，以完成扫描过程。如文中配图所示，一旦软件完成了分离噪声的重大任务，用户即可得到一个高分辨率的清晰图像，而这个图像正是由近一百万个光子创建出来的。

研究人员表示，在技术上，我们只能告诉大家一些浅显易懂的原理，其实弱光情况下3D扫描的实现，需要严格的算法和无数次测试，至于这项技术面向普通大众的最终成形，我们只有拭目以待了。

（二）研制计算机电机与桌面的新信息

1. 开发计算机电机系统的新进展

实验成功用于电脑芯片冷却的离子风电机系统。2007年8月，有关媒体报道，由英特尔公司资助的美国普渡大学研究人员开发出一种新技术，制成“离子风电机”，可大幅提高电脑芯片的冷却降温效果。

科研人员在一块模拟的电脑芯片上，搭建实验冷却系统。实验装置包含两个相距10毫米的正负电极，给装置加上电压后，阴极在向阳极放电的过程中，电子沿途跟空气分子发生碰撞，产生正电离子，然后又被阴极吸引回来，由此形成了“离子风”，这股微风增强了实验芯片表面的气流。

研究人员利用红外成像技术测量发现，该实验装置产生的离子风，能够使电脑芯片的温度比通常情况降低25℃。

常规冷却技术受限于“静止”（no－slip）效应，即空气流经物体表面时，最接近物体表面的空气分子保持静止，离物体表面较远的分子的流动逐步加快。这种现象阻碍了电脑散热，因为它限制了最需要散热的芯片表面的气流。新的方法可能会解决这个问题。利用离子风效应，结合传统风扇制造的气流可直接作用于芯片表面。

这个实验装置很小，未来可直接集成到电脑芯片中，把它置于芯片的特定“热点”，用以增强这些区域的风扇冷却效能。冷却效能提高后，将可使用更小的风扇，这将有助于设计出更薄运行温度更低的笔记本电脑。

研究人员下一步将着力使装置内的元器件尺寸，从毫米级降至微米级，并不断加固系统。专家预计，这项新的芯片冷却技术将在3年内应用于电脑和其他便携式消费电子产品中。

2. 开发计算机桌面系统的新进展

研制出透明三维电脑桌面系统。2013年3月，外国媒体报道，正在美国加州长滩举行的转移电子器件大会上，美国麻省理工学院研究生李镇河与微软公司合作组建的研究小组，推出了一款可以把手“伸进”电脑屏幕内部的桌面系统，颠覆了以往台式电脑的使用体验，或许将成为一种新趋势。

研究小组设计的这款名叫“SpaceTop 3D”的产品，是一种透明三维电脑桌面系统。它可以让人们以操作普通桌面上实物的方式操作网页、文档和视频资料，并借助手势和眼球活动实现更为复杂的功能。

SpaceTop 3D是一个虚拟三维环境，由透明发光二极管和摄像头等部件构成，具有手指姿势传感、多点触控检测和面部追踪等功能。两个摄像头可以识别用户手势，追踪眼球运动。而用户可在发光二极管后方用手势操控电脑桌面，并可通过透明电脑屏幕看到自己的动作，如在虚拟3D环境下进行“抓取”文件操作等。

研究人员介绍说，借助互动技术和可视技术，将延展传统电脑桌面上的界面功能，让人们从二维屏幕自然过渡到三维世界。与以往可穿戴技术不同，这项技术将直接通过手和眼睛完成任务。如把手“伸进”电脑里做出阅读的手势，你将通过透明屏幕看到自己举着一本书，而非阅读屏幕上的电子书籍。

业内人士认为，人们似乎更喜欢通过物理界面进行电脑操作，这让计算机更易于使用。而这款产品可以把电脑“桌面”真正变为传统桌面，或许将成为未来的流行趋势，从而改变台式电脑的命运。

第三节　计算机软件领域的新进展

一、计算机系统软件的新成果

（一）微机操作系统软件的新信息

1. 首次展示“视窗 8”操作系统

2011 年 6 月 1 日，美国微软公司首次对外展示其下一代操作系统“视窗 8”，新系统的一大特点是，首次尝试把移动设备的操作体验融入台式电脑界面。

微软发布的材料说，该公司当天在《华尔街日报》举办的 D9 数字大会上，演示了新操作系统。微软称，目前“视窗 8”还只是公司内部的一个代号，正式名称将在合适时间公布。

“视窗 8”的界面和传统“视窗”操作系统差别很大，看起来更像微软手机操作系统界面，各种应用程序的操作管理是“卡片式”的，更适于触摸屏界面。微软希望这一系统可以通用于台式电脑、笔记本电脑和平板电脑。

微软说，“视窗 8”将与“视窗 7”系列个人电脑、软硬件及周边设备兼容，用户也可将其转换成传统的“视窗”界面。

微软“视窗”部门负责人史蒂文·西诺夫斯基在 D9 数字大会上发表演讲时特别强调，不能抛弃鼠标、键盘等传统个人电脑技术。他认为，这些工具可以实现触摸屏做不到的很多精确操作应用。

与以往不同的是，微软对运行下一代操作系统的电脑硬件商的数量进行限制。业内人士表示，这可以帮助微软严格管理合作伙伴，加快新产品的开发进度。微软目前挑选英特尔、超威半导体、英伟达、高通和得克萨斯仪器共 5 家芯片商，并要求每家公司仅能向两家硬件制造商提供运行新版“视窗”操作系统的芯片。

2. 推出 Win10 物联网版操作系统

2015 年 8 月 10 日，有关媒体报道，近日，美国微软公司推出面向物联网设备的超轻量级 Win10 操作系统，名为 Windows10 物联网核心版。与电脑版本系统相比，这一版本在系统功能、代码方面进行了大量的精简和优化，主要面向小体积的物联网设备。

Win10 物联网版本和其他电脑版本的不一样，它没有统一的用户界面，也没有桌面的概念。物联网的开发商需要利用 Win10 的通用软件，给不同的物联网设备开发出不同的界面。

为了帮助开发者更好的接触和学习 Win 10 物联网版，微软已经在 Github 中更新了大量开发实例，来展示这款嵌入式操作系统的功能和魅力。Github 是一个面向开源及私有软件项目的托管平台。

值得一提的是，物联网版本的 Win10 也将提供免费下载。

尽管微软公司生产的“视窗”操作系统，在个人电脑和企业电脑市场拥有垄断性的优势，但是在物联网设备这个新兴市场，还有谷歌、三星等实力强劲的对手。而据美媒报道，谷歌正在开发物联网版的安卓系统，三星也正在开发自有的物联网设备操作系统。

（二）自行修复软件与编程系统软件的新信息

1. 开发出可自行修复计算机程序漏洞的系统

2015 年 6 月，有关媒体报道，美国麻省理工学院计算机科学与人工智能实验室科学家塞迪罗格鲁·杜斯克斯领导的研究小组，近日对外展示了一种能够自行修复计算机程序漏洞的系统。这套系统可在无须人工干预、不用访问应用程序源代码的情况下，从其他程序中寻找合适的代码，对存有高危漏洞的程序进行修复，直至问题解决为止。

杜斯克斯说，在开源程序库中有海量的代码，涵盖数以百万计的项目，而其中不少在功能上都存在相似性。这套系统正是基于这一点来开发的。

在运行时，这套系统就像修补匠一样，首先识别出目标软件中的故障组件，再从程序库中找到与其功能类似的完好“新零件”，然后将“新零件”安装到目标软件上替换故障组件。这个过程会不断重复，直到系统认为“新零件”已经完美地解决了问题。

为了测试其有效性，研究人员用该系统对开源程序中的 7 个漏洞进行修复，结果发现在所有情况下，它都能完成修复漏洞的任务，花费的时间从 2 分钟到 10 分钟不等。

当然，由于不同的软件采用了不同的编码标准、变量名称以及变量类型，且变量也有区域性与全局性的区别，要识别这些不同，让来自不同软件的代码完美地结合起来，并不是一件简单的事情。

研究人员称，他们的长期愿景是：人们无须进行重复劳动，去写那些之前已经有人写过的代码，在需要时，只需自动寻找相应代码，然后将所需的部分组合成一个能够运行的整体。他们认为这将大幅减轻程序员的工作强度。

美国马萨诸塞大学阿默斯特分校计算机科学教授埃默里·伯杰说：“这个技术能从另外一个程序中寻找适合的代码修复漏洞，通过这种方式来解决问题。说实话，我很惊讶，它非常酷。”

2. 用化学方法创建四进制编程系统

2017 年 6 月 21 日，物理学家组织网报道，美国凯斯西储大学化学副教授艾米丽·彭泽领导的研究团队，在《材料化学 C》杂志上发表论文称，他们利用日常使用的聚合物薄膜和两种染料，成功创建出四进制代码，取代现有二进制储存技术，有望将数据存储设备尺寸缩小一半。

从超级计算机到智能手机，数据量呈现指数级增长趋势，对这些信息的存储需求也随之增加。现有数字设备都是利用二进制（即数字 1 和 0）编码信息，只能通过减小这些代码的尺寸来缩小存储空间。比如，蓝光光盘就是通过蓝色激光缩小代码大小和代码间空隙，来增加数据存储密度。

该研究团队称，他们利用化学方法创建的荧光存储系统，用无色、蓝色、绿色和青色四种颜色代替二进制中的数字 0 和 1 进行四进制编程，获得的信息数据占用空间会缩减一半。

他们在一层被称为聚甲基丙烯酸甲酯的柔性聚合物薄膜上填充了两种染料分子。聚甲基丙烯酸甲酯无色，其中一种染料聚对苯乙炔受热时发出绿色荧光；另一种染料苯甲酸邻硝基苄基酯被紫外光照射后发出深蓝色荧光，而两种染料的混合物在受热和紫外线环境下发出青色荧光。无色、绿色、深蓝色和青色，构成四进制的四个代码。

研究团队在含两种染料的薄膜上覆盖金属板，通过施加热量和紫外线，成功诱导出四种颜色，这些环状颜色代码每个只占用300微米的空间，代码间的空隙也只有200微米。检测还发现，这些代码存储信息具有耐久性，即使将薄膜卷起来、折断，或在上面用钢笔乱画，或将其在沸水中浸泡，甚至用砂纸洗擦表面，代码仍可读取。

接下来，研究团队将研究是否还可以加入第三种染料，通过与加热和紫外线不同的另一种刺激方式，让其发出与其他染料不一样的颜色，这样三种染料加无色薄膜呈现的七种颜色，可用作七进制代码编写和储存数据，进一步缩小信息储存设备的尺寸。

（三）数据库管理系统软件的新信息

——开发可让闪存替代随机存储器的软件

2012年7月19日，物理学家组织网报道，美国普林斯顿大学工程和应用科学学院计算机科学副教授巴达姆等人组成的研究小组，针对大型数据公司开发出一种软件，允许采用闪存的方式替代计算机随机存储器运行，可以从根本上大幅削减能耗。

服务器公司会大大增加互联网的电力损耗。据《纽约时报》的报道，谷歌在其数据中心使用的电力，足够大约20万户家庭使用。大型服务器中心所采用的计算机内存类型为随机存储器，其存储单元的内容可按需随意取出或存入，且存取的速度与存储单元的位置无关。虽然快速、灵活，但操作起来需要源源不断的电力，也迫使用户花费更多的资金用于冷却。

普林斯顿大学研究小组采用了一种解决方案，可以从根本上减少服务器的电力使用。他们通过一个新的软件，在其服务器上使用新型内存，可远远降低当前系统的能源需求。这种软件称为SSDAlloc，允许公司用固态存储器（闪存），代替现在大多数计算机使用的更昂贵的能源密集型内存。

巴达姆说："该软件最大的潜在用户是大型数据中心采用之后，他们将看到最大的改进。"

闪存只消耗少量的电力，可以大大降低公司的电费。在极端的情况下，根据服务器上运行的程序类型，与计算机单独使用随机存储器相比，可以减少能耗高达90%。因为产生的热量少，数据中心还可以削减其用于冷却的费用。另外，这种闪存比随机存储器的成本便宜约10倍，因此也可以在前期就节省下一定的花费。大型数据服务中心还可根据实际需要，在使用这种闪存方式的同时，任意切换到传统的随机存储器存储信息模式。

二、计算机软件领域的其他新成果

（一）计算机安全软件的新信息

1. 在计算机中安装防止黑客入侵的安全芯片

2004年9月，有关媒体报道，为了防止黑客入侵计算机，美国IBM公司率先计划在新出厂的个人计算机中，安装新型安全芯片。据称，新安全芯片比目前的软件防范措施更安全，正成为计算机产业界开发计算机安全措施的新方向。

新安全芯片由国民半导体公司与IBM公司共同开发。据两家公司介绍说，新安全芯片要比目前以软件为主的防范黑客的措施更安全。作为个人计算机传输资料的辅助芯片，新型安全芯片储存了计算机的验证信息，包括计算机的安全、加密和密码管理等信息内容，实际上是将这些信息锁定个人计算机里，保证这些信息不被外部的黑客盗取，或是因为计算机用户本身的误操作而遗失，从而有效地阻止黑客入侵。

据称，新型安全芯片的设计与开发，采用了“可靠运算”技术。这也是计算机业界联合推动的一项改进计算机系统安全与保护数据资料的新举措。IBM公司将是第一家采用这种安全芯片的计算机公司。国民半导体公司有关人士表示，从现在起生产的IBM品牌的计算机均将采用这种芯片，新型芯片也已成为IBM所有个人计算机的标准化的安全配备。同时，惠普公司和戴尔公司也准备加入这项新技术，在他们品牌的计算机中安装新型安全芯片。

2. 开发出可自动识别电子邮件撒谎的软件

2007年3月，《每日邮报》报道，在互联网日益普及的时代，电子邮件逐渐成为人们最常使用的联系工具之一。但这也带来了另外一个问题，那就是很多人会在电子邮件中撒谎。美国康奈尔大学一个研究小组宣布，他们已研制出一款能够自动识别电子邮件谎言的软件程序。

研究人员称，他们目前正在对数千封电子邮件的信息进行分析，以便从中发现含有谎言内容的电子邮件的语句特征。在语言学上，当人们对某一事件不太肯定或者正在撒谎时，他们的选词和语句模式就会发生显著的变化。当专门设计的软件截取到这些典型的语句特征时，就能够相对准确地识别出电子邮件的发送者是否在撒谎。

研究人员说，这款电脑软件的名称暂定为“数字识别器”。它的工作原理非常类似于人们使用测谎仪记录人体脉搏心跳，进而判断出他是否是在撒谎。

研究人员还表示，他们在实验中，已经找到撒谎电子邮件的5个典型特征，在利用这5个特征，对电子邮件的内容进行识别时，其准确率高达70%。当人们在电子邮件中撒谎时，他们描述同一事件所用的词汇，会比不撒谎时多出28%。之所以会出现这一现象，主要是撒谎者为了使自己的谎言看起来更加逼真，往往需要用更多的语句来证明自己并没有撒谎。另外，为了掩饰撒谎给自己带来的心理压力，撒谎者在电子邮件中一般还会使用感情色彩更加浓厚的词汇。撒谎者为了证明自己的真实性，还会更多地使用一些带有因果性的连接词，这也为电脑软件识别电子邮件内容是否真实提供了依据。研究小组甚至还希望软件在研制成功后，能够帮助警方抓捕罪犯。

但并非所有的科学家都对这款计算机软件抱有信心。英国牛津大学心理学教授彼特·柯勒特在接受记者采访时说，要准确地识别出人们是否在撒谎，最可靠的方式就是同时观察说话者的语速以及肢体语言等。当说谎者确实要做动作时，他们会用夸张的手势来掩饰谎言，伸长胳膊或者使用节奏性的手势来强调某一点。研究还发现，说谎会导致发言人停顿增多和眨眼频度下降。81%的被测者在说谎时停顿会延长，而眨眼频率会从说真话时的每分钟23.6次降到每分钟18.5次。

（二）通信软件的新信息

1. 推出软件无线电应用解决方案

2006年2月，美国风河系统公司是全球领先的嵌入式软件与服务商，也是业界唯一提供面向行业市场的嵌入式软件平台的厂商。它所提供的嵌入式软件平台，包括集成化的实时操作系统、开发工具和技术。

风河的产品和专业服务已经在许多市场领域得到认可，主要包括空间技术及国防、汽车、消费电子、工业制品和网络基础设施等领域。世界各地的电子设备制造商普遍把风河公司的嵌入式软件产品作为行业标准。包括美国宇航局的“勇气号”火星探测器在内的航空航天设备，也采用风河嵌入式软件。提高产品可靠性，加快产品上市速度，是风河公司一贯坚持的企业理念。

所谓软件无线电，就是采用数字信号处理技术，在可编程控制的通用硬件平台上，利用软件来定义实现无线电台的各部分功能：包括前端接收、中频处理以及信号的基带处理等，即整个无线电台从高频、中频、基带直到控制协议部分全部由软件编程来完成，其核心思想是在尽可能靠近天线的地方使用宽带的“数字/模拟”转换器，尽早地完成信号的数字化，从而使得无线电台的功能尽可能地用软件来定义和实现。总之，软件无线电是一种基于数字信号处理芯片，以软件为核心的崭新的无线通信体系结构。

软件无线电最早是应军队各个具有不同架构需求的兵种，移动通信系统的要求而产生的。由于不同兵种的不同种类系统，运行在各自独立的频带上，所以协调通信的能力，特别是在实际战争期间协调通信的能力，就显得非常必要。如今，这种技术在军事领域以外的公共安全机构同样得到越来越多的应用。

2. 发布新款移动阅读软件

2009 年 10 月 6 日，美国 CNEWSCO 公司正式发布一款名为“探讨”的移动阅读器。作为一款最新的移动应用程序，“探讨”移动阅读器将为北美地区的移动用户提供实时浏览新华社多媒体新闻的平台，使北美地区的移动用户获得一个了解中国和世界的新窗口。

“探讨”移动阅读器安装方便，界面简洁、友好，浏览顺畅，而且是免费软件，用户可到指定网站下载安装。目前发布的版本，主要用于“黑莓”智能手机，可以同时浏览文字和图片新闻。研究人员还在积极研发和测试，适用于“苹果”手机等其他移动通信设备的版本，届时移动用户不仅可以浏览文字和图片，还可以浏览视频新闻。

以移动通信为平台的新媒体，在北美地区方兴未艾，市场前景广阔。2009 年初，美国 CNEWSCO 公司与新华社建立合作伙伴关系，共同致力于在北美地区开拓新媒体市场，其中新华社负责提供多媒体信息，该公司负责技术研发、运营和市场开发。

美国 CNEWSCO 公司首席执行官吉姆·坎贝尔在发布会上表示，与新华社的合作，使该公司在开发新媒体市场方面获得了巨大机遇，因为新华社重视新媒体市场，拥有丰富的全球信息资源，能够源源不断地提供高质量的数字化信息，从而为移动和网络平台提供有力支撑。

（三）应用软件的新信息

1. 用于节能环保的新软件

开发无空调建筑的设计软件。2006 年 9 月，在英格兰卢顿市，美国麻省理工学院和英国剑桥大学的专家试着建造了一幢利用自然风原理设计的节能楼房。楼房呈“口”字形，每层房间都面向中央庭院，中央庭院上方有 5 个巨大的通风口。这些设计很好地解决了空气流通问题。

研究人员记录了楼内 6 个月的温度和空气等指标，发现这种设计仍有瑕疵。例如，庭院里的空气有时会出现“反对流”，与楼外流入的空气形成漩涡，不利于新鲜空气的获得。最后，科学家通过模型和电脑数据分析找到了解决问题的办法。

在这些实验和发现的基础上，英美专家正试图开发出一套简单易操作的软件，以帮助建筑师设计楼房的自然通风路径，利用房屋朝向、科学设计的窗户等方法尽量减少空调的使用，进而使楼房无须安装空调系统，就能保持空气新鲜和凉爽，达到节能环保的目的。

麻省理工学院建筑系主任利昂·格利克斯曼认为，正确的楼房设计可以改善空气流通，保持楼内温度，从而减少甚至取消传统空调的使用。但建筑师们担心这种新理念行不通。因此，科学家现正在开发实现这一目标的软件模型。

2. 用于国际太空站的新软件

研发改进国际太空站机器人系统的新软件。2007 年 10 月 3 日，美国宇航局和洛克希德·马丁公司的詹姆士·麦达、查尔斯·欧文和约翰·佩斯等人组成的研究小组，在美国马里兰州巴尔的摩举行的“人机工程学会”年度会议上发表论文称，他们开发出用来改进国际太空站机器人系统的新软件，并已经在名为“特殊目的灵巧操作员”的机器人外延设备上成功测试了这款软件。此后，它将与“特殊目的灵巧操作员”机器人共同用于现有的国际太空间遥控操作员系统中。

国际太空站上的机器人设备，使宇航员可以在不用离开太空舱的情况下执行任务。操作这些设备是具有挑战性的，尤其是在强烈的阳光照射下或非常幽暗的环境中。利用增强的虚拟现实技术，麦达研究小组创造出一种可用于模拟机器人安装任务的图形信息叠加技术，来改善操作员的表现。

安装任务要求宇航员精神高度集中，因为他们需要在 1/4 英寸和 1/2 度的安装点内，校准外部“轨道更换装置”。宇航员是通过观看摄像机提供的安装视频和操纵机器人手臂来完成任务的。在新的软件中，研究人员使用带有动态叠加信息的增强型实况视频，这些信息以重叠的形式出现在操作员的“视野内”，可以向操作员提供有关机器臂的运动方向、运动类型和正确的安装位置等信息。

在强阳光照射条件下和非常黑暗的夜间环境中，12 名技术精湛的机器人操作员分别在有叠加信息和没有叠加信息的安装条件下接受了测试。当使用新的叠加系统时，精确度和效率，在所有测试中均得到了显著提高。所有 12 名操作员均发现这种叠加信息在执行“轨道更换装置”校准操作时是非常有用的，完成任务的时间也被缩短了。

研究人员总结称，由于制图法比较简便，计算要求也较低，这种图形叠加系统可以用于航天飞机和国际太空站上使用的现有飞行硬件。

3. 用于教育与训练的新软件

开发出虚拟现实青蛙解剖的软件。2008 年 2 月 21 日，美国布法罗大学虚拟现实实验室的研究人员在每日科学网站上公布一项研究成果，他们开发出世界上第一个在虚拟现实基础上建立的青蛙解剖软件。这有别于此前的多媒体系统，该解剖蛙是一个真正意义上的实体仿真。解剖蛙将应用于生物医学的解剖实验，被看作是教育领域的一个新里程碑。

物理仿真是实物模拟，是在系统的物理模型上进行试验的技术，可以描述系统的内部特性，也可以描述试验所必需的环境条件，可以看作真实系统的几何相似物或物理类比物。因此真正的物理仿真是实体的、实时的。而通常人们所见到的多为数学仿真和半物理仿真，如机械的故障模式仿真属于数学仿真，只是在计算机上实现的数学模型；而大型的飞机、船舶训练系统则是半物理仿真，逼真度取决于其仪器的精度。

真正的物理仿真需要复杂的技术，但显示的逼真度足以令人惊叹。在青蛙解剖软件的使用过程中，只需点击鼠标，就可“拿起手术刀”剖开青蛙的皮肤看到其内部器官，随时通过内视镜观察青蛙的消化道，或细致的研究神经和血管。实时互动与三维导航是物理标本远不能比的，除了没有解剖活体的手感，这就是一只真正的青蛙。

该软件技术对生态系统的维护和生物种的保护，得到美国人道协会的认同，而对于教育界来讲，学生了解实验过程将不受地点的局限，学校也认为这比一次性使用的青蛙经济得多。

第六章　人工智能与机器人的创新信息

人工智能是计算机科学的一个分支，它运用计算机原理，研制能用人类智能相似方式做出反应的智能机器，其研究范围涉及语言识别、图像识别、自然语言处理、专家系统和机器人等。21 世纪以来，机器人的研究与应用，在人工智能领域所占份额不断攀升，其重要地位日益彰显。机器人通常表现为，依靠自身动力和控制能力来实现诸多功能的机器。它可以接受人类指挥，可以运用预先编排的程序执行任务，也可以根据以人工智能技术制定的原则纲领行动。它的任务是协助或取代人的某些工作，例如制造业、建筑业、服务业，或抗灾救险等工作。本章着重考察美国人工智能与机器人领域的创新进展情况。21 世纪以来，美国在人工智能领域的研究，主要集中于开发识别系统，研制人工智能的数字化种子、算法和硬件平台，探索人工智能的功能、作用及应用前景，研发智能机器与所需材料、部件。在仿生机器人领域的研究，主要集中于模仿人类行走的机器人、模仿人类思维与感觉的机器人、模仿人类表情及互动行为的机器人；模仿动物体貌特征与生活习性的机器人，模仿动物行走、攀爬和飞行方式的机器人。在应用型机器人领域的研究，主要集中于工业机器人、服务机器人、医用机器人、抢险救灾机器人、水下探测机器人、航天机器人，以及应用型机器人的所需材料等。

第一节　人工智能的新进展

一、识别系统与人工智能

（一）开发识别系统的新信息

1. 创建首个无电池的手势识别系统

2014 年 2 月 27 日，物理学家组织网报道，华盛顿大学计算机科学与工程系助理教授希亚姆领导的一个研究团队，创建了一种无电池运行的低成本手势识别系统，允许用户仅用简单的手部动作，控制隐藏在视线之外的电子设备。其原型机被称为“凹视”。

报道说，有了这个识别系统，你用手指在空中轻弹，即可让口袋里正在播放歌曲的智能手机静音，或者用手示意便可暂停有声杂志的声音。这种手势控制电子设备的技术，可能很快成为替代消耗大量电力的智能手机和平板电脑的触摸屏传感技术。

希亚姆指出：“这是第一个手势识别系统，实施成本很低，并且不需要电池供电，利用电视信号既作为动力源又用于识别手势的来源。”研究人员建造了可置于电子设备如智能手机上的一个小传感器。该传感器采用超低功耗接收器，从我们身边的无线传输提取和分类手势信息。当一个人用手比划时，无线信号在空气中的振幅就会随之改变，“凹视”传感器就可借此识别由特定手势造成的这种独特的幅度变化。

据报道，该研究团队在智能手机和无电池传感器上，使用 8 种不同的手势测试“凹视”的功能，如推、拉、来、放大和缩小等。该原型机可以正确识别 90% 以上的手势，同时可以执行操控超过 2 英尺之外的设备。研究人员还设计了一个唤醒的手势，让系统不要混淆无意间的动作为实际的手势。对于用户而言，这是一个无缝的互动体验。

该手势识别可以安装在某些移动设备，包括三星银河 S4 智能手机。但是用户必须先手动启用该功能，然后能够看到该设备的手势技术在工作。这项技术还可被附加到家用电子产品上，与其用手势互动，还可将它们连接到互联网，在“物联网”的世界发挥作用。威斯康星大学电气工程系博士生布莱斯·凯洛格说：“‘凹视’超越了移动设备，可以使物联网的设备彼此互动。”

2. 计算机语音识别率首次媲美人类

2016 年 10 月 28 日，麻省理工学院网站报道，美国微软雷蒙德研究院开发出一种机器学习算法，使计算机对指定主题对话的语音识别率增至 94.1%，首次与人类水平相当；对亲戚朋友日常对话的识别率达 88.9%，甚至比人类略胜一筹。

美国国家标准与技术研究所 2000 年时曾发布一个数据库，以帮助解决语音识别难题。该数据库包含的电话录音有些是个人之间既定话题的谈话，其余则是亲戚朋友间的随意交谈。

结果显示，人类在转录语言时的出错率约为4%，即每一百个字中人类会错误地转录4个字。过去，机器的表现距这一数字相去甚远。如今，计算机在把个人之间既定话题的谈话内容转录成文字时，出错率为5.9%，而转录亲戚朋友间任意主题的随意交谈时，出错率为11.3%。微软研究人员茨威格表示："这比预想的还要好。"

随后，茨威格基于不同层数的卷积神经网络，来优化他们自己的深度学习系统，从而让系统的每一层能够识别语音的不同方面。然后，他们用训练数据作为标准来设置机器，以便识别普通语音，并且让他们能够适应测试数据库。

总的来说，微软的语音识别系统与人类具有相似的错误率，但它造成的错误类型与人类截然不同。微软机器最常见的错误是混淆反馈声音。相比之下，人类很少犯这样的错误。对此，茨威格认为，原则上机器没有不能通过训练来识别反馈声音的理由，出现误差可能与噪声在训练数据集中标记的方式有关。

微软研究人员表示，计算机语音识别能力正超越人类水平，这对计算机行业的重要意义不亚于图形用户界面，其中既包括一些消费娱乐设备，也包括即时语音转文字等可访问性工具，以及个人数字助理。

（二）推进人工智能基础理论研究

1. 开发和应用人工智能的数字化种子

尝试为计算机植入人工智能种子。2013年11月，有关媒体报道，让机器以一种"常识"的方式自行思考是计算领域的"圣杯"。美国卡内基·梅隆大学机器人研究所阿比纳伍·古普塔教授领导的一个研究小组，正尝试着给计算机植入人工智能的数字化"种子"，也就是让计算机系统不断观看各种图画，并自己决定它看到的内容都是什么意思。

从2013年7月开始，该研究小组设计的一个名为"尼尔"的计算机程序，就在24小时不停地从互联网上搜寻图像。其中有几个关键小步骤，就是它要自己决定这些图像之间的相互关系，尽可能自行理解它们，以此建立起我们所谓的"常识"。

"尼尔"是"无休止图像学习"（Never Ending Image Learning）的缩

写，它在两个计算机组群上运行，包括200个处理器核。随着它的视图数据越来越多，积累的“常识”也越来越多。常识是人们似乎知道却不曾明说的信息，比如汽车通常是跑在公路上，建筑物往往是垂直的，鸭子看起来很像鹅等。

古普塔说：“任何智能都要有常识来帮它作决策。”让一台计算机自己联想，对它来说是完全不同的挑战。比起编制一台超级计算机程序来说，圆满迅速地完成一项任务更难以应付。比如1985年卡内基·梅隆研究人员编制下棋程序，让一台计算机下棋；12年后，计算机打败了国际象棋冠军加里·卡斯帕罗夫。

麻省理工大学人工智能专家凯瑟琳·哈瓦希指出，人类能不断利用“不言而喻的假定这一巨大库存”来作决策，而计算机却不能。对一些人类能迅速做出反应的问题，计算机却要花更长时间才能算出来。她说：“长颈鹿能坐上你的汽车吗？我们甚至不用思考就能得出答案，因为我们对长颈鹿的身体大小有一种常识。”

随着程序运行，“尼尔”逐渐能给图像做次级分类，比如三轮车可分为小孩用、大人用，还能装上发动机变成三轮摩托；汽车有不同的商标和样式等。然后它慢慢注意到事物之间的联系：斑马往往出现在大草原上，老虎看起来有点像斑马，股票交易所大楼通常挤满了人。

在短短4个月里，“尼尔”的200个处理器核已经分析了3百万幅图像，从其中50万幅中识别出了1500种物体，1200个场景，并把相关的点连接起来做了2500个关系联想。“尼尔”生成的联想有些是错的，比如它认为“犀牛是一种羚羊”；还有些认识很奇怪，如认为“演员在监狱牢房里”、“新闻主播看起来像巴拉克·奥巴马”。

古普塔说：“图像是学习视觉性质的最佳方法，它也包括了与这个世界有关的许多常识信息。人类自己学习了这一点，对于‘尼尔’，我们希望它也能像我们一样。”

伊利诺伊大学芝加哥分校计算机科学系主任、人工智能专家罗伯特·斯洛恩说：“尼尔”的方法会产生有趣的结果，因为只用语言去教一台计算机“会带来各种问题”，“如果它们对着不管什么地方看到的动物，都不停地说‘斑马、斑马、斑马’，我会对这一幕印象深刻。”

机器人学博士生阿比纳伍·希瑞瓦斯塔伍指出，“尼尔”有时也会出错，所以还需要有人工参与。比如谷歌图像搜索可能会“误导”它，让它以为“pink”（意为粉红色）是一位歌星的名字，而不是一种颜色。他接着说：“人们不一定总是知道该怎么去教计算机，以及教它们学什么，但发现它什么时候出错，人们是很擅长的。人们会告诉‘尼尔’，物体、场景等属于哪一类，以便研究分析。”

有时候，“尼尔”的预测能力，也让研究人员震惊。在搜寻“苹果”时，不仅给出了水果图，还有苹果电脑；搜索 F－18 时不仅发现了战斗机，还有 F－18 级双体船，这是古普塔和他的研究小组所不知道的。

古普塔说：“根据我们50 年从事计算机视觉研究的经验，你掌握的数据越多，计算机视觉就会变得越好。”“尼尔”的座右铭是“我爬、我看、我学习”，研究人员希望让“尼尔”一直运行下去，这也意味着它可能会一点点地变得越来越聪明；但也可能不会。

2. 开发人工智能算法及其硬件平台

（1）研究开发新型人工智能算法。2015 年 4 月 8 日，《技术评论》杂志网站报道，美国 IBM 公司在加州阿尔马登的实验室成立了一个由温弗里德·威尔克主持的研究小组，他们正在研究开发一种基于大脑皮质的新型人工智能算法，这种算法比传统的人工神经网络更加接近生物实际，一旦研究取得进展，或将为全新的人工智能软件提供理论基础。

这项技术起源于美国计算机科学家与神经生物学家杰弗瑞·霍金。他创办的公司近年来一直试图基于人脑的皮质结构，开发新型的人工智能算法。最近，威尔克研究小组深入研究这一算法，并利用其对卫星图像进行解析测试。

威尔克不接受媒体采访，但在桑迪亚国家实验室 2 月举行的一次大会上，公开描述了小组的工作。他称这一算法，比以往的基于多层人工神经网络的机器学习技术，更加接近生物实际。研究人员的目标，是准确地再现被称为“新皮质”的大脑外层中，大概 100 个神经元组成的神经回路的运作方式，并在仿生学和编写实用软件之间达到平衡。威尔克说：“我们似乎找到了一个突破点，霍金创立的算法不会过于简单化，也不会太复杂，这使得建立大规模模型成为可能。”

研究小组还在基于这一算法，开发新型的人工智能硬件技术，将多层硅晶片堆叠起来，并以霍金算法将其连接成网络，以构造新型的人工智能计算机。

目前，这一技术还没有在自然语言理解或图像识别等人工智能的应用领域取得优于其他技术的成果，但这一想法的创新性，或将预示着在未来有可能实现新的突破。

（2）研制出模拟大脑进行自然计算的硬件平台。2015 年 5 月，美国加州大学洛杉矶分校化学教授詹姆斯·吉姆楚斯基主持并和他的同事，以及日本国家材料科学研究所专家为成员的一个国际研究小组，在《纳米技术》杂志上发表论文称，他们开发出一种能够模拟大脑进行自然计算的硬件平台，被认为能在人造大脑以及自然或认知计算研究中发挥重要作用，可看作是人工智能走进现实的第一步。

自然计算是一种全新的计算形式，具有自适应、自组织、自学习的能力，能够解决传统计算方法难于解决的各种复杂问题。就像人脑一样，它基于一个具备自发行为的复杂系统，能从环境中学习，将与众多单元交互的结果通过宏观行为呈现出来。而由于整体架构和体系的不同，通过传统方式制造出来的计算机完全无法用于复杂系统和自然计算。

该研究小组开发出的这种设备名为原子开关网络，由许多纳米尺度的忆阻器组成，每个忆阻器就是一个原子开关。这些开关能够根据此前存储的内容调整电阻，产生与之相适应的电流或电压。这种设计能够使该设备产生自发行为，可不断根据环境参数进行自我调整。这一特征对于复杂系统来说是必不可少的，因为它能够进行学习，与环境交互，并解决所面临的问题，而内存中的数据则始终处于不断的变化和调整中。

吉姆楚斯基说，尽管在自然界和人类社会中复杂现象和自组织普遍存在，但传统计算机从未对其进行过准确预测和建模。他们开发出的这种设备，能够在一个芯片上快速产生自组织，是一种全新的计算方式。

尽管一些自然计算设备都采用了天然材料，但此次研究中的原子开关网络，仍然完全由无机材料制成。其潜在应用领域，包括对金融市场运行状况的模拟，对易错数据和噪声数据中有效信息的识别，多变环境中的自主导航等。研究人员希望这种新技术能够为储备池计算和其他基于复杂系统的自然计算提供一个硬件平台。

吉姆楚斯基说："未来我们计划研制一种传统计算设备与这种类脑设备的混合系统，并开发出一种新型的基于分布式存储和人工神经网络的程序。这将是人工智能走进现实的第一步，总有一天我们的电脑将会像我们一样聪明。"

（三）推进人工智能功能及作用研究

1. 研究人工智能可能具备的功能

提出人工智能将有像人一样的视听功能。2016 年 9 月 20 日，美国《基督教科学箴言报》报道，IBM 公司和美国麻省理工学院当天宣布，将联合创建"激发大脑多媒体机器理解实验室（BM3C）"，旨在使人工智能可以像人一样看和听。

人们在观看棒球赛时，很容易就能将投手和投球区土墩区别开，甚至能预测下个投球是弧线球还是快球，但目前仍没有机器能领会这些对人类来说非常简单的任务，该研究小组希望改变这一现状。

据报道，他们将联合创建"激发大脑多媒体机器理解实验室"开展相关研究，让机器能像人一样看、听和解读所看到的事物，而且这一项目会持续多年。

该实验室是 IBM 大力推进人工智能发展的多个合作计划中的最新一项。目前，有很多研究团队正在从事让机器"像人一样思考，甚至在某些方面超过人类"的研究。

此前，麻省理工学院的其他研究团队已在计算机预测和理解方面取得了进步。比如，2016 年 6 月，计算机科学和人工智能实验室的研究人员宣布，他们通过向机器展示 600 个小时来自 YouTube 的视频和电视节目片段，教会了它预测人如何打招呼——通过握手还是拥抱，准确率为 43%；而人类实验者的准确率为 71%。2015 年有报道称，麻省理工学院的另外两名研究人员制造出了"数据科学机器"，能在无人帮助的情况下，发现数据模式并挑选出相关的数据点。

尽管如此，教机器像人一样看和听目前还无人做到。科技博客的德温·寇德威解释说，问题在于人类的视线和声音命令跨越多个认知规则：人类首先需要发现物体，然后建立它们之间的关系，并凭直觉获得物理规则，诸如此类，而这些事情我们的大脑尤其擅长。

由于人类思维已掌握了这些技能，研究人员计划基于真实的事情，在虚拟的神经网络上对机器视觉建模。他们预计，机器视觉系统可能会对教育、娱乐、健康等产业产生巨大影响。

2. 研究人工智能的作用及应用前景

（1）人工智能测官司输赢胜过法学专家。2017 年 5 月 3 日，《科学》官网报道，美国伊利诺伊大学理工学院法学教授丹尼尔·卡茨领导的研究团队，在《公共科学图书馆·综合》杂志上发表论文称，他们用一种被称为随机森林的机器学习统计模型，对 1816 年到 2015 年美国最高法院的判决进行预测，准确率高于 70%，较知识渊博法学专家预测准确率的 66%，更胜一筹。

用计算机算法预测法官行为并不稀奇。2011 年，西班牙学者在一项研究中，使用 1953 年到 2004 年任意 8 名法官的投票，来预测同一案件中第 9 名法官的投票，准确率为 83%；2004 年，美国学者使用 1994 年以来一直在法院工作的 9 名法官的判决，来预测 2002 年案件的判决结果，准确率为 75%。

现在，卡茨研究团队利用最高法院数据库，为每个投票标注了 16 个特征，包括法官任期、诉讼发起法庭、口头辩论是否被听到等，创建了最先进的算法。

该模型先学习了 1816 年到 2015 年最高法院案例特征，与裁决结果之间的关联。然后，按年份研究，每个案例的特征并预测裁决结果。最后，被“投喂”关于该年份裁决结果实际信息的算法升级了预测策略，并继续进行下一年的预测。结果显示，对于 2.8 万项判决结果及 24 万张法官投票，新模型算法预测的正确率分别为 70.2% 和 71.9%。

报道称，这项人工智能新模型算法将有许多用途。律师最有可能率先将其付诸实践，他们可以将不同的变量插入模型，以获得想要的参考信息；投资者也可根据预测分析，对有较大获胜可能的公司投资；而上诉人则可以根据获胜概率，判断是否再向最高法院提起诉讼。

（2）发现人工智能可将二维照片变为现实物体。2017 年 7 月，有关媒体报道，人们在浏览照片以及人、汽车等三维形状时，不会存在困难。但智能机器对现实世界的经验非常少，而且其智能化程度不高，因此在识别这些事物时仍存在困难。为此，科学家创建了一种新“打开”方式。

研究人员从训练机器把三维物体当作二维平面开始。例如，设想挖空一个多山的世界，将其平铺为一个矩形图，并用其表面上的每个点作为纬度、经度和海拔。

经过反复尝试后，新的机器学习算式学会了将三维物体的照片转化为二维表面，然后再“缝合”为三维形式。研究人员训练它重建汽车、飞机以及各种手势。

此前的方法会将轿车转译为掀背车，并把飞机转译为鸟，而新方法则可以更加准确地从照片中转译出三维形状，美国研究人员在近日于美国夏威夷举行的电气和电子工程师学会计算机视觉与模式识别会议上报告了这一成果。

这项新成果还可以创建全新的汽车、飞机和手势三维模型。其未来的应用可能包括设计虚拟和增强现实的物体以及用手势控制的计算机界面等。

3. 利用人工智能技术为防治癌症服务

（1）尝试用人工智能寻找抗癌新药。2016 年 10 月，《技术评论》杂志报道，美国国防部近日宣布，将与生物制药公司“博格健康”合作，利用人工智能技术开展新药研发，以寻找对现有药物不起反应的侵入性乳腺癌治疗方案。

该合作项目将对白宫癌症登月计划提供支持，该计划将筛选多达 25 万个样本，来寻找早期癌症的新生物学指标和生物标记。根据美国国家癌症研究所报告，乳腺癌死亡率在过去 20 年中稳中有降，但仍是美国女性癌症中的第二杀手。

根据双方协议，博格公司将有机会进入美国国防部的临床乳房护理项目库，该库中存有近 8000 名患者的健康及患病组织的 13600 个样本。

博格公司的研究人员将使用一台离心机来处理实验室样品。博格公司已研发出一种人工智能平台来快速筛选病人的组织样本，以寻找潜在的药物靶点。研究人员首先将对来自健康供体的样品和各种乳腺癌亚型的样品进行基因测序，从而对存在于癌细胞和正常细胞中的突变、蛋白及细胞过程建立基因组信息。这些数据将与患者的已知病史结合起来送入人工智能平台，并利用数万个数据点建立起健康及患病组织的不同模型。该平台的算法最终将找出横跨这些模型的分子签名中的热点。这些热点或可代表生物标记或药物靶点。

博格公司联合创始人、总裁兼首席执行官尼文·纳拉因称，与常规新药研发过程相反，新项目将从数据开始，并通过数据生成假定药物。纳拉因认为，目前还有一些乳腺癌的亚型没被鉴别出来，新项目或可帮助识别这些未知亚型及已知亚型的药物靶点。新项目发现的关键生物标记则可为通过血检鉴别乳腺癌提供帮助，这要比目前的活检法减少了侵入性。

（2）携人工智能研究癌症耐药性。2016 年 11 月，计算机世界网站近日报道，IBM 公司的“沃森”人工智能将与麻省理工学院及哈佛大学布罗德研究所的研究人员携手，研究数千个对癌症药物产生耐药性的病例，希望通过厘清耐药性产生的机理，研发新一代抗癌药物和疗法。

布罗德研究所基因组学研究中心的研究人员解释称，尽管有越来越多的疗法能抑制癌症数月甚至数年，但大多数癌症最终仍会卷土重来，部分原因在于肿瘤发生了变异，产生了耐药性。该研究所负责人艾瑞克·兰德表示，美国每年约有 60 万人死于癌症，其中耐药性是“罪魁祸首”。尽管科学家们已为少数癌症病例找到了耐药性产生的原因，据此研发出新疗法，但大多数癌症病例的耐药性还未被完全理解。

有鉴于此，IBM 和麻省工学院以及哈佛大学发起了一项新的为期 5 年、投资 5000 万美元的癌症基因组计划，对数千个抗药肿瘤进行研究，并利用“沃森”强大的计算和机器学习能力，帮助理解癌症如何对药物产生耐药性。所有资助来自 IBM 公司。

按照计划，布罗德研究所将测出那些最初对癌症疗法有反应，但最终产生抗药性的肿瘤基因组序列；然后使用新的基因编辑技术，在实验室进行大规模的癌症抗药性研究，找到肿瘤的“软肋”。此后，IBM 的科学家将使用“沃森”分析这些数据并确定基因组模式，帮助研究人员和临床医生们预测药物的过敏性，以及哪些肿瘤可能对哪些药物产生抗药性。

本月初，IBM 和奎斯特诊断公司发起了“沃森基因组学”研究。这是“沃森”在基因组学领域的最新应用，将认知计算同肿瘤基因组测序结合起来。研究人员利用“沃森”研究匿名病人的数据，更好地理解癌症耐药性背后的分子机理，解决癌症基因组学面临的挑战并提出新的解决方案，促进个性化医疗的发展。

二、智能机器及其材料和部件

（一）研制智能机器的新信息

1. 推进智能仿真计算机的研发

（1）合作开发模仿人类大脑的计算机模型。2005 年 6 月 6 日，美国 IBM 公司宣布，它与瑞士一个研究小组合作，共同开发世界上第一个从分子级别模仿人类大脑的计算机模型，为研究人类认知的诸多方面提供证据。

此项名为“蓝色大脑”的计划，将由 IBM 和瑞士洛桑联邦高等理工学院的科学家共同实施。它将以 IBM 此前开发的“蓝色基因”超级计算机为基础，该计算机的运算速度最高可达到每秒 22.8 万亿次。另外，瑞士洛桑联邦高等理工学院的科学家在过去 10 年间，建立了世界上最大的人类大脑皮层神经结构的数据库。研究人员已经精确地研究了大脑皮层中单个神经细胞中的电流生成和传导，以及不同神经细胞彼此连接的方式。

大脑皮层是高级神经中枢，其质量约为人脑的 85%，是语言、学习、记忆和复杂思考等认知现象形成的基础。开发“蓝色大脑”的科学家表示，他们将利用“蓝色基因”的超强运算能力和大脑皮层数据库中的丰富信息，通过模拟大脑皮层最基本功能单位感觉柱的电流和分子结构，创造出完全能模仿人类大脑功能的计算机模型。

科学家说，“蓝色大脑”开发成功后，可用来细致观察人类大脑对不同刺激的反应，研究理解、记忆、道德等认知现象，以及孤独症、精神分裂症和忧郁症等由于大脑“微电流”障碍导致的精神疾病。不过，科学家认为至少还要经过 10 年左右的研究，这一天才可能到来。

（2）研制模拟人脑具有思维的认知计算机。2008 年 11 月，国外媒体报道，IBM 宣布，它将领导一项由政府资助的联合项目，研制可以模拟人类大脑的电子线路。该研究将有赖神经生物学家、计算机和材料科学家以及心理学家的通力合作。

美国国防部高级研究项目局已经为该研究项目的第一阶段拨款490万美元。开发出的新技术可以用于大规模的数据分析，决策或图像识别。

领导此次联合研究的IBM科学家达门德·莫哈说："大脑具有一种惊人的跨意识的多重含义信息整合能力，它可以毫不费力的创建时间，空间和物体的种类，以及得出感官数据的相互关系。大脑可以完成各种无与伦比的技艺，令现在的计算机望尘莫及。"

认知计算机技术的关键，是通过对大脑的结构、动力学、功能和行为的逆向工程，设计出具备人类思维能力的智能机器。IBM将联合美国的五所大学，进行一项雄心的计划。该项目目标是把我们从真正的生物系统中所掌握的知识，与超级计算机神经元的模拟结果整合起来。然后首次生产出一个可以模拟人类大脑的电子系统。

（3）开发既能学习又能处理数据的学习型机器。2016年10月12日，美国谷歌"深度思维"公司研究人员艾利克斯·格拉夫、格里格·韦恩、戴密斯·哈萨比斯及其同事组成的研究小组，在《自然》杂志发表了一项人工智能重要成果：一种集神经网络与计算机优点于一身的混合型学习机器，它既能像神经网络那样学习，又能像计算机那样处理复杂数据。

传统计算机可以处理复杂的数据形式，但是需要手工编程来执行这些任务。而人工神经网络（ANN）一直用来模拟像人脑一样的学习能力。早在20世纪80年代，它就成为人工智能领域的研究热点，它可以从信息角度对人脑神经元网络进行抽象处理，建立某种简单模型，按不同连接方式组成不同网络。但就现阶段而言，人工神经网络仍然缺乏处理结构化数据所需的存储架构。

"深度思维"公司研究小组此次开发了被称为"可微分神经计算机"的学习机器。它能将神经网络和外部存储结构结合在一起：一方面，可以通过示例或反复试验进行学习；另一方面，与传统计算机内的随机存取存储器相似。因此，它既能学习，又能处理复杂数据。

研究显示，这种学习型机器能够成功理解图形结构，譬如家谱图或是交通网络。实验中，它可以在没有现成知识的情况下，规划出最佳的伦敦地铁线路，或根据符号语言所描述的目标来解决方块拼图问题。

"深度思维"公司此前因开发"阿尔法围棋"程序而声名大噪，该围棋程序在神经网络经过深度训练后，可以利用价值网络计算局面，用策略网络选择下子。而此次“可微分神经计算机”的研发者之一，正是被称为“阿尔法之父”的哈萨比斯，他和另两位联合创始人，于 2010 年成立了“深度思维”公司，目前正在帮助谷歌展开一场全新的人工智能革命。

（4）设计出充当太空拾荒者的仿壁虎智能“手臂”。2017 年 6 月 28 日，《新科学家》杂志网站报道，美国斯坦福大学机械工程系教授马克·库特考斯基领导的研究团队，在《科学·机器人》杂志上发表论文称，他们受壁虎在垂直光滑墙面自由爬行的启发，设计出一种全新智能抓手装置，并证明它能在太空微重力下对不同形状物体抓放自如。该智能装置将担当太空拾荒者重任，清除地球轨道上具有潜在威胁的大量垃圾碎片。

壁虎仅靠几个指头就能在一块垂直抛光玻璃上快速攀爬。科学家发现，这是因为壁虎每只脚趾头都长着数百万细毛，每根细毛末端还有数百根分支，使得趾头与所接触的表面产生足够强的范德华引力，就像纽扣一样紧紧附着在一起。

受壁虎脚趾微结构的启发，该研究团队在 10 年时间内研发出具有强黏性的材料，并将黏性材料覆盖成楔形薄层，成功帮助微型机器人背着重物在光滑墙面爬行。这次研究中，他们在两层楔形薄层间装上智能滑轮，当碰到物体时，滑轮将两薄层拉近，从而将物体“紧握”，将其连上智能手臂后，就变身为能抓取大块太空碎片的拾荒者。

随着大量卫星和探测器“寿终正寝”，近地轨道充斥着数十万个太空碎片，这些垃圾碎片可能会撞击卫星和国际空间站，造成严重后果。由于太空空气稀薄，接近真空及失重环境，现有在地球上能抓取物体的智能手臂在太空一般会失灵。

库特考斯基研究团队与美国国家航空航天局喷气推进实验室合作，对智能手臂进行了检测。他们的论文指出，在模拟太空环境的太空舱内，智能手臂能自如抓放尺寸和重量大其 100 多倍的管状、柱状和球状等不同形状的物体。而在国际空间站内，它能在舱壁上坚持攀爬数周，不受飞船颠簸的影响。研究人员表示，能力超强的新智能手臂，除用于清除太空碎片外，还能帮助宇航员在太空飞行中爬到舱外进行检修。

2. 开发能自行复制、组装和折叠的智能机器

（1）研制出能进行自我复制的智能机器。2005 年 5 月 11 日，美国纽约州康奈尔大学李普森领导的研究小组，在报纸上发表文章称，他们发明了一种能够自动进行自我复制的智能机器。这种智能机器由 4 个 10 厘米大小的立方体构成，这些立方体由相同的机械部件和电磁体组成，以确保这些立方体能够自由的拆卸和安装。同时，科学家还在立方体内安装了电脑程序来完成复制工作，这个智能机器能够进行弯腰、拣拾以及堆积立方体的动作。

李普森说，尽管他们研制的这个智能机器的复制功能，跟生物学上的复制功能相比还很简单，但是这个研究成果至少证明了机械上的自我复制是可能的，生物克隆并不是唯一的自我复制方式。

李普森研究小组相信，他们的研究理念在未来如果能得到广泛利用，就能制造出更多的能够在极端危险条件下和在太空工作的智能机器，来代替人类目前的工作。

该智能机器现在除了能够进行复制外，还没有别的功能。它通过同桌面相接触而获得动力，通过机器面部来完成数据的转换。

在复制功能演示中，这个智能机器先是弯腰让头部的第一个立方体落下，然后再弯腰拣拾另外的一个立方体，并把它放置在刚才的立方体的上部，然后再重复做这个动作。在新的一个智能机器大体成型后，它会自动的把各个立方体摆正，完成复制工作。

研究小组说，这种 4 模块的智能机器能够在 2.5 分钟内通过拣拾和重组立方体，完成复制自己的工作。

（2）开发能自己组装的智能机器椅。2006 年 7 月，美国康奈尔大学机械与航空工程学院副教授罗菲尔·安达瑞尔和加拿大艺术家马科斯·迪安一起，设计并制作了一把机器椅。虽然这把椅子还没有公开展示，但从已公布的录像上可以看出，这把椅子拥有神奇的“智能”。

从以下一系列图片中，我们可以看到：一把完好的椅子突然分崩离析，然后，椅面开始在地面上“爬行”，寻找一条条断腿和椅背，利用铆钉将它们全部榫合在一起。接下来，最神奇的一幕发生了：椅子自己缓缓站了起来，恢复原状。如果是晚上看到这一场景的话，还真有些毛骨悚然。

神奇之处还有很多。2005 年 5 月，同样是在康奈尔大学科学家研制出能自我复制的机器人。它由 4 块智能模块组成，每个模块大小为 10 立方厘米，内含一个微型计算机芯片，能在组装时发出具体指令。模块间可自由旋转 120 度，外表面配有电磁铁，这样，模块之间就可以由磁力强弱来拼装组合或分开。这种机器人可以自由拼装成各种形状，如塔形、直角形和正方形等。

在此前的 2001 年，罗菲尔・安达瑞尔就曾与马科斯・迪安合作，做出过一张会自己行走的桌子。这张桌子能根据人所在的位置自行旋转，使其始终保持正对着使用者。

这些进展都源于人工智能的深入研究。科学家根据需要，设计出机器完成某一功能的流程，但这个流程并非精确地从一个位置移动到另一个位置，机器人能通过"视觉"或者磁力来感知复杂的环境，然后再自主决定做出什么样的动作，最终完成工作。尽管人工智能的研究可以说还处于初步阶段，但一个又一个成就让我们有理由相信，机器人的智商还将不断增长，惊奇还将不断出现，人和机器人的界线将会变得越来越模糊。

（3）研制能自行折叠站立移动的智能机器。2014 年 8 月，美国麻省理工学院电力工程教授丹尼拉・鲁斯、计算机科学与工程教授埃里克・狄麦恩与哈佛大学同行组成的一个研究小组，在《科学》杂志上发表论文称，他们多年来一直在研究一种能重组结构并自行折叠成任意形状的智能机器。最近，获得重大新进展：智能机器几乎全部构件都是由激光切割而成，在它们身上装上电池后，就能自行折叠站起来，移动到一边去。

据悉，这种智能机器的"身子板"里，有内置的打印计算线路。鲁斯说："当趴在地上的二维平板'站起来'变成三维结构时，它们是通过计算思考做到这一点的。"在以往的研究中，研究小组开发出了一种算法，能自动把任何数字设计的三维形状转化为平面上的折纸纹路。在 2014 年春天召开的美国电器和电子工程师协会机器人技术与自动化国际大会上，他们曾介绍过一种用激光切割材料制造的"烘烤机器人"，当均匀加热时能自行组装。新研究与之很类似，但是由电路网络控制而不是烤箱或电炉，把热量传递给启动折叠关节。

狄麦恩说："令人兴奋的是它的几何支点，让我们能把它折得更多。因为我们能制定顺序，所以能进行更多控制，主动决定折叠结构并让它行走。"

智能机器的板材有5层，均由数控激光切割制作，中间层是铜电路网，夹在两层纸板之间，顶层和底层是形状记忆聚合材料，受热会折叠。5层合在一起后，再在顶面装一个微处理器、一个或多个小马达就完工了。在样机中，安装这些附件是人工操作，将来会由一个机器人"挑选与安装"系统来执行。

他们对1个马达和4个马达的设计都进行了实验，论文中介绍的是2个马达，每个马达控制智能机器的两条腿，所有马达由微处理器协调同步。每条腿有8个机械"关节"，通过关节力学把马达施加的力转化为运动。狄麦恩解释说："这称为单自由度结构，你只需转一个曲柄，整个系统就会以你想要的方式运动起来。"

鲁斯说："我们的最大梦想是能迅速而廉价地制造智能机器。"但他指出，研究小组现在的目标，只是证明这一想法的可行性，还不打算把该技术推向市场。

3. 不断提高智能机器的人工智能水平

（1）推出虚拟人物身处实景的交互式智能游戏。2007年6月，美国佐治亚州理工学院布莱尔·麦金太尔等人组成的一个研究小组，推出一款互动性强、更为逼真的智能游戏。玩家只需戴上特殊的游戏眼镜，将笔记本电脑背在身后，就会产生与以往完全不同的游戏体验。

跟别的电脑游戏不同，这款被设计者描述为"互动戏剧式"的游戏，让玩家身处的不再是一个陌生的虚拟世界，而是让虚拟人物奇普和格蕾丝来到玩家所在的现实场景中。

研究人员历时一年才研发出这款游戏。他们在实验室里搭建了一个有床、吧台、装饰画、电话以及一些家具的起居室。游戏眼镜前的摄像头将起居室中的影像传入电脑，和虚拟影像相融合，这样玩家就可以在现实环境下和虚拟人物交流，成为游戏的真正参与者。

麦金太尔表示，这款游戏可以让玩家做任何想做的事情，从触碰实物到接听电话等，和现实生活中遇到的场景别无二致。

目前，美国和其他国家的一些研究人员正在研究将此技术应用于外科手术和喷气式飞机维修等工作中。

（2）计算机神经网络识别图像已达灵长类动物水平。2014 年 12 月，物理学家组织网近日报道，美国麻省理工学院麦戈文研究所博士后查尔斯·卡迪欧、脑与认知科学系神经科学教授詹姆斯·狄卡罗等人领导的研究小组，在《公共科学图书馆·计算生物学》杂志上发表论文称，他们研究发现最新一代的所谓“深度神经网络”能比得上灵长类动物的大脑。这提高了人们对灵长类大脑工作原理的理解，有望开发更好的人工智能，带来修复视觉机能障碍的新方法。

研究人员表示，几十年来，神经科学家致力于设计计算机网络来模拟人类的视觉能力，如认知目标，大脑在这方面精确而迅速，一瞥之间就能认出所见之物。然而，还没有一个计算机模型在识别视觉目标上，与灵长类动物的大脑相比。

新研究指出，目前最好的网络是纽约大学开发的一种模型，在对目标分类识别上能达到猕猴大脑的水平。狄卡罗认为，最新网络的成功表明，神经科学家已相当准确地掌握了目标认知原理。他说：“模型能预测神经反应和物体在神经丛空间的距离，概括了我们迄今最好的理解，让我们知道那些以往神秘的脑区发生了什么。”

早在 20 世纪 70 年代，科学家就开始构建神经网络。受大脑分级处理视觉信息的启发，构建了视觉神经网络模型。他们在模型中构造出多个计算层，每层执行一步数学运算。在每一层，图像目标的表达越来越复杂，无关的信息被放到一边。卡迪欧说：“每个元素都是非常简单的数学式，但千百万这些元素结合在一起，从原始信号到用于目标识别的表达式之间就形成了极复杂的转换。”

研究人员首先检测了大脑的目标识别能力。他们在颞下皮层和 V4 脑区植入了电极阵列。再把这些和深度神经网络生成的表达进行对比，深度神经网络由系统中每个计算元素生成的数字矩阵构成。每幅图像会产生一个不同的数组。模型的精确性取决于能否把相似的对象归类到相似的表达集群。

卡迪欧说，这种神经网络最近取得的成功取决于两个主要因素：一是计算处理能力，尤其是图形处理单元方面的巨大进步；二是研究人员能访问大型分类数据库，用数据来“训练”算法。最初，神经网络并不能很好地识别这些图像，但随着它们看的图像越来越多，不断发现错误，精简算法，最终它们对目标物体的识别会变得越来越精确。

目前，狄卡罗实验室打算开发其他模型，模拟图像处理的更多方面，包括跟踪运动、识别三维形状，人类视觉系统中的“反馈”预测等。现有网络只能模拟从视网膜到颞下皮层的“前馈”预测，而从颞下皮层返回到其余系统的连接是前馈连接的 10 倍。

（3）计算机也能玩文本游戏。2015 年 10 月，有关媒体报道，美国麻省理工学院计算机科学与工程教授巴尔齐莱领导的研究团队，近日设计了一种计算机系统，可在没有任何关于语言是如何运作的预先设定下，让计算机学习玩一种基于文本的电脑游戏。尽管计算机系统尚不能全部完成游戏，但在某种意义上昭示了它具备自主训练探究单词意思的能力。

数年前，该研究团队就已能够让计算机通过分析游戏手册，去玩特定的电脑游戏。此次，他们并未让机器学习，系统接触任何关于游戏程序数据跟踪和改进的“潜规则”，玩电脑游戏全赖于对文本的理解。所有互动都基于文本，玩家输入的东西也是一条条文字指令，而并不是通过按钮等方式下达指令。

研究人员特别关心计算机系统在玩游戏时能否实现自主的句法推导，这是困扰自然语言处理领域多年的问题。拿否定结构这种比较复杂的句法结构来说，“你被打伤”和“你没被打伤”有着天壤之别，但只靠收集关键词来理解语言的计算机系统，会忽略这个区别。

据报道，研究人员采用了“深度学习”的机器学习手段，数据被传输至具有多个处理节点的网络阵列的最底层，该层处理节点会对数据进行一番修改，然后送入上一层，如此往复。最顶层的输出数据要对照一些性能标准进行测量。然后，重复迭代整个处理过程，以检验不同的修改能否提高性能。结果显示，深度学习在电脑游戏试玩过程中的表现都优于被测的使用自然语言处理领域其他技术开发的计算机算法。

深度学习的设计灵感，来源于人类神经网络对信号的分层处理机制。20 世纪 50 年代，美国神经生物学家大卫·休伯尔等人发现，人类视觉神经系统在进行信息处理时，经历了分层抽象、迭代的过程，首先瞳孔摄入像素，然后初步判定边缘和方向，再进行抽象识别形状，最后进一步抽象得出是什么物体。这项后来获得诺贝尔生理学或医学奖的系列研究，深刻启发了计算机人工智能领域的探索。

（4）让智能机器能像儿童那样学习。2015 年 11 月 18 日，有关媒体报道，孩子来到这个陌生的世界上，他们移动着自己的身体，探索着身体怎样移动、怎样抓住玩具、怎样推开桌上的东西，同时观察模仿着成人的做法，如此这般学习着这个世界的一切。

但如果让人工智能专家教一台智能机器执行任务，一般情况下，他们只能靠编写程序，或移动智能机器的手臂或身体，如此告知它们如何行动。

现在，美国华盛顿大学计算机科学与工程教授拉加什·拉奥领导的研究小组，与该校学习与脑科学实验室研究所副主管安德鲁·麦兹奥夫合作，开发出一种新的概率模型，将儿童发育研究和机器学习方法结合起来，目标是解决智能机器技术中的根本性难题：造出能通过观察和模仿人类来学习新技能的智能机器。

拉奥说："你可以把这当作是建造能向人类学习的智能机器的第一步，它们的学习方法和儿童向大人学习是一样的。如果让那些丝毫不懂计算机程序的人去教一个智能机器，只能用演示的方法，让智能机器看着怎么洗盘子、叠衣服、做家务。但要实现这一目标，智能机器还要能看懂这些动作，并自己学着做出来。"

麦兹奥夫以往的研究表明，18 个月大的儿童能推测出大人动作的意图，并能想出其他方法达到他们想要的目的。在一个案例中，儿童看到大人想拉开一个玩具杠铃，但未达到目的，因为杠铃是粘在一起的，大人的手滑到了杠铃末端。儿童看着这一切，然后决定用另一种方法：用他的小手指抓住杠铃末端，更加用力地猛拉——重复大人想要做的。

从某种程度上说，儿童更善于感知他人的意图，他们通过对自身的探索，学习物理规律，了解自己的行动对事物的影响，甚至能积累足够的知识向他人学习，并理解他们的意图。麦兹奥夫认为，儿童之所以能学习得那么快，原因之一就是他们特别爱玩。

麦兹奥夫指出："儿童在玩的时候，看起来是毫无目的，但却是一种学习。这正是儿童很有创造性的秘密。如果他们想知道怎么玩一个新玩具，就要用到玩其他玩具时的经验。在玩的过程中，他们也在学习着一种思维模式，即自己的行动会对外界造成怎样的改变。一旦有了这种思维模式，他们就有了解决新问题的能力，并开始推测别人的意图。"

利用对儿童的研究，拉奥研究团队开发了机器学习算法。一种学习概率模型：让智能机器观察自己的动作，看不同动作可能带来什么样的不同后果，然后用这种学习概率模型，推测一个人究竟想做什么，并完成他的意图，甚至在智能机器无法确定时，还能"询问"求助。

研究团队用两个不同的场景对他们的智能机器模型进行了测试：一个是计算机模拟实验，其中的智能机器能通过追踪人类的目光学习；另一个是真的智能机器，能通过模仿人类行动来学习，比如移动桌子上的玩具。

在目光追踪实验中，智能机器学习了一种如何移动头部的规则模型，并假定人类转头也遵循这一模型。当人在屋内环视时，智能机器会追踪他头部移动的起点和终点，用这些信息算出他在看什么地方，然后用学到的头部运动规则，把自己的头转向人所看的地方。

研究人员还重复了麦兹奥夫对儿童所做的一个实验，让一个大人看向某个地方然后蒙住眼睛时，儿童会对那个地方视而不见，或者也看向那里并蒙住眼睛，表示不感兴趣，因为按他们的理解，大人其实是不想看那里。研究人员让智能机器"理解"蒙住眼睛（视而不见）的后果，它们就不再追踪人类转头所看的地方。麦兹奥夫说："儿童通过自身的体验来理解他人的行为，我们的智能机器也是这样。"

在第二个实验中，研究人员让智能机器模仿人类移动桌上的物体，并把它们擦干净。在学习模型的指导下，它们每次都不是生硬地模仿人类动作，有时还会用不同的方法来达到同样目的。

华盛顿大学计算机科学与工程博士生郑宰永说："抓取、拿起、移动这些动作对智能机器来说比推要困难，让人类把一个物体拿到另一个位置或许更容易，也更可靠，但还要知道目的是什么，这是智能机器技术中的一个难题，也是我们致力研究的问题。"

虽然实验最初只是学习怎样推断目的、模仿简单动作，但研究人员还打算探索这种模型能否帮助智能机器学习更复杂的任务。麦兹奥夫说："儿童通过玩耍观察别人来学习。他们是地球上最棒的学习者。为什么不设计一种能像孩子那样毫不费力学习的智能机器呢？"

（5）智能机器可识别乳房病变风险。2017 年 10 月，美国麻省理工学院计算机科学与人工智能实验室研究人员和马萨诸塞州总医院乳腺成像专家联合组成的研究团队，在《放射学》杂志网络版上发表论文称，他们开发出一种智能机器，可以确定哪些高危乳房病变可能会变成癌症，从而帮助医生做出正确的治疗决策，减少不必要的手术。

乳房病变是一种女性常见疾病，而高危乳房病变有很大概率转变成癌症。正是由于这种风险，手术切除病变组织通常被认为是首选治疗方案。然而，许多病变并不会对患者的生命构成直接威胁，并无必要进行切除手术。此次，该研究团队开发出的这种智能机器，正是为了改进乳腺癌检测，防止过度处理，以减少不必要的手术。

这一模型不仅能够分析患者年龄、病变组织学等传统的风险因素，还会分析一些独特因素，如活检病理报告文本中出现的单词。经过培训，该智能机器对 335 个病例进行了分析测试，正确地预测了 38 个会转变为癌症的病变中的 37 个，准确率达 97%。研究人员称，使用该模型将有助于避免近 1/3 的良性手术。

研究人员表示，新研究只是一个"概念验证"，表明机器学习技术在临床诊断过程中大有用武之地。而他们的目标是在临床中应用这种工具，帮助医生对患者进行监测，做出更明智的治疗决策。

（二）研制人工智能材料及部件的新信息

1. 开发制造人工智能的新材料

开发出可制成智能仿真皮肤的震荡胶。2012 年 3 月 26 日，美匹兹堡大学斯旺森工程学院化学与石油工程教授安娜·芭拉茨领导的研究小组，在《先进功能材料》杂志上发表研究论文说，他们研制出一种会自动收缩舒张的 BZ 凝胶，施加一定的机械压力后，原本不跳动的 BZ 凝胶可再次恢复跳动，就像医疗中的心肺复苏术那样。研究人员指出，这种特性很少有材料能模仿，因而具有广泛的应用前景，有助于进一步研究能感知机械刺激和化学反应的先进材料。

BZ 反应是苏联生物化学家贝洛索夫和生物物理学家扎鲍廷斯基先后发现的一种化学振荡现象，反应中溶液交替呈现出两种颜色。基于 BZ 振荡反应的 BZ 凝胶在 20 世纪 90 年代末首次制造出来，这种胶在没有任何外部刺激的情况下，也会表现出有节律地收缩和舒张。在适当的条件下，把一块 BZ 凝胶放在盘子里，它会如同一颗跳动着的心脏。

芭拉茨研究小组对 BZ 胶的性质提出了预测。芭拉茨认为，通过向不再振荡的 BZ 胶施加一定的机械压力，它能再次恢复振荡。麻省理工学院的研究人员证实了这一推断，他们给 BZ 胶施加一定的机械压力，超过压力临界值时就能引发化学振荡。

芭拉茨解释说："人类皮肤的某个部位变形或受伤，会向大脑发出信号。这种胶很像人类皮肤。造出像人类那样有感知能力的仿真皮肤，是机器人技术领域的圣杯。"

2. 开发机器学习的新型软件系统

研制出让机器可像人一样学习的人工智能软件。2015 年 12 月 11 日，美国纽约大学认知科学家盖瑞·马库斯主持，美国麻省理工学院和加拿大多伦多大学专家参加的国际研究团队，在《科学》杂志上发表论文称，他们从人类大脑的学习方式中获得灵感，研发出更加高效、具有复杂学习能力的人工智能软件。

这种新的人工智能软件只需看一个例子就可以像人一样精确识别出手写的文字。而目前最常见的机器学习软件，使用一种叫作"深度学习"的技术，需要成千上万个手写文字的案例，才可区分字母 A 和 Z。

过去几年，计算机已变得越来越聪明，它们可以学习识别人的面部、理解演讲的内容甚至安全驾驶汽车。但是这种学习能力存在严重缺陷：即使是学习如何完成最简单的任务，它们也需要大量的数据。

而该研究团队使用了一种叫作"贝叶斯学习系统"的算法，这种算法可以使用虚拟的笔画为每个文字生成独特的系统。然后他们使用一种概率性编程技术将每个系统与文字匹配，或者为一个不熟悉的文字生成新的系统。这种系统并没有模仿儿童获得阅读和写作能力的过程，而是模仿成人的学习过程，也就是在已经知道如何去学习的基础上，识别并书写新的文字。

为了测试这一系统的精确性，研究人员让人和软件同时在看到新的文字案例后书写出这个文字，然后让另一组人来判断哪些文字是人写的，哪些是机器人写的。他们发现只有不到 25% 的“裁判”能够发现两者的不同。

该研究团队表示，这一技术可被扩展到更加实际的应用中。例如，它能让计算机迅速学习如何识别并利用口语中的新词汇，也可让一个计算机去迅速识别新的物体。

马库斯认为，这一研究代表着人工智能技术的新方向，因为在很多情况下，并没有足够的数据供计算机去学习。他说：“语言将成为这类系统的‘杀手级’应用。当人工智能真的可以理解语言时，机器人在说话时就会有真正的音调变化。到那时，它们并不只是进行普通的语言转化工作，而是真的理解了你的意思。”

3. 开发模拟人脑的计算机芯片

（1）研制能够模拟人脑工作的计算机芯片。2014 年 1 月，英国《每日邮报》近日报道，人类刚刚迈入新年，与我们朝夕相处的计算机也将跨入一个全新的时代：使用一个与人脑类似的网络。计算机将能像人一样，拥有感知、行动甚至思考能力。

谷歌和脸谱等业界巨擘正使用神经科学的基本原理和最新发现来研制人造大脑，祈望这些设备能解决它们目前面临的与日俱增的数据问题。而总部位于美国圣地亚哥市的高通公司则先行一步，计划于 2014 年年底，发布首个商用的模拟人脑工作的计算机芯片。

据美国《纽约时报》报道，这种芯片能自动操作目前需要大量程序才能完成的任务。更重要的是，这种芯片能模拟人类的感知、行为和思考能力。这就意味着，它能避免并容忍错误，从而显著提高其在面部和语音识别、导航和控制等方面的表现。从长远来看，科学家们有望在这一芯片的基础上，研制出能像人一样甚至能比人更好地完成任务的人工智能系统。

该芯片目前正由国际商业机器公司和高通公司组成的联合团队研制。科学家们表示，这一芯片的研制工作受到了人脑的启发，人脑使用一个“相互连通且可配置的‘神经突触核心’来工作”。该芯片的存储器能像人脑的突触一样工作，其处理器类似人脑的神经元。这种芯片试图复制并改进人脑对生物传感器的反应能力，也能同时对来自多个不同来源的海量数据进行分析。

国际商业机器公司首席研发人员兼高级经理达曼德拉·莫哈曾表示："架构和程序相互交织，密不可分；新架构需要新的程序范式。"有鉴于此，国际商业机器公司于2013年为这些芯片发布了一个新的编程架构，研发人员能在其上设计应用程序。莫哈说："这不仅能让目前的计算机更加完善，也将大幅提升我们的编程能力，并能用于方兴未艾的机器学习系统内。"

目前，我们使用的计算机沿用的是几十年前的设计模式，它根据预先设定的程序来逐步处理问题。尽管这样的计算机运行速度很快，精确度也高，但在实时处理庞大的数据方面还是略逊一筹。相反，人脑的运行速度相对来说比较慢而且也不够精确，但其在识别、解释和根据模式做出反应方面可谓出类拔萃。另外，整个大脑耗费的能源与一个20瓦的灯泡相当，所占用的体积不足两升；而计算机99%的部分给了降温和供电，仅1%用来处理信息，因此，科学家们一直尝试着研制出模拟人脑工作的芯片。

计算机科学家希望最终能利用这种芯片制造出一个系统，使用数百亿个"神经元"和数百万亿个"突触"来模拟整个大脑。

（2）推出新一代模拟大脑的计算机芯片。2014年8月8日，IBM公司项目首席科学家达门德拉·摩德哈领导的研究小组，在《科学》杂志上发表论文称，他们开发出新一代"神经突触计算机芯片"。这种芯片基于一种被称为"认知计算系统"的全新架构，能够模拟人脑认知和活动能力。其尺寸只有一张邮票大小，性能却直逼超级计算机；70毫瓦的超低功耗更是让普通芯片望尘莫及。研究人员称，这种芯片能同时处理大量数据，对来自多个不同渠道的信息做出响应，包括自动驾驶汽车、人工智能以及便携设备在内多个领域都或将因此发生革命性的变革。

摩德哈称，他们设计这块芯片，是受到人类大脑皮层工作原理的启发。第一款模拟大脑芯片问世于2011年，当时仅为一个核心的原型。此次推出的新一代模拟大脑芯片，采用三星的28纳米工艺技术制造，在一块芯片上集成了100万个"神经元"和2.56亿个"突触"，整个芯片上具有4096个"神经突触"内核，54亿个晶体管。

摩德哈说，目前的计算机本质上仍是一种“连续的数字运算的计算器”，力求精确，可以说模仿的是人类的左脑；而代号为“真北”的新芯片，模拟的则是能够处理感觉、视觉、气味以及环境信息的右脑。它能够通过一个巨大的神经元和突触网络，模拟人脑处理来自身体各处感官信息的能力，因此在某些方面它甚至优于现在的超级计算机。一个简单的例子是，“真北”每秒每瓦能进行460亿~4000亿次“突触”运算，而最节能的超级计算机每秒每瓦只能进行45亿次“浮点”运算。

这一切都源于其与人脑相似的超低功耗。新芯片的功耗只有70毫瓦，一个普通助听器的电池就能将其驱动。对耗电巨头超级计算机而言这几乎无法想象。

研究人员称，与传统的计算机芯片不同，“真北”能够实时处理数据，在无须联网的情况下完成复杂的计算任务。如将其安装在汽车中，可让自动驾驶汽车，在没有数据连接或数据库损坏的情况下，自行判断路况，甚至预见可能发生的交通事故。

（3）研制擅长感觉和图形识别的类人脑计算机芯片。2017年6月，物理学家组织网报道，美国空军研究实验室与IBM公司合作研发的人工智能机器，再度引起关注。这一模拟人脑神经网络设计的64芯片系统，数据处理能力已经相当于包含6400万个神经细胞和160亿个神经突触的类脑功能，机器学习性能超过了目前任何其他硬件模型。

这个名叫“真北”的神经突触系统，由4块芯片板组成，每块芯片板装载16个芯片，构成一个64芯片阵列，能安装到标准的4U服务器中。

“真北”与传统芯片最大的不同在于，传统计算机的处理器需要时钟来充当“人体心脏”功能，但“真北”不需这样的时钟，其各个交错的神经网络平行操作，如果一个芯片不能正常工作，阵列中的其他芯片不会受到影响。

IBM研究人员表示，传统计算机就像人类左脑，擅长逻辑性思维和语言，而“真北”神经突触芯片，更像人类右脑，感觉和图形识别能力是其特长。“真北”的独特设计，使研究人员既可以在多个数据集上运行单个神经网络，也可以在单个数据集上运行多个神经网络，高效地将多个数据集上的图片、视频和文本等信息实时转换成计算机能识别的代码。

IBM 称，64 芯片的“真北”系统还有低能耗优势，其每个芯片耗能只相当于 10 瓦的灯泡。这意味着，该高端系统未来甚至可用于手机和自动驾驶汽车。研究人员说：“将来，可以让智能手机，像超级计算机一样强大。”

美国空军研究实验室正在研究该系统在可穿戴、移动和自动化等设备中的应用潜力，进一步缩小各个研究平台的尺寸，提高其图片识别等问题处理的效率。未来，卫星、高空飞机、小型无人机和太空基地等或可应用“真北”系统。

（4）发布模拟人脑的自主学习原型芯片。2017 年 9 月 26 日，《技术评论》杂志网站报道，芯片巨头英特尔公司近日公布了一款名叫“Loihi”的神经模拟原型芯片。它包含的数字电路，能模拟人脑 13 万个神经元和 1.3 亿个突触连接。该芯片无须再像其他智能芯片那样接受学习训练，而是利用数据进行自主学习和推理，且学习能力会随着时间推移越来越强。

大脑神经网络通过神经脉冲传递信息，并根据电脉冲先后顺序调节神经突触相互连接的强度，通过不同神经区域的竞争性与协作性相互作用，产生各种智能行为。而近年取得重大突破的深度学习类智能系统，需要事先进行强化训练，才能获得某种识别能力，一旦遇到从未接触过的特定场景，其“智能”就会大打折扣。

Loihi 芯片采用了一种“异步激活”的全新计算方式，来模仿大脑运作模式，组成它的 128 个计算核心每个都包含 1024 个神经元，总共模拟出人脑 13 万个神经元和 1.3 亿个突触连接，组成异步神经形态的多核网状结构，每个神经元都能与成千上万个其他神经元同时通信。每个计算核心包括一个学习引擎，支持各种学习模式，从而让芯片无需依赖云数据的更新，能够自主学习并实时调整。

测试结果表明，使用美国标准数据库进行识别对比时，Loihi 的学习效率比其他智能芯片高 100 万倍，而且完成同一个任务所消耗的能源可节省近 1000 倍。英特尔公司副总裁迈克尔·梅伯里表示，该芯片使用英特尔现有 14 纳米工艺技术就可以生产，预计 2018 年上半年推出第一代测试芯片，提供给各个大学和研究所的人工智能专家进行测试。

Loihi 在遭遇未知环境时的自主操作能力和持续学习能力，使其在自动化制造和个性化机器人等领域拥有无限潜力。梅伯里认为，这种模拟人脑的计算设备，将逐渐从概念变成主流产品，在接下来的50年内为人类创造巨大的经济效益。

第二节　仿生机器人的新进展

一、模仿人类机器人的新成果

（一）模仿人类行走的机器人及相关部件

1. 模仿人类行走机器人的新信息

（1）研制出能以人类步伐直立行走的机器人。2005年2月，美国康奈尔大学、麻省理工学院和荷兰德尔福特大学各自组成研究小组，分别研制出能以人类步伐直立行走的新型机器人。他们同时在第171届美国科学促进会的年会上展示。

这3所大学研制的机器人，都基于同样的原理：无源动力学设计。他们对一种“无源动力学步行者”研究了多年，这种“步行者”就像18世纪制成的“简单步行玩具”一样，能在缓坡上步行。康奈尔大学理论和应用力学教授卢伊纳对这种机器人进行更深入研究后，开发出具有双脚和关节的机器人。麻省理工学院开发的机器人，是向踝节部提供动力使其行走，当前脚到达地面时，微芯片控制器会告诉后脚开始“迈步”，在每条腿向前摆动期间，一台小马达拉伸弹簧提供推力。此外，麻省理工学院研发的机器人还具备学习功能，使机器人能“教”自己行走。德尔福特大学机器人则采用了气动推力。

卢伊纳教授表示，他们开发的机器人在单位重量和行走距离上耗用的能量，与人步行相当，效能比其他机器人高10倍。据估计，日本本田公司的阿西莫机器人耗用的能量，至少比人大10倍，而麻省理工学院和德尔福特大学研发的机器人，比阿西莫机器人耗能少得多。更重要的是，他们开发的机器人走路的步态更像真人，因此，能更有效地支配能量，能量消耗也明显减少。该项研究有助更好地理解人类步行和运动的机制，将能为截肢患者设计出更好的义肢。

（2）研制出可以模仿人类上下自如行走的机器人。2005年5月美国媒体报道，由美国密歇根大学杰西·格里兹尔教授主持并和他的同事以及法国研究人员一起参加的研究小组，经过 6 年的不懈努力，终于研制出可以模仿人类行走的高科技机器人，该机器人名为“兔子”。这是世界机器人史上第一个可以模仿人类行走的机器人。2004 年年底，“兔子”成功完成了爬上六级台阶的试验。在过去的 18 个月里，“兔子”一直行走自如。

格里兹尔为“兔子”制造了管理控制器。他说，输入到此机器人中有关控制平衡的程序在医学领域也十分有用，通过它可以帮助病人更快地恢复行走能力。

格里兹尔说，目前，世界上所有两条腿走路的机器人，或多或少都存在投机取巧的成分，他们通常都有扁平的大足和奇异的行走姿态。直到“兔子”的问世，科学家们才真正制造出通过广泛试验，经历无数挫折而获得成功的双足机器人。以往的机器人都采用宽大的足来避免摔倒，他们内部管理控制系统的程序，很少真正包含控制行走姿态和保持行走平衡的功能。如果让他们进行复杂的运动，比如踩高跷或者踮起脚走路，唯一的可能就是狠狠的摔倒。

“兔子”根本没有宽大的脚。它的脚部只有一个小小的支撑点，这就是说当它行走的时候，触地面积总共也只有两小点。这时，设计机器人的研究人员就必须充分考虑到各种可能发生的情况。一个没有大脚的机器人，是不可能投机取巧的。

格里兹尔表示，简单地说，机器人的行走可以归纳为两个数学模型。首先研究人员必须充分了解有关人类行走的动力和平衡学，然后把他们总结为机器人可以接受的数学模型，最后通过不断的试验以改进控制算法，找到机器人适用的行走姿态。

（3）研制出像真人一样双腿直立行走的机器人。2009 年 10 月，美国媒体报道，曾研制出大狗机器人的波士顿动力公司又有新发明，他们研制出一种像真人一样四处活动的机器人。该公司正在制造名叫“Petman”的仿人机器人原型，用来检验防护服的性能。

Petman 的职能是为美军实验防护服装。与先前机器人不同的是，它无须外部支持就能站立、行走，因为它有“双腿”。波士顿动力公司承诺说：“Petman 能维持平衡，灵活行动。行走、匍匐以及应对有毒物质的一系列动作，对它来说都不成问题。它还能调控自身的体温、湿度和排汗量，来模拟人类生理学中的自我保护功能，从而达到最佳的测试效果。”

此前波士顿动力公司曾经为美军研制出大狗机器人，这种样子怪怪的四足机器人仿佛一匹“骡子”。据悉，大狗机器人，能在战场上发挥非常重要的作用：在交通不便的地区为士兵运送弹药、食物和其他物品。它不但能够行走和奔跑，而且还可跨越一定高度的障碍物。该机器人的动力来自一部带有液压系统的汽油发动机。

与大狗机器人一样，Petman 即使受到冲撞也能保持直立。它的行进速度，能达到每小时 5.1 公里，几乎和有血有肉的真人无异。它是许多机器人制造公司努力打造的双足仿真机器人之一，不过迄今还没有研制出非常接近真人的机器人。

（4）为深空探测升级仿人型双足机器人。2015 年 11 月 18 日，美国全国广播公司新闻网报道，美国麻省理工学院和东北大学联合组成的一个研究团队，被授权参与美国国家航空航天局 R5 仿人型双足机器人原型的升级工作，这些机器人或许有一天能参与深空甚至火星的探测。

据报道，美国国家航空航天局最初设计的 R5 机器人，可以用双足行走，被命名为瓦尔基，目的是协助救灾。该机构设想，R5 仿人型双足机器人，未来或许会在人类到达其他星球之前，就执行先期任务或者与人类并肩作战。

美国国家航空航天局计划在 2025 年将人类送往小行星，2030 年送往火星。该局空间技术任务委员会副主任史蒂文·加西克在发表的一份新闻通告中指出：“先进机器人研究包括人类与机器人的协作研究，对于未来我们去往火星旅行的能力建设至关重要。”

美国国家航空航天局新闻发言人说，该机构将分别与麻省理工学院和东北大学这两所选定的大学探讨合作协议，并将在自有的机器人实验室训练学生和工作人员，2016 年 1 月份将把机器人运送到位。两所大学的研究团队，是从参加美国国防部先进研究项目局的机器人挑战赛中选出来的优秀团队，他们将获得美国国家航空航天局每年 25 万美元的研究资助经费。

2. 开发模仿人类行走的机器人腿设备

研制能够模拟人类走路步态的机器人腿设备。2012 年 7 月，由美国亚利桑那大学特丽莎·克莱因等人组成的研究小组，在《神经工程》杂志上发表论文称，他们造出一种机器人腿设备，把人体组织系统所拥有的神经结构、肌肉骨骼构架和传感反馈路径进行一定简化后，用在机器人腿上，在模拟人类走路步态时，几乎能以假乱真。研究人员认为，这是第一个达到了生物行为精确度的完整行走模型。

这种"两足机器"建立在人类肌肉神经结构的原理上，通过韧带肌肉模拟收缩/舒张肌行为。人类走路系统的关键部分是中枢模式发生器，是一个位于腰部脊髓区的神经网络。人体不同部分接受环境刺激会产生反应，中枢模式发生器收集这些反应信息，产生节奏肌肉信号并对这些信号进行控制。这一机制让人能自由行走而无须思考该怎么走。

最简单的中枢模式发生器形式是一种半中枢，仅由两个神经元组成，分别发出信号和产生节奏。机器人腿的神经系统是一个人造半中枢振荡器，再加一些将信息反馈给半中枢的传感器，包括负荷传感器，当腿受到来自路面的压力时，把压力传给肢体。克莱因说："我们造出的行走模型，只需一个简单的半中枢来控制臀部，一套刺激反应器来控制下面的肢体，就能模仿人类走路步态而无须平衡。"

这种机器人系统模型代表一个完整的生理或"神经机器人"，有助于研究人类和动物行走的神经生理过程、发展婴儿学步理论，帮人们理解脊髓损伤病人恢复行走能力的机制。

研究人员推测，婴儿学走路也是从简单的半中枢开始的，一段时间后，婴儿通过学习建立起一张"网"，以适应更复杂走路方式。这也解释了为什么把婴儿放在跑步机上时，他们会表现一些简单的走路姿势，因为在他们开始学走路之前，一个简单的半中枢已经存在。

克莱因说："这种支持网络，可能也是形成中枢模式发生器的核心，这解释了为何那些脊髓受伤的人在受伤后几个月内，通过适当刺激还能恢复行走能力。"

（二）模仿人类思维与感觉的机器人

1. 模仿人类思维意识机器人的新信息

（1）开发出拥有最原始大脑的机器人。2005 年 11 月，《新科学家》杂志称，来自美国加利福尼亚神经研究院的一个研究小组，开发出一种被称为“第七达尔文”的全新机器人。这种机器人不像普通的机器人那样依靠计算机程序控制，而是由约 2 万多个神经元来指挥其行动。

据介绍，该机器人由固定操纵臂的底座和其他操作装置构成。此外，这种拥有最原始大脑的机器人，还拥有较为完整的感觉“器官”：随机配备的微型摄像机扮演着眼睛的角色、数个麦克风可使它拥有对声音的感知能力、专门为其开发的传感器还可以让它区分出不同的味道来。只不过，该机器人的设计外形，让人难以加以赞誉——其外形和大小很像一个垃圾箱。

“第七达尔文”机器人可遵照动物的“自然本能”进行活动，它可以表现出对周围环境的好奇和兴趣，也可以从周围环境中学习积累一些经验。如，当它在地板上移动时，会及时记住家中物品的摆放位置，还能够依靠自己原始的大脑，自主判断对某些物品花色的好恶。

开发出以神经元代替微型集成电路的机器人，是众多科研机构多年的愿望。两年前，乔治亚工学院研究人员曾开发出一种所谓的“杂交”机器人“吉布罗特”，它所使用的大脑神经元取自家鼠。当然，这种杂交机器人在当时根本不能自主进行活动。

（2）研制出可识别自己并理解他人意图的机器人。2007 年 6 月，有关媒体报道，由美国耶鲁大学的凯文 · 戈尔德及其导师布雷恩 · 斯卡赛拉迪等人组成的研究小组，研制出一个名叫“尼科”的机器人，它能识别自己，并理解他人的意图。

测试过程中，尼科凝视着他面前的镜子，镜子里面有个身穿耶鲁大学字样的圆领衫、歪戴着一顶棒球帽的家伙。当尼科抬起胳膊时，那个家伙也同时做相同的动作。这一刻，尼科明白了，镜子里抬起的胳膊就是自己的胳膊，镜子里的那个家伙就是自己。尼科作为一个机器人，在其同类中，它可是第一个能从镜子里认出自己的。

能认出自己的映像，被认为是婴儿发育的一个重要里程碑，也是衡量其他动物是否具有自我意识、社交性和智力的重要标志。但是，尼科是由一堆堆零部件组装起来的机器人，怎样才能让它具备认知自我的能力呢？科学家为此确实花了一番心思。

研究小组为尼科安装了一条有关节的胳膊，在它的一只眼睛后面安装了一台摄像机，并与一台运行智能软件的计算机相连。

当尼科的眼睛对准镜子时，软件把镜子中的映像划分成“自己”“别人”和“两者都不是”三类。通过不停地比较一帧帧连续的图像，软件可以识别出某一帧图像和下一帧图像之间的像素变化。当尼科开始移动时，它胳膊上的运动传感器会同时告知软件。如果镜子中映像的某一部分像区发生变化，而与此同时传感器检测到它的胳膊在移动，它会认为这部分映像很可能是“自己”；如果某一部分像区在移动而传感器没有检测到它的胳膊移动，它会把这部分映像归为“别人”；而那些在两种情况下都静止不动的映像区域，很可能为“两者都不是”。这样，尼科不仅可以认出自己的胳膊在移动，也能分辨出其他人移动的胳膊。

为了测试尼科的自我认知能力，戈尔德编制了一个程序，让尼科的胳膊连续运动4分钟，同时用装在它眼睛上的摄像机将整个过程录下来。通过将录像和传感器的检测信号作比较，让尼科学习熟记，传感器检测到的胳膊运动和录像中的胳膊运动是如何对应的。然后尼科再次站到镜子前，戈尔德就站在它旁边。当尼科移动它的胳膊时，戈尔德做了一系列不同的动作，如玩戏法、喝瓶装水。试验证明，尼科能正确地识别出与它的胳膊运动，以及与戈尔德的运动分别相对应的像素区，识别率超过95%。

戈尔德说，即使在机器人受到损坏、穿上不同的衣服或者在不同的光线条件下，通过将装在机器人上的摄像机捕捉的影像和装在胳膊上的传感器检测到的信号相比较，机器人仍能认出自己的胳膊。这将有助于它们执行如操纵物体之类的任务，或者使它们可以根据变化的地形，调整自己的步伐。而通常的软件经常会被表面和环境的变化欺骗。

（3）研发能看懂人类手势的人工智能机器人。2009年3月，生活科学网报道，美国布朗大学机器人专家查德·詹金斯领导的研究小组，正在开发能看懂人类手势的智能机器人。

詹金斯表示，人类能感知影子、颜色和物体，但这对机器人来说很难。他领导的研究小组正在开发由人类士兵控制的，能处理未爆炸炸弹的机器人PackBot，该机器人懂人类手势，如前进、停止和等候。

PackBot升级版还有摄像头，具有深度感，这意味着它能精确知道任何背景下的人物轮廓大小。詹金斯希望士兵最终能训练PackBot会特定的手势，并叫它如何记下来。

2. 模仿人类感觉机器人的新信息

（1）视觉方面：研制能像人一样的用眼睛看人的机器人。2007 年 4 月，外国媒体报道，麻省理工学院亚伦·埃德辛格领导的研究小组，研制出一个名叫“多摩”的机器人，它有着像人一样的眼睛，能与人类进行交流，能对周围的环境做出回应，并能协助人类完成许多工作。

目前，多摩能够辨别出物体，然后靠近它们，把它们放在架子上。与其他的机器人不同，它能够通过自己的“眼睛”（两个摄像头）来感知周围的环境。这两个摄像头看上去非常像人眼，它们与 12 台电脑相连接。

埃德辛格说，把它的摄像头做成人眼状，一方面是为了使它能更好地观察周围的环境并做出迅速的判断；另一方面是为了使它看上去更像人类。

多摩可以对人类环境做出回应，特别是它能感知人的脸。当它判断出对面的物体是人脸时，它就会进行定位跟踪。

近日一项研究还证明多摩的语音识别功能，当埃德辛格说：“你好，多摩!”时，多摩也会做出友好的回答。当埃德辛格说：“架子，多摩!”时，多摩就会用一只金属和线构成的“手臂”小心翼翼地靠近架子，然后触摸架子确定它的存在。

然后，埃德辛格把一包咖啡豆放在多摩的另一只手上。多摩能够把它拿起来摆动，并能通过“视觉”判断出物体的大小，然后再传递到另一只手上，另一只手还会把这包咖啡豆放到架子上。

多摩与其前辈不同，它还具有触觉功能，这对于与人交流时的安全性非常的重要。它的颈部、手臂和手上的弹性装置可以帮助它感知外界力量，这样使它能够以适当大小的力量做出回应，并能保持正确的方向。如果力量过大或方向不正确，就有可能使人受伤。

一开始，多摩的研发资金来自美国宇航局，现在由丰田汽车公司赞助，因为他们可以将这样的机器人用于汽车装配的流水线生产上。智能机器人可以提高工人的工作效率。

（2）平衡觉方面：研制出“动态平衡”机器人。2006 年 8 月，美联社报道，美国卡内基·梅隆大学拉尔夫·霍利斯领导的研究小组，研制出一种具有“动态平衡”能力的机器人。有关专家认为，这种机器人将来可被用来照顾残疾人或陪伴老人。

据报道，这种名为“球虫”的机器人身高1.5米，它可以依靠其下部安装的形似保龄球的“动态平衡”装置直立移动和随意转向，并且在遇到推搡或碰撞时，也能迅速恢复直立状态，看上去有点像马戏团表演滚球的动物在做平衡。

霍利斯指出，大多数机器人都是通过基座上的轮子保持平衡，当机器人身高增加时，必须相应增大基座的面积才能校正重心，这种平衡模式叫作“静态平衡”，它的缺点是体积大、平衡性差和难操控。

采用“动态平衡”模式的“球虫”机器人，却可以通过球体内的传感器采集地形、周围环境和自身状态的数据，然后通过机载电脑对数据进行分析处理并驱动电动机及时调整平衡，霍利斯解释说，这一动态过程与人脑的自动补偿平衡机制类似。

霍利斯认为，由于“球虫”机器人始终在球体上运动，所以转身灵活并且占地小，非常适合在医院等空间有限的地方工作，未来可以被用于照顾残疾人或是陪伴老人。霍利斯表示，目前“球虫”机器人距离商业应用还有一段距离。

（3）机体疼痛觉方面：制成能测出病人痛感的医用机器人。2011年9月，在美国《科学公共图书馆·综合卷》杂志上发表斯坦福大学医学院的一项新研发成果：不用通过询问病人，而是利用医学机器人检测病人是否有疼痛感。

研究人员报告说，他们利用仪器，整理出人在感觉到疼痛时的大脑扫描图，让医学机器人“记住”这些图像的特征，从而通过这种神经成像技术检测人的疼痛感。

试验中，研究人员让8名志愿者先后接触较热和滚烫的物体，并在他们接触这两类物体时分别进行大脑扫描。接着，让医学机器人通过一种基于统计学习理论的模式识别方法，来给大脑活动模式进行分类，从而确定志愿者是否正被疼痛折磨。结果显示，医学机器人测定志愿者疼痛感的准确率达80%以上。

目前，医生了解病人是否感到疼痛，通常只能通过询问才知道。然而，对于尚无说话能力的幼儿、无法开口说话的老年病人，以及患痴呆症、失去意识的病人，往往不能得出准确的答案。所以，医学界一直在努力开发疼痛检测装置。这台医学机器人的出现，有望最终解决疼痛检测问题，为治疗慢性疼痛疾病提供帮助。

（三）模仿人类表情及互动行为的机器人

1. 模仿人类表情机器人的新信息

发明会做多种表情的“爱因斯坦”机器人。2009 年 2 月 27 日，有关媒体报道，在美国加利福尼亚大学举行的科技、娱乐与设计会议上，展出了一款“感情机器人”。它以科学家爱因斯坦长相为模型，由美国机器人大师大卫·汉森一手打造。“爱因斯坦”机器人的头部与肩膀的皮肤，看上去与真人的皮肤没有什么两样。这种皮肤由一种特殊的海绵状橡胶材料制成，它融合了纳米以及软件工程学技术，连褶皱都非常逼真。另外，该机器人目光炯炯有神，可以做出各种表情，这让现场的与会者都惊讶得目瞪口呆。

据介绍，汉森制作的“爱因斯坦”机器人，面部装有 31 处人造运动肌，因此可以做出相当丰富的面部表情。而且，这款机器人“脑中”装有一个专门识别人脸表情的软件，这样机器人就能随时根据人类的情绪变化，来改变自己的表情，与人互动。

汉森介绍说，“爱因斯坦”机器人，目前可以识别悲伤、生气、害怕、高兴以及疑惑等情绪。机器人拥有表情，可以说是科技界一大重要突破。

2. 模仿人类互动行为机器人的新信息

（1）开发出能模拟别人行为的机器人。2007 年 7 月，美国媒体报道，麻省理工学院辛西娅及其同事伯林、格瑞等人组成的研究小组，研制出一个名叫“莱昂纳多”机器人。专家认为，它在智能机器人发展史上，也具有里程碑式的意义。

研究小组利用一个运行着面部、图像和声音识别软件的计算机阵列，为莱昂纳多构建了一个“大脑”，大脑里存储着莱昂纳多周围一个个物体，以及它见证过的事件的信息。当它捕捉到一个新面孔时，它会建立和存储另一个“大脑”，该“大脑”处理信息的方式和它自己的“大脑”一样，但它是从这个新面孔的角度看待周围事物的。如果这个新面孔因为视线被阻碍，或者暂时离开房间而看不到周围发生的变化，与这个新面孔对应的“大脑”中的资料就不会更新。伯林说，他们是围绕着这样一个概念来制造莱昂纳多的，那就是说，它可以把自己当作一个模拟器来理解别人。

在心理理论研究中，有一个经典的错误信念实验：试验者让儿童观看木偶表演，主人公麦克把巧克力放在橱柜后外出，他的妈妈又把巧克力移到抽屉里，然后问儿童，麦克回来后会在何处找巧克力。一般会发现：大多数3岁儿童报告说麦克到抽屉里找，而4岁儿童大多数报告说麦克会到橱柜里找。这表明4岁以上的儿童才开始理解别人的错误信念。

莱昂纳多在面对“错误信念”试验时的表现如何？当某个人离开房间时，它知道一个玩具（用来代替巧克力）被移动了。伯林发现，通过模拟他人的观点，莱昂纳多可以更好地理解别人的目标。比如，伯林和格瑞分别把土豆片和饼干放进两个盒子里，在伯林离开房间快要消失的时候，格瑞将这两个盒子互换。当伯林返回打开第一个盒子时，莱昂纳多预料他要找的是土豆片。类似的，当格瑞乱翻同样的盒子时，莱昂纳多知道他是在找饼干，于是把饼干提供给他。

如果机器人能和婴儿一样，通过教育可以从一个发展阶段进入到下一个发展阶段，它们就能学会完成更加复杂的任务，对人类的用处无疑更大。这类研究除了有助于制造更好的机器人以外，也会加深我们对婴儿认知发育的理解。像自我认知、模拟别人的看法等被认为是婴儿发育的里程碑，它们是和其他一些重要的能力，如共情、社交的发展密切相关的。通过完成与这些里程碑相关联的一些动作，机器人可以帮助研究人员理解，到底需要具备哪些能力，婴儿才能达到这个发育阶段。

（2）研制能通过语言和表情互相交流的机器人。2015年3月，美国趣味科学网站报道，美国国防部高级研究计划局的科学家正在进行一个名为“同机器人交流”的新项目。该项目旨在打破人和机器之间的语言壁垒，让机器人可以像人一样通过使用口语、面部表情以及手势来表达自己。未来，人们或许能像与朋友聊天一样与机器人交流。

“同机器人交流”项目负责人保罗·寇恩在一份声明中表示：“现在，人类只是将机器人看作工具，在很大程度上源于我们和机器人之间横亘着的语言壁垒。‘同机器人交流’项目的宗旨是桥接这一壁垒，并鼓励科学家借助这一技术推陈出新，研发出更多能解决实际问题的新技术。”

研究人员指出，未来“同机器人交流”项目有望大展拳脚的一个领域，是癌症研究中的机器人建模。尽管美国国防部高级研究计划局研发出来的机器人，现在能很快搭建出导致细胞发生癌变的复杂的分子过程的模型，但它们在判断这些模型是否值得进一步研究方面，还是差强人意。如果机器人能更准确地知悉和把握生物学家的想法，它们的工作将对癌症研究人员更有用。寇恩说：“人和机器人各有所长，它们携手合作有望为癌症研究带来新气象。”

不过，美国国防部高级研究计划局的研究人员也表示，让机器人同人携手合作，知易行难。用语言表达观点是人类的天性，但交流活动却要复杂得多。

为了让机器人完成同人交流的任务，研究人员设计出了几种需要人机携手合作才能完成的任务。其中一个任务是“协作创作”，也就是让机器人和人携手编写出一个故事。在这个练习中，人和机器人轮流贡献句子，直到它们创作出一个短篇故事。寇恩说：“对人类来说，这只是一个小游戏，但对机器人来说，这是一个巨大的挑战。为了做好这件事情，机器必须很好地把握故事要表达的意思以及发展脉络，接着想办法用语言进行延展和表达。”

寇恩团队正在计划的另一个任务是所谓的“积木世界”，完成这一任务要求机器人和人能相互交流，使用积木造出一个结构。这个任务更加困难，因为机器人和人都没有被教导如何建造这个结构，它们必须一起想办法。

美国国防部高级研究计划局的研究人员希望机器人未来能做得比玩积木更多。如果这一点取得成功，“同机器人交流”项目将大力助推机器人和半自动化系统领域的发展，因为这些领域目前使用的编程和预先配置界面，并不能让人和机器进行简单的交流。美国国防部高级研究计划局的科学家表示，更好的交流技术，有望帮助机器人操作员，在操作前和操作中使用自然语言，描述任务并向机器发出指令。而且，除了能让人类操作员的工作更加方便之外，“同机器人交流”项目也会使机器人在遇到棘手问题时，能从人类那儿获得建议或者信息。

二、模仿动物机器人的新成果

（一）模仿动物体貌特征与生活习性研制机器人

1. 模仿动物体貌特征研制机器人的新信息

（1）模仿毛毛虫蜷缩伸展自如体貌特征研制的机器人。2007 年 2 月，有关媒体报道，美国波士顿塔夫兹大学巴里·特里莫教授、大卫·卡普兰教授共同负责的一个研究小组，正在研究一种毛毛虫机器人，未来它可以在狭小空间大显身手。

研究人员说，未来毛毛虫机器人能够蜷缩成一个小团再恢复原形，还能在粗糙表面进行攀爬、在狭小空间里检查。该研究小组已经开始启动自己的一项制造软体机器人的计划。

研究人员指出，这种毛毛虫机器人将能够从事，从人体内检查帮助医师确诊，到检查工业管线损坏情况的各种事情。它还能够用于通过危险区域，如核反应堆或是雷场，或者是维修太空飞行器上的太阳能电池板。

特里莫教授说："或许明年我们就将制造出一个能够爬行的毛毛虫机器人。"他已经研究毛毛虫和软体动物神经系统多年，以便更好地理解它们，如何更好地用一个小小的大脑，来控制自己的波浪似的运动。他成功地确定了一些负责特定运动的脑细胞的功能。

由于这些动物是软体动物没有骨骼，他们的运动要比那些拥有骨骼系统的动物，所受限制少得多。例如，人类的肘部只能向两个方向运动，目前许多刚性的机器人，都具有类似的关节。毛毛虫可以向许多方向运动，而且并不需要太多的神经系统实现这种能力。它们的肌肉可以对简单的大脑信号做出反应，具有做出卷曲等动作以爬上树枝和树叶下面的能力。研究人员设想，建造一个机器人控制系统，并模拟毛毛虫的神经系统和肌肉动作。

卡普兰教授的部门将进行软体材料研究，以制造毛毛虫机器人的身体和电子元件。它致力于遗传工程和纳米技术的研究，以制造出像蜘蛛丝一样的弹性材料。

最后，特里莫说，他的研究小组希望制造出一个毛毛虫机器人，你可以拿起它，它会在你的手心缩成一小团，让它走，它就能走开。

（2）受到章鱼启发研制出拥有八条腿的软体机器人。2016 年 8 月 11 日，美国马萨诸塞州剑桥哈佛大学电子专家詹妮弗·莱维斯主持的研究小组，在《自然》杂志网络版发表研究成果称，他们研究中受到章鱼的启发，进而开发出完全软体自驱动的机器人。

软体机器人具有弹性，比利用硬质材料制成的传统机器人更能适应一些自然环境。但是，因为需要通过电池或电线将其与固定电源连接起来以提供动力，软体机器人的自主性一直受到限制。

莱维斯研究小组报告称，新研发的机器人拥有八条腿脚，以过氧化氢为燃料源，让它与小心放置的铂催化剂反应生成氧气，以气动方式驱动腿脚运动。他们综合运用多种方法制造出这种“八爪机器人”，包括利用 3D 打印技术打印软性身体内的气动网络。该八爪机器人可以运行 4～8 分钟，研究人员表示，通过进一步改进用以控制燃料利用方式的元件设计，可以延长机器人的运行时间。

研究人员总结说，这项新设计和新制造方法，为未来制造新一代完全自主而且能够执行更加复杂功能的软体机器人奠定了基础。

2. 模仿动物生活习性研制机器人的新信息

（1）研制出可模仿蚂蚁活动的微型机器人。2013 年 3 月，美国新泽西理工学院生物学家西蒙·加尼尔领导的一个研究小组，在《科学公共图书馆计算生物学》杂志上发表研究成果称，蚁群活动总是井然有序，能够利用最短路径搬运食物。他们最新研发出一种可模仿蚂蚁生活习性和活动规律的微型机器人，这一技术未来可用于改善交通状况。

蚂蚁可以根据同伴留下的信息素等信息辨别方向，该研究小组发明的这种机器人，则可以跟随“同伴”留下的光轨迹运动。它只有一块方糖大小，“头顶”安装两个模拟蚂蚁触角的光感应器。单个机器人“只会乱窜”，但作为一个群体，它们就可以像蚂蚁一样“协作”。

在走迷宫试验中，研究人员将多个“仿蚁”机器人放置在迷宫中，让它们在网状通道中建立从起点到终点的路径。结果显示，它们在多数情况下能够依据“同伴”留下的光点多少，选择最短的路径通过迷宫，接近真实的蚂蚁活动。加尼尔认为，相关技术可以应用于帮助人们改善交通状况的研究等。

（2）模仿蚂蚁抱团行为创造千余机器人组成的集群。2014 年 8 月，美国哈佛大学计算机学家迈克尔·鲁本斯坦和拉迪卡·纳格帕尔，以及麻省理工学院计算机学家亚历杭德罗·科尔内霍等人组成的研究小组，在《科学》杂志发表论文称，他们模仿蚂蚁抱团的聚集行为，在工作台上制作出一个由 1000 多个硬币大小的机器人组成的“集群”：它们通过与“邻居”通信，能把自己装配成二维形态。

论文称，这个拥有 1024 个“成员”的人造集群，主要用于示范集体行为。研究人员表示，微小机器使用的这种自动组织技术，将有助于促进自我重新装配“变形机器人”的发展，并将能阐明自然界中群体形态的复杂性程度。

这种冰球状的机器人名为“基洛机器人”，每个价值 20 美元，由一套简单规则管理。首先，机器人被以任意形状紧密排列在一个平面上。然后，4 个“种子机器人”被置于机器集群旁边的群簇中，而集群远端的机器人开始沿边缘朝着“种子机器人”慢慢移动，马达的驱动让它们就像电话振铃一样振动。

机器人使用红外线进行通信，但只能与距离最近的机器人传递和接受信息，因此它们无法“看到”整个合作过程。但是，“种子机器人”会充当坐标系的起点；它们的位置信息会向外穿过整个集群。这使得每个机器人能确定自己在哪里，以及是否身处研究人员规划的形状内部。在一个约 12 小时的周期内，机器人就能自己组成科学家规划的形状，例如字母 K 或一个五角星。

未参与该研究的宾夕法尼亚大学机器人工程师马克·伊姆表示，建造和操控一个大型的机器人群组，是一个令人印象深刻的工程学壮举。他提到，之前有关可程序化机器人集群的演示，仅涉及约 50 个“成员”。

另外，鲁本斯坦指出，这种能够改变形状的机器人集群与蚂蚁类似，显示出模块化行为能帮助这种动物快速适应周围环境。他认为，此类行为在制造可编程物质方面将会有用：沙粒大小的微型机器人将能自动重新排列成任意形状的工具，例如扳手。鲁本斯坦说：“这些未来机器人将会像 3D 打印机，但与可塑材料打印不同，你可以用能自己行动的机器人进行打印。”

这种变形技术的未来应用，更多可能集中于可重构机器人领域——现实版“变形金刚”。伊姆已经制作出一个能自己从一种四足外形变成一条蛇状链条的模块化机器人。他认为，相关新研究将有助于进一步改进变形技术。

但“基洛机器人”并不那么简单、有效。一个动作缓慢的机器人，能引发外部边缘出现“交通堵塞”，并且由于“基洛机器人”追踪不精确，以及在停止之前彼此碰撞，形状趋向会看起来变得扭曲。

哈佛大学物理学家李·马哈德万认为，尽管如此，这些缺陷将为人们提供洞察自然成群动物是如何工作的线索。马哈德万未参与该研究。他猜想使用“基洛机器人”群组来检测昆虫的集体行为是如何发展、竞争和进化的，甚至诸如有多少人类行为，是由集中意识，或局部反射决定的等问题，也能通过“基洛机器人”实验来解答。他说：“我认为，它只会被你的想象力所束缚，它将成为一个奇异的工具箱。”

（3）模仿白蚁处理信息的生活习性制成机器人。2014 年 2 月 14 日，哈佛大学威斯研究所威尔弗·贾斯汀领导的研究团队，在《科学》杂志上发表研究成果称，他们模仿白蚁处理信息的生活习性，制造出只需简单规则就能建造复杂结构的机器人。

有关报道称，这些安装了传感器的“白蚁机器人”可沿直线移动，并能自动选择位置放置砖块。贾斯汀介绍，这些机器人能自主决定下一步的行动，如果他们觉察到其通道上已经有一块砖，就会携带砖块至下一个空位。

贾斯汀作为一名生物工程师曾在位于纳米比亚的平原上看到，数以百万计的白蚁建造起一个 8 英尺左右高的土堆，作为它们的巢穴。

研究人员据此分析，在这个过程中，白蚁从环境中获得简单信息，从而判断它们应把下一个土块放在哪里。所以，白蚁不需要像人类一样进行复杂的设计，就能建造比它们体型大数百倍的土堆。贾斯汀说：“机器人的研制，正是受到了白蚁的启发。”

研究人员把白蚁使用局部信息的原理称为“共识主动性”。他们进一步利用这一原理设计了模仿白蚁生活习性和行为规律的模型，最终制造了“白蚁机器人”。

尽管每个机器人只“知道”简单的规则，但从宏观上看，这些机器人展现了智能的行为，能够完成用户定义的结构。

对于这一成果的应用前景，贾斯汀说：“它将能在人类难以工作或有危险的环境中被派上用场，如用沙袋修建防洪堤。我们希望，将来它还能在地震后建造庇护场所，或在水下或在其他星球上建造栖息场所。”

（二）模仿动物行走、攀爬和飞行方式研制机器人

1. 模仿动物行走方式研制机器人的新信息

（1）模仿蜘蛛发明能在水上行走的机器人。2004 年 9 月，美国卡内基·梅隆纳米机器人实验室主任梅汀·思狄教授领导的研究小组，模仿蜘蛛行走方式发明了一款微型机器人。它不仅外表形状像蜘蛛，而且还能像蜘蛛一样在水面上行走。有关专家表示，这款能在水面上行走的蜘蛛机器人，足以称得上是一个机械奇迹。

思狄教授说，他是从大自然和麻省理工学院若干研究成果中得到灵感，从而发明制造出这款微型机器人的。

这虽然只是一个机器人原型，但一些研究学者认为这种水上机器人，可能有许多潜在用途。比如，装配上化学传感器，它可以监控水资源中的有毒物质；装配上照相机，它可以成为间谍或者探险器；装配上网丝或者机械手，它可以清除掉水面上的污染物，如此等等。

思狄教授表示，发明这款机器人是“对微型机器人制造的极限挑战，它必须十分轻盈，而且十分紧凑”。

这款机器人有一个主身躯，是由边长只有半英寸的四方盒状碳化纤维制成，还有 8 条 2 英寸长的钢丝腿，钢丝外层涂有防水塑胶。从外表看，整款机器人类似水蜘蛛。但它没有头脑、没有传感器，也没有电池，它的“肌肉”就是三片平板金属压电制动器，利用电线把压电制动器与外接电源连在一起，当电流通过时，这些金属片就会发生弯曲，从而形成驱动力。

值得注意的是，这款机器人是“站”在水面上，而不是漂浮在水面上的，它可以向前走也可以向后走，使用其中的两条“腿”实现自我驱动，就好像两支桨一样地划行。

思狄的机器人之所以引人注目，还因为研究人员是直到 2003 年才知道

它是如何实现水面行走的。由于机器人体积太小，麻省理工学院数学家约翰·布什及两名研究生，在水中添加了染料和微粒物质，并利用一架高速摄像机进行细致观察，最终解答了这个谜团。他们发现水上机器人，通过推动水面来实现自身移动，这个推动力足以在水面上形成轻微的波动，但并不足以使水表面破裂，这样一来，水就会像弹簧一样恢复原状并将机器人推向前进。

这款“水上蜘蛛”机器人大约只有 1 克重，差不多只有半枚一角美元硬币大小，而且造价也相当便宜。

（2）模仿水黾制造出能在水面漂浮行走的机器人。2007 年 7 月，卡内基·梅隆大学的机械工程学博士生宋演武与机械工程学助理教授梅丁·西蒂等人组成的研究小组，制造出一个能够模仿水黾“水上漂”功夫的机器人。

这款可以在水上漂浮行走的机器人，无论是外观还是设计都与水黾类似：它不仅不会破坏水面张力，而且还拥有高度的可操作性和灵活性。与其他可在水面漂浮的机器人有所不同的是，这种小型机器人重量较轻，而且拥有长腿，因此它能够充分利用水面张力，进而保持飘浮状态。相比之下，水上机器人中的“大块头”必须依靠浮力，而这种依靠还要取决于它们的体积。研究人员预测，这样的微型机器人可能的应用是通过无线通信进行环境监控。此外，它们也可以用于教育和娱乐目的。

（3）开发出用猴子行走信息遥控的机器人。2008 年 1 月，有关媒体报道，美国科学家通过读取猴子在行走时的大脑信息，成功遥控远在日本京都的机器人同步行走。

美国杜克大学的研究人员让恒河猴在跑步机上行走，然后用电极读取猴子大脑中控制行走区域内的数百个神经细胞所产生的信号，并分析出这些信号和猴子腿部运动之间的对应关系，再通过互联网，把分析数据传输给位于日本京都的国际电气通信基础技术研究所。

日本研究人员接收到数据后，将其输入一个类人型机器人。这个机器人身高 155 厘米、体重 85 公斤，全身有 51 个依靠油压装置活动的关节。在信号的指引下，机器人开始行走，步调与远在美国的猴子基本一致。

（4）提出拜鸟类为师研制跑步机器人。2014 年 10 月 30 日，俄勒冈州立大学工程学院机器人专家赫斯特领导并和他的同事、英国皇家兽医学院以及其他机构研究人员参与的研究小组，在《实验生物学报》杂志上发表研究成果称，为了让跑步机器人运转更良好，研究人员在自然界最佳双足奔跑者鸟类的身上找到了灵感。

研究人员研究了鸟类如何在保持高速奔跑的同时，还能避开坠物和损伤，稳定速度与方向，并把能耗降到最低。他们计划将这一成果运用在机器人身上。

赫斯特说："这些鸟类在跑步时，并不在意看上去不稳定，也不在意步履摇晃。它们的目标就是保存体力，避免摔倒，保证安全高效。如果它们的上半身看起来有点摇晃，没关系。"

据报道，鸟类是陆地上最好的双足奔跑者，其速度与灵活性可追溯到23亿年前的恐龙祖先。从鹌鹑到鸵鸟，各种体型的鸟类都会奔跑，而且跑起来并不总是很优雅。然而，研究人员发现，鸟类奔跑时把重心尽量保持在一条直线上，从而节省体力又不会扭断腿。在野外，受伤意味着死亡，而食物短缺时，保存体力至关重要。

鸟类在奔跑时对"稳定"的定义是不一样的。它们会避开坠物，但同时也会允许自己的身体时不时摇晃，只要不跌倒就行。就像一个足球运动员抢球时一样，他们的腿有时急、有时缓，只是为了保证能直立、避障、保持奔跑路线。这些动作，看上去都不太美观，但是很有用。

相比之下，现代机器人经常以完全的稳定性为基础，包括保持步履稳定。这会浪费一些能量，有时还会限制灵活性。

科学家表示，现代机器人需要向鸟类学习的是，即便有点偏离正常稳定的动态，也没有关系，因为这不一定会摔倒或受伤。研究报告写道："操控现代机器人时，要对稳定性做出更灵活的理解，要基于首要任务，而不是基于完全稳定性来优化机器人的动作。"

赫斯特说："未来的跑步机器人，看上去可能更不像是机器人。它们更具流线型。我们并不是想完全复制动物，只是想借鉴动物的奔跑能力。"

2. 模仿动物攀爬方式研制机器人的新信息

（1）模仿蟑螂研制出可自由攀爬粗糙墙面的机器人。2005年8月，外电报道，斯坦福大学马克·卡特克斯基教授与他的学生组成的研究小组，研制出一种能够在各种水泥墙、抹灰墙以及砖墙上攀爬的机器人。它的制造灵感来自自然，研究人员模仿蟑螂，在机器人的脚趾上装上了细小的尖刺。

该机器人被命名为“带刺的小虫”，是由斯坦福大学的马克·卡特克斯基教授和他的学生共同研制的。它能够用于探测许多人类难以深入的地方，如灾难现场、摩天大楼或是公路的地下道。

此外，由于“带刺小虫”体积很小，行动起来又很安静，因此它还可以被用作监视。卡特克斯基说：“这是直接把生物学上的启示应用在了机器人技术上。”到目前为止，大多数能够攀爬垂直表面的机器人的足部，都是使用吸盘、磁体或者黏性物质的设计而成的。而他们只能局限在特定的表面上才能有效地发挥作用，如磁体只能在金属表面，如船的外壳上攀爬；而吸盘在玻璃或其他十分光滑的表面才能发挥作用。

所有这些攀爬方式都无法在典型的建筑和桥梁的布满灰尘且崎岖不平的表面攀爬。现在，这种自重只有400克的“带刺小虫”，却能够在任意表面攀爬，这主要靠其6个指头发挥作用：它的每个指头上，都有10对细小的钢刺，能够抓住水泥、抹灰和砖墙上微小的凹凸不平之处。在这些指头上用软硬塑料把这些钢刺固定住，以提供在指头脱离凹凸不平处时所必要的稳定性和弹性。

此外，这种机器人还有一条尾巴轻轻地贴着墙壁。当有一只腿未能稳当地抓住墙壁时，它能够提供额外的支撑并保持平衡。避免当机器人攀爬时向两边摇晃得太厉害。这种机器人的有效载荷为400克，在它的后部还架有一个摄像机，能够拍摄它进行垂直攀爬的情形。

尽管，现在“带刺小虫”已经能成功地完成岩石攀爬，但离它真正被用于建筑和桥梁的探测还有一段路要走。科学家们已经考虑研制下一代机器人，这种机器人带有人工合成干性黏剂以及细小的钢刺，能够模仿壁虎的技能。

（2）模仿壁虎研制出可沿天花板爬行的机器人。2006年5月，美国斯坦福大学的科学家马克·卡特科夫斯基教授领导的研究小组，研制成功一种可沿垂直墙面爬行的壁虎机器人。

研究人员介绍说，这个壁虎机器人安装有特制的机械臂，能非常安全地沿垂直墙壁和天花板爬行。之所以能够产生这一奇特的效果，是因为在机器壁虎的四爪下面遍布着数百万根茸毛。每一根茸毛都能够对墙面产生一定的吸附力，从而保障机器壁虎牢牢地“抓住”墙面。

目前，这项最新发明已引起美国国防部的注意。据悉，美国军方正在考虑利用这项最新技术，开发出具有“黏力”的手套。而卡特科夫斯基则认为，壁虎机器人将具有广泛的应用领域，其中就包括作为机器人救生员。

（3）模仿攀爬动物开发出可沿垂直墙面爬行的机器人。2008 年 6 月，美国 SRI 研究机构的研究人员在《计算机世界》网络版上发表研究成果称，他们模仿攀爬动物研制出可沿垂直墙面爬行的特殊机器人。研究人员使用的称为“柔性电子附着”的技术，可让新型机器人借助静电产生的吸引力在垂直的墙壁上爬行。实验表明，它能在每平方厘米的接触面产生 1.5 牛顿的附着力，并能负重 34 公斤进行攀爬。

新型机器人不但能沿砖墙爬行，还可沿垂直的用混凝土、木头、铁、玻璃制成的墙壁及不涂泥灰的石墙和砖墙爬行。至于爬行物体的表面是否导电并非必要的条件。除此之外，即使存在着大量的灰尘和垃圾也不会给机器人带来麻烦。但是这项技术的一个缺陷是，在潮湿表面上机器人的攀爬会比较困难一些。

研究人员以往在设计会攀爬的机器人时，一般都是使用微纤维设计，来模仿壁虎脚上的刚毛来产生黏着力。与此不同的，SRI 机器人的工作原理是，在墙面上诱发静电电荷，机器人本身产生相反的电荷，以此形成墙面与机器人的吸附力。SRI 机器人具有的优势是，这种吸附力可随时关闭，从而使机器人的运动更加简单。它还能使机器人的吸附表面自清洁，从而避免表面的灰尘和污垢对机器人的阻滞。

SRI 国际的商业开发主管菲利普·古根伯格称，对美国军方而言，具有爬墙能力的机器人，可让士兵更好地在战区执行侦察或其他任务。除了军事用途，这种机器人甚至能够在废墟中靠着墙壁爬行，一旦实用化后将可用来进行救援，探寻受灾人员。

3. 模仿动物飞行方式研制机器人的新信息

（1）研制像蝙蝠一样摇摆飞行的机器人。2009 年 7 月，《生活科学》

网站报道，美国北卡罗来纳州立大学机械工程学博士格奥尔基·博吉特，以及他的指导教授斯蒂芬·史拉克等人组成的研究小组，正在研制一种手掌般大小的蝙蝠机器人，它重量不到 6 克，可谓轻如鸿毛。这种蝙蝠机器人，是一种完美的微型飞行器，未来可作为侦察或者数据收集的用途。它的四肢处的关节，用形状记忆合金做成，肌肉则用智能材料合金组成。

据研究人员表示，他们从自然界获得灵感，才萌发了研制机器人蝙蝠的念头。史拉克说："我们正试图尽可能多地模仿大自然，因为这是一种非常有效的方式。而在微型飞行器领域，大自然告诉我们，像蝙蝠这种作摇摆飞行的动物，是最有效果的微型飞行器。"

研究小组使用一种特殊的形状记忆合金作为机器人蝙蝠的关节，是因为它具有多种优点。这种合金具有超强的弹性，能够给机器人蝙蝠提供全系列的运动，但又总是能返回到原来的滑翔状态。

而智能材料合金也被应用到蝙蝠机器人的肌肉上。据史拉克介绍，研究人员使用的这种合金能够对电流产生的热做出敏感回应，热驱动合金里面头发般大小的微型电线，使"金属肌肉"收缩，在收缩的过程中，"金属肌肉"里面的电线电阻也跟着改变，从而提供同步行动和感觉输入的双重功能，将有助于减少机器人蝙蝠的重量，使其如同现实生活中真正的蝙蝠一样，能够对不断变化的条件迅速做出应对。

（2）为已问世的昆虫机器人研制飞行的导航系统。2015 年 11 月 18 日，美国《大众机械》杂志官网报道，研发昆虫机器人的最终目标，是协助农作物授粉以及救灾中定位受灾人。2012 年惊艳"问世"的"昆虫机器人"，历经首次飞行和降落成功试验后，现已能从空中直接入水游动。研究人员希望导航系统能赋予昆虫机器人一双慧眼，在飞行或游动中能按照既定路线行进。

据报道，美国国家科学基金会已经拨付 110 万美元，用于布法罗大学和佛罗里达大学的科学家们联合研发昆虫机器人导航系统。该系统将采用激光雷达成像技术，可发出不可见光束，然后由传感器通过计算光波反馈的时间来测定与物品的距离及物品形状。

新技术面临的挑战在于：如何将这个类似于保障无人驾驶汽车安全行驶的技术用在只有一分钱硬币大小的昆虫机器人身上。

昆虫机器人重量微不足道，仅 0.08 克，而最小的激光雷达系统都要 800 克，所以重量确实是一个问题。此外，动力也是个问题，因为 97% 的电源都需要用来支持飞行。布法罗大学计算机科学家卡希克·丹徒正在编写一种让激光雷达系统更有效利用数据的算法，而佛罗里达大学的桑吉·卡帕尔和谢惠凯正致力于缩小硬件尺寸。团队成员希望最终构建一个带有“微激光雷达”导航的内部动力系统。

当然，这种技术可能在搜救工作和农作物授粉中大有用武之地。如果数据都能传回处理中心，一群昆虫机器人理论上就能用来创建 3D 地形图或者准确扫描建筑物。

（3）研制出既能飞行又能攀爬的仿生机器人。2016 年 3 月，美国斯坦福大学仿生与灵巧操作实验室摩根·珀博领导的研究小组，分别在《机器人学报》和《光谱》杂志上介绍其研究成果称，看过“阿特拉斯”视频的人，都会对这个大型的两脚机器人印象深刻，但很多专家仍把重点放在功能性的小型机器人上，因为它们能到达大型机器人去不了的地方。最近，他们正在开发一种新机器人：既能在空中飞，又能在竖直墙壁上降落，然后还能顺着墙向上爬。

据报道，这位仿生机器人家庭新成员，名叫“斯坦福攀爬与飞行操纵平台”。它有两条长长的前腿和两只带刺前脚，还有条像啄木鸟一样的尾巴，背负四翼螺旋桨。两条长腿由碳纤维和另一种高强轻质纤维制造，通过两脚轮换承载力来爬行，其效率可媲美真的昆虫。

据实验室网站介绍，该机器人能飞行、降落、攀爬，脚下打滑时还能站稳了再爬起来、再起飞，这一切都是通过机载传感器和计算机来实现。“阿特拉斯”大型机器人能越过崎岖的地形把装备补给送到人类无法到达的地方，而它能到达“阿特拉斯”到不了的地方，在战场或救灾中发挥巨大作用。

研究人员认为，机器人更小的话，相对于体积而言黏合度更高，受到碰撞时会更稳定，能更快调整方向，更容易找到落脚点。此外，机器人越小，与空气的相互作用越大。但它也有缺点：大部分这样的四旋翼飞行器，其电池只够它们飞几分钟。

珀博说，这是第一个把飞行、降落和被动附着技术与攀爬相结合的机器人。虽然降落是个难题，因为无人机要找到一个合适的落脚点概率很小，不过加上攀爬能力，它就能更准确地到达目的地。此外，就算风太大不适合飞行时，它也能爬过去。

第三节 应用型机器人的新进展

一、工业与服务机器人的新成果

（一）开发工业机器人的新信息

1. 研制用于工业自动化生产线上的机器人

开发用思维纠正工业机器人错误的控制系统。2017 年 3 月，有关媒体报道，美国麻省理工学院丹妮拉·鲁斯主持的研究团队，创造了一个可让人用思维纠正工业机器人错误的控制系统。该系统会在人们观看工业机器人工作时，利用脑电图学测量其大脑信号。当它检测到表明个人发现错误的信号后，就会改变机器人的作业。该系统可通过让人简单地观察工业机器人来控制它们。

鲁斯说："在让机器学习人类，并让它们根据我们的思考做出调整方面，我们刚刚迈出了一小步。"

该研究团队利用脑电图学头盔，监测了 5 名志愿者观看机器人，走向两个发光二极管灯时的大脑反应。在每项测试中，均有 1 个发光二极管灯被随机选作"正确"的目标。如果志愿者看到机器人走向错误目标，头盔会在脑电图学读数过程中侦察到错误，并向机器人发送信号，使其走向另一个正确的目标。实验中采用的是由波士顿再思考机器人公司生产的工业机器人。

瑞士联邦理工学院的里卡多·查法连伽表示，当人们发现错误后会产生一种叫作"潜在错误"的大脑信号。他说，潜在错误信号有着独特的形状，使它们成为控制机器人的良好选择。在 70% 的情况下，当志愿者注意到机器人在犯错误时，该系统能够正确识别潜在错误，并改变机器人的行动。

波士顿大学的斯萨拉查·戈麦斯说，其他脑电图学控制的设备，需要人类思考具体的语言或动作生成指令。这项新成果是利用潜在错误来控制，它的一个优势是人们无须训练就能使用该系统。

2. 开发用于交通运输业的机器人

（1）研制出30秒内自动为汽车充电的机器人。2015年8月18日，有关媒体报道，日前，特斯拉汽车公司对外展示了其自动充电机器人，该机器人可在30秒之内自动为特斯拉车型进行充电，未来有望首先与特斯拉S系列车型进行匹配。特斯拉汽车公司成立于2003年，总部设在美国加州的硅谷地带。

特斯拉这款自动充电机器人是一款蛇形机器人。它采用了金属机身，当特斯拉S系列车与机器人接近时，汽车将会自动打开充电插口的舱盖，接着自动充电机器人，会在30秒左右的时间中，自动完成对接工作并开始充电。在此过程中，该系统会引导司机进行泊车。

据悉，这套系统运用了雷达和超声波技术，它是特斯拉一系列自动驾驶技术的一部分。目前，特斯拉表示，该自动充电机器人将首先兼容特斯拉S系列车型，不过其售价以及具体上市时间尚未公布。

（2）研制出新款桥梁巡查机器人。2017年5月7日，物理学家组织网报道，美国内华达大学斯宾塞·吉布领导的研究团队，研发出一款全自动的桥梁巡查机器人，能以更加低廉的成本、更精准地检测出桥梁腐蚀退化等危险情况，避免人为检测中的误判酿造的悲剧。

吉布介绍道，这款靠电池驱动的四轮机器人，安装有能穿透地面的雷达和电阻式传感器，这些装备能精准定位大桥内钢筋腐蚀或混凝土退化等危险地点，其安装的摄像头可监测路面裂纹。机器人内的机器学习软件能将这些监测结果实时转换成不同颜色标识，并制作成桥梁腐蚀地图，蓝色代表没有腐蚀，绿色代表轻微腐蚀，橙色代表中等腐蚀，而红色代表严重腐蚀。机器人能来回巡视，从桥梁一端移动到另一端，然后再回头继续移动，直到巡视完整个桥面。

就在不久前，因人力监测不能查看到钢板内的缺陷，密西西比河上的一座桥梁倒塌后造成13人死亡。而且，人工检测不仅增加了成本，还经常要求封锁道路，造成交通拥堵。新型桥梁巡查机器人能解决这些难题，在不影响桥梁运行的情况下全面准确地进行检查。

该研究团队已经在内华达州、新罕布什尔州、缅因州和蒙大拿州的4

座路桥上，对这款巡查机器人进行了测试，证明其比人工更加准确。吉布说："主要优势在于，机器人处理数据的速度更快。"

但业内人士表示，与正在开发的无人机和桥梁内传感器相比，机器人是否具有性价比优势，还有待研究，而且，人类经验毕竟无可取代，未来机器人只能作为辅助性技术。

3. 开发用于建筑业及户外作业的机器人

（1）发明可以建造整体房屋的机器人。2005 年 5 月，有关媒体报道，建筑业尽管产生了很多技术工具，如电锯、起重机、自动敲孔机等，但是建筑人员仍然需要切、抓、举、放并砌牢建筑材料，建筑过程仍然十分危险、缓慢而又浪费资源。一所典型的美国式房屋至少要耗时 6 个月才能建造完成，并会产生约 4 吨废料。美国科学家最近发明的可以建造整体房屋的机器人，有望改变这一现状，并可能引发建筑业的革命。

伴随着转轮发出的呼呼声，机器人的头部"吐出"一英寸高的黏性混凝土，然后逐层加高，此时，一个抹刀会将混凝土的表面抹平。机器人头部以每秒 5 英寸的速度移动，在 24 小时内可建造完成一所占地面积为 2000 平方英尺的房屋。

在美国南加利福尼亚大学一个阳光充足的实验室内，一个由机器人控制的喷嘴将带状混凝土吐到一块厚木板上。每 2 分 14 秒，喷嘴完成一个循环，混凝土层层增高，在没有任何人干预的情况下，一段长 5 英尺的墙体就这样拔地而起。

这种机器人的发明者工程学教授伯劳科·克霍斯尼维斯，称这个高 8 英尺，宽 6 英尺的机器人为"泥瓦匠"。如果一切顺利，年底以前，克霍斯尼维斯将使用一个比这个机器人更高级、身材更高大的另一个机器人，建造世界上第一所完全利用机器人建筑的房屋，而且在短短一天就可建造完成。克霍斯尼维斯相信，这种机器人将会引发建筑业的革命。

未来的建筑工地将出现这样的场景：在一个经过平整的地面上，建筑工人在将要建造的建筑物的位置以外数英尺的地方铺设两条铁轨。一个由电脑控制的机器人将接管建筑工作。一架拥有悬挂喷嘴和物品安装臂的起重机将沿两条铁轨滑动。喷嘴喷出层状混凝土，建造中空墙，然后再用另外的混凝土填塞墙壁空隙。安装臂将输电线路、钢筋、管道系统以及通风管插入墙壁中的暗槽里。随着建筑物不断增高再将各个截面焊接铆合在一起。然后安放臂将梁置放于建造好的墙壁之上，形成地板和屋顶。最后人们把门和窗户安装好，一座楼房就建成了。

克霍斯尼维斯说："可将它安装在一个工地建造一座房屋或一整排房屋。"他甚至还设计了一种会攀爬的机器人，可以利用它建造摩天大楼。

这种机器人建房的构想的确很有创意，但是房屋需要的不仅仅是好的工程设计。如果设计的房子只像一座混凝土碉堡，而不具有优雅美观的外形，就不会受到人们的喜欢。克霍斯尼维斯指出，外部在用抹刀抹平后可以随后再使用一种滚动模具在墙上压出各种图案。建筑物内部可使用彩色喷墨技术或用墙纸进行美化。

这种机器建筑师原型机，目前在美国航空航天局马歇尔太空飞行中心内接受实验，工程人员将通过实验，弄清是否可以使用这项技术，在月球上利用月球表面的尘土建造房屋。

可是，在地球上，那些建筑工人在突然之间失去工作后将如何维持生计呢？克霍斯尼维斯说："以前就有人想到了这一点。汽车诞生的时候，人们曾说，这对那些马车司机会意味着什么呢？但是新的技术在给社会带来变革时，产生的更多的是积极影响。在这一点上两者是一致的。"

（2）研制出适于户外作业受伤后可自行调整的机器人。2006 年 11 月，美国康奈尔大学的一个研究小组在《科学》杂志上报告说，他们研制的这款 4 条腿的智能机器人，全身每个连接处都装有倾斜度传感器和角度传感器，通过传感器读数生成机器人结构和运动的计算机模型。

一旦机器人身体某处受伤，传感器的读数发生变化，机器人就能迅速感知，变换生成新的计算机模型，然后在其指导下继续前进。研究人员在试验中将机器人的一条腿缩短，瘸腿的机器人立即通过创建新模型调整了自己的步态。

与目前大多靠事先编程工作的机器人相比，新款机器人能通过分析自己零部件的情况，生成特定计算机模型，并发出相应的行动指令，灵活性大大增强。

研究人员指出，目前机器人大多用于工业生产，作业环境变化不大，但户外作业的机器人或家用机器人，就需要随机应变，处理各种突发情况。新款机器人可适应户外作业的需要。

（二）开发服务机器人的新信息

1. 开发用于商场服务的机器人

研制成能帮助盲人导购的机器人助手。2005 年 5 月，有关媒体报道，美国犹他州立大学弗拉基米尔·库卢基内姆教授主持的一个研究小组，研制成一种新型机器人，能帮助盲人在商场中完成采购东西和沿宽大场所自由地移动。这种机器人能利用无线电频率识别芯片找到需要的货物，并借助于激光测距仪来绕过障碍物。

研制这种新型机器人的想法，是库卢基内姆教授在听到不少盲人抱怨无法独立完成购买之后产生的。当盲人来到商场之后，他可以领到一台机器人助手，机器人帮助他购买需要的东西，而在商场出口处再将机器人交回。新型机器人也可以在机场获得应用，使盲人在登机过程中更加方便。

现在机器人助手已在犹他州洛根市李氏商场通过试验，但试验时间只是在商店关门和在早晨顾客较少的时候。目前，库卢基内姆教授正在与超市网络进行联系，以便能对机器人助手进行更大范围试验，机器人还需要在昼夜条件下进行试验。

2. 开发用于家庭服务的机器人

（1）研制可像壁虎倒挂天花板上打扫卫生的机器人。2009 年 4 月，《新科学家杂志》报道，美国匹兹堡市卡内基·梅隆大学的梅廷·西蒂和奥兹古尔·昂维尔负责的研究小组，研制出一种机器人，能够像壁虎一样吸附在墙壁、倒悬在天花板上。

研究人员说，这种黏性很强的机器人，可以解决家居生活中许多问题，比如：天花板刷油漆、打扫灰尘、清除蜘蛛网，同时，它还在环境勘测、搜寻、修理甚至搜索营救任务中，发挥着重要作用。

此前科学家设计的在墙壁上攀爬的机器人，基于压力抽吸原理，但是该设计存在很大的缺陷，即需要大量的能量驱动压力泵，并且受限于在玻璃表面上移动。而目前最新设计的这款命名为“坦克虫”的机器人，其移动主要依赖于黏性的弹力橡胶，使其适应于多种表面，比如：木料、金属、玻璃和砖块。其原理是模拟壁虎在墙壁上攀爬的方法。

壁虎能够在墙壁上快速攀爬，并很容易地与墙壁表面相分离，其主要原因是它脚垫上数百万个微型刚毛。2002 年，包括西蒂在内的多位工程师，在加州大学伯克利分校，证实了壁虎的刚毛充分利用了范德华力，这是一种微弱的静电引力，只操作于分子等级的接触表面。虽然壁虎的每根刚毛都非常微小，但是数百万根刚毛所产生的范德华力足以让壁虎攀爬在光滑的表面上，即使倒悬挂在天花板上。

此后，西蒂便开始以黏性弹力橡胶做实验，模拟壁虎刚毛的作用力。早期研究的一种方法，是在电子显微镜下使用纳米等级的探针，在一个蜡模型中穿孔缩进，期间在蜡模型中充满了液体聚合物，这些纳米等级大小的探针制作成类似壁虎刚毛，探针在这种环境下产生了像刚毛一样的范德华力。

目前，西蒂研究小组最新设计的坦克虫机器人，虽然没有利用类似刚毛的结构，却利用了黏性弹力橡胶，基于范德华力吸附在物体表面。这个机器人有手掌一般大小，仅重 60 克，在两侧各有一个黏性的“坦克履带”。为了能够越出障碍物并且有效地进行分离，这款机器人安装了一个具有弹跳能力的“U 形尾巴”，当它移动行进时尾巴贴在物体表面上。在测试中，机器人不仅能够在光滑的表面上倒悬挂式行进，甚至还可以负载着重物。

（2）开发出可预测主人行为的生活服务机器人。2013 年 5 月 28 日，物理学家组织网报道，美国康奈尔大学计算机科学教授阿苏托什·塞克森纳领导的一个研究小组，开发出一款生活服务机器人，能学习预测主人行为，以便进一步在主人需要时伸出援助之手；更准确地说，是滚过来伸出援助之爪。

要理解该在什么时候、什么地方倒啤酒，或知道在什么时候帮忙打开冰箱的门，这对机器人来说还很困难，因为估计位置面临着许多变化因素。但现在，该研究小组已经找到了解决方案。

这款新机器人用一个微软感应器 3D 摄像机和一个 3D 视频数据库，紧密跟随盯着“主人”，能识别出它所看到的行为，“思考”该环境中各种目标物的可能用途是什么，并确定那些用途怎样才能与主人的行为相匹配。然后，它会生成一系列的可能性，比如吃东西、喝饮料、做清洁、收拾物品等，最后选择最有可能的一项。随着行为的持续，机器人也在不断更新和改善它的预测。

塞克森纳解释说："我们总结提炼了人类行为的一般规则。喝咖啡是一项'大活动'，但它包含了许多小部分。"机器人为这些小部分建立了一个"词汇表"，能将它们以不同方式组合在一起，从而识别出多种"大活动"。

在测试中，当机器人预测未来 1 秒钟要发生的事时，准确率达到 82%；预测 3 秒钟的事准确率为 71%；而预测未来 10 秒的准确率为 57%。

塞克森纳说："即使人类是可预测的，他们也只能预测一部分时间。"目前，他们的机器人几乎还是硬编码反应，但应该有一种机器人学习怎样反应的方式。未来将会解决机器人怎样计划自己行为的问题。

（3）制成会干多种家务的全能机器人。2013 年 8 月，美国媒体报道，在如今这时代，请一个优质服务的保姆越来越难了。不过，很快我们就不必为此发愁了，因为现今的机器人越来越灵活，且越来越便宜了。最近，美国佐治亚理工学院教授查理·坎普领导的研究小组，开发出一款全能机器人 PR2，端茶、送水、拖地、擦窗，样样能干。更为令人惊奇的是，这款机器人保姆还可以下厨做饭呢！

所谓 PR2，是英文 Personal Robot 2 的缩写，中文意思是第二代个人机器人。PR2 有两条手臂，每条手臂有 7 个关节，手臂末端是一个可以张合的钳子状机械手，可以像人手一样抓握东西。

PR2 依靠底部的四个轮子移动。在 PR2 的头部、胸部、肘部和手部都安装有高分辨率摄像头、激光测距仪、惯性测量单元、触觉传感器等丰富的传感设备，这些高科技设备就像我们的神经系统一样，帮助机器人感知周围的世界。在 PR2 的底部有 2 台高性能计算机作为机器人各硬件的控制和通信中枢，帮助机器人对传感信息做出反应并发出正确的指令，让机器人可以采取正确、合理的行动。

最近，德国不来梅大学的一家实验室对 PR2 进行了测试，发现 PR2 能够自己开门，找到插头并给自己充电，能拖地和吸尘，能打开冰箱取出啤酒，更能给人们端茶、送水等。对于人类来说，做饭是技术含量相对较高的家务活，科学家一度放弃让机器人学做饭的想法。然而，包括 PR2 在内的一些智能机器人的确会做饭了，尽管它们烹饪的食物还相对比较简单。在一次测试中，PR2 仅仅花了 2 分钟就做出了一张色香味俱全的煎饼。

PR2 不仅可以在人们的要求下完成一些任务，甚至可以读懂人们的心思，因为它可以通过分析人们的动作而判断下一步的行动。比如，午饭过后，你希望将剩下的饭菜收好放入冰箱，机器人看到你把食物放进一个饭盒，它便会去帮你把电冰箱门打开，而这正是你本来想做的下一个动作。

PR2 被誉为全球第一种能够完成一系列综合性操作的智能型全能机器人。它不仅能干家务，而且可以陪伴人们玩耍。比如，和人们玩击剑游戏，帮助小朋友搭积木，和人们一起打台球。PR2 身上多个摄像头可以对台球进行运算定位，然后出杆，基本上弹无虚发。

PR2 不仅可以单独行动，还可以直接安装在那些行动不自如的患者身上。美国 40 岁的中风患者亨利已经享受到这样的好处。亨利由于脑干中风而四肢不能动弹，当他看到有关 PR2 的电视节目后，就联系到坎普教授，询问自己能否得到机器人的帮助。

坎普教授为亨利开发了多种新接口和程序，把 PR2 的各个部件安装到了亨利身上，结果亨利可以通过接口激活机器人自如行动，比如在房间里绕行、到达某个位置、打开抽屉、移走物件。当然，最让他兴奋的是在 PR2 的帮助下，他能自己在脸上挠痒痒，他甚至还操纵 PR2 为自己刮了胡须。

就像我们现在用的个人计算机（PC）一样，个人机器人（PR）在将来也有望普及，尽管它现在的售价高达 40 万美元。然而，在 30 年前，我们也没有想到家家户户可以有计算机。同样，在二三十年后，机器人保姆可能降至 1 万美元左右，家家户户都可能有一个或几个机器人在家里忙碌着，把我们的家打理得井井有条，空闲之余还是我们的好玩伴。

二、医用与抢险救灾机器人的新成果

（一）开发医用机器人的新信息

1. 外科手术机器人的新成果

（1）研制柔韧灵巧的机器人显微外科手术工具。2015 年 6 月，美国爱达荷州立大学科学家金在渊领导的研究团队，在《科学报告》杂志上发表论文称，他们研制的一种微小的机器人触手，能操作细小而精巧的物体。在生物医学应用领域，特别是在一些需要确保组织完好的手术中，这种机器人能通过血管等到达体内的指定位置，将是十分理想的工具。

柔性机器人的制造受到生物系统的启发，比如说触手，这类机器人的巨大潜力，在于能安全地抓住或者握住脆弱的目标。但对于制造业来说，制造柔软产品往往比构建刚性产品更难，因为大多数的工程都基于硬质材料，构建柔性结构的技术相对滞后。

工程师们创建可控的柔性机器人已经十分不易，而将它们应用到非常小的尺寸上，则更具有挑战性。此前的尝试，仅仅达到可在厘米级别制造出能做多圈螺旋运动的触手，力度和尺寸都不能令人满意。

而此次，该研究团队开发的新方法，能制造出十分微小的机器人触手。这种触手可在不破坏小物体的情况下抓住目标，比如说毛鳞鱼（一种体长不超过 8 厘米的鱼）的鱼卵，而如果用硬质镊子的话，会很容易导致卵的变形或者破裂。研究人员也用这种触手抓起并握住蚂蚁（整个腰部直径 400 微米）而不破坏其躯干。

栩栩如生的机器人触手已经不算罕见，该研究人员表示，这种新机器触手，能很好地将微小的力度结合到螺旋运动上，将会是显微外科手术的理想工具，比如在一种微创的腔内手术中，这种柔软的工具能蜿蜒通过身体组织，到达手术目标区域，执行观察和手术任务。

（2）机器人首次自主实施软组织外科手术。2016 年 5 月 4 日，美国国家儿童健康系统专家彼得 · 金领导的研究小组，在《科学转化医学》杂志上报告称，他们第一次证明，机器人能独立实施软组织外科手术。这项进展，意味着机器人手术医生正走向现实。

研究人员说，这种名为“智能组织自动化机器人”的设备，配备了机器臂和手术工具，它在猪体内进行肠吻合手术的效果，超过外科专家及目前市场上最知名的“达 · 芬奇”机器人辅助手术系统。

彼得 · 金在记者电话会议上说：“研究结果让人很惊讶。我们的目标不是要取代外科医生，而是要开发一种工具让手术更加智能，让患者获得更好的手术效果。”

手术机器人的概念已问世多年，但目前市场上使用的都是像“达 · 芬奇”一样的辅助系统，它们需要依靠外科医生进行手动控制，其效果会因个人的水平和经验而异。

全自动化技术此前仅限于削骨等硬组织手术，在软组织手术中应用则颇具挑战性，因为软组织的形状容易发生变化。为此，“智能组织自动化机器人”配备了智能成像技术，可实时跟踪软组织的立体变化，并以医生设置的荧光标记为导引实施软组织手术。

当研究人员把这种机器人做的手术，分别与外科专家、“达·芬奇”辅助系统做的手术比较后发现，“智能组织自动化机器人”在缝合、重新连接肠段的效果都最好，而且猪都活了下来，没有出现并发症。

为防止“智能组织自动化机器人”出错，研究人员在手术过程中全程监督。彼得·金表示，该机器人在手术过程中 40% 的时间仍需有人进行细微调整，另 60% 的时间无须任何干预。

彼得·金说：“我们就像学走路小孩的父母一样，很认真地照看着它。但最根本的是，我们证明了软组织手术，现在可由机器人全自动化地进行。”他预计，如果一切顺利，这项技术有望在两年内应用在人类患者身上。软组织手术拥有巨大市场。据统计，美国每年有约 100 万个病例需要进行此类吻合手术。

2. 医用微型机器人的新成果

（1）研制以细菌驱动可进入人体的微型机器人。2007 年 3 月，美国匹兹堡卡内基·梅隆大学助理教授梅廷·斯蒂领导的研究小组，发现了一种用细菌的自身推进力驱动微型机器人穿行液体的方法。这样，将有助于把药物或者监视器送入人体如眼球腔、尿道或者脊柱等液体流过的部位。

斯蒂说：“我们使用的是黏质沙雷氏菌，它是一种能让淋浴帘出现粉红色斑点的细菌。”然而，让这种微小细菌穿行液体并非易事，就它们的尺寸而言，它们穿行液体有如在糖浆中游泳一样艰难。但是，这些细菌都拖着一个可旋转的螺旋式尾巴（也叫鞭毛）来推动它们前行。

斯蒂研究小组把 5 ~ 10 个这样的细菌引入一小滴聚苯乙烯中。细菌便依附在液滴上，因为它们本身带正电，而聚苯乙烯滴带负电。然后，研究人员把这种细菌和聚苯乙烯结合的液滴悬浮在一种水和葡萄糖的溶液中，吸收到葡萄糖的养分后，细菌的旋转鞭毛就会推动液滴前行，速度约为每秒 15 微米。

当研究人员在溶液中加入硫酸铜后，重金属铜离子吸附在细菌鞭毛上，鞭毛便动弹不得，液滴就无法前行了。当在溶液中再加入另一种化学物后，铜离子离开鞭毛，液滴又开始转动了。斯蒂说：“我们进行了多次实验，用化学物阻碍液滴运动，然后分离化学物再让液滴动起来。”这一过程不会造成任何伤害。而且，更令人信服的是我们能够通过注射方式将微型机器人送入体内，使用外显的即时成像技术，医生便可观察到机器人的位置，通过遥控手段让它到达目标位置。

如果可行的话，机器人将“大有作为”，可以监控或者感知组织，也可以输送药物。斯蒂表示，如果机器人是由生物降解原料制成，它还可以自行分解或者顺尿道从体外排出。

瑞士联邦理工学院苏黎世分校机器人技术与智能体系教授布拉德·内尔森说：“用微米级物体穿行液体是聪明的方法，但是，唯一的挑战是如何操纵它们，如何让它们停、动自如。”斯蒂对这种说法表示认可，他说，要让这种微米级机器人做这种奇妙的旅程，还将需要载体电子学、传感器、无线通信和微电池部件。

（2）发明可在心脏表面爬行做手术的机器毛虫。2007 年 4 月，美国宾州卡耐基·梅隆大学机器人研究所专家利维耶尔领导的研究小组发明了一种微型“机器毛虫”，可以在心脏表面爬行，帮助进行微型手术。

研究人员已经在猪身上对原型机进行试验。他们表示，这种被称为“心脏登陆者”的微型“机器毛虫”，可以直接向心脏输送药物、安装起搏器或清除坏死的心脏组织，而开展这些工作都无需施行麻醉或胸腔手术。

研究小组希望，将来可以在“机器毛虫”上面安装无线频率探头，帮助把坏死的心脏纤维清除，治疗心率失常。这个“机器毛虫”只有几厘米长，状似一条毛毛虫，装有两个类似吸盘的脚，使其能够依附于跳动的心脏。科学家通过微创手术把它植入肋骨下，再利用这两个真空吸管依附在心脏上并由连到体外的推拉线控制。“机器毛虫”的爬行速度，最高可达每分钟 18 厘米。

利维耶尔说，在“机器毛虫”的帮助下，进行心脏搭桥手术时无需停止心跳，从而减少了和心脏搭桥手术有关的并发症。他说：“有了这种机器，同样的手术，病人可以不用进行全身麻醉，而且做完手术的当天病人即可出院。”研究人员希望能够在四年内，把“机器毛虫”使用到人类身上。

英国心脏基金会的主管皮特·韦斯勃格表示，这一发明非常有趣，但要实际用于心脏病治疗，还需要大量的研究工作。

（3）研制可温柔“按摩”心脏的软体机器人。2017 年 11 月 24 日，美国波士顿儿童医院心脏外科科学家尼古拉・瓦西里耶夫领导的研究团队，在《科学机器人》杂志上发表研究成果称，他们研制出一款医学机器人，能在保持心脏泵送血液的同时，精确地辅助特定心室，从而协助心脏恢复正常功能。

目前，医生普遍用一种叫作心室辅助血泵的体外机器，帮助心衰病人的心脏工作。这种体外的泵在心脏无法正常工作时，帮助泵送血液。问题是，血液流经机器，病人必须服用血液稀释剂，而医生并不喜欢让病人受到这种束缚。

随着科学技术与医学的不断发展，医学研究者希望能够在原有心脏的基础上，进行辅助性的恢复，故而心室辅助血泵的研究，已成为心脏外科和生物医学工程领域研究的焦点。报道称，与非植入式心室辅助血泵相比，植入式有许多优点：其管道短，耗能减少，耐久性好；与血液接触面积小，抗血栓和抗感染性能较好。

该研究团队研制的这款机器人由聚合物材料做成，可以植入体内，贴合心脏且不刺激周围组织，其独特的气动方式对心脏的“按摩”非常柔和，本质上就相当于心脏外部附近的一组肌肉。此外，控制系统的研发是心室辅助血泵研究中的关键问题之一。这款机器人的内部电子元件会自动将机械挤压和扭动的节奏调节到心脏的自然节奏。

值得指出的是，除了辅助心脏的外壁抽动，该机器人还能辅助心脏隔膜向心室壁的运动，以此实现对健康心脏按压动作的逼真模拟。对此，研究人员解释道：“全新的方法，可以利用心室间隔来帮助坏死的心室进行收缩动作。”

目前，研究人员已经让机器人在活猪体内工作，下一步将观察植入动物体内后的工作状态。

3. 开发为残疾人提供帮助的机器人

研制让行动障碍者用眼部动作来控制的机器人。2016 年 6 月，美国国家科学基金会网站报道，科罗拉多矿业学院工程师张晓丽主持的研究小组，目前正在研发一种可用眼部动作来控制的机器人系统。使用这种系统，有行动障碍的人只需注视所需的物体，机器人就会自动帮助取来。

张晓丽指出，如果人们要拿起一个杯子或一部手机，自然而然得先看到它。她说："我们认为注视是一个很独特的动作，是人们与外部世界互动的一种自然的、本能的反应。比如你渴了要喝水，首先得看到一杯水，然后才拿起来喝。"

张晓丽的研究采用的是一种基于"模式"的系统，参照了眨眼频率、瞳孔放大程度等更能明确反映人类行动意图的眼部特征。这些更加细微的交流特征，对未来人类与机器人日常的无阻碍沟通至关重要。

（二）开发抢险救灾机器人的新信息

1. 开发用于废墟中搜救幸存者的机器人

发明能从建筑物废墟中找到幸存者的蛇型机器人。2006 年 4 月，美国卡内基·梅隆大学教授豪伊·乔塞特与他的学生组成的研究小组，近日宣称，他们从蛇灵巧的动作中受到启发，研制出了能从建筑物废墟中找到幸存者的蛇型机器人。

乔塞特研究小组花了数年时间，研制出这种由轻型铝或塑料制成的蛇型机器人。它由数个机械部分连接在一起，通过遥控器操纵。蛇型机器人比成年人的胳膊略细一点，以小型电子马达为动力，能够携带照相机和电子传感器，并能够沿水管或煤气管之类的管子往上爬行，也能绕着管子爬行。

乔塞特希望，这种机器人能在因自然灾难或其他突发事故而倒塌的建筑物瓦砾堆中，穿行以搜寻被困于其中的人。

他说："现在使用的搜寻装置灵活性有限，接近被困幸存者的唯一办法，还只是将瓦砾一块一块弄开。因此我们的想法是，让机器人在瓦砾堆中像蛇一样穿行，从而能够更加迅速地接近幸存者。"一般情况下，救援人员要花 90 分钟，才能找到幸存者被困的具体位置，而蛇型机器人能够立即钻进瓦砾堆中。

乔塞特表示，由于近年来大型灾难时有发生，因此救援机器人的市场已经变得更为广阔，需求量也更大。

2. 开发用于灾区搜救的微型机器人

研制出有望用于灾区搜救的跳跃敏捷机器人。2016 年 12 月，美国加利福尼亚大学伯克利分校机器人专家邓肯·霍尔丹等人组成的研究小组，在美国《科学·机器人》杂志上报告称，他们研制出一款名为“萨尔托”的微型机器人，重 100 克，身体全部展开高 26 厘米，垂直起跳高度超过 100 厘米。由于这种机器人跳跃敏捷，它有望用于执行地震等灾区的搜救任务。

霍尔丹等人介绍说，他们从生活在非洲的一种叫夜猴的小型灵长类动物获得灵感，夜猴能跳到 174 厘米的高度，用时 0.74 秒，是已知垂直起跳敏捷性最强的动物。夜猴在起跳前采取蹲伏姿态，把能量储存在腿腱里，所以能跳到仅靠肌肉所达不到的高度。

研究人员模仿夜猴的起跳方式，设计出采用起跳开始时，部分能量存储于弹簧以供后半程释放的单腿起跳机制，并由马达驱动的“萨尔托”机器人。

测试显示，“萨尔托”能垂直起跳至 100 厘米的高度，用时 0.58 秒。霍尔丹说，虽然“萨尔托”的弹跳能力还不能与夜猴相媲美，但比其他任何一款机器人的垂直起跳敏捷性都要高。

三、水下与航天机器人的新成果

（一）开发水下探测机器人的新信息

1. 发明定点悬浮式潜水机器人

2008 年 10 月，《21 世纪趋势》周刊网站报道，美国麻省理工学院的工程师设计出一款能悬浮在海里的潜水机器人。这一研究成果将有助于海洋学家、石油公司和海洋考古学家的工作。

据报道，这一新装置名为“奥德赛 4 号”，是麻省理工学院西格兰实验室研发的小型人工智能潜水装置“奥德赛”系列中的最新一款。“奥德赛 4 号”，打破前几代“奥德赛”机器人无法悬浮在某处的局限，它能在最深达 6000 米的水下活动，并能停留在任何水流中，适时调整自己的位置。同时，它还能行驶到预先设定的任何目的地。

报道说，“奥德赛 4 号”不仅能简单地观察一个海底物体，还能在水下负重工作。现在，利用这一装置可以造访油井、采样并带回到陆地上来。

这款潜水机器人与其他类似装置最大的区别在于它能在水中垂直下沉。此外，它的速度非常快，每秒能移动约 2 米。

2. 研制能赴万米以上海洋最深处探秘的机器人

2009 年 5 月，有关媒体报道，美国伍兹霍尔海洋研究所研制的“海神”号机器人潜艇，正做着最后准备，目标是潜入海洋最深处。如成功的话，“海神”号机器人潜艇将是拜访太平洋 1.1 万米深的“挑战者深渊”的第一个自动工具。之前只有两种其他工具拜访过这个地方，但这两种工具都由人操作。

目前，潜水最深的潜艇能下降到 6500 米深的海底，可让科学家到达海底的 95%。“海神”的目的，是让潜水深度完善到 100%，与此同时，它还能让科学家勘测比其他潜艇如“海沟”号勘测更大范围。它还能根据任务类型变换两种不同形状，自泳式潜艇和带缆式潜艇。

完成任务后，“海神”会自动回到船上，变身为水下遥控作业载具。这一变形包括增加一个机械臂，允许“海神”收集样本和使用工具，同时增加一根 4 万米长的纤维光纤光缆，科学家可从船上控制潜艇。潜艇两种模式的转变发生在船上，大约需要 12 小时。

（二）开发航天机器人的新信息

1. 研制在太空开展工作的机器人

研发能执行太空行走等任务的机器人。2004 年 8 月，美国宇航局安布罗丝领导一个研究小组研制出一款灵巧敏捷的新型机器人，它有着人一样的手、指头，甚至可以照相的眼睛。它在休斯敦的约翰逊太空中心走出了第一步，它用一条“太空腿”在虚拟的太空站四处移动。在最近的测试中，研究人员正为这一机器人装上轮子，以便它在陆上行走。

航天局的计划是制造出可以在太空船之外“生活”的机器人，它们可以从事常规的维护或者应对突发事件。太空船内的宇航员可以用无线仪器来操作它们。

实验证明，它可以用无线设备操作，并且适应不同的太空环境，它具备了未来太空行走机器人所必备的技能。

安布罗丝研究小组制造的机器人，是与防御研究计划中心合作完成的。后者有两个同一款式的机器人，每个都可以像人一样用手操作工具，操纵者只需在很远的地方，用无线装置控制机器人的头部、手臂与一对可以照相的眼睛。

为了能够在零重力的情况下移动，机器人必须学会自己攀爬，为了进入太空站之外的工地，机器人必须适应给人们设计的太空行走，比如说在一定的空间范围内、还要会用扶手和锚。

这次实验非常成功，科学家们表示，他们还要继续研制出新型机器人，以适应未来在月球和火星上的工作。

2. 研制用于太空天体探测的机器人

（1）研发用于行星探测的机器人。2004 年 6 月，《时代》周刊杂志报道，美国喷气推进实验室工程师霍华德·阿亚娜正在设计能像喷气推进实验室的科学家们一样思考的“聪明导航者”机器人。在经过对人工肢体到人工智能的研发工作后，阿亚娜目前正在开发软件，以使喷气推进实验室未来的火星探测器能自行选择登陆地点，并通过模仿人类工作的方式，在火星表面上自动导引火星探测器。

阿亚娜研发的机器人“神经网络”使探测器在穿越崎岖不平的道路、躲避陡坡和加速通过直线路径时，能像人一样做出正确的反应。

阿亚娜说：“人总是寻找最直的、畅通无阻的路径。因此我们也为机器人编制同样的程序。”她最近设计的与割草机一样大的机器人，由神经网络控制，能区分沙、混凝土构件和砾石。在火星上，这种神经网络能使机器人进行自动探索，无须等着地面指挥人员发出指令。

（2）研发用于太空天体探测器的“刺猬”机器人。2015 年 9 月 7 日，美国航空航天局官网报道，该局科学家伊萨·内斯纳斯主持，帕萨迪纳喷气推进实验室、斯坦福大学和麻省理工学院等共同组成的一个研究团队，正在研发一种叫作“刺猬”的新型概念机器人，它在微重力小型天体上能够翻滚弹跳地行进并开展工作。

传统的航天器，如“好奇号”火星探测器，像汽车一样靠轮子前进，翻过来就不能运行。但在小行星、彗星等小型天体上，重力是非常微弱的，加之粗糙的地表环境，传统的行驶方式变得困难。而该研究团队设计研发的“刺猬”机器人，有望克服这些挑战。

据报道，“刺猬”的基本设计理念是，在一个布满钉子的立方体上安装能够滚转和制动的内置调速轮，调速轮带动立方体向前行进，钉子则一方面保护机器人免受地形崎岖之害；另一方面在跳跃滚动时起到像脚一样的支撑作用。

内斯纳斯说："'刺猬'是一款与众不同的机器人，在特定表面上它以又滚又跳的方式前进。它的形状像一个立方体，不管哪面着地，它都能运转自如。"

帕萨迪纳喷气推进实验室和斯坦福大学分别为"刺猬"设计了两个原型。2015年6月，美国航空航天局通过模拟微重力环境的C-9飞机，对它们进行了测试。经过180次的抛物线飞行，"刺猬"机器人演练了很多种在小型天体上，可能会遇到的情形：布满沙砾的、怪石嶙峋的、光滑结冰的，抑或是疏松易碎的。"刺猬"屡次证明了自己。它既能够在一两颗钉子的支撑下进行长距离的跳跃，也可以进行短距离的翻滚。其中一个实验模拟了龙卷风的环境，结果"刺猬"机器人"暴跳而起"，把自己从地表发射出去并逃脱了险境。

研究人员表示，"刺猬"机器人所特有的立方体几何形状使其方便携带，而且比传统探测器更便于加工制造，因此成本更低。他们正在着手提高机器人的自主可控性，使其不需地球指令即可自行开展工作。

四、应用型机器人研发的其他新成果

（一）开发应用型机器人所需材料的新信息

1. 研制机器人所需人工肌肉的新进展

开发出让机器人变"大力士"的人工肌肉。2017年11月27日，美国麻省理工学院研究员李曙光牵头的一个研究小组，在美国《国家科学院学报》杂志上发表研究报告称，他们受折纸艺术启发，研制出一种新型人工肌肉，可以让机器人变成"大力士"，能提起自身重量1000倍以上的物体。

研究人员介绍道，他们研发的人工肌肉由一层密封的"皮肤"材料包裹着"骨骼"构成，里面填充空气或水等流体，其中的"骨骼"受折纸艺术启发利用折叠结构设计而成。工作时，通过改变密封"皮肤"中的流体压力，例如抽气充气或抽水充水，就可以让人工肌肉做出伸缩、弯曲或扭转等动作。通过设计各式各样的可收缩"骨骼"结构，就可以实现千变万化的“肌肉”运动，从而用来驱动不同设备，制造各种用途的机器人。

李曙光说：“此种新型人工肌肉产生的力量巨大，可提起自身重量1000倍以上的物体，这相当于一个成人用单臂提起一辆运动型多用途汽车。”在试验中，研究人员利用一块2.6克重的人工肌肉，提起了一个3000克重的物体。这种人工肌肉还具有极好的伸缩性，能收缩至自身体积的10%。

报道称，新型人工肌肉的“皮肤”材料可以是塑料、布料或橡胶等，而“骨骼”材料可以是塑料、金属、硅胶或木材等，从而可以应用于驱动医疗设备、家用机器人以及大型工业机器人等。这种人工肌肉的“皮肤”和“骨骼”，也可以全部由水溶材料聚乙烯醇制作，有望用来研发不影响环境的作业机器人，以及在体内释放药物的可摄入机器人。

李曙光说，研究小组可以在10分钟内制作出一块10厘米长的人工肌肉，材料成本低于1美元，显著降低了人工肌肉的生产制造时间与成本。下一步，他们将尝试利用多块人工肌肉，来做一个机器人大象鼻子，像现实世界里的真大象鼻子那样柔软、灵活且有力。

2. 研制机器人所需智能布料的新进展

开发出可使机器人拥有触觉皮肤的智能布料。2014年9月27日，物理学家组织网报道，美国普渡大学机械工程学教授丽贝卡·克莱默领导的研究小组，研制出一种内嵌传感器，并能移动和伸缩的智能布料。有关专家指出，它将会帮助未来的机器人获得拥有触觉的皮肤，成为增强人体力量和耐力的机器人外衣，减轻飞行员和宇航员航行时受到的冲击力，还可能成为人类探索太空的得力助手。

据报道，研究人员在棉质布料中，混合了由柔性聚合物制成的传感器和记忆金属制成的线状驱动器。记忆金属在加热升温时，便会蜷曲收缩，使布料“动起来”。

克莱默说：“目前，大多数智能布料或‘机器人布料’，只能通过导线感应电子元件发出的信号。但我们已经成功地将驱动与传感集于一体。我们利用缝纫技术，将线状驱动器和传感器缝进了布料中，因此这项技术具备了整合入现代纺织工业、进行规模化生产的潜力。”

智能布料包裹在泡沫塑料或气球等材料表面后，便可驱动材料向所需方向往复弯曲变形，推动材料像尺蠖一般呈拱形前进；还可通过压缩不同部位，做出蠕动和滑行的动作。

该研究的目标，是开发一系列将所需功能嵌入可伸缩“皮肤”的“软机器人”。未来，“皮肤”会嵌入更加灵活、抗震能力更强的电子元件，以适应太空活动，这将有效减少宇航员和太空飞船的携带重量；该技术还可用于便携式机器人，将特定“皮肤”功能布料覆盖于可变形设备表面，就能快速组装成适于星际探索的特定设备。

克莱默乐观地表示：“我们甚至能为苍蝇设计一套机器服装。借助外穿式机器‘皮肤’，任何物体都能具备变成机器人的潜能。”

该研究小组已将相关论文提交给美国芝加哥召开的智能机器人系统国际会议。会议期间，他们还展示了一种可用于医疗支架和机械制造的硬度可变布料。

形状记忆聚合纤维使得这种布料具备了改变硬度的能力，该聚合物在加热后会产生相变，使材料变软，可用于特定部位的医疗固定。聚合物表面还覆盖有形状记忆合金，可在通电后升温使聚合材料软化。这种技术，有望在未来令机器人技术更加高效节能。

克莱默表示：“通常，使机械的铰链关节活动或保持特定位置，都需要持续消耗大量能源防止关节的松弛。而现在，新型布料在低耗能下就能锁定关节了。”

（二）开发具有应用潜力的机器人

——通过 3D 打印制成具有应用潜力的可跳高机器人

2015 年 7 月，有关媒体报道，美国哈佛大学科学家罗伯特·伍德带领的研究团队，近日通过 3D 打印制作出一款机器人，具有一项非凡的能力，它可以跳高，而且其高度达到自身的 6 倍。尽管它现在没有确定某种具体用途，但可以预计它将有非凡的应用潜力。

研究人员解释道，这个机器人是用软硬部件混合构成的。软体机器人比僵硬的金属机器人灵活性更强、更安全、更有弹力。然而，软体机器人的制造时间也更长。

3D 打印让人们可以更经济、便捷地制作出结合软硬材料的物体。硬材料有助于驱动和控制机器人；软材料可以让它们更好地抵抗压力。

为了跳起来，这个机器人的一些气动腿中被充满了气，一旦这些腿“发力”时，就可以控制机器人行走的方向。然后，一个中间腔内的丁烷和氧气混合物会被点燃，产生小型爆炸，从而让机器人“飞”起来。而充气腿会帮助其缓和着陆时的冲击。

在弹性测试中，一个机器人跳了 100 多次依然完好，另一个机器人跳了数十次 1 米多高的高度，也同样完好无缺。相比之下，坚硬的机器人虽然可以跳得更高，但是弹跳 5 次就会损坏。

（三）发现可提高机器人集体潜能的新方法

——发现可利用机器人随机“噪声”提高集体协调力

2017 年 5 月，美国耶鲁大学一个研究团队在《自然》杂志网络版上发表论文称，他们发现，给自主机器人编程，让其生成随机“噪声”，可以帮助一群人同心协力实现共同的目标。研究人员认为，在网络内的中心位置添加机器人，其生成的“噪声”可能有助解决多种问题，包括分类考古图片、天文图片，甚至解决量子问题。

上述情况就好比这样的情形：即使每个人的利益一致，但在为实现共同目标而集体行动时，仍会面临协调问题：个体为取得对自己最佳的解决方案所做的尝试，很可能对团队整体而言并非最优。

为给这种情况建模，耶鲁大学研究团队邀请了一群人来解决一个网络颜色协调问题。这群人面对的是一个具有 20 个节点的网络，每一个节点可能有 3 种颜色选择，他们的集体目标是使每一个节点的颜色与相邻节点颜色不同，但参与者只能看到自己的节点及其相邻节点的颜色。对机器人做编程处理使之展现低水平的随机“噪声”，然后将其引入这场博弈中的中心位置，结果发现，团队的集体表现上升了，人们解决问题所耗费的时间也缩短了。

研究人员表示，“噪声”或者说进程中的无意义信息，通常被视为一种问题来源，但在本研究中，生成的“噪声”如同在网络中安插的已经知道如何解决问题的参与者。

英国诺丁汉大学的科学家强调说，该研究更为有趣的一点是，机器人的参与不仅让任务变得简单，也影响了人类参与者之间的交互方式，由此产生了效益联动。而且，即使人们知道他们是在与机器人交互，也会出现这种效应。

第七章　广播电视与通信网络的创新信息

广播与电视两种传播媒介，都是通过无线电波或导线传递信息的。两者的差别在于，广播只播送声音，而电视既播送声音又播送图像。由于广播与电视传递信息的方式非常相似，所以有的地方也把它们统称为广播。如果需要加以区别，就把只传播声音叫作声音广播，把同时传播声音和图像的叫作电视广播。通信网络也是一种重要传播媒介，但其起源不同于广播电视，它是从电话交换网络基础上发展起来的，由传输、交换和终端三大部分组成。现代通信网络，还包括呈现迅速发展态势的因特网（Internet）。它由多个不同形式的计算机网络系统，以及相应的设备共同构成，是遍及全球各个角落的互联网。本章着重考察美国广播电视与通信网络的创新进展情况。21 世纪以来，美国在广播电视设备领域的研究，主要集中于视频高清监测仪和个人视频转播设备等视频设备，“影院 3D”显示新系统等电影设备，电视机及其遥控器，超晶格摄像机和超高速 X 射线摄像机等摄像设备。在通信设备领域的研究，主要集中于提升手机性能，拓展手机功能，开发手机的新配件与新技术；研制功能更强大的通信天线，开发新型光纤及光纤信号增强装置，研制新型通信雷达，开发高精度卫星定位系统，提升通信技术并开发所需新材料。在网络设施与网络技术领域的研究，主要集中于建设首个全城无线传感器网络，计划创建太空互联网，研制互联网高速传输平台；研究网络通信中的量子密码，开发新型量子密钥的分配系统；首次推出全双工无线网络技术，开发消除网络拥堵技术，探索网络资源综合利用技术。

第一节　广播电视设备的新进展

一、视频与影视设备的新成果

（一）开发视频设备及技术的新信息

1. 研制视频设备的新进展

（1）推出视频高清监测仪。2004 年 9 月，总部在美国俄亥俄州约翰斯顿市的泰克公司，近日推出高清节目质量监视的 WVR7100 监测仪。它不仅可用于高清、标清和复合模拟信号，还可用于数字和模拟音频信号的监测。

随着高清节目的日益增多，高清晰度电视正以它自己的方式进入更多的家庭。为了满足消费者对高清节目质量的要求，同时也要符合高清节目电视广播标准，从事于高清节目和复合模拟电视广播系统的运营商们，迫切需要一种性价比高、功能全面、易于使用的监视解决方案，从而帮助他们迅速可靠地确定传输节目的质量。这种新型监测仪能够使广播电视工程技术人员、视频编辑人员和艺术工作者提供最佳的视频质量，并且符合广播电视规范的要求。

利用泰克公司的视频波形监测仪显示，用户能以四种不同的平铺并列方式将 WVR7100 的屏面，配置成波形显示、矢量显示、色域显示、图像显示、告警显示、出错记录显示以及音频信号电平显示和李萨如图形显示。事实上，该产品是目前唯一的符合行业标准的光栅式高清节目监测仪，它能提供享有泰克公司专利的色域显示（包括钻石显示、分离钻石显示和箭头显示），从而保证了电视节目素材在分量色域和复合色域中均符合标准。

该产品的用户界面十分直观，仪器的一些重要功能，只需触击一个按钮即可实现。它采用了浅色的菜单结构，使用者可以迅速地调用仪器的全部重要功能。用户如果把它的监视功能整合到自己的电视设施中，将会进一步增强它的使用灵活性。为此，它提供了一种新的遥控前面板功能，用户可在 100 英尺之外利用遥控前面板实现仪器的远程调用和控制，它和仪器上的前面板是一样的。

该产品是一种全数字仪器，其稳定性和准确度是前所未有的，在进行多次测量的情况下，它可以保证测量结果的一致性。采用了这种数字设计方案，使得测量的可靠性不再因周围环境温度随时间的波动而变化，用户也不必为测试仪器的定期校正而担心。

（2）推出提供专业级视频广播的六款串行数字接口。2006 年 4 月，美国国家半导体公司宣布，推出六款适用于专业级视频广播设备的串行数字接口产品。这六款新产品，各自在不同的领域创立业界的新标准，例如新产品之中有体积最小、功率最低的高清晰度/标准清晰度重复计时器，也有业界首款双通道高清晰度/标准清晰度电缆驱动器，以及最低抖动的高清晰度/标准清晰度多速率串行器。

美国国家半导体开发这几款全新串行数字接口产品时，力求全部能支持 SMPTE 的标准，确保传送的信号不但准确无误，而且极少抖动。

（3）展示全球第一款个人视频转播设备。2009 年 6 月，在美国拉斯维加斯举行的美国国际消费电子展中，美国一家卫星电视公司展示了全球第一款个人视频转播设备。

该产品可让消费者通过笔记本或移动电话与宽带互联网联结，在全球各地观看电视节目。它由美国第二大直播卫星电视供应商和斯灵媒体公司共同推出。个人视频转播设备是个人视频转播基站设备的升级版。

2. 开发视频监控技术的新进展

实现数字化智能视频监控技术。2006 年 4 月，美国得州仪器公司宣布，其获奖的智能视频软件套件将结合达芬奇技术，以满足监控市场对更高智能不断增长的需求。

同时，帮助代工生产厂商快速开发出具有强大可靠的智能视频功能的新品，例如包括分析视频，以及根据用户定义的规则发出警报与其他告警信息。

另外，凭借基于达芬奇技术的，高性能数字媒体处理器上实现的智能视频与编解码器，代工生产厂商可显著节省各种智能视频应用的开发时间与成本。

（二）研制电影与电视设备的新信息

1. 研制电影设备的新进展

推出“影院 3D”显示新系统。2016 年 7 月，有关媒体报道，美国麻省理工学院计算机科学与人工智能实验室沃伊切赫·马图斯克教授牵头和他的同事以及以色列魏茨曼科学研究院专家一起组成的研究小组，成功研发出一种名为“影院3D”新型显示系统，能让人们在电影院裸眼观看立体电影。

马图斯克表示，现在不能确定的是，将新型显示屏做到影院屏幕大小，在经济上是否合适，但他乐观地认为，新系统为影院和礼堂等大空间场所观众裸眼直接观赏立体影像，奠定了重要基础。

立体电影以独特的方式展现二维影片无法观赏的风光和事物，可将人们带入全新的境界。然而，现有立体影院播放系统让观众享受立体影片的同时也带来苦恼，因为笨拙的立体眼镜不仅不方便（特别是近视眼观众），而且佩戴时间稍长还会让人感到不适。

目前，市场上的裸眼立体电视产品，是通过屏前视差光栅，让观者每只眼看到不同像素群产生的层次感，实现立体效果。研究人员表示，现有裸眼立体显示因屏幕分辨率极高，难以实用化。同时，由于视差光栅与观众间的距离必须相对恒定才能有立体效果，因此现有裸眼立体系统无法满足影院大屏幕，以及观众从不同距离和角度均能正常观赏的要求。

“影院3D”系统改进了裸眼立体电视技术，将多个视差光栅编码在一个显示屏上，这样每位观众所看的视差光栅针对其座位设定，视差光栅的观察范围，通过“影院3D”特殊光学系统中反光镜和透镜组成的特殊阵列重复，并投射给影院中各个位置。

新系统目前还没有进入实用阶段，原型机采用了50组反光镜和透镜，大小仅与一叠纸相当。然而，研究人员希望制成更大尺寸的显示屏并精化光学系统，以达到改善成像清晰度的目的。

2. 研制电视机及其遥控器的新进展

（1）研制看电视可闻剧中气味的气味电视机。2005年4月7日，英国《太阳报》杂志报道，目前，美国科学家正在秘密研制一种独一无二的新型电视：“气味电视机”。这种新型电视机的最大特点是，观众通过收看屏幕上播放的特殊节目，可以身临其境地感受到剧情中的气味甚至触觉。

据悉，该科研项目预计需要耗时5年，目前仍处于秘密研究阶段。这种“气味电视机”神奇无比。比如，当电视中播放影片《大白鲨》时，观众仿佛可以嗅到海水的气味；而当电视中播放电视连续剧《伤亡》时，观众则可以马上感觉房屋燃烧时的炽热；而当电视中播放烹调节目时，观众甚至可以“品尝”到一道道美味佳肴。

据透露，“气味电视机”的工作原理也很独特。它通过一个安装在机箱内的发射装置，发射出一种对人体无害的超声波，刺激并作用于观众大脑，引起后者唤醒对于眼前景象的“感官体验”。

（2）发明一下能关千台电视机的大规模电视机遥控器。2004 年 10 月，有关媒体报道，美国旧金山的米奇·阿尔特曼具有电子工程学硕士学位，现年 47 岁。他发明了一种大规模电视遥控装置，无论是在机场还是在餐厅，只需轻轻一按遥控器上的按钮，控制区域内的所有电视机就会统统关机。

阿尔特曼 10 年前和朋友们在餐厅聚会时，第一次有了发明“大规模电视机遥控器”的设想。当时，他和朋友们都盯着挂在墙上的电视机，而顾不上聊天。他在几年前开始潜心于发明，用以前和别人合伙开公司赚的钱作研发资金。成功后，阿尔特曼给遥控器起名叫“电视机——关”。

阿尔特曼说，“电视机——关”只能关电视机，不会影响其他电器。按下按钮后，遥控器会发出能够控制约 1000 台电视机的 200 束红外线信号，大多数电视机会在 17 秒内关闭。

阿尔特曼说，他在很多地方小心翼翼地试验过他的新发明，包括出国试验。人们对身边的电视机突然通通关闭几乎没有反应。

这种新式遥控器刚刚打出广告就立刻供不应求。阿尔特曼的公司网站时而会被大量登陆者挤得运行失常。阿尔特曼接受采访时说：“我原以为销量只会一般般，没想到这么多人都想关电视机。”

阿尔特曼并没有宣扬看电视机的坏处，只是说“我们生命中的时间很少，为什么要把大量时间，花在我们不一定得到享受的东西上”。

二、摄像设备及成像技术的新成果

（一）开发摄像设备的新信息

1. 影视摄像器材的新进展

（1）研制让夜色更多彩的超晶格摄像机。2011 年 10 月，美国西北大学麦科密克工程与应用科学学院量子设备中心主管曼尼亚·雷茨教授领导的研究小组，在《光学通讯》杂志上发表研究成果称，他们开发出一种功能强大的Ⅱ型超晶格摄像机，能通过调节吸收更宽波段的红外光，让人们能在黑夜中看到更加丰富多彩的景色。

可见光波段的数字摄像机配备的探测器，通常只能感测红、绿、蓝那些能被裸眼看到的颜色。而红外波段多色彩探测提供了一种独特的功能，不仅仅是表现色彩，人们在这一光谱范围发现了多种相应频率的化学物质，因此能在图像中实时表现化学光谱。

新一代摄像机是世界上第一个双波段长波红外超晶格摄像机。他们为摄像机设计的探测能量极为狭窄，接近1/10电子伏特，也就是长波红外窗口的波长。探测器被设计成堆叠式，一个加在另一个上面，以使记录的像素保持空间一致。

雷茨表示，将该摄像机和多波段图形处理算法结合，拍下的照片能携带大量信息。其高分辨率多带宽的性能，只需0.5毫秒就能捕获一张清晰的画面，且温度敏感性达到0.015摄氏度。

这种红外光子摄像机是在另一种红外光探测材料碲镉汞的基础上造出来的。2011年3月，他们曾用碲镉汞探测摄像机拍摄日本被海啸损坏的核反应堆，为官方提供了精确的温度信息，协助制定冷却策略，预防核反应堆的融化。

（2）研制出超高速多帧数字X射线摄像机。2016年6月5日，美国桑迪亚国家实验室网站报道，该实验室科学家格雷格·罗切奥主持、物理学家约翰·波特和麦克·霍姆斯等参加的研究团队，开发出迄今最快的多帧数字X射线摄像机，曝光时间仅需1.5纳秒，比目前最好的数字摄像机还快25倍。

核聚变物理学家们经常面临的一个问题是，有时连续监控的图像会突然“断片”，毁了本该成功的实验，却没人看清发生了什么。波特说：“我们想确保图像帧与帧之间没有这种意外。有些实验用最好的模型预测点火却失败了。有太多因素会影响模型的数据采集，我们需要更多数据来确保更精确。”

在精确数据建模中，短时间内的密集观察至关重要。为此，来自“国家诊断计划”合作联盟的专家一致同意，进一步改进高速摄像机拍摄质量，以此推动高能量密度与惯性约束聚变实验下一代诊断设备的发展。

罗切奥说，现有 CCD 摄像机拍单张照片，比多帧数字 X 射线摄像机更快，但不能以 1.5 纳秒的时间分辨率连续拍照，而新研制的摄像机能以更精细分辨率来进行图像检查，找到超过现有观察能力的更小时空尺度上的事件。

负责开发相机传感器的霍姆斯说：“由于技术和资金原因，造出高精确、低成本的联网多帧数字 X 射线摄像机，对提升未来高能量密度物理实验诊断能力至关重要。”目前，该摄像机已在桑迪亚的 Z－射束激光装置，以及劳伦斯利弗莫尔国家实验室的国家点火装置上成功进行了数百次实验。

按计划，他们还将与通用原子公司合作，在一年内进一步缩短成像时间，达到 20 皮秒范围。

2. 医学摄像器材的新成果

（1）研制出辅助静脉注射的摄像机。2004 年 10 月，美国科学家研制出一种新型摄像机，可以把患者静脉的绿色视频图像投射在皮肤上，从而有效提高医护人员注射时的准确性，减少因刺穿静脉或操作不当给患者带来的疼痛。

这种名为“静脉对比度增强仪”的装置，在摄像机镜头周围安装有近红外线发光二极管，以 740 纳米的波长照亮皮肤，实时捕捉患者静脉视频图像。电脑成像软件随后将图像映射在明亮的绿色背景上，并增强静脉和周围组织之间的对比度。最后，由投影机将图像再投射回患者的皮肤上。

为减小差错，这种新型摄像机还特别安装有可反射红外线波长的“热镜”。视频投影机和摄像机被设定在相互呈 90 度角面对镜子的位置上，而镜子相对视频投影机和摄像机呈 45 度角。经校准后，可以保证静脉投影距离正确位置的误差始终不超过 0.06 毫米。

（2）发明用于医学研究的超高速摄像机。2009 年 5 月，美国加利福尼亚大学的一个研究小组在《自然》杂志上发表研究报告称，他们研制出一种超高速摄像机。该设备将主要应用于医学和生物学研究领域。

研究人员说，影片由一张张连续拍摄的图片组成，每幅图片就是一帧。这种新型摄像设备的拍摄速度，可达每秒600万帧，是普通摄像机的约1000倍，因此能拍摄快速移动的目标，其灵敏度和清晰度都达到极高水平。

研究人员指出，这一摄像设备可以对激光手术实行全程拍摄，也可用于观测细胞间的交流、神经元细胞的活动，以及寻找血液中的癌细胞等。

研究人员还指出，由于新设备没有采用以往数码摄像设备使用的CCD（电荷耦合器件）技术，它对拍摄过程的光线条件要求不高，也不会发热或产生声响，无须散热系统也能持续工作。

（二）开发摄像设备成像技术的新信息

1. 探索消除图像斑点的成像新方法

（1）开发出消除全视场成像激光斑点的新技术。2015年1月19日，美国耶鲁大学物理学教授道格拉斯·斯通、应用物理学教授曹辉和放射诊断和生物医学助理教授迈克尔·乔马等人组成的研究小组，在美国《国家科学院学报》杂志上发表论文称，他们开发出一种新的半导体激光设备，成功解决了长期困扰激光成像技术的“光斑”问题，有望显著提高下一代显微镜、激光投影仪、光刻录、全息摄影以及生物医学成像设备的成像质量。

报道称，全视场成像应用，近几年来已经成为众多研究所关注的焦点，但光源问题却一直未能得到解决。这项由耶鲁大学多个实验室合作完成的项目成功破解了这一难题，为激光成像技术大范围的应用铺平了道路。

斯通说，这种混沌腔激光设备是基础研究最终解决实际应用问题的一个典型范例。所有的基础性工作，都是由一个问题驱使的，即如何让激光成像技术更好地在现实中获得应用。最终，在来自应用物理、电子学、生物医学工程以及放射诊断等多个学科的科学家努力下，这一问题得到了解决。

此前，科学家们发现激光在成像领域极具潜力。但“光斑”问题却一直困扰着人们：当传统激光器被用于成像时，由于高空间相干性，会产生大量随机的斑点或颗粒状的图案，严重影响成像效果。一种能够避免这种失真的方法是使用LED光源。但问题是，对高速成像而言，LED光源的亮度并不够。新开发出的电泵浦半导体激光设备提供了一种不同的解决方案。它能发出十分强烈的光，但空间相干性却非常低。

曹辉说，对于全视场成像，散斑对比度只有低于4%时才能达到可视要求。通过实验他们发现，普通激光设备的散斑对比度高达50%，而新型激光设备则只有3%。所以，新技术完全解决了全视场成像所面临的障碍。

乔马说："激光斑点是目前将激光技术用于临床诊断最主要的障碍。开发这种无斑点激光设备是一项极其有意义的工作，借助这一技术，未来我们将能开发出多种新的影像诊断方法。"

（2）开发可消除斑点噪声的全新成像技术。2017年6月19日，美国斯坦福大学研究人员亚当·德拉泽达、奥利·利巴及其同事组成的研究小组，在《自然·通讯》杂志上发表论文称，他们对新一代光学相干断层扫描技术（OCT）进行改良，可以更加清晰地成像更小的物体。这一新方法能"看"到传统扫描技术此前无法检测到的细微结构，有助极大地改善癌症和视网膜疾病的检测效果。

光学相干断层扫描技术近年来发展迅速。这是一种常见的临床诊断成像方法，它利用弱相干光（频率相同的光子束）干涉仪的基本原理，检测生物组织不同深度层面对入射弱相干光的反馈信号，通过扫描即可得到生物组织二维或三维结构图像。但利用相干光成像而产生的斑点噪声现象，却严重限制了光学相干断层扫描技术的诊疗潜力。

人体组织内的流体运动，使光学相干断层扫描技术图像中的每一个点，随机呈明亮或暗淡状态，这就像大气运动引起星星闪烁一样。斑点噪声既降低了图像质量，又严重影响图像的目标检测、信息提取等诸多方面。而过去用于消除斑点噪声的方法，都会导致图像模糊，因此对诊疗功能的改善程度有限。

此次，该研究小组采用了一种全新的方法，来解决这个问题。研究人员通过调整斑点噪声模式，本质上讲就是操控用于照亮样本的光源，能够在不影响分辨率的情况下消除斑点噪声。实验表明，这种改良后的方法，能够检测活体动物组织内许多前所未见的微小结构，如部分小鼠角膜、小鼠耳内的细微结构和人类指尖皮肤内的汗腺管等，此前这些都会因斑点噪声影响而显得模糊。研究人员表示，这项新技术可以在临床上用于皮肤癌和视网膜疾病的初期检测。

2. 探索证明核弹头真实性的成像新方法

研制可验证核弹头真实性的中子成像技术。2016 年 9 月，美国普林斯顿大学的塞巴斯蒂安·菲利普领导的研究团队，在《自然·通讯》杂志上发表了一篇核物理学论文，它展示了一项中子成像技术，旨在不揭露基础细节的情况下，验证核弹头的真实性。

未来的军备控制协议，可能需要一种可靠的验证机制，以证明核弹头的真实性。但是，出于安全和防止核扩散方面的考虑，要求这种验证不能透露任何有关核弹头构成或设计方面的信息，而“零知识证明”恰好可以做到这一点。这种数学加密方法，原指证明者向验证者证明并使其相信自己知道或拥有某一消息，但证明过程不能向验证者泄漏任何相关信息。大量事实表明，零知识证明在密码学中非常有用，但将这些抽象概念转化为实在的物理成像技术，仍是一项艰巨挑战。

此次，菲利普研究团队展示了一种协议，为验证者提供一种不包含被成像对象信息的验证工具。通过将测试对象置于中子源和乳浊液探测器之间，乳浊液中出现的气泡将印出对象的“指纹”。主机探测器则预先加载由参照样本生成的补充性气泡分布图。如此一来，如果匹配，则信号完全对应，这不会对验证者产生有用信息，但是仍能证明测试对象与参照样本完全一致。

第二节　通信设备的新进展

一、增强手机通信功能的新成果

（一）提高手机性能的新信息

1. 提升手机操作系统性能的新进展

（1）研制出首款智能手机操作系统。2004 年 9 月 28 日，手持设备掌上操作系统软件厂商，发布该公司第一个用于智能手机的操作系统。智能手机能够运行台式电脑中使用的应用程序。

这个新的操作系统，将包括更多的与手机相关的技术。例如，蓝牙无线技术已经用于掌上操作系统，但是设备厂商必须要做一些技术工作，才能把这项功能应用到手机中。现在，新的智能手机操作系统内置了这种功能。

该公司首席执行官戴维·内格尔最近在欧洲旅行时接受采访时说："我们正在对公司进行彻底改造。"它寄希望于使用方便的掌上电脑，能够吸引用户使用这种软件的手机。

（2）推出新一代 iPhone 手机。2009 年 6 月 8 日，美国苹果公司在旧金山举行的全球开发者大会上，推出新一代 iPhone 手机，由此掀起了"智能手机"市场的新一轮大战。

其实，在苹果公司正式发布新一代 iPhone 手机之前，其图片已经偷偷在网上广为流传。这款手机摄像头从 200 万像素升级至 320 万像素，支持自动聚焦。它的最大的亮点，是把存储容量提升到 32GB 的海量空间，除此之外，还增设内置的电子指南针和调频（FM）收音机等新功能。该产品还拥有一个朝前的视频摄像头，使消费者能进行双向的视频对话。

（3）推出内置新版微软移动视窗的智能手机。2009 年 10 月 6 日，美国微软公司首席执行官史蒂夫·鲍尔默在巴黎举行新品发布会，推出多款智能手机，这些手机均内置新版微软移动视窗操作系统，并拥有通话、上网冲浪和观看视频等多项功能。

当日，鲍尔默在巴黎近郊伊西市微软（法国）公司新址召开的新品推介会宣布，年底前将在全球 20 多个国家推出近 30 款"视窗手机"。

鲍尔默表示，新版微软移动视窗操作系统，既简化了界面又提高了网络浏览功能，使手机用户可以享受近乎于电脑的操作体验。他强调，微软的智能手机既能满足专业需求，又能丰富个性生活的手机。

微软公司大举进攻智能手机市场，与智能手机市场巨大的市场潜力有关。市场调查机构加特纳公司的数据显示，2006 年和 2007 年全球智能手机销量，增速都在 50% 左右，即便是受到金融危机肆虐的，2008 年其增幅也达到了 13.2%。

（4）研制出首款 5G 智能手机组合芯片。2014 年 3 月，有关媒体报道，近日，美国博通公司宣布，推出业界首款应用于智能手机的 5G Wi - Fi 2 × 2 多变量控制系统单芯片，以帮助制造商将现有智能手机的 Wi - Fi 性能提高 1 倍，并使无线应用的系统电源效率提高 25%。

消费者期待一种快速、永远在线的用户体验。但是手机握持姿势或摆放位置等许多因素都会影响其性能。过去，多变量控制系统通过使用多个天线，优化了平板电脑和大型设备上的用户体验。

BCM4354 可以将 5G Wi－Fi 2×2 多变量控制系统的优势，应用在智能手机等更小型设备平台上，从而降低了设计师设计的复杂度。这一成果促使业界首次将 2×2 多变量控制系统实际应用于智能手机，为新的市场细分开启了大门。

博通公司无线连接组合事业部产品营销副总裁迪诺·别基斯表示："智能手机已经成为当今数字生活的中心，消费者对性能和操作性提出了更高要求。作为无线连接解决方案的领导者，博通公司有能力，不断为这一快速增长的市场提供前所未有的创新技术。"

此外，博通公司的传输波速成型技术，进一步提高了数据集中型应用，在拥挤的网络环境中的传输性能。例如，在网络环境拥挤的体育赛事现场或音乐会现场上，传照片和视频至社交网站的速度，将比此前快 1 倍。

2. 提升手机其他方面性能的新进展

（1）研制出能随人目光懂人心思的手机。2016 年 6 月 28 日，美国麻省工学院电气工程与计算机科学研究生阿迪蒂亚·科斯拉牵头、该校计算机科学与人工智能实验室和美国乔治亚大学研究人员参加的研究小组，在电气和电子工程师协会"计算机视觉与模式识别"国际会议上发表研究报告说，他们开发出一种简单的手机应用程序，能确定用户的目光看向哪里。这项眼动跟踪技术，可广泛应用于心理实验、市场研究，还能带来新的计算机界面、帮助检测神经信号并及早发现精神疾病。

40 多年来，这一技术因所需硬件昂贵一直难以推广使用。该研究小组希望开发出一种软件，能把任何智能手机变成眼动跟踪设备。科斯拉说，他们尝试造出一种能在移动设备上，通过前置摄像头来工作的目光跟踪系统。

研究人员利用机器学习方法，通过大量案例训练神经网络系统，发现其中模式、学会执行任务，从而构建他们的目光跟踪系统。为收集训练案例，他们开发了一种装在苹果操作系统上的简单手机应用程序，在屏幕上不断闪烁一个小点，吸引用户注意，然后用"R"或"L"替换它，指示用户目光向右或向左，设备相机则不断捕获用户脸部图像。

目前，系统数据库包括 1500 个用户的目光凝视模式，而以往最大的数据库只有50个用户。研究人员最终将系统的误差幅度缩小到1厘米，这比以往试验的精度高得多，而眼动跟踪速度达到每秒15帧，足以记录短暂的一瞥。

康奈尔大学计算机科学副教授诺亚·斯内弗利说："在很多情况下，如果你在计算机视觉、市场营销、开发新用户界面等领域做用户研究的话，眼动跟踪是人们一直非常感兴趣的技术。但你需要昂贵的设备，还必须有很好的抗干扰校正功能。如果能在人人都有的设备上实现，那将是非常有吸引力的。"

（2）研制出不用电池的手机。2017年7月，美国华盛顿大学官方网站报道，近日，该校一个由电子信息专家组成的研究小组开发出一种不用电池的手机，它利用环境中的无线电波或光线供电，消耗的能量非常少。

报道说，该手机全部用可商业购买的电子元件制作，成本较低，运作功率为3.5微瓦，研究人员已经成功地用它进行实时通话、与专用基站通信。

在通常的手机通信中，把声音从模拟信号转换成数字信号是一个非常耗电的步骤。利用无线电波或光发电的微型器件功率通常为几微瓦，远远不能支撑普通手机几十毫瓦到几百毫瓦的需求。

新型手机在发送声音时，会捕捉麦克风的微小振动，同时接收基站发来的标准无线电波，将振动模式编码到反射的无线电波中，这个过程只会用很少的电力。另外，手机接收到如此编码的无线电波后，可将其转换成扬声器的振动，产生声音。

试验表明，如果利用无线电波供电，该手机能在距离基站约9.4米的范围内运作；如果利用微型太阳能电池发电，与基站通信的距离可以扩大到15.2米。

目前，该手机离商用还有不小的距离，需要进一步提高性能。除了有效通信距离太短，还有其他一些缺点，比如需要利用按钮在喊话与收听之间进行切换，就像对讲机一样。

（二）拓展手机功能的新信息

1. 增加手机的医学检验功能

（1）研发手机具有医学显微镜的功能。2009年11月8日，在《纽约时报》网站上报道说，显微镜已在医学领域广为使用。美国加利福尼亚大学洛杉矶分校电子工程助理教授艾多安·厄兹詹率领的研究小组，研发出手机显微镜，只要对手机稍加改装，就能让手机和显微镜一样用于检测血液和细胞样本。如果这一技术得以推广，显微镜有望走入寻常百姓家中。

厄兹詹介绍说，在使用手机显微镜时，只需把血液样本的显微镜载片插入手机的摄像头传感器，传感器便会“读”出载片内容，随后将信息无线传输给医院或当地健康中心。除此之外，手机显微镜能检测出病态血细胞或其他反常细胞，还能观察到白细胞增多。

（2）使手机具有显示患者扫描图像的功能。2013 年 7 月，有关媒体报道，美国一个研究小组研制出世界上第一款连接智能手机的超声波扫描仪，使手机具有对患者进行远程诊断的功能，这将为医疗水平不发达的国家地区带来希望。据悉，操作时只需把超声波扫描仪连接到智能手机上，便能在手机屏幕上显示扫描图像。

最常用的就是对孕妇进行扫描检查，通常在医院常规性超声波扫描仪器，体积都较大，并且费用较高，不具备便携性。

新发明的超声波扫描仪插上智能手机，能够直接在手机屏幕上呈现超声波扫描图像。设计者认为，该设备的便携性和廉价成本将对第三世界国家的医疗水平带来革新。

超声波扫描使用高频声波建立一张人体部位图像，便于病情诊断。最典型的实例就是对孕妇进行检查，观察子宫中胎儿的情况，同时，也可用它来扫描心脏、肺、肝脏、胆囊和乳房等器官组织。

此前医院和门诊部超声波扫描检查费用通常较昂贵，这使得贫困地区的患者望而却步。为了解决这些问题，该研究小组花费三年时间研制这个新产品，它能够通过手机网络或者无线网络传输图像信息。这款超声波扫描仪，支持微软公司生产的“视窗”操作系统平板电脑或者智能手机，发明者正在设计适用于苹果手机和安卓操作系统的最新版本。

目前，这款超声波扫描仪售价为 10570 美元，对比之下常规超声波扫描仪的售价为 90607 美元。生产该产品的公司总裁塞莱什·楚塔尼说：“超声波扫描成像能安全有效地挽救生命，然而，由于它的成本高昂，便携性较差，致使世界 70% 人口无法接受超声波扫描检查。问题的关键在于，如何在减少成本的同时提高就诊率。”

楚塔尼认为，精准和便宜的诊断是医学治疗的关键，可以有效减少医疗成本，同时也可提高诊断质量。这款新型超声波扫描仪操作非常简单，仅在几分钟之内便能熟练掌握，该设备形成的网络连通性使人们更容易分享和存储照片，征求其他人意见或者进行远程诊断。

在电池充满的情况下，其启动时间不足 1 秒，它将对于电力设施不完善的贫穷国家提供有效的超声波检查。

2. 增加手机的人工智能计算功能

开发出可让手机执行人工智能计算的芯片。2016 年 2 月 4 日，美国麻省理工学院官网报道，你想让自己的手机变成可以随时随地执行人工智能计算的“神器”吗？一种新型图形处理器（GPU）芯片让这个梦想走进了现实。据悉，在本周的国际固态电路会议上，该校研究人员展示了一种新型的专门用于运行神经网络的图形处理器芯片。

图形处理器芯片，是一种专门用于图像计算的芯片，在带有屏幕的计算机设备上十分常见，神经网络大都在图形处理器上运行。麻省理工学院研发的这种新型芯片的运行效率，是普通手机图形处理器的 10 倍，因此可以直接在移动设备上执行强大的人工智能算法，而不需要将数据上传到互联网进行处理。

手机图形处理器一般拥有 200 多个核或者处理单元。其高效率运行的关键之处，在于将处理单元与内存条交换数据的频率降到最低，因为这一过程会消耗大量时间和能量。普通图形处理器芯片一般是很多处理单元共享一个内存条，而该芯片每个处理单元都有自己的内存，同时它还可以在向处理单元发送数据前，对数据进行压缩。

另外，该芯片的每个处理单元都可以直接与相邻的处理单元模式进行交流，这样如果它们需要共享数据的话，不需要将数据传送到主内存。这对卷积神经网络而言，非常重要。卷积神经网络是深度神经网络的前身，与近年来一些人工智能技术的重大进展不无关系。

该芯片高效率运行的另一个秘诀在于，它有一个可以向各个处理单元分配任务的特殊电路。处理单元的局部内存，不仅会存储它所模拟的网络节点所处理的信息，而且还会存储它对网络节点进行描述的信息。分配电路可以根据不同的神经网络类型进行重新配置，自动在处理单元之间分配多种数据，并且可以使每个处理单元，在从主内存获得数据之前最大化地执行数据运算。

在会议上，研究人员利用该芯片运行了一种神经网络，并进行了图像识别任务，这是神经网络计算首次搭载手机芯片进行展示。

（三）开发手机的新配件与新技术

1. 开发手机方面的新配件

研制电量是常规锂电池10倍的手机发电机。2004年10月，《新科学家》杂志报道，美国佐治亚大学大卫·阿诺德和马克·艾伦、麻省理工学院斯图亚特·雅各布森等人组成的一个研究小组，正在为手机等移动电子装置研制一种新型发电机，这种发电机是基于喷气飞机发动机的原理研制的，使用起来不仅方便，而且动力强劲。

他们已经制造出首个硅兼容装置，有一个隔行扫描的线圈网蚀刻在一个晶片上，一块小小的磁铁在这个线圈网上方旋转，把由转动的“微型发电机”产生的机械能，转化成可使用的电能。

微型发电机的关键优势是电量足，每加一次燃料产生的电力至少是常规锂电池的10倍。另外，占有空间小，而且比燃料手机工作得更好。雅各布森解释说：“喷气飞机发动机是一种效率非凡的设备，这种发动机如果缩小到可以用于手机的程度，就能给手机提供强劲的动力。”阿诺德也说：“我们首次从一个微型装置中得到了巨大的能量。”艾伦补充说，能否让这种微型发动机找到实际生产的途径是至关重要的。

如今，阿诺德和艾伦首次演示了可以在硅兼容晶片上通过转动涡轮获得电流。他们转动一个直径约像一便士硬币大小的扁平金属环，这个金属环由相互成45度角的磁铁南北极组成。由于缺乏试验，微型涡轮由像牙医使用的那样的气钻代替。当磁铁旋转时，其快速转换的磁场就会在金属图上产生电流，金属图就放置在磁铁层下面。共产生了1.1瓦的电量，这足以为一部手机或者全球定位系统装置提供动力了，阿诺德说，这还仅仅是研究阶段。

要得到这样的电力需要每分钟10万转，这比汽车发动机转得快多了，汽车发动机每分钟只有3000转。但是，磁铁是易碎的，而且如果速度太快的话，产生的离心力会把磁铁拉断，所以阿诺德和艾伦在将磁铁圈用加固的钛层包起来前增加了它的厚度的宽度。他们还不得不计算出三个交互圈的最佳尺度，这三个线圈在旋转的磁铁下面，用于产生电流。阿诺德和艾伦决定排列到100微米高，尽量产生更大的电阻以保证产生最大的电流。

马里兰州阿迪尔菲陆军研究实验室为这次研究提供资助，该实验室的电子工程师迈克·韦茨说，磁铁发动机是“令人振奋的一步”，下一步就是将涡轮、燃烧室和发电机整合到一个硅晶片储存器中。美国陆军预测，目前依赖电池提供电力的笔记本电脑、夜视镜和全球定位系统作战的士兵，将是首批使用微发动机的人。

2. 研究开发手机及其相关的新技术

（1）启动手机简化技术研究。2010年3月，科技资讯网报道，IBM公司宣布，将携手印度国立设计研究院和东京大学开始一项为期两年的研究计划，为手机开发一个开放的用户接口平台，让手机更容易被老年人和文盲使用。

IBM公司宣称，三方将会采用开放源代码的方式开发软件，研发出来的其他技术和程序也将提供给政府和企业使用。通信产业界的分析人士表示，该项目具有很强的现实意义，可填补市场的一个空缺。

随着欧洲和日本、美国等发达国家市场的饱和，无线服务行业把目光瞄向那些到目前为止尚未拥有手机或因能力不足使用手机有困难的老年群体和文盲群体。美国市场研究分析师本·伍德指出，随着欧洲和北美老龄化社会的到来，对于特制的手机设备的需求将变得越来越迫切。

诺基亚、三星电子公司等主要手机制造商，都已经推出一些设计简单、拥有很大按键和屏幕的手机，但是，他们并没有针对老年人来行销。这就为小的手机制造商提供可乘之机。比如，在2010年2月15日举行的世界移动通信大会上，奥地利手机制造商推出两款针对老年用户的手机，均以简单易于操作作为卖点，并且都拥有1.8英寸OLED屏幕，具有防水防尘功能。

瑞典一家公司也专门研发老年人专用手机，此前，他们就已经推出过好几款老年用的简易手机机型，并于2009年5月再次发布5款针对老年用户的机型。这些手机都具备基本的功能，如短信、FM收音机等。该公司的最新研究显示，在发达国家，超过65岁的人中很多都拥有一部手机。

（2）开发出测量手机等无线设备形成电场的新方法。2017年6月，美国国家标准与技术研究所克里斯多夫·霍洛威带领的研究团队，在《应用物理杂志》上发表论文称，他们开发出一种基于原子共振来测量电场的新方法，对手机等无线设备形成的电场进行测量时，不仅能进行自校准，还可扩大测量范围，改进空间分辨率。

手机等无线设备已经成为生活中必不可少的工具。这些设备会辐射电磁波，在周围形成电场。对这些电场和辐射功率进行精确、可追踪测量，对于设备的设计和部署至关重要，但研究人员一直没能开发出对此类电场进行独立、精准测量的自校准探测装置。

为了解决这个问题，霍洛威研究团队，以利用量子相干效应，消除电磁波传播过程中介质影响的电磁感应透明技术为基础，开发出一种新的电场测量方法：首先激发介质中的碱性原子，使之处于高能状态；然后利用射频电场来激发原子跃迁状态，进而导致电磁感应透明信号分裂成两个。电磁感应透明信号频谱的分裂很容易测量，与应用的射频电场的振幅成正比。研究人员可以通过测量频率，利用普朗克常数来计算电场的强度。由于这一手段基于原子共振，所以被认为是可以自校准的。

除可自校准外，新方法还有望扩大可测量的电场范围。霍洛威在美国物理学会发布的新闻公告中指出，在此之前还没有办法对超过110千兆赫兹频率的电场进行校准测量，而运用新的技术手段，可对频率高达1兆兆赫兹的电场进行校准测量，这对于未来无线通信系统的发展十分重要。

此外，霍洛威称，新方法还可在微波成像时提供非常高的空间分辨率，理论上可达到与光波波长类似，这对生物医学领域的电场测量很有帮助。

研究人员专门设计了运用新手段进行电场测量的自校准探测装置，而探测装置小型化将是他们下一阶段的主要目标。

二、通信设备与通信技术的新成果

（一）通信天线与光纤的创新信息

1. 研制通信天线的新进展

（1）发明能捕捉可见光信号的天线。2004年9月，《应用物理通讯》

杂志报道，美国波士顿学院的一个研究小组发明了能捕捉可见光信号的天线。这一发明可能有助于开发利用可见光传输电视信号的技术，同时可以把太阳能高效转化为电能的设备。

可见光天线与现有的无线电天线的原理是一样的。接收无线电信号的天线，需要与电波的波长有特定的比例，当天线感受到无线电信号时，就会在内部激起电流。由于无线电波波长很长，因此无线电天线通常体积非常大，而且要被安置在高处。

然而，可见光的波长只有数百纳米，人们以前无法制造这样小尺寸的天线，满足接收可见光信号的要求。波士顿学院研究小组通过纳米技术，利用碳纳米管制成微型天线。试验表明，这种新天线能够接收可见光，在可见光的作用下其内部会产生电流。

专家认为，利用这种新天线有可能进一步开发出通过可见光传输电视信号等的新技术。另外，这种新天线也为把太阳能转化为电能提供了一条新思路。

（2）等离子天线技术研发日趋成熟。2007 年 11 月，美国田纳西大学物理学家西奥多·安德森，在等离子物理年上称，他们从事研究的等离子天线技术已接近成熟。这种等离子天线具有极强的抗干扰能力，而且耗电少，能够挤入密集的波段，接收发送多种频率电波，可用于军事和移动电话网络。

安德森在 20 世纪 90 年代中期，最早提出等离子天线这一概念，当时是为了使潜艇在水下工作时沟通联络更容易。用金属天线发射电磁波存在三大缺陷：一是低频率金属天线的体积庞大，容易暴露目标；二是金属天线在高频率下工作时，虽然可以将体积缩小，但由于它们所发出的特殊信号而容易暴露位置；三是金属天线容易受到人为干扰。

等离子天线外观与荧光灯管相似，使用电离气体管来发送和接收无线电波，通过控制等离子体的形态和强度等参数可以对天线带宽、频率、增益和方向性等特性进行动态的重构，能随意转换无线电射频，同时也能像金属天线一样以定相波段工作，效率更高、体积更小，基本上克服了上述所有问题。

安德森说，由于等离子天线只对等于或小于它本身运行频率的信号发生反应，所以通常用来干扰无线电波的高频信号，对它毫无影响。这种天线本身还可以互相嵌套，同时收发多个无线电频率而互不干涉。在同一脉冲电流下工作，仍然保持信号清晰，能耗比普通天线要小1000倍。天线一旦关闭，就不再反射无线电波，而且工作频率越低，就越不容易被发觉。这种隐蔽性使它更适用于秘密性质的军事领域。

据悉，研究人员在马萨诸塞州布鲁克菲尔德的哈雷卡拉研发公司，正在致力于将这项技术商业化。

（3）研制出负折射率等离子纳米天线。2011年12月22日，普渡大学布瑞克纳米技术研究中心纳米光子学部门主管弗拉基米尔·萨里切夫教授领导的研究小组，在《科学》杂志上发表研究成果称，他们的实验证明，纤细的等离子体纳米天线阵列，能采用新奇的方式对光进行精确地操控，改变光的相位，创造出负折射现象。这项成果有望使研究人员研制出功能更强大的光子计算机等新式光学设备。

萨里切夫说："通过大大改变光的相位，我们能显著改变光的传播方式，因此，为很多潜在的应用打开大门。"光的相位是指光波在前进时，光子振动所呈现的交替波形变化。同一种光波通过折射率不同的物质时，相位就会发生变化。

2011年10月，哈佛大学电子工程学教授费德里科·卡帕索领导的研究小组在《科学》杂志上撰文指出，他们利用一种新技术诱导光线路径，使得沿用多年的斯涅耳定律受到挑战。斯涅耳定律指出，当光从一种介质进入另一种介质时，在这两种介质的交界处，相位不会突然发生变化。而哈佛大学的实验表明，通过使用一种新型结构的"超材料"，光的相位和传播方向都会发生巨大变化。这一研究发现，使预测光线由一种介质进入另一种介质时，会出现有别于经典的折射和反射定律，可以创建负折射现象，光的偏振也可以得到控制。

普渡大学的研究小组则更近一步，制造出纳米天线阵列，并大大改变光波波长，介于1微米（百万分之一米）到1.9微米之间的，近红外线附近光波的相位和传播方向。萨里切夫表示："我们把哈佛大学的研究拓展到近红外线区域，近红外线，尤其是波长为1.5微米的光线对通信来说至关重要，通过光纤传送的信息使用的就是这个波长，最新研究在通信领域将非常实用。我们也证明，这并非单频效应，适用于很多波段，因此，可广泛应用于很多技术领域。”

这种纳米天线是蚀刻在一层硅上方的金做成的V型结构，它们是一种等离子体结构的超材料，宽40纳米。研究人员也已证明，他们能让光通过，一个宽度仅为光波波长1/50的超薄等离子体纳米天线层。

研究人员解释道，每种材料都有自己的折射率，可描述光在其中的弯曲程度。包括玻璃、水、空气等在内的所有天然材料的折射率都为正数，而新的超薄等离子体纳米天线层能，导致光线大大改变其传播方向，甚至产生负折射现象，使用传统材料则无法做到这一点。

这一创新，有望让人们引导激光并改变激光的形状，应用于军事和通信领域；有助于研究人员开发出使用光处理信息的光子计算机中的纳米电路，以及功能强大的新型透镜等。

（4）开发出能改变光性质的可调节纳米天线。2014年7月，美国伊利诺伊大学厄本那－香槟分校机械科学与工程副教授基曼尼·图森特领导的该校电力与计算机工程博士布莱恩·洛克斯沃西、阿布多·布雅等为成员的研究小组，在《自然·通讯》杂志上发表研究论文称，他们开发出一种新奇的可调节纳米天线，利用电子扫描显微镜操控的等离子场增强产生机械运动，改变纳米天线间隙，使之重新排列组合。这也为将来开发新型等离子光机系统铺平了道路。

等离子纳米天线具有纳米纹理的表面，能在深亚波长范围约束和增强电场，正在显出越来越多的优势。图森特说：“纳米纹理表面就像一种预编程序，入射光与表面相互作用后，光的性质就会发生改变。我们的方法是用已制作好的纳米阵列结构，在电子扫描显微镜下对阵列进行调整，实现对等离子光学性质进一步重组。因此人们能在制作好之后而不是之前，决定所需的纳米结构来改变光。”

据报道，研究人员开发的纳米天线称为柱－领结纳米天线（p－BNA）阵列模板，每根直径约250纳米，用金制作成领结状柱块，“领结”下垫有500纳米高的玻璃柱。单个p－BNA间隙大小可调节缩小约5纳米（比用目前传统的电子束平印技术所能达到的要小4倍）。

实验显示，标准扫描电子显微镜发出的一个电子束，可以让单根或多根 p－BNA 子阵列以 60 纳米/秒的速度变形。论文第一作者洛克斯沃西说："我们观察到，在电子的激发下，等离子模推动纳米天线出现了明显变形，这在金粒子之间造成了纳牛（10 的负 9 次方牛）级别的受力差异。"研究小组认为，p－BNA 柱高度与厚度比例为 4.2，相对较高，再加上周围有大量的热，这让它们能服从电子束引起的纳牛级别的微小力差而产生运动。

研究人员指出，本研究的重要性有三方面：一是纳米天线的光（等离子）反应调节深入到单根天线水平；二是在传感和纳米粒子操控方面，能带来具有唯一空间定位地址的纳米光子设备；三是为研究机械、电磁和热力现象提供了一个纳米级别的平台。

布雅说："我们的制造过程是一种创新性的方法。在扫描电子显微镜下制造等离子纳米天线结构，克服了传统平版印刷技术的近似缺陷，能可控地将纳米天线间隙减小 5 纳米。这种新的制造技术，也为其他众多领域的研究开辟了新途径。"

（5）开发首次实现可见光波段内通信的纳米天线。2016 年 8 月，美国波士顿大学教授迈克尔·劳顿领导、博士后朱安·梅洛等人参加的研究小组，在《自然·科学报告》杂志上发表论文称，他们首次开发出能在可见光波段内操作的纳米无线光学通信系统，更短波长的可见光将大大缩小计算机芯片的尺寸。新系统的核心技术是一种纳米天线，能让光子成群移动，并准确控制光子与表面等离子体间的相互转换。

据《光谱学》杂志网站报道，此前沿单一通道同时收集和发射电磁波是极大挑战，大多受限于近红外线波长范围内，而新纳米天线克服了这一障碍，让光子沿着单一通道成群移动，让通过一条单线排列的光子双向传输信息成为可能。

劳顿表示，新系统中纳米等离子天线之间能通过光子相互通信，两个天线间的信息传输能耗降低了 50%，大大提高了无线通信效率，这是节能方面的一大优势。

新纳米天线数据传输速度，比等离子体波导技术快 60%，比等离子体纳米波导也快了近 50%，速度如此之快归功于其内关键设计——空气间隙（气隙）。研究人员通过移走材料内的少量玻璃基底，在光波和金属表面间制造出一个很小的气隙，这个气隙能降低材料对移动中光子的破坏性拉拽。他们还能通过加宽或变窄气隙的方法来调节天线的性能。

研究人员已经证明，新纳米系统在性能上完全超越硅基光学波导技术。硅基光学波导内的光散射，会降低数据传输速度，而纳米天线内不仅光子能保持光速传播，表面等离子体也能以接近 90% 到 95% 的光速传播。梅洛说："我们的新系统，将成为制造更快硅基光学电器和更高效通信设备的有力工具。"

（6）研制出尺寸缩小百倍的新一代天线。2017 年 8 月 21 日，美国东北大学一个研究团队，在《自然·通讯》杂志上发表论文称，他们采用一种天线设计新方案，可制造出比当前小型天线还要小得多的新一代天线，将在便携式无线通信系统中发挥巨大作用。

传统天线有严谨精确的金属结构，大小经过严格控制，以保证与特定波长产生共振。换句话说，设计天线的尺寸与天线工作频率有直接关系，而天线的工作频率就是天线的共振频率，也就是天线功耗最小、信号最强的最佳点。不过，这种工作频率和尺寸的关系，却限制了天线的微型化。

此次，该研究团队发明了一种新的天线，它的主要元件呈薄膜状，能与特定的电磁波频率而非波长产生共振，大大缩小了天线的尺寸，使其大小不及当前小型天线的 1% 。关键之处在于，其薄膜由一层磁电材料制成，发生震动时，这层磁电薄膜会改变磁化强度，在声震的同时发射和接收辐射。

研究人员发现，新的天线与相似大小的传统天线相比性能更佳，且它们完全不需要任何电源，仅由简单的电子元件组成即可工作。此外，不同的几何设计能控制薄膜共振的频率，他们通过两种不同的设计，实现了从特高频（UHF）到甚高频（VHF）的跨越，展示了这项技术的成熟应用。

研究人员表示，该技术在便携式无线通信系统中有潜在的应用前景，包括穿戴式电子产品、智能手机、可生物植入和生物注射的天线及物联网等领域。

2. 研制光纤及其相关通信装置的新进展

（1）研制以空气为材质可实现超长距离通信的新型光纤。2014 年 7 月 29 日，英国《每日邮报》网络版报道，美国马里兰大学物理学教授米尔克伯格·霍华德主持的一个研究小组，正在研制一种以空气为材质的新型光纤。该光纤摆脱了固体材料自身性能的局限，能够在太空中实现超远距离的激光通信，同时还可以应用到大气污染探测、高分辨率地图、军用激光武器等领域。

光纤通信之所以是一种高效率的通信方式，在于它利用固体材质的光缆，将光信号牢牢束缚在导波管之中，阻止光失去密度或焦点。一般情况下，光的密度会随着传播距离的增加而逐渐降低，即便是激光这种具备高度定向的光束也一样。同时，它还无法避免因为空气中其他气体的干扰而失去焦点。

报道称，目前的光纤产品，其结构一般由透明的玻璃管芯和由低折射材料制成的包裹外皮组成。外皮的作用是当光试图逃逸出管芯时，将其反射回来。不过，固体材料有着明显的短板。一是能够控制和驾驭的能量有限；二是离不开铺设管道、安装支架等外部支持，使其无法在诸如大气层甚至太空这样的特殊环境中发挥作用。

针对这一情况，霍华德将目光大胆投向了无形的空气。他主持的研究团队，创新出一种可以让空气具备玻璃导波管一样作用的方法。据其刊发在《光学》月刊上的论文介绍，空气导波管的结构为：一个由低密度空气组成的“外壁”，包裹着充满高密度空气的内芯。而与普通光纤一样，外壁的折射率要低于内芯。这种结构的“空气”导波管能够长距离、无损耗地传送光信号。

该研究小组制造空气导波管的方法，是使用超强激光脉冲。激光脉冲能够在空气中电离出很细的“光丝”，而这些光丝会提高周围空气的温度，令空气扩散，并在其经过之后留下一条低密度的、内部空气折射率低于外部气体的空洞。光丝存在的时间短得惊人，只有约一万亿分之一秒，而空洞则可以存活几毫秒，几乎是激光脉冲的一百万倍。研究小组认为，正因为空气导波管能够较长时间的存在，因而单个的它就可以传导激光并收集信号。

目前，研究小组正在致力使空气导波管的长度达到至少50米。凭借该技术，我们不仅可以对大气上层或核反应堆这样的极端环境进行化学分析，改进激光雷达的性能，以绘制高分辨率的三维地形图，最终还能在太空中的任意地方随时交流，让人类未来的通信方式发生质的改变。

（2）发明可使光纤信号增强20倍的“频率梳”装置。2015年7月6日，《科学预警》官方网站报道，美国加利福尼亚州立大学研究员尼古拉·埃里克领导的研究团队，创建了一种“频率梳”装置，能够预测并解决光纤传播信息过程中的信号失真问题，进而不需依赖信号增强装置，即可直接顺畅传输光纤信号。

人类在网上发布的数据正在呈指数级增长，业界专家一直担心“光纤容量终将消耗殆尽”。该研究团队消除了上述疑虑，利用“频率梳”装置，他们通过光纤电缆传播破译信息的距离超过1.2万公里，且无须生成新信号。这意味着其信号强度，比传统光缆处理信号的能力要强上20倍。

目前，长距离传送信息需要借助一种被称作“中继站”的装置，将数据转换成电信号。这虽然降低了系统的运行速度，限制了传输信息的体量，但是很有必要，因为光信号无法自行处理大量难以辨认的信息。埃里克比喻说：“现在的光纤系统有点像流沙，你越挣扎，下沉得越快。光纤处理信号的能力到达某一极限后，越往里添加信息，结果失真就越严重。”

为了避免信号失真，研究团队首先针对不同光纤电缆通道之间的相互作用进行细致研究。埃里克说：“光纤电缆内部产生的失真遵循一定的物理学定律，并不是随机产生的。”这意味着研究人员能够学会预测这种失真。

埃里克将他们创建的“频率梳”装置，比作在演出前指挥对管弦乐队进行调音：使用“频率梳”同步信号的起点，研究团队可以确保能够在不失真情况下，破译从1.2万公里外传输过来的信号。研究人员现在的工作重点是将这些“频率梳”，应用到已有的光纤电缆中，一经应用，不仅能大大提高光纤电缆的传输效率，还能消除目前对互联网的速度限制，最重要的是它能大规模降低相关成本。

（二）通信雷达与卫星通信的创新信息

1. 研制通信雷达的新进展

（1）研制出背包大小的单兵雷达。2012年5月，福克斯新闻网报道，美国SpotterRF公司开发出一种只有一个背包大小的单兵雷达系统。该系统能准确探测到，埋伏在1000米范围以内的敌人和车辆，并及时发出警报，非常适用于对关键地点的防御和警戒。

该装备具有体积小、重量轻、能耗低、适应力强、简单易用的特点。整套装备包括一套 M600C 雷达、一个网络集线器、一个安卓平板电脑、一个三脚架、一些线缆和一个背包，重量约 9 公斤，一般士兵在 30 分钟内就能学会操作。

这款雷达传感系统的主体只有一个笔记本电脑大小，战斗人员能轻松地将其带到任何位置，整机没有移动部件，只需 3 分钟就能完成安装架设。它不但重量轻，耗电量也极低，其功率只有 10 瓦，这意味着士兵们完全不必携带笨重的电池。

无论能见度和天气条件如何，它都能够准确地检测到入侵之敌。它利用自身的内置数字罗盘和全球定位系统，来确定装置的位置，并能够方便地与谷歌地球等位置软件进行通信，将敌人的位置显示在地图上。增加附加装置后它还能自动实现 360 度的覆盖。在界面上，它提供了一个基于 Web 的安全界面，兼容智能手机、安卓平板电脑和普通个人电脑。

该公司首席执行官洛根·哈里斯说，这种装备增强了士兵对战场态势的感知能力，能大幅减少精锐部队因遭伏击而导致的伤亡。

（2）研制通过扫描心脏识别身份的新雷达系统。2017 年 9 月 25 日，美国布法罗大学官网报道，该校华人科学家许文曜研究团队开发出一种全新的计算机安全系统，能通过心脏几何形状进行身份识别，取代密码和其他生物识别系统，用于计算机、智能手机和机场安检的身份识别。

此前研制的心脏身份识别系统，主要利用电极测量心电图，因此需要直接接触人体，用起来很不方便。而该研究团队这次历时 3 年研制的新系统，不需直接接触人体，利用雷达远距离扫描分析心脏的形状和大小这些几何特征，以及心脏搏动等，进行身份识别。相关研究论文，已经提交给即将召开的第 23 届移动计算和通信国际大会组委会。

每个人都会在自己的电脑中保存隐私性信息，而之前只能设置账户和密码防止他人使用自己的计算机，每天多次输入密码登录很烦琐。而心脏身份识别系统通过低水平多普勒雷达监测计算主人的心脏，第一次扫描需要 8 秒钟时间，之后计算机就会记住主人的心脏，那些趁主人不在想登录计算机盗窃信息的“坏人”，会被系统识破后关机。许文曜表示，没有任何两个人会具有完全相同的心脏形状，而且除非罹患严重的心脏病，每个人的心脏形状也会保持不变，新系统身份识别极其精准。

系统的雷达信号强度比目前普遍使用的 Wi－Fi 更弱，因此不会对人体健康造成威胁。新系统功率只有 5 毫瓦，辐射强度不及智能手机的 1%，与我们每天生活的 Wi－Fi 环境相比，具有相同的安全度。许文曜表示，他们会继续减小系统的尺寸，以便使其能被安装在计算机键盘的某个角落。除了计算机安全，新系统还能用于智能手机进行用户身份识别，还可以用于机场安检，对相距不超过 30 米的乘客进行身份检查。

2. 研制卫星通信的新进展

开发出能用于移动设备的厘米级精度卫星定位系统。2015 年 5 月，美国得克萨斯大学奥斯汀分校航空工程学和工程力学系首席研究员托德·汉弗莱斯领导的研究团队，在专业杂志《GPS 世界》上发表研究报告称，他们开发出一种具备厘米级精度的卫星定位系统。该系统基于 GPS 信号，用较低的成本就能将手机等移动设备的定位精度提高上百倍，将误差的尺寸从汽车一般大缩小到硬币一样小。

该研究报告称，厘米级精度的定位其实已经在地质勘探、测绘中获得了应用，但这些系统往往售价昂贵，体积庞大，需要巨大的天线才能工作，无法应用在移动设备上。新研究的突破点在于，开发出一种能用于智能手机等移动设备上强大、敏感的 GPS 接收器。借助这些小型设备获取厘米级精度的定位，在以前是无法想象的。研究人员期望他们的软件能够降低天线的制造成本，让厘米级精度的定位在移动设备上的应用变得经济可行。

该研究团队花了 6 年时间来制造这种专门接收器，他们将其命名为“GRID”，这种装置能够从低成本天线上提取所谓的载波相位。它目前在手机外运行，研究人员称其最终将能被集成到手机当中。他们已经在实验室中搭建了一个低成本的系统，借助其能把手机定位的精度提高 100 倍。

这种厘米级精度的 GPS 加上智能手机的摄像头，还可用来快速构建自己周围的三维地图，这将大幅扩展虚拟现实游戏的可玩空间。汉弗莱斯说：“试想一下，不是坐在显示器前，而是在你家的后院和其他游戏玩家一起进行奔跑游戏，感觉一定非常奇妙。”

此外，研究人员相信他们的技术还能为人们日常生活带来更多便利，如厘米级精度的 GPS 可能会导致更好的车联网技术，让车与车交流发生革命性的变化。如果你的车能够知道盲点处来车的精确位置和速度，就能提前反应，避免碰撞。

（三）通信技术及相关材料的创新信息

1. 开发通信技术取得的新进展

（1）开发网格 FTP 协议高速数据传输新技术。2009 年 6 月，美国阿贡国家实验室网站报道，其开发的网格 FTP 协议，已被用来传输美国能源部能源科学网络空前数量的数据。能源科学网络系统中的橡树岭国家实验室和国家能源研究科学计算中心已利用该系统成功将其大型数据集以每秒 200 兆字节的速度进行相互传输。

能源科学网络是美国能源部为大规模科学协作提供高性能可靠通信而设立的基础设施。在两大计算中心部署网格 FTP，是优化这些拥有能源部最先进计算机场所之间的广域网数据传输计划的一部分。

负责网格 FTP 设计的格鲁布斯联盟的伊安·福斯特表示，大规模数据传输给网络造成了巨大的负担，传统协议已无法处理日益增长的大规模数据传输需求，结果是造成获取数据的延迟，甚至在网络拥塞时造成数据的丢失。

大型科学项目的协作已越来越普遍，转移前所未有的数据量变得极为关键。处理气候建模和高能物理研究的超级计算中心需要安全、稳定、高速的大量数据传输，网格 FTP 使这些中心之间的数据共享成为可能。

网格 FTP 与其他数据传输系统相比，具有若干优点。例如，使用安全复制（scp），两个远程主机间高达 33G 字节的巨量数据集的传输，可能需要长达 8 个小时的时间；而使用网格 FTP，可在相同的时间内传输约 20 倍的数据量。而且，与 FTP 不同的是，网格 FTP 使用多数据通道来提高传输速度。

（2）发现可用于提高光纤电缆网速的新技术。2013 年 6 月，美国贝尔实验室刘响领导的研究团队在《自然·光子学》杂志上发表一篇研究报告称，他们发现，耳机噪声消除的基本原理，能够提高互联网的连接速度和可靠性。他们借助这项技术，已在 1.28 万公里长的光纤电缆线路上，实现了以每秒400GB的速度发送数字信号。

长期以来，光信号在长途光缆中传输所带来的噪声，一直困扰着通信业。但现在研究人员从降噪耳机那里获得了灵感，发现它能够接收外界的噪声，然后通过耳机内部的电子电路产生与噪声音波相位相反的信号，以此来消除噪声。研究人员认为，这种原理同样能够应用于光缆通信领域，即将耳机主动式降噪技术应用于提高光纤连接的速度和可靠性，所不同之处只在于用光信号取代电信号。

该研究团队此次运用了相位共轭技术，这也是一种很有前景的抑制"非线性克尔效应"的手段——正是后者限制了光纤通信中的传输速率和容量，并成为当前光纤通信系统的主要障碍。而相位共轭简单说来，就是将两个电波相互重叠，以取得抵消噪声，消除非线性失真的效果。研究人员的具体做法，则是在光纤电缆上传输原始数据的同时，发送两个光束进行噪声消除，因为光束具有收集并消除噪声的性质。

此次的技术，或将成为通信业的福音。目前，全球运营商建设的传输网，主要以单波10Gbps以及40Gbps传输网为主。而随着网络流量的快速增加，100Gbps系统组建传输网已经成为必然。但该种组网的兴建遇到相当多的问题，其中噪声就是最棘手的之一，单波400Gbps系统的情况更为严重。

相比之下，刘响研究团队现已经在一条1.28万公里长的光纤电缆线路上，实现了以每秒400GB的速度发送数字信号，而目前谷歌光纤向用户提供的互联网速度是每秒1GB。如果该技术得到应用推广，400Gbps的系统将可以实现单纤24Tbps的大容量远距离传输，从而大大缓解目前运营商所面临的流量问题。

有外媒评论称此次技术，将极大优化和提升当前互联网的性能。不过该研究团队尚未确定这项技术进行商业化应用的时间。

（3）研究出化解光纤传播壁垒的新技术。2015年7月，美国加州大学圣地亚哥分校电子工程学家和光物理学家斯托扬·莱迪克领导的研究团队，在《科学》杂志上发表论文称，他们开发出一种通过光纤电缆传输数字化信息的新模式。据悉，这种模式可以把光纤的传输能力提高2~4倍。

有关报道显示，电话、视频、社交媒体等，正在导致信息高速公路发生严重拥堵。自2000年起，像头发丝一般细的全球光纤上运载的数据每年正在以约60%的速度递增。照此速率，今天的光纤网络在两三年内就会达到最大负荷，把互联网转变成虚拟版的洛杉矶交通堵塞。美国新泽西州莱莉山丘阿尔卡特朗讯集团研发部门，贝尔实验室光传播研究带头人彼得·文策尔说："互联网传输困境确实存在，而且是个大问题。"

可喜的是，莱迪克的研究成果，会把光纤通道面临的困境向后推迟数年。文策尔称："该研究是在科学理念上的一种突破。"加州山景城谷歌公司光网络架构师维杰·弗西丽卡拉也如此认为，他表示："让我们增加光纤容量的任何技术都非常关键。"

光纤最早在20世纪80年代被采用，因为它们显示出可增加互联网传输能力的显著潜力。在此之前，数据主要作为模拟信号通过铜电缆进行传播。光导纤维，即以光调频脉冲的方式传输数据，具有远大于铜电缆的传播能力或带宽。这是因为有着不同波长或颜色的光脉冲可以独立地沿着同样的纤维传播，而且相对可以产生较少的串音或干扰。而且，它同时还可以让工程师通过一条光纤传播100个或更多的独立信息流。

这些信息流是通过基于芯片的激光产生的，激光可以把来自电子设备的电脉冲转化成光，并打开或关闭每个波长，产生一种快速闪烁。现在，工程师还模拟了脉冲的形状、阶段、极化及其在光纤中的物理空间。在光纤信息公路的尽头，检测器会把光脉冲转变为电子。在现代激光通信和检测器的帮助下，今天的单根光纤可同时承载100~200个光信号，整体运载能力达到每秒20万亿比特。

这些信号可以在传播相当远距离的同时不被减弱。但是如果传输距离达到数万公里以上，比如从纽约到洛杉矶的距离，就会悄然发生光学变形，导致误差累积降低传输数据的质量。这是由于在不同波长时，多重信号的干扰。当一个信号沿着光纤传播时，其电磁波会导致玻璃中的电子被搅乱，这种转变会影响其他光波的传播。其结果是，两个最初的光波会发生合并，在单独的波长处形成第三种光波。这种影响作用及其微弱，但是它会随着距离加大逐渐积累，这在携带很多光的纤维中，尤其如此。

莱迪克说："随着通道的增多和距离的加大，问题会越来越大。"莱迪克研究团队一开始，希望通过让激光更加稳定来解决这一问题，但是他们的研究却没什么进展。因此，他们采取了一种不同的策略：保证激光变化是可预测的，而不是随机的。现代通信设备通常会采用若干种激光制作出所有不同波长并传向光纤。与此不同，该研究团队采用了一种叫作频率梳的设备，把来自单个激光、单个波长的光，转变成一定范围内不同波长的脉冲。然后，每个波长会被调整，并传播一种光信号。

其关键是，当主激光信号从其原始波长发生转变时，每个子脉冲会通过同样确切的数量步伐一致地发生转变。这可以让其直接发现光畸变，并扣除这些畸变。莱迪克表示，这样一来，该技术可以让光纤携带 2 倍的数据，或是在信号需要被还原之前使其传输的距离相当于现在的 2 倍。他补充说，他的研究团队已经有了明确的方法，可以让光纤传播的信息量或传播距离再加 1 倍。

文策尔在评价这项研究时说："这是非常重要的一步。"然而，他补充说："该技术的实用性仍待进一步观察。"他强调说，实施这项技术的一个前提是，需要不同于当前使用的数据编码和信号处理的全新芯片。

文策尔和其他研究人员表示，即便这项技术可以让现有光纤的信息传播能力增长数倍，但最终仍然不是铺设更多信息高速公路的其他替代性方案。那些新光缆需要包含前沿技术，如具有远高于当前使用的地下光纤的带宽的"多模式"纤维。铺设新光纤的成本，将是很高的。

2. 开发提升通信技术所需的新材料

研制有望带来超快全光通信技术的新材料。2015 年 8 月 10 日，美国普渡大学博士生纳萨尼尔·金赛等人组成的一个研究小组，在《光学》杂志上发表论文称，他们开发出一种新的"等离子氧化材料"，有望带来超快全光通信技术，至少比传统技术要快 10 倍。

光通信是用激光脉冲沿光纤来传输信息，用于电话服务、互联网和有线电视；而全光技术，无论是数据流还是控制信号都是光脉冲，不用任何电信号来控制系统。金赛说："对数据传输来说，能调制反射光的量是必要条件。我们能设计一种薄膜使反射光增加或减少，利用光反射的增减来编码数据，反射的变化会导致传输的变化。"

研究人员证明了铝掺杂氧化锌（AZO）制造出的光学薄膜材料是可调制的。他们用铝掺杂氧化锌，在氧化锌中浸满了铝原子以改变材料的光学性质，使它在特定波长下变得像一种金属，而在其他波长下像高电阻介质。

铝掺杂氧化锌薄膜的折射率接近于零，它能利用电子云状的表面等离激元来控制光。脉冲激光会改变铝掺杂氧化锌的折射率，从而调制反射光的量。这种材料能在近红外光谱范围工作，可用在光通信中，并与互补金属氧化物半导体兼容。

研究人员的设想，是利用这种材料来创造一种“全光等离子调制器”，或叫光学晶体管。在电子设备中，硅基晶体管负责开关电源、放大信号。光学晶体管是用光而不是电来执行类似任务，会使系统运行大大加速。

用脉冲激光照射这种材料，材料中的电子会从一个能级（价带）移动到更高能级（导带），留下空穴，并最终与这些空穴再次结合。晶体管开关的速度受限于完成这一周期的时间。在他们的铝掺杂氧化锌薄膜中，这一周期约为 350 飞秒，比晶体硅要快约 5000 倍。把这种速度提升转化到设备中，至少比传统硅基电子设备要快 10 倍。

第三节　网络设施与网络技术的新进展

一、建设网络基础设施的新成果

（一）推进基础性网络建设的新信息

1. 进一步完善地面基础性网络

（1）打造全球首个全城无线传感器网络。2007 年 4 月 5 日，哈佛大学工程与应用科学学院新闻网报道，哈佛大学工程与应用科学学院计算机科学系副教授马特·威尔士领导的并和他的同事以及 BBN 公司和剑桥城等参与的研究小组，计划用 4 年时间，实施一项美国国家自然科学基金会资助的项目“CitySense”，打造世界上第一个全城无线传感器网络。

到时，美国马萨诸塞州剑桥城在路灯上装置 100 个无线传感器。每个节点都将含有一个内置 PC 机、一个无线局域网界面、各种用于监测气候状况和空气污染物的传感器。

该项目成果可以报告整个城市的实时监测数据，并且其收集数据的规模之大，是前所未有的。威尔士说：“无线传感网络有潜力对环境、道路，甚至动物栖息地的实时监测进行革命性的改革。”该项目的第一项任务，是为哈佛公共健康学院副教授马吉德·伊扎提监测城市中的环境污染。就目前而言，数据只能从当地的一个监测中心获得，而该项目可以从城市的多个地点收集数据，因此可以更全面地了解城市环境的污染情况。不过，这只是第一步，威尔士表示：“我们相信这个网络可以为其他想安装全球无线网络的城市提供一个基础。”

目前，威尔士研究小组的这个项目还处在原型试验阶段，但他们希望可以在两年内安置20个传感器，到第三年达到50个，最后一年完成剩下的部分。小组采用一个聪明的方法解决了过去电池寿命对无线网络的限制，他们把节点装在市政街灯上，因此可以利用城市电力系统提供电能。该方法使得传感器的使用增加了很多新的途径，如进行实时环境监测这样的长期实验、研究小气候和人口健康之间的关系、跟踪生化制剂的扩散等。

威尔士已经在自己的实验室装备了大约190个单元，同时在厄瓜多尔的活火山上，装置了无线传感器。在不受控的室外环境中进行实验，可以帮助研究人员了解，实验室模拟环境中运作的传感器网络是否具有代表性。

一个更大的挑战是，如何让分散在城市各处的远程节点，与位于哈佛大学中心服务器连接。乔希·别尔斯是威尔士在BBN公司的合作者，他设计了一个多反射的无线网络软件，可以让每个节点同相邻的节点相连，形成网络。使用一个1英里射程的小无线电装置，任何一个节点就可以从远程服务器中心下载软件或上传传感器数据。威尔士已经在实验室里用一个网络模型运行5个节点。威尔士说：“它就像一个会传染所有节点的‘病毒’。每个节点都可以和相邻的节点‘对话’，传递数据最终可以使用所有节点运行程序。”

据CitySense网站报道，它是一个开放的、资源公开的测试平台。从收集气候数据、监测交通状况到噪声污染，全世界的研究人员都可以使用它。威尔士表示：“CitySense将是这类项目中最大的一个，由100个传感器组成的系统将最终向所有网民开放。这意味着，美国塔尔萨市的大气科学研究人员或者旧金山的高中老师只要预定一个时间，就可以在CitySense上运行自己设计的实验。”

CitySense 网络最初将用于监测环境变量，如温度、风速、降雨量、大气压和空气质量等，但未来传感器的用途将会呈现多种可能性，从计算大气污染物的传感器，到用于测量噪声污染的麦克风，甚至可以通过轿车和公交车上的移动传感器收集信息。

（2）创建加强科学家联系的大型“科研脸谱网”。2009 年 11 月，有关媒体报道，美国康奈尔大学和其他六家机构，将利用美国国家卫生研究院划拨的 1220 万美元联邦资金，筹建一个脸谱网风格的专业社交采统，把全美各地的生物医学研究人员联系起来。

研究人员说，通过这个网络，科学家可以更便捷地找到其他人，从而改进手中的研究，并与他人形成合作关系，由此可能会导致新的发现。研究人员希望，这个网络在两年内，能够覆盖整个美国的各类科学家。最终，该网络将把全世界所有学科的科学家联系起来。

2. 提出打造太空基础性网络的新计划

计划创建连接至月球或火星的太空互联网。2013 年 9 月 20 日，据国外媒体报道，地球轨道数百颗卫星持续中继发送和接受数据，但是这些传统老化的数据传输系统已达到满功率。因此，美国航空航天局正在计划研制一种安全有效的网络系统。9 月初，美国航空航天局开始正式讨论新一代太空通信技术，并决定由菲利浦·利伯雷彻特和詹姆斯·彻尔负责建设美国航空航天局太空通信平台。

跟踪与数据中继卫星系统是一个集线器中心，多颗卫星可以发送它们的数据或中继返回至地球。毕竟并不是每一颗卫星都适合于装配庞大通信装置传输高带宽信号，因此它们需要将数据信号穿过太空传输至数据中继卫星系统，再传输至地面。

第一代中继卫星系统始于 20 世纪 80 年代末至 90 年代初，被 2000 年初新二代系统所替代。2013 年开始发射第三代中继卫星系统的第一部分，并适配当前太空任务和人造卫星发射，21 世纪 20 年代初将进行另一次技术更新。目前，国际空间站的宇航员经常进行视频连线，浏览网站和传输太空任务数据，但是未来太空中人类的数量将逐渐增多，这将需要更高级别的网络带宽。

利伯雷彻特说：“如果未来实现太空旅游和太空旅馆，那时太空网络的要求将更高，需要一些理想的太空中继器进行连接，尤其对于太空轨道的航天器，可让太空旅行者与家人和朋友进行网络连接，发表微博信息等。”

现今的太空网络可以应对未来10～15年的商业太空旅行，但对于未来大量的太空旅行者，则需要高速互联网。美国航空航天局正在关注使用激光代替微波实现太空通信，光学数据链将更快、更有效地发送数据，未来或将开启连接至月球的一个快速可靠数据连接系统，或者连接至火星和更遥远的星球。另一种正在调研的技术是延迟耐性网络，它可使太空网络更好地处理末端传输和接收的间隔。

（二）推进网络平台建设的新信息

1. 集中力量研制互联网高速传输平台

2007年6月，美国思科系统公司执行总裁约翰·钱伯斯在近日召开的电信贸易会上预测，未来网络负载将以每年200%～500%的速率增加。另有专家认为，由于网络用户对服务特别是对视频不断增长的需求，在未来数年内，宽带将以极快的速度发展，从而使得过去10年内互联网的高速发展相形见拙。

为满足用户的需求，美国海湾微系统、英尼格马半导体、集成设备技术、IPInfusion和莱迪斯半导体等网络基建公司宣布，组建“通往100G联盟”。这些公司的业务范围涵盖了网络处理、搜索加速、网络传输管理、高密度背板交换、配置逻辑、搜索记忆、智能网络软件和高速网络的输入与输出。其目标是鼓励工业界推出能有效运营的速度可高达每秒100G比特的传输平台。

联盟主席、海湾微系统公司创始成员比尔·魏辛格说，网络建设原先是围绕公司在修建，这种构架导致公司系统有成千上万的端点，而不是在以用户为中心的互联网中的百万计的端点。目前，网络以每秒10G比特的速率打包联网来满足用户对宽带的需求。但他认为，10G的联网已无法应对今后的发展。现在，设备供应商应把注意力集中在10G打包方面，而不是100G的设备上，新成立的联盟正是为了能让它们的注意力发生转变。

魏辛格表示，联盟不从事标准的制定或承担独立的互用性测试或认证，而是集中力量帮助联盟成员把它的产品，融合到可运行的、具有互用性的平台中。他认为，目前标准和产品都已存在，而互用性则是关键之所在。

近期，联盟将每秒40G比特的产品作为整合的起点，并在今后数年内转向100G比特的产品。魏辛格还表示，现在实验室中已拥有相应的技术，可运行的子系统在两年后推出，而最终的高速传输工作平台，预计在三年后进入市场。

2. 欲用太阳能无人机作为传输5G网络的平台

2016年2月1日，物理学家组织网报道，美国谷歌推出的太空通信传输项目，正在位于新墨西哥州拉斯克鲁塞斯附近沙漠地区美国航天港进行测试。该项目旨在通过使用太阳能无人机作为平台，进行高空5G无线网络传输，其速度要比目前4G快40倍。

在测试中，以太阳能无人机为平台进行网络传输的方式，与热气球不同，它是通过在高空自主飞行的飞机，将信号从手机传输到基站。

覆盖范围是这个项目中的一个难点。新的网络采用毫米波无线电传输技术，速度虽是目前4G网络速度的40倍，但其覆盖范围要小得多。西雅图华盛顿大学的电气工程教授雅克对此分析说："由于现有的手机频谱过于拥挤，而毫米波的巨大优势是获得新的频谱，但其缺点就是毫米波传输的范围小。"

为解决该问题，谷歌正在研究用复杂的"相控阵"集中传输技术，来提高其5G无人机传输网络的覆盖范围。雅克说："当然这是非常困难、复杂的，且消耗大量电力。"

欧洲电信标准协会指出，使用这一波谱存在许多阻碍，其中包括各国条例不同，而缺少主要零件将导致设备成本过高，以及设备型号过多。他们对于这一技术也缺少自信。但谷歌决心努力通过这项技术，实现把世界更多地方的网络连接起来的愿望。特别是在紧急情况下，无人机可在一些人们无法企及而通信上迫切需要的地方升降，提供互联网接入。

目前，谷歌并不是唯一一家致力于向偏远地区提供互联网的公司。社交媒体脸谱公司2015年8月已开始全面测试"天鹰座"无人机，为网络全球化做准备。

（三）研制网络运行基础设备的新信息

1. 开发为下一代无线网络铺平道路的带状光束放大器

2005年7月12日，有关媒体报道，美国麻省理工学院科学家开发的新技术，将为下一代无线网络铺平道路，预计在未来20年时间里将为消费者节约数千亿美元。

无线电公司一般在新基础设施建设上投入较多，用于处理人们对声音和数据传送质量日益增长的需求。但目前美国约20多万座无线电基点使用的固态放大器（用于手机和其他电子设备之间进行通信）成本却很高，还会产生额外的热量，需要大容量的冷却设备和大型备用电池。

麻省理工学院研究人员正在开发一种替代品，基于带状光束真空电子设备的无线电频率电源放大器。新放大器结合了真空电子设备（真空管）和麻省理工学院最近的重大突破型技术：一种椭圆形或“带状”电子束。

与传统真空电子设备发射的铅笔状电子束相比，带状电子束在无线电频率放大器中的效率明显高很多。然而，这种替代品所需要的能量却比普通真空电子设备或固态晶体管少。

2005年1月，麻省理工学院等离子体科学与聚变中心的主要研究人员陈荏平及其同事在美国物理学会杂志上发表一篇论文，首次成功示范了带状电子束。

为了制造这一放大器，研究小组还发明了一个带状光束调焦体系，及一个电子束和无线电频率信号之间的辅助设备。这一技术可以改变无线电频率放大器的制造方法。

带状光束放大器体积较小，产生的热量也比较少，仅需要小型的后备电池，因此效率较高而成本比固态放大器少几千美元。由于他们可以直接安装在无线电基点的塔上，因此在传送过程中可以减少信号损失。

新的放大器将有助于完成下一代无线网络的建设，大大提高生产力，同时将基点的成本减至65%。陈荏平认为，带状光束放大器有潜力降低声音和数据的传送成本，从目前的50美分/字节减至5美分/字节。

此外，带状光束放大器拥有高功率和在低、高频率（从美国第三代无线电基点的1.9赫兹到WiMAX或无线宽带网络的5.8赫兹）下都能运作的能力，使得能够符合未来无线网络的要求。

包括爱立信、诺基亚、摩托罗拉、安德鲁和PowerWave在内的无线电和电源放大器公司，已对带状光束放大器技术表示出浓厚兴趣。陈荏平希望第一个带状光束放大器将于两年后进入市场。带状光束放大器技术具有广泛的平台支持，在通信领域（电话、WiMAX、卫星通信）、防御领域（雷达、导弹防御）和科学研究领域（电子加速器）都有广泛应用。

这一研究项目得到了美国能源部、美国空军科学研究所和麻省理工学院德什潘德科技创新中心的资助。

2. 利用硅技术开发全球微波互联接入基站功率放大器

2006 年 2 月，美国飞思卡尔半导体公司已开发出使用 3.5GHz 频带、面向全球微波互联接入基站的功率放大器。该产品是利用半导体工艺技术，以及该公司作为封装技术的第 7 代高电压，横向扩散金属氧化物半导体技术实现的。

基于横向扩散金属氧化物半导体晶体管的，全球微波互联接入基站用功率放大器，在业界尚属首例。

二、网络安全系统建设的新成果

（一）网络通信中量子密码研究的新信息

1. 推进通信网络中量子密码的探索

（1）研制出首个量子密码通信网络。2004 年 6 月，美国 BBN 技术公司发布的新闻公报说，世界上第一个量子密码通信网络在美国马萨诸塞州剑桥城正式投入运行。该网络的开发得到美国五角大楼下属的国防高级研究计划局的资助。

据介绍，目前新的量子密码通信网络，已成功地实现该公司与哈佛大学之间的连接，不久将延伸至波士顿大学。这套网络目前拥有 6 个节点，主要通过普通光纤来传输采用量子密码术加密的数据，与现有互联网技术完全兼容，网络传输距离约为 10 公里。

加密是保障信息安全传递的重要手段之一。当前最常用的加密技术是用复杂的数学算法来改变原始信息。这种方法虽然安全性较高，但存在被破译的可能，并非绝对可靠。而量子密码术是一种截然不同的加密方法，主要利用量子状态来作为信息加密和解密的密钥。任何想测算和破译密钥的人，都会因改变量子状态而得到无意义的信息，而信息合法接收者也可以从量子态的改变而知道密钥曾被截获过。从理论上来说，用量子密码加密的通信不可能被窃听，安全程度极高。

近年来，科学家们在量子密码术研究领域取得了一定进展，但基本都是在两个节点间进行量子密码通信。BBN 技术公司研究人员称，他们对现有技术进行改进，最终开发出更为复杂的量子密码通信网络。

（2）研发出“不可破译”的量子密码。2006 年 4 月，美国商务部国家标准与技术研究院的一个研究小组，在光纤内获取基于量子物理学原理的速度最快的“不可破译”编码的原始代码，从而向利用常规高速网络（包括广域互联网和局域网）传输，超安全视频迈出了坚实的一步。

该研究小组在不同的方向，利用单一的光子，即光束的最小粒子，产生连续的二进制编码，或者称作“密钥”，来提供加密信息。量子加密的原理就是删除任何中途截取者，从而保证绝对安全的密钥交换。

通过实验室系统，研究人员首先在长 1 公里的光纤中，以超过每秒 400 万比特的速率，产生原始密钥，这个速度是上个月报道的最快速度的两倍。接下来在长 4 公里的光纤中，尽管速度有些缓慢，但系统还是成功地获得了密钥。达到最高速度的错误概率只有 3.6%，这一概率被认为是相当低了。

下一步，是对原始密钥进行处理，使用国家标准与技术研究院自主研发的技术，对错误进行纠正，并进一步增加私密性，然后在原始速度减半的情况下产生密钥，即每秒 200 万比特。

（3）研制出量子密码分发系统样机。2007 年 6 月，美国国家标准与技术研究所量子密码分发系统专家汤晓博士主持的研究小组，利用具有较强降噪能力的新型探测系统，研制出高速量子密码分发系统样机。该系统能够对视频信号进行实时加密、传输和解密，传输距离达 10 公里。此外，由于量子密码分发系统，采用一次一密分组加密方案，从理论上讲具有不为外人破密的特点。

多年来，密码分发始终是密码学中最具挑战性的难题之一。20 世纪 80 年代，人们发现利用量子力学的独特原理，有望建立两者间能生成任意长密码，而同时又不为第三方所知的系统。从那时起研究人员便开始研制快速、实用和可靠的量子密码分发系统。

研究人员表示，任何量子密码分发系统，它们均要求能兼容现存的、利用 1550 纳米或 1310 纳米光波，远距离传输信号的光纤通信网络。此外，它们还需要高效的、能准确探测单个光子，而不产生过多噪声的光子探测器。目前，用于光纤通信波段的光子探测器性能很不理想，而快速高效又低噪的用硅雪崩光电二极管制成的光子探测器，其最佳工作波长约在700纳米左右，不能在光通信网的光波波段工作。

汤晓表示："我们开发出了新的波长转换器，其噪声水平比其他同类型器件低50倍至100倍，它把波长为1310纳米的单光子束，转变成710纳米单光子束，然后用硅光子探测器实现快速和高效探测。借助波长转换和探测，新的量子密码分发系统结合了快速度和长距离工作。新研制的带有波长转换子系统的量子密码分发系统，在光纤传输距离为10公里的情况下，可产生和发送速率超过每秒50万比特的密码。"

2. 推进网络通信中量子密钥分配系统的探索

新型量子密钥分配系统大幅度提速。2017年11月24日，美国杜克大学、俄亥俄州立大学和橡树岭国家实验室联合组成的一个研究团队，在《科学进展》杂志网络版发表论文称，他们开发出的一种新型量子密钥分配（QKD）系统，能够以兆比特每秒的速率创建和分发加密码，比现有方法大幅度提速，即使同时运行多个系统，仍可与目前的互联网速度匹配。研究人员表示，新技术或使量子加密技术向大规模应用加速迈进。

密钥加密需要收发数据的双方使用相同或对称的密钥，对明文进行加密解密运算。随着计算能力的提升，目前广泛使用的RSA公钥密码算法会越来越容易被破解。而量子加密技术则被认为是未来保证网络通信安全的有力工具。量子加密技术利用了量子力学的基本原理，即对量子态进行测量将会改变最初的量子态，来保证其安全性，窃密者的存在会导致误码出现，从而提醒收发双方存在安全漏洞。

目前，量子加密技术尚处于发展初级阶段，密钥传输速率很低，只有几十到几百千比特每秒，极大地影响了其实际应用。此次，该研究团队开发的新型量子密钥分配技术，虽与多数量子密钥分配系统一样，使用弱激光来编码单个光子信息，但通过调整光子相位和释放光子的时间，能将更多的信息添加到单个光子上。结合专门开发的高速接收机，新系统传输密钥的速度，比目前其他系统快了5～10倍。

从理论上说，量子加密技术是完全安全的，任何侵入密钥交换的尝试都会很容易被接收方发现。但现实中，设备的局限性会导致漏洞存在，给黑客可乘之机。而研究人员证明，即使用可能导致漏洞出现的缺陷设备，该技术也可以避免常见的攻击。

研究人员表示，虽然新系统的发射机需要一些特殊部件，但所有组件目前都可以在市场上买到。用光子编码的密钥可以通过现有光纤传送，发射机和接收机很容易集成到现有的网络基础设施中，因此这一新技术极有潜力推动量子加密技术的大规模使用。

（二）网络安全系统建设的其他新信息

1. 电子邮件安全措施的新进展

研制出可保护敏感商业信息的隐形电子邮件。2007 年 1 月，美国纽约一家名为“空联”的公司称，采用该公司的隐形邮件系统，邮件被阅读过后马上消失得无影无踪，不会在终端和服务器上留下任何痕迹，因而可以保护那些极其敏感的商业信息。

至于隐形邮件系统是如何做到不留痕迹的，原理其实并无玄妙。公司解释说，系统在处理邮件时，会把发信人、收信人的姓名和发信日期从邮件正文中分离出来，使得三者与正文无法同时显示，所以邮件在外人看来毫无意义。而且邮件也不能被转发、编辑或者保存，甚至无法像普通邮件一样打印。针对屏幕捕捉，该系统也进行了防护，无论是发信人还是收信人都无法用键盘上的“打印屏幕”键捕获完整邮件的截图。

同时，这种即时的隐形邮件，一经发送后将被置于系统缓存中。收信人阅读邮件的同时，邮件将被从系统缓存中清除。这样，邮件不会在任何终端和服务器上留下痕迹，可谓“踏雪无痕”。

空联公司对隐形邮件系统的市场前景非常乐观。目前公司将用户市场主要定位在那些需要严格保护商业机密的高端商业企业。公司称，近年来，由电子邮件引发的泄密案件屡有发生。许多公司不得不对其内部电子通信进行监控，同时也开始寻找一种更为安全可靠的工具，来替代传统电子邮件。

空联公司首席执行官乔·科林斯说：“电子邮件和即时通信工具，已经成为电子通信的主要方式，但是它们的安全性和保密性尚待提高，一些机密商业信息也因此泄露。我们公司的隐形邮件系统通过不留痕迹使邮件

‘隐形’，彻底解决了这一问题。”

2. 探索进一步加强网络安全的新举措

（1）通过背包代码的加密算法提高网络安全程度。2015 年 3 月，美国华盛顿州立大学数学学习中心主任内森·哈姆林与退休数学教授威廉·韦伯一起，在学术杂志《斐波那契季刊》上发表论文称，目前的互联网公共密钥加密算法，已经复杂到需要几个月甚至几年才能破解的程度，但科学家们仍不满足。他们日前通过对一种旧算法进行重新设计，开发出一种能够经受起量子计算机破译攻击的在线安全系统，有望为未来更趋严峻的网络形势提供新的防范措施，从而提高网络安全的程度。

从收发邮件到网上聊天，目前我们绝大多数的互联网活动都处于公共密钥的保护当中。这个系统基于一种特定的算法，由于计算能力和时间的限制，要对其进行暴力破解几乎是不可能的。因此，到目前为止，这种技术还能很好地保证我们的安全。但量子计算机的出现终将让这一切发生改变。

哈姆林说，量子计算机具有极其强大的运算能力，在它面前目前的互联网公共密钥系统几乎形同虚设。而目前绝大多数信息的加密和解码过程，都是基于这种公共密钥来进行的。虽然，不少科学家认为目前真正意义上的量子计算机还未问世，但未雨绸缪总不是件坏事。

为了应对量子计算机的挑战，保障未来互联网信息安全，哈姆林和韦伯两人把目光投向了一种被长期遗弃的代码，即背包代码。背包代码的设计，来自一个名为背包问题的理论难题，最早可追溯到 1879 年。该问题可以描述为：给定一组物品，每种物品都有自己的重量和价格，在限定的总重量内，我们如何选择才能使得物品的总价格最高。这种问题经常出现在商业、组合数学，计算复杂性理论、密码学和应用数学等领域中。20 世纪 70 年代时，这个概念被用来创建所谓的背包代码。背包代码当时也曾被建议用来作为公共密钥的加密工具，但之后却被两个不同的方法攻破，人们也就此对其失去了兴趣。

哈姆林和韦伯认为，背包代码是一个简单优雅的代码，只是有一些损坏而已。为了使其达到量子水平，并成为一种新型公共密钥加密工具，他们对代码的编码系统进行了重新设计。哈姆林说：“我们使用交替的方式来替代数字。我们在基本层面上对这一代码进行了修改，修复了很多漏洞和薄弱环节。经过测试，我们认为这种代码是安全可靠的，能够满足未来量子计算的需要。”

实际上，他们创造了一种新的、比十进制和二进制系统更复杂的数字系统。通过使用复杂的数字串，新的背包代码甚至能够经受起来自量子计算机的攻击。韦伯说，下一步他们还需要进行更多的外部测试，再对代码进行微调，以使其更加安全可靠。

（2）开发出消除恶意网站的网络安全新工具。2016 年 10 月 27 日，美国普林斯顿大学计算机科学教授尼克·菲姆斯特领导的研究小组，在美国计算机协会主办的“计算机与通信安全大会”上提交论文称，他们开发出一种名为“捕食者”的系统，可区分新建网站是合法网站还是恶意网站，从而让这些恶意网站“见光死”。

研究人员指出，各种恶意网站充斥网络，它们表面上看似正常，却在暗地里非法获取电脑里的各种数据，是当今网络一大毒瘤。如何尽快建立恶意网站黑名单，防其继续为恶，是网络安全工程师的重要职责。

“捕食者”系统依赖于这样一个判断，即恶意用户在注册网站时的行为，与正常用户有所区别。比如，他们通常会一次购买多个域名，注册多个网站；经常会用一个名字的变体，如调整字母顺序、使用复数形式等注册多个网址。该研究小组对恶意用户和正常用户的线上行为，进行了大量分析，据以建立识别模式，开发出了“捕食者”系统。

通过该系统，研究小组在一段时间内每天对 8 万多个新注册域名进行筛查，判断哪些网站最有可能是恶意网站。而其预测结果与后来的实际情况，也就是被网络安全工程师列入黑名单的网站名单对比，70% 的恶意网站在注册时即被“捕食者”系统揪了出来。虽然该系统也会有失误，给一些合法网站贴上“恶意”标签，但这一失误率仅有 0.35%。

菲姆斯特指出，能在恶意网站注册时就发现它们，这对网络安全的维护具有重要意义。现有的屏蔽工具依靠检测网站的恶意活动，来识别并阻止它们。不法分子可以不断购买新的域名，建立新的网站，他们在网站被屏蔽前总有一段时间干各种不法勾当。而“捕食者”系统能够在网站注册时建立一个过滤网，安全运营商可以据此更快速地建立黑名单，屏蔽这些网站，使其无法为恶；域名提供商也可根据“捕食者”系统的筛查结果，确定是否批准注册申请，或进行更深入的调查，从而减少恶意网站的出现。

三、发展与利用网络技术的新成果

（一）研发网络传输和运行技术的新信息

1. 探索提高网络传输速度的新技术

（1）开发网速将会提高千倍的新技术。2006 年 9 月，美国英特尔在圣克拉拉的光技术实验室主管马里奥·盘尼西亚与在美国加州圣巴巴拉分校教授约翰·鲍尔斯等人组成的一个研究小组，对媒体宣布，他们已经找到一种从混合材料中创造激光的方法。这种技术将使高速通信的速度，达到当前的计算机速度的 1000 倍，而成本将比目前的技术低很多。

盘尼西亚说，这些研究结果是非常重要的。这是最后一个重要障碍。现在，这个事情主要是如何把这个技术突破付诸实施的工程问题了。

研究人员创建了一种“电泵混合激光”。它把两种芯片材料夹在一起，以便在一个单个的芯片上，制作出数十个或者数百个激光。如果他们能够取得成功，英特尔就可以建立光速的光纤连接，把数据传送到一个有数百个处理器的芯片上。分析师称，这种技术将使计算性能产生一个飞跃，从而使台式电脑有一天变成超级计算机。

市场研究公司副总裁马丁·雷诺兹说，这里的关键是可伸缩性的解决方案。我看这个解决方案将随着时间的推移而越来越好。

雷诺兹表示，对于消费者来说，英特尔的技术突破与进步，最终将使消费者能够以每秒 1GB 的速度连接到互联网，比当前最快的宽带网连接速度还要快 1000 倍。这将使消费者能够同时观看几个频道的高清晰电视节目或者在几分钟之内就下载一个 DVD 影片。

鲍尔斯说，他们的小组找到了创建一种铟磷化物激光的方法，这种激光对芯片材料（硅）很友好。采用这种方法，他们能够在一个芯片中加入 26 个激光。将来，他们将在一个芯片中加入数百或者数千个激光，每一个激光都将向一个芯片上的数百个或者数千个处理器之一发送数据。研究人员表示，他们希望在下一个十年的早期阶段看到这种产品。

（2）开发出高保真光纤传输技术。2007 年 2 月，美国麻省理工学院电学工程和物理学教授埃里克·伊彭主持的研究小组，在《自然·光子学》杂志上发表文章称，他们发明了一种可以利用标准硅片进行大规模生产的解决方案，以克服在利用光波全部能量和速度时的一项重要障碍。

美联社报道说，光纤网络实现了大量信息的高速传输，但携带数据的光在长距离传播时信号会衰减。如今，研究者宣布他们已经解决长期困扰光纤网络的一个问题：由于偏振（光线随机向水平或垂直方向发散）现象，光波会随传播距离增加而减弱。这个问题的现有解决方案成本高昂，难以普遍应用。

就像偏光太阳镜能阻挡朝向不同方向的光波一样，伊彭研究小组制造了一种灵巧的设备，能在光线通过光路时把光束分成两股。然后它会旋转其中一束偏振光，让两束光离开光路后重新汇合，从而保持了信号强度。

但研究者引以为自豪的不仅仅是这种设备，他们还宣称自己发明了将光路与电路集成在同一枚硅片上的新方法。伊彭说："这意味着我们向前迈出了一大步，以前从来没有人提出过，利用半导体技术的批量生产特性制造光路的可行方法。"

这个研究小组展示了一个构建在芯片上的正在运行的光路，他们说利用先进的硅生产技术可以轻松复制这种芯片。

这是一项前景被看好的发明，因为目前的网络难以满足视频信号对带宽的要求，而消费者也要求流畅的数据传输。

（3）开发一秒内下载高清晰电影的高速网络技术。2008 年 3 月，IBM 公司宣布，正在开发一种高速网络技术，能够使消费者在不到一秒钟的时间里，从互联网下载一部高清晰电影。

这一重大突破可能将终止 DVD 的使用。IBM 研究员克林特·施高在一份声明中表示，我们正在采取一个重要措施，让这一技术走向商品化。

IBM 开发的这一技术采用光子取代电子传输信息。公司承诺，这种网络每秒传输 8 万亿比特信息需要的能量，仅相当于一个 100 瓦的灯泡。大约是目前标准电子网络需要能量的 1%。

IBM 认为，这一名为"绿色光纤连接"技术，可能引发一场高清晰内容的革命，比如利用这一技术，网站在数秒钟内，能够访问数百万高清晰视频库向消费者提供电影。

2. 开发提高网络运行效率的新技术

（1）首次研制出全双工无线网络技术。2011 年 9 月，物理学家组织网报道，美国莱斯大学电子与计算机工程系教授阿素托史·萨布哈瓦尔领导的他的同事参加的一个研究小组，首次开发出“全双工”技术，使手机等无线设备能用同一个频率与无线基站“交谈”，并“倾听”其发射出的信号。这项技术改变了需要两个频率，才能完成这一任务的现状，最新突破将使无线网络运营商在不新建基站的情况下，让网络吞吐量加倍。

“全双工”技术表现为，通信允许数据在两个方向上同时传输，它在能力上相当于两个单工通信方式的结合。单工通信是在只允许甲方向乙方传送信息，而乙方不能向甲方传送，类似于汽车的单行道。“全双工”技术，在微处理器与外围设备之间，采用发送线和接收线各自独立的方法，可以使数据在两个方向上同时进行传送操作。这样，在发送数据的同时也能够接收数据，两者同步进行，这好像我们平时打电话一样，说话的同时也能够听到对方的声音。

以前，人们一直认为全双工无法实现。该研究小组 2010 年首次证实了全双工的可行性。自此，全球科学家们开始竞相证明，这种技术能被用于实际网络中。

全双工技术能让网络的吞吐量更高、连接的可靠性更好；设备制造商也可将其作为额外模式添加到现有的硬件设备中，不必再新添只支持全双工的硬件。

萨布哈瓦尔指出，这就好比在一个空旷的场地上，两个人相距很远站着，如果他们同时朝对方喊话，每个人都无法听清对方在说什么。一个比较简单的解决办法是，在给定的时间内，一次只让一个人说话。手机通过使用两个不同的频率分别接收和发送信息，从而实现了双向通信。

萨布哈瓦尔说：“我们发送两束信号，在接收天线处，这两束信号会互相抵消。不过，这种抵消效应只发生在本地，因此，网络上的其他节点仍能接收我们发出的信号。”抵消效应从理论上讲比较简单，且已被提出很长时间，但迄今没有人找到方法，能以较低的成本且不使用复杂的新硬件做到这一点。

现在，该研究小组通过使用一个额外的天线和一些计算技巧，实现了全双工无线通信。萨布哈瓦尔说："我们对多输入输出天线系统，略做改变实现了全双工。这种天线系统在现有的设备中很常见，通常使用几条天线来改进整个系统的性能。而我们利用多天线作为全双工框架，整个改装过程不需要新的硬件设备，因此受到无线网络运营商的青睐。"

该研究小组也首次获得了非同步的全双工，这种技术使信号能在传送途中被接收，无线运营商可借此最大限度地利用网络通道。

（2）开发可大大提高移动自组织网效率的新方法。2012 年 5 月，有关媒体报道，移动自组织网络可以使人们在各种高速移动的交通工具中，保持相互间的通信，特别是在军事行动和应急反应的情况下，更加需要这种网络通信。美国北卡罗来纳大学电气科学与计算机工程教授亚历山大·海伦等组成的研究小组宣称，他们设计了一种模型，可以大大提升这种网络的数据传输质量和效率。

目前，移动自组织网络传输数据面临的最大困难是，每一个传递和接收数据的节点，都是移动的，并且它们的移动速度会越来越快，这是因为数据传输通道的功率在高速情况下，会波动得更快。也就是说，发射机可以通过有强大信号能力的继电器 A 发送一条信息，但由于发射机和继电器 A 均处于快速移动状态，发出的信息可能因实际到达所需的时间而被弱化，而一个弱化的信息可能导致该信息内容失真。

为解决这个问题，海伦研究小组开发出一种新方法，用以改进每一个网络节点的能力，为中转数据选择最佳路径；同时，为传输中的数据选择最为可靠的接收器。

海伦说："我们的目标是获得最高数据传输速度，且不会使信号失真。"当一个节点需要传输信息时，首先需计算从可能的继电器中接收数据的传递强度，然后把这些数据放入到一个算法中，通过计算，可预知哪一个继电器在信息传递时是最强的。另外，通过预测继电器中转的强度，该算法还可以告诉节点哪一个继电器可以传递数据。如果某个继电器传递太多、太快的信息，数据质量将会受到影响；同时，如果数据传输速度太慢，网络就不会在高效率下运行。

（3）用认知无线电系统消除网络拥堵现象的新技术。2014 年 5 月 6

日，物理学家组织网报道，在交通高峰期，如果每个驾驶员都开车靠右走，中间和左边岂不是空了？这想法在高速路上听起来滑稽，但在无线通信系统中确实如此。目前人们的智能电话、便携电脑及其他无线上网设备在不断增加，经常会由于信息量过大而造成网络拥堵。美国纽约大学布法罗分校电学工程教授迪米特里斯·帕杜斯领导的研究小组，正在开发一种认知无线电系统来解决这一问题。

据报道，这种认知无线电系统能实时发现并转换到最佳通信波段。研究小组将开发一种算法，并将操作平台最优化。该项目目前还在开发中，为期4年。无线通信的速度将能提高10倍，也就是说，以往下载一部电影要30分钟，而现在只需3分钟。

帕杜斯说："人们还没有充分利用分配给无线设备的波谱，我们正在开发的系统消除了效率低下问题，能传输尽可能多的信息量而将交叉干扰减到最小。"

从智能收集到监控大豆种植的传感器，所有这些无线设备都需要无线电波谱，使得通信波段日益拥挤，并造成发生堵塞。堵塞不仅限制了无线通信系统的信息共享速度，还很费电，使联网电脑掉线、手机呼叫中断等。

但这些问题不一定是缺少无线电波段造成的，还关乎波段的使用。据美国联邦通信委员会和世界其他相关机构调查，分配给无线设备的波段经常有很大部分闲着，而另外一些波段拥挤不堪。比如AM波段大部分位于美国，其使用率就不如FM波段。认知型无线电能让人随时发现整个无线电波谱中未利用的波段，利用这些空闲"路段"共享信息。

帕杜斯说："这就像空中交通控制系统，保证最大数量的飞机在全世界的机场起飞和降落。"布法罗分校将与纽约的安卓计算公司在一种小型的不知名的飞行工具上实际测试该技术。

（二）探索网络资源综合利用的新技术

1. 利用网络为照料儿童或病人服务的新方法

研制可与4颗国际卫星联络的全球定位运动鞋。2007年3月，有关媒体报道，曾经在联合国担任过科学分析员的美国工程师丹尼尔，发明了一种特殊的运动鞋，它里面带有一片微小的全球定位系统（GPS）芯片，芯片可以与4颗国际卫星进行联络，无论你身在世界何处，这类运动鞋都能迅速帮你确定自己的方位，甚至是脱离险境，死里逃生。

丹尼尔说，他相信自己的发明，能够给遇到麻烦的儿童和老年痴呆病人提供帮助。他自己8岁的儿子2002年在放学途中走失，被列入失踪名单后，他就萌生了发明GPS运动鞋的念头。居住在佛罗里达州迈阿密的丹尼尔说："那次事情后，我开始研究失踪儿童问题，发现8~9岁，甚至10多岁的孩子们，都可能发生这种事，后来我找到了解决的办法。"

丹尼尔的解决方案就是发明19种颜色不同、安装着GPS芯片的男女运动鞋，鞋里的芯片可以与4颗国际卫星进行联络。

在紧急情况时，穿鞋的人只要把鞋上的一个按钮按住6秒钟以上，就能启动定位芯片，把紧急呼叫信号送到24小时监测服务站，而一个月的费用只要20美元。丹尼尔说，只要警铃响起，监测服务系统就会通知有关当局。

他还说，在小孩子或老年痴呆病人走失的情况下，父母或护理人可以通知监测服务系统，遥控启动GPS芯片，确定走失者位置。

丹尼尔的公司正在开发可以装进和取出芯片的运动鞋，旧的鞋子穿坏后，只要把芯片取出来，装进新鞋里就能继续用了。

2. 利用网络为医疗卫生服务的新技术

（1）发现可通过互联网发送脑信号的新技术。2013年8月28日，物理学家组织网报道，最近，美国华盛顿大学计算机科学与工程教授拉加什·拉奥和学习与脑科学研究所心理学副教授安德烈·斯托克领导的研究小组，首次进行了一项人类之间非侵入式脑对脑接口实验，一个研究员能通过互联网发送脑信号，控制远在校园另一边的同伴的手部运动。

该实验在8月12日进行，整个过程均有视频记录，并遵守一套严格的国际人类试验准则。实验通过脑电记录脑电图和一种磁刺激技术，在两端记录和发出脑信号，用视频电话设备，把两个实验室仪器连接起来，而拉奥和斯托克都看不到视频电话屏幕。拉奥坐在他的实验室里，戴一顶连满了电极的帽子，电极与脑电图仪相连；斯托克坐在校园另一边的实验室里，戴一顶游泳帽，上面标记着磁刺激位点——左运动皮层部，这里控制着他右手的运动。

拉奥看着计算机屏幕，不动手而在心里玩一个简单的视频游戏。当他要向目标发射炮弹时，他想象着自己移动了右手，让光标点“开火”按钮。斯托克戴着除噪声耳塞，看不到计算机屏幕，几乎是立刻地、无意识地用右手食指按了键盘上的空格键，好像是在“开火”。

前不久，杜克大学研究人员曾用两只小鼠实验过脑对脑接口，哈佛大学演示过人和小鼠的实验，而这次实验是在人脑之间。斯托克说：“互联网这种连接计算机的方法，现在可以成为连接大脑的方式。我们希望能实现知识在人脑间的传播。”

有人可能会担忧这项技术的安全运用，但拉奥认为，这一技术只能读取特定的简单脑信号，并不能读取人类思想，也不能使任何人违背你的意志来控制你的行动。拉奥说：“这次只是基本的单向信息流，下一步将在两个大脑之间，直接进行更加对等的双向交流。”

（2）用无线网络隔墙监测生命体征的新技术。2014 年 6 月 15 日，麻省理工学院网站报道，美国麻省理工学院计算机科学和人工智能实验室无线中心研究小组开发出一种全新的无线系统，可以通过无线网络技术，“透视”追踪到封闭的房间或是墙体另一侧的物体运动。最新的报告表明，该系统已可隔墙监测到像胸腹起伏这样的微妙动作，进而研究人员能以 99% 的精度判断被检测者的心率。其信号目前足以同时追踪 4 人的心脏跳动情况。

一直以来，追踪人体的即时心率，实现非常困难。但如今却能够通过低成本的技术来完成它。该技术利用了一种低功率的无线信号，其穿过墙壁，监测到信号返回的时长，根据这种反射信号的变化状况，研究人员就可以观测到人体运动。其中根据人体胸部起伏状况来监测人体心率，准确率高达 99% 。

研究人员表示，该技术较之于雷达和声纳等现有“透视”技术，优势在于成本低、能耗小、尺寸短。它可以在手持设备中广泛使用，也能适用于军事要求；其发展将为学界研发灾难搜救过程中的人体追踪，开启一条新路；并可便于普通用户随时追踪自身的健康数据；同时，也可利用该技术开发出一种简单的信号，来确保亲人在各种环境中完善地监控老年人或婴儿状况。也就是说，人们能够观测到居住在另一居室里的老年人或婴孩的动作心率，而不需要他们佩戴任何复杂的可穿戴设备。

下一步，研究人员准备把该技术的功能拓展到更高分辨率，譬如达到识别人体轮廓，或是追踪人类情绪的程度，而其监测也会通过将心率和呼吸作为强烈情感的指标而展开。不过，已有专家表示担忧，当该技术发展到高分辨率时，必然会引发如何妥善对待隐私问题。

3. 研究综合利用网络信号资源的新技术

把无线网络信号转化为电力的新技术。2013 年 8 月 21 日，国外媒体报道，什么事最让人抓狂？正要发出重要短信之际，手机突然无电！据报道，美国科学家发明了“背向散射环境”传输技术，可将周边电视和无线电信号转化成电力。这意味着，日后用户不需要随身携带充电宝，甚至手机都不需要配备电池了。

美国华盛顿大学研究员史密斯制造了两部没电池，但内置可检测和反射电视信号天线的流动装置，两者通过互相反射信号，制造摩尔斯密码来沟通和交换资讯。

史密斯指出，我们周围有用之不尽的电视、无线电和无线网络信号，“背向散射环境”不会制造信号，而是利用这些丰富信号资源，通过特殊天线和接收器将信号转化成电力和沟通媒介，即使忘记将钥匙放在何处，只要钥匙装有感应器，就可以通过这项技术找到。

参考文献和资料来源

一、主要参考文献

[1]张明龙,张琼妮．国外发明创造信息概述[M]．北京:知识产权出版社,2010.

[2]张明龙,张琼妮．八大工业国创新信息[M]．北京:知识产权出版社,2011.

[3]张明龙,张琼妮．国外电子信息领域的创新进展[M]．北京:知识产权出版社,2013.

[4](美)托马斯·弗洛伊德．数字电子技术基础:系统方法[M]．娄淑琴,盛新志,申艳,译．北京:机械工业出版社,2014.

[5](美)托马斯·弗洛伊德,大卫·布奇拉．模拟电子技术基础:系统方法[M]．朱杰,蒋乐天,译．北京:机械工业出版社,2015.

[6]邱关源,罗先觉．电路[M].5版．北京:高等教育出版社,2006.

[7]江辑光,刘秀成．电路原理[M].2版．北京:清华大学出版社,2007.

[8]于歆杰,朱桂萍,陆文娟．电路原理[M]．北京:清华大学出版社,2007.

[9](美)亚历山大．电路基础[M].5版．段哲民,周巍,李宏,等译．北京:机械工业出版社,2014.

[10](美)哈根,鲍景富,麦文．射频电子学:电路与应用[M].2版．牟飞燕,等译．北京:电子工业出版社,2013.

[11](美)鲍利斯塔．电路分析导论[M].12版．陈希有,张新燕,李冠林,等译．北京:机械工业出版社,2014.

[12](美)托马斯·弗洛伊德,大卫·布奇拉．电路分析基础:系统方法[M]．周玲玲,蒋乐天,译．北京:机械工业出版社,2016.

[13]唐致远,吴菲. 改性石墨用作锂离子蓄电池负极材料[J]. 电源技术,2006(2).

[14]张明龙,张琼妮. 美国纳米技术创新进展[M]. 北京:知识产权出版社,2014.

[15]张明龙,张琼妮. 国外材料领域创新进展[M]. 北京:知识产权出版社,2015.

[16]张明龙,张琼妮. 美国材料领域的创新信息概述[M]. 北京:企业管理出版社,2016.

[17]袁长胜,韩民. 现代材料科学与工程实验[M]. 北京:科学出版社,2013.

[18]封文江,武小娟,李达. 金属氮化物的制备与性能[M]. 北京:科学出版社,2013.

[19]方啸虎,邓福铭,郑日升. 现代超硬材料与制品[M]. 杭州:浙江大学出版社,2011.

[20]赵启辉. 常用非金属材料手册[M]. 北京:中国标准出版社,2008.

[21]蒲永平. 无机非金属材料中的无铅化研究进展[J]. 材料导报,2007(12).

[22]李宁. 碳纤维:新型无机非金属材料的应用与需求预测[J]. 化工管理,2013(5).

[23]傅依备. 核辐射技术及其在材料科学领域的应用[J]. 中国工程科学,2008(1).

[24]马如璋,等. 功能材料学概论[M]. 北京:冶金工业出版社,1999.

[25]徐惠彬. 特种功能材料中的固态相变及应用[J]. 中国材料进展,2011(9).

[26]孙彦红. 有机高分子材料使用寿命预测方法[J]. 高分子通报,2011(12).

[27]包建文,等. 高效低成本复合材料及其制造技术[M]. 北京:国防工业出版社,2012.

[28]韦第升. 复合材料在红外隐身技术中的应用[J]. 航空学报,2009(12).

[29](美)斯蒂芬·乌曼．电机学[M].7版．刘新正,苏少平,高琳,译.北京:电子工业出版社,2014.

[30](美)克里斯南．永磁无刷电机及其驱动技术[M]．柴凤,等译．北京:机械工业出版社,2013.

[31](美)沙欣·费利扎德．电机及其传动系统:原理、控制、建模和仿真[M]．杨立永,译．北京:机械工业出版社,2015.

[32](加)西多奥·威尔迪．电机、拖动及电力系统[M].6版．潘再平,杨莉,等译．北京:机械工业出版社,2015.

[33](法)让·保罗·路易斯．同步电机控制[M]．祝晓辉,译．北京:机械工业出版社,2016.

[34]马克茂．非线性控制[M]．北京:机械工业出版社,2014.

[35](美)哈森·哈里尔．非线性控制[M]．韩正之,王划,王少华,等译．北京:机械工业出版社,2016.

[36](美)理查德·多尔夫,罗伯特·毕晓普．现代控制系统[M].12版．谢红卫,孙志强,宫二玲,等译．北京:电子工业出版社,2015.

[37](美)吉恩·富兰克林．动态系统的反馈控制[M].7版．刘建昌译.北京:机械工业出版社,2016.

[38]胡寿松．自动控制原理[M].6版．北京:科学出版社,2018.

[39]田明,冯进良,白素平．精密机械设计[M]．北京:北京大学出版社,2010.

[40](美)亚历山大·斯洛克姆．精密机械设计[M]．王建华,等译．北京:机械工业出版社,2017.

[41](美)保罗格润,哈瑞·谢迪．安全仪表系统工程设计与应用[M].2版．张建国,李玉明,译．北京:中国石化出版社,2017.

[42]王建华．电气工程师手册[M].3版．北京:机械工业出版社,2006.

[43]崔元春,张宏彦,崔连秀．配电设计手册[M]．北京:中国电力出版社,2015.

[44]冯庆东．能源互联网与智慧能源[M]．北京:机械工业出版社,2015.

[45]吴军. 智能时代:大数据与智能革命重新定义未来[M]. 北京:中信出版社,2016.

[46](日)松尾丰. 人工智能狂潮:机器人会超越人类吗?[M]. 赵函宏,高华彬,译. 北京:机械工业出版社,2016.

[47][美]约翰·克劳斯,罗纳德·马赫夫克. 天线(上、下册)[M].3版. 章文勋,译. 北京:电子工业出版社,2011.

[48]张琼妮. 网络环境下区域协同创新研究[M]. 北京:企业管理出版社,2016.

[49]张明龙,张琼妮. 国外宇宙与航天领域研究的新进展[M]. 北京:知识产权出版社,2017.

[50](英)库姆斯,萨维奥蒂,沃尔什. 经济学与技术进步[M]. 中国社会科学院数量经济技术经济研究所技术经济理论方法研究室,译. 北京:商务印书馆,1989.

[51]张明龙. 区域政策与自主创新[M]. 北京:中国经济出版社,2009.

[52]张明龙. 区域发展与创新[M]. 北京:中国经济出版社,2010.

[53]中国科学院.2010 科学发展报告[M]. 北京:科学出版社,2010.

[54]中国科学院.2011 科学发展报告[M]. 北京:科学出版社,2011.

[55]中国科学院.2012 科学发展报告[M]. 北京:科学出版社,2012.

[56]中国科学院.2013 科学发展报告[M]. 北京:科学出版社,2013.

[57]中国科学院.2014 科学发展报告[M]. 北京:科学出版社,2014.

[58]中国科学院.2015 科学发展报告[M]. 北京:科学出版社,2015.

[59]中国科学院.2016 科学发展报告[M]. 北京:科学出版社,2016.

[60]中国科学院.2017 科学发展报告[M]. 北京:科学出版社,2017.

[61]本报国际部.2004 年世界科技发展回顾[N]. 科技日报,2005-01-01~10.

[62]本报国际部.2005 年世界科技发展回顾[N]. 科技日报,2005-12-31~2006-01-06.

[63]本报国际部.2006 年世界科技发展回顾[N]. 科技日报,2007-01-01~06.

[64]毛黎,张浩,何屹,等.2007 年世界科技发展回顾[N]. 科技日报,

2007 - 12 - 31 ~ 2008 - 01 - 06.

[65]毛黎,张浩,何屹,等.2008 年世界科技发展回顾[N]. 科技日报,2009 - 01 - 01 ~ 08.

[66]毛黎,张浩,何屹,等.2009 年世界科技发展回顾[N]. 科技日报,2010 - 01 - 01 ~ 08.

[67]本报国际部.2010 年世界科技发展回顾[N]. 科技日报,2011 - 01 - 01 ~ 08.

[68]本报国际部.2011 年世界科技发展回顾[N]. 科技日报,2012 - 01 - 01 ~ 07.

[69]本报国际部.2012 年世界科技发展回顾[N]. 科技日报,2013 - 01 - 01 ~ 08.

[70]本报国际部.2013 年世界科技发展回顾[N]. 科技日报,2014 - 01 - 01 ~ 07.

[71]本报国际部.2014 年世界科技发展回顾[N]. 科技日报,2015 - 01 - 01 ~ 07.

[72]本报国际部.2015 年世界科技发展回顾[N]. 科技日报,2016 - 01 - 01 ~ 11.

[73]本报国际部.2016 年世界科技发展回顾[N]. 科技日报,2017 - 01 - 03 ~ 11.

[74]本报国际部.2017 年世界科技发展回顾[N]. 科技日报,2018 - 01 - 03 ~ 11.

[75]Graham R. Between Science and Values[M]. New York:Columbia University Press,1981

[76]Teece D . Profiting from technological innovation:Implications for integration,collaboration,licensing and public policy[J]. Research Policy,1986,(15).

[77] Vincenti W G. What Engineers Know and How They Know It:Analytical Studies from Aeronautical History[R]. Baltimore,MD:John Hopkins University,1990.

[78] Proctor R N . Value - Free Science Is? Purity and Power in Modern Knowledge[M]. Harvard University Press,1991.

[79] Bijker W, L J. Shaping Technology Building Society [M]. MIT Press, 1992.

[80] ibbons M, Limoges C, Nowotny H, etc. The New Production of Knowledge: The Dynamics of Science and Research in Contemporary Societies[C]. Sage Publications, 1994.

[81] Stevenson L, Byerly H. The Many Faces of Science, An Introduction to Scientists, Values and Society [M], Boulder, San Francisco, Oxford: Westview Press, 1995.

[82] Seaborg G T. A Scientific Speaks Out, A Personal Perspective on Science, Society and Change[R]. World Scientific Publishing Co. Pte. Ltd. , 1996.

[83] Craig W L. Theism and the Origin of the Universe[M]. Erkenntnis, 1998, 48 (1): 49 – 59.

[84] McLaughlin J Rosen, P Skinner D, Webster A. Valuing Technology: Organization, Culture and Change[M]. Routledge, London, 1999.

[85] Pitt J C. Thinking about Technology: Foundation of the Philosophy of Technology[M]. Seven Bridges Press, 2000.

[86] Hubisz J L. The Theory of Everything: The Origin and Fate of the Universe[J]. Physics Teacher, 2014, 52 (3): 191 – 191.

二、主要资料来源

[1]《自然》(Nature)

[2]《自然·物理》(Nature Physical)

[3]《自然·光子学》(Nature Photonics)

[4]《自然·纳米技术》(Nature Nanotechnology)

[5]《自然·通讯》(Nature Communication)

[6]《自然·化学》(Nature Chemistry)

[7]《自然·生物技术》(Nature Biotechnology)

[8]《自然·材料》(Nature Materials)

[9]《自然·物质》(Nature Substance)

[10]《自然·天文学》(Natural Astronomy)

[11]《自然·方法学》(Natural Methodology)

[12]《科学》(Science Magazine)

[13]美国《国家科学院学报》(Proceedings of the National Academy of Sciences)

[14]《现代物理学杂志》(Modern Physics)

[15]《固态电路杂志》(Solid - State Circuits magazine)

[16]《应用物理快报》(Applied Physics Letters)

[17]《物理评论快报》(Physical Review Letters)

[18]《电子快报》(Electronics Letters)

[19]《光学通讯》(Optical Communications)

[20]《光学快报》(Optics Letters)

[21]《光谱》(Spectrum)

[22]《科学快报》(Science Letters)

[23]《应用物理通讯》(Applied Physics Letters)

[24]《地球物理通讯》(Geophysical newsletter)

[25]《电子工程时报》(Electronic Engineering Times)

[26]《纳米科学》(Nanoscale Science)

[27]《纳米快报》(Nano Letters)

[28]《纳米通信》(Nano Communication)

[29]《经典与量子引力》(Classical and quantum gravity)

[30]《微力学与微动力杂志》(Micro - mechanics and micro power magazine)

[31]《先进材料》(Advanced Materials)

[32]《工业和工程化学研究》(Industrial and Engineering Chemistry Research)

[33]《应用化学》(Angewandte Chemie)

[34]《美国化学协会会刊》(American Chemical Society journal)

[35]《化学传感器和执行器 B》(Sensors and Actuators B,Chemical)

[36]《生物化学》(Journal of Biological Chemistry)

[37]《进化生物学》(Evolutionary Biology)

[38]《软物质》(Soft matter)

[39]《碳》(Carbon magazine)

[40]《可再生与可持续能源》(Journal of Renewable and Sustainable Energy)

[41]《能源与环境科学》(Energy and Environmental Sciences)

[42]《新科学家》(New Scientist)

[43]《流行病和公共卫生》(Epidemiology and Public Health magazine

[44]《大众科学》(Popular science)

[45]《科技日报》2004 年 1 月 1 日至 2017 年 12 月 31 日

后　记

21世纪以来，我们在建设浙江省重点学科和名家工作室过程中，逐步形成一个相对稳定的科研团队。我们先后主持或参与国家及省部重要课题研究10多项，这些科研项目，大多集中在创新方面，主要涉及企业创新、产业集群创新、区域经济创新和宏观管理创新，因此，搜集国内外科技创新的前沿信息，就成了我们研究的一项基础性工作。

我们在科研项目完成，进行结题总结时，往往会发现，除了已发表的论文和上交的研究报告外，还留下一大堆千辛万苦搜集到的创新信息材料。起初，我们并没有多在意这些研究过程产生的副产品，大多作为废纸处理掉。后来发现，可以通过学科分类，按照一定逻辑关系，把它们整理为信息情报类书稿，可供有关人员学习和参考。于是，我们依据这个想法，开始撰写信息类著作，至今已出版《国外发明创造信息概述》《国外材料领域创新进展》《国外生命基础领域的创新信息》《国外能源领域创新信息》《国外宇宙与航天领域研究的新进展》等10多部著作。

美国是当今世界上的超级大国，不仅拥有最大的经济总量，而且拥有最多的创新成果，是科技高度发达的国家，其形成的创新信息也是最多的。我们已出版了《美国生命健康领域的创新信息》《美国纳米技术创新进展》《美国材料领域的创新信息概述》《美国生命科学领域创新信息概述》等专门研究美国创新信息的著作。近年来，我们继续推进对美国创新信息的研究，专题探索美国在电子信息领域创新活动取得的成果。于是，撰写成《美国电子信息领域的创新进展》一书。本书密切注视美国电子信息领域的创新活动，所选材料限于近年的前沿成果信息，其中90%以上集中在2006年1月至2017年12月期间。

我们在项目研究和书稿写作过程中，得到省内外许多大专院校、科研院所、科技管理部门和企业的支持、帮助。这部著作的基本素材和典型案例，吸收了报纸、杂志、网络等众多媒体的新闻报道。这部著作的各种知识要素，吸收了学术界的研究成果，不少方面还直接得益于师长、同事和朋友的赐教。为此，向所有提供过帮助的人，表示衷心的感谢！

这里，要特别感谢课题组成员的团队协作精神和艰辛的研究付出。感谢巫贤雅、代少婷、沈伟等研究生参与课题调研，以及帮助搜集、整理资料等工作。感谢浙江省科技计划软科学研究项目基金、浙江省哲学社会科学规划重点课题基金、台州市宣传文化名家工作室建设基金等对本书出版的资助。感谢台州学院办公室、组织部、宣传部、人事处、科研处、教务处、招生就业处、保卫处、信息中心、图书馆和经济研究所、经贸管理学院，浙江师范大学经济研究所，浙江财经大学东方学院等单位诸多同志的帮助。感谢企业管理出版社诸位同志，特别是刘一玲编审，他们为提高本书质量倾注了大量时间和精力。

限于笔者水平，书中难免存在一些错误和不妥之处，敬请广大读者不吝指教。

张明龙　张琼妮

2018年3月于台州学院湘山斋张明龙名家工作室